Adobe® 创意大学指定教材

配1张DVD光盘

Adobe®eLearning技术认证

eLearning 教学应用与资源制作

李玉顺 李葆萍 林康权 编著

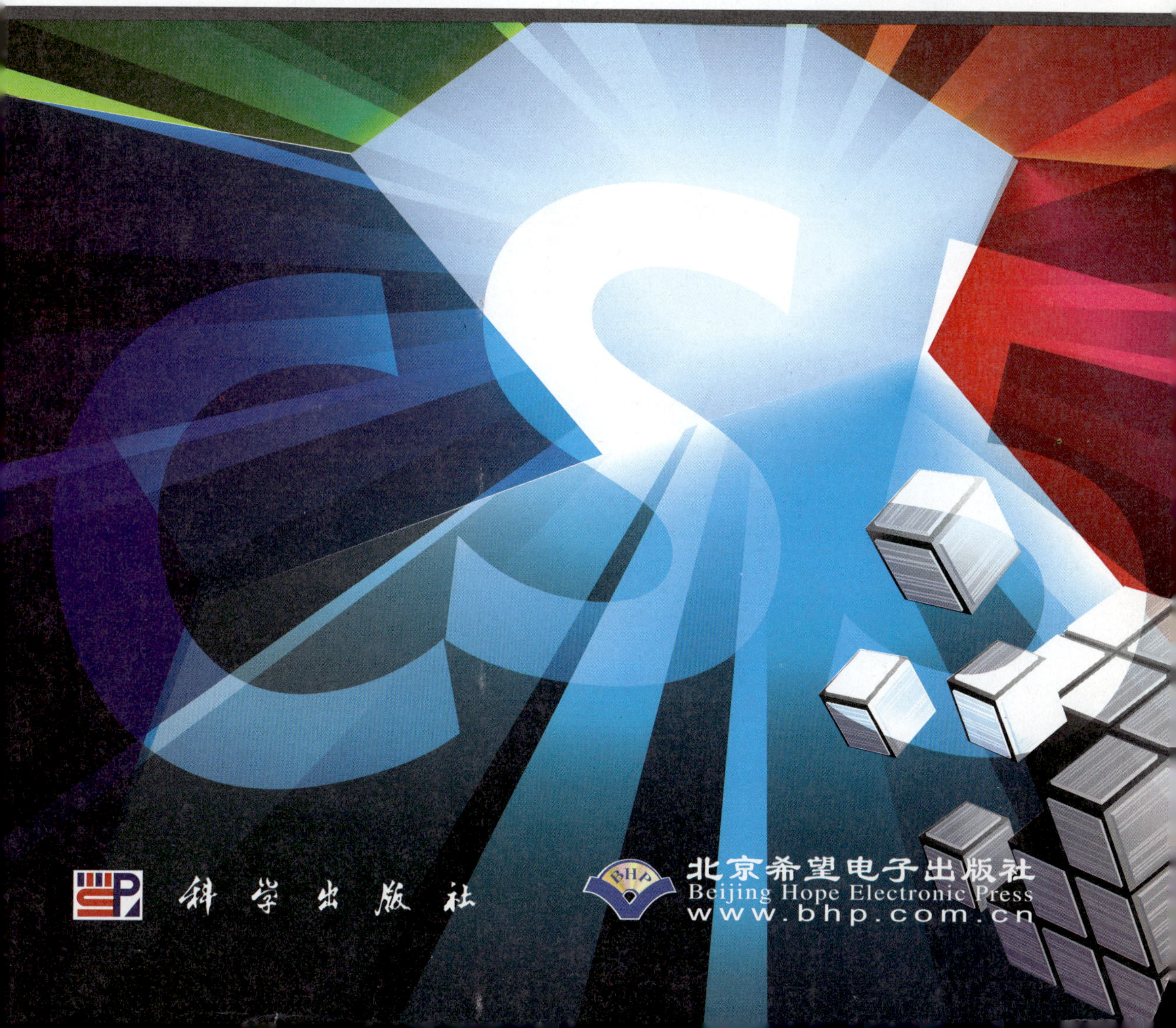

科学出版社

北京希望电子出版社
Beijing Hope Electronic Press
www.bhp.com.cn

内 容 简 介

本书以学习对象技术与理论为支撑，以新型富媒体数字化资源制作工具为依托，以先进的数字化教学资源建设理论和实践模式为指导，通过新型富媒体数字化教学资源案例的制作与展示，向广大教师介绍对象化富媒体资源的制作原理、制作过程和制作技巧，并将广大教师置于高可用性资源共享环境建设者的角度，阐述如何以“具有教育教学单元含义”的数字化学习对象制作、整合与共享资源，融合了对构建高可用性数字化教学资源共享与应用环境的热切期待。

为支持对象化教学资源设计理念的实现，书中介绍了 Adobe eLearning 软件工具包，这是 Adobe 公司为富媒体技术的教育应用而整合的强大工具包，它既包含了 Adobe Captivate、Adobe Presenter 等富媒体数字化教学资源制作工具，也包含了像 Adobe Photoshop、Adobe Flash、Adobe Soundbooth 等富媒体素材加工和制作工具。本书针对一线教师的实际需要进行软件功能的介绍，并将这些软件功能的应用融合在案例之中，以指导一线教师和从业人员的工作实践。书中对 Adobe Presenter、Adobe Captivate 软件工具进行了详细的介绍，并通过 6 个案例展示了富媒体技术如何有效地同各种不同的学科相结合。为方便使用，读者可以从书中“关于《eLearning 教学应用与资源制作》”中的第三部分查找自己需要的软件功能。为了方便读者学习，本书光盘中提供了书中部分案例的源文件和发布后的文件，还附带了 Adobe eLearning 软件工具包中的试用版软件。

本书适合于广大一线教师、数字化教学资源的建设者与管理者、教育管理者等群体学习与使用，适合教育行政管理部门、广大学校系统化的推介与选用，也可以用作 eLearning 相关专业的大学生、研究生的教学参考书。

需要本书或技术支持的读者，请与北京清河 6 号信箱（邮编：100085）发行部联系，电话：010-62978181（总机）转发行部、010-82702675（邮购），传真：010-82702698，E-mail：hanpf@bhp.com.cn，wtshi@bhp.com.cn。

图书在版编目（CIP）数据

eLearning 教学应用与资源制作 / 李玉顺，李葆萍，林康权编著. —北京：科学出版社，2010.12

Adobe 创意大学指定教材

ISBN 978-7-03-028579-9

Ⅰ. ①e… Ⅱ. ①李… ②李…③林… Ⅲ. ①计算机辅助教学—高等学校—教材 Ⅳ. ①G434

中国版本图书馆 CIP 数据核字（2010）第 158212 号

责任编辑：李小楠 焦昭君 高雅 / 责任校对：周鹏举
责任印刷：合众伟业 / 封面设计：谷 岳

科学出版社 出版

北京东黄城根北街 16 号
邮政编码：100717
http://www.sciencep.com

北京市合众伟业印刷有限公司印刷

科学出版社发行 各地新华书店经销

*

2010 年 12 月第 1 版 开本：787mm×1092mm 1/16
2010 年 12 月第 1 次印刷 印张：25
印数：1-2 000 册 字数：569 千字

定价：98.00 元（配 1 张 DVD 光盘）

eLearning系列丛书
编审委员会

倪　栋　中央美术学院高级讲师

汪启富　北京奥鹏远程教育中心有限公司

王志军　天津师范大学教授、教育技术研究所所长、教育技术系主任

吴　峰　北京大学教育学院副教授、企业与教育研究中心主任

武法提　北京师范大学教授、博士生导师

谢幼如　华南师范大学教授、博士生导师

许　骏　华南师范大学教授、博士生导师

杨　青　东北财经大学教授、网络教育学院院长

杨孝堂　中央广播电视大学教学资源处处长

余胜泉　北京师范大学教授、教育技术学院院长

张国安　华中科技大学教授、网络教育学院院长

张进宝　北京师范大学讲师

张晓英　数字学习与教育公共服务教育部工程研究中心研究员

张振华　中科希望软件股份有限公司工程师

序

Adobe 是全球最大、最多元化的软件公司之一，以其卓越的品质享誉世界，旗下拥有众多深受广大客户信赖和认可的软件品牌。Adobe 彻底改变了世人展示创意、处理信息的方式。从印刷品、视频和电影中的丰富图像到各种媒体的动态数字内容，Adobe 解决方案的影响力在创意产业中是毋庸置疑的。任何创作、观看以及与这些信息进行交互的人，对这一点更是有切身体会。

中国创意产业已经成为一个重要的支柱产业，将在中国经济结构的升级过程中发挥非常重要的作用。在2009年，中国创意产业的总产值占国民生产总值的3%，但在欧洲国家这个比例已经占到10%～15%。这说明，在中国，创意产业还有着巨大的市场机会，同时，这个行业也将需要大量的与市场需求相匹配的高素质人才。

从目前的诸多报道中可以看到，许多拥有着丰富的传统知识的毕业生，一出校门很难找到理想的工作，这是因为他们的知识与技能达不到市场的期望和行业的要求。这种情况主要原因很大程度上在于教育行业缺乏与产业需求匹配的专业课程及能教授学生专业技能的教师。这些技能是至关重要的，尤其是中国正处在计划将自己的经济模式与国际角色从"Made in China"（中国制造）提升为具备更多附加值的"Designed & Made in China"（设计和制造在中国）的过程中。

Adobe® 创意大学（Adobe® Creative University）计划是Adobe 公司联合

行业专家、行业协会、教育专家、一线教师、Adobe技术专家，面向国内动漫、平面设计、出版印刷、eLearning、网站制作、影视后期、RIA开发及其相关行业，针对专业院校、培训机构和创意产业园区创意类人才的培养，以及中小学、网络学院、师范类院校师资力量的建构，基于Adobe 核心技术，为中国创意产业生态全面升级和教育行业师资水平和技术水平的全面强化而联合打造的全新教育计划。

Adobe® 创意大学计划旨在与国内专业院校、培训机构、创意产业园区以及国家教育主管部门联合，为中国创意行业和教育行业培养更多专业型、实用型、技术型的高端人才，并帮助学生和从业人员快速完成职业和专业能力塑造，迅速提高岗位技能和职业水平，强化个人的市场竞争力，高质、高效地步入工作岗位。

为贯彻Adobe® 创意大学的教育理念，Adobe 公司联合多方面、多行业的人才组成教育专家组负责新模式教材的开发工作，把最新Adobe技术、企业岗位技能需求、院校教学特点、教材编写特点有机结合，以保证课程技能传递职业岗位必备的核心技术与专业需求，同时便于实现院校教师易教、学生易学的双重要求。

我们相信Adobe® 创意大学计划必将为中国的创意产业的发展以及相关专业院校的教学变革提供良好的支持。

Adobe将与中国一起发展与进步！

Adobe大中华区董事总经理　黄耀辉

关于《eLearning教学应用与资源制作》

一、出版背景

我国基础教育信息发展至今已逾二十载，进入21世纪后，在多项国家重大计划与工程的推动下，经历了一个快速发展的历程，在硬件设施建设、资源开发与利用、人才培养上都取得了振奋人心的进步，并总体上进入了普及推广阶段。本书正是在这样的历史基点上，以教育信息化建设深入发展过程中的重大需求为背景，推进优质的、符合教学原理的数字化教学资源生成和高可用性数字化教学资源共享环境建设，承载新的历史使命，扬帆奔赴新的历程。

数字化教学资源是教育信息化建设的基础性话题，同步于基础教育信息化建设的发展。我国数字化教学资源建设已经进入了新的历史阶段，这是因为：第一，信息化基础环境已经有了极大的改变，校园的网络环境、应用环境及各类群体的信息化素养得到了有效提高；第二，信息技术的教育应用正进入有效应用和深化发展的关键阶段；第三，媒体技术正取得突飞猛进的发展，富媒体技术正推进Internet应用向着高交互性、丰富体验性方向发展；第四，教育技术的理论发展与实践应用推进着信息技术与课程整合向着差异化、广泛性等方面发展。在这一新的历史阶段，数字化教学资源建设正成为推进教育信息化深入发展新的落脚点，数字媒体有效应用，情景化、强交互、个性化数字化资源的建设，以及可重用、可重组的数字化资源发展需求等特征正成为数字化教学资源建设的新趋势。本书正是在这样的视野上，向来自于一线的广大教师、数字化教学资源提供者、教育管理者阐述符合教学原理需求的数字化教学资源制作原理、方法和途径，以全面系统化的视角，试图给广大基础教育领域信息化建设者就数字化教学资源发展呈现一个整体性的概貌，向广大基础教育信息化建设从业人员展现数字化教学资源建设领域的发展现状、发展前景，以期指导广大基础教育信息化建设从业人员的一线实践，并从共同视角思考教育信息化建设中的基本问题——如何为一线教师提供高可用性的数字化教学资源环境，并进而规范和引导个体行为，使广大教师成为积极的数字化教学资源使用者、无私的数字化教学资源共享者和有效的数字化教学资源设计者。

本书以学习对象技术与理论为支撑，以新型富媒体数字化制作工具为依托，以先进的数字化教学资源建设理论和实践模式为指导，通过新型富媒体数字化教学资源案例制作与展示，向广大教师介绍对象化富媒体资源的制作原理、制作过程和制作技巧，并将广大教师放置在高可用性资源共享环境建设者的角度，阐述如何以“具有教育教学单元含义”的数字化学习对象制作、整合与共享资源，融合着对构建高可用性数字化教学资源共享与应用环境的热切期待。为支持对象化教学资源设计理念的实现，书中介绍了Adobe eLearning软件工具包，这是Adobe公司为富媒体数学化教学资源技术的教育应用而整合的强大工具包，它既包含了Adobe Captivate、Adobe Presenter等富媒体数字化教学资源制作工具，也包含了像Adobe Photoshop、Adobe Flash、Adobe Soundbooth等富媒体素材加工和制作工具，针对一线教师实践需要进行软件功能介绍，并将这些软件功能的应用融合在案例之中，以指导一线教师和从业人员的工作实践。书中包含了6个案例，展示了富媒体技术如何有效地同各种不同的学科相结合；为方便使用，读者可以从后面的“Adobe eLearning软件工具包软件技能操作索引表”中查找自己需要的软件功能使用与指导。

区别于现有的多媒体课件制作类教材，本书是目标于呈现数字化教学资源应用全景式的发展图景并从微观上指导优质教学资源开发的教材，因此，它更适合于教育行政管理部门和广大学校系统化的推介与选用。该教材面向三类读者群体，第一类为一线教师，建议学习第2章、第4章和第5章的内容，可以使读者成为优质教学资源的设计者、创作者、应用者和贡献者；第二类为资源的建设者与管理者，建议学习本书的全部内容，使得读者能够全面了解优质教学资源制作的基本需求，掌握如何建构高可用性的教学资源应用环境；第三类为教育管理者，建议学习除第4章外的内容，通过学习，读者能够理解数字化教学资源发展的基本趋势，把握信息化建设深入发展进程中数字化教学资源建设的基本规律，提高信息化建设决策能力以及整合全社会资源构建高可用性数字化教学资源应用环境建设的驾驭能力。同时也可以用作eLearning相关专业本科生、研究生的参考教材。

本书是通力协作的结果，团队成员来自于一线骨干教师、Adobe专家团队和北京师范大学教育技术学院知识工程研究中心研究团队。这些教师工作在教学一线，对新技术教育应用具有开放的胸襟和创新应用的思想意识，他们是北京教育网络和信息中心申军霞老师、北京师范大学附属小学姜巍老师、中国人民大学附属中学宓奇老师、首都师范大学附属中学蔡明春老师、北京教育学院宣武附属中学毕丽华老师、北京市81中学王小丽老师、北京市第十九中学毛鹤灵老师、北京市昌平四中王芬老师，感谢他们贡献了学科案例的教学设计以及对案例开发过程的指导。感谢Adobe专家团队成员，他们是毛屹槟、张振华、倪栋、谷岳和刘强，感谢他们将多年来对Adobe系列软件功能应用体验和经验充分地融入在每一个案例的制作之中。在北京师范大学教育技术学院黄荣怀教授的领导下，北京师范大学教育技术荣院李玉顺博士、李葆萍博士、林康权老师、庄秀丽博士、武林、杨艳、朱美娜、吴斓、祁曼菲等人参与了本书的写作。要特别感谢Adobe（中国）公司于秀芹经理，她对Adobe教育事业的追求、忘我的工作热情、出色的组织与协调能力保证了本书的完成，使得我们能够一起为促进新媒体技术教育的有效应用贡献自己微薄的力量。

本书仅代表了项目组在优质数字化资源创建与高可用性数字化教学资源环境建设方面

的基本思考，与教育信息化建设系统化、复杂化需求相比较，这一工作仅仅是一个起步，希望能够在这一领域起到抛砖引玉的作用。

本书的出版受全国教育科学“十一五”规划课题“普适学习资源服务体系及关键技术研究”项目及其研究成果的资助，该项目编号为BCA070052

二、本书结构

第1章　数字化教学资源的现状与发展趋势

本章讲述了国际上数字化教学资源发展的现状以及我国数字化教学资源发展的新的需求，并在信息技术和媒体技术发展现状的基础上，阐述数字化教学资源发展的趋势，指出基于学习对象的教学资源建设是构建高可用性数字化教学资源共享和应用环境的基石。

第2章　对象化教学资源设计的原理

本章阐述了对象化教学资源的基本原理及理论内涵，解释了在数字化教学资源建设的进程中，学习对象从技术化概念向理论化体系发展的进程，具体阐述了学习对象理论的支撑内容，即融合教学原理、媒体理论和资源模块化策略于一体的理论内涵，并据此提出了对象化教学资源设计的基本参考框架。

第3章　对象化教学资源设计与开发

本章阐述了依据学习对象理论开展实践应用的途径，提出了对象化教学资源设计与开发的过程，为符合教学原理、媒体有效应用和知识内容有效模块化的数字化资源设计与开发提供参考，同时融入了高可用性数字化教学资源共享与应用环境建设的内在过程。

第4章　数字化教学资源设计支持软件

对象化教学资源设计与制作的关键是要落实到具体工具的支持之中，本章介绍了Adobe eLearning软件工具包，并以Captivate、Presenter等富媒作课体制件工具为重点，同时以富媒体资源素材类工具软件面向教学应用的实际功能要求为出发点，介绍了Photoshop、Flash、Soundbooth等软件工具。这些工具能够有效地支持对象化教学资源的设计、制作、整合与发布，是广大一线教师和资源提供者必须掌握的工具。

第5章　对象化资源设计与制作案例

本章依据对象化教学资源设计的原理和流程，参考对象化教学资源设计的基本参考框架，采用Adobe eLearning 软件工具包为制作工具，示范制作了6个不同学段、不同学科的对象化教学资源，结合学科特点，详细地介绍了对象化富媒体教学资源的制作过程以及Adobe eLearning工具包中软件功能的详细应用示范。在内容制作上，依照学习对象可参考结构进行案例素材的选择、加工以及内容的设计与编排。这些案例可以为广大的一线教师和数字化教学资源制作者利用这些工具制作符合教学原理的教学资源提供参考。

三、Adobe eLearning 软件工具包软件技能操作索引表

软件	技能点	软件部分索引	案例部分索引
Captivate	录制的类型和模式	P83-87	
	Captivate对象的使用:交互性	P89-90	P257-261
	Captivate对象的使用:插入图片、音频、视频、动画	P90-93	P261-265
	Captivate对象的使用:鼠标指向效果注解对象及配音音频应用	P93	P265-268
	试题集创建与管理	P98-99	P268-274
	随机试题幻灯片的生成	P99	P275-276
	模板的使用	P99	
	导入和使用PPT文件	P100	
Presenter	插入和编辑媒体（音频、视频、Flash）	P66-68 P68-69 P69-70	P314-315
	生成和管理测验	P70-78	P311-314
	幻灯片的设计和外观配置	P78-79	P315-317
	发布（pdf/swf/HTML）	P79-80	P317-318
Photoshop	图层样式的应用	P112	P335-336
	智能对象的创建	P106-107	P337
	智能抠像的使用技巧		P202-203
	图像调整之曲线、色阶的调整技巧		P204-205
	三维工具的应用技巧		P169-173 P287-288
	污点修复画笔的使用技巧		P206-207
	操控变形的应用		P203
	智能填充的使用		P207-208
	快速选择工具的应用技巧	P107-108	P201-202
	钢笔工具的使用		P286-287
Flash	创建补间动画：在“动画编辑器”中更改Alpha的值		P245-251 P181-183 P184-188 P245-251 P296-297
	创建补间动画：在“动画编辑器”中更改“缩放X”和“缩放Y”的值		P355-356

续 表

软件	技能点	软件部分索引	案例部分索引
Flash	创建补间动画:在“动画编辑器”中更改x轴的位置	P127	P177-178
	创建补间形状		P214-215
	骨骼动画的制作：普通骨骼动画	P127-129	P218-226
	骨骼动画的制作：CS5中骨骼动画新增功能——弹簧和阻尼特效		P226-230
	多种媒体的整合（整合音、视频）	P129-132	
	多种媒体的整合（整合音、视频）：“FLVPlayback2.5”组件的应用		P240-243
	多种媒体的整合（整合音、视频）：“On Cue Point”事件的应用		P244-245
	添加按钮：制作文本按钮		P294-296
	添加按钮:使用Flash附带的范例公用库添加按钮		P351-353 P359-361
	ActionScript3.0使用入门	P132-134	
	ActionScript3.0的使用：通过脚本制作动画——Tween动画		P349-351 P361-362 P363-366
	ActionScript3.0的使用：事件侦听机制	P132-134	P292-293
	ActionScript3.0的使用：通过互动控制对象属性		P291-P293 P298- 299
	ActionScript3.0的使用：定时器的制作		P349-351 P347-348 P362-363 P363-366
	ActionScript3.0的使用：自定义类的应用		P338 P348 -349
Acrobat	用按钮触发页面导航	P161-162	P321-322
	页面控制		P319
	在PDF中插入声音文件	P152-153	P320
	在PDF中插入视频文件	P152-153	P321
	通过Acrobat制作表单	P158-162	P326-328
	文档的加密保护	P157-158	P325-326
	利用PDF包进行教学资源的封装	P153-155	P276-280 P328-329

续 表

软件	技能点	软件部分索引	案例部分索引
Soundbooth	录音	P139-140	P255 P378
	去噪	P145	P256 P378
	剪辑	P143	P256
	配音	P148-149	
Premiere	剪辑		P302 P303
	转场		P303
	调色		P309
	抠像		P308
	发布(FLV)		P303 P310

《eLearning教学应用与资源制作》写作项目组

Adobe

第1章　数字化教学资源的现状与发展趋势

第2章　对象化教学资源设计的原理

第3章　对象化教学资源设计与开发

第4章 数字化教学资源设计支持软件

第5章 对象化资源设计与制作案例

第1章 数字化教学资源的现状与发展趋势

本章导读

数字化教学资源是eLearning发展中的重要话题之一，本章阐述了当前国际国内数字化教学资源发展及应用的现状，论述了信息技术及媒体技术发展对数字化教学资源应用与共享的支撑，特别是在有效的数字化教学资源制作以及高可用性数字化资源应用环境建设方面，指明了富媒体技术、学习对象理论指导下高可用性教学资源环境建设是当前努力的方向。通过本章，读者可了解富媒体技术的发展，以及富媒体技术如何有效地服务于教学；了解在数字化资源制作过程中，关注高可用性资源共享与应用环境建设的相关要素；了解数字化教学资源环境建设的可能性，以及建构的必然途径——构建协同化的资源建设机制，融合教师个体、教育行政部门、学校和市场的共同作用，提升个体行为的主动性和自觉性。在此基础上，理解基于学习对象的数字化教学资源设计是关联高可用性教学资源和有效资源共享环境建设这两个要素的纽带。

1.1 数字化教学资源的现状

1.1.1 国际上数字化教学资源发展的现状

在教育信息化建设进程中，数字化教学资源建设始终都是推进eLearning发展的关键，当今世界各国都对数字化教学资源建设给予了充分重视。**对数字化教学资源而言，核心问题有两个：第一，如何生成符合教育教学需求的、优质的数字化教学资源；第二，从全社会的范围来看，如何在数字化教学资源海量积累后，能形成高可用性的资源应用环境。**同时解决好这两个问题，才能从根本上解决教师、学习者应用数字化教学资源进行有效的教和学的问题。这两个问题既是相互独立发展变化的，具有各自的多因素影响特征，同时也是彼此关联的，在没有海量的、符合教育教学需求的数字化教学资源情况下，就很难建立起高可用性的资源应用环境。

实际上，上述努力无论是在商业领域，还是在国家教育行政部门规划领域和开放教学资源领域都在持续发展和推进。在商业领域，从全世界范围看，自2001年出现了与学习管理系统相独立的学习内容管理系统，以促进组织范围内数字化教学资源的共享、重用和跨平台互操作；在研究及实践领域，自1996年开始，出现了以学习对象(Learning Object，LO)技术为基础，构建先进的、高效能的教学资源共享平台和环境的努力，以为数字化资源的使用者提供“可定制的”、灵活的资源应用环境。当前，如何创建有效的教学资源、如何建设高可用性的数字化教学资源应用环境已成为数字化教学资源支撑教育信息化发展的重大课题。在世界范围内，各国都开展了跨组织、跨区域、支持海量教学资源共享应用环境建设的研究，包括美国、英国、澳大利亚等国家，并进行了这方面的实践。高效能、可持续、高质量的数字化教学资源应用环境已成为全球教育信息化领域的研究与实践热点。

1.1.1.1 构建符合教学需求的数字化教学资源

如何建构优质的数字化教学资源是eLearning领域发展中持续性的主题。2000年7月，美国培训与发展协会（American Society for Training and Development，ASTD）委托Lynette Gillis博士建立了世界上第一个eLearning在线学习课件的质量认证服务标准（e-Learning Certification Standards），该标准被评价专家认为是最可靠的标准参照之一，它基于命题专家们的综合判断，于2001年7月底通过测试并定稿。该标准对支持在线学习的数字化教学资源满足教学需求方面提出了具体、明确的评价指标，包括学习目标、应用要求和促进相邻知识迁移等方面，如表1-1所示。

表1-1 在线学习课件的质量认证服务标准

一级指标	二级指标
可用性	导航、定位、反馈提示、链接效率、链接外观、帮助、易读性、文本作品的质量
技术性	技术要求、安装、卸载、可靠性、响应、从播放器中退出
教学性	学习目标、应用要求、引起注意和兴趣的维持、维持动机、引出相关知识、演示例子和案例、阐明学习内容、提供练习、促进相邻知识的迁移

上述努力同样发生在开放教育资源领域，在开放教育资源共享项目中，其成功的基本保障来自于对教学资源质量的把握，以这一领域内最为知名的项目——服务于学习和在线教学的多媒体教学资源（Multimedia Educational Resource for Learning and Online Teaching, MERLOT）为例，该项目对资源内容质量的评价包含以下三个方面。

1. 内容的质量

向该系统中提交的数字化教学资源是否是学科课程计划的核心内容；是否内容难于教学；是否是进行更深层次学习的先决条件。在此基础上，形成了更为具体的内容质量界定标准，包括内容是否具有实时性和相关性、是否准确无误、是否简洁/清楚、是否知识面广、是否完整地阐述概念、是否灵活、是否综合并总结概念等。

进一步地讲，对内容质量要从正确性、重要性等方面进行评价。关于内容质量的有效性、正确性可以从以下几个方面判断：

①是否准确地描述了事实?

②与惯例和其他资源相比是否正确?

③内容是否完整，有没有漏掉重要且相关的信息?

④内容是否是实时的和最新的?

⑤准确性是否贯穿了材料始终?

⑥如果项目包含了其他资源的链接，这些链接的资源是否有效?

关于内容质量的重要性可以从以下几个方面判断：

①材料内容有没有覆盖到本学科的核心课程计划?

②是不是进一步学习本学科更深层次知识的先决内容?

③有没有涉及难于教学的内容?

④重要性是否贯穿了材料始终?

⑤如果项目包含了其他资源链接，这些链接资源是否是合适的?

2. 作为教学工具的潜在有效性

这里包含三方面的内容：

①学习过程的平台支持能力，资源能否得到平台的有效呈现和应用支持；

②学习目标和成果是否清晰；

③目标人群是否明确。

3. 操作的简便性

在操作使用上，向导、用户的反馈是否清晰；文档内容是否详细；界面是否直观、吸引人等。

总之，构建符合教学需要的数字化教学资源是根本性的问题，是发展高可用性数字化教学资源共享与应用环境的基石。

1.1.1.2 构建促进数字化教学资源高效共享和应用的环境

自本世纪以来，构建面向教学需求的数字化教学资源环境已成为全球化现象，世界各国都进行了大量的研究。当前，从教学资源服务于教学需求和提升资源共享系统效能的角度看，对象化学习资源的生成与管理是这一领域发展的基本出发点（**即基于学习对象原理和技术，开展数字化教学资源的设计和制作。学习对象是“积件”概念的延伸，详见第2章**），典型的这类研究与应用包括：

①加拿大的CANARIE e-Learning Program项目，该项目关注以学习对象技术构建新型的教学资源共享应用环境；它是较早从国家层面采用学习对象技术进行资源及资源共享平台的项目，在该领域产生了广泛的影响。

②从教学资源共享环境建设基本技术来

看，元数据规范在不同领域、不同层次上得到了研究和应用，这些元数据规范是基于IEEE LOM或Dublin Core的应用纲要，如加拿大的CanCore、澳大利亚的EdNA和ANZ_LOM规范。

③从应用领域看，有面向于特定教育领域应用的资源共享环境建设项目，如澳大利亚的Flexible Learning Framework项目，该项目关注为成人在岗的学习服务提供全国性的高可用性资源共享环境。

④从建设高可用性教学资源共享环境的实现动力来看，有政府推动的资源共享项目，如澳大利亚的Flexible Learing Framework、Le@rning Federation、欧洲范围内多国政府的合作项目欧洲学校网（European SchoolNet,EUN）；有基于开放理念的教学资源共享项目，如MIT Open CourseWare和多媒体教育资源开源项目MERLOT；有来自工业领域驱动的资源共享环境建设项目，如苹果App Store中的iTunes U项目。

总之，从国际上发展趋势来看，在资源生成、资源共享与应用、高效能资源共享支撑平台建设等方面已成为构建高可用性教育资源环境的基本环节。

为清晰理解国际上上述资源共享应用环境建设的现状，这里再对这一领域内的典型项目多做些介绍。该领域中，早期最为知名的项目为"教育资源网关"（Gateway to Educational Material，GEM）。1996年，美国教育部和美国国家教育图书馆联合发起了"课程门户统一目录"（Curriculum Gateway Union Catalog，CGUC）项目，后更名为GEM。GEM系统为教学资源提供者与用户建立了广泛联盟。根据不同参与水平，将所有成员分成六个团体：GEM联盟、GEM用户组、GEM资源提供者（或个人资源成员）、GEM管理委员会、GEM工作组和GEM行政组，所有这些参与者按统一规则最大限度地实现教学资源的联盟与共享。

GEM系统中没有放置任何教学资源实体，主要包含教学资源元数据描述记录数据库和搜索引擎两个部分，从而把网络上各类教学资源聚合到了一起，为美国乃至全世界的教师、家长和学习者提供大量的教学资源信息。伴随这一类型教学资源共享系统的发展，人们开始关注资源共享中更加深层次的问题，即如何促进数字化教学资源更加有效地共享与使用，特别是在满足大规模群体差异化需求方面，另一方面，要提升资源环境的数字化教学资源的质量，特别在满足学习者认知需求方面。为此，人们开始关注以学习对象技术为核心的教学资源共享、管理与应用研究，典型的如CANA-RIE e-Learning Program项目(1999—2004年)，该项目目标是创建泛加拿大的、可持久的学习对象存储器互联基础设施，它支持了32个子项目，最典型的子项目如eduSource Canada，该子项目核心是在标准化基础上，围绕教学资源内容可重用性的支持，创建跨越整个加拿大的互联共享教学资源库网络，引领了与这一基础架构密切相关的工具、系统、协议以及实践方向的发展。eduSourceCanada子项目组由来自政府、企业和学术三方的专家代表组成，不同参与角色分别从教学研究、测试运行、评估研究、内容重用、数据仓库和元数据规范等方面对分布式学习对象库构建进行研究，形成的研究成果体现在以学习对象为核心的体系化工具和平台环境中，包括学习资源编著工具、元数据标记工具、对象管理工具、绑联搜索工具、存取和响应用户接口、学习对象库之间的通信层等。在CANARIE e-Learning Program项目进展过程中，形成了加拿大数字化教学资源元数据规范Cancore。

GEM实践理念以及CANARIE e-Learning

Program项目中以学习对象为基础的教学资源共享项目对世界范围内的教学资源环境建设产生了深刻影响，使学习对象理论和技术成为构建高可用性教学资源共享环境的基础，并进而促进有效资源共享与管理机制的形成，使学习对象理论得到了丰富和发展。如欧洲（可能是全球的）最重要的数字资源共享与应用组织是欧洲学校网(European SchoolNet, EUN)，它是跨越欧洲的国家教育网络和各国教育部的协作组织，包含31个欧洲国家，其基本目标是自底而上将EUN建设成为欧洲范围内的国家和区域教育组织存取教学资源的入口点。EUN的长期计划是建设欧洲“学习资源交换”（Learning Resource Exchange，LRE)门户，它将使得资源能够被EUN内感兴趣的所有参与国家教育组织存取与使用；LRE关注版权问题的解决，其中的资源具有明确的版权描述——从完全的版权保护（所有权限都保留）到公共开放（没有版权保护）。在大洋洲，围绕上述理念，已形成了跨越全国、覆盖不同学段的教学资源共享环境，如EdNA目标支持澳大利亚所有教育和培训部门之间合作计划的实现，为政府和非政府的学校组织、职业教育和培训、成人教育和高等教育提供丰富的资源服务；为确保所收集资源的质量，EdNA明确提出了关于资源内容质量的标准，包括与课程的相关性、精确和实效性、权威性、支持社会公正并保护人权与版权。EdNA创建了覆盖全澳大利亚教育的门户网站EdNA Online。此外，在继续教育领域，“澳大利亚灵活学习框架”项目(Australian Flexible Learning Framework)是为职业教育与培训系统而开发的教学资源共享环境，该项目从2000年开始建设，将精品课程类的课件资源和跨组织的学习对象资源融合在统一的资源共享环境中。该项目以澳大利亚政府部门牵头，地方政府和各级培训部门协作的方式进行；在基础教育领域，Le@rning联盟为澳大利亚和新西兰基础教育学校开发数字化教学资源，该项目由澳大利亚和新西兰政府合作，自2001年以来，该项目所创建的高质量的、创新性的内容已用于这两个国家的学校教育实践，开启了数字化时代教育的革命。创建分发内容的基础设施、设置标准规范、开发质量保证流程、提升学校推送数字化资源的能力是Le@rning项目的重要研究内容。

除上述以构建跨组织、高效能、大范围的数字化学习资源支撑环境外，在这一领域内，还存在着更加广泛的教学资源共享环境建设的实践，如英国特别注重网络资源的建设，加强网络资源的统一管理与共享(通过系统化的网络数字化教学资源分类与关联)，并于1998年建成了全国教育门户网站——国家学习网格设施系统（National Grid for Learning, NGfL），以连接国家范围内的所有学校与教育机构，实现教学资源的共享。在开源领域，伴随OER运动的发展，全球化开放教学资源运动产生了广泛而深刻的影响，该实践源于2001年4月MIT Open CourseWare(MIT OCW)运动。截至2008年12月，MIT OCW所发布的课程总量已达到1890门。在MIT推动下，开放课件联盟（Open Courseware Consortium）已包含100多家成员，其中11家大学或学院来自于美国，其他成员大多来自于区域性开源联盟中，如法国ParisTech的Graduate School、西班牙Universia OCW、中国教学开放资源协会CORE、日本OCW联盟和越南开源课件协会等。

2008年起，MIT OCW也定期将音/视频加入YouTube或iTunes U上进行发布。在MIT OCW的驱动及早期开放源码项目影响下，教学资源共享已超越组织、区域和国家层次，出现了“开放教育资源”（Open Educational

Resource，OER）运动。2002年，联合国教科文组织召开了“开放课件对发展中国家高等教育的影响论坛”，会上肯定了MIT OCW项目，并首次提出了“开放教育资源”(OER)的概念。当前，伴随开放教学资源运动的深入发展，关注的焦点正发生转变，从宣传开放理念、积极实践，转向了深层次问题，如高质量的符合教育教学需求的数字化资源生成、以用户需求为导向、更有效地促进数字化资源教学应用等。

1.1.2 我国数字化资源建设应用及新的需求

伴随教育信息化的建设，我国数字化教学资源建设取得了蓬勃发展。自上个世纪90年代中期，出现了教学资源建设的高潮,特别是在基础教育领域，出现了一批数字化教学资源库提供商，在国家教育信息化建设的推动下，这些资源库被广泛地分发与推广。与此同时，教育管理部门、教育服务公司都组织力量建设数字化教学资源。伴随教育信息化建设的深入发展，出现了在国家层面上推动数字化教学资源建设的趋势，如国家基础教育资源网、农村中小学现代远程教育工程等项目，一些省市地区也出现了推进数字化资源建设的热潮。在MIT OCW开放教育资源共享理念的带动下，我国在高等教育领域开始了精品课程建设，截至2008年12月，全国已评审出2368门国家级精品课程。总之，农村中小学现代远程教育工程、高校精品课程等项目都将数字化教学资源建设、共享和管理的研究与实践向前推进。经过这些年的发展，我国数字化资源建设取得了巨大成就，同时也出现了新的发展需求，体现在以下几个方面。

1.数字化资源使用已成为教师教学活动的基本需要

当前，数字化教学应用已成为发达地区教师教学应用的基本需求，数字化教学资源已经广泛应用在教师的教学、专业发展和学习者的学习过程中，已经成为一些教师日常的行为习惯，在教学设计、课件、试题和素材等方面都有大量实践化的应用。

2.教师对数字化教学资源应用新的需求趋势

从基础教育数字化教学资源建设的实际情况来看，一线教师在数字化教学资源的针对性、可用性和有效性等方面存在不同程度的需求，这些需求反映到了对数字化教学资源应用环境的建设上，并凸显了对数字化教学资源建设方面不同的需求。

(1) 我国数字化教学资源质量及应用情况

资源只讲“海量”，忽视了教育性和教学性。目前大多教育教学资源均以“库”的形式出现，大部分教育教学资源的创作者并非广大师生，而是资源服务者，他们在描述资源的时候，更多关注的是资源的技术属性和标识属性，而忽视了资源承载的教育教学意义。技术滥用，特别是数字媒体技术的大量应用，没有充分地应用好媒体资源的特点，包括在互动性方面、符合认知需求和适应学习者的特点等方面。资源内容与教学实际需求还存在一定差距，这些原因造成了资源的可用性较低。资源使用效果的好坏应以资源服务于实际的教学效果为标准，应服务于教师的教、服务于学习者的学、服务于学习者的发展。在这些问题的解决中，发挥一线教师的作用至关重要。教学资源除了需要按资源规范进行描述，以支持资源跨平台共享和互换，还需在资源创作和使用的教学背景等方面，对资源进行描述、组织和管理，这样可以使资源承载更多的教育教学意义，拉近资源与实际应用的距离。

资源重复建设，时效性差，没有形成有效的可持续发展机制。许多学校的网上远程教学是学校与网络公司联合举办的，这种情况下，容易造成各学校在教学资源上的重复建设。许多学校在开展远程教学时，从教学系统支持平台、教学管理系统到每一门课程都是全部重新开发。这一问题要得到解决需要教学资源建设机制上的协同协作性，迫切需要建立起资源协同建设的有效机制，以支持高可用性数字化学习资源环境的创建。与此同时，新一轮课程改革对教与学提出了新的要求和挑战，目前存在的大部分资源只是按照新的课标重新排序，其理念与内容仍相对滞后，无法满足当前教师对资源的需求，缺乏时效性。需要对资源管理机制进行创新，以形成一个资源建设、供应与应用互相协作、促进和持续发展的良性机制。

资源库的交流与互动性能差，难以形成数字化教学资源有效的共享与演化提升。目前的资源创作者大多是独立创作资源，或局限在很小范围内交流和协作，这不利于教学资源向多元化、个性化方向发展，不利于教学资源在更大范围内传播以及承载教学信息，容易导致资源的重复创作和固步自封，难以获得技术和能力的突破。用户不仅是资源利用者，也是资源的生产者和提供者，可以借鉴网络课程的经验，增加互动性，调动用户的积极性，共同关注和参与数字化教学资源的建设。解决这一问题的关键是要构建数字化教学资源环境中的网上社区，将网上社区和数字化教学资源共享与管理进行有效的绑定和关联。

资源的审核与评价办法还不完善，优质教学资源难以规模化呈现。目前还没有一套实用的、可操作性强的评价数字化教学资源的办法或程序。资源的审核主要依靠资源审核专家从资源的科学性、正确性和技术性及规范性几个角度进行审核，以主观评价为主，因此有很大的局限性。为了使资源的审核与评价更有效，除进行主观评价外，还应该按照现有数字化教学资源的评价标准对资源数据进行客观评价，对数字化教学资源的评价标准进行研究和探索，构建完善评价体系是解决问题的根本办法。这一问题的解决需要将资源使用者加入数字化教学资源评价的流程中，让他们对客观使用体验、使用效果进行真实评价。

(2) 我国数字化教学资源共享环境的情况

数字化教学资源的生产不标准、不规范。这既不利于数字化教学资源的共享与交换，造成了资源的重复性建设，同时也给数字化资源的更新带来了很大困难。通常情况下，标准化和规范化是指资源库开发中要依据一定的标准和规范来建立媒体数据，使用统一的媒体格式，利用通用开发语言和开发工具，进行源代码公开；从更深层的意义上是指为了方便管理和检索，方便共享和重用。如果数据不标准、不规范，一方面会给数据的共享、交换与更新带来极大不便，同时也会造成资源的重复建设。

资源的集中存储与集中管理模式给数字化教学资源共享和使用带来很大限制。基于这种管理模式建设的资源库只能满足局部或一定数量用户的使用，当有大量用户同时访问时，就会出现资源访问的瓶颈。因此，在建设资源环境时建议采用资源的分布式存储、目录集中式管理的模式，在实现大范围共享的同时，还可为用户提供最方便、最高效的教学资源信息服务。关键是构建分布式的资源共享平台，创建跨组织、跨区域的资源共享环境，这是数字化教学资源建设亟待解决的问题。

数字化教学资源的价值不能得到应有体现。当前，数字化教学资源的生产有商业化和教学活动中生成（如观摩课）等多种方式，但从实践上还没有形成良好的模式。资源的免费提供必然会使资源建设者的劳动得不到应有的回报，但是过多的商业运作，又会极大地挫伤消费者或用户的积极性，如何协调好二者之间的经济关系是让教育部门困惑的一个问题。解决这一问题的关键是要在全社会的范围内建立起有效的资源生成、共享和交易等活动的协同化机制。

3．全社会投入和关注下的数字化教学资源发展

经过近十年的发展，我国教育信息化建设取得了突飞猛进的发展，信息技术已经应用到支撑教师教学、学习者学习、教育管理等诸多环节，信息技术与课程整合的能力也深入到教师职业发展基本需求上。总体上看，信息技术的教育应用开始从普及阶段向深入发展阶段推进，这一阶段的突破既要依赖于一线教师在微观上的教学实践，更依赖于信息化整体环境的建设，以微观发展（教师、学习者、家长的信息化素养提升）促进宏观进步，以宏观发展推进信息化教育应用环境的优化。

数字化教学资源作为教育信息化发展的先锋，在教育信息化建设进程中取得了辉煌的发展，各类资源库如雨后春笋般地涌现，各类资源主题网站层出不穷，全社会在数字化教学资源建设方面的投入不断加大，教师、学校参与资源建设的积极性不断增强，显著带动了一线教师对高可用性优质数字化教学资源的渴求。

解决上述矛盾是当前教育信息化建设深入发展过程中的重大课题。这一方面需要在资源制作上符合一线教师教学需求，使数字化教学资源真正符合学习者认知特点、适应学科内容需要；同时，在资源制作上，要充分合理地利用媒体技术的发展成果，创建优质的、交互性强的数字化教学资源，并利用新媒体技术，设计交互性的、情景化的、个性化的、丰富的数字化学习资源。更为重要的是，身处一线的教师、教育管理者、教育决策者应该能够开阔视野，以创新性的理念设计、管理和共享数字化资源，以模块化、“具有教育教学单元含义”的数字化资源制作（也称对象化资源制作）与共享来实现数字化教学资源的深层次共享和重用。

基于学习对象的教学资源设计既强调教学资源符合教育教学需求、满足学习者认知规律，更为重要的是，它致力于对数字化资源共享大环境进行显著提升，使得T量级的资源能够符合教育目标并最大化地被共享和重用，创建差异化的，符合广大教师群体、学习者群体特定需求的数字化教学资源应用环境。

综上所述，生成适应教育教学需求的数字化教学资源是当前数字化教学资源建设进程中的关键问题，而促进数字化教育资源更大范围内共享和重用是一线教师、教育管理者推进教育信息化建设向更高层次发展的必然趋势。在新的数字化资源建设与应用进程中，应将两者的发展需求有机地结合起来，以构建真正有效的高可用性的资源应用环境。如何协调上述数字化教学资源的发展显得尤为重要，学习对象是这一问题解决的基础性可行思路之一，可基于学习对象原理，推进资源提供者、管理者、使用者等不同群体之间的协同化机制建设。

1.2 新技术对数字化教学资源发展的影响

1.2.1 媒体技术对数字化教学资源发展的影响

数字化技术的发展为人们带来了众多的媒体形态。从媒体角度看，现有的媒体形式包括文本、数字图像、数字音频、数字视频、Flash等，人们对这些形式媒体的教学应用已经有了很多深入的研究。

多媒体提供的图、文、声、像等表达方式对人的多个感官进行综合刺激，不仅非常有利于知识的获取，也有利于知识的保持，从而增强了学习效果。所以多媒体技术能提供最理想的教学环境，必然会对教育、教学过程产生深刻的影响。近几年来，随着媒体及信息技术的成熟，多种媒体技术和网络环境以及Web开发技术都有了快速的发展，这使得富媒体技术得以成熟。什么是富媒体？富媒体是指复杂的媒体内容、多样的技术形态以及有效的推送进程（不影响页的预存时间）的组合，基于这一组合，使得人们能够创建更加丰富的、更高质量的、更有效果的媒体内容。基于富媒体技术，能够给教育教学带来更多的丰富的支持，下面通过一些例子来说明富媒体技术形态给数字化教学资源制作带来的影响，并通过这些例子阐明媒体技术，尤其是富媒体技术在情景化、个性化以及用作认知工具方面的作用。

1.媒体技术用作工具——对微观世界和宏观世界的展现

图1-1展示了通过多媒体技术来表现宏观世界知识——地球的自转周期。在该Flash动画中，通过地球围绕恒星的自转向学习者阐明每天的时间周期是24小时这一概念。通过文字和动画的配合，向学习者清晰地传达了这一知识。

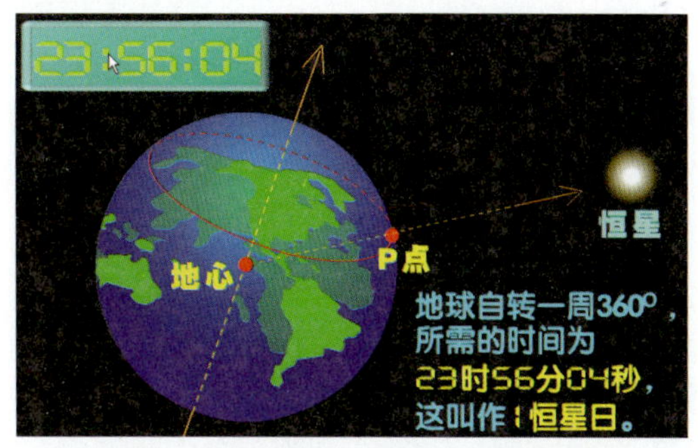

图1-1　用动画表现的地球自转周期

图1-2展示了通过媒体技术来表现微观世界知识——矿物质通过离子交换进行渗透以进入植物细胞内的过程。该Flash动画向学习者清晰地展现了土壤溶液中的离子通过载体穿过细胞膜，并与细胞发生营养交换的过程。

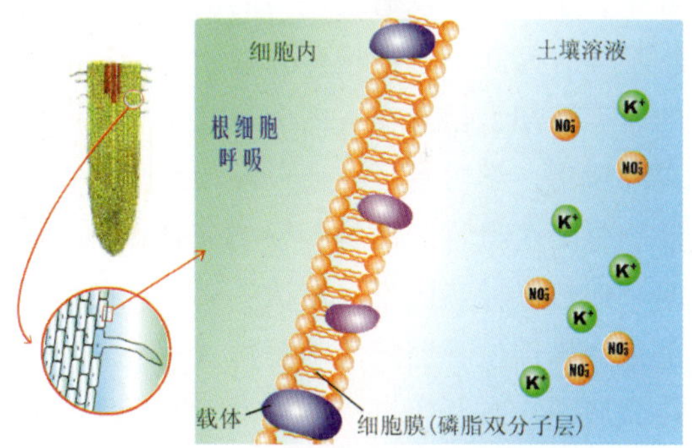

图1-2　植物矿物质的吸收过程

2.媒体技术用作对过程性知识承载的展现

图1-3展示了通过媒体技术来表现过程性知识——水的势能转化为动能，并进而转化为电能的过程。通过精练的文字，配合动画，将水的势能转化为动能所涉及的物理部件清晰地展现出来，并通过动画的方式表达出水的流动是如何带动水轮机进行运转，从而带动发电

机进行发电的。以动画、实物图片、文字相结合的方式，将水力发电的基本原理及运行过程清晰地展现出来，给学习者以深刻的认知。

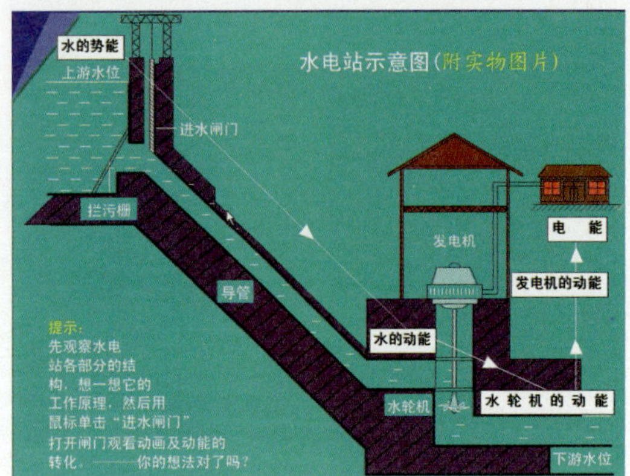

图1-3　水电站工作原理的动态展示

3.媒体技术用作交互性、个性化的知识环境的建构

图1-4展示了通过媒体技术构建交互式数字化学习资源环境的案例，在这一数字化资源中，学习者可以通过左边的图片对特定动物整体骨骼知识进行检索，检索后局部骨骼的动态性知识呈现在右图中。在该数字化资源环境中，学习者可以通过左边展现的完整动物骨骼获得特定动物骨架的完整认识，同时，通过鼠标热区指示出读者正关注的骨骼部位，该部位骨骼的清晰图片及相应知识表达就展现在右侧窗口中。学习者在基于特定动物整体骨架的基础上，通过交互而获得对该动物骨架结构中的局部化深入认知，从而在脑海中构建起有效的知识模式。

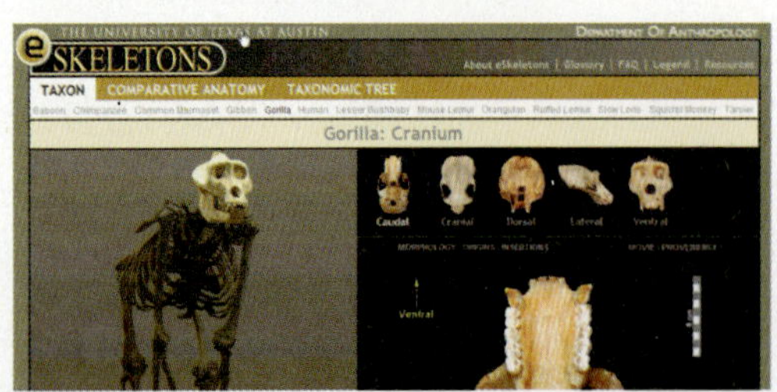

图1-4　交互式的动物骨骼课件

图1-5与图1-6展示了通过媒体技术构建交互式数字化学习资源的另一个案例，在这一数字化资源中，资源使同者的不同角色具有不同的资源操作路径，这些角色包括学习者、培训者、教师等，并将课件制作相关的要素清晰地展现出来。各种角色可以依据自己的角色功能和课件进行交互。

图1-5　澳大利亚FlexibleLearning项目中的资源案例 Ⅰ

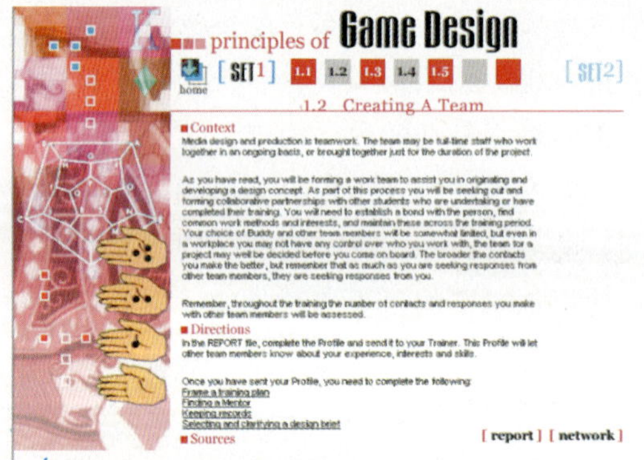

图1-6　澳大利亚FlexibleLearning项目中的资源案例 Ⅱ

图1-7展示了通过媒体技术让儿童学习者认识人类大脑，并将认知的层次追溯到分子层次。儿童学习者通过媒体技术能够认知世界上最复杂的生物构造的基本原理、基本构成以及人类现今对人脑认识的成果，从而激发起进一步学习的兴趣。

图1-7　认识大脑课件

图1-8展示了通过媒体技术让儿童学习者认识分子，并通过动画观察分子间的相互作用和影响，包括分子的自转、分子间的相互作用，从而认识复杂的现实世界的微观结构。

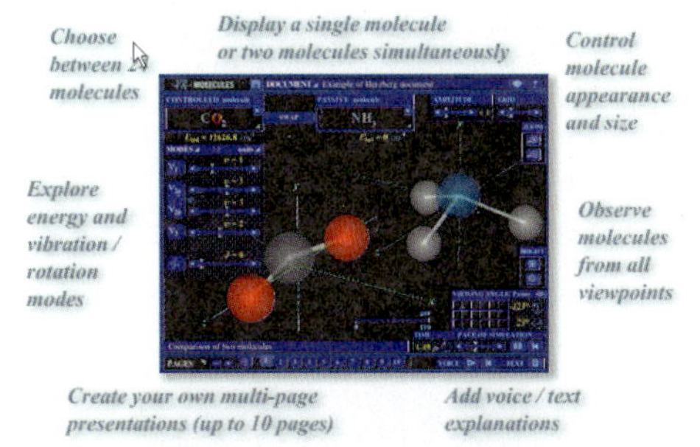

图1-8　分子知识课件

4.媒体技术对教育教学原理的支持——建构主义的案例

图1-9和图1-10展示了通过基于建构主义的教学原理和媒体技术充分应用的数字化学习资源案例。该案例让学习者认识“眼睛”。在建构主义的游戏情境中，让学习者学习几种动物（鱼、猫、狗、鹰、蜜蜂）和人类眼睛的结构和功能。通过对不同动物眼睛不同特点的学习，学习者探索出这些动物是如何以不同视觉方式看外界事物的。该数字化教学资源的教学方法给学习者提供一个真实的情境化学习环境，让学习者进行基于任务的学习，它需要多种感官的参与。对于每一个行动，都有一个来自系统的反应，系统所提供的反馈非常快，学习者可通过试验和犯错来学习：假设得到了验证，用户可从结果中学习。

小提示　系统同样支持主动学习、体验式学习和基于问题的学习。

图1-9　眼球挑战学习对象课件（首页）

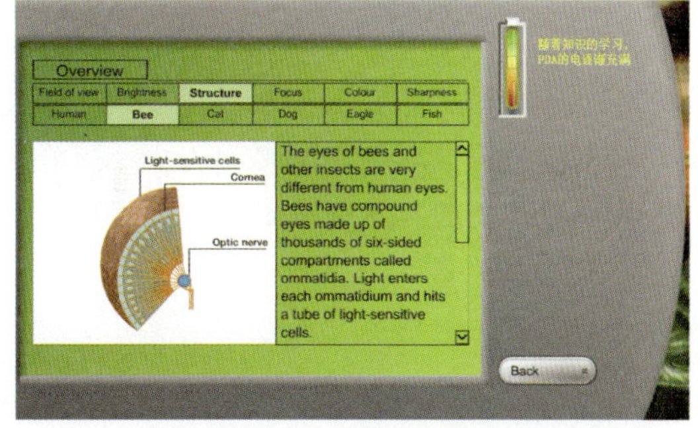

图1-10　眼球挑战学习对象课件（内容页）

5. 媒体技术对情景化的支持

图1-11展示了通过媒体技术构建情景化数字化教学资源的案例，在这一案例中，“教师”的形象及体态语言出现在知识表达的上下文中，构成了具有“仿真”情景的数字化教学资源。该案例中，动态的教师视频会伴随该幻灯片所关注知识的焦点不同而呈现在特定的位置上，营造了上下文的情景。

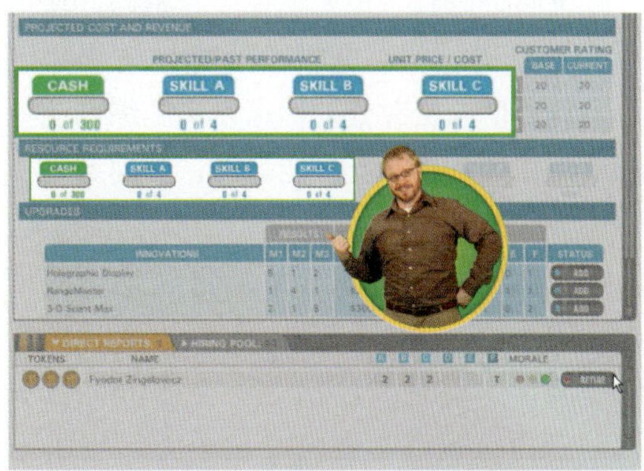

图1-11　情景化资源的制作

1.2.2 信息技术对构建高可用性数字化教学资源环境的影响

富媒体技术的发展为创建符合教学原理需要的数字化教学资源提供了可能，与此同时，信息技术发展使得eLearning系统向着分布、共享和开放等特征方向发展，这些技术特征使得人们能够建构分布的、跨组织的、基于网络社群和交互环境下的数字化教学资源共享和应用环境，并使得建构高可用性资源共享环境成为可能。在现有的信息技术发展形态中，对数字化应用环境建设影响最大的技术是Web服务、云计算及Web 2.0技术。

1. Web服务和面向服务的架构

信息技术的发展已经开始从支持早期的“垂直型”应用系统开发向“水平型”应用系统间的开放互联、互操作方向转化。在先前的信息技术形态中，任何组织内，由于各部门的信息系统是在不同时间段陆续建立的，缺乏统一的规划，没有共享的应用框架和共享的技术架构，很难为新的业务系统提供无缝集成；各系统采用不同编码标准和不同数据库系统，系统之间数据交换困难，数据可信度差；每个系统有自己的用户管理和授权机制，以致用户要记住多个密码，使用非常不方便；体现在学校信息化系统建设中，校内信息资源分散，难以实施综合流程和综合查询，决策支持能力弱，管理各种不同信息系统的成本越来越高。

为适应学校的教育信息化建设发展战略，从根本上提升校园信息化建设为教学、教研、管理、生活等各方面的综合服务的能力，提高学校核心竞争力，可采用“面向服务的架构”（Service Oriented Architecture，SOA），建立校级数据中心平台，整合业务流程和门户，解决技术异构和信息异构问题，使数字校园环境变得更加开放和标准，循序渐进地实现信息集成与业务协同。

SOA是一种面向服务的体系架构，它独立于实现服务（即应用系统的功能）的硬件平台、操作系统和编程语言，将各种应用系统通过定义好的接口和契约联系起来。接口采用中立的方式，使用基于XML语言——Web 服务描述语言（Web Services Definition Language，WSDL）进行定义，具有松散耦合的特点。

基于SOA架构的教育信息化系统，实现数据集成、流程集成和界面集成，可以有效解决现有教育信息化系统建设中支持的各种问题，并为未来的应用系统提供无缝集成，强有力地支持学校教育信息化建设的发展。

2. 云计算的概念

面对越来越丰富的信息资源，如何高效地处理并为用户提供快捷、有效的网络服务成为互联网发展面临的首要问题。为了解决这个问题，从分布式处理到并行计算再到网格计算，IT界始终没有停止创新的步伐，在孕育了十年之后，一个基于网格技术理念并在其基础上发展而来的新互联网计算模型——云计算诞生了。在云计算模型下，互联网服务商利用“云”，为用户提供安全、快捷的信息存储、网络服务和应用服务。云计算是网格计算的发展，并在其基础上融合了虚拟技术、软件、服务（SaaS）、Web 2.0、公用计算等技术，其中，虚拟化技术是云计算技术的核心，它将网络中的服务器、存储和网络虚拟成一个资源池，统一灵活调

配，每一个应用部署的环境和物理平台无关，通过虚拟平台进行管理实现对应用的扩展、迁移和备份。

云计算是分布式处理、并行处理和网格计算的发展，是这些概念发展的新的趋势。云计算的基本原理是将数据计算分布在大量的分布式计算机上，而非本地计算机或远程服务器中，企业数据中心的运行将与互联网相似，这使得企业能够将资源切换到需要的应用上，根据需求访问计算机和存储系统。基于云计算这样的思想，不难想象，未来只需要一台笔记本或者一个手机，就可以通过网络服务来实现需要的一切，甚至包括一些个人计算机无法应对的超级计算任务。这样，用户只需使用电脑、手机、PDA 等终端设备接入互联网，便可获取需要的信息服务。由于信息存储和数据计算都发生在“云”端，云计算突破了传统的以个人计算机为核心的硬件限制，集合了信息聚合和设备聚合的全新Web 服务，将从根本上改变人们获取信息、沟通交流的方式。

将云计算应用于教育领域，提供了教育信息化建设新的发展思路，其大型存储器聚合的海量教育信息为教学资源的整合奠定了坚实基础。

3. Web 2.0技术

Web2.0是以Flickr, Craigslist, Linkedin, Tribes等网站为代表，以Blog, TAG, SNS, RSS, Wiki等社会软件应用为核心，依据六度分隔、XML、Ajax等新理论和技术实现的互联网新一代模式。如果说Web 1.0是以数据为核心，那么,Web 2.0就是以人为核心，旨在为用户提供更人性化的服务。Web 2.0模式从单纯的“读”向“写”、“共同建设”发展，由被动地接收互联网信息向主动创造互联网信息迈进。从基本构成单元看，是由“网页”向“发表/记录的信息”发展；从工具看，是由互联网浏览器向各类浏览器、RSS阅读器等内容发展；从运行机制上看，由“Client / Server”向“Web Services”转变。图1-12展示了Web 2.0相关的内容。

图1-12　Web 2.0

在信息技术新的发展形态中，上述三种技术适应了构建高可用性数字化教学资源应用环境的需要，它使得构建跨组织的、分布式的数字化教学资源共享和应用系统终成便利，从而使得更多的数字化资源支持系统能够被协同化整合，真正凝聚海量的数字化资源，满足众多教师和学习者群体的差异化应用需求；云计算模式使得资源服务的模式能够得以重构，使数字化教学资源应用服务的模式向着专业化、协同化和系统化等方向发展，这些特征是构建高可用性资源共享与应用环境的基础，符合数字化教学资源共享环境建设的基本需求，必然会促进数字化资源应用环境的建设与发展；并使得构建基于交互性社区的资源共享与应用环境成为可能，将人与人的协作、交流绑定到数字化教学资源应用环境中来，支持数字化学习资源的动态演化和数字化资源全生命周期的管理，支持主动推送式的数字化教学资源应用环境。

1.3 数字化教学资源的发展趋势

综上所述，在数字化教学资源领域，开发符合教育教学需求的资源和创建高可用性的数字化教育资源共享环境是当前这一领域发展的两个重要方向，它们呈现出了交融发展的趋势，在资源创建的过程中应考虑高可用性数字化资源应用环境发展的需求，而符合教育教学需求的资源生成应成为高可用性资源应用环境建设的基石。以此为出发点，**当前数字化教学资源的发展存在着以下三个方面的问题**。第一，如何基于富媒体技术创建符合教育教学需求的数字化学习资源？第二，如何在数字化资源创建的过程中，融合对未来高可用性资源共享环境建设的支持？以学习对象为基础、以协同化的资源共享机制建设为支持，构建全社会范围内数字化资源共享环境是支持这一目标实现的可行途径之一。第三，在资源共享和应用环境的建设中，促进海量资源聚合、多方资源建设和应用主体参与的数字化教学资源共享环境形成，真正促进高可用性、生态化的、可持续发展的资源应用环境形成，需要考虑三类要素的有机整合。

1.3.1 富媒体技术在数字化教学资源建设中的应用

如前面所述，从基于超链接的媒体资源组织，到多种媒体资源的有效整合应用，到当前的富媒体资源生成技术的形成，媒体技术带来了人们创建符合教学特性的数字化教学资源的诸多支持。当前，媒体技术已经进入富媒体时代。人们对富媒体有诸多不同的理解，如“富媒体”指由2D及3D的Video、Audio、HTML、Flash、DHTML 和JAVA等组成的资源效果，这类资源在网络上的应用需要相对较多的带宽。富媒体能够提高互动性，提供更广泛的创意空间。“富媒体”一词是泛指交互式的数字媒体，这类媒体能展现动态的运动特性，这类运动随着时间的推移或基于用户的交互而变化，通过利用视频、音频、动画等媒体增强感观的效果。视频、音频、动画、图片的组合能够带来新的交互形式，并给教和学带来新的应用体验。因此，区别于多媒体技术，富媒体能够为学习者带来更强的交互性、更好的用户体验支持。结合教学理论,富媒体技术给数字化教学资源的制作带来了如下特征。

（1）富媒体技术能够支持具有丰富交互性特征的资源的制作

基于交互式数字化资源，将计算、通信和富媒体技术综合在一起，创建一个在线的、互动的、深度体验的媒体世界。研究发现，可操纵的多媒体对学习者的理解具有重要的影响。可以使用交互式多媒体来促进课程的学习，通过多种不同类型（依据学习者可以控制的类型）的交互媒体来辅助学习者对学习内容的理解。

（2）富媒体技术能够支持情景化特性的数字化资源的制作

富媒体技术使得人们能够将知识的表达融合到特定情景之中，使得知识能够更有效地激发学习者的兴趣，能够更有效地将知识和学习者现有知识模式和经验相关联，促进学习者对新知识的有效迁移。

（3）富媒体技术能够支持符合个性化特征需要的资源的制作

基于相同的学习内容，如何适应不同学习风格需要而进行不同形式、不同路径的知识呈现，通过在线内容，基于文本、交互活动、动画来辅助呈现特定的概念，创建适应性的数字化学习资源。

（4）富媒体技术环境下，更强调媒体的有效应用

媒体理论的基本原理表明，有效的媒体应用才能更好地促进知识的传递和认知发展，相反，媒体技术的不合理应用反而会带来认知上的效率低下，甚至阻碍知识传递。在富媒体技术环境下，更应强调对媒体的有效利用，在媒体的应用中要注意总结媒体技术应用的基本原则，应将媒体理论和教育教学原理相结合，形成有效的教学设计，使媒体技术有效地应用在重难点概念突破、过程性知识传承和自主学习辅助等方面，并将资源的教学设计同资源本身相绑定，形成具有媒体理论和教学理论指导下的数字化教学资源，创建符合教学原理需要的数字化教学资源。

1.3.2 数字化教学资源的共享与应用环境建构

如前面所述，在eLearning蓬勃发展的今天，在数字化资源应用环境方面，人们不仅要在生成优质的、符合教育教学需求的数字化教学资源方面进行充分的努力，更要在数字化资源应用环境建设的可持续发展方面开展积极的行动，基于学习对象理论的教学资源设计与应用是这一目标实现的基础。从国际上来看这一领域的发展，学习对象已经从早期的技术概念逐步演变到融合教学原理，并进而成为构建协同化资源共享机制以促进高可用性教学资源环境生成的基础，已经开始形成学习对象理论体系。

通过学习对象技术，关注数字化教学资源的重用、共享和可定制化。学习对象所承载的是“具有教育教学单元含义”的知识模块，通过将文本与图形、声音、动画和视频等元素以一定的组织方式有机地结合在一起，承载一个自包含的、具有教育单元含义的内容，资源粒度划分应具有教育意义，并使教师在获得这种教学资源后，提供对象化资源应用的可定制能力，可以很容易地拆分出自己需要的部分，整合到自己的教学实践中。

如今，学习对象已经突破最初的技术概念，开始向理论体系化方向，并以资源共享环境建设为目标而发展。基于学习对象理论，以数字化学习对象资源的生成、共享与管理为主线，正成为创建新的资源共享应用环境的新趋势，并为生态化数字化学习资源共享与应用环境奠定基础。在这一新型的生态化资源环境中，各类参与者，包括学习者、教师、资源设计者、教学设计者和教育管理者，他们都将扮演新的角色，“基于学习对象的资源共享与应用环境建设关键是内容，应创造一个数字化学习对象资源的交换与交易环境，使学习者个体和教育组织能够获取、适应并再利用这些内容，否则将不会成功”。

基于学习对象的数字资源共享与应用环境建设需要依靠市场机制来驱动协同化机制的建构，在这一机制中，每一个动态学习对象可至少有五种存在形式，每一种形式都有不同交换方式。第一种形式，私有交易，学习对象资源为单独的公司或企业所专用，最常见的例子就是企业内部供员工使用的数字资源库；第二种形式，商业交易，对于学习对象商品市场，最终的使用者和商品持有者在特殊许可下明确使用学习对象的方法。这里的持有者可包括大型传统出版商，他们想将其已有的内容转成学习对象并运用到各种学段中，以期进入eLearning；第三种形式，自由交易；第四种形式，共享交易，该交易产生于对高质量学习对象的要求，共享交易要求学习对象符合一定的标准，如在交互性方面的要求或在符合SCORM规范等方面，开发者们通常自己开发或按照合同以确保符合标准；最后一种形式，对等交易。图1-13展示的是实现这一资源共享环境的简单模型。

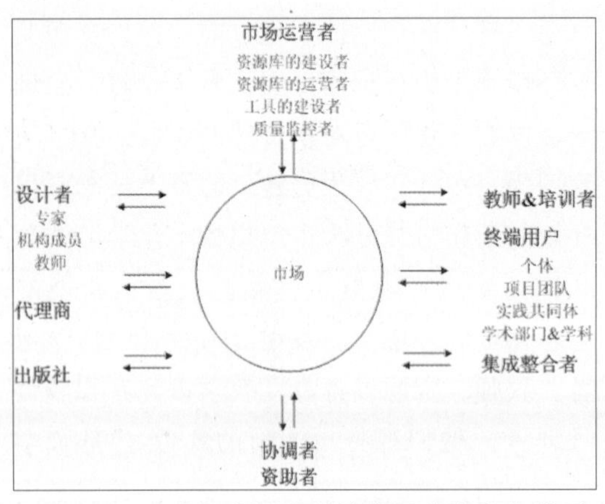

图1-13　以市场交易驱动的资源共享生态模型

对图1-13中模型的扩展如图1-14所示，在这一模型中，增加了推动因素、促进因素和协调因素等，这些因素是随当今知识型社会发展而出现的，这些因素的具体构成将在后面给予介绍。在这三种因素中，“推动因素”是驱动学习对象资源发展的基本动力；“促进因素”是对学习对象资源发展的支撑要素，这些要素将促进学习对象和资源库的发展；“协调因素”则起着促进数字化学习对象资源共享环境协调发展的作用。以上三者基于市场机制为核心构建协调的资源共享机制，它们的存在会阻碍或促进学习对象化数字教学资源生态环境的发展。

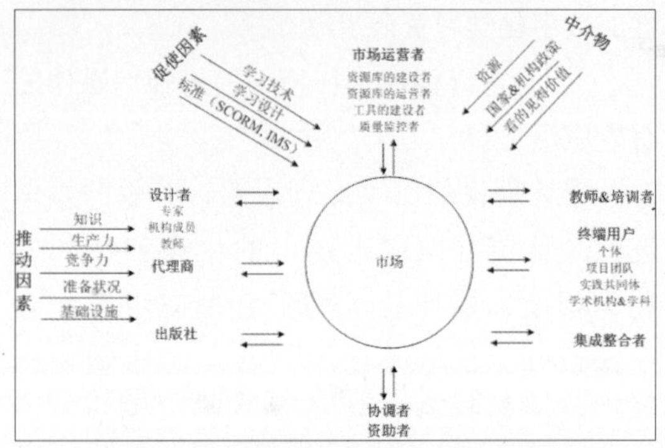

图1-14　相关要素下的市场交易资源共享生态模型

总之,随着越来越广泛的世界范围内教育信息化建设项目的开展，很多人开始质疑传统的数字化教学资源开发策略并探寻更有效和更加促进教学资源生产的方式来设计和开发教学资源。越来越多的人认识到教学资源的设计和开发策略相对局限和孤立，需要有用于不同目标群体的策略和活动来创造更加有效的教学资源传递体系，包括纳入国家框架的发展来支持和发展教学资源；数字化图书馆和数据库的开发以实现共享和重用；各专业协会来创造更大的市场；专门组织机构的发展来管理教学资源，技术传递支持和学习者支持服务。人们开始认可更加开放和公开的方法，特别是教学资源的设计和开发开始遵循一些基本模式和过程，提供可重用和再循环的组成元素，这些元素的重点是学习对象。学习对象理论的发展，开启了数字化教学资源建设与应用的新篇章，在基于学习对象理念的教学资源设计、学习对象资源的共享与管理、学习对象资源的评价以及基于学习对象建构新型的教育教学资源共享生态环境方面起着越来越重要的作用。

1.3.3 构建高可用性的数字化教学资源环境

学习对象理论为构建高可用性的数字化教学资源环境提供了可能，它能够支持海量数字化资源的聚合和交换共享，方便资源的可存取、可重组和可重用。从另一方面来看，如何使得这样的数字化学习资源有效的运行并得以持续和优化，需要更进一步考察高可用性数字化教学资源环境的建构要素，并将这些建构要素统一在协同的资源共享机制中，通过这一机制来促进商业和教育领域的协作、促进校内资源库和区域性资源库的和谐发展，提供各种可能的差异性资源应用模式，以构建生态化的、高可用性的数字化教学资源应用与共享环境。

构建上述协同的资源共享应用机制，可以从基本要素、关键要素和保障要素这三类要素来考虑。

①**基本要素**。即资源系统中的主体要素，包括资源的提供者、资源的管理者、资源的使用者和（可扩展的、分布的）资源共享平台。

②**关键要素**。支持以全生命周期管理理念下的资源及其发生在资源上的诸多活动所构成的要素，如资源准入、资源生成、资源评价等。

③**保障要素**。是高可用性资源共享与管理环境中的两个支撑要素，即平台与环境的可持续发展性要素以及资源面向教育教学的高可用性要素。

这三类要素中，第一类要素是构建高可用性资源共享环境的基础，特别是有效的资源共享平台建设，是关联教学资源提供者、教学资源使用者和教学资源管理者以形成多主体协同的物质基础。第二类和第三类要素是软要素，这些要素中，以全生命周期理念开展教学资源共享与管理是“高可用性”实现的重要保障，而符合教育教学需求是“高可用性”实现成功与否的关键，可持续发展性要素是“高可用性”资源系统能够产生更广泛社会影响、实现社会投资回报的关键。这三类要素中，相关要素内涵分析如下。

在第一类基本要素中，资源的提供者、资源的使用者和资源的管理者应围绕资源环境建设而开展有效的社会分工和协作，形成紧密协作的社会群体，这种协作关系的支撑应落实到资源共享平台上，使之得以物化的支撑和有效运作，因此，可扩展、分布式资源共享平台是建构高可用性资源共享环境的物质基础。

在第二类基本要素中，为促进优质教学资源的生成与运用，必须以全生命周期管理的理念开展资源的管理，包括在“资源的准入”、“海量资源生成”（海量是高可用性资源共享环境高可用性的前提）、“资源评价”、“资源的优化与淘汰”等环节上开展资源的管理与优化。此外，从资源使用的角度看，发生在数字化教学资源上的活动应该得到有效支持，这些活动包括资源“创建”、“许可”、“重用/修改”、“共享”、“查找”、“预览”、“使用”和“管理”，在这些构成要素中，资源的“许可”和资源的“重用/修改”能力应给予充分重视。

资源的教学可用性以及可持续性发展要素是高可用性资源共享环境的关键。在资源的教学可用性要素中，所包含的环节为“资源设计”、“资源可达性”、“资源可定制化/可重用性”、“资源服务”、“资源创新应用”，在这些环节中，高可用性资源共享环境下的“资源设计”应采用学习对象的思想，以保证教学资源共享及重用能力在资源生态环境下得以最大化实现，而“资源可定制化/可重用性”是构建高可用性资源共享环境的重要需求，应在资源的组织、资源的输出、资源播放与使用工具等环节为资源共享环境中为“资源可定制化/可重用性”提供支持。“资源创新应用”目标将教学资源有效地应用到教学过程中，产生有效的应用，推进创新性教育教学实践。在资源可持续性发展要素中，所包含的环节包括“商业模式/资金方案”、“政策”、“标准化”、“宣传与推广”，这些环节都包含有丰富的内涵。

总之，数字化教学资源共享和应用的需求进入了新的历史阶段，资源共享理念、资源生成途径和资源使用方式等都发生了巨大的变化。构建高可用性的数字化教学资源环境已成为时代发展的必然要求，而基于学习对象构建协同化资源共享与应用机制必将成为高可用性资源应用环境建设的重要环节，资源建设应该落实到以学习对象为核心概念的建设轨道上来。

第2章 对象化教学资源设计的原理

本章导读

以学习对象制作数字化教学资源为基本出发点，本章阐明了制作数字化学习对象资源相关的支撑理论，包括教学理论、媒体理论及相关领域的发展情况（包括学习科学的发展和信息技术的教育应用）及资源制作模块化策略，以阐述学习对象数字化教学资源设计的理论内涵。介绍了符合教学原理和媒体理论的学习对象数字化教学资源设计的可参考结构。

2.1 eLearning中学习对象发展的动力

正如第1章所述，基于学习对象的教学资源设计需求是在数字化教学资源生成、使用、共享和传播的发展过程中逐步形成的，其目标是在“具有教育教学单元含义”的学习资源模块共享、重用/重组和可定制化基础上，以优质教学资源生成和数字化教学资源环境建构为目标，构建生态化、高可用性的资源共享与应用环境，它展现了eLearning中学习对象理论发展的动力。图2-1展示了学习对象资源在生态化教学资源环境建设中所处的地位。在该图中，从资源的可重用性和适应教育情景上下文这两个维度进行权衡，从而凸显了数字化教学资源生态观的建设需求。从发展定位来看，学习对象（Learning Objeet）区分于侧重在课程级和素材级两极的传统数字化资源建设思路，以中间状态的“具有教育教学单元含义”的学习资源模块创建和共享为中介，在权衡教学资源可重用性、教育资源关联的特定应用上，为各类教育群体提供以对象化教学资源为主导的数字化资源共享环境，使社会对数字化教育资源建设投入转向到可重用、可持续、高质量和高可用性数字化教学资源建设方向上来，构建eLearning持久发展的基础。

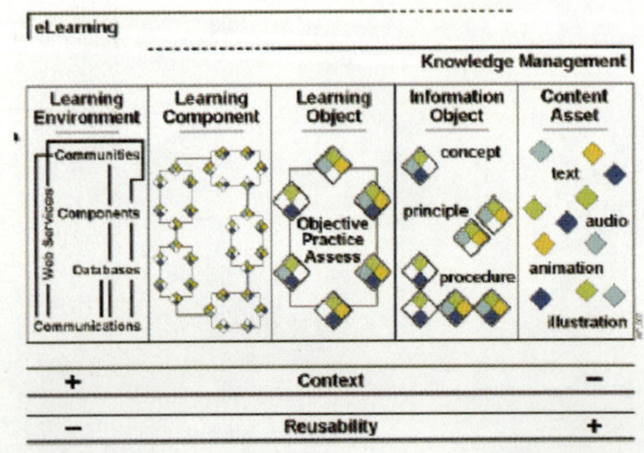

图2-1　数字化教学资源生态观下的学习对象资源

2.2 学习对象的概念

学习对象（Learning Object, LO）最早是从基于面向对象的计算机科学思想而提出的，它参照了计算机软件工程领域发展成果——面向对象的编程思想。在计算机领域中，虽然传统的结构化编程思想能够给人们带来各类软件系统，但随着社会的发展，在系统的规模性、可维护性、代码的可重用性、巨型软件系统的稳定性等方面带来了新的需求，从而提出了面向对象的编程思想。如今，这一思想给软件工程的发展带来了巨大影响。比较于软件工程，数字化教学资源的发展与之有相似的地方，即人们虽然制作了各类学科、各种门类的数字化学习资源，但有效的资源应用环境仍然难以建立起来，社会财富投入难以得到有效的、可持续的应用。于是，研究人员提出了学习对象的概念，冀以期望能够带来数字化教学资源建设的长远发展，为一线教育工作者提供优质的数字化教学资源。

研究学习对象概念的发展，可以看到它是在eLearning领域深入发展和应用的过程中逐渐呈现的，并从这一交叉领域中的计算机研究人员群体向教育、教育技术领域内人员群体迁移，渐渐被教育领域所接纳和采用。如今，学习对象概念的内涵不仅仅停留在技术层面，已经深刻地融合了教育教学原理而为教育教学提供优质的教学资源，并在这一过程中关注于高可用性资源共享环境的形成。学习对象将其自身所具备的技术优势与教育教学相结合，为eLearning环境的教育教学提供可重用的、高质量的教学资源。

什么是学习对象？学习对象是基于面向对象的计算机科学思想，并结合教学理论而发展的“具有教育教学单元含义”的数字化如今，学习对象不再只是技术层面的构思，而是深刻地融合了教育教学思想理念，为教育教学服务的数字化教学资源形式，并关注于高可用性资源共享环境的形成。教学资源。该资源是模块化的、自包含的，遵循一定聚合规范对学习内容进行封装，成为完整、独立可共享内容的对象，可重用、可定制，能够被依照规范而生成的元数据进行检索、查询和存取。

理解学习对象，应包含以下几层含义：

①学习对象概念和内涵是持续演变的。学习对象是参考计算机软件理论的发展思想而提出的，并随着对解决目标问题的深入发展而对教学理论进行了融合。因此，现今的学习对象首先应该是符合教学原理的数字化教学资源。

②学习对象是模块化的、自包含的、“具有教育教学单元含义”的数字化教学资源。区别于素材类的或课程级的数字化教学资源，学习对象是粒度上合适的数字化教学资源，是模块化的。同时，该模块化的教学资源是自包含的，实现着完整的教育含义。

③学习对象具有可重用、“可定制的”特点。这是从学习对象资源相对于高可用性教学资源共享环境的发展目标而定位的，是衡量对象化学习资源制作科学性的关键。可重用性体现在对教学内容把握基础上模块化的划分是否科学、合理，而可定制化除了包含这一概念之外，更关注学习对象发布、共享的环境是否自底而上地支持用户对数字化教学资源的可定制化使用。

④学习对象是利用元数据进行标识的。对象化资源不仅仅服务于最初的创作应用，更关注在其持续性、资源生命周期范围内的使用。因此，对象化资源应该是可查询、可方便存取的，这是对象化资源共享和重用的基石。

从实践来看，高可用性资源共享应用环境的建设，完整的学习对象概念包含两个部分：

①“具有教育教学单元含义”的完整的、优质的、模块化的数字化学习资源。

②能促进上述模块化数字化教学资源有效检索、重组和重用的元数据。这类元数据通常依据数字化教学资源共享的层次不同而有所不同，如Dublin Core、SCORM、CanCore等。在实际应用中，应根据实际应用需求，依据上述元数据规范生成不同的元数据应用纲要。

在学习对象资源的建构中，应注意以下一些原则的应用：

①可访问性。远程检索和存取教学资源并将它们传递到其他更多地方的能力。

②适应性。可随学习者经验以及知识基础，动态调整其学习内容，以实现适应性学习。

③可承受性。在数字化教学资源的教学实践中通过减少时间和成本来提高数字化资源设计效率和生产效率。

④持久性。系统软件版本升级后无需高投入的重新设计、重新配置或重新开发的能力。

⑤互操作性。数字化资源在不同硬件、操作系统和网络浏览器中操作与应用的能力。

⑥重用性。将数字化教学资源单元模块整合到多种应用和情境中的能力。

如前面所述，基于学习对象的数字化教学资源设计（也称为对象化教学资源设计）是eLearning发展到今天所出现的领域中的前沿，已经在国际上产生了积极实践，它一方面探索如何建构有效的教育教学资源，另一方面，也致力于高可用性资源应用环境的建构（称为“二元”目标），因此，在学习对象的制作上，应在上述“二元”目标的引导下进行对象化学习资源的发展框架设计，如图2-2所示。

依据“二元”目标，学习对象的设计和制作应从“教育教学原理”、“媒体的有效应用”、“模块化策略”这三个维度来考虑。

在这三个维度中，教育教学原理是核心，需要结合具体学科，依据行为主义、认知主义和建构主义教学原理发展的主脉络，吸纳近年来国内外学习科学发展的成果，构建符合学科教学和学生知识扩展需要的数字化教学资源，并在情景性、个性化、适应性、强交互及灵活快速的学习反馈等方面充分发挥信息技术的作用。其次，应充分合理地发挥媒体技术的有效作用，在面向教和学的两个方面，开展富媒体技术的合理有效应用，开发符合学习者认知规律和学习需要的数字化教学资源，特别是在突破重点、难点知识内容方面，应充分应用媒体技术，构建新型数字化教学内容。第三，在学习对象化教学资源开发中，充分实施数字化学习资源的“模块化策略”。“模块化策略”包含三方面的基本内含：一是应制作“具有教育教学单元含义”的完整资源；二是如果资源来源于课程，应对课程的整体知识内容进行科学的研究和划分，以形成合适的对象化资源划分；三是在资源的制作中，应考虑对象化资源的存取和接入需求，既要考虑对象化资源在知识内容上划分粒度的大小，也要考虑在媒体应用发布中兼顾媒体质量和网络可存取性需求状态基础上的媒体发布。这些基本维度构成了学习对象资源规划、制作和发布的基础，是学习对象技术在向学习对象理论方向发展过程中所拥有的基本内涵。

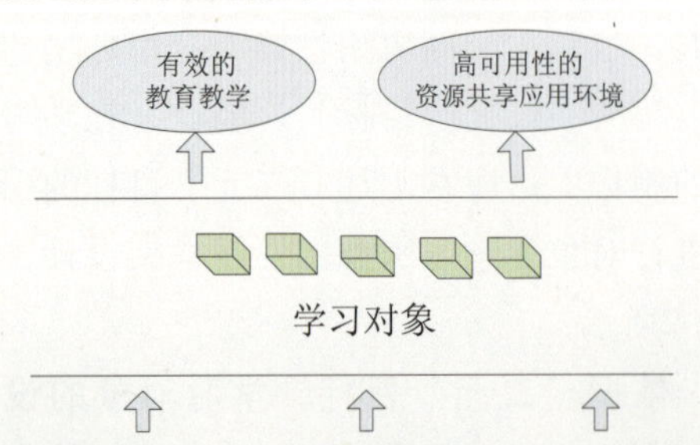

图2-2 “二元”目标引导下的学习对象设计框架

综上所述，学习对象概念从以技术观点提出以来，逐步融入到了教育系统建构的情景之中，融入了教学原理结合的需求，融入了媒体技术发展驱动下的发展需求，并进而逐渐发展成为一种数字化教学资源生成、共享、应用环境创建的理论体系的基石。以学习对象为基础，构建协同化的资源共享机制，正成为这一领域发展的基本趋势。学习对象概念不仅仅关注服务于个体用户需求的教学资源的提供，更关注对个体（组织或个人）资源建设思想影响下的生态化数字化教学资源环境的建构。本书在全面展现数字化教学资源发展趋势的基础上，重点关注第一个方面，即如何利用数字化教学资源制作工具、如何利用教育教学理论的新发展，构建有效的、优质的教学资源，并将这类资源的创作放置到构建高可用性教学资源环境的背景下。

2.3 学习对象的理论内涵

如前面所述，从学习对象理论发展的历程来看，学习对象从早期技术性的界定到融入教学需求，使学习对象的概念越来越具有“教育”的属性成分，伴随媒体技术的发展，学习对象越来越独立地成为构建高可用性数字化教学资源环境的核心概念和支撑基础。本节阐述学习对象概念发展的理论基础，并为学习对象资源的设计提供指导性框架。如2.2小节所述，现今学习对象理论的发展融入了教育教学原理、媒体技术有效利用和高效的模块化策略等要素，下面从这几个方面阐述学习对象理论发展的内涵。

2.3.1 学习对象与教学原理

“具有教育教学单元含义”的数字化教学资源是学习对象的关键特征，也是本书所表达的利用资源制作工具高效创建高质量数字化教学资源的基本目标。因此，学习对象的设计必须受教育理论的支撑，应深刻理解教育理论发展脉络与内涵，并将它们融入到对象化资源设计的框架及具体资源制作的细节之中。本书所指的教育理论包括教学理论和学习理论，教学理论关注的是要到达理想的教学效果应采用什么最优方法，主要是为了探索解决教育问题的一般性规律和方法，如赫尔巴特的四段论教学法、加涅的九大教学事件。学习理论则是研究人类与动物的学习行为特征和认知的心理过程，力图揭示人类的学习规律和学习条件。人们对学习理论研究的发展主要经历了行为主义、认知主义和建构主义。基于学习理论的发展，人们对关于学习的认识经历了三个阶段，从学习是反应的强化，学习是知识的获得到学习是知识的建构，是自主、合作、探究的过程，教学的关注点从教师转移到学习者身上。现今，人类更加关注学习者是如何学习的，诞生于1991年的学习科学实现了真正意义上的将人类学习作为研究对象，它关注各种情境下发生的学习，跨学科进行多领域的研究，以期能更好地认识人类认知和社会化过程，并帮助课堂教学或其他情境下的教学产生最有效的效果。

2.3.1.1 教学原理对学习对象理论的支撑

1. 赫尔巴特的教学理论——四段论教学法。

四段论教学法是德国教育家赫尔巴特提倡的教学方式。19世纪传入中国，对教育产生了一定影响。赫尔巴特将教学分为下面四个阶段：

明了——给学生明确地讲授新知识；

联想——新知识要跟旧知识联系起来；

系统——作概括和结论；

方法——即应用（或练习），把所学知识应用于实际（习题解答、书面作业等）。

后来，赫尔巴特的学生把第一阶段分为预备和提示两个阶段，连同联想、系统、应用一起被称为“五段论教学法”。

2. 加涅的教学理论——九大教学事件

九段教学法是由美国著名教育心理学家加涅将信息加工学习理论应用于教学过程而提出的。他认为学习的发生同时要依赖外部条件和内部条件，教学要安排适当的外部条件来促进学习者的内部心理加工过程，因此，教学程序应当与学习活动中学习者的内部心理过程相吻合。他把学习活动中学习者内部的心理活动分解为九个阶段，对应地生成了九大教学事件，如表2-1所示。

表2-1 学习者的内部心理活动与教学事件

序号	学习者的内部心理活动	教学事件
1	通过接受器接受刺激	引起注意
2	建立适当的预期	告知学生学习目标
3	从长时记忆中提取先前的知识	刺激回忆先前的学习
4	选择性知觉	呈现刺激
5	语义编码	提供“学习指导”

续 表

序号	学习者的内部心理活动	教学事件
6	反应	引生行为
7	建立强化	提供反馈
8	促进强化	评定行为
9	检索与归纳	促进保持和迁移

九大教学事件在教学实践中根据学习者内部心理过程提供教学支持，不仅能发挥教师的主导作用，还能充分体现学习者的认知主体作用。在一定程度上激发了学习者的学习兴趣，调动其学习主动性、积极性，建立起学与教之间的联系。

教学理论为教师如何安排教学活动提供了一定的指导，在对象化学习资源的制作方面也具有一定的借鉴意义，比如教学目标应何时呈现，在课前增加一些有趣的内容引起学习者的注意，如何呈现内容诱发学生学习行为，在呈现新内容时考虑如何安排顺序才能将学习者已有知识与新知识发生关联，如何及时提供反馈促进学习者强化学习内容等。在制作教学资源时根据学习者内部心理活动安排课件内容和合理使用媒体资源，这样制作出来的教学资源更能符合学习者认知特点和教师的教学需求，使得制作的教学资源具有一定的教育意义。

3. 行为主义学习理论

行为主义学习理论产生于20世纪20年代的美国，在认知主义学习理论产生之前一直占据统治地位。行为主义学习理论认为学习是一个建立“刺激—反应”的联结的过程。刺激是指外界的环境，反应是指伴随着外界环境所产生的相应的行为。行为主义强调外显的行为，认为行为的多次的愉快或痛苦的结果能够改变学习者个体的行为，或使个体模仿他人的行为。

行为主义的主要代表人物有华生（J.B. Watson）、桑代克（Edward Thorn-dike）和斯金纳（B.F.Skinner）等。行为主义心理学认为学习通过强化建立“刺激—反应”之间的联结的链。只要控制外部刺激就能控制和预测个体的行为，从而就能控制和预测个体的学习效果。在行为主义学习理论的指导下，课程与教学方面强调行为目标；课程内容方面强调由简到繁的积累、强调基本技能的训练；主张采用各种媒体进行个别教学；提倡系统方法的教学设计，把课程目标和内容分解成小单元，一步一步地逐渐掌握课程内容，最终达到预期的教学目标；主张开发各种教学技术；赞同教学绩效、成本-效应分析和目标管理；该理论中的接近原则、重复原则、反馈和强化原则都给媒体资源的设计工作提供了参考。

4. 认知主义学习理论

从20世纪60年代起，随着人们对脑科学的进一步研究，认知主义学习理论占据了主导地位。和行为主义学习理论强调环境对学习的重要性相比，认知主义学习理论更重视内部因素的作用。认知主义学习理论认为，学习不是外部“刺激—反应”的联结，而是内部心理结构的变化，是学习者内部心理表征的形成和发展。学习者在学习过程中具有主动性，应该积极作用于环境，而不是外界环境引起人的行为的变化。

认知主义学习理论起源于格式塔心理学，具有代表性的是皮亚杰所提出的认知建构学习理论、维果斯基的认知发展理论、布

鲁纳的认知结构学习理论和奥苏贝尔提出的认知结构同化学习理论。

认知主义的思想对教育软件和学习资源的设计与开发有着重要的指导价值。表2-2列出了认知学习过程对于构建数字化学习环境以及开发学习资源的指导。

5．建构主义学习理论

建构主义兴起于80年代，其思想来源于认知加工学说以及维果斯基、皮亚杰和布鲁纳等人的思想（康德的“主体建构客体”思想及皮亚杰的“主客体双向建构”的思想是建构主义思想的起源）。建构主义是学习理论中行为主义发展到认知主义以后的进一步发展，是当代教育心理学的一场革命。建构主义理论的主要代表人物有皮亚杰（J.Piaget）、科恩伯格（O.Kernberg）、斯滕伯格（R.J.Sternberg）、卡茨（D.Katz）和维果斯基（Vogotsgy）。

建构主义认为，知识不是通过教师传授得到，而是学习者在一定的情境即社会文化背景下，借助其他人（包括教师和学习伙伴）的帮助，利用必要的学习资料，通过意义建构的方式而获得。由于学习是在一定的情境即社会文化背景下，借助其他人的帮助即通过人际间的协作活动而实现的意义建构过程，因此建构主义学习理论认为“情境”、“协作”、“会话”和“意义建构”是学习环境中的四大要素（四大属性）。

建构主义学习理论强调以学生为中心，认为学生是认知的主体，是知识意义的主动建构者；教师只对学生的意义建构起帮助和促进作用，并不要求教师直接向学生传授和灌输知识。在建构主义学习环境下，教师和学生的地位、作用和传统教学相比已发生很大的变化。建构主义认为，学习环境是学习者可以在其中进行自由探索和自主学习的场所。在此环境中学生可以利用各种工具和信息资源（如文字材料、书籍、音像资料、CAI与多媒体课件以及Internet上的信息等）来达到自己的学习目标。在这一过程中学生不仅能得到教师的帮助与支持，而且学生之间也可以相互协作和支持。学习应当被促进和支持而不应受到严格的控制和支配；学习环境则是一个支持和促进学习的场所。

表2-2　认知学习过程和数字化学习环境、资源开发对照表

学习过程	数字化学习环境设计	资源开发
警觉	引起学习者注意	在认知负载点上采用合理的媒体，界面美观友好
期待	把课程目标告知学生	可以选择显示
获取信息到短时记忆	刺激学生回忆以前的知识	教授新教学内容前复习先前知识
选择感觉信息	呈现带有显著特征的刺激材料	利用颜色、图标、动画、减少无关的背景和多余的细节等突出重点和关键部分
语意编码	引导学习	启发式讲解、认知组块7+2、注意知识本身的结构、内容的逻辑性和连贯性
激发和反应	诱发期望的行为	设计学习活动使学生参与、提出有思维力度的问题要求学生回答
强化	提供增进知识的反馈	难点、重点适当重复，对比、类比、相近、相反、使用特技、一屏只显示一个问题等提起注意
激发信息的保持	评价行为	点拨、评价
形成概念	增强记忆和知识迁移	尽量把知识运用到学生熟悉的学习生活环境中，或告诉学生所学的知识什么时候用、如何应用，促进学生将知识存入长期记忆和发生知识迁移

为了支持学习者的主动探索和完成意义建构，在学习过程中要为学习者提供各种信息资源（包括各种类型的教学媒体和教学资料），媒体和资料并非只用于辅助教师的讲解和演示，也可以用于支持学生的自主学习和协作式探索。对于信息资源应如何获取、从哪里获取，以及如何有效地加以利用等问题，是学习者主动探索过程中迫切需要教师提供帮助的内容。

上述理论是指导数字化学习资源制作的基础，行为主义指导下的教学关注基于刺激-反应的联结的原理，主张采用一步一步的渐进方式掌握课程内容，最终达到预期的教学目标，依据这一原理，资源的设计应关注强化、练习的运用。认知主义指导下的教学关注学习者的内部因素作用，学习是学习者内部心理表征的形成和发展，应注重对学习者认知结构的认识，并建构符合认知原理的数字化教学资源。建构主义指导下的教学应关注学习者对意义的主动建构，一方面要依据学习者的现有认知结构，将新知识基于特定情境同化到学习者的原有认知结构上，并成为学习者认知发展的有机构成，另一方面，更为重要的是学习者通过学习活动和教学指导者、与同伴学习者进行有意义的会话，在互动协作中进行有意义的知识建构，并促进高级认知能力的发展。建构主义作为设计学习方法对象的重要理论基础，结合基于问题的学习和真实的情境化学习环境，给学生有建设性和目的性的反馈，如D.H.Jonassen提出的问题分类法，包括拼图、算法、故事问题、规则使用问题、决策、故障排除和诊断解决方法等问题，这些都可以在数字化教学资源设计中用建构主义框架设计出来，提出好的问题并且调查问题的解决方法能够让学生对问题有更深入的理解。在数字化资源设计中运用情景所设计的体验活动应适合学习者，并使体验既有足够的挑战性又建立在学习者先前对概念理解的有效评估上，以保证让所有学生得以延伸自己的理解。上述这些教学原理对学习对象资源的制作产生着基础性作用，对对象化资源的结构、构成要素产生着深刻的影响。

2.3.1.2 学习科学发展对学习对象理论的支撑

自上个世纪90年代以来，学习科学取得了积极的发展，人们对学习科学发展的研究成果表明，一些基本原则应成为人们理解学习的基础。第一，学习者是带着现有的知识结构和认知模式进入学习的，他们对世界的认知有前认知存在，如果不调动他们原有的理解，学习者可能无法掌握所学习的新的概念、新的知识。如果学习者只是以练习或测试为目的进行学习，一旦脱离学习情景，他们会回复到先前的认知，难以产生有效的学习迁移。这些原有的知识能对新的知识和新的概念整合产生重大的影响，因此，在学习中应该通过媒体资源搭建好知识应用情景，以方便学习者对新知识的应用与迁移。第二，对比专家和新手的差异，研究人员发现了一些重要的成果，即为了发展学生的探究能力，学习者必须在描述性知识和程序性知识方面有深厚的基础。理解和掌握描述性知识和程序性知识应该放置到相应的情景中进行，以促进知识的有效迁移。应以方便检索和应用的方式组织知识，这是因为在面临新的问题时，专家能够以其特定的模式调动其知识储备，并在实际的脉络情景中生成解决问题的方法。第三，以“元认知”方法的教学可以帮助学生在达成学习目标的过程中，通过定义学习目标及监控进程来调控他们自身的学习，应将元认知活动的传授纳入到学习者所在的学科知识学习中。这些研究成果能够带来设计优质数字化教学资源方面的启示，如在教学资源设计中融入对知识模式的支持，知识导图就是其中之一。

2.3.1.3 信息技术对学习对象理论发展的支撑

在信息技术的教育应用实践中，演绎出了众多的可能性，然而，透过各种应用形式的背后，不难发现，信息技术对教育的作用可以归纳为以下几个方面：第一，把令人激动的、基于现实世界的问题引入课堂。技术的一个重要用途是它能够为课程和教学创造新机会，通过把真实世界的问题带入课堂，让学生进行探索和解决问题。技术能够帮助创建一个富有活力的教学环境，在这一环境中，学生不仅可以解决问题，还可以发现他们自己的问题。第二，提供促进学习的支架和工具。通过计算机搭建的支架可以使学习者开展更高级的活动，参加更高级的思维和问题解决活动，没有支架就无法收到这样的效果。基于信息技术的工具使人们能够采用比过去更复杂的方式进行学习。第三，给学生和教师提供更多的反馈、反思和修改的机会。技术使教师能更容易地对学生的思考给予反馈，技术也使学生更容易修改他们的作业，因此，可以开展信息技术支持下的形成性测评。第四，建立起学习共同体。学生在学校中获得的学业成就感有赖于学校以外的环境，通过信息技术，把学生和教师与更广阔的社区联系来学习，从而促进学习者的全面发展。第五，带来了教师新的发展机会。引入新技术到课堂，使教师利用新技术促进学生产生新的认识，技术允许教师进行实验和调整，并激励教师思考学习的过程。综上可以看出，在教学情景的创设、适应性实时的测评响应等方面，数字化学习资源能够用来承载信息技术环境所带来的优势，这些优势发挥应充分落实到学习对象资源设计中，并应成为重要特性的主要环节。

2.3.2 学习对象与媒体理论

媒体是英文media的译名，意思是指信息载体和加工、传递信息的工具。它有两层含义：一是指承载信息所使用的符号系统，如文字、符号、语言、声音、图形、图像等。媒体呈现时采用的符号系统将决定媒体的信息表达功能。二是指存贮和加工、传递信息的实体，如书本、挂图、投影片、录像带、计算机磁盘以及相关的播放、处理设备等。媒体的产生与发展和人类社会的发展是密切相关的。人类通过使用媒体才能够有效地进行信息的交流与传播，从而使得人类的生产、生活经验得以保存传递并且不断地累积发展。

2.3.2.1 常见媒体种类

可以根据不同的角度给多媒体信息进行分类，从媒体的表现形式看，多媒体信息可以分为以下几种。

1. 文字

文字是人们使用的主要媒体，最初计算机的出现就是用于计算和存储，在电脑屏幕上显示的主要是文字信息，与人们平时阅读、交谈时的交流方式很类似，可以满足人们的大部分需求。文字是一种经过高度抽象后的将信息传达和情感传达完美结合的表意符号，具有极强的思想表现力。文字表达的特征有两点：一是表意的准确性，能准确地传达信息、阐述概念；二是给人充分的想象空间。古人留下的众多美好诗词就充分体现了这一点，“大漠孤烟直，长河落日圆”，仅通过文字描述，就将景色生动地展现在人们眼前。

无论在何种视觉媒体中，从静态的广告设计、书籍装帧设计、包装设计到动态的多媒体设计，文本都是画面的三大形象元素（色彩、图像、文本）之一。精心设计的字形、编排组合恰当的文字不仅能使观者在很短的时间内收到最大的信息量，而且能在视觉上给人以美感，使人感到愉快，留下美好的印象，从而获得良好的心理反应。

在处理多媒体时，文本可能会出现在要叙述的内容中，出现在标题、菜单和导航条中，用来表现主题内容，美化画面。它们与声音、图像、动态影像组织在一起创建一种集成的工具和界面来获取、显示和传播信息，因此成为多媒体应用系统中不可缺少的元素之一。

2．音频

音频信息就是声音信息。它由音调、音强、音色三个要素构成，音调由声音的频率决定，音强由幅度决定，而音色主要由泛音决定。人们在多媒体技术中经常要用到声音媒体，如学习外语、听音乐、看电影、语音聊天等，多媒体技术能存储、处理、播放人的语音、各种音乐以及自然界的各种声音，还能通过设置各种频率和幅度产生出自然界没有的声音。

3．图形/图像

多媒体信息中的图形、图像都是数字信号。图像数字化后的数据量非常大，不光传输、处理的时间长，占据的存储空间也比较大，所以数字图像压缩算法的好坏是决定图像质量的一个重要因素。另外，决定数字图像质量的因素还有图像分辨率、色彩深度等。数字图像按照生成方式可以分为矢量图和点位图，这两种方式在屏幕上的显示结果没有差别，但是存储图像的方式不同。点位图在空间上和亮度上是离散化的图像，它通过用二进制位记录一幅图像每个像素的颜色、亮度和属性来描述图像；矢量图用一系列的指令集合和公式来描述图像，其特点是不用对每一个像素用二进制数字表示，当需要描述一些图形和简单的影像时，存储容量比较小，而且图像在移动、缩小、放大、选出、拷贝、改变颜色和线条等属性时质量不会降低。矢量图通常用于制作工程制图、美术字、简单的图形、复杂的几何和立体图形、三维动画等。常见的图形、图像文件格式有BMP、DIB、GIF、PCX、TGA、TIF、WMF、JPEG等。

4．动画

动画是运动的图形画面，是一种常用的多媒体信息。动画制作的原理是利用人眼睛的视觉暂留特性，物体的影像在人的视网膜上要停留一段时间，如果图像变换的速度使得两幅图像的间隔时间低于图像在视网膜的停留时间，人眼就不会产生图像跳跃的感觉，而是感觉到连续运动的影像。用计算机实现的动画有两种，一种是帧动画，它通过把多个图形、图像排列成有一定时间间隔的连续序列，播放时按照预定顺序播放每一帧画面，形成连续活动的画面；另一种是造型动画，对画面中的每一个图形对象单独设计。帧动画的数据量是每帧图像的数据量之和，帧速率越高，每帧图像的数据量越大，则动画的数据量越大。如果计算机因为图像的数据量太大，不能及时显示在屏幕上，就会影响动画的播放质量，只能通过降低帧速率或者缩小显示的画面尺寸来解决。造型动画的画面相对简单，数据量也相对小些。此外，多媒体动画有二维动画和效果逼真的三维动画。

5．视频

视频是将拍摄、扫描的图像作为素材连接而成的活动影像，而动画的素材是手绘或者软件制作的图形。视频是电影、电视等媒体播放的信息经数字化后，转换为可以被计算机处理的一种媒体形式。视频信号的特点就是把声音和图像结合起来，再现当时的情景。

2.3.2.2 主要媒体理论简介

在教育领域中影响较大的媒体研究理论主要有麦克卢汉（M. McLuhan）的媒体理论和戴尔经验之塔理论，这些理论在对象化资源设计中，对于如何适当地使用好富媒体技术具有指导意义。

1．麦克卢汉的媒体理论研究

麦克卢汉（Marshall McLuhan）是加拿大著名的传播学者。他的著作《认识媒体——人体的延伸》和《媒体就是信息》，在20世纪60年代后期轰动一时。

麦克卢汉媒体理论的主要观点有：媒体即信息。从长远的角度看，真正有意义的信息并不是各个时代的媒体所提示给人们的内容，而是媒体本身。换句话说，人类只有在拥有了某种媒体之后才有可能从事与之相适应的传播和其他社会活动。媒体最重要的作用就是“影响了我们理解和思考的习惯”。因此，对于社会来说，真正有意义、有价值的“信息”不是各个时代的媒体所传播的内容，而是这个时代所使用的传播工具。

媒体是人的延伸。在麦克卢汉看来，任何媒体的发展都是对人的感官或感觉的延伸，如笔是手的延伸，书是眼的延伸，广播是耳朵的延伸。媒体的变化，会引起人的感觉的变化，引起感觉中心的转移。当人们使用书本，感觉重心是视觉，改用广播，感觉重心就转移到了听觉。媒体和社会发展的同时也伴随着人的感官能力由“统合—分化—再统合”的历史。热媒体与冷媒体，这是麦克卢汉在媒体分类方面提出的两个概念。“热媒体”的特点是信息具有“高清晰度”和“低参与度”，其信息含量多而且清楚，接受者不必动用很多的感官和联想活动就能理解，如书籍、报刊、广播、照片等；而“冷媒体”则正好相反，它传达的信息含量少而模糊，在理解时必须以更多的感官和丰富的想象活动来填补其信息量的不足，如漫画、电视、有声电影等。媒体是导致社会变动的强大的动力。麦克卢汉把媒体看作是促进社会改变的决定力量，媒体影响并改变着人们的生活方式、工作方式和思维方式，改变了人与人、人与世界的关系。由于当前世界媒体技术的先进，信息及时传递，使得地球成为“地球村”，分散的人们重新聚合在一起，各种文化又融合在一起，互相渗透。因此，媒体是导致社会发生变动的最强大动力之一。

麦克卢汉理论的意义在于，它开拓了从媒体技术角度出发观察人类社会发展的视角，并且突出了媒体技术在社会历史中的巨大作用。此外，麦克卢汉“媒体是人的延伸”的观点可以启发人们从不同角度理解不同媒体各自的作用机制。他主张研究媒体时，与人的感官、心理联系起来考虑，把它置于广阔的社会、历史和文化背景中去考察，他的关于“地球村”的预言，也已经被社会的发展所证实。

该理论阐述了媒体对社会的作用，表明了媒体对教育的作用是积极的、长远的。

2．戴尔经验之塔理论

1946年，美国教育技术专家戴尔（E. Daie）在他的《视听教学法》一书中，研究了录音、广播等视听教学手段在教学中怎样使用，会产生怎样的教学效果等一系列问题，总结出一系列视听教学方法，提出了相关的教学理论，这就是视听教学理论。由于戴尔把人类获取知识的各种途径和方法概括为一个“经验之塔”来系统描述，因此，人们又将这一理论称为“经验之塔”理论。戴尔将人们获得的经验分为三大类，即做的经验、观察的经验和抽象的经验，并将获得这三类经验的方法分为十种，如图2-3所示。

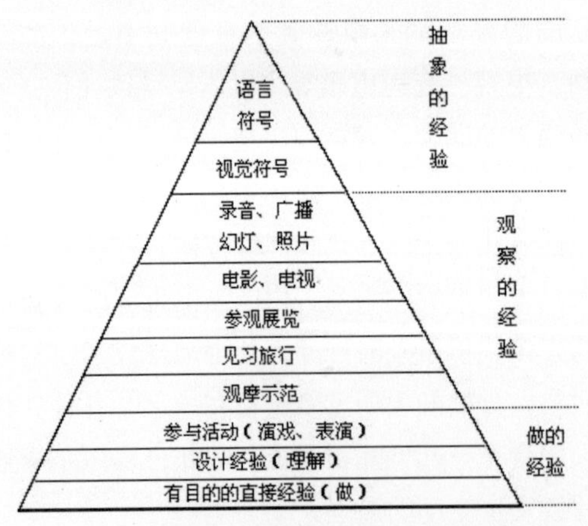

图2-3　戴尔经验之塔

①有目的的直接经验。戴尔的经验之塔认为最底层是直接的经验，是直接与真实事物本身接触的经验，是最丰富的具体经验。即通过对事物的看、听、尝、嗅、做取得的经验。

②设计经验。这是真实的改编，这种改编，可以使人们对真实世界更易理解。如制作模型，尽管模式与原物相比，其大小和复杂程度有所不同，但通过制作模型，可以产生比用实物教学更好的效果。

③参与活动。通过演戏、表演、感受那些在正常情形无法获得的感情上和观念上的体验。

以上三个方面的经验，都包含有亲自的活动，在这三种方式中，学习者不仅仅是活动的旁观者，更是活动的参与者。

④观摩示范。通过看别人怎么做，使学生知道是如何做的，以后他自己就可以动手模仿着去做。

⑤见习旅行。可以看到真实事物的各种景象。

⑥参观展览。通过观察了解来学习。

⑦电影、电视。屏幕上的事物是实际的事物的代表，而不是它本身。通过看电视，得到的是替代的经验。

⑧广播、录音、照片、幻灯。

以上五方面的经验是观察到的经验，具有一定程度的体验性。

⑨视觉符号。主要指表达一定含义的图形、模拟图形等抽象符号。

⑩语言符号。包括口头语言和书面语言（即文字符号）两种，是一种纯粹的抽象。

以上两方面的经验是以抽象的符号、语言系统进行经验传递的，具有综合性、提炼性等特征。

知识最终需要通过抽象，并进而进入学习者的脑海中。这种抽象的知识可以延伸到观察的检验和做的经验的层次。因此，媒体可以充分表现“观察的经验”层次，从而将媒体课程制作的特性体现到情景化、交互性和个性化等层次，并使得学习对象理论更加丰富。

“经验之塔”理论要点如下：

①塔的底层的经验。该经验是直接、具体的，学习时最容易理解，也便于记忆。塔的顶层经验最抽象，但易获得概念，便于应用。

②学习方法。教育应从具体经验入手，逐步过渡到抽象，这是较有效的学习方法。

③教育升华。教育不能止于直接经验，不能过于具体化，而必须上升到理论，发展思维，形成概念。

④替代经验。位于塔的中部的是替代经验，它能冲破时空的限制，弥补学生直接经验的不足，且易于培养学生的观察能力。

⑤形成科学的抽象。在学校中，应用各种教育媒体，以使教育更为具体，从而形成科学的抽象。

“经验之塔”理论所阐述的是经验抽象程度的关系，符合人们认识事物由具体到抽象、由感性到理性、由个别到一般的认识规律；而位于塔的中部的广播、录音、照片、幻灯、电影、电视等介于做的经验与抽象经验之间，既能为学生学习提供必要的感性材料，使其容易理解，容易记忆，又便于借助于解说或教师的提示、理论根据、总结，从具体的画面上升到抽象的概念、定理，从而形成规律，是有效的学习手段。

从戴尔经验之塔理论中，可以看到在教学资源设计和开发过程中，应该充分研究有关学习目标、知识点的类型、学生特点、学习环境等因素，选择适当的媒体素材表现形式，帮助学生完成有意义的建构和认知过程。

2.3.2.3 教学媒体

1. 教学媒体分类

当某一媒体被用于传递教学信息时，就称该媒体为教学媒体。在教学系统中，包含了教师、学生、教学内容和教学媒体等四要素，这些要素之间通过教育信息的流动，维系成一个有机的整体。教学媒体沟通了学与教，起到桥梁和纽带作用。在相当长的一段教育史上，它只限于言语和文字。教科书的产生、直观教具的使用、音像材料的涌现、计算机和多媒体网络的发明，是教学媒体的四次重大飞跃，从而使学生能通过更广阔的渠道获得更大范围的信息资源。

随着科技的发展，教学媒体种类越来越多，为了把握各种教学媒体的特性，以便合理选择使用，有必要对其进行分类。由于出发点的不同，媒体的分类方法也多种多样。这里介绍几种主要的教学媒体分类法。

(1) 按媒体的表达手段分类

按这种分类法，可将教学媒体分为口语媒体、印刷媒体和电子媒体三类。口语媒体，指口头语言，如教师和学生所说出的话。这是最古老、最常用的一种媒体；印刷媒体，指各种印刷出版资料，如教科书、挂图、报纸、杂志等；电子媒体，指用电子信号来记载和传递信息的媒体，有模拟和数字之分,如广播、电影、电视、计算机等。

(2) 按媒体作用的感官和信息的流向分类

按这种分类法，可将媒体分为视觉媒体、听觉媒体、视听媒体、交互多媒体四类。视觉媒体，指发出的信息主要作用于人的视觉器官的媒体，如教科书、黑板、挂图、标本、幻灯、投影等；听觉媒体，指发出的信息主要作用于人的听觉器官的媒体，如广播、录音等；视听媒体，指发出的信息主要作用于人的视觉器官和听觉器官的媒体，如电影、电视、视盘等；交互多媒体，指使用多种感官且具有人机交互作用的媒体，如多媒体计算机。

此外，按历史发展可将教学媒体分为传统媒体和现代媒体。传统教学媒体如黑板、挂图等；现代媒体如录像、多媒体计算机等。按照是否印刷可以分为印刷媒体和非印刷媒体等。但是，无论何种分类，都很难说是十分准确的。因为如此众多的媒体，特别是依靠高科技所形成的现代化媒体，由于其技术上的综合性，功能上的丰富性，使其无论按哪种出发点分类都可能形成与其他类的交叉。当前，媒体技术形式已经发展到富媒体时代，多种媒体技术充分的综合和高度的集成，能够创建出高交互性的、体验式的、情景化的数字化教学课件。

2. 教学媒体的基本特性

完成高质量的对象化资源的制作，除了正确理论框架的规范指导外，根据表现的知识点、学习目标和学习情境等因素，选择恰当的媒体形式和技术工具对学习内容和学习策略予以展现至关重要。需要让资源制作者掌握正确选择媒体的基本知识，提高数字化资源的开发技能。

教学媒体具有以下几方面共同的特性：

①固定性。教学媒体可以记录和储存信息，以保证需要时再现。如电子媒体将语言、文字、图像转换成声、光、磁讯号，固定在磁带或胶片上。媒体的这一特性使得以往的先进教育理论、知识财富和丰富教育经验得以保存，并能够通过教师或者各种媒体传授给学生。

②散播性。教学媒体可以将各种符号形态的信息传送一定的距离，使信息在更大的范围内重现。

③重复性。教学媒体可以重复使用。如果保存得好，这些媒体可以根据需要一次次地被使用，而其呈现信息的质量稳定不变。此外，它还可以生成许多复制品，在不同的地方同时使用。这种重复使用的特性适应了学生逐渐领会、重温记忆的需要，也适应了扩大受益面的需要。

④组合性。教学媒体往往能够组合使用。当前主要是利用数字化技术将各种信息，如图、文、声、动画、视频等集成在一起统一处理。组合性还指一种媒体包含的信息可以借助另一种媒体来传递，如图片、图表等既可以通过幻灯、投影呈现，也可以通过电视、计算机呈现在屏幕上。

⑤工具性。教学媒体与人相比处于从属地位。即使功能先进的富媒体技术，也还是由人所创造，受人所控制。教学媒体只能扩展或代替教师的部分作用，而且使用的媒体还需要教师和设计人员去精心编制相应的教材，即使具有人工智能的多媒体计算机系统也不可能完全替代教师。

⑥能动性。教学媒体在特定的时空条件下，可以离开人的活动独立起作用。比如优秀的计算机课件和网络课程可以代替教师上课。精心编制的教学软件一般都比较符合教学设计原理，采用的是尽可能优化的教学方案，尤其是由教学经验丰富的教师参与设计、编制的教学媒体。

对于各种教学媒体的个别特性，可以参考以下几方面进行鉴别：

①表现力。表现力主要指教学媒体表现事物的空间、时间和运动特征的能力。比如视频、动画、图像等媒体具有较丰富的表现力。能生动、形象地呈现教学信息，深刻地揭示客观事物的本质及其内在联系。

②重现力。指教学媒体不受时间、空间限制，把储存的信息内容重新再现的能力。它是媒体最基本的特征。

③接触面。指教学媒体把信息同时传递到学生的范围。媒体的信息接触面，可分为有限接触和无限接触两种。

④参与性。指教学媒体在发挥作用时学生参与活动的机会。这种方式与机会，主要

表现为感情参与和行为参与两个方面。在课堂教学过程中，一般媒体都可提供感情参与的多种方式和机会。富媒体教学资源具有较强的行为参与特性。

⑤受控性。指教学媒体接受使用者操纵的难易程度以及获取的方便性。随着教师信息技术素养的提高，在课堂上已可以较好地操作计算机来完成教学工作。

3.教学媒体的特性比较

如何有效地应用好媒体是富媒体技术支持的对象化资源设计中的关键问题，各类媒体在教学方面的应用需求具有差异性。早在几十年前，传统媒体占据教学媒体主流的时候，很多学者曾经开展过这方面的研究，至今对网络环境下的富媒体数字化教学资源的开发有着指导意义。

日本学者板元昂教授在对常用媒体的教学特性进行调查研究的基础上，提出了如表2-3所示的常用教学媒体特性评价表，并对13种教学媒体，从功能、目标、代价、使用方式等方面进行了比较。

表2-3 常用教学媒体特性评价表

教学特性 \ 媒体种类		教科书	程序课本	黑板	模型	卷片幻灯	电影	投影	电视	反应分析装置	模拟机	录像	教育信息处理器	计算机教学系统
功能	呈现信息	★	★	□	□	★	★	★	★	×	□	★	×	□
	反馈信息	△	□	×	△	×	△	□	×	□	★	□	×	★
	激起反应	□	★	△	□	★	□	□	★	×	★	★	×	★
	控制反应	□	★	△	△	□	□	△	□	×	★	★	×	□
	诊断评价	×	□	×	△	×	×	×	×	★	□	□	★	★
目标	知识	★	★	□	□	★	★	★	□	⋮	×	★	⋮	★
	技能	×	△	×	□	×	□	×	×		★	★		△
	能力	□	□	□	□	△	□	□	□		□	□		□
	态度	□	△	△	□	★	□	×	★		△	△		△
代价	准备的精力	□	△	★	□	×	□	□	□	△	×	△	×	×
	设备投资	□	△	★	△	△	△	△	△	×	×	×	×	×
	日常耗费	★	★	★	□	×	△	□	★	□	★	△	×	×
	保存性	□	□	★	□	△	□	★	□	△	△	★	□	□
	反复性	□	□	□	★	△	★	★	×	×	★	★	△	△
使用方式	便利性	□	□	△	□	△	★	★	★	□	□	□	×	△
	个别指导	★	□	□	□	×	□	×	□	×	★	★	×	★
	集体指导	★	□	□	□	★	□	★	★	★	×	□	□	□
	实用性	★	□	★	□	□	□	★	★	□	★	□	△	△

注：★很有用 □较有用 △困难 ×不利

我国的学者则从媒体的表现力、重现力、接触面、参与性和受控性五个方面考察教学媒体的教育特性并进行比较分析，如表2-4所示。

表2-4　各种教学媒体教育特性比较分析表

教育特性 \ 媒体种类		教课书	板书	模型	无线电	录音	幻灯	电影	电视	录像	计算机
表现力	空间特性		✓		✓	✓	✓	✓			
	时间特性	✓	✓		✓	✓		✓	✓	✓	✓
	运动特性							✓	✓	✓	✓
重现力	即时重现		✓			✓				✓	✓
	事后重现	✓		✓		✓	✓	✓		✓	✓
接触面	无限接触	✓			✓				✓		
	有限接触		✓	✓		✓	✓	✓		✓	✓
参与性	感情参与				✓	✓		✓	✓	✓	
	行为参与	✓	✓	✓			✓				✓
受控性	容易控制	✓	✓	✓		✓	✓			✓	✓
	难以控制				✓				✓		

总之，不同教学媒体间的特点存在着很大差异，不存在对任何教学目标、任何教学情景都适应的“万能媒体”。对于某一特定的媒体在一种情况下能够发挥其优势，并不见得在另一种情况下同样可以取得很好的效果。应根据学习内容的需要、学习者特征、教学目标要求和教学策略安排等影响因素选择最恰当的媒体。利比卢姆在1980年提出的媒体选择指导表（参见表2-5），可以给教学中媒体的选用和选择提供一些借鉴。

表2-5　媒体选择指导表

任务要求	重要性系数	CAI	电视	课本
适合个别教学活动	7	3/21	0	1/7
接收学生回答的能力	10	3/20	0	0
评价学生回答的能力	10	3/20	0	0
提供立即反馈的能力	10	3/20	0	0
根据学生情况调节教学策略	10	3/20	0	0
产生逼真的影像	5	2/10	3/15	1/5
对动画控制能力	5	3/15	0	0
产生高质音响	2	2/4	3/6	0
计算动态模拟	5	3/15	0	0
激发学习兴趣	7	3/21	2/14	1/7

续 表

任务要求	重要性系数	CAI	电视	课本
记录学习成绩	5	3/15	0	0
报告学习情况	5	3/15	0	0
环境要求低	10	1/10	0	3/30
设备费用低	10	1/10	0	3/30
总分		256	35	79

注：①CAI，Computer-Assisted Instructions，计算机辅助教学。
②这里的分值是一个相对权重值。

与表2-3归纳的时代相比较，现今的媒体种类要丰富得多，功能也更强大，尤其是富媒体时代的来临。但是，“并不存在一种万能的超级媒体，各类媒体具有不同的教学特性，关键是要根据教学目标、教学内容、教学对象选择合适的媒体，并充分发挥其长处，才能取得良好的效果”，这依然是对象化资源设计与制作的重要理论依据。

2.3.2.4 基于学习对象理论的媒体选择

1. 教学媒体选择的依据

为了达到预期的学习目标，需要在丰富多彩、功能各异的教学媒体中进行选择。值得借鉴的经验如下。

（1）依据学习者的特征

学习者特征主要是指学生的年龄、兴趣、动机、认知风格和认知技能等。不同年龄阶段学生的兴趣爱好和学习动机都不完全一样，认知技能也不一样，如小学生的认知特点是以直观形象思维为主，对学习内容主要采用机械记忆方式，注意力不容易持久集中。这个阶段可以较多地使用图片、视频和动画。这些媒体表达信息的特点是内容生动形象，符合小学生的认知特点。

（2）依据学习任务

依据学习任务主要是指选择教学媒体时要考虑学习目标、学习内容的性质以及采用的学习方法等。为达到不同的学习目标常需选择不同的教学媒体。以外语学习为例，知道各种语法规则与能就某个题材进行会话是两种不同的学习目标。前者往往通过教师讲解，辅以板书或投影材料，学生是在井井有条的内容安排中形成清晰的语法概念。后者往往采用角色扮演并辅以图片或视频资料，使学生在情景交融的沟通条件下掌握正确的语言技能。

学习内容的性质不同，适用的教学媒体也会有所区别。例如在语文学科中学习记叙文，最好使用能提供某些情景的媒体，使学生有身临其境的感受，唤起对课文中的人物、景象和情节的想象，以加深理解和体会。又如数学、物理等学科的概念、法则和公式都比较抽象，要经过分析、比较、综合等一系列复杂的思维过程才能理解，所以选用的媒体既要能以动态、交互的方式表现对象之间的关系，又要便于学生主动探索和发现，才能使学生的逻辑思维能力、空间想象能力和运算能力得到较好的训练。应该注意的是，在讨论教学媒体选择时，切不可将其与所使用的学习方法相割裂。因为尽管同一种媒体会承载相同的信息，但是由于使用媒体的方法不同，得到的效果也会大相径庭。

2. 不同教学媒体的适用范围

每种媒体形式都有其各自擅长的特定范围，各种媒体功能参考如下。

（1）文本

文字是数字化教学资源中一项必不可少的内容，是学生获取知识的重要来源。在教学中使用文字素材传递信息是最为常见的方式，绝大部分的信息需要借助于文字素材来传播。在表现概念和刻画细节时需要借助文本，通常用于表达意义明确的知识内容。使用文字素材时要注意以下几点：

①文字书写正确、规范、醒目；

②注意文本的排版要协调美观；

③文字表达意义明确、层次分明；

④适当情况下，借助表格能够提高信息传递的效率。

数字化教学资源中的文字不是越多越好，过多的文字会使画面失去魅力，使学生厌烦，所以文字内容应力求简明扼要，突出重点。对那些实在舍不去的文字材料，可用热字、热区的交互形式呈现，阅读完后可随光标的移动自行消失。对于具有不同年龄特征的学习者，文字的选择有所不同。对于小学生来说，其年龄小、阅历浅、语言文字理解力不强，课件中要少用文字，多用图像、动画和声音。文字的属性设置应符合其以形象思维为主的特点，尤其是对小学低年级的学生，字号要大，字体应活泼，文字的颜色以鲜艳的暖色调为主，如红、黄两色。考虑到小学生的信息接受能力有限，文字最好以逐字、逐行的运动形式呈现，并配以悦耳的音响效果。中学生的创造思维迅速发展，追求新颖的独特因素，追求个性的色彩，所以汉字量可适当增加。同时为避免字体单一，可插入一些艺术字，多选择能让人产生更多遐想空间的颜色，如白色、粉红色。文字以特技效果、热字的形式呈现为佳。

（2）语音

数字化教学资源单凭视觉元素传递信息，会给人单调和枯燥的感觉，合理地加入一些声音，对画面可起辅助作用，能更好地表达教学内容，吸引学生的注意力，增强学习兴趣。语音能使对话信息突出，特别是在与影像、动画结合时能传递大量的信息。语音素材通常用来辅助文字说明或者用来直接教授发音、听力方面的内容。比如英语课堂和语文课堂上，教师可以借助声音素材展示给学生正确的发音。音乐课堂上更是声音素材的用武之地。小学生有好奇心、喜欢提出各种问题，因此解说要通俗易懂，语言要亲切，多设计提问并给予及时的鼓励；解说要抑扬顿挫、节奏舒缓有度。音乐要选择小学生喜爱的儿童曲目。音响的模拟声要真实自然，使学生产生身临其境的感觉；要充分利用计算机自带的模拟声音。中学生语言理解能力强、情感丰富，为他们设计的课件要多用音乐，以激发情感，吸引和保持其注意力。

（3）图形/图像

图形、图像通常用来辅助说明抽象的信息，擅长表达蕴含于大量数据里的趋向性信息，在表现空间信息方面有较大优势。它们所表达的信息远远超过文字，是数字化学习资源中最重要的媒体形式，也是学生最易感知和接受的表达方式。教学中可以借助流程图等辅助表达层次性强的知识或者程序性强的知识，如计算机的组装过程知识。能够直观地表达比较抽象的信息，降低认知难度,教学中还可以借助图形降低知识的抽象程度，直观地展现形象化的知识和数据之间关系等。在数字化教学资源制作中，人们对图片的教学应用进行了深入的研究，形成了使用图片的一些指导性原则。应尽量选择具有说明性插图而不是装饰性图片，且应根据内容选择图片，如事实内容——屏幕截图（Facts, e.g., a screen capture）；概念内容——一系列图表（Concepts, e.g., a diagram of species）；过程性内容——动画（Process, e.g., animation of a pump）；程序性内容——具有箭头、突出显示的按钮或部分的动画（Procedure, e.g., animation of steps with arrows highlighting buttons or parts）。

图形、图像一定要清晰规整，若将图形、图像作为学习内容时，图形、图像要尽可能大，并放于屏幕中心位置。作为背景的图像要简洁明了，颜色淡雅，如此设计能够突出主体，有利于减轻眼睛的疲劳和学生对主体内容的感知、理解和记忆。按照皮亚杰的认知发展论（注：该理论认为，在环境教育的影响下，人的动作图式经过不断同化、顺应、平衡的过程，形成了本质不同的心理结构，也就是心理发展的不同阶段，即感知运动阶段（0～2岁）、前运算思维阶段（2～7岁）、具体运算思维阶段（7～12岁）、形式运算阶段（12～15岁）。小学生正处于认知发展的第三阶段，其认知结构属“直觉思维图式”。小学低年级学生思维具有明显的形象性，同时也具有抽象概括的成分，随着年龄的增长，抽象概括的能力逐渐加强。根据以上心理特征，针对小学低年级学生设计的课件可用具体的实物图片，如苹果、橘子、铅笔盒、课本、皮球等让他们区分哪些是圆形的，哪些是长方形的，图片的颜色一定要鲜艳。而针对小学高年级的学生设计的课件，可将桌子、音箱、公共汽车、电视机的图片放在一起，让学生找出它们的共同特征，给学生一定的思考时间后，利用数字化资源课件动画的闪烁，闪动实物的图像，紧接着把实物的模像去掉，只留下图形的轮廓，抽象出长方体图形，使学生实现从具体到抽象的认识。中学生处于认知发展的第四阶段，他们的抽象思维仍属经验型，他们感情丰富，爱冲动，爱幻想。因此，为他们设计的课件图形必须准确，图形、图像的位置得当，色彩丰富，层次感强，把能真实地重现生活的图像配以文字，促进中学生对语言的学习。

（4）动画

动画是用来创设学习情境的有效手段，利用动画的交互特性可以增强学习者体验，使学生在学习中与内容、教师互动起来，在体验中建构知识。可用来突出整个事物，特别适于表现静态图形无法表现的动作信息，有利于展示变化的信息。可以用来展示动态的变化过程或者改变现实事物的时间特性和空间特性。如教师可以用计算机动画模拟需要很长时间才能完成的生理过程和变化，把生物学中抽象的内容形象化；可以展示各种生物及生命活动的现象，使生物学教学过程有更强的教育性、直观性和活泼性；还可以通过动画在短时间展示花朵开放的整个过程，或者通过显微摄影显示微生物的世界等。动画画面的设要计应简洁生动，构图均衡统一，色彩配置和谐明快，动作自然流畅，文字清楚醒目，且色调与界面整体风格要相符，且布局合理。设计时应注意画面中动的成分不宜过多，否则容易分散学生的注意力。每个动画都要有目的性，不能单纯为装饰画面而动。适合小学生的动画宜选用儿童比较喜爱的卡通形象，另外，动画的节奏要适当放慢些。中学生虽然抽象思维占优势，但还需感性经验的支持，动画以多姿多彩、有声有色的运动、变化画面，通过示意、模拟、虚构等表现形式将抽象深奥的学习内容具体化、形象化，使学生理解容易，避免将抽象语言转换为自己的知识的复杂过程。针对中学生设计的用动画要严格遵守科学原则，尽量和现实相符，不能为了生动一味地夸张。

（5）**视频影像**

适于表现其他媒体所难以表现的来自真实生活的事件和情景。

3．教学媒体选择的基本原则

（1）从教学活动的需求来选择媒体

数字化资源及其配套的教学软件在教学中显示了独特的魅力，使得教学形式更加多样，教学过程得到了优化，教学质量也有所提高。但是并不是在教学中使用得越多、越复杂、越花哨，效果就越好，要注意下面的一些问题。

与传统的教学媒体相比，富媒体信息环境下计算机辅助教学中信息丰富了很多倍。有的教师把与课堂内容有关的图、文、声、像材料全部都用到课堂教学中，由于屏幕上展现的内容过于丰富，学生注意力全都集中到媒体形式上，师生之间关于学科知识的交流却减少了。且在这些情形下，只是将多媒体材料简单地组合在一起，并没有考虑其教学意义，教学效果反而不如以前。在教学中媒体不能完全取代传统的教学手段，两者要相互结合，在教学设计时选择最合适的教学媒体，优化教学活动，使学生在最佳学习条件下进行学习。教师要根据教学目标和教学内容，以简洁明了、重点突出为原则选择多媒体，不必要的媒体不要出现，以免干扰教学，占用教师的讲解时间和学生的思考时间。

在应用媒体辅助的教学过程中，要注意学生主体地位和教师主导作用，教师应该充分发挥学生的主体性，激发学生的学习热情，进行有意义的指导，不应该由教师独自决定播放什么视音频材料，要考虑学生的主动性,增加数字化教学资源的互动性。同时学生的人机交互活动不能完全取代师生之间的交流，不能把教学变成学生完全自由地操作媒体课件进行学习。教学媒体的交互功能应该根据学生的特点进行设计，以教育学和心理学理论为指导，既要注重学生使用教学媒体的共同特征，又要考虑到特定班级、特定学生的个别性特征，依据不同年龄层次学生的智能发展水平、认知活动特点及个性心理特征，设计出能达到教学目标的数字化媒体课件。

在教学中，不能完全用计算机模拟实验来代替学生真实的实验。由于实验教学在训练学生思维、操作、分析、观察能力和培养兴趣、态度、意志、毅力等方面具有独到优势，这是其他教学方法不能代替的，必须让学生亲自动手进行实际实验操作。可以通过教学媒体进行局部放大模拟或者微观变化的宏观展现，教学媒体还可以用来指导学生操作，让学生熟悉实验流程和实验规范。

运用教学媒体进行教学，教授的内容要适量。因为运用多媒体呈现信息，速度快、信息量大，教师容易不自觉地加快教学速度，忽视了配合学生的思维节奏。如果学生在这种快速教学中思维跟不上教师的讲解，或者由于信息呈现速度太快而不能完整地消化、吸收，会影响学生对所学知识的理解、复习和巩固，学生会感到对学科知识掌握得不深刻、不透彻，从而对教材内容产生疑

问，最终失去学习的兴趣。反之，如果教学节奏太慢，则容易造成学生的情绪涣散，求知欲得不到满足，也会失去学习兴趣。

(2) 从学习效果来选择媒体

正确选择媒体就要先了解媒体本身的特性，如信息的表现形式，媒体的交互可控性等。实验证明在呈现某种特定信息时，某些媒体的效果比其他媒体要好。应选择最适合此种信息的媒体。

例如，一个学习者需要在短期内记住一组口语信息，用音频来呈现信息的效果就比用文本要好。1968年，Murdock在其设计的一个实验中，要求学习者从列表中回忆并识别出十个单词。实验表明，使用音频来呈现这些单词的组比用文本的组成绩要好。而用于长时间记忆时，文字似乎比音频媒体更合适，尤其当所用的资料是词语列表、指示性语言、四行诗或者无意义的音节等语言类信息时。

另外，如果学习者的视觉通道已被占用的话，那么使用音频呈现信息比文本更为恰当。比如图形动画和音频语言信息放在一起效果会更好。图片似乎比文字更能有效地帮助人们了解信息，1976年，Nelson、Reed和Walling在他们设计的实验中，要求学习者分成两组来记忆一些毫无关联的普通物体，一组使用图片呈现物体，另一组只呈现物体的名称。结果证明使用图片的组学习效果要好得多。然而，当学习内容在概念上类似时（如都是动物或都是工具），使用图片则容易造成学习者混淆；或当内容呈现速度过快时，学习者不能对照片形成印象，学习效果也不好。图片似乎总比文本或音频更适合呈现空间信息，如展示人体心脏的位置，显示公交路线等。当呈现随着时间不断变化的信息，尤其要显示这些信息如何随着时间变化时，动画或视频似乎是最好的。但当所学知识是学习者难以理解的时候，动画或视频似乎没有帮助，因为此时信息并不需要视觉支持。

(3) 从媒体理论及人的认知看媒体的选择

依据媒体理论及媒体对人类社会的作用，那么学习者又是如何从上述媒体中获得信息进而进行有意义的学习，教师又该怎样进行多种教学媒体的选择以提高教学质量和效率的呢？梅耶（R.Mayer）的认知学习理论为这些问题的解决奠定了基础。该理论认为：

①人类的信息加工系统包括两个独立的通道，即加工听觉输入及言语表征的听觉通道和加工视觉输入与图片图像表征的视觉通道。该双通道假设源于帕维奥（A.Paivio）的双编码理论和巴德雷（A.Baddeley）的工作记忆理论。

②每个通道的加工容量是有限的，即仅有有限的加工发生在听觉通道，同时也仅有有限的加工发生在视觉通道。这是基于钱德勒（P.Chandler）和斯维勒（J.Sweller）的。

③有意义学习要求在听觉通道和视觉通道不断地进行大量的认知加工，这是维特罗克（M.C.Wittrock）的生成学习理论和梅耶“选择—组织—整合”主动学习理论的主要假设。这些加工过程包括个体注意呈现的材料，在头脑中将呈现的材料组织为一个有条理的结构，并把呈现材料与大脑中已有的知识经验进行整合。

(4) 从结合性与互补性来选择媒体

数字化教学资源的设计应根据内容需要分配表达的媒体，要注意媒体间的结合与区分。有以下几条原则可供参考:

①人们在问题求解过程中不同阶段对信息媒体有不同需要。一般在最初的探索阶段

采用能提供具体信息的媒体,如语音、图像等，而在最后的分析阶段采用描述抽象概念的文本媒体。而一些直观的信息（图形、图像等）介于两者之间，需要综合考虑选择使用相关的媒体。因此，可使用直观具体的媒体形式来引入新概念进行学习，最后在学习完成时，可以使用抽象的文字、图表、公式等进行小结，总结知识点。

②媒体之间可以互相支持，也会互相干扰。多种媒体应密切相关，扣紧一个表现主题，而不应把不相关媒体内容拼凑在一起。媒体的选择和多种媒体形式的组合必须服务于整个学习目标和整个课件，不能毫无目的地拼凑。

总结以上多视角的媒体选择，基于学习对象理论，可以得出在数字化资源制作中教学媒体选用的基本原则如下。

（1）多通道媒体原则

多通道媒体原则是指设计教学材料时，应该注意多种加工通道的配合，选用多种媒体（如文本、讲解、图形等）形式来表征同一知识内容。大量的实验从不同方面证实了在既有文字又有图片的情况下，文字通过听觉通道（如讲解）呈现而非视觉通道（如文本）呈现可以改善学习的加工过程，降低了心理努力程度，提高了学习成绩；在后续问题解决上使用的时间更少；改善了记忆、迁移和匹配测试的成绩。如果用视觉通道呈现文字和图片，学习者就会在文字和图片之间进行视觉分配，把他们的注意力分散于同时呈现的文字和图片之间，从而产生分离—注意效应（split-attention effect）。当视觉注意超载时，某些信息则可能丢失，视觉与语言信息之间建立联系的过程可能受到破坏，这样就会妨碍学习者的学习。在多表征形式下，学习者可以在不同媒体对应的同一知识点间建立联系，从言语和非言语两个不同的角度出发掌握同一个知识点，这不仅让学习者的思维过程更加活跃、深刻，而且对知识的理解也更全面，这比在单表征形式下获得的信息量更多。

（2）实用媒体原则

实用媒体原则是指设计教学材料时，选择呈现给学习者的材料内容应做到言简意赅，而不应为了追求内容有趣、丰富而增加对学习者理解知识内容没有帮助的学习材料。去除掉多媒体材料中对学习者学习没有帮助的冗余内容会更有利于学习者对知识的建构。比如有研究者用配有讲解的动画来描述闪电是如何形成的，同时再加入一些背景音乐，而这些背景音乐与学习材料之间又不能很好地产生一个整体情境，不能给学习者带来合二为一的感觉。在这种情况下，学习者的听觉通道除了要对讲解进行加工外，还要分出一部分对音乐进行认知加工，这样用于加工讲解必需的认知资源相应就少了，于是学习者就不能在文字、图像和声音的相关信息间建立有效的关联，因此也就不可能对闪电的形成机制进行有意义的认知加工。

（3）最佳组合原则

最佳组合原则是指设计教学材料时，在通道内部认知负荷不超载的前提下，根据不同的通道形式（听觉、视觉）来选择相应最佳的媒体组合形式。由于双编码的优势，一些多媒体组合比其他多媒体组合或单一媒体更能促进精细加工过程。通过口头及图片渠道加工的信息似乎优于只通过口头渠道或只通过图片渠道加工的信息，如有研究人员发现，学习者学习包含音频与图片的学习材料比音频与文本的学习材料更能获得较好的学习表现。研究人员在一个实验中让小学生使用计算机教学软件来学习牛顿运动定律，学生可以获得电脑帮助并完成相关测试，教学软件分为三种：①仅使用文本；②使用文本和图片；③使用文本和动态图片。使用文本和动态图片的组学习成绩较好（测试包括26个多项选择题及问题解决）。以上实验结果表明并不是说只要使用了多种媒体表现形式来呈现材料就对学习者有益，而是应该根据学习者的认知加工特点合理采用表现材料的媒体形式。

（4）邻近原则

邻近原则是指设计教学材料时，描述同一内容的不同媒体应在空间上（如文本和插图）或者时间上（如动画和讲解）邻近呈现。此原则包括两个子原则：空间邻近原则（spatial—contiguity）和时间邻近原则（temporal—contiguity）。空间邻近原则是指只能呈现视觉材料时，解释图片的文本和该图片在空间上相邻呈现比分离呈现更能促进学习者的学习，分离呈现会影响学习者对知识的整合和理解。时间邻近原则是指在提供言语讲解的同时呈现相对应的文字或图片，这样更加有利于学习者的理解和记忆。同时用视觉和听觉通道呈现材料，听觉和视觉通道选择出的言语和非言语信息可以同时保留在工作记忆中，从而可以在这两种表征中建立起有意义的联系。

（5）交互性原则

互动是学习者、学习系统和学习材料之间的相互行动。交互性用户界面允许学习者控制、操纵、探索学习材料或定期要求学习者回答问题，以便整合学习材料。交互可以改善学习，因为它激励学习者对学习材料进行精细加工。交互必须具有认知吸引性。当学习者只看到一屏又一屏的文字且只能得到简单的“对”与“错”的反馈时，是不太可能学好的。此外，与长期的信息存留相比，交互性对短期学习有较强的影响。一个互动用户界面似乎对多媒体学习有着显著的促进作用，如研究员Stafford对96个研究项目进行统计分析得出以下结论：互动与学习成就有关，同时，互动也与随时间推移知识的保留有关。其他研究者Bosco和Fletcher研究了75个研究项目，发现当参与者处在一个互动的教学环境中时，能够更快地理解学习材料并保持较好的学习态度。

（6）个体差异原则

个体差异原则指每个学习者的认知特点和认知容量均不一样，因此在设计教学材料时，应根据学习者认知特点并结合材料难易程度设计出适合不同群体的教学材料。多媒体对学习能力较低的学习者来说显得更有帮助。例如，在布莱克1977年的研究中，参与者是具有不同空间与心理能力的大学生，他们通过动画（电影）、画有动态箭头的静态图片或普通静态照片来学习五子棋的运动模式。学习能力较低的学生使用动画学习的效果比用静态照片的效果要好。然而，学习能力较高的学生在这三种情况下的学习效果差别不大。成人和年龄较大的儿童宜使用多媒体教学。随着儿童的年龄的增长，多媒体似乎能够更有效地促进学习者的学习。Stoneman和布罗迪给出穿插有产品广告的采用听觉、视觉或者听觉—视觉合并方式分别呈现的故事。幼儿园儿童比学龄前的儿童识别出更多产品，二年级的孩子比幼稚园或学龄前的儿童认出更多广告中的产品。显然，儿童认知更多的是在感性层次而不是语义层次。随着经验越来越多和逐渐成熟，孩子会在更深、更加语义化的层次上加工信息。年龄较大的儿童和成年人更可能对多媒体信息的含义进行加工，而不是它的外观，所以他们更得益于多媒体教学。

2.3.2.5 资源设计开发的基本原则

在数字化资源设计开发中，创造性地使用媒体技术将会使教学资源的教学辅助功能大大增强，帮助更好地实现学习目标。要做到这一点，需要考虑以下几个方面的原则。

1. 界面设计原则

①显示意义要明确，围绕学习目标和内容设计界面元素；

②颜色搭配合理，美观协调，背景和前景对比鲜明，一个模块内部风格一致并且充分考虑到学习者年龄和心理特点；

③文字字号适中，使用变换字体、字号，或者使用不同的文字颜色突出重点内容；

④主体内容放置于屏幕中间，减少无关信息的出现，使用动态元素吸引学生注意力；

⑤固定区域显示操作信息，对于操作信息给予学生提示；

⑥屏幕切换方式多样化，新的显示出现之前要求清屏，不要让显示元素重叠；

⑦学习者可以控制背景音乐，或者其他声音，如朗读的开关状态；

⑧要有明显的帮助信息，提供给学习者课件的使用方式。

2. 交互设计原则

①交互方式灵活多样：可以设置热区、热字、按钮、文本框、单、复选按钮等方式来实现，练习设计中题型多变；

②及时给学生提供反馈，反馈内容包括学生反应是否正确，解释回答正确或者错误的原因，最好给予学习者学习建议或者一定的提示；

③反馈方式灵活多样，不局限于简单地发出声音；

④反馈时间要有控制；

⑤学生可以方便地使用键盘、鼠标进行交互操作。

3. 导航设计原则

① 能够提供给学习者整个课件基本结构和当前学习者位置信息，以及学习者学习历史；

②能够通过菜单或者其他导航设计让学习者随时进入课件的任何模块；

③菜单和导航按钮位置固定，风格一致，并附有提示信息；

④如果采用超文本或者超链接的方式组织学习材料，学习者可以方便地返回主界面。

2.3.3 对象化教学资源制作的模块化策略

实践数字化学习对象资源生成的理念需要资源应用环境创建者多方的努力和协作，它涉及学科、媒体（图片、声音、视频）、教育技术、UI设计、心理、管理等诸多学科，需要多种人员角色的紧密协作。这里从数字化学习对象资源的初始来源出发，介绍如何实践学习对象资源的制作。可依据实际情况，将数字化学习对象的制作分为两类情形：一类是对课程级资源的制作实施学习对象资源的制作，另一类是情景的、离散化的学习对象资源制作。无论是哪一种情形，都应该紧紧围绕着学习对象是“具有教育教学单元含义”的数字化学习资源这一基本出发点，目标于重组、重用，进行精心的设计，实施对象化资源制作的模块化策略。

1. 基于课程设计学习对象资源

基于课程设计学习资源的方式是以课程

为考虑对象，将课程的数字化资源既表达成整体课件的形式，同时，也在课件制作的过程中，将资源设计成数字化学习对象资源的形式，以适应未来的资源使用、重用和再定制。这类设计目标的是精品式数字化资源的制作。在这类资源的制作中，其重点是课程知识内容的合理划分，应形成整体课程的主题概念图（参见第3章），依据主题概念图中知识点之间的关系、知识点的认知负荷而将整体课程的知识内容表达为合适粒度的学习对象，使得对象内的内容高度内聚，对象之间的知识内容具有清晰的关系耦合，并对学习对象的性质进行标定，标识其媒体表达上的需求和交互性设计的需求。

2. 基于知识点设计学习对象资源

同课程级体系化的学习对象资源制作不同，基于知识点的学习对象资源制作更具开放性，其关注点在于如何更充分地表达、传递知识点内容，如何更好地充分利用媒体技术帮助学习者突破认知障碍。这类对象化资源通常不依赖、局限于特定学科，而是多学科知识内容的综合学习与运用，因此，在这类学习资源的制作中，可以突破传统知识传递观念的约束，更多地关注教育教学原理中认知主义、建构主义原理的应用，所设计的对象化学习资源应提供给学习者更深刻的学习体验，让学生在自主、协作和探究的过程中掌握知识内容。

2.4 对象化教学资源设计的框架

如何制作符合教学原理的资源是学习对象理论走向实践的关键，综合上述理论基础，实现“具有教育教学单元含义”的学习对象应具有以下的一些基本构成要素，它们共同形成了“优质”数字化学习对象资源的可参考框架结构，如图2-4所示。

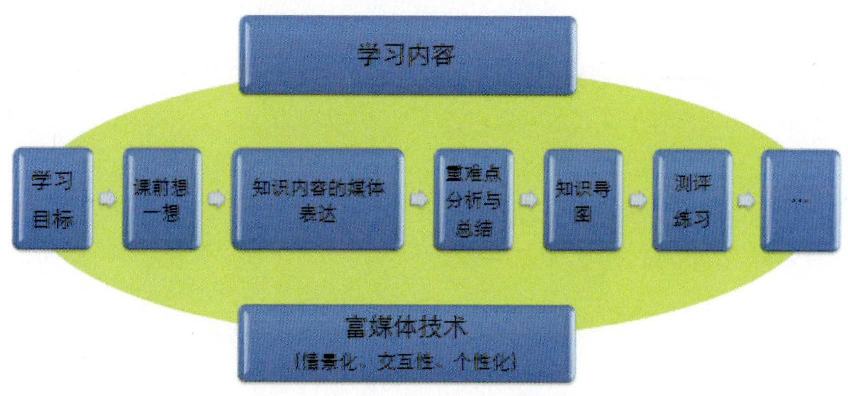

图2-4 学习对象可参考结构

1.学习目标

在数字化学习对象资源的制作中，每个学习对象应首先告知学习者学习目标。告知学生学习目标是让学生知道在学习结束时能够达到什么水平，是学生对学习结果形成比较具体的期望，从而在其学习过程中起着调动学习者元认知策略的作用。在设计过程中，学习目标应该明确、清晰，所承载的知识点不应该太多，依据心理学理论（短时记忆理论），约5～9个知识点为一个认知单元更加合适。

2.课前想一想

该环节是导入环节，其意图是将新的知识内容和学习者脑海中的原有知识内容、知识结构发生关联。提出若干与学习内容相关的问题，引起学生的注意，启发和引导学生展开后续的学习。这一环节中，关键要保证导入的有效性，可以和学习者的生活关联，可以和学习者现有认知关联，这两者是保证有效关联实现的重要途径。

3.知识内容的媒体表达

在知识点讲解中，应充分地应用多种媒体表达知识内容，并在内容的表达中融入“学习活动”的支持。在这一环节中，媒体的适当应用是关键，应将富媒体特性合理地应用来表达学习知识内容。相关的要素包括：情景性，应尽可能地将知识内容的传递融合到情景化的学习体验中，以促进有效学习的发展；交互性，应将媒体所承载的知识内容传递表达成学习者交互驱动下的认知呈现；适应性，应将知识内容的学习伴随学习者学习过程的表现呈现出不同的学习内容，提供适应性、个性化的学习路径，展现不同的学习策略。

4.重难点分析与总结

重难点分析与总结主要是在知识内容学习后，给学习内容的重难点进行提炼，用于辅助学生自学和课后复习，巩固学生对重难点知识的学习和理解。重难点分析与总结是对学习内容中知识的高度提炼。

5.知识导图

知识导图放在知识点讲解之后，让学生通过知识导图对所学内容进行整体把握，加强对知识点记忆以及对各知识点之间的关系梳理，形成有效模式，促进其记忆和深度认知加工，促进学习者的认知建构和深化。知识导图的表达需要精练、明确，所应呈现的知识节点数量在9～12个为宜。

6.测评练习

让学生对自己的学习情况有一个较明确的评价，同时也再次加强和巩固学生对所学内容的理解和记忆。这里的测评是形成性测评，以促进所学知识的应用，促进深化和理解，并巩固所学的成果。

7.其他

如可以增加拓展材料，一是用来拓展学习的知识内容，二是用来激发学习者的兴趣，通过附加的学习材料（可以是丰富的媒体内容）来拓展学习者的学习视野，激发学习者的学习激情，调用学习者的内在学习动力。

在上述参考框架中，核心的内容是如何基于富媒体技术所提供的支持能力，对学习内容进行有效的媒体表达。以上提出的可参考结构并非是固定的形式，教师应根据具体的教学内容和学习者的情况等对上述教学策略进行调整、删减或补充，如增加拓展练习、实际应用等。要达成教学目标，促进有效学习。学习对象的选择既要遵循一定的教学原理，同时又应该是灵活适用。

第3章 对象化教学资源设计与开发

本章导读

本章介绍基于学习对象理论的数字化教学资源设计流程，阐述基于学习对象理论的数字化资源制作过程，以向广大的一线教师和与教育资源相关的从业者阐述如何构建对象化的学习资源，如何将对象化学习资源的创建与高可用性资源共享环境的建设紧密联系起来。

3.1 基于学习对象的教学资源设计概述

学习对象理论的基本出发点有两个：一是如何创建符合教育教学需求的数字化教学资源，二是如何使得所创建的资源满足未来高可用性资源环境的需要，如何在实践上实现上述目标至关重要。在本书第2章中提及的基于学习对象的教学资源设计中，依据实际需求，通常将对象资源制作分为两种类型：一类是针对教材的课程级对象化教学资源的制作，另一类是情景化、主题式的对象化教学资源制作。这两类资源在制作上具有差异性，就课程级对象化教学资源而言，其中的关键内容是课程专家如何依据课程内容知识点及其知识点之间的相互关系，划分出合适粒度的学习对象，并将这些学习对象依据课程教学的需求表现出来，这一类型的对象化教学资源中，更适宜制作以课件和学件相结合形态的对象化教学资源，其中课件部分更多的是服务于教师的教学，其设计主体风格以适应于教学需要，资源的制作更应强调针对性、适用性；而学件部分应围绕课程内容进行有限度的拓展。而情景化的、主题式的对象化教学资源是以学习者拓展性学习，或依据主题知识内容的基础性、趣味性为依据的，所涉及的知识可能是跨学科的综合性知识内容，在这类对象化教学资源的制作中，可充分发挥行为主义、认知主义和建构主义教育教学理论的指导作用，资源的制作可以更加地发挥富媒体技术对情景化、强交互和个性化学习的支持，这类资源更多的能够以学习者为中心。上述两种情况中，无论是哪一种情形，都应该紧紧地围绕着学习对象是“具有教育教学单元含义”的数字化学习资源这一基本出发点，将学习目标的呈现、学习内容的导入、教和学过程媒体的支持、重点知识内容的提炼和深化加工、知识的测评、学习内容知识的评价等要素环节选择性地、完整地表达到对象资源的制作中。在实践过程中，基于学习对象进行教学资源设计应当不仅仅是教师或者资源开发者独自的工作，优质的教学资源设计开发过程需要众多角色的分工协作。例如一线教师、教学设计专家、多媒体素材加工者、资源整合者等角色。由于参与教学资源设计、制作的各个环节的角色（包括一线教师、教学设计者、素材加工者、美工、课件制作整合者）有所差异，对于资源设计和制作过程中各个环节各有分工，因此关注构建合理的资源开发过程中多角色协同工作机制起着至关重要的作用；另一方面教学资源其本身承载的教育特性是其核心所在，应发挥一线教师对数字化资源设计的主导性作用。基于以上方面的考虑，给出了基于学习对象的教学资源设计的流程：构思—分析—设计—制作—整合与封装（打包）—预评估—发布—应用与评估,具体如图3-1所示。

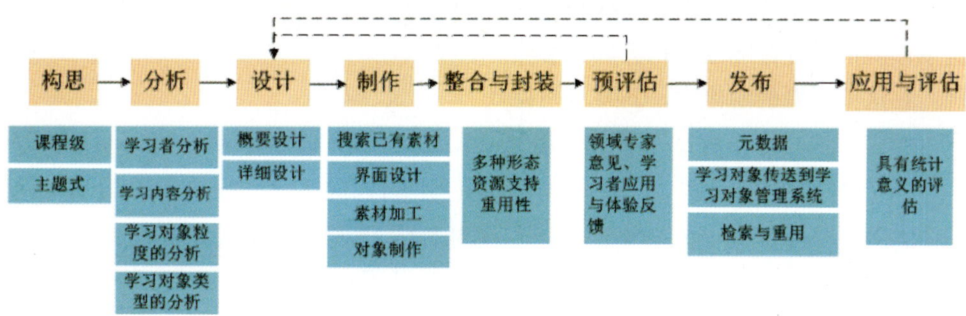

图3–1　基于学习对象的教学资源设计流程

区别于传统的数字化资源制作过程，基于学习对象的教学资源设计过程除了关注传统的多媒体类数字化教学资源制作基本要求外，更强调以下方面的要素：第一，强调以合适的粒度构建数字化学习资源，强调学习资源的整合封装，强调以合适的元数据描述附加在粒度化的数字化资源中，构成一个完整可查询、可存取和接入的操作对象，这些要素分布在上述设计流程的分析、制作、发布、应用与评估等环节；第二，强调“具有教育教学单元含义”的数字化资源的制作，这一数字化资源是自包含的，能够将教育教学原理、数字媒体的有效应用技术有机地封装和应用在每一个“合理”模块化的数字化资源中；第三，学习对象的制作与发布中，应充分考虑用户使用资源的可定制化需求，在不同层次上（包括发布了的资源、资源制作的源程序、媒体制作的素材等）提供可定制化特性。

基于学习对象的教学资源设计应当在设计过程中考虑以下内容：在内容质量方面应当真实、准确、合理地展示知识点，并将知识内容展示至适当的细节水平；学习目标、活动、测试和学习者特征应当保持一致；对于学生的反馈提供采纳或者其他反馈；资源应当能够激发学生兴趣；优化界面设计从而通过传递合理的视觉、听觉信息来提高学习者知识加工过程；友好的导航交互、使用界面和帮助功能；资源的可重用性，即在不同情境中资源能够被重复使用而不需要复杂的修改过程。

3.2　构思

构思环节需要由教师提出对所制作资源的初步构想，即设计的教学资源的主题内容，构思阶段所要重点解决的问题是资源制作的必要性和可行性问题。可以从两种类型来构思：一类是针对教材的课程级对象化教学资源，即如何将一门课程或者章节内容进行基于学习对象的资源设计；另一类是情景化、主题式的学习资源，即选取的内容不拘泥于教材，可以融合多学科的主题内容，因为教学过程不单单是传授学习文化科学知识的过程，同时也是促进学生发展的过程,可以通过情景化、主题式资源的学习促进学生知识的建构与自身发展。

基于课程设计对象化教学资源。该方式是以教材为主体的整体课程为考虑对象，将课程的数字化资源既表达成整体课件的形式，同时也在课件制作的过程中，将资源设计成数字化对象化教学资源的形式，以适应未来的资源使用、重用和再定制。由于这种资源设计和开发的工作量较大，周期较长，因此这类资源的设计目标应是精品式数字化的资源。在这类资源的制作中，其重点是课程知识内容的合理划分，需要有课程领域专家参与形成整体课程的主题概念图，依据主题概念图中知识点之间的关系、知识点的认知负荷（特别是重难点）而将整体课程的知识内容表达为合适粒度的学习对象，并对学习对象的性质进行标定，标识其媒体表达上的需求和交互性设计的需求，供后续环节工作的开展。在基于课程设计对象化教学资源的另一种方式中，资源设计者可以从教学的重点、难点出发，精心设计课程中突破重难点所需要的对象化学习资源。

情景化、主题式对象化教学资源的设计。同课程级体系化的对象化教学资源制作不同，这类形态的资源制作更具开放性，关注点在于如何更充分的表达、传递知识点内容，如何更好的充分利用媒体技术帮助学习者突破认知障碍，扩大学习者的认知面，提高其学习兴趣。这类对象化资源通常不依赖或局限于特定学科，而是多学科知识内容的综合学习与运用，因此，在这类学习资源的制作中，可以突破传统知识传递观念的约束，更多的关注教育教学原理中认知主义、建构主义原理的应用，所设计的对象化学习资源应提供给学习者更深刻的学习体验，让学生在自主、协作和探究的过程中掌握知识内容。

总之，数字化学习资源制作过程中“构思”环节的重点是依据向学生传递知识内容的来源不同，结合教育的实际情况，构思针对目标内容所需要制作的数字化资源对象的个数、基本的类型、制作的基本目标、制作的可行性等。

3.3 分析

在已有的对象化教学资源初步构思基础上，进行具体的分析，分析阶段所关注的是对和学习对象设计相关要素的综合，主要包括以下几个方面：学习者分析、学习内容分析、学习对象粒度分析和学习对象类型分析。

3.3.1 学习者分析

了解学习者的学习准备情况及其学习风格，为教学资源内容的选择与组织、学习目标的阐明、教学方法与媒体的选用等提供依据，从而使教学真正促进学习者智力和能力的发展。在教学资源设计过程中，承担学习者分析的角色应为教学设计者。学习者分析是教学设计过程中的一个重要步骤，教学设计的一切活动都是为了促进学习者的学，实现教学目标，要在学习者自我认识和发展性的学习活动中体现出来，而作为学习活动主体的学习者在学习过程中又是带着自己的特点进行学习的。在教学资源设计中的学习者分析与教学设计中的分析既有相同点，也有不同点，在教学资源设计中对学习者的分析更能为教学资源设计过程中媒体选择提供有力的依据。

从教学原理角度看，对学习者分析的内容主要分为两类，即学习者起点能力分析和学习者一般特征分析。其中学习者起点能力分析是指了解学习者从事特定学科内容的学习前已经具备的知识技能基础，以及对有关学习内容的认识与态度，确定学习起点。学生者的一般特征是指他们所具有的与具体学科内容无关特征，但影响其学习的生理、心理和社会等方面的特点，包括年龄、性别、认知成熟度、学习动机、生活经验等内容，可以概括为学习者认知结构、学习风格（认知、情意等因素）、学习动机（三种动机）。

起点水平分析包括下述三方面：对预备技能的分析，了解学习者是否具备了新的学习所必须掌握的知识与技能；对目标技能的分析，即了解学习者是否已经掌握或部分掌握了教学目标中要求学会的知识与技能；对学习者对所学内容的态度的分析，如对学习内容是否存在偏见或误解。其分析方法可以通过分析教学内容与确定初始能力和教学起点，根据单元目标来确定初始能力与教学起点，开展初始能力的预测，从而使设计出的资源适应学习者的起点能力水平。

学习者一般特征中的认知结构是学习者已有的观念的全部内容及其组织，个体的观念的全部的或特定的内容和组织。掌握学习者原有知识结构是资源设计的前提，了解学习者新旧知识结构之间的关联，有利于教学资源设计者对内容进行安排，为内容设计和表现提供一种参考和预设，如可借助概念图方法进行认知结构的分析。

学习者一般特征中的学习风格由学习者特有的认知、情感和生理行为构成，它是反映学习者如何感知信息、如何与学习环境相互作用并对之做出反应的相对稳定的学习方式。学习风格涉及的方面很多，常表现为学习者喜欢的或经常使用的学习策略、学习方式或学习倾向。学习风格具有稳定性，很少因学习内容、学习情境等因素变化而变化。同时，学习风格具有个体差异性和独特性，如是反思型还是冲动型等，是偏好文字型还是视频动画型，依据此进行学习对象的资源设计。

学习者一般特征中的学习动机指直接推动学生进行学习的一种内部驱动力，是激励和指引学生学习的一种需要。有三种广为认可的学习动机，包括认知内驱力、自我提高内驱力和附属内驱力等。比如，如果学生的学习动机是源于自身的好奇，在资源设计时可以给同学们提供丰富的课外知识链接等，从而促进学生进一步进行深入探索。

总之，学习资源设计工作中，设计者可以根据所讲课的教学目标，从上述诸多要素中，选取影响目标完成的关键学习者特征进行分析，从而在学习对象资源设计时将其纳入考虑的因素之中。

3.3.2 学习内容分析

所谓学习内容是指为实现教学目标，要求学生系统学习的知识、技能和行为经验的总和。学习内容分析是基于学习对象理论开展教学资源设计的基本出发点，学习内容分析的关键是明晰学习内容所需要的学习目标，分析学习者的认知负荷，确定学习内容的重点、难点，为实现教与学目标所采用的教学原理、教学策略提供基本思路，规划教与学结果测评的内容与方法，为资源设计找准设计的起点。

教学资源的内容来源于教材。选择适当的学习内容分析方法对教学的内容进行分析。分析应当分层次，首先是对整体内容的概括分析，其次是对每个章节的内容进行分析，最后是对每个知识点的分析。

结合教学内容分析，确定与内容相适应的教学原理的应用，并借助于教学媒体进行表达。

3.3.3 学习对象粒度分析

在分析阶段，应当充分考虑学习对象的模块化思想，考虑资源的可重用性。学习对象的粒度是指单个学习对象的大小，这里的大小既包含知识内容层面的，也包含有数字媒体表征的数字资源大小的需求。考虑到教育资源的教育教学特性、媒体使用相关原则和最终使用者，学习对象粒度的划分流程如下所述。

3.3.3.1 主题概念及其关系层次分析

在基于学习对象的数字化教学资源设计中，为提高对象化教学资源的使用率，必须将对象化教学资源的制作放置到一个系统化、体系化的网络知识结构中，需要将课程内容知识以主题概念及其概念之间的关系进行表达，并以此为依据进行有效的粒度划分。教学资源内容来源于教材，而课程资源的结构却不应拘泥于教材的已有结构。课程领域专家对课程整体知识结构的把握及对于学生就该课程存在的认知难点具有较为系统的认识，这些系统性的认识是教学资源设计中的重要组成部分，可以加大在教学重难点部分设计的“砝码”，进行针对性的深入设计。基于上述考虑，首先应对章节的总体知识概况作一分析，提炼出主题概念，主题概念应包含细化的知识模块和具体知识点，即重要的、需要向学习者传达的层次化的知识点，如图3-2所示。主题概念的梳理旨在对设计的资源内容形成整体把握，同时要梳理出主题概念之间存在的多种关联关系，这些关系用于后续的学习对象资源管理与使用系统中（这类系统称为学习内容管理系统），需要对主题概念的层次加以标注，常见的关系包括构成关系、偏序关系、基本关联关系和等价关系等（构成关系表示一个概念是另一个概念的组成部分；偏序关系表示一个概念必须先于另一个概念学习；等价关系表示两个概念是等价的、相同的；基本关联关系表示两个概念有一定程度的关系，这种关系是泛泛意义上的关联关系联。）这些关系一方面构成了学习对象被检索和重利用的基础，另一方面，也为学习对象的动态重组、重用提供基本支撑。这里用矩形表示主题概念，菱形表示等价的知识点。主题概念之间存在着横向或者纵向等关联关系，为了明确资源设计内容之间的关系，因此需要对主题概念的层次加以标注，采用主题概念左上角的数字标明主题概念的层次，“0”为最高层，“1”、“2”等依次层次降低。这里用主题概念的层次区分概念的大小。

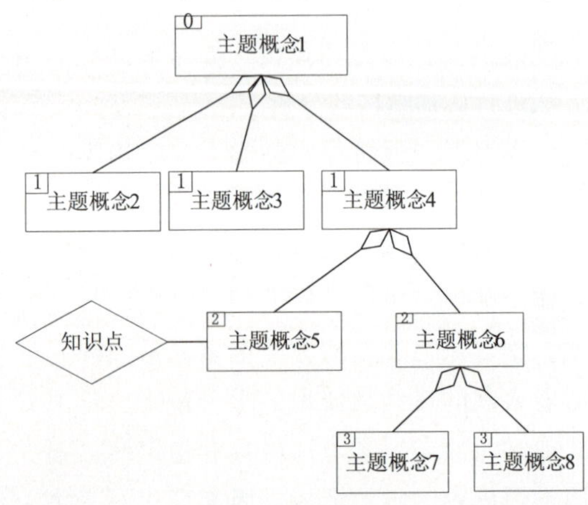

图3-2 主题概念图

在实践中，规定常见四种主题概念间的关系如图3-3所示，分别是构成关系、偏序关系、基本关联关系和等价关系。构成关系表示两者知识点之间存在组成的关系，一者是另外一者的部分。偏序关系表示知识的学习应具有先后顺序，才能符合正确的认知发展。基本关联关系表示主题概念之间存在着一定关系，然而非构成、偏序等关系。等价关系表示两者可同时表达一个主题知识，只是名称有所差异。

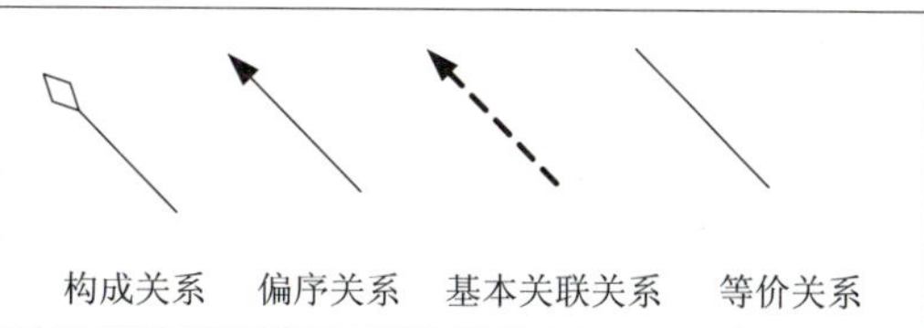

图3-3 实践中可用的知识点之间的关系

学习内容之间的逻辑关系和安排是影响学习对象的粒度和编列设计的重要因素。哪些知识点应该在一个学习对象中呈现，前后顺序如何排列等。回答这个问题要综合考虑以下几个要素。

一个对象化教学资源应该具有相对的内容完整性，它可以包括一个知识点，也可以包括若干个联系紧密的知识点，具体内容要具体分析。资源在开发中要将所涵盖的知识点精心设计从而形成有机的整体，而不是为了资源的可重用性将知识点拆分得过于零散，资源并不是素材，它应体现一定的教学设计思想，而不是知识点的简单堆积，这样才能保证资源的重用性。

一个对象化教学资源所包含的知识点要适量，不能过多，也不能过少。如果一个资源包含了整个章节的内容，那么它的可重用性就会降低，也不方便使用者二次利用。相反，如果一个资源只包含一个简单的概念，而这个概念是另一个重要概念的基础，那么，这样的资源可重用性也很低。因此，要提高资源的可重用性，就需要适当地划分知识点。

一个对象化教学资源所包含的知识点的编列顺序要符合知识点之间的逻辑关系。对于相对独立的知识点，则应尽量不要放在同一个资源内，这样才有利于使用者根据具体情况来重新编列这些知识点，提高资源的可重用性。

3.3.3.2 重难点分析与媒体选择

知识概念图确定了基本的知识结构，知识点的内容将是教学资源的主体，承载着不同属性的知识点应具有适用于其特性的表征形式，因此，需要在已有知识概念图基础上向课程领域专家进行咨询，以确定资源涵盖的具体知识点范围、内容重点以及学生学习中的难点。从而进行相关的标注，如红色表示重点、蓝色表示难点（如图3-4所示），这样将会为对象化教学资源的后期开发制作人员提供明确的指示，即对知识概念有了全局的把握，且对具体知识点有细节上的透析，并明确课程中具体知识点的重难点所在。基于知识概念图，可以支持课程内容专家、教学设计专家、媒体专家和课程资源整合专家的一体化协作，这种方式的采纳将在一定程度上弥补先前的领域专家和资源制作者之间一贯存在的“鸿沟”。

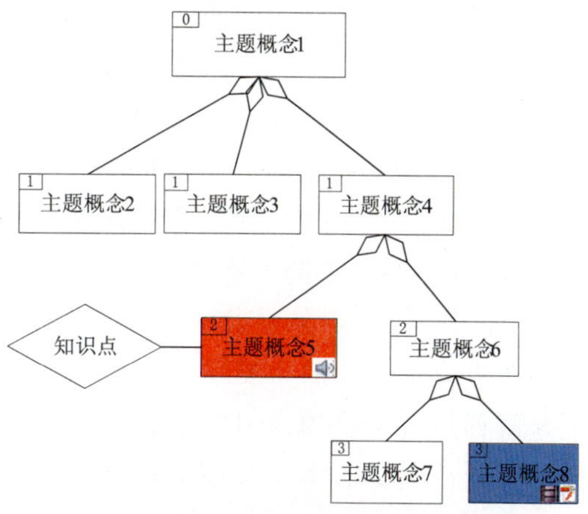

图3-4 带有重难点和媒体标识的主题概念图

对于媒体的选用，要建立在充分考虑知识点特性的基础之上。对于陈述性的知识，用文字等直接表现方式呈现出来。而对于过程性知识，或认知负荷较重的知识则需要应用动画、视频、图像等帮助学生充分建构知识。

通过上述过程，将待制作的学习内容划分为可独立的、自包含的、方便于在不同教育情景下使用和重用的学习内容。

3.3.4 学习对象类型分析

学习对象一般都由一个或多个内容构件要素组成，这些构件要素的数目、属性及组合方式的差异使学习对象表现出不同的特性。确定学习对象的类型对后期学习对象的管理起到了至关重要的作用。可以将学习对象类型大致分类为以下五种。

基本型：没有与其他资源相组合的单个数字化资源，一般充当展示或例示功能的视觉（或其他感官的）帮助。例如，一个手指弹钢琴弦的JPEG图片。

组合—封闭型：合成它的学习对象要素不能从此封闭的对象中单独获取或加以重用。例如，一段视频片断，组合了图像和音频信息，但这些信息却不能从对象中复原获取（至少是不能简单任意地获取）。此类对象目的单一，或提供教学，或提供实践。

组合—开放型：由计算机为满足建立对象的请求而实时合成的大量数字化资源的组合。构成它的学习对象要素可以从它自身中直接获取或加以重用（复原）。可以用网页来解释这种类型的学习对象：它包含图像、视频片断、文本及其他类型可重用的媒体，这些媒体是在接受请求时组合成此学习对象的。

生成—演示型：能组合或组合并生成一些低层次类型学习对象（基本型或组合封闭型）的逻辑推理及结构。尽管生成—演示型学习对象具有高度的在同一情境内可重用（它们可以在某一相似的情境下反复加以利用）的潜力，它们在不同情境间可重用（在不是为它们特定设计的其他情境中利用）的潜力却比较低。例如，一个能够图形化生成一系列五线谱、音符及注释并呈现给学生的用来识别音弦问题的Java Applet小程序。

生成—教学型：组合不同类型学习对象（基本型、组合—封闭型及生成—演示型），并能在这些组合体中具有评价学生交互的逻辑推理和结构。生成—教学型学习对象具有高度的情境间及情境内的可重用能力。

3.4 设计

3.4.1 概要设计

概要设计的任务是参考学习对象框架（参见P43图2-4），在知识内容教学设计的基础上，开展学习对象设计。并初步考虑教学原理、媒体应用等方面的基本内容。

3.4.1.1 教学原理的应用

教学资源的内容和表现形式要符合教学规律，要根据学习理论和教学理论来设计和制作数字化教学资源。基于学习对象的教学资源制作的关键是要符合教育教学的原理和规律，在实际的教学当中能够为教师的教和学生的学提供充分的支持。

教学原理的应用是指以各种教育理论为指导，进行教学活动和教学资源的设计和实施。学习对象教学资源的设计是一种根据教学大纲的要求，通过对教学内容和任务的分析，完成教学设计，并以此为基础进行对象化分析，从而确定知识内容的富媒体表现形式的过程。富媒体的对象化教学资源是一种表现特定的教学内容，适合于某类学习对象，专门用于辅助某一学科教学的媒体资源，具有教育性。一个优质的富媒体对象化教学资源的内容和表现形式应该能体现出先进的教育思想和教育理论的精髓，对象化教学资源设计制作的关键是要使资源表达知识的方式符合教育教学的原理和规律。

1.学习理论在教学资源中的应用

目前主要的学习理论流派包括行为主义、认知主义和建构主义，现在分别介绍各种学习理论在教学资源制作中的应用。

（1）行为主义学习理论与对象化教学资源的设计

参考第2章学习对象相关的理论，基于行为主义的学习理论，在对象化教学资源的设计时，要提供适当的刺激和及时的反馈。行为主义认为教学者应该安排刺激，观察学生反馈，对令人满意的反馈给予鼓励，而对不满意的反馈要给学生提供适当的刺激和及时的强化和补救的机会。例如，可以在课件资源的结尾提供练习题，学生输入答案，系统自动判断正误并做出反馈，可以帮助学生更快、更好地掌握解决问题的知识和技能。当学生回答正确时，呈现相应的文字提示、图像或发出令人愉乐的声音，给学生以鼓励，强化学生的理解和记忆；当学生回答错误时，给出错误的提示，并分析错误的原因，允许其再次尝试。

（2）认知主义学习理论与对象化教学资源的设计

认知主义学习理论强调学习者的内部认知过程，为了将外在的客观事物的关系内化成学习者内在的认知结构，该理论特别强调学生的学习动机和对所学内容的预先准备和期待状态建立，使学生对所学内容有选择性的注意。因此在学习对象的资源设计时要注意以下几点。

①提供先行组织者。依据奥苏贝尔的先行组织者理论，新知识的学习必须以已有的认知结构为基础。学习新知识的过程是学习者积极主动地从自己已有的认知结构中提取与新知识最有联系的旧知识，用来“固定”或“归属”新知识的过程。因此，在学习对象的资源设计时，可以先给学生提供先前已经具有的知识，然后通过新旧内容的联系来学习新的知识。例如,对数学“圆锥体积”计算过程的学习，首先从前节课已经学过的“圆柱体积”，然后通过圆柱体积和圆锥体积的关系，来探索圆锥体积的计算过程。

②提高学习者参与性。参与性是指在学习过程中，学习者不是在被动地接受刺激后才做出反应，而是积极主动地参与学习活动。美国认知心理学家布鲁纳强调知识的学习过程是一种积极的认知过程。他认为积极参与学习具有激发智慧潜力、内在动机、学会发现的技巧和促进记忆的保持的优点。因此，在学习对象的资源制作时，应以发展学生探究和思考能力为导向来组织教学过程，主张学习者内部积极的思维活动，进行发现学习。因此，在对象化教学资源的设计

时可以设计探究性的活动以及进行交互性设计，把交互性提升到学习者内在认知思维水平上。要关注学习者思维活动的变化，创造一种有利于学习者独立思考的气氛，尽可能安排各种利于发现的机会，提出一些具有诱发性的问题，使学习者从知识的被动接受走向对知识结构的构建。例如，在数学课“圆锥体积”的对象化教学资源的设计时，通过呈现问题，引发学生的思考，进行推理和猜想，然后总结结论，此过程即可以提高学习者的参与性。

(3) 建构主义学习理论与对象化教学资源的设计

建构主义认为知识是学习者一定的社会文化背景下，借助于他人的帮助、利用一定的学习材料等，通过学习者主体建构而获得的。它不仅要求学习者由外部刺激的被动接受者和知识的灌输对象转变为信息加工的主体、知识意义的主动建构者，而且要求教师要由知识的传授者、灌输者转变为学习者主动建构意义的帮助者、促进者，在资源制作中应关注情景、协作、会话和意义建构这四大要素。因此在学习对象的资源设计时要注意以下两点：

①随机进入策略。应提供给学习者多个学习起点和多条学习路径。建构主义理论强调事物的复杂性和多样性，强调对事物的了解或对知识的掌握应从多层次、多角度入手，认为知识是围绕着关键概念所组成的网络结构，学习可以从网络的任何部分随机进入，为灵活地展开学习进程创造良好条件。在富媒体学习资源制作时，可遵循随机性策略，设计的课件可使学习者根据需要从多点随机切入学习进程，并根据实际需要灵活跳转产生出多种学习路径。因此，课件的设计应该设置结构化的跳转按钮，并且可以在封面上设置各个环节的按钮，提供给学习者随机进入的学习内容的入口。

②创设情景。创设情景是对象化教学资源要给学习者提供与其现实生活相类似的或真实的情景，以利于学习者在这种环境中去探索或发现问题、解决问题，从而促进学习的质量。建构主义认为学习发生的最佳状态只有在真实世界的情景中才能使学习变得更为有效。因此，在设计对象化教学资源时应充分发挥富媒体的功能，甚至借助于虚拟现实技术或是提供真实的动画，给学习者创设真实类似的情景，激发学习者的内在动机；用多种方式来揭示复杂的现象或过程，解决学习者由直观感觉到抽象思维的过渡，从而完成所学知识的意义建构。例如，在物理“多普勒效应”中，在设计学习资源时，可以通过动画以及声音的形式，展示多普勒效应，通过直观的图片或动画来展示抽象的概念和原理，通过创设情景把直观与抽象有机结合起来，从而解决学习者由直观感觉到抽象思维的过渡，利于问题的理解。

行为主义学习理论、认知主义学习理论、建构主义学习理论三者不是对立的，而是互相补充的，在进行对象化教学资源的制作时，应根据教学实践的需要，运用不同的学习理论进行设计。

2.教学理论对制作教学资源的指导

在对象化教学资源的制作过程中，同样要考虑教学理论的指导，下面阐述对资源设计比较有影响力的教学理论以及在资源制作时的启示。

(1) 教学内容的编排

近三十年来在教学内容组织编排的各种主张中，较有影响的是三种观点：一是布鲁纳提出的螺旋式编排教学内容的主张，即根据学生的智力发展水平，让学生尽早有机会在不同程度上去接触和掌握某门学科的基本结构，以后随着学生在智力上的成熟，围绕基本结构不断加深内容深度，使学生对学科有更深刻和有意义的理解；二是加涅提出的直线编排教学内容的主张，他从学习层级论的观点出发，把教学内容转化为一系列习得能力目标，然后按这些目标之间的心理学关系，即从较简单的辨别技能的学习到复杂的问题解决技能的学习，把全部教学内容按等级来排列；三是奥苏贝尔提出的渐进分化和综合贯通的原则，渐进分化是指“该学科的最一般和最概括的观念应首先呈现，然后按细节和具体性逐渐分化”，综合贯通是强调学科的整体性。

（2）教学策略的选择

加涅九大教学事件是根据学习者的内部心理过程将教学分为九个阶段，引起注意，告知学生学习目标、刺激回忆先前的学习、呈现刺激、提供“学习指导、引出行为、提供反”馈、评定行为、促进保持和迁移。

因此在资源设计时可以以九大教学事件为参考，依据学习对象的资源设计框架进行课件结构的组织。如课件开始呈现具体学习目标，告知学生学习目标可以让学生知道在学习结束时要达到什么水平，使学生对学习结果形成比较具体的期望，从而在其学习过程中调动其元认知，以在后面学习过程中合理地分配注意力，达到学习目标；课件导入可以引起学生的学习兴趣，回忆过去所学的知识；知识点讲解即呈现本节课的内容；知识导图可以为学生建立一个概念图，明晰各个知识点之间的关联，易于知识点的记忆和提取；测评练习可以强化学习内容和提供反馈。

3.4.1.2 媒体理论及其应用

在媒体理论指导下，在了解基本媒体类型特性的基础上，关注交互性、情景化、个性化等特征对数字化媒体制作的影响。包括真实场景的媒体再现、现实场景的模拟、混合式准场景的创建。

（1）媒体在对象化学习资源可存取性方面的需求

学习对象作为数字化的教学资源，其在设计和开发的过程中既要充分利用媒体的特性、发挥媒体的作用，同时也要充分考虑到资源的大小以及媒体自身的特性是否方便学习者获取资源和使用资源。有研究表明，若资源的下载时间使使用者等待时间超过20秒，将会产生等待的焦躁感。因此媒体的选择不仅要能够起到促进学生学习，减轻学生认知负担的作用，同时还要考虑到最后完成的资源的大小，比如媒体格式的选择，在不影响资源质量的前提下应尽可能选择压缩比例大、所占空间小的媒体格式。

（2）媒体在对象化学习资源制作中可重用性方面的考虑

而将哪些知识点用媒体如何表现，则关系到知识点之间的编列设计，特别是使用视音频或Flash动画来表现一个以上的知识点内容的时候，就要仔细考虑，这些知识点是否不可分割，是否可以使用媒体仅表现一个知识点。要充分考虑到教师获取到资源后是否能够方便易用地将资源整合到自己的教学当中，要尽可能提高资源的可重用性。

（3）媒体理论对对象化资源制作的影响

计算机是以文字、符号、图形、声音和动画等来呈现资料的。学习心理学家指出，人类各种感觉器官的功能作用是各不相同的。视、听、嗅、触、味五官中，视觉和听觉器官在获取知识中所起的作用最大，而且同时利用二种知觉比利用单一知觉的学习成效高。因此视听协同活动，可以大大提高学习的效率。这就要求在计算机辅助教学中充分发挥计算机的特点，图、文、声、影相互配合，协调一致。

(4) **富媒体对对象化教学资源设计新的追求**

“经验之塔”理论所阐述的是经验抽象程度的关系，人们认识事物需经由具体到抽象、由感性到理性，由个别到一般的认识规律，富媒体技术环境提供了将知识由感性到抽象的支持能力。富媒体教学资源所具有的特性为创建一个情景化、交互性、个性化的和自主学习的资源环境提供了可能，为应用建构主义学习理论提供了广阔空间，使真正创建建构主义学习环境成为现实。

①情境化。建构主义认为学习发生的最佳状态只有在真实世界的情景中才能使学习变得更为有效，创设情景是对象化教学资源要给学习者提供与其现实生活相类似的或真实的情景，以利于学习者在这种环境中去探索或发现问题、解决问题，从而促进学习的质量。而富媒体恰好能够用多种方式提供学习情境，如在地理课件中，可以提供给学习者关于河流带给人们优势和灾难的视频，形象生动地展现流域综合开发的重要性；在英语课件中可以通过人物的动画以及音频，创设一个真实的对话情境，利用学习者进行知识的意义建构。

②交互性。对象化教学资源制作时，可以创建交互性的课件，它的交互特性也使学生可以依据自己原有的认知结构、认知水平和兴趣，自由选择、自主控制教学内容及其呈现方式。如可以创建页面跳转按钮，提供选择学习内容的可能；可以使学生在学习过程中只要点击相应的热字(Hot word)或热区(Hot area)马上就能够看到相应的或联想到的信息，小到一个概念、定理或知识点，大到某一章节的讲解都可以及时查询和学习，满足不同层次的学生的需要，充分发挥了学生的主体作用；还可以创建练习题，并提供反馈等形式的交互，增大学生的参与度，提高学生的学习兴趣。

③个性化。富媒体技术有利于学习者进行个性化的自主学习。心理学的研究表明，人类的思维具有联想特征，经常从一个概念或主题转移到另一个相关概念或主题。而富媒体技术是一种非线性的信息结构和信息管理技术，能够实现对教学信息最有效的组织与管理。它按照人脑的联想方式，将文、图、声、像等不同媒体信息整合，将讲解、演示、测验等不同教学内容整合，将预备知识、当前知识与扩展知识整合，构成了一个丰富而生动的富媒体学习环境，这符合人类思维的联想特征，从而有利于学习者自主学习。教学信息的非线性使学生可以根据自己的实际情况通过联想，自由选择不同的路径，进入不同的教学内容学习，从一个主题跳转到另一个主题，从一个概念跳到相关的演示，灵活地在各知识节点上自由浏览，从而实现因材施教。富媒体技术还能综合处理各种媒体信息(包括文本、图形、声音、图像等)，学习者可以选择各种喜好的媒体形式进行学习，形成多感官刺激，有利于知识的记忆和保持。

综合教育原理及媒体理论的应用，在概要设计环节，需要在分析阶段形成的主题概念的基础上，添加媒体标识，对知识概念的媒体表达需求进行适当的标注，如视频、音频、Flash，为详细设计媒体的选择与确定奠定基础。

3.4.2 详细设计

在概要设计的基础之上，应当对基于学习对象的教学资源进行详细的设计，形成相关文档，以供后续资源制作开发者使用。这里的详细设计后应当形成以下内容：学习对象教学资源设计清单、学习对象教学资源设计脚本、学习对象教学资源设计审查单。

3.4.2.1 学习对象教学资源设计清单

在进行脚本制作之前，应当提供一个学习对象教学资源设计清单，其中应当包括资源的整体描述、具体的资源内容、资源使用的情境、受众群体及资源的目标。这个清单的提供能够为后续的资源制作者提供整体设计思路，使其感受、了解资源的整体性，缩小教学设计者和资源制作者由于角色差异而产生的“鸿沟”，将教学资源的教育教学特性最大化。设计清单应包含的内容包括描述、课程、情景、受众和目标等。

3.4.2.2 学习对象教学资源设计脚本

脚本细致地描述了每一个教学资源模块的实现过程。这是后续资源开发人员的依据。脚本要清晰易懂，且要指明资源中的重点和要点。脚本在课件制作中扮演着重要的角色，好的脚本是优秀课件的基础。没有脚本直接制作课件往往会走好多弯路，大量增加重复劳动，浪费课件制作者的时间和精力。在第2章曾经提及过关于学习对象的教学资源的基本构成要素包括学习目标、课前想一想（导入环节）、知识内容的媒体表达、重难点分析与总结、知识导图、测评练习和其他材料。然而以上构成要素并非是固定的形式，教学设计者应根据具体的教学内容和学习者特征等对上述元素进行调整、删减或补充，如增加拓展练习、实际应用等。采取何种环节、元素不是目的，重要的是要达成教学目标，有效地促进学生学习。脚本的设计应当在以上环节有所体现。然而对于脚本编写者和软件制作人员来说，如何将教学设计转化为清晰的脚本是个关键问题。由于不可能要求所有人都精通教学设计、专业知识和软件开发，所以有必要找出一些在“教学设计→清晰的制作脚本”这一过程中应该遵循的一般规律，应当最后将每个模块细化到每个页面或者分支的水平，并写出相应脚本设计。这样，可以保证课件的结构清晰，符合知识的内在联系。并且可以将设计集中到模块的水平，以减少重复开发工作，加快工作进度。

3.4.2.3 学习对象教学资源设计审查单

在学习对象教学资源设计清单和学习对象教学资源设计脚本完成之后，应当由教师和教学设计人员对内容进行复查，以确保内容设计的清晰与合理。学习对象教学资源设计审查单应当主要包括对以下几个方面的审查。

教学原理的符合性。如前面章节所述，教学资源的内容和表现形式要符合教学规律，要根据学习理论和教学理论来设计和制作数字化教学资源。在符合教学原理的方面，需要考虑到学习对象资源的结构、交互的设计、学生已有认知水平的特点等，需要考虑到资源在实际应用中所起到的作用，如交互式资源、建构知识式资源等。

媒体选择与目标群体特点的一致性。在媒体选择的方面，需要在媒体可存取性、可重用性等方面有所审查，且媒体的选择应当建立在深入分析目标群体特点的基础之上。

学习对象粒度大小划分的合理性。学习对象粒度的大小是学习对象教学资源设计审查单中关键的部分。由于学习资源的可重复、可组合特性是学习对象资源关注的要点之一，是其区分于先前数字化教学资源设计的根本方面，因此在设计过程中应当对学习对象粒度的大小有深入考虑，并对学习对象粒度大小考虑的因素进行具体说明。

测评内容与教学目标的切合性。设计审查单要求测评部分的内容要紧紧结合目标，具有高度的切合性，并明确测评反馈及反馈出现的时机与效果。

资源开发的可实现性。在设计审查单中，要求资源设计具有可实现性，阐述清晰、明了，并在关键部分加以必要的注释说明，使后续的资源制作、开发具有明确的操作与实现目标。

3.5 制作

基于已有对象化教学资源的构思、分析与设计，对象化教学资源开发人员即可在此基础上进行资源的制作开发。资源的制作首先应当搜索已有的素材资源，并对素材进行加工处理；其次应当设计资源的界面，最终完成对象化资源的制作开发。

3.5.1 搜索已有素材

在对资源进行开发之前应当搜索已有素材，例如，教材配套的数字化资源、通过网络搜索引擎搜集图片、音视频、Flash等素材，这样可以避免资源的重复开发，节省资源。素材的收集即可以通过专业性的资源网站，也可以借助通用的搜索门户。依据资源的设计需要，在各类来源网站上进行目标化的搜索，并尽量搜索到适合特定学习对象需要的素材资源。

3.5.2 素材加工

根据已有设计脚本，对搜索到的可用素材资源进行一定程度的加工，在这方面，Adobe eLearning系列软件工具包具有强大的素材加工功能。如利用Photoshop可以实现对图形图像资源的加工与制作；利用Flash能够增强素材交互性及生动性，创建展示过程性知识内容的Flash片段；利用Soundbooth可以轻松实现对音频文件的编辑；利用Captivate可以创建演示、模拟和评估等满足不同类型需求的素材。素材的制作应考虑知识内容的需求和设计的需要。

3.5.3 界面设计

多媒体技术出现后，课件中可以使用文字、声音、图片、动画等表达教学内容，信息表达方式的增多，一方面可以能更生动、形象地表达教学内容，另一方面也增加了课件设计的难度。一个数字化资源课件即使构思精巧、内容设计好、多媒体素材丰富，但如果其表现方式不当，即界面设计不当，课件的使用效果也将大受影响。数字化课件的界面作为直接面向学习者的人机交互信息传递和导航中介，直接影响到所开发的数字化资源课件教学效果的发挥，必须精心设计友好的数字化资源课件界面，以获得最佳的效果。界面是学习者与课件交互的窗口，学习者通过界面向计算机输入信息进行控制、查询和操纵，课件则通过界面向用户提供信息以供阅读、分析、判断。

3.5.4 对象化资源制作

对于学习对象的制作方式目前存在两种，一是基于网页进行的课件开发，这种形式的教学资源常常通过网页承载，因此资源的可重用性与再加工比较困难；另一种则是利用专业资源制作软件开发的可定制化的资源，例如，Flash、Captivate等等，这种形式的课件可以按需求进行定制，重用性较好。对象的制作通常需要基于一组工具来完成，这组工具中，既要有素材加工类的工具，如图片、音频、视频、Flash等，也要有将这些素材按照前面的设计进行整合、加工的组合性工具。

3.6 整合与封装

对象化教学资源追求“具有教育教学单元含义”含义的数字化教学资源的实现，并关注这类资源目标于不同教育应用情景的需求，包括完全采纳、修改后使用、素材级重用等，支持这三种形式的资源应用封装在统一的结构中，进行一体化的发布、传输和应用。在基于学习对象的教学资源设计中，资源的整合打包不应当仅仅是一个课件的发布成型的形式，而是应当考虑到资源中模块的可重用性，倡导提供的课件资源应当包含多种形态的资源，例如，完整的素材、源文件以及发布后的文件。对象化资源的课件结构应该是开放的、易维护的，面对着广大一线教师的差异化需求，在教学设计发生变化的情况下，应该可以很容易地改变课件结构，方便追加新的教学内容。

对象化教学资源的整合与封装通常借助于一组软件来完成。Adobe的eLearning工具包支持这些功能，具体内容将在第4章中阐述。

3.7 预评估

在资源整合打包后，应当对其进行初步的评估，根据预评估结果对资源进行适当的修改与完善。并且这种评估应当尽可能地贯穿于资源制作过程中，以期将资源的实际使用效能最大化。

评估需要在一个特定范围内的群体中进行，并侧重采集来自于一线教师和学习者的反馈，依据对象化教学资源的性质不同（如课件、学件），进行不同维度的评价，并将评价结果反馈到数字化对象资源的设计中。评价可以从以下几个维度来进行。

1. 教育教学特性方面

①内容质量。是否真实、准确、合理地展示知识点和适当的细节水平；文本作品的质量如何；内容的结构上是否包含学习目标、阐明学习内容、应用要求、演示例子

和案例、提供练习等对象化学习资源的基本要素。

②一致性。在学习目标、媒体对学习活动地支持、测评的设计是否具有内在的一致性。

③导航。在内容定位、链接效率、链接的外观性等方面是否科学。

④反馈。对于学生的反馈是否提供采纳或者其他反馈， 包括反馈提示、正确反馈、错误反馈等不同类型的反馈信息。

进一步讲，可以对对象化教学资源的高层次特性进行评价。

①教育教学原理的理性化应用。在教学资源的设计中是否就建构主义、认知主义等原理进行了应用；在资源设计的过程中，是否关注促进学习者相邻知识的迁移。

②激励性。在资源设计中，是否在内容上关注对学习者兴趣的激发，并引起注意和维持兴趣、动机。

2. 媒体应用方面

①界面：界面是否符合学习者的认知规律，是否满足学科内容、知识内容的特点，并通过合理的视觉、听觉信息来提高学习者知识加工过程。

②媒体的合理有效应用：在利用媒体展示课程内容的过程中，是否考虑了媒体的合理有效利用，媒体应用是否从结合学习者认知发展的需要进行了综合性应用。此外，媒体在知识内容学习的情景创设上是否有所考虑，包括真实场景的再现、现实场景的模拟、混合式准场景的创建；在交互性、个性化（学习路径的支持）方面是否有合理的应用和体现。

3. 资源的可重用性方面

资源的可重用性是指在不同情境中资源能够被重复使用而不需要复杂修改过程。这需要学科内容专家（课程教师）从学科内容中知识点的角度进行合理的粒度划分，以保障所划分资源粒度的合理性，提高在学习对象粒度层次上的可重用性。与此同时，在学习对象中模块化粒度大小上的媒体素材制作上，也应该考虑可重用性能力的支持，将媒体所承载的知识内容完整化、自包含化。

3.8 发布

资源的发布是对象化资源目标于构建高可用性学习资源共享环境建设的起点，发布范围既可以在特定的组织范围内（如一个学校），也可以是区域化的组织范围之中（如一个学区、一个大的行政区域），不同目标类型的支撑平台决定了所提交的对象化教学资源的作用范围。区别于本数字化资源制作中的其他环节，对象化教学资源的发布需要技术平台的支撑，这类技术平台应在元数据、学习对象管理、学习对象的检索和重用方面提供支持。发布环节所应考虑的相关要素如下所述。

3.8.1 对象化资源的元数据标识

元数据是为资源建立索引的数据，它是一类资源的共性数据。国际上，较有影响的教育资源元数据标准与规范有LOM、DCED、IMS和ADL/SCORM等。各国又以相关元数据标准为基础扩充或修改，建立了有本国特色的元数据应用纲要（Metadata

Application Profile），如美国教育资源网关（GEM）、加拿大核心学习资源元数据（CanCore）等。我国从2001年开始启动教育信息化技术标准研究项目，根据我国教育的实际情况，修订与创建形成了“中国教育信息化技术标准体系（CELTS）”。识别了元数据，在一定程度上也就识别了资源。学习对象元数据赋予学习对象某种可操作结构，以实现在学习管理系统中能够容易地定位、读取、查询、索引和传送学习对象，满足对象化教学资源管理的要求。学习对象作为“具有教育教学单元含义”的资源，其元数据的描述应当关注教育教学特性，以便提高后期教师搜索资源的精确性。

在实践上，学习对象元数据的标注应当有两部分的构成来源，即一部分由学科内容专家填写（如教师），另一部分由资源制作者或资源管理者填写。由学科内容专家填写的部分侧重于描述资源的内容，因为学科内容专家对于内容描述的把握更为准确。由资源制作者或资源管理者描述的元数据更应侧重于资源客观属性数据的描述，如文件格式、创建日期、文件大小、创建者等。这样协同分工的元数据描述对于后期学习对象管理系统中学习对象的精准搜索起着重要的作用。

总之，学习对象元数据是构建高可用性学习资源系统的基础，具体的元数据规范和参考特定元数据规范而形成元数据标注的协同化分工是元数据应用中的关键问题。

3.8.2 将对象化资源传送到学习对象管理系统

对象化教学资源应传送到学习对象管理系统中或学习管理平台中，校本资源库或区域性的资源共享网就是具有类似功能的这类系统，以支持这类学习资源的在线使用，支持组织范围内重用、共享和推送。这些学习对象管理系统既可以是私有性的学习管理系统或学习内容管理系统，也可以是公共的学习对象管理系统。区别于非学习对象类资源管理系统，这类系统通常支持特定的元数据规范、支持对象数据的存储与管理，支持基于教育应用情景的检索，如包含学科、年级和教学用途等。

3.8.3 对象化学习资源的检索与利用

传送到学习对象管理系统中的学习对象应能够被有效地检索，这种检索既应支持课程级学习对象的检索，也应该支持对象级资源的检索，前一类检索侧重于提供学段、学科年级等信息导航的高效检索，后一类检索侧重于提供基于元数据或语义信息增强的检索功能。在一些新型的学习对象管理系统中，支持基于学习对象语义关系的查询，以提高对象化教学资源的检索效率。针对基于课程的资源检索和基于对象的资源检索的不同需求特征，将这两类检索所目标的学习资源在不同空间上进行编址。同学习对象相关的资源应能够方便的、可定制化导出，这种资源导出既可以是对象整体的导出，也可以是对象中构成资源的导出，并提供资源发布版、源代码版、资源构成素材这三类层次上的输出。

总之，发布环节是对象化学习资源得以应用、演化、重组再利用的基础，也是优质资源能够得到最大价值化应用的前提。关注有效数字化学习资源建设的各类教育组织应在对象化学习资源发布支撑平台设计、应用上支持上述基本功能。

3.9 应用与评估

学习对象的使用与评估是对象化学习资源设计的最后一个环节，同时，也是对象化教学资源生命周期新的起点，即通过实践应用给予对象化资源演进新的动力。当对象化教学资源被众多学习者、教师等实践应用之后，能够采集来自于真实用户体验的反馈数据，并且这种体验性的反馈数据具有统计意义，它们对对象化教学资源设计的优化和调整至关重要。完善的支持学习对象应用和共享的数字化资源系统应支持学习对象的演进和优化，支持应用体验性数据的采集、聚合和呈现，为现有对象化教学资源的优化提供支撑。

第4章 数字化教学资源设计支持软件

本章导读

在对象化教学资源制作中，制作具有富媒体特性的教学资源需要有强大的资源制作工具来支撑。如何利用数字化教学资源制作具有富媒体特性的对象化资源，如何使资源制作者和教师等角色扮演者能够快速便捷地进行教学资源制作是资源制作的关键所在。本章旨在通过介绍Adobe eLearning软件工具包中的软件，使资源制作者了解并掌握基于学习对象进行教学资源设计与制作的基本技能，为建构高可用性的数字化教学资源提供强有力的技术支撑。本章重点介绍了Adobe Presenter 7、Adobe Captivate 5等富媒体类教学资源制作工具，并简要介绍了与之相配套的相关素材制作工具，如Adobe Flash Professional CS5、Adobe Photoshop CS5、Adobe Soundbooth CS5和Adobe Acrobat 9 Pro等。

4.1 Adobe eLearning软件工具包介绍

在构建高可用性资源共享环境的实践中，优质教学资源是资源建设的基础，而教学资源富媒体特性的承载更是离不开强大的资源制作工具的支撑。从众多的资源制作软件中选择合适的软件工具时，资源制作者和教师们所关注的要点是软件的易操作性和协作性等方面。Adobe eLearning软件工具包则是满足制作对象化教学资源需求的首选，其特点如图4-1-1所示，其中软件简写符号含义如下：Cp：Captivate、Fl：Flash、Sb：Soundbooth、Ps：Photoshop，此外的两个图标为：Acrobat Pro和Presenter。

构思	分析	设计	制作	整合与封装	预评估	发布	应用与评估
课程级 主题式	学习者 教学内容 学习对象粒度 学习对象类型	概要设计 制作故事板及流程原型 Cp 详细设计 内容的表现形式 Fl Sb Ps	素材加工与制作 页面布局 导航制作 Cp Fl Sb Ps	多种形态资源支持 重用性 Cp	领域专家意见 学习者应用及体验反馈	元数据 学习对象传送到学习管理系统 检索与重用 Cp	具有统计意义的评估 Cp

图4-1-1　利用Adobe eLearning工具包支持对象化资源制作

从1992年Authorware发布至今，Adobe获得了超过60项eLearning奖项，已经积累了近20年的行业经验。在2010年，Adobe发布了eLearning软件工具包Adobe eLearning Suite 2，这个工具包使用了最新的产品和技术来帮助资源制作者创建专业数字化教学资源，特别是在富媒体特性支持方面更是提供了强大的、高协作的功能，如图4-1-2所示。

图4-1-2　Adobe eLearning Suite 2

Adobe eLearning Suite 2囊括了从资源构思、设计、素材加工、媒体交互设置到平台发布、跟踪和报告等各个阶段所需要的软件功能。无论从图形图像的处理、声音的编辑加工，还是丰富体验的交互式课件方面，该工具包都能以其便捷性、易操作性、协作性等特点来展示强大的教学资源制作功能，如图4-1-3所示。在课件制作方面，Adobe Presenter 7能够使教师快速简单地创作基于Microsoft PowerPoint的Flash幻灯课件；Adobe Captivate 5以其出色的屏幕录制、整合素材以及加入导航等功能，使资源制作者轻松地制作多媒体交互式课件而不需要繁琐的编程技巧；在交互式多媒体课件制作方面，Adobe Flash Professional CS5能够创建并分发丰富的交互式Flash内容；在图形图像处理方面，Adobe Photoshop CS5更加注重发掘数字图像的新应用，使资源制作者能够更加快速、简单地进行图像设计、编辑等工作；在音频文件的编辑加工方面，Adobe Soundbooth CS5能够快捷方便地进行声音录制及剪辑等；Adobe Acrobat 9 Pro则在对教学资源的封装、PDF文档的编辑保护以及加速内容分发等方面展示了强大的功能。

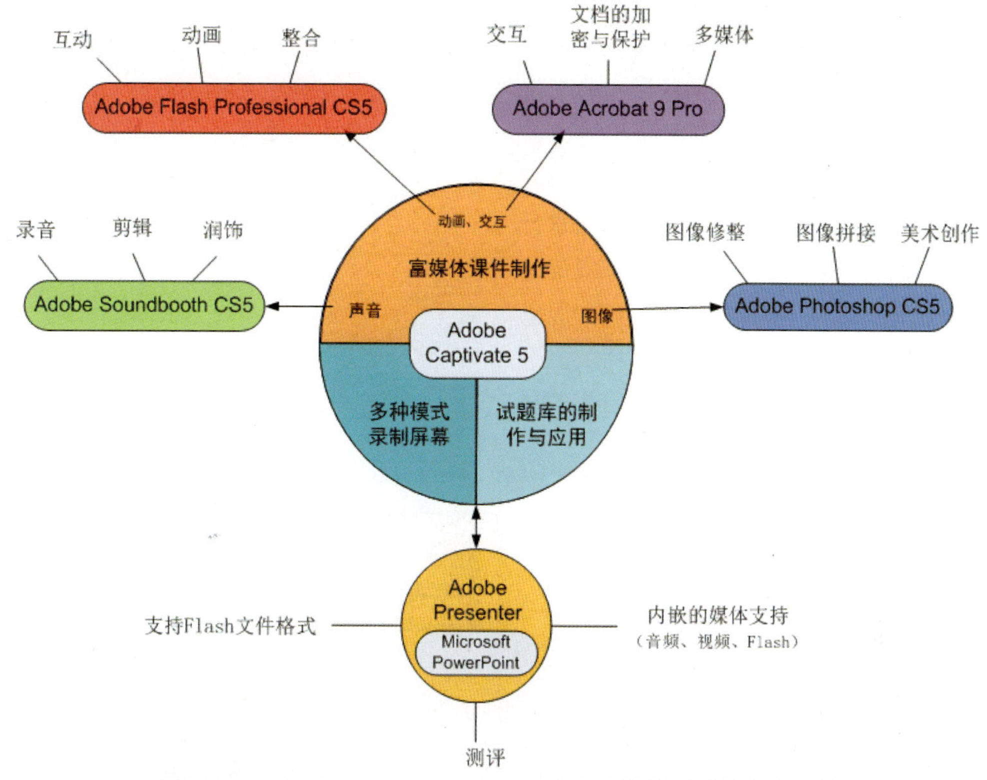

图4-1-3　Adobe eLearning Suite 2中各软件关系及其特色功能

4.2　Adobe Presenter 7

Adobe Presenter是使用 Microsoft PowerPoint来快速创建数字化教学资源和高质量多媒体Flash类资源的软件工具。使用Adobe Presenter创建的内容符合SCORM（Sharable Content Object Reference Model）1.2和SCORM 2004标准，同时还符合国际上流行的数字化教学资源制作规范AICC（The Aviation Industry CBT Committee）。

在安装Adobe Presenter 7后，可以通过Microsoft PowerPoint中“Adobe Presenter”菜单使用该程序，如图4-2-1所示。Adobe Presenter 7提供了一个简单的界面，使其与PowerPoint软件完美集成，从而能够方便快捷地添加音频、视频、动画、交互式测验调查等内容，能够制作带有学习路径跳转功能的教学资源，并将静态的PowerPoint文件转换成为动态的Flash资源和以Web格式进行封装的内容。

图4-2-1　Adobe Presenter 7界面

Adobe Presenter在数字化资源建设中能够发挥极大的作用，其易操作性可以使教师快速、轻松地创建引人入胜的数字化教学资源而不需要专业的技术培训和编程能力，同时使学习者获得丰富的学习体验。Adobe Presenter能够通过测验来及时对学习效果进行检测，创建符合SCORM标准和AICC规范的教学资源，并能够与Acrobat Connect Pro服务器软件相集成以增强交互和跟踪访问量。下面就来介绍Adobe Presenter面向教学应用的基本功能及应用技巧。

在本书中，利用Presenter在PPT文件中进行设计编辑过程中，将此文件统一称为PPT文件，而将发布后的文件统一称为Presenter发布文档。

1. 导入和录制音频

Adobe Presenter具有在PPT文件中添加录音、导入音频等功能。通过Adobe Presenter的音频功能，声音可以作为PPT文件的一个组成部分，从而使PPT文件富有个性。教师可以录制自己的音频文件或导入现成的音频文件，录制的文件将以MP3格式保存，导入的音频文件格式可以为WAV或MP3。当发布PPT时，这些文件均被统一转换为 MP3格式。

（1）音频的导入

利用Adobe Presenter将现有的音频文件导入到PPT文件后，最终发布后的课件将不再需要像传统PPT文件那样需要外部链接该音频文件，无论是对于用于教师课堂授课还是用于学生利用课件进行复习都将十分方便。下面介绍音频导入的具体的操作，如图4-2-2所示。

01 执行“音频”＞“导入”命令，弹出“导入音频”对话框。

02 选择要导入音频文件的PPT文件。

03 单击“导入音频”对话框中的“浏览”按钮，浏览到需要添加的音频文件（WAV或MP3格式）。

04 选中音频文件，单击“打开”按钮，即可完成音频文件的导入。

在PPT文件中每单张幻灯片不要包含超过100分钟的音频。

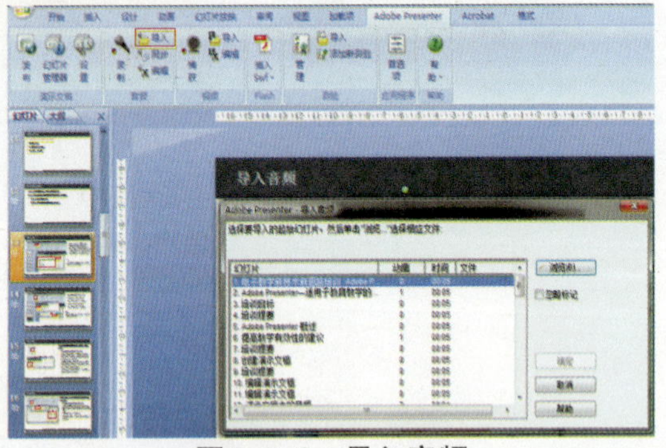

图4-2-2　导入音频

（2）音频的录制

使用Adobe Presenter可以进行音频的录制，下面介绍音频录制的具体操作，如图4-2-3所示。

01 执行“音频”＞“录制”命令，弹出“校准麦克风”对话框。

02 对着麦克风发声以便进行校准，当录制窗口变成绿色后，单击“确定”按钮。

03 单击“录制音频”按钮，开始录音。

04 完成后单击“停止录制”按钮。

05 单击“播放音频”按钮，试听录制的音频。如果满意，则按“确定”按钮；如果不满意则可以重新录制。

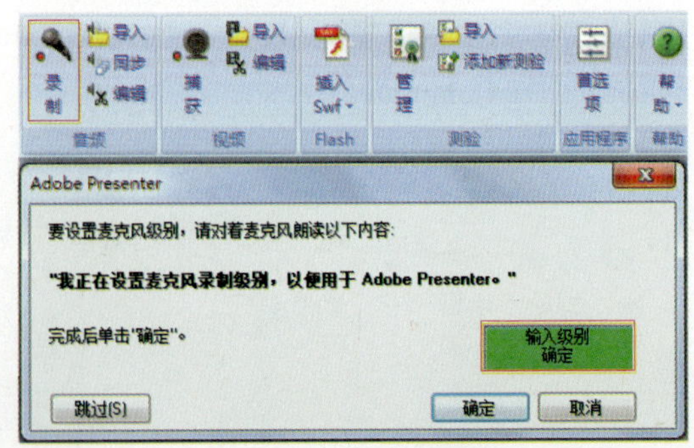

图4-2-3　录制音频

（3）音频的编辑

通过执行“音频”>“编辑”命令打开音频编辑器面板，可以快速查看已经导入或者录制完成的音频，并且可以对音频进行编辑和管理，例如，在音频中插入静音、调节音量或更改其他选项，如图4-2-4所示。

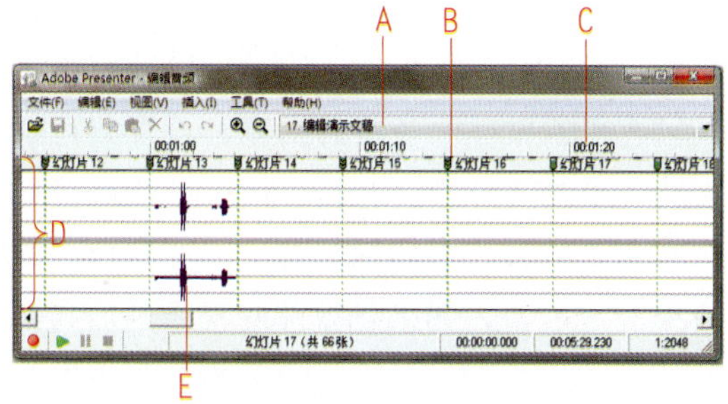

A.从弹出菜单中选择一张幻灯片

B.幻灯片分隔线和绿色标记线

C.时间　D.波形图　E.音频文件

图4-2-4　音频编辑器

①调节音频音量。可以调节包含在幻灯片中的音频文件的音量，具体操作如下。

01 执行“音频”>“编辑”命令，弹出“音频编辑器”面板。

02 在“工具”菜单中，选择“音量”。

03 单击左侧的音量滑块，向上拖动可增加音量，向下拖动可降低音量。

04 可以更改音频处理选项：“规范化”即自动调节音量，规范化音频可使各幻灯片保持一致的音量；“动态”即放大音频的静音部分，以补偿音频音量的变化。

②向音频文件添加静音。在音频处理中可能遇到以下几种问题：例如，需要将导入的音频与幻灯片同步；在PPT文件中使用现有音频文件，但需对其进行少量编辑等。在这种情况下，可以利用Adobe Presenter为PPT文件中的音频文件添加一段静音，具体操作如下。

01 执行“音频”>“录制”命令，弹出“校准麦克风”对话框。

02 使用音频编辑器面板在PPT文件的任意位置添加静音。静音可以添加在音频文件内任意的特定位置，在需要添加静音的波形图上单击PPT中的特定位置，或者音频文件内的确切位置。

03 执行“插入”>“静音”命令。

04 在“插入”文本框中，输入指定静音长短的数值（以秒为单位）。

05 在“秒，始于”文本框中，指定需要添加静音的位置。

③为PPT文件中的特定位置录制音频。在先前的音频录制完成后，音频将与幻灯片同步播放。然而在某些教学情境中，可能需要为PPT文件中的某个特定位置录制并添加一些音频内容，则可以选择另外一种方式，即在PPT文件中的特定位置录制音频，具体操作如下。

01 执行“音频”>“编辑”命令，弹出“音频编辑器”对话框。

02 在波形图中单击要添加新录制音频的位置。例如，对于某个PPT文件，如果在该文件中第1张幻灯片上有一个播放的音频文件，并且需要在此文件开头添加音频时，可单击第1张幻灯片上音频文件的起始位置，也可以根据需要将音频添加到任意1张幻灯片位置上。

03 执行“插入”>“录制”命令。

04 在“输入源”下，单击菜单，选择要使用的录制设备。

05 设置录制的音量。

06 为输入源（麦克风或线路输入）设置最佳录制音量和灵敏度，单击“校准”按钮。

07 单击“开始录制”按钮，并开始讲话进行内容录制。

08 单击“确定”按钮，则刚才录制的音频会添加到波形图上指定的位置，效果如图

4-2-5所示。

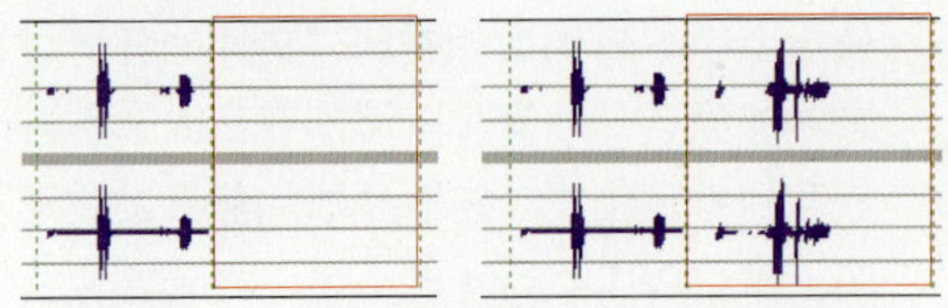

图4-2-5　在特定位置录制音频的前后对比

Adobe Presenter可以在录制或导入音频文件后对这些文件进行计时设置。控制音频文件的计时可以使PPT文件中的每个动画的播放配以需要长度的音频，并将其顺畅地融入PPT文件中。录制或导入音频文件后，该音频文件在“音频编辑器”对话框中显示为波形图。如果PPT文件包含了多个音频文件，可以查看哪些音频文件指定给了特定幻灯片。

（4）音频与动画的同步

PPT文件的设计通常会附加自定义动画。为了使音频与动画同步，可以编辑 PowerPoint 动画的计时，以便更好地与添加的音频文件保持同步。例如，如果某张幻灯片使用了飞入显示的带项目符号的文本项目，教师可以调整计时，使音轨与动画文本的动作同步。

小提示

“同步音频”对话框只能同步设置为“单击鼠标时”的 PowerPoint 动画。与此相反，计时动画使用在PowerPoint“自定义动画”对话框中设置的计时。在Adobe Presenter 7中，动画只能和音频文件同步，而不能和视频文件同步。

将音频与动画同步的具体操作如下。

01 执行“音频”>“同步”命令，将弹出“同步音频”对话框。

02 在“同步音频”对话框中，根据需要单击“上一张”或“下一张”，浏览到要调整计时的幻灯片。

03 单击“更改计时”，播放音频。

04 在音频播放的同时，单击“下一幅动画”，将第一幅动画的计时与音频同步。

05 再次选择“下一幅动画”，以同步下一幅动画的计时。为幻灯片上的所有动画重复此步骤，实现所有需要的动画同步。

2．导入和录制视频

通过Adobe Presenter 可以在PPT文件中添加已有视频和自行录制的视频，该视频可以轻松地集成到现有幻灯片中，并且直接显示在幻灯片或查看器提要栏中。在制作教学资源的过程中，如果将教师的视频添加到提要栏会拉近教师和学生间的距离，对学生的学习起到一定的指导和促进作用。添加到提要栏中的视频将会显示在演示者照片所处的位置。

小提示

一个幻灯片区域只能添加一个视频。

（1）视频的导入

Adobe Presenter可以导入的视频文件格式包括3GP、F4V、ASF、AVI、DV、DVI、MOV、MP4、MPEG、MPG、WMA、WMV和FLV，嵌入的文件可以在Flash Player 8或更高版本上播放。下面介绍视频导入的具体操作，如图4-2-6所示。

01 执行“视频”>“导入”命令，弹出“导出视频”对话框。

02 浏览到要在幻灯片中添加的视频文件。

03 在“导入选项”区中，从菜单中选择一个“质量”选项。

04 选择“幻灯片视频”或“提要栏视频”。

05 选择“预览”，可在“导入视频”对话框中直接查看视频文件的预览版本。

06 单击“打开”按钮。

07 发布后可播放查看导入的视频文件。

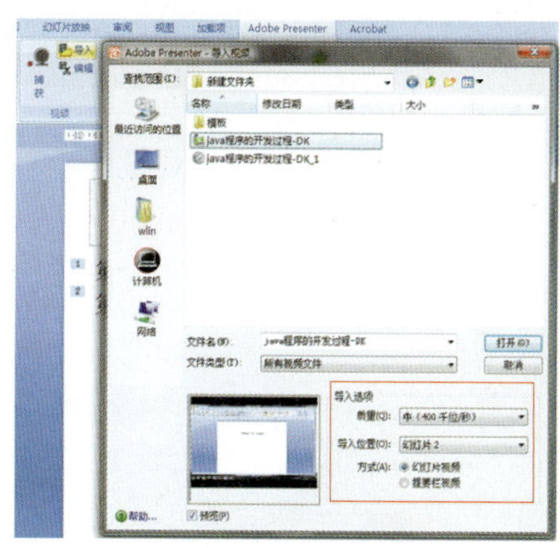

图4-2-6　视频的导入

(2) 视频的录制

可以使用带有摄像头的电脑来捕获视频，下面介绍视频录制的具体操作，如图4-2-7所示。

01 执行“视频”>“捕获”命令。

02 从“方式”下拉菜单中，选择“幻灯片视频”，将视频直接录制到选定的幻灯片中，或选择“提要栏视频”，将录制的视频放置到提要栏中。

03 在“设置”区中，使用菜单选择录制设备、质量级别和显示大小。

04 在“设置”区中，单击更改首选项。

05 如果想在录制视频的同时录制音频，则选择“录制音频”。

06 准备好录制视频时，单击“录制”按钮，开始录制视频和音频。

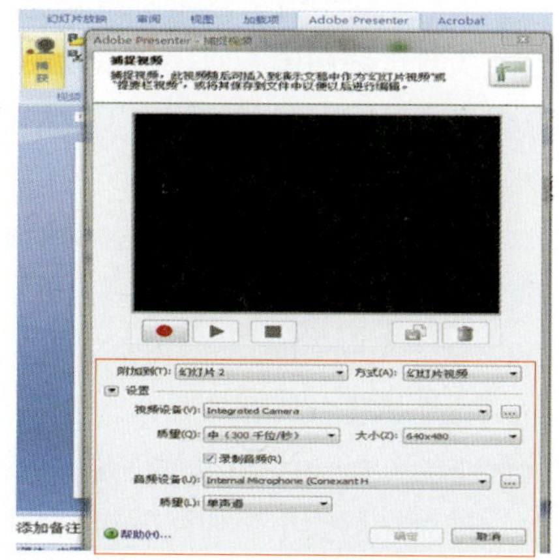

图4-2-7　视频的录制

(3) 视频的编辑

教师在制作教学资源的过程中需要对视频文件进行基本的剪辑、编辑等操作。在Adobe Presenter中，视频的基本编辑工作十分简单，直接通过执行“视频”>“编辑”命令就可以进行操作，不需要开启第三方视频编辑软件，下面介绍视频编辑的具体操作。

01 执行“视频”>“编辑”命令，弹出“编辑视频”对话框。如果要编辑的视频位于其他幻灯片，单击“附加位置”旁边的菜单，选择其他幻灯片。

02 在播放栏中，使用“播放/暂停”控制键播放和暂停视频文件。

03 单击“垃圾桶”可以删除视频文件。

04 要在幻灯片区域中的视频和提要栏中的视频之间进行切换，单击“方式”旁边的下拉菜单进行选择。如果两个视频位于同一幻灯片，可将效果应用到这两个视频上。

05 选择“播放时静音”，可将视频上的音轨静音。

06 要更改为播放的视频长度，需要移动或调整视频播放栏底部的选择标记，只播放选择标记之间的内容。

07 根据需要更改视频播放的以下选项：

效果：指定要应用到视频的效果，“淡入”；

速度：指定所选择效果的持续时间，如快或慢；

此时间后开始：指定效果开始的时间。可在指定的时间延迟或动画或音频之后出现效果；

时间（秒）：指定开始应用效果之前等待的时间。

3. 添加和管理SWF文件

利用Adobe Presenter可以在PPT文件中添加SWF文件，PPT文件中的每张幻灯片均可作为独立的外部 Flash 资源而被加载。使用嵌入式SWF文件时，需要遵循以下原则。

- 以30帧/秒的速率创作SWF文件。Adobe Presenter将使用30帧/秒的速率创建Presenter发布文档，因此，具有相同设置的SWF文件可以顺畅地集成到PPT文件中。
- 引用影片剪辑时，不要使用_root或绝对路径。引用MovieClip对象时，应使用相对路径，而不要使用_root。
- 要嵌入的SWF文件不得尝试更改自身文件之外的内容。因此，代码不能引用下列变量：_level#、_global或stage。
- 不支持ActionScript 3。

（1）**插入SWF文件**

可将已有的Flash文件快速地插入到指定的幻灯片上，下面介绍具体的操作，如图4-2-8所示。

01 执行“Flash”>“插入swf”命令，弹出“插入swf”对话框。

02 在“导入位置”列表中选择一张幻灯片。

03 在“方式”选项中，选择“幻灯片动画”或“提要栏动画”。

04 浏览到需要插入SWF文件所在的位置，选择目标SWF文件。

05 要直接在“插入Flash（swf）”对话框预览SWF文件，单击“预览”按钮。

06 单击“打开”按钮，Adobe Presenter 便会将选中的SWF文件添加到幻灯片中。

07 如有必要，可选中该文件并将其拖到幻灯片上的新位置。

在插入Flash文件后，可以直接通过幻灯片播放来查看效果，不必经过发布即可预览，这与查看音频和视频不同。

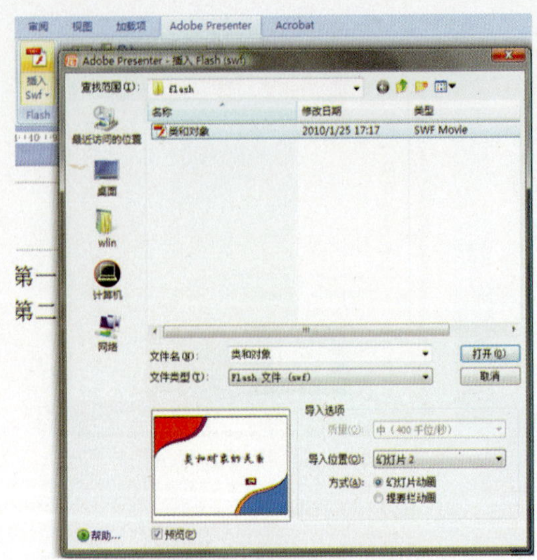

图4-2-8　导入Flash

（2）**管理SWF文件**

对于已经插入的Flash文件，可以执行“Flash”>“插入swf”>“管理swf文件”命令来对其进行管理。

4．测验和调查

在基础教育领域，传统意义上的测验一般为纸质的总结性测验，需要教师通过准备试卷，学生考试及后期批改等一系列复杂过程对学生的学习效果进行评估。然而Adobe Presenter提供给教师这样的机会：教师可以简单快速地创建交互式测验的学习课件，及时把握学生的学习情况。这里所指的交互式课件包括测验试题和调查问题两种方式，这两种方式符合SCORM标准或AICC规范。教师可以在Adobe Presenter中设计6种类型的问题：多选题、简答题、配对题、对错判断题、评价等级题（Likert）和填空题。

（1）**关于Adobe Presenter测验部分**

①测验是指包含问题的集合。可以使用“测验管理器”为一个PPT文件创建一个或多个测验，进而在测验中添加问题。还可以为每个测验添加评级问题、调查问题，或结合

使用这两种问题。添加问题后，可使用问题组来确保进行相同测验的两个学生不会以相同的顺序看到相同的问题。

②测验中的分支。分支是创建高效数字化教学资源涉及的一个重要概念，可使用这种方法有效地自定义PPT。在分支PPT文件（有时称为偶然性分支）中，学生完成测验或调查的路径是由他们对问题的回答状况决定。

③测验范围。当向PPT文件添加测验时，将有“测验范围”的概念。“测验范围”从测验的第一个问题开始，至测验的最后一个问题结束。

学生在观看PPT时，可能会在测验范围间移入或移出。例如，如果学生移动到第一个问题前的一张幻灯片，则他会退出测验范围。同样，如果学生位于最后一个问题的幻灯片，并向前查看得分或结果幻灯片，则他也会退出测验范围。

利用Adobe Presenter的一些功能来控制测验范围非常重要。例如，在学生尚未完成测验中的全部问题就尝试离开测验范围时，可以让Adobe Presenter向学生显示提示消息。

当学生位于测验范围内时，在Presenter发布后的文档的提要栏中将会显示测验窗口。

（2）**创建测验**

第一次打开“测验管理器”时，将显示默认的测验，既可以使用默认测验，也可以根据需要添加其他测验。需要注意的是，如果创建的是只包含调查问题的测验，则学生只有一次参加测验的机会，所以应当将只包含调查问题测验的长度控制得尽可能短些（如15～20），以便学生能够轻松地完成调查。下面介绍创建测验的具体操作。

01 执行“测验”>“管理”>“添加测验”命令，弹出“新建测验”面板。

02 在“新建测验”对话框中，接受默认名称，或者在“名称”文本框内输入新名称，如图4-2-9所示。

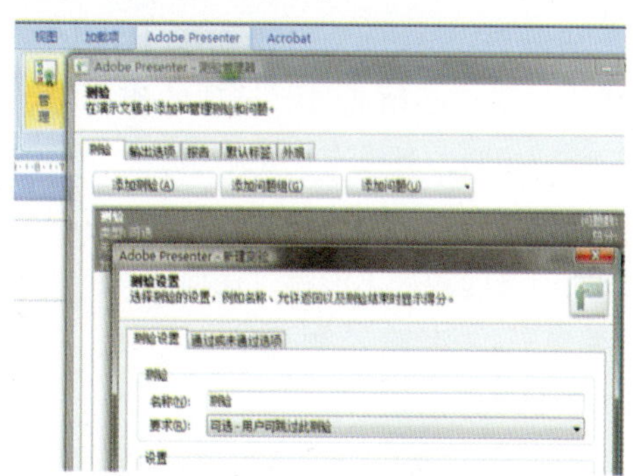

图4-2-9 创建测验

03 在“要求”旁的下拉菜单中，选择一个选项，以确定学生是否必须参加或通过测验。选择选项时，应考虑该测验对于教学策略的重要性。例如，可以要求学生必须通过测验，或者允许他们跳过测验，如图4-2-10所示。下面对每一个选项进行详细讲解。

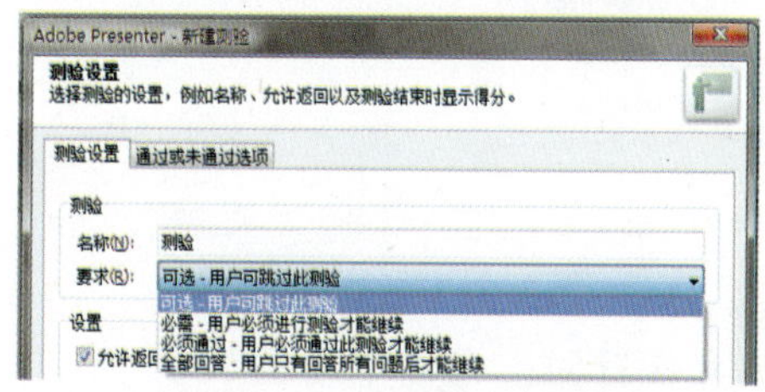

图4-2-10 设置测验要求

可选：学生可以尝试完成测验，但不要求其必须参加测验。

必需：要求学生必须尝试完成测验。这里尝试完成测验的定义为：至少回答测验中的一个问题。仅仅查看问题不能视为一次尝试，除非学生至少回答测验中的一个问题，否则不允许其查看测验中最后一个问题之后的PPT内容。“必需”选项不限制学生浏览特定测验内的各张幻灯片。

必须通过：学生必须通过该测验才能继续。只有在学生获得及格分数之后，才允许其浏览测验结尾之后的幻灯片。此限制将影响学生发起的浏览操作以及相关的分支设置。如果选择“必须通过”选项，则必须显示一个得分幻灯片。得分幻灯片将会告诉学生无法跳过测验的原因。如果不选择得分幻灯片，则“必须通过”选项的作用与“可选”选项相同，且没有浏览限制。

全部回答：学生必须回答所有问题，并且依次回答问题，不能跳过任何问题。

04 选择希望在测验中结合的选项，如图4-2-11所示。

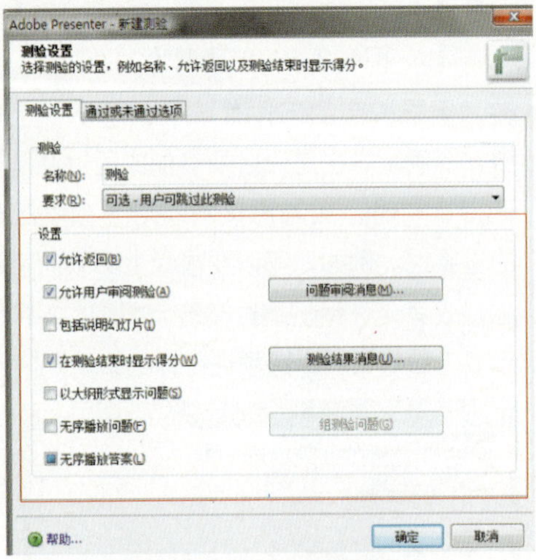

图4-2-11　测验设置

允许返回。允许单击播放栏上的“后退”按钮向后移动。如果不选中此选项将无法在参加测验时向后移动。

小提示 保留该选项的取消选中状态可以防止查看测验问题，然后返回前面的幻灯片以寻找正确的答案。

允许用户审阅测验。在得分幻灯片上显示“审阅测验”按钮。可以单击该按钮，返回测验中的第一张问题幻灯片。可以看到自己对每个问题的回答，了解自己的答案是否正确；如果不正确，将显示正确答案。审阅测验仅用于提供参考信息，不能在审阅过程中更改自己的答案。

包括说明幻灯片。在测验开始时显示包含如何进行测验的信息的幻灯片。该幻灯片未添加文本，须在PPT文件中浏览到该幻灯片，添加测验级别和自定义说明文本。该幻灯片默认包含“开始测验”按钮，学生可以单击该按钮浏览到测验的第一个问题。观看PPT文件时，提要栏将停止在说明幻灯片（与任何测验幻灯片相同），可以阅读文本。

在测验结束时显示得分。在测验结束时显示得分幻灯片。可以编写自定义通过或未通过消息、使用背景颜色设计幻灯片和选择得分显示方式。

以大纲形式显示问题。学生在Adobe Presenter查看器中观看Presenter发布文档时，将以大纲形式显示问题幻灯片的名称。

无序播放问题。每次显示测验时更改问题呈现的顺序。

无序播放答案。随机更改可能答案的显示顺序。

05 单击“通过或未通过选项”选项卡，在“通过/未通过选项”区域选择一个选项。可按照百分比（如正确率80%）或者正确答案数目（如10个问题中有8个回答正确）的方式指定及格分数，如图4-2-12所示。

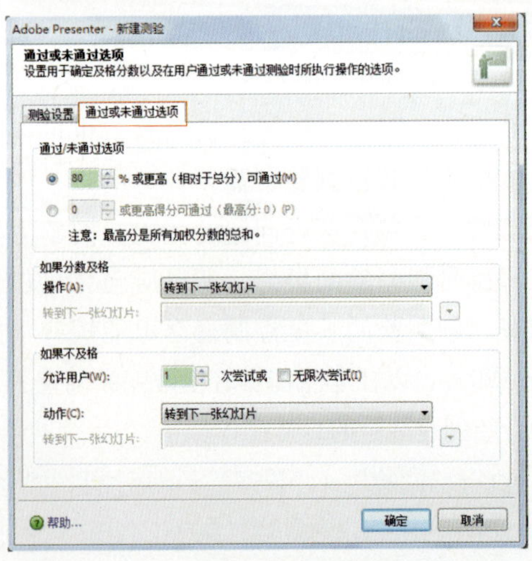

图4-2-12　设置“通过或未通过选项”

06 选择分数及格或分数不及格时执行的操作。例如，使用“操作”旁的弹出菜单，选择“转至幻灯片”，以便在学生及格或不及格时显示特定幻灯片。

如果使用“允许返回”选项，则必须设置正确回答选项。如果未选择（取消选中）“允许返回”选项，则可将“测验选项”设为“全部回答”，并将允许的测验尝试次数设为1。如果需将测验设为“全部回答”之外的其他任意选项，则选中“允许返回”选项。

（3）添加问题

在Adobe Presenter中，可以在PPT文件中添加六种类型的问题：多选题、填空题、对错判断题、配对题、简答题和评价等级题（Likert），每种问题都包含不同的选项，如图4-2-13所示。

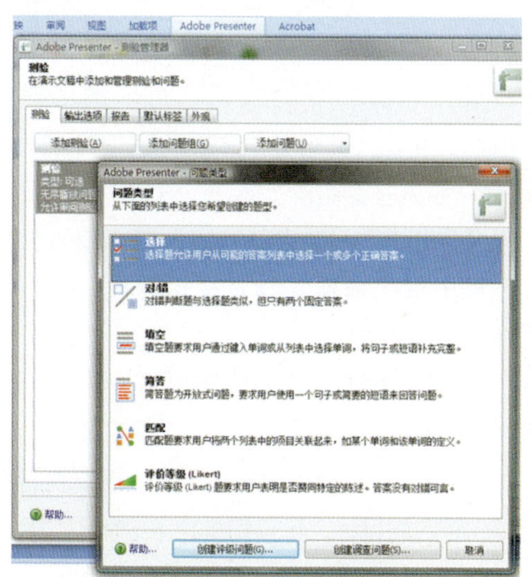

图4-2-13　六种题型

①添加多选题。

在Adobe Presenter中，可以根据回答情况而设计多选题分支。例如，在有三个备选答案的问题中，可以按以下方式设置分支：如果选择第一个答案，则转到下一张幻灯片；如果选择第二个答案，则跳到测验后的一张幻灯片；如果选择第三个答案，则打开一个网页。下面介绍为测验添加多选题的具体操作，如图4-2-14所示。

01 选择要在其中插入问题的幻灯片之前的那张幻灯片。例如，如需在PPT文档的幻灯片7中添加新问题，则单击幻灯片6。

02 执行“测验” > “管理”命令，弹出“测验管理器”面板。

03 选择要添加问题的测验，单击“添加问题”按钮。

04 在“问题类型”对话框中，选择“多选”并指定如何对问题评级。

创建评级问题：问题为评级问题；

创建调查问题：问题为非评级问题。

05 在“问题”选项卡上，接受默认的名称，或者在“名称”文本框中输入新名称。名称将显示在PPT文件的问题幻灯片上。

如果要在一个PPT文件中创建类型相同的多个问题（如多选题、简答题等），需为每个问题键入唯一的名称，以便区分。

06 在“问题”文本框中，键入希望在幻灯片中显示的多选题（“问题”文本框不能为空）。

07 在“得分”文本框中，键入分配给此问题的分数（或使用向上和向下箭头指定分数）。指定分数可强调问题的相对重要性。例如，通过为不同问题指定不同分值，可以为引导性问题指定较低的分值，而为高级问题指定较高的分值。可以输入任意整数值。

08 在“答案”区域，单击“添加”按钮并输入备选答案，其中一个多选题至少有两个答案。如有必要，单击“删除”按钮，从列表中删除某个答案。

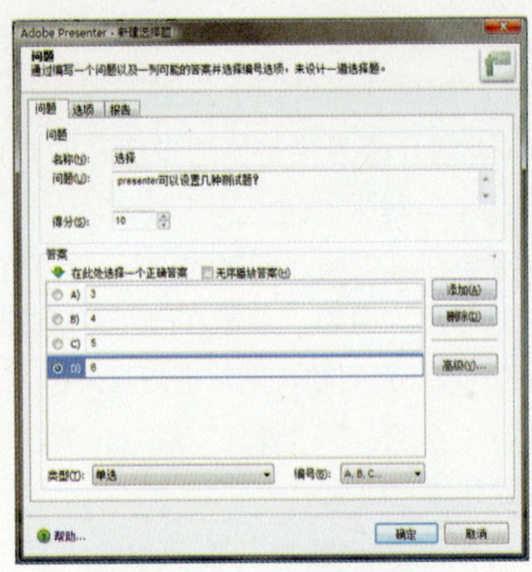

图4-2-14　添加多选题

09 可单击“高级”按钮来设置各个问题的选项，如自定义反馈消息、特定操作或音频（如果答案比较长，可使用“高级答案选项”对话框获得更大的键入空间）。

10 选择正确答案旁边的单选按钮。

11 在“类型”弹出菜单中，选择是提供多个正确答案，还是只提供一个正确答案。如果选择多个正确答案，请务必返回新建选择题，并选择所有正确答案旁边的单选按钮。只有选择单一正确答案时，才能使用前面介绍的“高级”功能。

12 在“编号”中，使用弹出菜单指定幻灯片列出答案的方式。可以选择大写字母、小写字母或者数字。

13 选择“选项”选项卡，如图4-2-15所示。

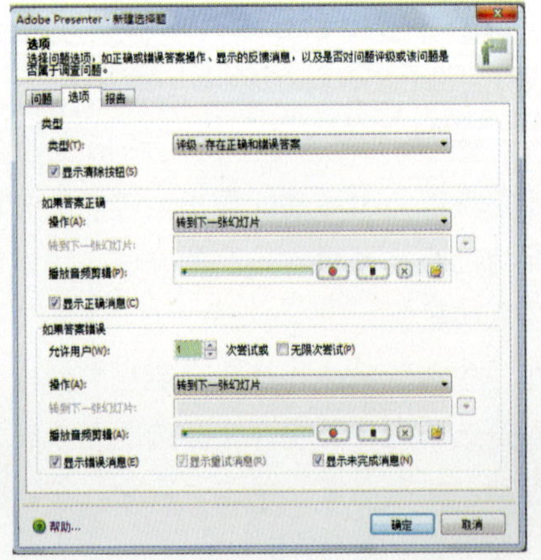

图4-2-15

14 可在“类型”弹出菜单中，选择问题类型:“评级”或“调查”。

15 选中“显示清除按钮”可在问题幻灯片上显示一个按钮，单击此按钮即可清除答案并可从头开始回答。

16 在“如果答案正确”区域，设置下列选项。

操作：选择回答正确时执行的操作，这些操作可以是切换到下一张幻灯片、跳转到PPT文件中的另一张幻灯片或者显示网页。如果显示网页，需在“打开URL”文本框内键入地址，然后指定显示网页的位置。

转到下一张幻灯片：根据选择的“操作”选项，此文本框允许指定确切的目标。

播放音频剪辑：选择此选项，导入音频文件或录制新音频文件；问题回答正确时，将播放此音频文件。根据需要，使用“录制”、“停止”、“删除”和“导入”按钮。

显示正确消息：选中此选项可在提供正确答案时显示一条文本消息。如果不想为正确回答提供任何反馈，可取消选择此选项。

17 在“如果答案错误”区域，设置下列选项。

允许用户[#]次尝试：使用箭头或直接在文本框中键入数值，指定在执行另一操作前允许尝试的次数。

无限次尝试：选中此选项可允许进行无限次的尝试。

操作：单击在最后一次尝试后需要执行的操作或转到的目标。可以切换到下一张幻灯片、跳转到PPT中的另一张幻灯片或者显示网页。

显示重试消息：选中此选项，为那些虽然给出了错误答案，但仍有机会回答的学生提供一条文本消息（如“请再试一次”）。

显示未完成消息：选中此选项，向未提供答案的学生显示一条文本消息（如“请选择一个答案，然后继续”）。

教师可以在“测验管理器”中编辑“正确”消息、“不正确”消息、“重试”消息和“不完整”消息使用的默认文本。执行“测验”>“测验管理器”，单击“默认标签”选项卡，并填写相应的内容。

18 选择“报告”选项卡，可以接受默认设置。

②添加填空题。

填空题包含空白区域，需要在其中输入文本（如单词或短语）或从备选答案列表进行选择。填空题的创建过程的前三个步骤与多选题的前三个步骤相同，这里不再赘述。下面介绍需要进行的后续操作，如图4-2-16、图4-2-17所示。

01 在“问题类型”对话框中，选择“填空”并指定如何对问题评级。

02 选择“无序播放列表中的答案”选项，随机更改可能答案的显示顺序。

03 在“短语”文本框中，键入完整的句子或短语，其中包含需要填写的空白，或者在空白中提供可从中进行选择的备选答案下拉列表。

04 选择要用作填空区域的单词或短语，然后单击“填空”。一个问题中最多可有8个空（创建填空时，对话框中使用“<i>”表示填空，其中的“i”表示指定给该填空的数值。不要手动编辑文本“<i>”，应使用“填空”或“删除空白”按钮来实现需要的结果）。

05 在“空白处的答案”对话框中，指定如何选择正确答案。

用户键入答案，该答案将与以下列表进行比较：在文本框中键入一个答案。

用户从以下列表中选择一个答案：从下拉列表中选择一个答案（下拉列表可显示长度约为22个字符的答案。对于超过22个字符的答案，可能无法在发布后的输出中完全显示）。

06 如有必要，可单击“添加”输入更多单词或短语，为填空题提供正确答案。根据需要单击“添加”或“删除”，创建正确答案列表。

07 选择“答案区分大小写”，要求学生在填空时键入正确的大小写。例如，如果问题的答案是“Windows”，而您选择了区分大小写的选项，则“windows”便是错误答案。

08 后续操作与添加选择题的操作相同。

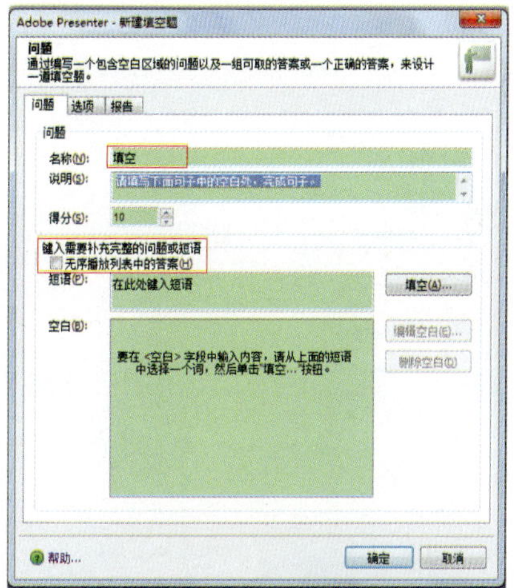

图4-2-16　添加填空题1

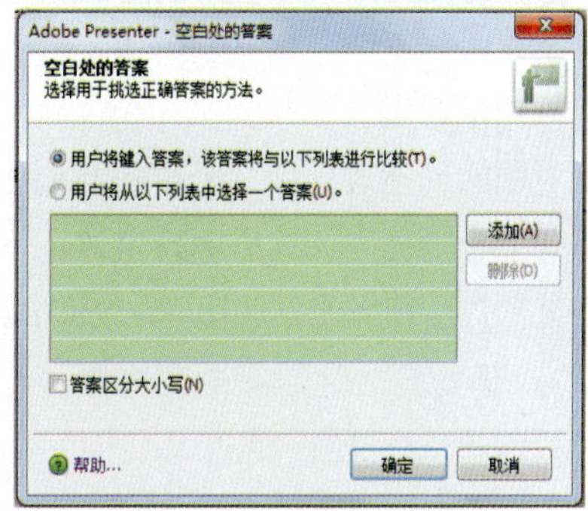

图4-2-17　添加填空题2

③添加对错判断题。

对错判断题的创建过程的前三个步骤与创建多选题的前三个步骤相同，这里不再赘述。下面介绍需要进行的后续操作，如图4-2-18所示。

01 在“问题类型”对话框中，选择“对/错”，并指定是否对问题评级。

02 在“答案”区域，选择“对”或“错”来指定正确的答案。

03 在“类型”弹出菜单中，选择“对/错”或者“是/否”（要自定义答案选项，选择“答案”区域的现有文本，然后键入新的文字。例如，选择“对”，键入“有效”）。

04 在“编号”中，使用弹出菜单选择测验幻灯片列出答案时使用的选项，可以选择大写字母、小写字母或者数字。

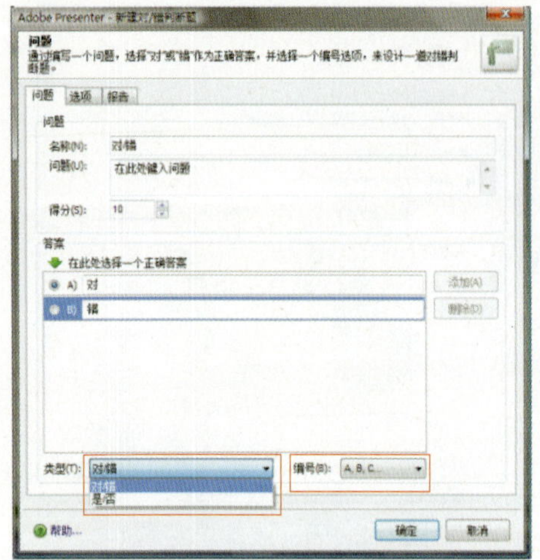

图4-2-18　添加判断题

④添加配对题。

配对题的创建过程前三个步骤与创建多选题的前三个步骤相同，这里不再赘述。下面介绍需要进行的后续操作，如图4-2-19所示。

01 在“问题类型”对话框中，选择“匹配”并指定如何对问题评级。

02 在“问题”文本框中，键入希望在幻灯片中显示的配对题（“问题”文本框不能为空）。

03 要在各个答案之间建立正确的匹配关系，请单击某列中的一个项目，然后单击另一列中的项目，最后单击“匹配”（也可以在两个列之间拖拽项目，以创建正确的匹配关系）。这样会在两个项目间画一条线，以显示此关系。需要注意的是，第1列中的所有项目都必须在第2列中有一个匹配项。

04 如果需要更改列中各项目的顺序，需选中一个项目，然后单击该项目列下面的向上或向下箭头，以在列表中向上或向下移动该项目。

05 如果在两列项目间建立正确匹配关系时出错，单击“清除匹配项”，然后可重新开始。

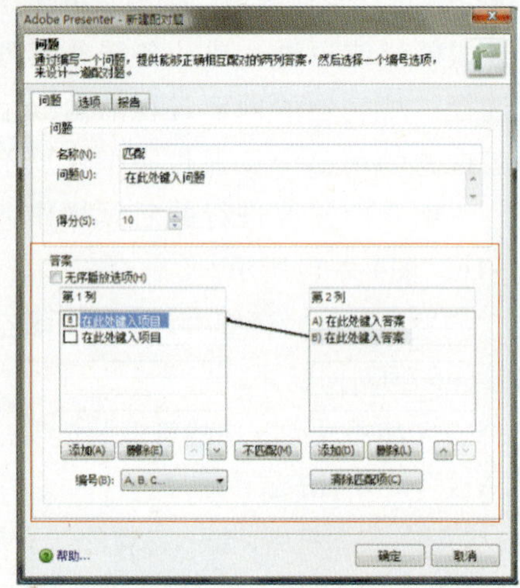

图4-2-19　添加配对题

⑤添加简答题。

简答题的创建过程的前三个步骤与创建多选题的前三个步骤相同，这里不再赘述。下面介绍需要进行的后续操作，如图4-2-20所示。

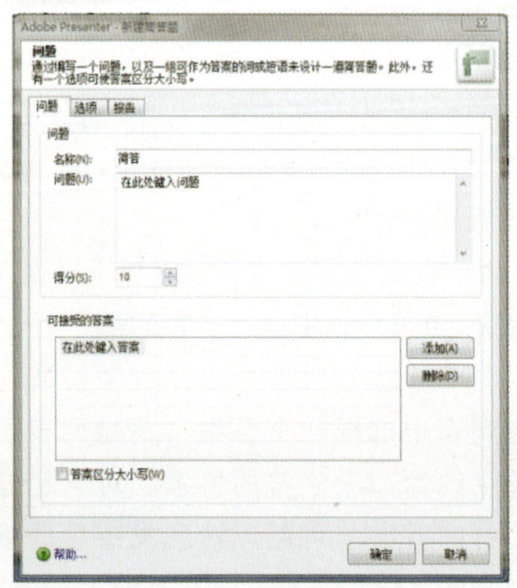

图4-2-20　添加简答题

01 在“问题类型”对话框中，选择“简答”并指定如何对问题评级。

02 在“可接受的答案”区域，单击一个空行或单击“添加”按钮，输入可作为问题正确答案的单词或短语。根据需要单击“添加”按钮或“删除”按钮，编写适当的列表。

关于“答案区分大小写”，在前面已经讲解，此处不再赘述。

⑥添加评价等级题（里克特型题Likert）。

评价等级题的创建过程的前三个步骤与多选题的前三个步骤相同，这里不再赘述。下面介绍需要进行的后续操作，如图4-2-21所示。

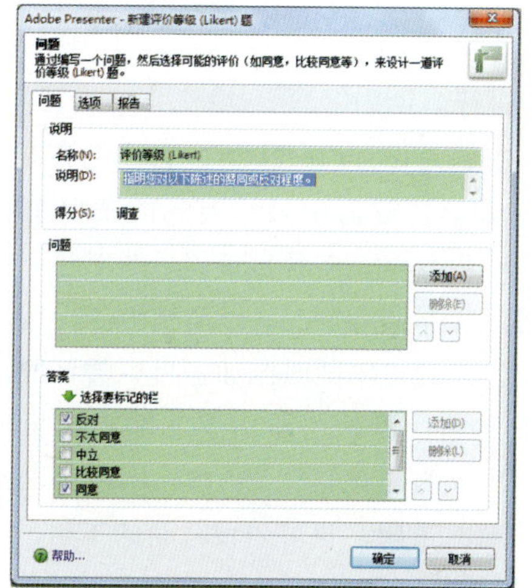

图4-2-21　添加评价等级问题

01 在“问题类型”对话框，选择“评价等级（Likert）”，单击“创建调查问题”。

02 接受“说明”的默认文本，或直接在文本框中键入新说明。说明将显示在PPT中的问题幻灯片上，并向学生说明如何回答问题（说明文本框不能为空）。

03 在“问题”区域，单击第一行或单击“添加”，直接在文本框中键入Likert问题（一张幻灯片上最多可添加5个不同的Likert问题）。

04 在“答案”区域，可以对答案类型进行添加、编辑和删除。要编辑文本，请双击现有文本（如“中立”），然后键入新文本。要删除答案类型，请选中一个类型，然后单击“删除”。要添加答案类型，请单击“添加”，然后键入新文本（最多可添加5种答案）。

（4）从现有测验中导入问题

如果在使用Adobe Presenter创建的PPT文件中有现存的测验和问题，可通过将其导入到其他PPT文件，以便重复使用这些测验和问题。在导入测验时，还可以选择要导入的测验所包含的全部或部分问题和问题组。

小提示　如果导入的问题幻灯片包含音频、视频或SWF文件，这些多媒体文件将和问题幻灯片一起导入。

下面介绍在测验中导入问题的操作过程，如图4-2-22所示。

01 执行“测验”>“导入”命令，选择要导入的测验或问题。

02 选择要导入的测验或问题的位置后面的幻灯片。例如，如果想将测验或问题显示在幻灯片5的前面，则单击幻灯片5。

03 如果要编辑导入的测验或问题，请选择“导入后启动测验管理器”。

04 单击“确定”按钮，则可对导入的问题进行编辑。

图4-2-22　导入测验

（5）关于问题组

问题组就是一组数量的问题，如10个问题。教师需要确定在PPT文档中显示包含问题的测验时，要将多少个问题组成一个子集。例如，显示10个问题中的5个（Presenter发布文档包括测验中的所有问题，但在观看Presenter发布文档时，只向学生显示指定数目的问题，在该案例中，显示5个问题）。问题组是一种可用于确保进行相同测验的两个人不会以相同顺序看到相同问题的方法（无序播放问题是另一种方法）。

问题组创建按钮位于“添加测验”按钮旁边，单击该按钮可以进行相应的操作，如图4-2-23所示。

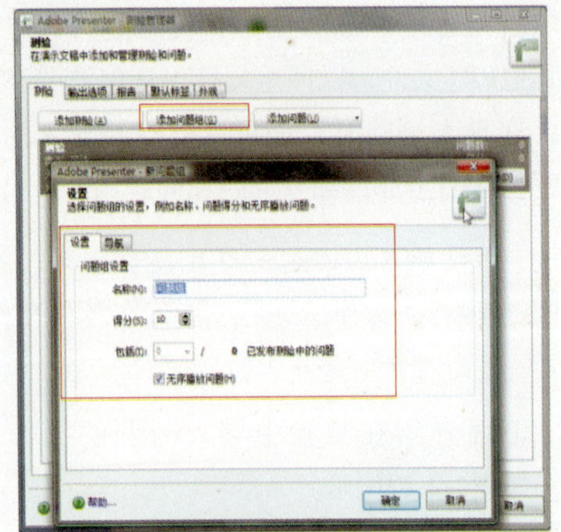

图4-2-23　添加问题组

5．Presenter发布文档的设计

（1）添加教师标志

可以将教师图像添加在Adobe Presenter查看器中，既可以设计Presenter发布文档，也可以展现教师信息，增强学生的学习体验。具体的操作方法为：通过Adobe Presenter执行“首选项”>“添加”命令进行设置，其中可以添加教师的照片、课程信息等相关内容，操作也比较简单，如图4-2-24和图4-2-25所示。

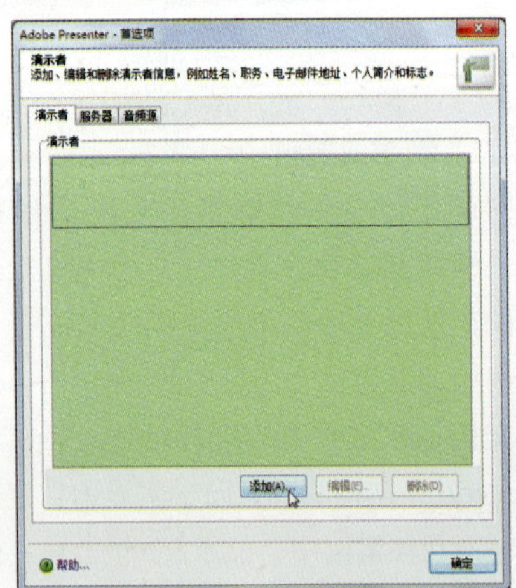

图4-2-24　首选项设置

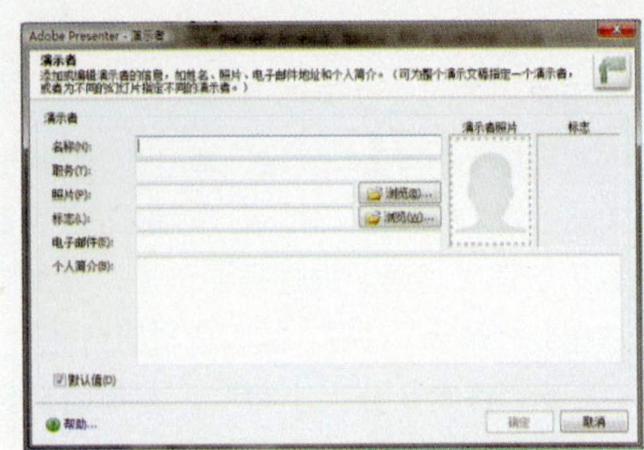

图4-2-25　添加演示者

（2）设置Presenter发布文档

在对PPT文件进行音视频、测验题等内容的添加后，可以为Presenter发布文档进行进一步的设置，从而来优化Presenter发布文档。这一部分功能是在Adobe Presenter的“设置”菜单中进行。

主题是设计Presenter发布文档在Adobe Presenter播放器中显示方式的主要手段。Adobe Presenter本身自带了一些主题，教师也可以根据实际情况有针对性地进行选择和编辑。主题可以随时添加；可以尝试使用不同的主题，以获得所需要的播放和呈现效果；可以为创建的每个Presenter发布文档使用相同的主题，也可以设计新的主题，如图4-2-26所示。

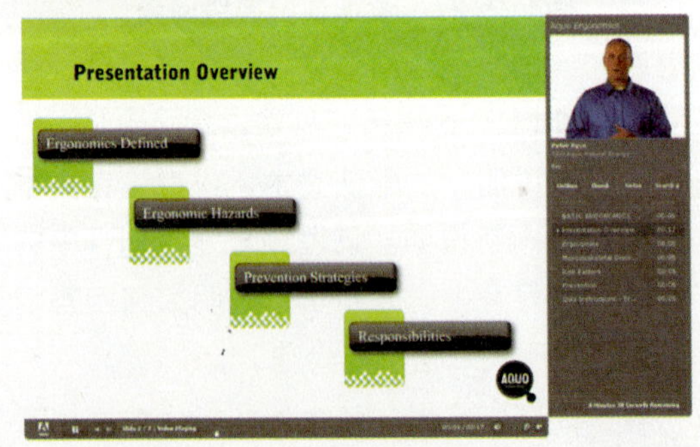

图4-2-26　主题编辑器

在Adobe Presenter的“设置”菜单中，可以通过“播放”选项卡对Presenter发布文档的播放细节进行设置。例如，是否选择“启动时自动播放”，“播放完每个动画后暂停”

等。除此之外，Adobe Presenter默认无音频或视频的幻灯片持续时间为5秒，也可以对其进行相应的设置，如图4-2-27所示。

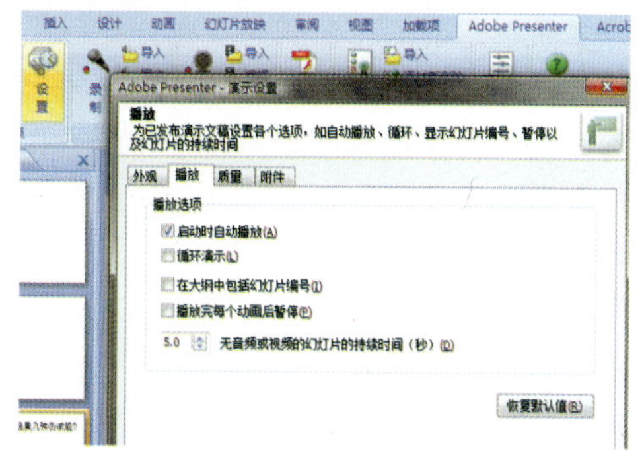

图4-2-27 播放选项卡

(3) 幻灯片管理

在默认情况下，Presenter发布文档中的幻灯片会自动换片。教师可以更改默认设置，例如，在仅当学生单击“下一张”按钮时才播放某张幻灯片，在Adobe Presenter的“幻灯片管理器”面板中可以进行相应的操作。教师可以选择将自己先前在“首选项”中设置的教师信息添加到指定的幻灯片中，也可以对每一页幻灯片后的分支路径进行选择，以及查看每页幻灯片中的多媒体信息等，如图4-2-28所示。

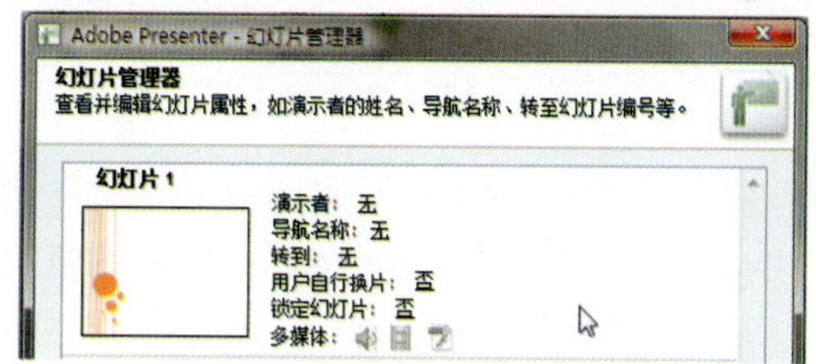

图4-2-28 幻灯片管理器

6. 发布和查看Presenter发布文档

Adobe Presenter可以将PPT文件以三种方式进行发布：“我的电脑”、“Adobe Connect Pro”、“Adobe PDF”，其中“Adobe Connet Pro”方式是将制作的课件发布到关联的服务器上，另外两种方式将课件以不同格式发布到本地。如图4-2-29所示。

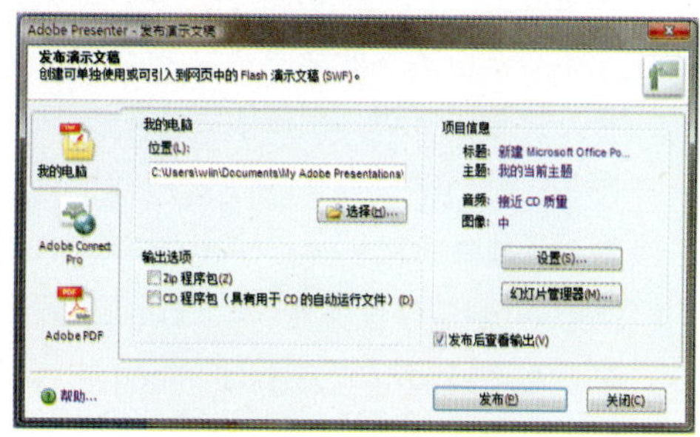

图4-2-29 三种发布方式

(1) 发布到“我的电脑”

01 执行“发布”命令。

02 选择“我的电脑”。

03 选择“Zip程序包”，将所有PPT添加到一个Zip文件中。

04 如果计划在预览后使用CD－ROM分发Presenter发布文档，选中“CD 程序包”。

发布后，将会在My Documents\My Adobe Presentations文件夹下新建一个与PPT文件名同名的文件夹。新文件夹将包含所有Presenter发布文档文件以及构成Presenter发布文档的附件、音频、视频和图像文件副本。转换完成后，勾选“发布后查看输出”，Presenter发布文档将显示在默认的Web浏览器中。

(2) 发布到Adobe Connect Pro服务器

这种方式适用于具有自己配置的Adobe Connect Pro服务器或拥有某个Adobe Connect Pro服务器使用权的情况。创建并预览Presenter文档之后，可直接将其发布到发布列表中的Adobe Connect Pro服务器上。教师必须连接到Internet并具有Adobe Connect Pro账户。Presenter发布文档与Adobe Connect Pro完全集成，因此，举例来说包含测验的Presenter发布文档可以自动向Adobe Connect Pro服务器发送测验结果，并通过该服务器进行管理。

小提示

Adobe Connect Pro服务器软件是一个系统功能强大的学习管理系统，该系统为培训、会议、研讨、网络教学和课件制作提供完整的解决方案和强大网络平台保障。该软件系统包含：Acrobat Connect Pro Server通信服务器、Acrobat Connect Pro Meeting模块、Acrobat Connect Pro Training模块和内容制作模块。

（3）发布成PDF

选择发布到PDF选项后，Presenter发布文档将被打包成一个PDF文件（需要安装Acrobat Pro 9或Reader 9才能查看）。

小结：在教学中Adobe Presenter更适合用于将课件制作成富媒体方式并加以展示。由于其能在PPT文件基础上录制音频、视频和添加多媒体文档，并将文档制作成Flash效果加以展示，同时能够创建智能化测试和调查问卷，因此对教学资源制作来说是创建富媒体资源简单实用的工具。

4.3 Adobe Captivate 5

借助Adobe Captivate 5（如图4-3-1所示）软件，可以快速创作专业的数字化交互式课件，并可以通过发布到学习管理系统和Adobe Acrobat Connect Pro服务器软件，将数字化教学资源推广到任何地点。

图4-3-1　Adobe Captivate 5

通过Adobe Captivate 5，任何不具有编程知识或多媒体技能的教师都能够快速地创建功能强大的、引人入胜的模拟操作、软件演示和基于场景的数字化教学资源。通过使用软件的自动化功能，资源制作者可以轻松记录屏幕操作、添加电子学习交互和创建具有反馈选项的复杂分支场景，并包含丰富的媒体资源。

Adobe Captivate 5可以快速制作互动式课件，以及模拟操作、软件演示以及形成性测验等类型的基于Flash数字化教学资源，在此过程中，不需要掌握复杂的Flash制作过程。

1. 工作区介绍

可以使用各种元素（如面板、栏以及窗口）来创建和处理文档和文件，这些元素的排列方式称为工作区，如图4-3-2所示。

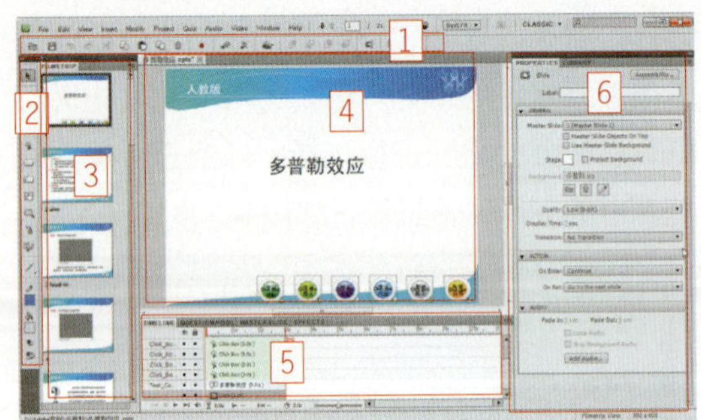

图4-3-2　Adobe Captivate 5的工作面板

（1）快捷工具栏

快捷工具栏可以更容易的方式加入项目或执行程序。单击工具栏上的各种按钮即可执行所需的工作，而不用在菜单中操作。可以根据需要执行“Window”>“MainOptions”命令，选择显示或隐藏工具栏。

（2）工具面板

工具面板用于快速插入各种对象。例如，要想插入一个Caption标签对象，只需单击面板上的Caption按钮，当前的幻灯片上就会插入一个Caption标签对象。

（3）幻灯片列表

幻灯片列表会依照幻灯片在影片中出现的顺序，显示一系列幻灯片的缩略图。在列表中单击某一幻灯片后，该幻灯片就会显示在编辑区中。

可以通过拖曳幻灯片来变更幻灯片的顺序。若要选取多张幻灯片，按住Shift或Ctrl键不放，同时单击幻灯片；若要选取所有幻灯片，可使用组合键Ctrl+A。

（4）幻灯片

Adobe Captivate项目是由幻灯片构成的，这些幻灯片会连续播放，就好像电影一样。幻灯片是项目的最小单位。

- 如果幻灯片有指定的标识（如短标题），则该标识会出现在该幻灯片的下方。如果已经指定标签，就能够很容易地移动幻灯片并跳转到特定的幻灯片，而不是只能使用幻灯片编号，如图4–3–3所示。

图4–3–3　幻灯片标识符

- 如果在幻灯片中有相关联的音频文件，则在幻灯片的右下角会出现音频图标。可以单击声音图标，显示声音选项，如图4–3–3所示。
- 如果幻灯片被锁定，则在幻灯片的右下角会出现锁定图示。可以单击锁定图标，将幻灯片解除锁定，如图4–3–3所示。

如果在幻灯片中包含有鼠标移动对象，则在幻灯片的右下角会出现鼠标图标，如图4-3-3所示。

（5）时间轴

时间轴以视觉方式陈列幻灯片上所有的对象。在时间轴上可以很容易地看到各个对象的层叠关系、每个对象的运行时间及顺序。

可以通过时间轴组织对象，并精准控制对象的计时。例如，在包含标签、影像和单击方块的幻灯片上，可以先显示标签，在1秒后再显示影像，然后再经过3秒后显示单击方块。时间轴也会显示任何与幻灯片或幻灯片上对象相关联的信息，能够很容易地协调对象的音频计时，如图4-3-4所示。

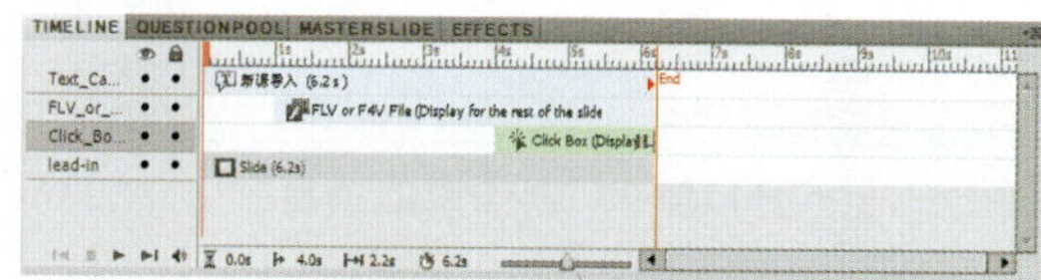

图4–3–4　时间轴

（6）属性面板

执行“Window”>“Properties”命令可以打开用于设置各选中对象属性的“属性”面板。属性面板的内容会根据选中对象的不同而改变。

2. 关于Adobe Captivate项目

Adobe Captivate项目是指一组幻灯片，这组幻灯片会像电影一样按照指定的顺序进行播放。可以单击如图4-3-5所示的开始界面列表中的菜单项，建立Adobe Captivate项目。下面介绍这些项目中的重点类型。

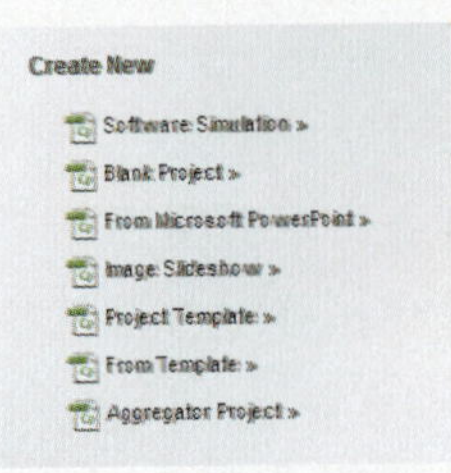

图4–3–5　创建项目界面

（1）Software Simulation（**新建软件模拟项目**）

在计算机的应用程序窗口或屏幕指定区域中，使用Adobe Captivate录制事件，会截取一连串的屏幕快照，并依次放在单独的幻灯片中。在这一项目类型中，鼠标、键盘或系统事件都可用来触发生成新幻灯片。图4-3-6为正在录制Adobe Photoshop操作的软件模拟项目。

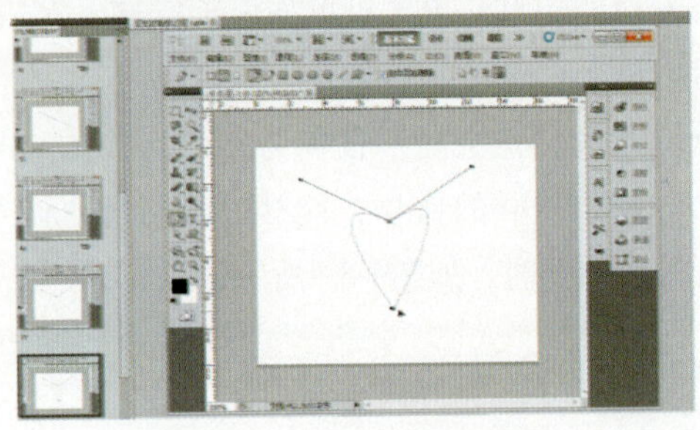

图4–3–6　软件模拟项目

（2）Blank Project（**创建空白项目**）

使用空白项目，可以任意加入Adobe Captivate对象、导入PPT文件、图像、音频、视频和动画，甚至是录制软件示范或模拟的Flash视频。

（3）From Microsoft PowerPoint（**从PPT文件导入生成项目**）

可以将整份PowerPoint文件，或将该文件中某些幻灯片，导入到Adobe Captivate项目中，并在Adobe Captivate中调用Microsoft PowerPoint软件来编辑该PPT文件。

（4）From Template（**从项目模板中生成项目**）

如果在一个大项目中会使用到类似的项目，可以使用模板来建立项目。项目模板可确保一致性，提高数字化教学资源的制作效率。

3. 创建软件模拟项目

当执行“File”＞“Record New Project”命令或在开始界面上单击“Software Simulation”项目时，就会弹出如图4-3-7所示的对话框。

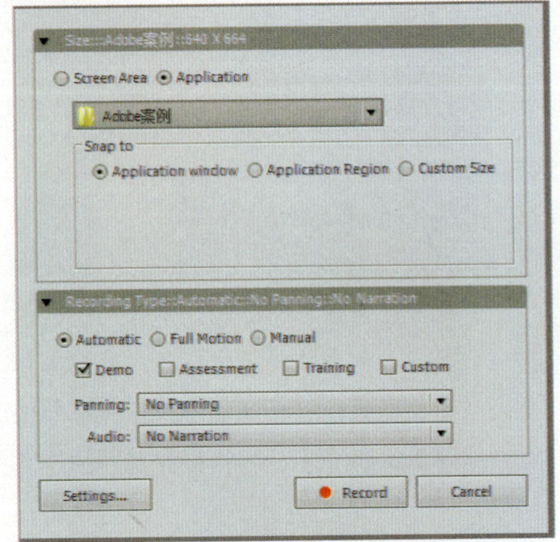

图4–3–7　创建软件模拟项目对话框

在创建软件模拟项目时，Adobe Captivate会使用一组预设的参数设定录制或建立项目。执行“Edit”＞“Preferences…”命令，单击“Recording”左侧的下三角按钮展开下拉列表，在此可根据录制项目的需要，自定义这些参数，如图4-3-8所示。

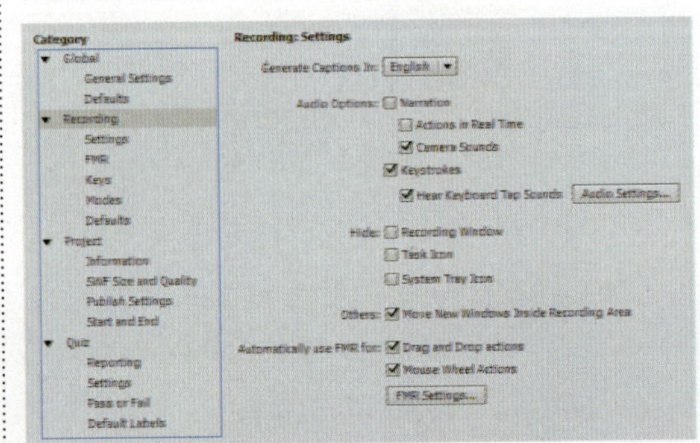

图4–3–8　录制参数设置界面

（1）录制对象的选择

录制对象可分为两大类：Screen Area（屏幕区域）和Application（应用程序）。

Screen Area（屏幕区域）：在屏幕上选择任意区域，单击录制按钮 Record 后，就会把红框区域中的操作录制下来，形成一组幻灯片，如图4-3-9所示。

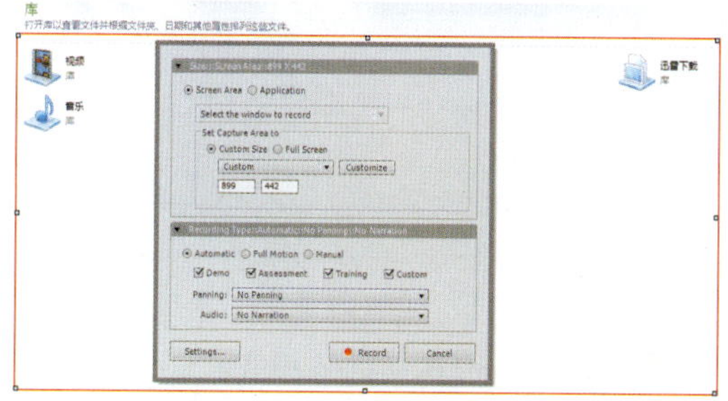

图4-3-9　屏幕区域的录制

Application（应用程序）：在下拉列表中会显示出在当前系统中正在运行的应用程序名称，在选择一个应用程序后，Adobe Captivate就会依附于该软件，并将在该软件中的操作录制下来，如图4-3-10所示。

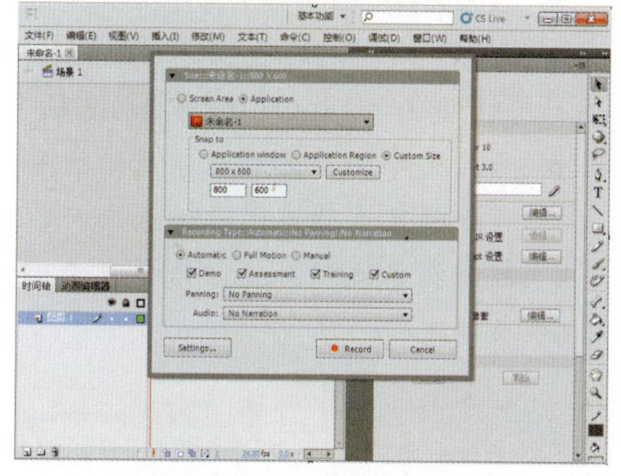

图4-3-10　应用程序的录制

（2）录制类型

Adobe Captivate 5具有强大的屏幕录制功能，这些功能可以采用多种类型进行操作，并在录制后进行特定调整。录制类型共有三种，分别对应三种不同的功能。

Automatic（自动录制）：Adobe Captivate会自动截取屏幕快照，并将它们放在单独的幻灯片中。

Full Motion（全动态录制）：Adobe Captivate会实时录制整个操作事件，并以视频的形式出现于一张幻灯片中。

Manual（手动录制）：使用此选项，将会根据鼠标或键盘的操作截取屏幕快照。录制完成后，会以视频的形式按顺序出现于多张幻灯片中。每一次鼠标或键盘的操作就是一个视频幻灯片，如图4-3-11所示。

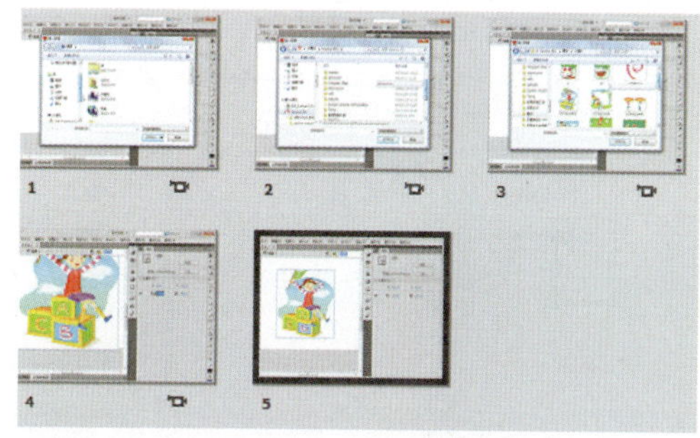

图4-3-11　手动录制效果

下面对三种录制类型进行详细讲解。

①Automatic（自动录制）。

使用自动录制时，Adobe Captivate会自动截取屏幕快照，并将其置于单独的幻灯片中。鼠标、键盘或系统事件，都可以用来触发截取屏幕快照。自动录制是Adobe Captivate中最常用的录制类型，它录制的项目存储空间较小，同时，能够对录制项目进行再编辑和调整。

在自动录制类型中，一共有四种模式，如图4-3-12所示。

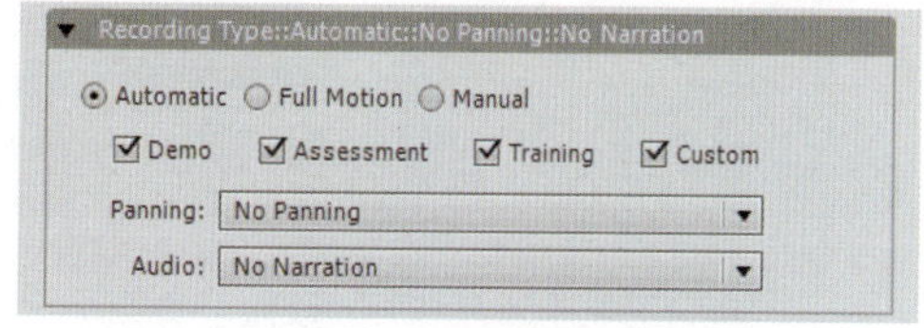

图4-3-12　自动录制的四种模式

Demo 模式（演示模式）

如果要演示某程序或软件操作，可使用Demo模式。在该模式下，所有的交互操作是记录在一段视频中的，但使用此模式制作的影片无法为学习者提供互动功能。学习者只能被动地观看在录制项目时所执行的动作。在Demo模式下录制影片时，Adobe Captivate会执行下列动作。

- 为相关操作自动添加文字标签。例如，若在录制操作中单击了“文件”菜单，就会自动添加内容为“文件”的文字标签。
- 在录制期间自动添加鼠标运动的轨迹，如图4-3-13所示。

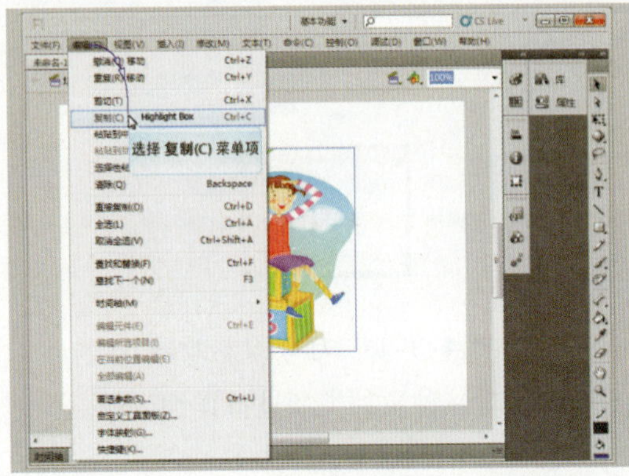

图4-3-13　演示模式录制后的幻灯片

- 由于该Adobe Captivate 5软件为英文版，默认的语言为英文，所以，要想添加中文的文字标签内容，执行“Edit”>“Proferences…”命令，选择“Recording”栏目，并在“Generate Captions In”下拉列表中选择“Chinese-Simplified”，如图4-3-14所示。

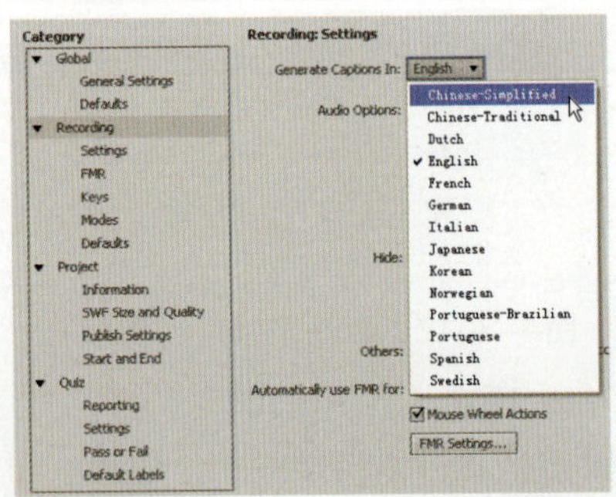

图4-3-14　设置录制标签语言类型

- 执行“Recording”>“Keys”命令，可以设置用于录制控制的快捷键，如图4-3-15所示。

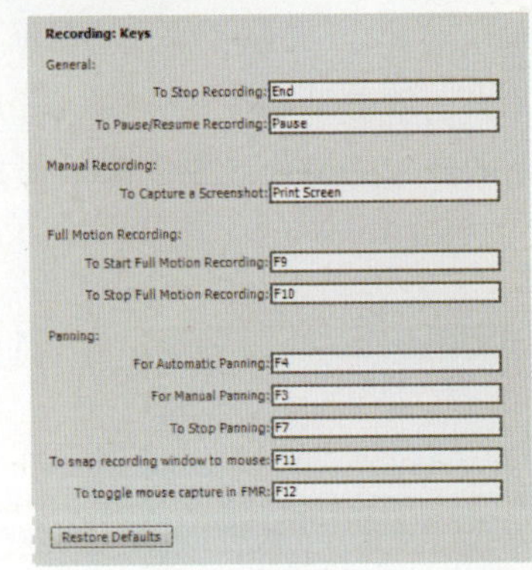

图4-3-15　录制时使用的快捷键

Training 模式（训练模式）

如果想要为学习者创建训练性的数字化资源，可使用Training模式。使用该模式制作的课件，只有学习者正确执行了上一个动作，才能继续运行到下一张幻灯片，如图4-3-16所示。

在Training模式下录制幻灯片时，Adobe Captivate会执行下列动作：

- 为相关操作自动添加文字标签；
- 在必须单击鼠标的地方加入单击方块对象，单击方块大小就作为单击的区域；
- 加入文字输入方块让学习者输入，并伴随文字输入方块添加成功、失败与提示文字标签，为学习者提供反馈。

图4-3-16　训练模式录制后的幻灯片

Assessment模式（评估模式）

如果要测试学习者对某一操作过程的了解程度，可使用Assessment模式。该模式可以为学习者评分，可设定每次操作正确后的得分。也可以设定让学习者尝试每个程序操作的次数（默认值为2）。若学习者尝试了指定次数，仍未操作正确，影片就会运行到下一个步骤，而学习者会失去得分，如图4-3-17所示。

在Assessment模式下录制幻灯片时，Adobe Captivate 会执行下列动作：

- 在必须单击鼠标的地方加入单击方块对象作为单击的区域；
- 加入文字输入方块让学习者输入。每个文字输入方块中会伴随加入成功与失败标签；

图4-3-17　评估模式录制后的效果图

- 要想对该模式进行参数设置，执行“Edit”>“Preferences…”命令，并点选左边的“Recording”>“Modes”项目，在“Mode”下拉列表中选择“Assessment Simulation”，并勾选相关的选项，如图4-3-18所示。

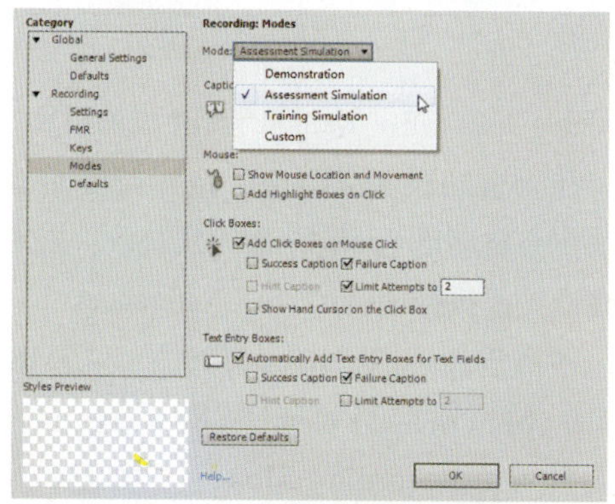

图4-3-18　评估模式的参数设置

Custom模式（自定义模式）

在制作项目时，如果想混合使用多种模式的功能，可使用自定义模式。该模式可以具有最高的自定义级别。可使用自定义模式建立项目，包含部分示范、部分训练以及用于评估功能的数字化教学资源。以“自定义”模式录制时，不会默认加入任何Adobe Captivate对象。要想对该模式进行参数设置，请执行“Edit”>“Preferences…”命令，并点选左边的“Recording”>“Modes”项目，在“Mode”下拉列表中选择“Custom”，并勾选相关的选项，如图4-3-19所示。

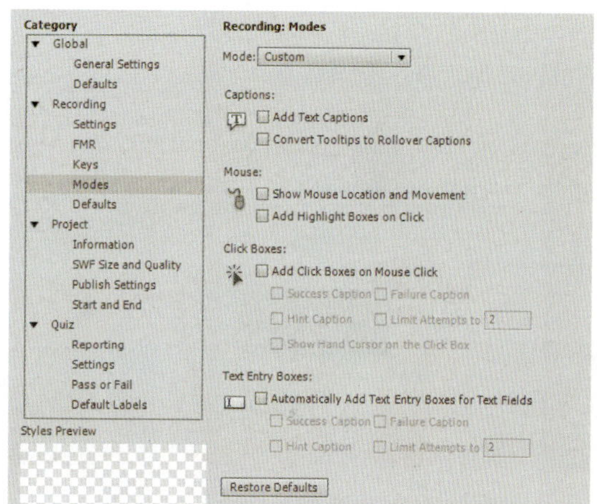

图4-3-19　自定义模式的参数设置

实例：利用演示模式录制Photoshop抠图的操作过程

01 启动Adobe Photoshop CS5软件，打开要操作的图片。

02 启动Adobe Captivate 5软件，执行“File”>“Record New Project”命令或在开始界面上单击“Software Simulation”项目，在弹出的对话框中设置相关属性，如图4-3-20所示。

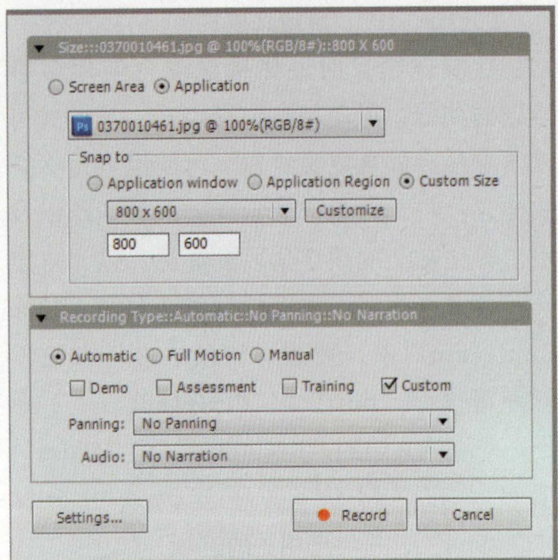

图4-3-20　新建录制项目的对话框

03 单击录制按钮 Record 后就会进入准备开始录制界面，如图4-3-21所示。

图4-3-21　准备开始录制的画面

04 操作完成后，请按End键结束录制，Adobe Captivate 5软件将自动生成Captivate项目文件，如图4-3-22所示。

图4-3-22　录制完成后生成的项目

②Full Motion（全动态录制）。

在全动态录制过程中，可实时截取整组事件并生成视频。对于演示复杂的程序操作（如绘制或调整对象形状）的影片，建议使用全动态录制类型。如果要演示鼠标移至特定对象时，指针形状会变更等视觉线索，全动态录制类型也相当实用。使用全动态录制产生的幻灯片上，会显示一个摄影机图标，如图4-3-23和图4-3-24所示。

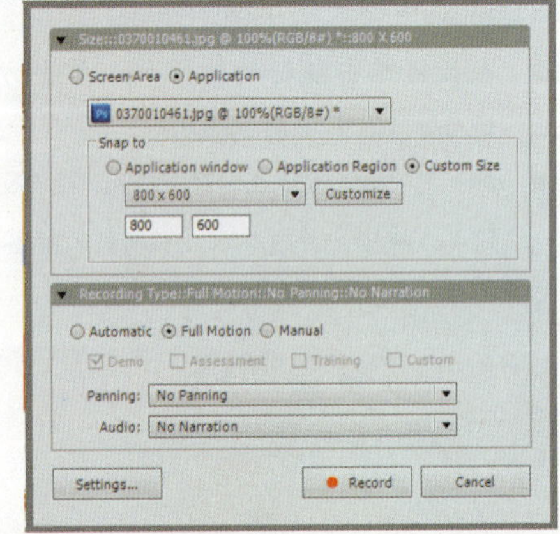

图4-3-23　创建全自动录制对话框

图4-3-24　Full Motion录制生成的项目

在全自动录制类型中，拖放与鼠标移动等动作会自动以全动态录制模式获取。如果想更改设置，执行“Edit”＞“Preferences…”命令，并点选左边的“Recording”＞“FMR”栏目，勾选或取消勾选“Show Mouse in Full Motion Recording Mode”，如图4-3-25所示。

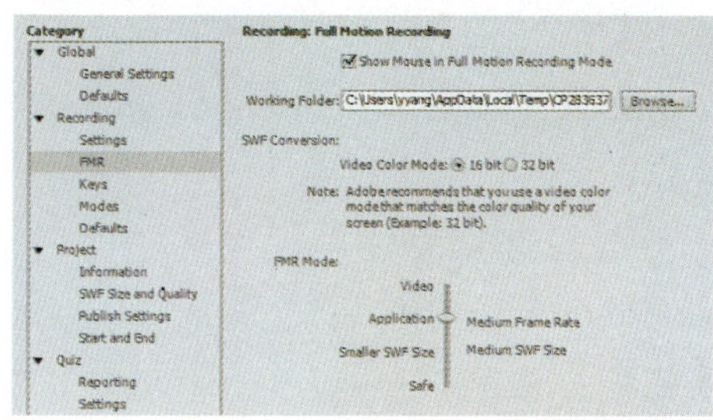

图4-3-25 Full Motion模式参数设置

③Manual（手动录制）。

使用手动录制可以在录制过程中手动截取屏幕快照，以建构项目。如果要在录制过程中挑选几张屏幕快照，可以使用该录制类型。对于包含许多步骤的复杂程序而言，手动录制可能相当冗长。

(3) 增加录制页面

在编辑录制项目时，如果想补录或插入其他内容，选择工具栏上的●按钮，即弹出“Record Additional Slides”对话框，选择要添加到那张幻灯片后即确定好插入位置，单击“OK”按钮，即可进入录制对话框，如图4-3-26所示。

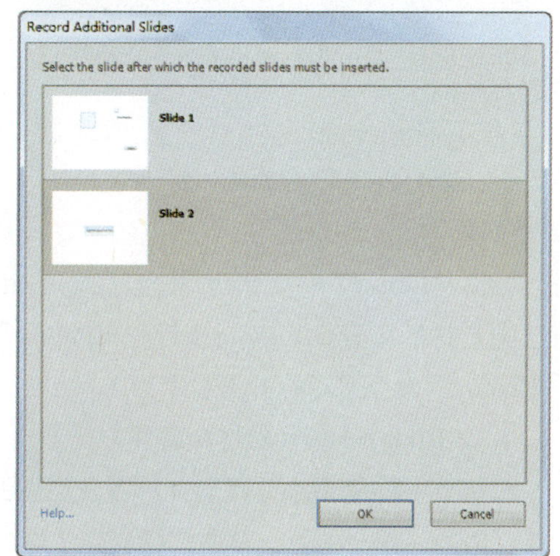

图4-3-26 增加录制页面

4. 编辑幻灯片文件

(1) 认识幻灯片

Adobe Captivate项目是由幻灯片所构成的，这些幻灯片会连续播放，就像电影一样。幻灯片是项目的最小单位。Adobe Captivate绝大多数的作业都是在幻灯片上完成的。

Adobe Captivate有许多不同类型的幻灯片。一个项目中可以包含以下部分或所有类型的幻灯片。

- Blank Slide（空白幻灯片）：当要从头开始建立幻灯片时，这类幻灯片很有用。
- PowerPoint Slide （PowerPoint幻灯片）：是从PowerPoint文件导入的幻灯片。
- Image Slide（图像幻灯片）：使用JPG、JPEG、GIF、PNG、BMP、ICO、EMF或WMF等格式的图像作为背景，可以将整个项目都使用图像幻灯片，这样就成为一本相簿。
- Question Slide（测验幻灯片）：具有测试和获取学习者反馈功能的幻灯片。
- Animation Slide（动画幻灯片）：包括SWF、GIF或AVI等格式的动画幻灯片。
- Recording Slide（录制幻灯片）：通过录制屏幕或软件操作生成的幻灯片。

在“Insert（插入）”菜单中，可以插入以上类型的幻灯片，如图4-3-27所示。

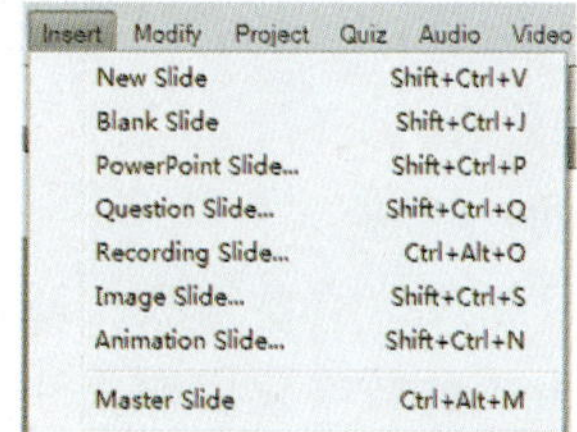

图4-3-27 “Insert（插入）”菜单

(2) 幻灯片属性

使用“属性”面板来设定幻灯片的各项属性，如图4-3-28所示。

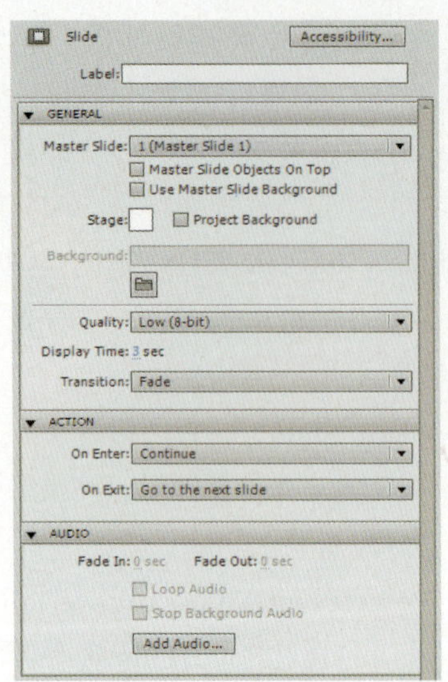

图4-3-28　幻灯片属性面板

①Label（标签）。

标识幻灯片名称。在“幻灯片”列表中，幻灯片标识会出现在幻灯片之下。建议最好能为幻灯片命名。如果有多位学习者使用同一个项目，命名幻灯片可以很容易识别每张幻灯片。

②Display Time（显示时间）。

每个幻灯片播放的持续时间，最大值为1小时（3600秒）。

③Transition（转场）。

指定幻灯片的转场效果。Adobe Captivate 5中有许多选项可供选择，加入转场效果可让幻灯片转场时不会太单调。具体的操作方法为选择某一幻灯片，打开“属性”面板，在“Transition”下拉列表中选择相关的转场效果。

④Quality（质量）。

指定幻灯片的质量等级。质量等级的选择依据生成的数字化资源大小而定。在“Quality”下拉列表中有4个质量选项：“Low（8-bit）”、“Optimized”、“JPEG”和“High（24-bit）”。如果不确定要选择哪一个选项，请选择“Low（8-bit）”。只有在适当的时候才使用“Low（8-bit）”以外的格式。

⑤Stage（舞台）与Project Background（背景色彩）。

指定幻灯片的色彩。勾选“Project Background”让幻灯片的色彩能与项目背景色彩搭配。取消“Project Background”的勾选，在“Stage”选项中几乎可设定任何的色彩，还可以单击下方的按钮，选择图像作为幻灯片的背景。

⑥ACTION（动作）。

On Enter：指定在播放幻灯片时，进入该幻灯片所触发的动作；

On Exit：该幻灯片结束时所触发的动作。

⑦AUDIO（音频）。

为幻灯片添加背景音乐。单击“Add Audio…”按钮后进入“Object Audio”对话框，如图4-3-29所示。

图4-3-29　音频操作对话框

单击“Import…”按钮,可从电脑中导入声音。单击“Library…”按钮,可从当前Captivate项目的素材库中导入声音（执行“Window”>“Library”命令可以打开素材库）。

（3）Slide Notes（幻灯片备注）

幻灯片备注是用来放置幻灯片额外信息的工具，例如，编号细节、补助教材或脚注等。

使用Adobe Captivate的文字转语音工具，可以将幻灯片备注转换为音频项目，也可以将幻灯片备注转换为隐藏式字幕的文字。在运行时，隐藏式字幕的文字会在幻灯片上出现，这与幻灯片备注不同。

下面介绍为幻灯片添加备注并生成语音的操作方法。

01 执行“Window”>“Slide Notes”命令，打开“SLIDE NOTES”面板。单击“Add Slide Note”按钮，直接在“Enter slide note”栏中输入备注的内容，如图4-3-30所示。

图4-3-30　添加幻灯片备注面板

02 输入内容后，如果想在幻灯片播放时自动朗读备注的内容，请勾选TTS发音引擎复选框，如图4-3-31所示。

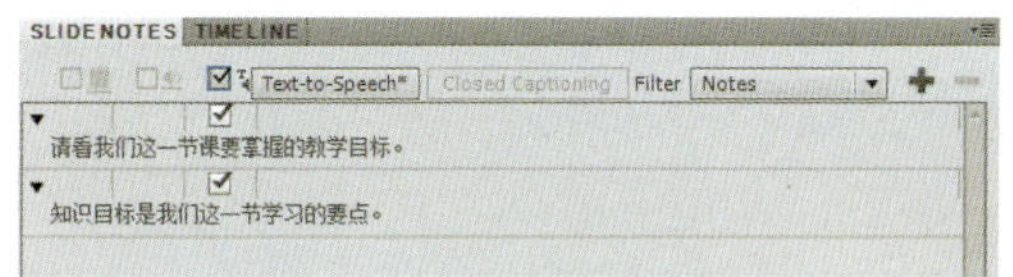

图4-3-31　输入备注内容

03 单击面板中的“Text-to-Speech”按钮，在弹出的“Speech Management”对话框中，选择“Microsoft Lili-Chinese（China）”作为发音工具，单击左下角的“Generate Audio”按钮后，系统会自动为备注内容生成音频文件，最后单击“Save”按钮保存操作，如图4-3-32所示。

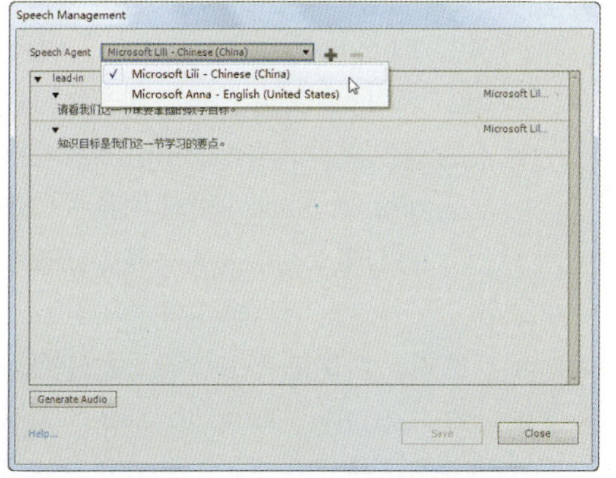

图4-3-32　发音管理面板

04 如果要试听生成的音频，请打开“属性”面板，单击“Add Audio…”按钮，在弹出的“Slide Audio”对话框中，单击“播放”按钮试听，如图4-3-33所示。

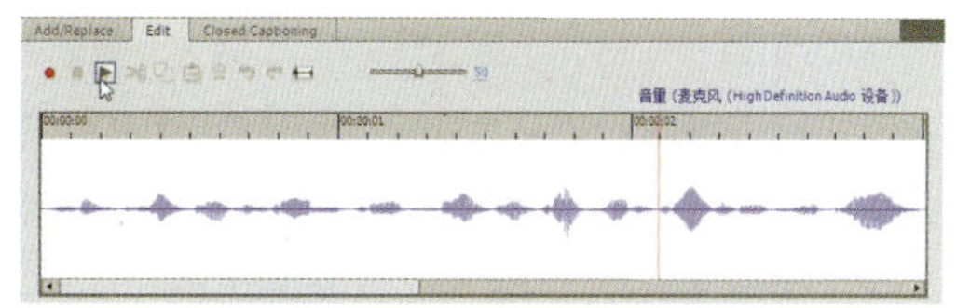

图4-3-33　试听音频

5．添加和管理对象

当在Captivate中建立一个空白的项目或基于模板的项目时，需要手动添加各种多媒体素材或操作对象，如音乐、视频、动画、按钮、鼠标交互式动画等，如图4-3-34所示。

图4-3-34　交互式课件界面

（1）Adobe Captivate对象介绍

在Adobe Captivate中有许多不同类型的对象，用于增强Adobe Captivate项目的可用性和互动性。Adobe Captivate对象可分为互动类对象和非互动类对象两种。

①互动类对象。

互动类对象是指当学习者使用鼠标或键盘与对象交互时，会执行动作的对象，并且课件制作者可以为学习者的操作指定分数。例如，单击方块即为互动对象，当学习者单击此方块时，单击方块会执行定义的动作，可以为这个正确的点选操作指定分数。

下列为 Adobe Captivate 软件支持的互动对象。

Click Box（单击方块）：会使幻灯片暂停运行。用于设置一个单击的区域，在区域内单击后根据设置作相关的跳转动作。

Text Entry Box（文字输入方块）：会使幻灯片暂停运行。文字输入方块是课件运行时允许学习者输入文字的区域，是一个可以测试学习者知识的有利工具，用于输入答案。在学习者输入答案后，Adobe Captivate会将答案与预先设定的答案比对，再根据设置作相关的跳转动作。

Button（按钮）：会使幻灯片暂停运行，单击后再根据设置作相关的跳转动作。

Widget：是Captivate文件中可被设置参数并产生动态运行效果的SWF对象。

②非互动类对象。

非互动类对象是指用于向学习者显示信息的对象。课件制作者无法对非互动类对象指定分数。

下面为 Adobe Captivate 软件支持的非互动类对象。

Text Caption（文字标签）：添加文本的工具。

Rollover Caption（鼠标经过显示标签）：鼠标经过时显示一个文字标签。

HighLight Box（高亮方块）：在要突出显示的地方，放置一个有色方框。

Mouse（鼠标）：用于显示鼠标的运行轨迹。

Rollover Slidelet（鼠标经过显示小型幻灯片）：鼠标经过显示一张图片。

Zoom area（缩放区域）：只要将工具拖到图片的一角，框住的区域会被放大。

Line、Oval、Rectangle、Polygon（绘图工具）：分别绘制相应的图形。

Animation（动画）：添加Flash动画。

Text Animation（动画文字）：添加多种效果的文字动画。

Video、Audio（视、音频）：用于向幻灯片添加音、视频，仅支持FLV和F4V格式的视频。

(2) Button（按钮）

通过按钮可以增加Adobe Captivate所制作的数字化资源的互动性，如果要快速加入按钮，请使用默认的按钮样式（普通的白色矩形），或导入自定义按钮图像。将按钮加入到项目后，即可使用属性面板编辑按钮的属性。下面介绍使用按钮的操作方法。

01 执行“Window”>“Object Toolbar”命令打开“工具”面板，单击按钮。或执行“Insert”>“Standard Object”>“Button”命令。

02 执行“Window”>“Properties”命令可以打开属性面板，在“GENERAL”选项卡中，可以设置按钮的类型（Button Type）和按钮上的标签文字（Caption），如图4-3-35所示。

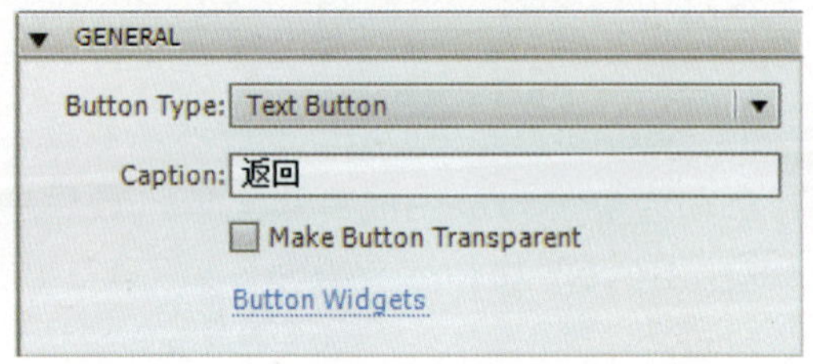

图4-3-35 设置“GENERAL”选项卡

03 在“ACTION”选项卡中，“On Success”下拉列表用于设置单击按钮后所触发的动作事件，如Continue（继续运行）、Jump to slide（跳转到某张幻灯片）、Open URL or file（打开某个URL地址或硬盘文件）等，具体事件如图4-3-36所示。例如，如果想单击按钮后跳转到某张幻灯片，请选择“Jump to slide”，然后在Slide列表中选择相关的幻灯片，如图4-3-37所示。

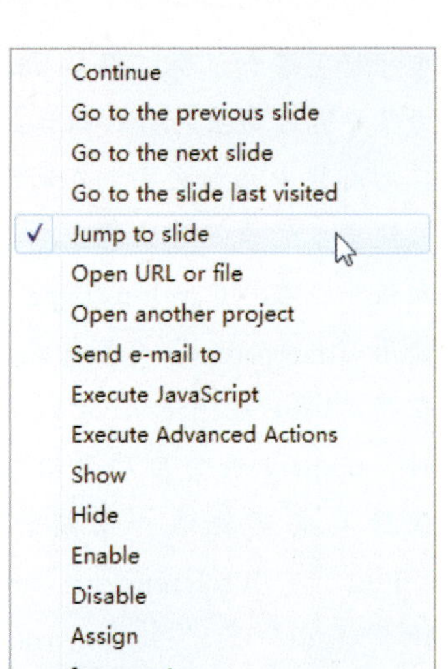

图4–3–36 "On Success"列表

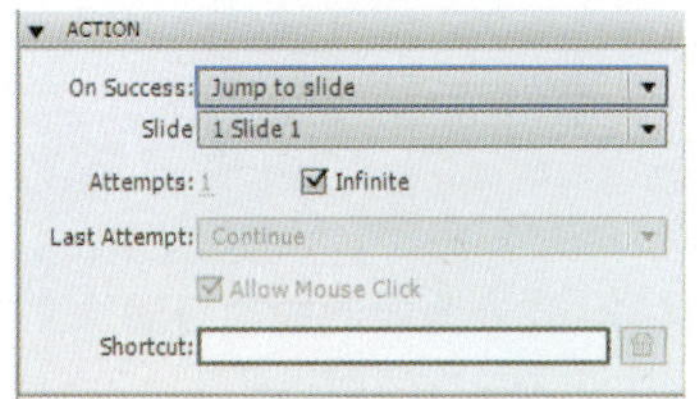

图4–3–37 设置按钮的"ACTION"选项卡

04 如果想为按钮添加"成功"、"失败"或"提示"的注释选项，请打开"OPTIONS"选项卡，勾选"Captions"中的相关选项，如图4-3-38所示。

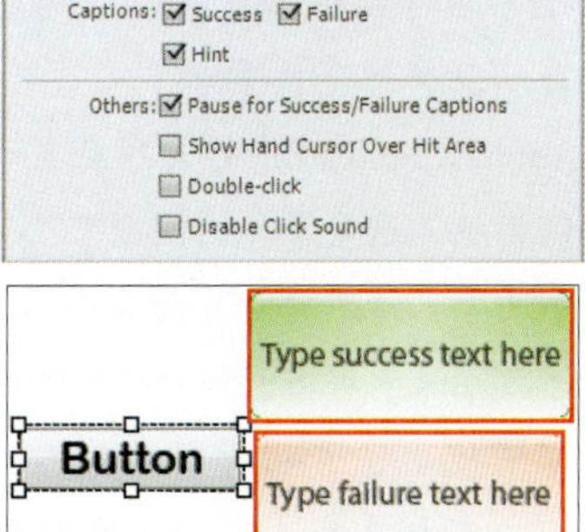

图4–3–38 设置按钮的"OPTIONS"选项卡

（3）Widget对象

Widget是Captivate中可以设置参数的SWF对象。Widget有助于为Captivate课件制作提供强大的互动性与丰富的内容。当Adobe Captivate使用者插入特定Widget时，可以根据课件内容自定义这些参数。下面介绍如何打开和使用"Widget"库面板。

执行"Window">"Widget"命令，打开"Widget"库。默认情况下会显示全部的Widget对象。如果不能显示，请选择面板左下角的"Change Path…"按钮，如果在安装Adobe Captivate 5时采用默认路径，请在此处把路径更改为："C：\Program Files\Adobe\Adobe Captivate 5\Gallery\Widgets"。Captivate中的Widget有三种类型：Static（静态Widget）、Interactive（动态Widget）和Question(问题Widget)，如果选择"All"选项，即可以显示所有的Widget对象，如图4-3-39所示。

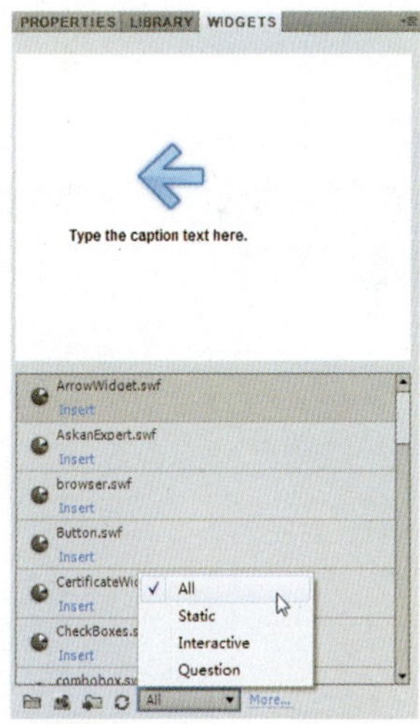

图4–3–39 Widget库

实例：使用ArrowWidget对象

01 打开"Widget"库面板，选择ArrowWidget对象，并从库中拖到幻灯片编辑区中，这时，会弹出ArrowWidget属性面板，如图4-3-40所示。

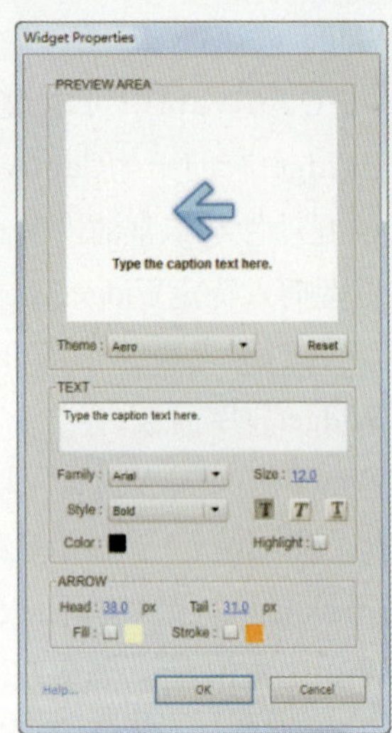

图4-3-40 ArrowWidget属性面板

02 设置完成属性后，单击“OK”按钮，ArrowWidget对象就会插入到当前的幻灯片中。

03 插入ArrowWidget对象后，如果想更改属性，可以双击该对象进行更改。

04 单击ArrowWidget对象，还可以在“Properties”面板中设置它的外部属性，如图4-3-41所示。

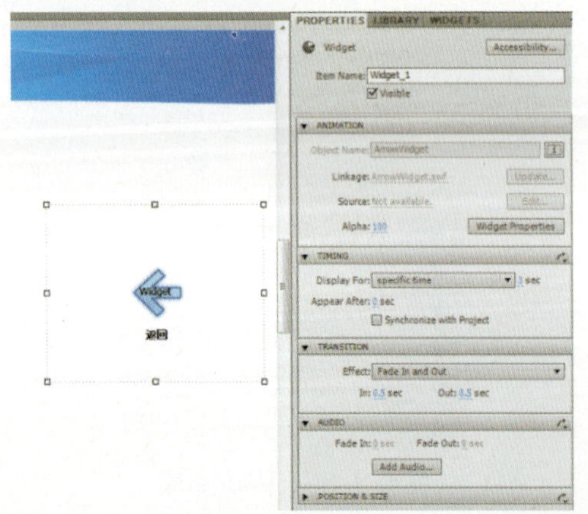

图4-3-41 ArrowWidget对象的“Properties”面板

（4）文字标签

①文字标签的用途。

- 为凸显幻灯片上特定的区域，使用文字标签指出菜单、选项或图标，或用文字标签添加注释，将学习者的注意力集中到容易被忽略的细节上。
- 在幻灯片中添加文字，在幻灯片上加入纯文本的唯一方法就是在“属性”面板中，在“Caption Type”属性中使用“transparent”标签样式。
- 在用Adobe Captivate录制屏幕操作时，Captivate会自动为幻灯片添加注释。要实现这一功能，请执行“Edit”>“Preferences…”命令，选择“Mode”为“Demonstration”，勾选“Add Text Captions”复选框，如图4-3-42所示。

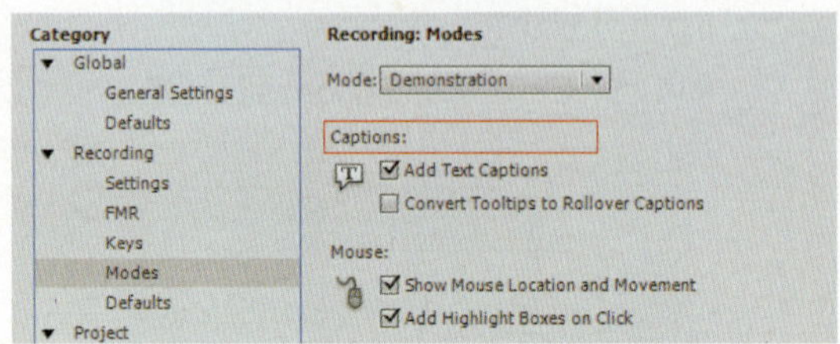

图4-3-42 为录制的项目添加文字

②建立文字标签的技巧。

- 如果标签完全是幻灯片上的文字，请在“Caption Type”属性中使用“transparent”标签样式。
- 请勿使用计算机上没有提供的字体，例如，如果使用FF Confidential，当学习者的计算机上没有此字体时，则会自动以其他字体取代。
- Adobe Captivate中的文字会呈现网格与锯齿状，这是常见的问题。为了避免这个问题，请不要将背景为透明的浅色文字放在深色和实色背景的幻灯片中。
- 如果使用了透明背景的标签，请避免为文字加底线，因为这会降低播放项目时的文字质量。

③插入变量文字。

- 在“工具”面板中单击按钮，即

在幻灯片中插入一个文字标签。

- 在属性面板中选择“Format（格式）”选项卡。
- 双击文字标签，并单击“插入变量”图标 [x]，这时会弹出“Insert Variable”对话框，如图4–3–43所示。

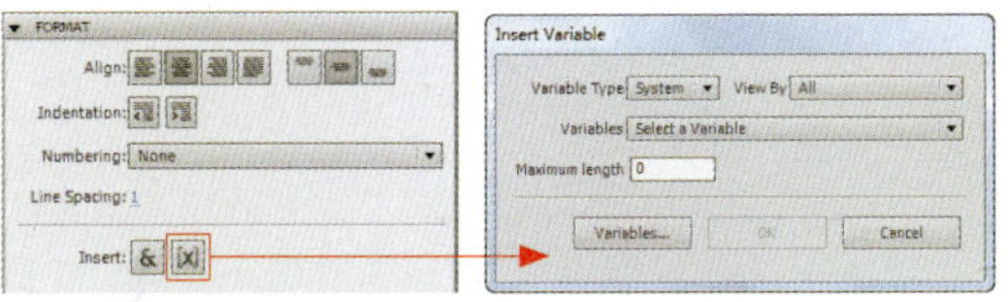

图4–3–43　在文字标签插入变量

- 在“变量类型”列表中选取以下一个类型。
  - ◆ 若要插入先前建立的变量，请选取“User”，然后选取“变量”列表中的变量。
  - ◆ 若要插入系统变量，请选取“System”，然后选取“Variables…”列表中的系统变量。

例如，要在标签中动态显示当前时间，请选择“cpInfoCurrentTime”选项插入到标签中，运行后的效果如图4-3-44所示。

图4–3–44　插入时间变量的效果图

（5）鼠标经过显示标签

在幻灯片中插入该对象时，会出现一个区域框和一个标签，如图4-3-45所示。

图4–3–45　鼠标属性编辑面板

播放课件，当鼠标经过该区域时，就会显示文字标签，效果如图4-3-46所示。

图4–3–46　鼠标经过显示标签效果图

（6）音频处理

在编辑器属性面板中选择“Audio”选项卡，可以即时为幻灯片录音，也可以单击“Import…”按钮，从电脑中导入已有的声音文件，或者单击“Library…”按钮，从素材库中导入声音（执行“Window”>“Library”命令可以打开素材库），如图4-3-47和图4-3-48所示。

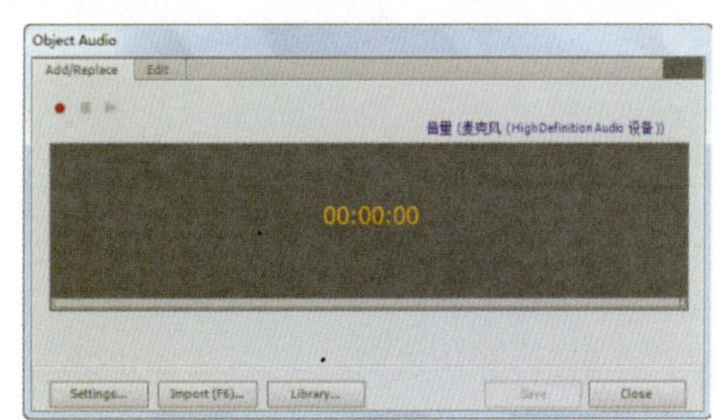

图4–3–47　音频对象操作面板

图4–3–48　素材库

（7）综合实例

制作两张幻灯片，它们是课件的界面和内容页，并实现简单的返回跳转功能，效果如图4-3-49所示。下面介绍具体的操作步骤。

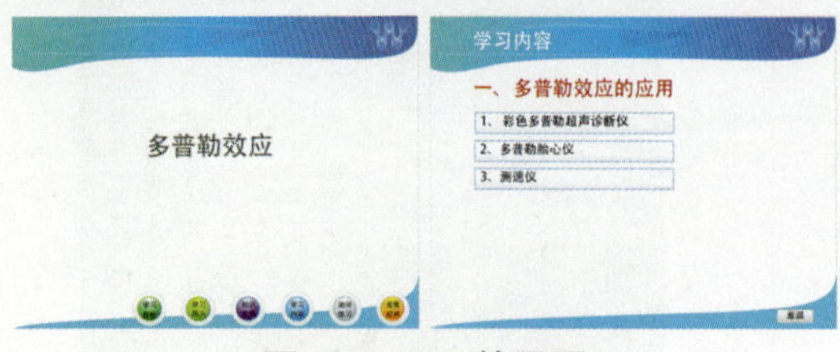

图4–3–49　效果图

01 新建一个“Blank Project”（空白项目），设置项目大小为：800×600（这里的幻灯片大小可以根据学习者的需要进行设置），如图4-3-50所示。

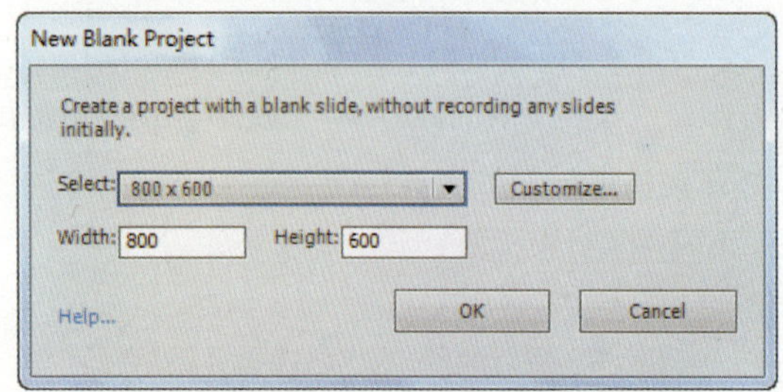

图4–3–50　新建项目

02 执行“Edit”>“Preferences…”命令，单击“Global”>“Defaults”栏目，在此可根据项目的需要，自定义相关参数，如缺省的幻灯片播放时间等，如图4-3-51所示。

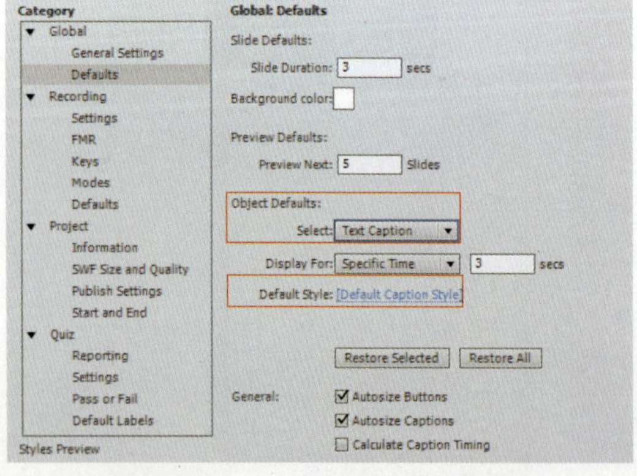

图4–3–51　项目默认参数设置

03 要想让插入的对象具有统一的风格，请点选“Object Defaults”中的“Select”下拉列表，可以对每一类对象分别进行设置，如图4-3-52所示。

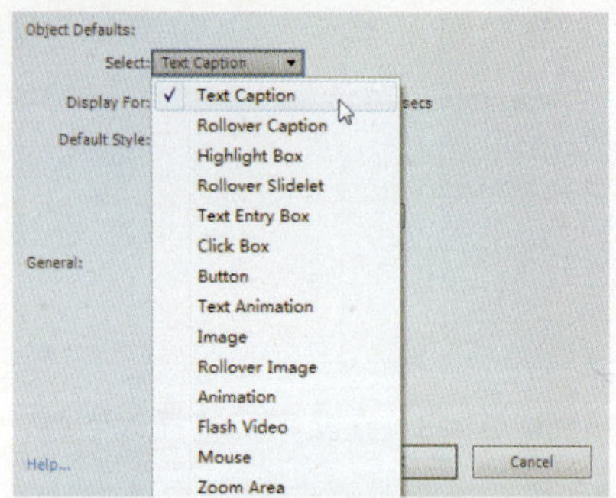

图4–3–52　设置各对象默认格式

04 对于每个对象的详细设置，请单击对话框中的蓝色文字“[Default Caption Style]”，这时会弹出“对象风格管理器”对话框，在此可以设置对象的详细属性，如图4-3-53所示。

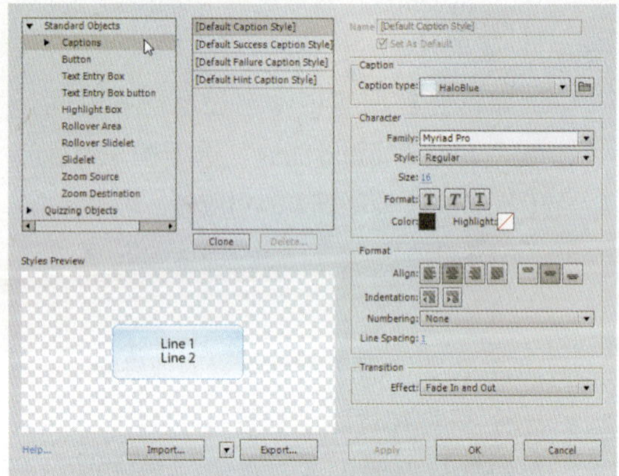

图4–3–53　对象风格管理器

05 打开属性面板，在“GENERAL”选项卡中，选择“Master Slide”（母板幻灯片）下拉列表中的“None”，如图4-3-54所示。

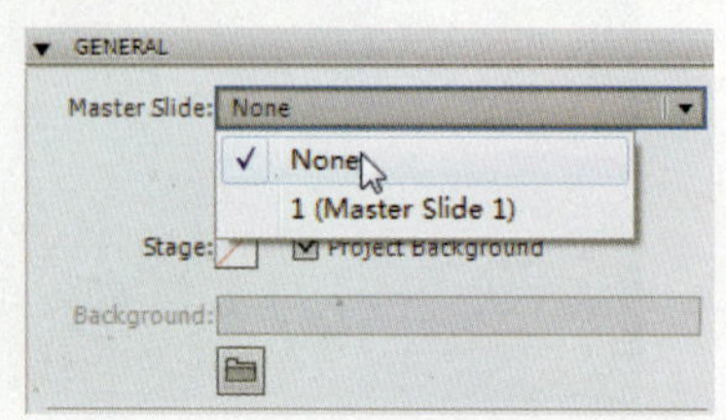

图4–3–54　“GENERAL”选项卡

06 单击“Browse…”按钮，在打开的对话框中选择图片“多普勒封面”插入，如图4-3-55所示。

图4-3-55 导入图片

07 在“工具”面板中单击文字标签按钮，在幻灯片中插入一个文字标签。双击标签输入文字“多普勒效应”，在“属性”面板中，选择“Caption type”为“transparent”，如图4-3-56所示。

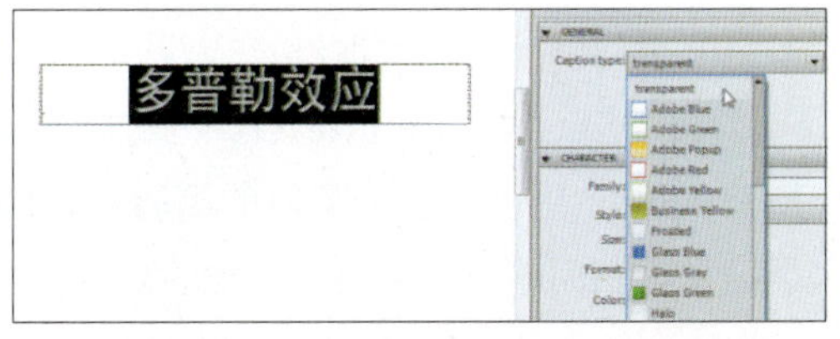

图4-3-56 设置Caption type为透明

08 执行“Insert”>“New Slide”或“Blank Slide”命令，插入一张幻灯片。单击“Browse…”按钮，在如图4-3-57所示的对话框中，单击“Import…”按钮，插入背景图片“多普勒背景”。

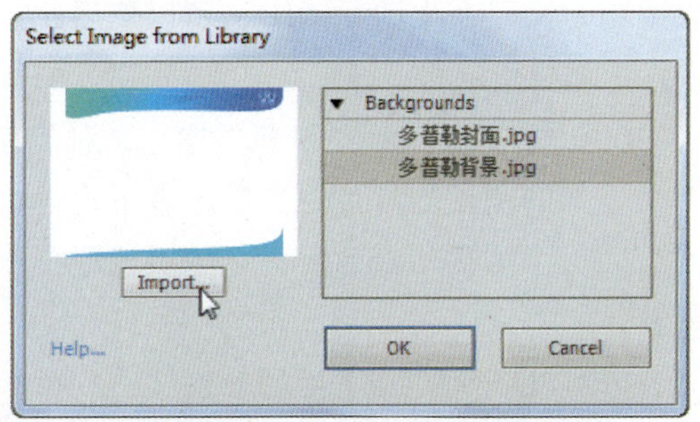

图4-3-57 导入背景图片

09 在第二张幻灯片中，插入多个文字标签，并输入相关的文本内容，如图4-3-58所示。

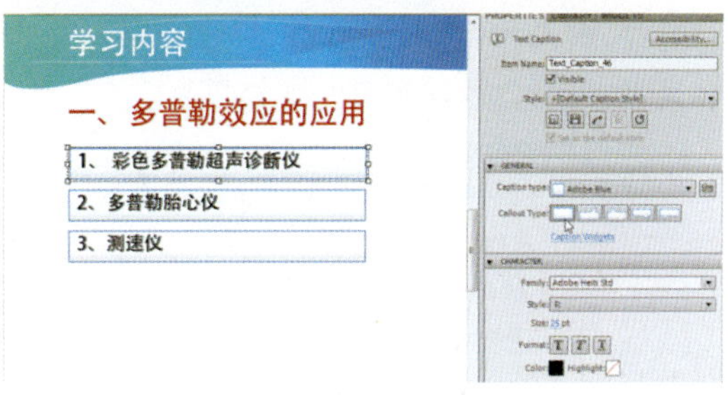

图4-3-58 输入第二张的文本内容

10 选择第二张幻灯片，在“工具”面板中单击按钮，在幻灯片右下角插入一个按钮，并在“属性”面板中的“Caption”中输入“返回”文字；打开“ACTION”选项卡，在“On Success”下拉列表中选择“Jump to slide”，在“Slide”中选择“1 cover”选项（表示跳转到第1页幻灯片），如图4-3-59所示。

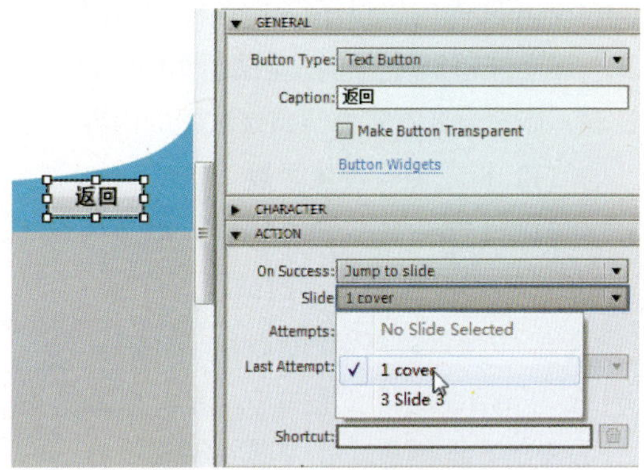

图4-3-59 设置按钮属性

11 制作完成后，要预览效果，请按F4键或按工具栏上的“Preview”按钮，在列表中选择“Project ”选项，如图4-3-60所示。

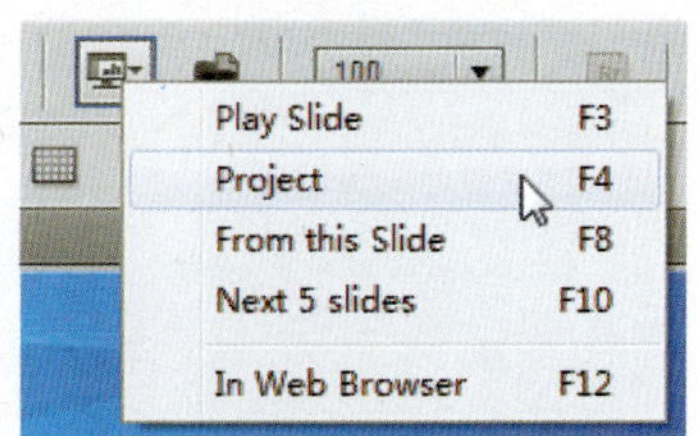

图4-3-60 预览效果操作

12 如图4-3-61所示，在调试播放的过程中，当运行到第二张幻灯片时，由于放置了按钮，影片会暂停下来，当单击“返回”按钮后，将会返回到第一张幻灯片。

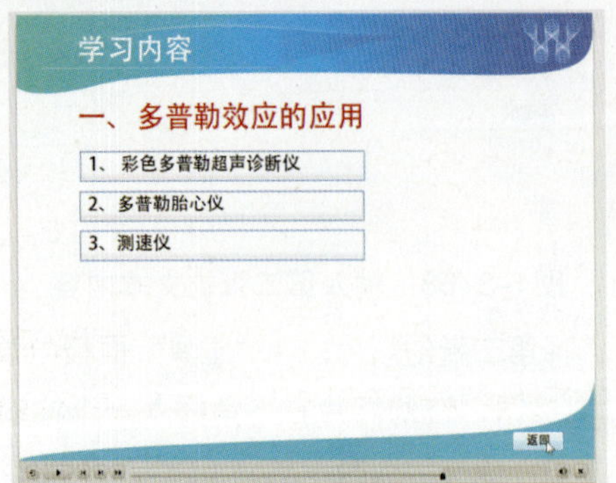

图4-3-61　预览播放效果

6. 制作试题幻灯片与试题集

Adobe Captivate可以建立测验以评价学习者对于学习内容的了解程度。在Adobe Captivate软件内提供了各式各样的试题幻灯片。建立试题集后，可以从试题集中随机挑选试题，让学习者不容易猜到该试题的内容。

(1) 设定测验设置参数

可以设定一组一般的参数，以套用到当前的Captivate项目中所有的试题幻灯片。

01 执行“Edit” > “Preferences…”命令。

02 在“Preferences”对话框中，选取“Quiz”栏目中的“Settings”，如图4-3-62所示。

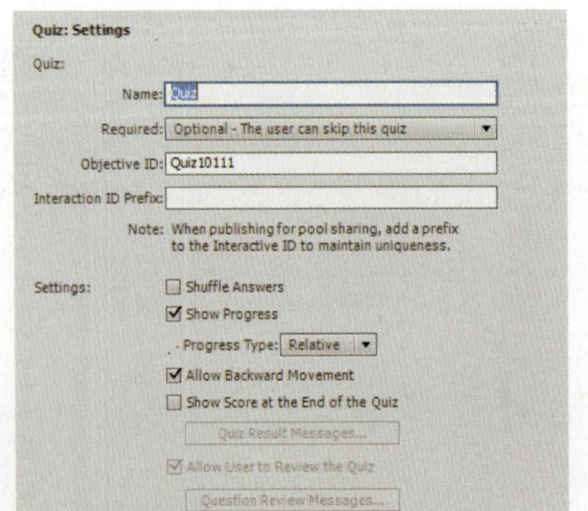

图4-3-62　测试参数设置

下面介绍各参数的用途。

Name（测验名称）：输入测验的名称。在有多个测验的Capvitate项目中，为测验命名有助于识别测验。

Required（必要性）：可从如图4-3-63所示的列表中选取下列选项之一。

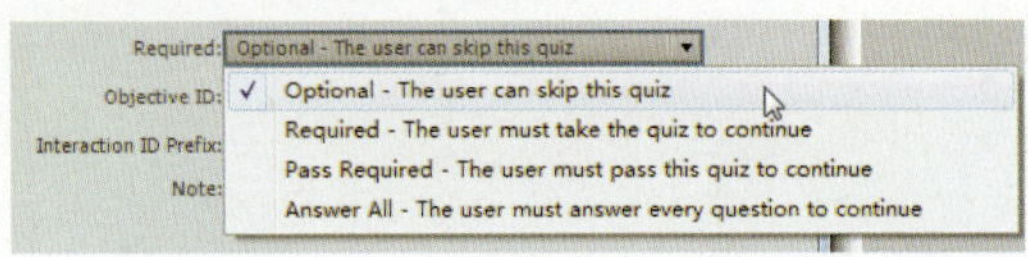

图4-3-63　必要性的选择

Optional（选择性）：允许学习者略过测验，并继续进行课件播放。

Required（必要）：学习者必须参加此测验，才能继续，唯有学习者完成所有测试幻灯片后，才会移到下一张幻灯片。

Pass Required（必须通过）：学习者必须通过此测验，才能继续。

Answer All（全部回答）：学习者必须回答每一个问题后，才能继续。

Object ID（对象标识符ID）：幻灯片所属测验的ID。在包含多个测验的测验中，ID可帮助您识别问题及对象所在的测验。

Interaction ID Prefix（互动ID前缀）：学习者在测试幻灯片上执行的每个动作均会被指定一个唯一的互动ID。例如，如果学习者第一次答错了，但第二回合答对了，Adobe Captivate便会产生两个互动ID（ID是用于在学习管理系统中进行交互记录时间的）。如果要自定义已产生的互动ID，可以使用此字段加上您要指定的字符作为前缀。

Shuffle Answers（随机答案）：对于有多个答案的测试幻灯片，当学习者下次尝试回答同一个测试幻灯片时，会随机选取一个答案。

(2) 设定通过或失败的参数

在“Preferences”对话框中，选取

“Quiz”栏目中的“Pass/Fall Options”选项，如图4-3-64所示。在此可以设定通过测验所需的最低分数，例如，设定学习者通过测验所需分数的最低百分比，或设定学习者通过测验所需的最低分数。也可以在“If Passing Grade”中设定在学习者通过或未通过测验后应采取的动作。

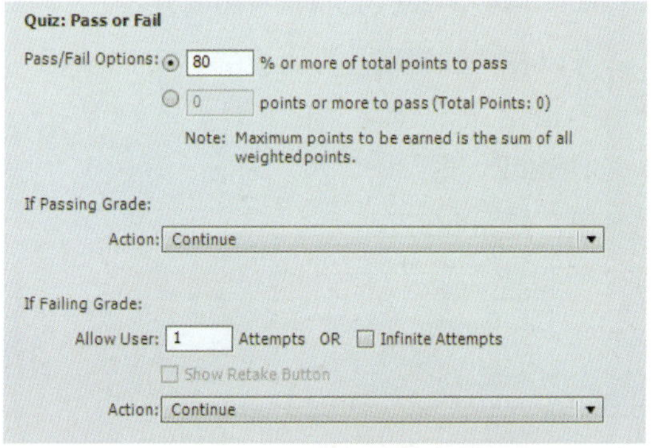

图4-3-64　通过或失败的参数

(3) 设定试题幻灯片的默认标签

在“Preferences”对话框中，选取“Quiz”栏目中的“Default Labels”，如图4-3-65所示。在此可以设定“Submit（送出）”、“Clear（清除）”、“Skip（略过）”和“Back（后退）”四个按钮上显示的默认标识。任何试题幻灯片上都会显示这4个按钮，除非在该幻灯片的“属性”面板中停用这四个按钮。

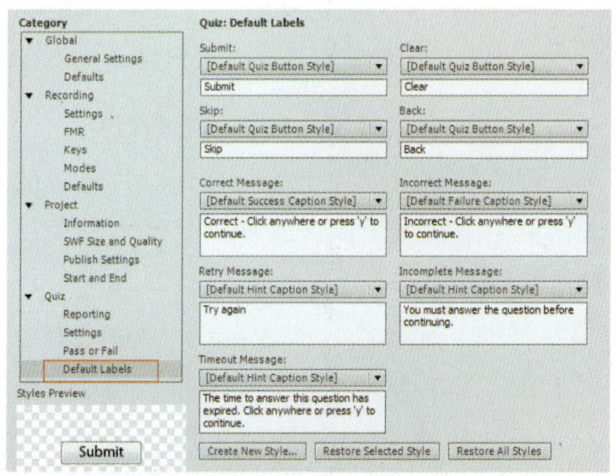

图4-3-65　试题幻灯片的默认标签

(4) 制作试题幻灯片

01 在开启的项目中，执行“Insert”>“Question Slide…”命令，即会弹出“Insert Questions”面板，如图4-3-66所示。

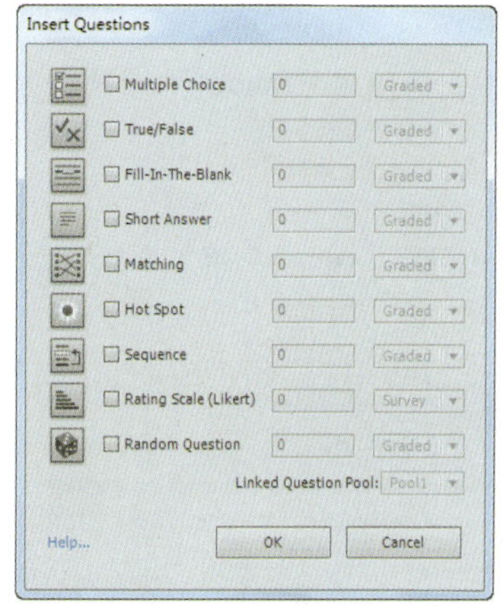

图4-3-66　插入试题幻灯片对话框

02 选取试题的类型。Adobe Captivate包含以下试题类型。

Multiple Choice（选择题）：学习者从选项中选取一个或多个正确答案；

True/False（是非题）：学习者选择“对”或“错”（或“是”或“否”）；

Fill-In-The-Blank（填空题）：学习者完成句子或词组中的空格填空；

Short Answer（简答题）：学习者填入字句；

Matching（配对题）：学习者将两个列表的项目进行配对；

Hot Spot（热点题）：学习者将鼠标单击幻灯片某些区域的上方；

Sequence（排列题）：学习者以正确的顺序排序所列的项目；

Rating Scale (Likert)（里克特量表）：学习者表示对于陈述的同意程度；

Random Question（随机试题）：从“Question Pool”中选择一个试题库，运行时随机显示库中的一道问题。

03 指定试题是分级问题或问卷调查问题（Graded or Survey）。

分级问题：如果想为该问题指定分数来测评学习者，请使用“Graded”选项；

问卷调查问题：如果只想调查学习者的意见反馈，请使用“Survey”选项。

实例：制作选择题幻灯片

01 在“Insert Questions”对话框中，选择“Multiple Choice”，其他为默认设置，单击“OK”按钮，生成的试题幻灯片如图4-3-67所示。

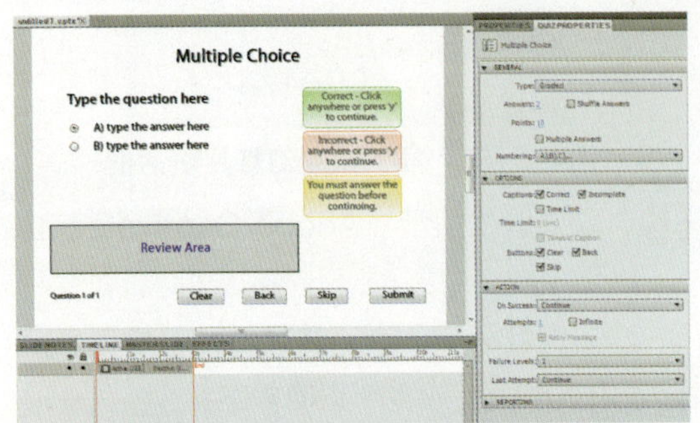

图4–3–67　单选型试题幻灯片

02 如图4-3-67所示，执行“Window”>“Question Properties”命令打开“试题属性”面板，打开“General”选项卡，可修改“Answers”参数（默认为2）。

03 直接在试题幻灯片上修改内容，并在幻灯片上选择正确的答案，如图4-3-68所示。

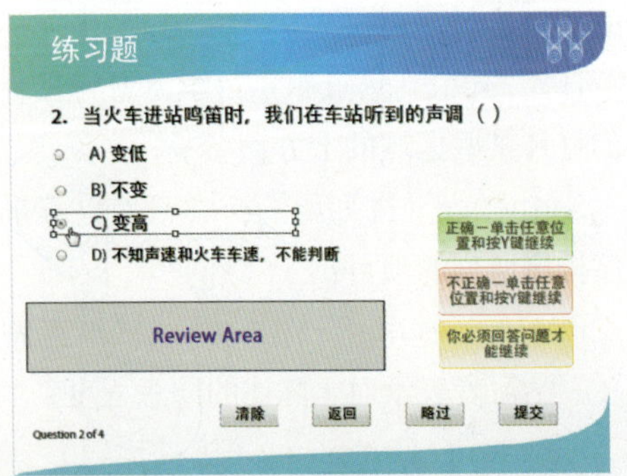

图4–3–68　单选题的制作效果

04 如果要想在测试幻灯片的最后显示测试的分数，请执行“Edit”>“Preferences…”命令，选择“Quiz”>“Settings”栏目，勾选“Show Score at the End of the Quiz”复选框，如图4-3-69所示。

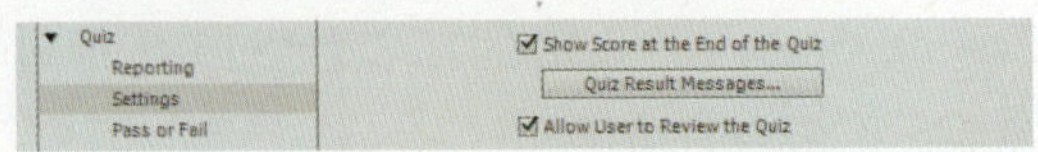

图4–3–69　选择查看测试分数

05 可以在“试题属性”面板的“OPTIONS”中指定是否包含“Clear（清除）”、“Back（返回）”和“Skip（略过）”按钮，如图4-3-70所示。

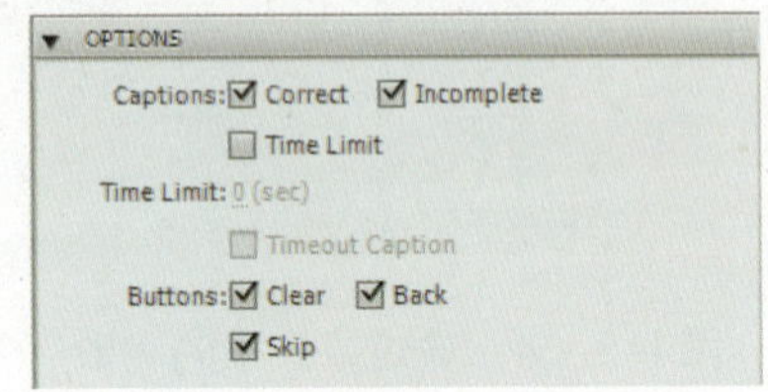

图4–3–70　“Options”选项卡

Clear(清除)按钮：将幻灯片重置为初始状态。它可让学习者将已输入的答案清除，以便开始回答幻灯片上的问题；

Back(返回)按钮：返回先前测试的试题幻灯片；

Skip(略过)按钮：允许学习者略过当前的试题幻灯片，并移至下一张幻灯片。

小提示

“Review Area”为程序检测块，不能删除，但发布后不会显示出来。

（5）制作试题集与随机试题幻灯片

随机试题幻灯片是从与该幻灯片链接的试题集中随机选取的，这些幻灯片可避免测验的可预测性。

01 执行“Window”>“Question Pool”命令打开“试题集”面板，要添加试题，请单击右上角的“Add Questions”按钮，如图4-3-71所示。

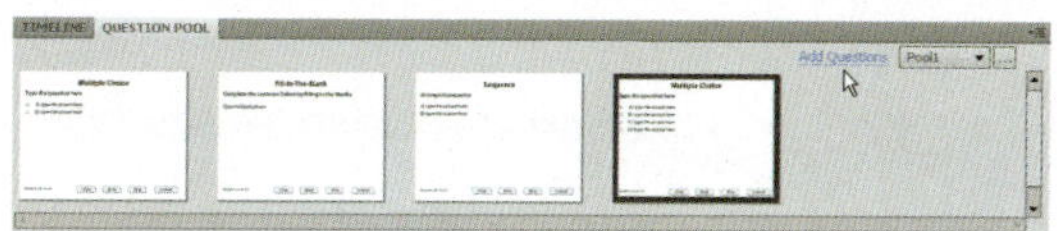

图4-3-71　试题集面板

02 单击 ... 按钮，可以打开试题集管理器，如图4-3-72所示。在左侧的“Pools in Project”中可以添加多个试题集。选中某个试题集，在右侧的“Questions in Pool”列表框中，可以为该试题集添加多道试题。

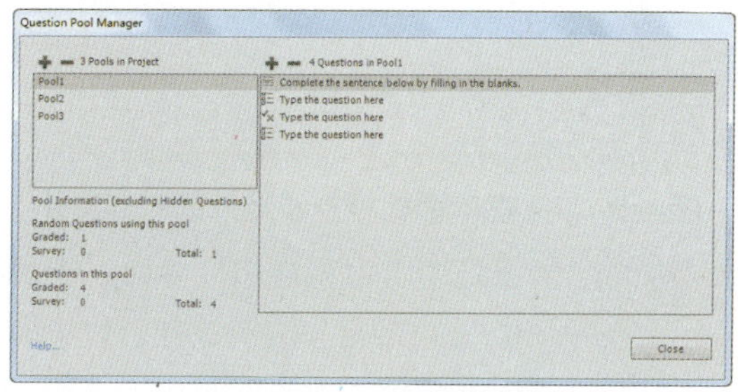

图4-3-72　试题集管理器

03 执行“Insert”>“Question Slide…”命令，打开“Insert Questions”面板。勾选“Random Question”复选框，并在“Linked Question Pool”下列拉列表中选择一个试题集，Captivate项目发布后就会随机从该试题集中抽出一道试题输出，如图4-3-73所示。

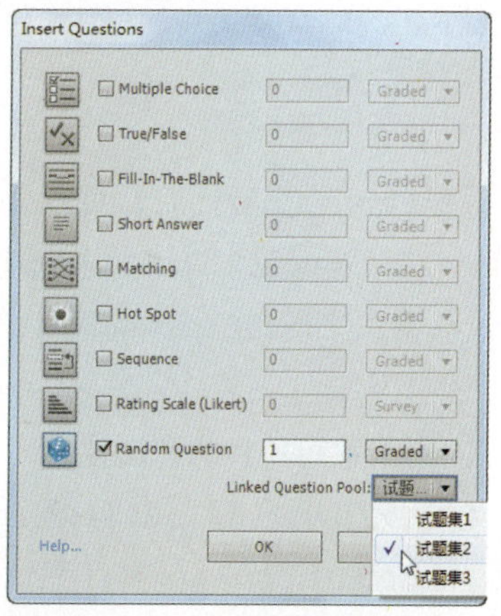

图4-3-73　插入随机试题幻灯片

（6）导入外部的试题集

利用Adobe Captivate可以非常方便地导入另一个Captivate文件的试题集，这有利于试题库的重用和共享。具体的操作方法为执行“File”>“Import”>“Question Pools…”命令，在弹出的“Import Question Pools”对话框中，选择要导入的Captivate项目。

7．使用模板创建幻灯片

利用Adobe Captivate模板可以提升相似项目或幻灯片之间的一致性，减少建立项目所需的人力。

（1）创建母板

执行“Window”>“Master Slide”命令，打开母板面板。单击母板面板中的幻灯片，可以在“属性”面板中插入背景图片，或利用“工具”面板，添加标签、高亮框或画图等非互动类对象，如图4-3-74所示。

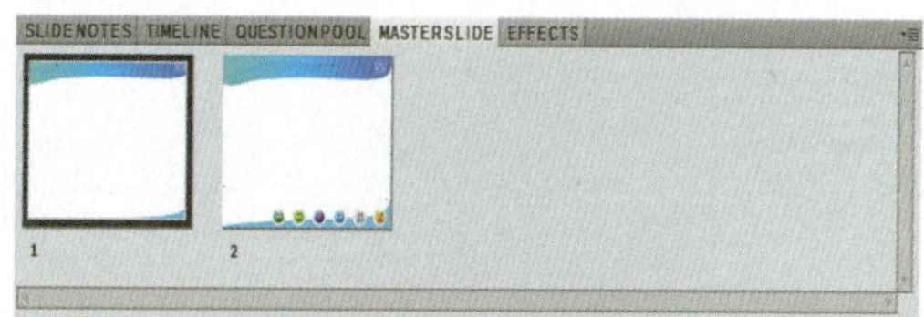

图4-3-74　母板面板

（2）使用母板

新建一张幻灯片，打开“属性”面板，在“GENERAL”选项卡的“Master Slide”下拉列表中选择一张母板，该幻灯片就会套用该母板的格式，如图4-3-75所示。

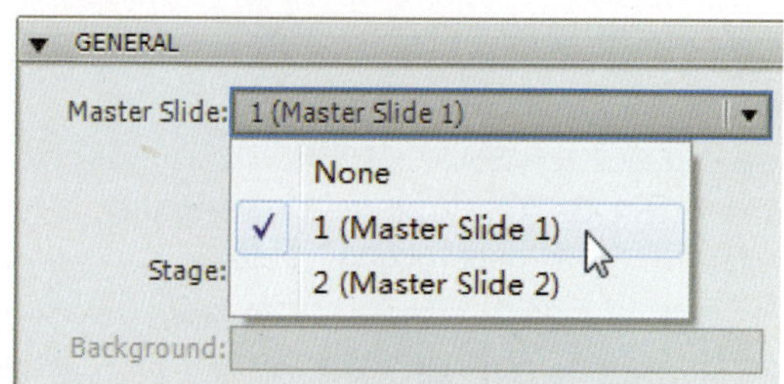

图4-3-75　为新建幻灯片设置模板

8. 导入和使用PPT文件

Adobe Captivate支持从外部导入Microsoft PowerPoint文件。导入的文件会整体内嵌到Captivate项目中，而编辑内嵌文件不会影响源PowerPoint文件。但是，内嵌会增加Adobe Captivate项目的项目大小。当Adobe Captivate项目在没有Microsoft PowerPoint软件环境的计算机上启用时，内嵌功能也一样可用。

将PPT文件导入Adobe Captivate的具体操作方法如下。

01 在Adobe Captivate开始界面中，单击 From Microsoft PowerPoint » 按钮，如果在已有的项目中插入PPT文件，请执行“File”>“Import”>“PowerPoint Slides…”命令，随后会出现“Convert PowerPoint Presentations”面板，如图4-3-76所示。在该对话框中可以进行设置项目的大小、挑选要导入的幻灯片等工作。

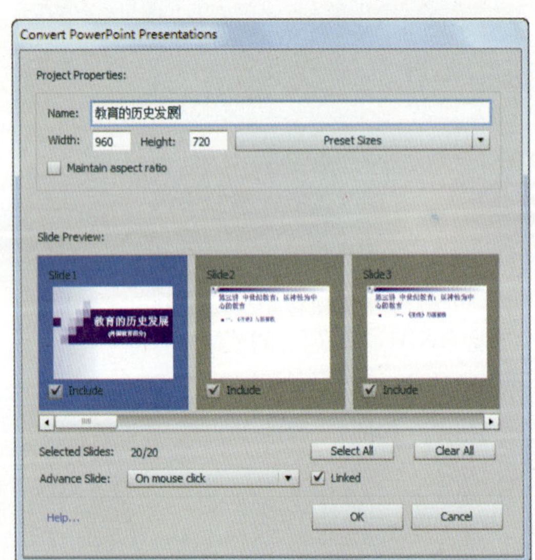

图4-3-76 “Convert PowerPoint Presentations”面板

02 如果导入成功，执行“Window”>“Library”命令打开“库”面板，即会看该文件。如果想编辑该PPT文件，请双击该文件，在弹出的面板中单击“Edit…”按钮，如图4-3-77所示。

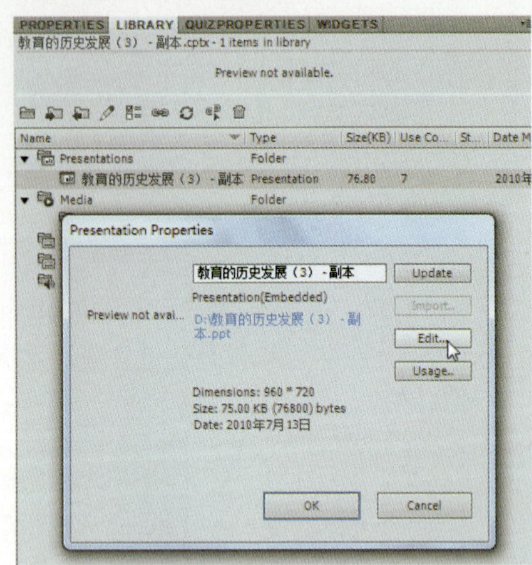

图4-3-77 在库面板中查看导入的PPT文件

03 在弹出的面板中可以编辑PPT文件。完成编辑后，单击“Save”按钮保存，效果如图4-3-78所示。

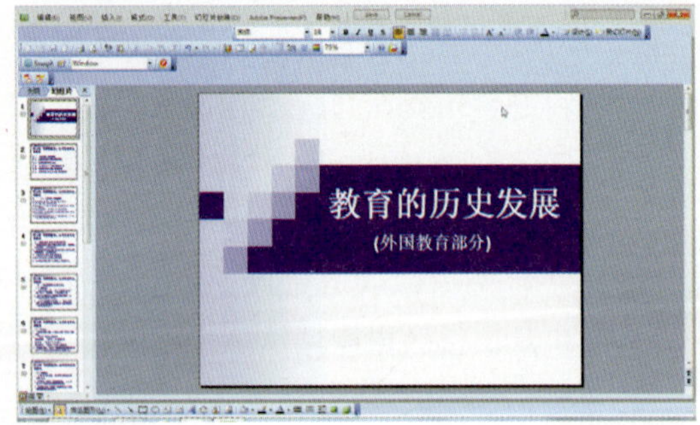

图4-3-78 编辑库中的PPT文件

9. 发布项目

在生成Captivate项目后，可以发布该项目。Adobe Captivate包含许多发布选项，您可以利用这些格式来发布Captivate项目，以提供满足需求的数字化学习资源。

(1) 更改发布项目的默认位置

如果在发布项目时，未对设定进行任何更改，Adobe Captivate项目默认会发布至“C:\Documents and Settings\<学习者名称>\My Documents\My Adobe Captivate

Projects”文件夹中（这里C为操作系统文件所在盘符)。您可使用“Preferences”面板来变更这个默认位置。

具体的操作方法为执行“Edit”>“Preferences…”命令，点选“Global”>“Settings”项目，修改“Publish At”文本框后面的路径，如图4-3-79所示。

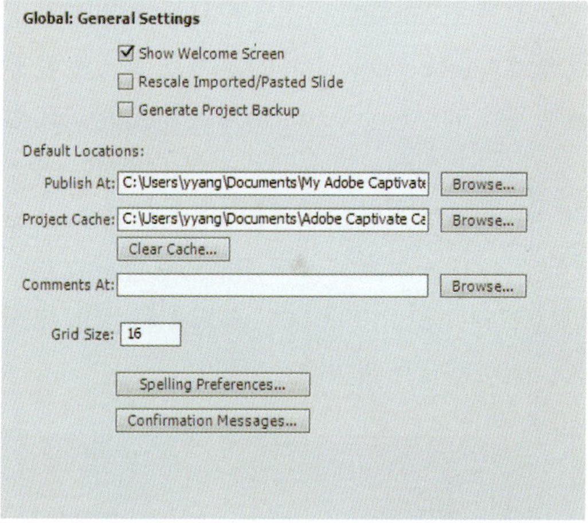

Global: General Settings
Show Welcome Screen
Rescale Imported/Pasted Slide
Generate Project Backup
Default Locations:
Publish At: C:\Users\yyang\Documents\My Adobe Captivate Browse...
Project Cache: C:\Users\yyang\Documents\Adobe Captivate Ca Browse...
Clear Cache...
Comments At: Browse...
Grid Size: 16
Spelling Preferences...
Confirmation Messages...

图4–3–79　变更发布项目的默认位置

（2）将项目发布为Flash（SWF）项目

在Adobe Captivate 5中，可以将项目发布为Flash9或Flash10版本的SWF文件。在将项目发布为SWF文件后，可以独立使用这些SWF文件，或在网页中包含SWF文件。

具体的操作方法如下。

01 单击菜单上方的“Publish”按钮，弹出“Publish（发布）”面板，如图4-3-80所示。

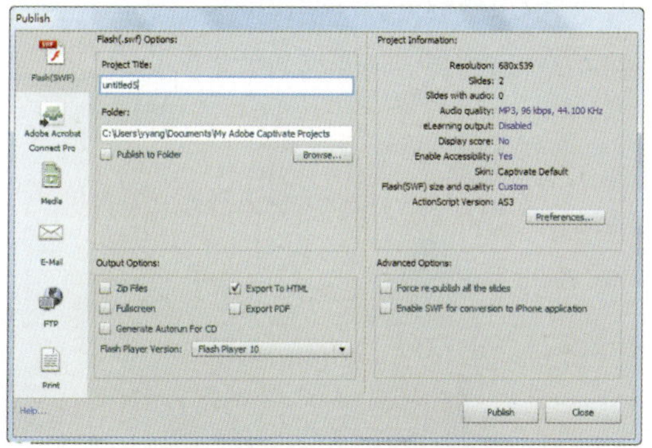

图4–3–80　Publish面板

02 在“Publish”面板中，选取“Flash（SWF）”，并设定下列选项。

Project Title（项目名称）：输入所需的名称，但不包含扩展名（.swf）。

Folder（文件夹）：输入要储存该项目目标文档夹完整路径，或单击“浏览”以找到该文件夹。系统会建立一个文件夹，其名称与标题相同，所有发布的项目都会转到此文件夹内。

Full screen（全屏幕）：以全屏幕模式播放项目（如果为该项目选取AICC或SCORM选项，则无法套用此选项）。

Generate Autorun For CD（生成CD可自动播放课件）：当CD插入计算机时会自动播放该项目生成的数字化课件。

Export To HTML（输出网页形式课件）：导出HTML建立标准JavaScript项目，此时会协助将SWF格式文件嵌入到所产生的HTML项目。

Export PDF（输出PDF格式课件）：将项目发布成PDF，产生的数据会转换到PDF项目中，并发布出来。当要经由电子邮件共享内容，或因为学习者无法在浏览器中经由Flash Player存取内容而要以其他方法来共享内容时，这一发布方式很有用。

计算机上必须已安装了Adobe Acrobat或Adobe Reader 9.0以上的版本软件，才能检查该发布方式的输出文件。

（3）发布项目信息

Adobe Captivate会使用您选择的FlashPlayer版本产生SWF格式文件。“Project Information”区域会显示与项目相关且有用的统计数据，其中包括：发布文件大小（分辨率）、幻灯片数目和音频信息等。如果要更改此区域中的信息，请单击蓝色文字。如果要更改参数设定，请单击“Preferences…”按钮，如图4-3-81所示。

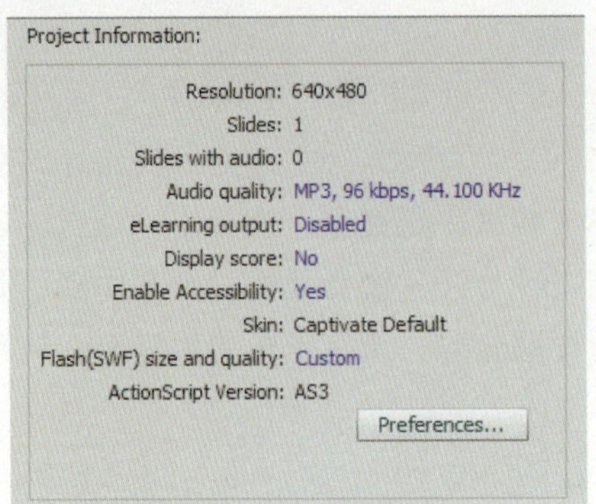

图4-3-81　发布项目信息

小结：本书对Captivate在录制、交互性课件制作、试题集及基于试题集的幻灯片制作等方面进行了详细介绍，展现了Captivate 5的主要功能，更加详细的内容可参考Adobe Captivate 5使用手册或相关网络资源。

4.4　Adobe Photoshop CS5

Adobe Photoshop是Adobe公司最为著名的图形图像处理软件之一，集图像扫描、编辑修改、图像制作、创意和图像输入与输出于一体的图形图像处理软件，深受广大平面设计人员和电脑美术爱好者的喜爱。在数字化教学资源制作过程中，教师会根据各自的教学设计搜索一些图片资源，然而所获得的资源可能在教学层面上并没有达到预期的要求，因此需要对图片进行一定的编辑再加工。在这种情形下，Adobe Photoshop能够发挥巨大的作用。随着Adobe Photoshop功能的不断优化，尤其是Adobe Photoshop CS5（如图4-4-1所示）版本的发布将给教师带来更为便捷的图像处理功能。

图4-4-1　Adobe Photoshop CS5

鉴于Adobe Photoshop教材众多，本书重点介绍Adobe Photoshop的基本功能，使教师掌握基本的Adobe Photoshop操作技能，其他功能可参照Adobe Photoshop的专门教材。

针对教学资源制作过程中Adobe Photoshop的使用技巧，本书从以下几个部分进行介绍，包括基础知识、工作区、编辑图像、创建选区、图层以及存储文件。

1．基础知识

（1）像素

在Adobe Photoshop中，像素（pixel）是组成图像的最基本单元，它是一个小的方形颜色块。一个图像通常由许多像素组成，这些像素被排成横行或纵列。当用缩放工具将图像放到足够大时，就可以看到类似马赛克的效果，每个小方块就是一个像素，也可称之为栅格。每个像素都有不同的颜色值。单位长度内的像素越多，该分辨率（ppi）越高，图像的效果就越好。如图4-4-2所示是显示器上正常显示的图像，当把图像放大到一定比例后，就会看到如图4-4-3所示的类似马赛克的效果。

图4-4-2　正常显示

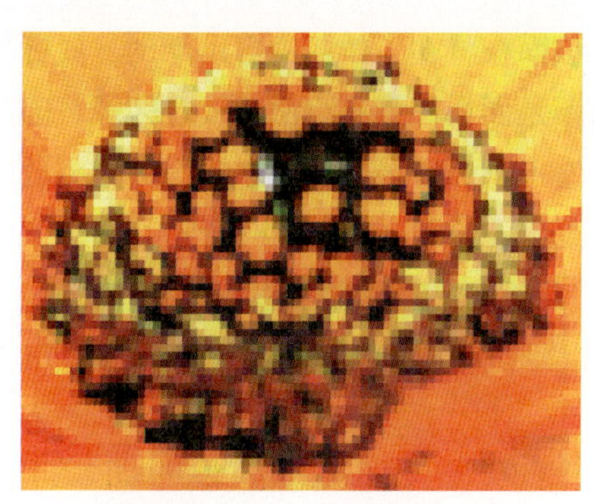

图4-4-3　放大后显示

(2) 矢量图与位图

矢量图形是由称作矢量的数学对象定义的直线和曲线构成的。矢量根据图像的几何特征对图像进行描述。可以任意移动或修改矢量图形，而不会丢失细节或影响清晰度，因为矢量图形是与分辨率无关的，即当调整矢量图形的大小、将矢量图形打印到PostScript打印机、在PDF文件中保存矢量图形或将矢量图形导入到基于矢量的图形应用程序中时，矢量图形都将保持清晰的边缘。因此，对于将在各种输出媒体中按照不同大小使用的图稿（如徽标），矢量图形是最佳选择。

位图图像使用图片元素的矩形网格（像素）表现图像。每个像素都分配有特定的位置和颜色值。在处理位图图像时，编辑的是像素，而不是对象或形状。位图图像是连续色调图像（如照片或数字绘画）最常用的电子媒介，因为它们可以更有效地表现阴影和颜色的细微层次。位图图像与分辨率有关，它们包含固定数量的像素。因此，如果在屏幕上以高缩放比率对它们进行缩放或以低于创建时的分辨率来打印它们，则将会丢失其中的细节，并呈现出锯齿。

(3) 图像分辨率

正确理解图像分辨率（Image Resolution）和图像之间的关系对于了解Adobe Photoshop的工作原理非常重要。

图像分辨率的单位是ppi（pixels per inch），即每英寸所包含的像素数量。如果图像分辨率是72 ppi，就是在每英寸长度内包含72个像素。图像分辨率越高，意味着每英寸所包含的像素越多，图像就有越多的细节，颜色过渡就越平滑。

图像分辨率和图像大小之间有着密切的关系。图像分辨率越高，所包含的像素越多，也就是图像的信息量越大，因而文件也就越大。通常文件的大小是以“兆字节”（MB）为单位的。

通过扫描仪获取大图像时，将扫描分辨率设定为300 ppi就可以满足高分辨率输出的需要。若扫描时分辨率设得比较低，通过Adobe Photoshop来提高图像分辨率的话，则由Adobe Photoshop利用差值运算来产生新的像素，这样会造成图像模糊、层次差、不能忠实于原稿。如果扫描时分辨率设得比较高，图像已经获得足够的信息，通过Adobe Photoshop来减少图像分辨率则不会影响图像的质量。

另外，常提到的输出分辨率是以dpi（dots per inch，每英寸所包含的点）为单位，它是针对输出设备而言的。通常激光打印机的输出分辨率为300～600 dpi，照排机要达到1200～2400 dpi或更高。

2. 工作区

(1) 工作区概述

使用各种元素（如面板、栏以及窗口）来创建和处理文档和文件，这些元素的任何排列方式称为工作区。Adobe Photoshop CS5的工作区如图4-4-4所示。

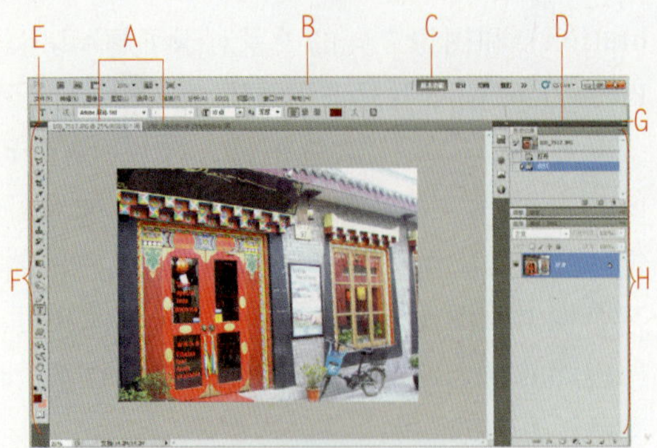

A.选项卡式文档窗口　B.应用程序栏　C.工作区切换器　D.面板标题栏　E.选项栏　F.“工具”面板　G.“折叠为图标”按钮　H.垂直停放的个性化面板组

图4-4-4　Adobe Photoshop工作区

位于顶部的应用程序栏包含工作区切换器、菜单和其他应用程序控件。工具面板包含用于创建和编辑图像、图稿和页面元素等的工具。选项栏用于显示当前所选工具的选项。文档窗口用于显示正在处理的文件，可以将文档窗口设置为选项卡式窗口，并且在某些情况下可以进行分组和停放。面板可以帮助监视和修改目前的工作。例如，“图层面板”，可以对面板进行编组、堆叠或停放。

要隐藏或显示所有面板（包括工具面板和控制面板），请按Tab键。若要隐藏或显示所有面板（除“工具”面板和“控制”面板之外），请按组合键Shift+Tab。

（2）管理窗口和面板

可以通过移动和处理“文档”窗口和面板来创建自定义工作区，也可以保存工作区并在它们之间进行切换。

（3）移动面板

在移动面板时，会看到蓝色突出显示的放置区域，即可以在该区域中移动面板。例如，通过将一个面板拖移到另一个面板上面或下面的窄蓝色放置区域中，可以在停放中向上或向下移动该面板。如果拖移到的区域不是放置区域，该面板将在工作区中自由浮动。鼠标位置（而不是面板位置）可激活放置区域，因此，如果看不到放置区域，可以将鼠标拖到放置区域应处于的位置，如图4-4-5所示。

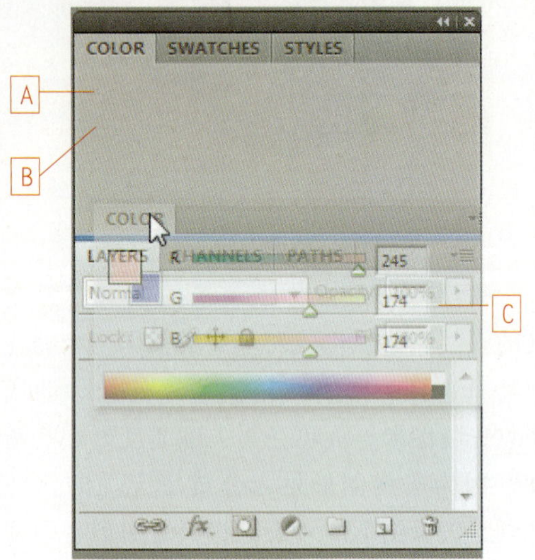

A.标题栏　B.选项卡　C.放置区域

图4-4-5　移动面板

（4）“还原”面板和“历史记录”面板

“还原”和“重做”命令可以完成还原或重做操作，也可以使用“历史记录”面板来执行还原或重做操作。具体的操作方法为通过执行“编辑”>“还原”或“编辑”>“重做”命令来完成。如果操作不能还原，则将显示灰色的“无法还原”。

可以使用“历史记录”面板在当前工作会话期间跳转到所创建图像的任一最近状态。每次对图像应用更改时，图像的新状态都会添加到该面板中。例如，对图像局部执行选择、绘画和旋转等操作，则每一种状态都会单独在面板中列出。当选择其中某个状态时，图像将恢复为第一次应用该更改时的外观，然后可从该状态开始工作。也可以使用“历史记录”面板来删除图像状态。若要显示“历史记录”面板，执行“窗口”>“历史记录”命令，或单击“历史记录”面板选项卡，如图4-4-6所示。

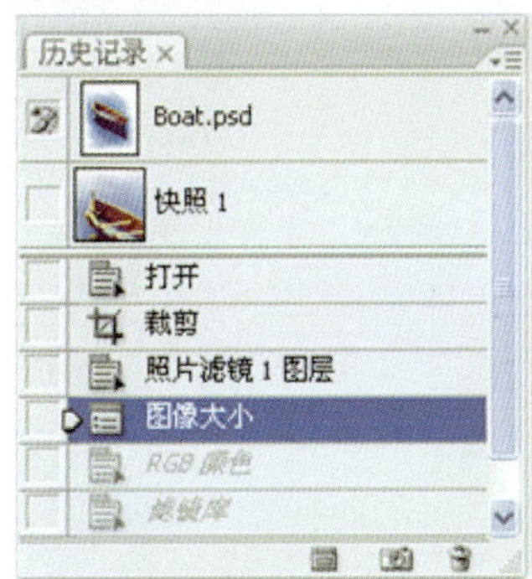

图4-4-6 Adobe Photoshop历史记录面板

在使用“历史记录”面板时，请记住以下几点。

- 如果是程序范围内的更改（如对面板、颜色设置、动作和首选项的更改），而不是对某个特定图像的更改，则不会反映在“历史记录”面板中。
- 默认情况下，“历史记录”面板将列出以前的20个状态，可以通过设置首选项来更改记录的状态数。较早的状态将会被自动删除，以便为Adobe Photoshop释放出更多的内存空间。如果要在整个工作会话过程中保留某个特定的状态，可为该状态创建快照。
- 关闭并重新打开文档后，将从面板中清除上一个工作会话中的所有状态和快照。
- 默认情况下，面板顶部会显示文档初始状态的快照。
- 状态将被添加到列表的底部。也就是说，最早的状态在列表的顶部，最新的状态在列表的底部。
- 每个状态都会与更改图像所使用的工具或命令的名称一起列出。
- 默认情况下，当选择某个状态时，它下面的各个状态将呈灰色。这样就能很容易地看出从选定的状态继续工作，将放弃哪些更改。
- 默认情况下，选择一个状态然后更改图像将会消除后面的所有状态。
- 如果选择一个状态，然后更改图像，致使以后的状态被消除，可使用“还原”命令来还原上一步更改并恢复消除的状态。
- 默认情况下，删除一个状态将删除该状态及其后面的状态。

3. 编辑图像

(1) 图像的放大或缩小

使用缩放工具或“视图”菜单命令可放大或缩小图像。使用缩放工具时，每单击一次都会将图像放大或缩小到下一个预设百分比，并以单击的点为中心将显示区域居中。当图像到达最大放大级别3200%或最小尺寸1像素时，放大镜看起来是空的。另外，还可以选择缩放工具，在要放大的图像部分的上方拖动从而实现对特定区域的放大，如图4-4-7所示。

图4-4-7 图像的放大

(2) 复制图像

可以按照以下步骤进行图像的复制，如图4-4-8所示。

01 打开要复制的图像。
02 执行“图像”>“复制”命令。
03 输入复制图像的名称。
04 如果要复制图像并合并图层，选择“仅复制合并的图层”。
05 单击“确定”按钮，完成图像的复制。

图4-4-8 复制图像

（3）图像的裁剪

在实际应用中，经常会用到图像的裁剪功能，可以使用工具箱中的裁剪工具或通过执行“图像”>“裁剪”命令来实现，也可以通过“图像”>“裁切”命令来修剪图像。下面介绍裁剪工具的使用方法。

单击工具箱中的裁剪工具，就会弹出裁剪工具的选项栏，如图4-4-9所示。在选项栏中可分别输入裁剪“宽度”和“高度”值，并输入所需的“分辨率”。不管画出的裁剪框有多大，当确认后，最终的图像大小都与选项栏中所设定的尺寸及分辨率完全一样。也可以让这些数据框保持空白。使用裁剪工具进行裁剪后，尺寸将和拖拽的裁剪框相同，并保持图像原来的分辨率。

宽度: 高度: 分辨率: 像素/... 前面的图像 清除

图4-4-9 裁剪工具选项栏

如果想知道当前图像的大小及分辨率，可用鼠标单击“前面的图像”按钮，数据框中就会显示当前图像的大小及分辨率。单击“清除”按钮，就可以将数据框中的数字清除。在工具箱中选择裁剪工具，在图像上拖拽，可形成有8个控制手柄的裁剪框，如图4-4-10所示。每边中间的控制手柄用来移动单个的边而其他的部分不受影响，指针标移动到每个控制手柄之外时，指针的外形会变成↰形状，此时可对裁剪框进行旋转。

图4-4-10 裁剪图片

裁剪框的中心有一个图标是用于表示裁剪框的中心点，其默认位置是位于裁剪框的中心，可用鼠标将其拖到任意位置。

当使用裁剪工具画完裁剪框以后，其选项栏变成如图4-4-11所示。在“裁剪区域”后面有两个选项，如果选择“删除”选项，执行裁切命令后，裁剪框以外的部分被删除；如果选择“隐藏”选项，裁剪框以外的部分被隐藏起来，使用工具箱中的抓手工具可以对图像进行移动，隐藏的部分可以被移动出来。

如果“裁剪区域”后面的两个选项不可选，说明当前的图像只有一个背景层，可在“图层”面板中将背景层转化为普通层。

当要确认裁剪范围时，需要在裁剪框中双击鼠标或按Enter键，若要取消裁剪框，按Esc键即可。

图4-4-11 裁剪框画完后裁剪工具选项栏

（4）智能对象

“智能对象”就像一个有弹性的容器，可以在其中嵌入栅格或矢量图形数据，嵌入的图像数据将保留其所有的原始数据，可以对智能对象进行任意的缩放、旋转以及图层变形等操作，得到的结果都是基于元数据计

算的结果。

在Adobe Photoshop中可通过转换一个或多个图层来创建智能对象。建立“智能对象”相当于建立了一个新文件。在“图层”面板中使用鼠标双击“智能对象”的符号，能够在Adobe Photoshop中打开新文件的图像；对新图像编辑后进行保存，可以使“智能对象”得到更新。关于智能对象的具体介绍及应用详见本书第五部分的物理案例。

4．创建选区

（1）基本概念

在使用选框工具创建选区时，有一些基本概念要搞清楚。首先，像素是图像的基本组成单元，制作选区时不可能选择半个像素。另外，选区可以有256个级别，这和通道中256级灰度是对应的。可以这样理解，对于一个灰度模式的图像，其上的选区是可以有透明度的，有些像素可能只有50%的灰度被选中，当执行删除命令时，也只有50%的像素值会被删除。当确定选择区域时，只有那些选择程度在50%以上的像素才会通过浮动的选区凸显出来。

（2）创建选区的基本方法

在Adobe Photoshop中，要对图像的局部进行编辑，首先要通过各种途径将其选中，也就是所说的创建选区。用选框工具选中所要编辑的区域后，就可以移动、拷贝、填充颜色或执行一些特殊的效果处理。制作选择范围的方法有很多种，可以根据具体情况的需要使用最方便的方法来创建选区。

（3）规则选框工具

此处所指的规则选框工具包括矩形选框工具、椭圆选框工具、单行选框工具和单列选框工具（宽度为一个像素），如图4-4-12所示。

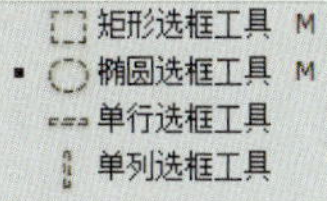

图4-4-12　规则选框工具

它们在工具箱的左上角，选中椭圆选框工具，就会显示其选项栏。在工具选项栏中，紧邻工具图标的右侧有4个图标，分别表示创建新选区、添加到选区、从选区减去和与选区交叉，如图4-4-13所示。

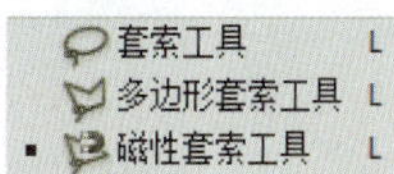

图4-4-13　规则选框选项栏

（4）套索工具

工具箱中包含3种不同类型的套索工具：套索工具、多边形套索工具和磁性套索工具，如图4-4-14所示。

套索工具 L
多边形套索工具 L
磁性套索工具 L

图4-4-14　套索工具

①套索工具。

套索工具的用法是按住鼠标进行拖拽，随着鼠标的移动可形成任意形状的选择范围，松开鼠标后就会自动形成封闭的浮动选区，如图4-4-15所示。

图4-4-15　利用套索工具形成的选区

此外，如果在释放鼠标前按下Esc键，则可取消此时的选区定义，释放鼠标按键后可恢复前面的选区设定。如果按下Alt键，则可切换为“多边形套索”功能。

②多边形套索工具。

套索工具加Alt键后可变成多边形套索工

具，也可以直接在工具箱中选择多边形套索工具。多边形套索工具可产生直线型的多边形选择区，方法是单击鼠标形成直线的起点、移动鼠标拖出直线、再次单击鼠标后两个点之间就会形成直线，依此类推。当终点与起点重合时，工具图标的右下角有圆圈出现，单击鼠标就可形成完整的选区。

③磁性套索工具。

磁性套索工具可在拖移鼠标的过程中自动捕捉图像中物体的边缘以形成选区，如图4-4-16所示。

图4-4-16　利用磁性套索工具形成选区

选中工具箱中的磁性套索工具，会弹出其工具选项栏，如图4-4-17所示，其中每个选项的含义如下。

图4-4-17　磁性套索工具选项栏

羽化：用来设定边缘晕开的程度，和其他的选框工具用法相同。

消除锯齿：用以保证选取边缘的平滑。

宽度：数字框中的数字范围是1～40像素，用来定义磁性套索工具检索的距离范围。当输入数字10，再移动鼠标时，磁性套索工具只寻找10个像素距离之内的物体边缘。数字越大，寻找的范围也越大，但可能会导致边缘的不准确。

对比度：数字范围为1%～100%，用来定义磁性套索工具对边缘的敏感程度。如果输入较高的数字，磁性套索工具能够智能检索到那些和背景对比度非常大的物体边缘；如果输入较小的数字，就只可以检索到低对比度的边缘。

频率：数字范围为0～100，用来控制磁性套索工具生成固定点的多少。频率越高，越能更快地固定选区边缘。

通常来讲，设定较小的“宽度”和较高的“对比度”会得到较准确的选择范围；反之，设定较大的“宽度”和较小的“对比度”得到的选区范围会比较粗糙。

（5）修改选区

在大多数情况下，第一次创建选区很难完成理想的选择范围，因此要进行第二次甚至第三次的选择。此时可以使用修改选区功能，它可以直接通过选项栏中的图标来实现。

当选中工具箱中的任何一个选框工具时，在其工具选项栏中都会用到如图4-4-18所示的4个图标。如果想创建新的选区，单击第1个图标；如果想在现有的选区基础上增加选区，单击第2个图标；如果想保留当前选区和新建选区的相交部分，单击第4个图标。

图4-4-18　修改选区图标

5．图层

（1）基本概念

图层是Adobe Photoshop应用的重点学习内容。Adobe Photoshop中的图像可由多个图层和多种图层组成。常用的图像在打开的时候通常只有一个背景图层，在设计过程中可以利用图像图层放置不同的图像元素。通过调整图层可以实现对图像的全部或局部进行色彩调节，还可以通过填充图层创建不同的填充效果。

图层就如同堆叠在一起的透明纸，可以透过图层的透明区域看到下面的图层。可以移动图层来定位图层上的内容，就像在堆栈中滑动透明纸一样。也可以更改图层的不透明度以使内容部分透明，如图4-4-19所示。

图4-4-19　图层示意图

（2）**图层面板功能介绍**

“图层”面板列出了图像中的所有图层、图层组和图层效果，如图4-4-20所示。可以使用“图层”面板来显示和隐藏图层、创建新图层以及处理图层组，也可以在“图层”面板菜单中访问其他命令和选项。

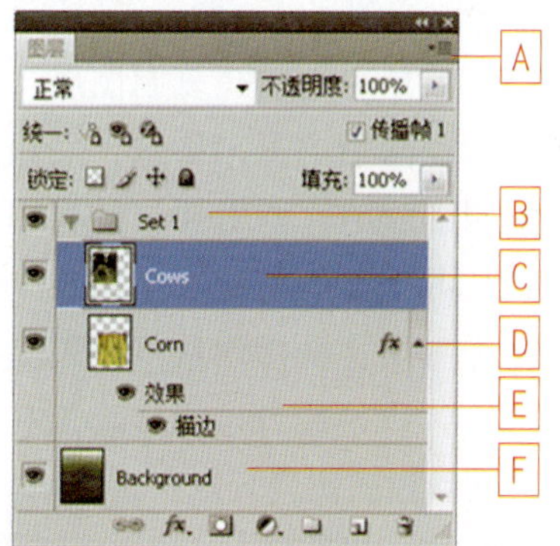

A.图层面板菜单　B.图层组　C.图层
D.展开/折叠图层效果　E.图层效果
F.图层缩览图

图4-4-20　Adobe Photoshop图层面板

（3）**创建新图层**

在Adobe Photoshop中共有下列几种方法可以建立新图层。

①单击“图层”面板下方的按钮建立新图层。

用鼠标单击“图层”面板底部的■图标，在“图层”面板中就会出现一个名叫“图层1”的空图层，如图4-4-21所示。

图4-4-21　新建图层方法1

②通过“图层”面板的弹出菜单建立新图层。

在“图层”面板中，用鼠标单击面板右边的小三角会弹出菜单，如图4-4-22所示，选择菜单中的“新图层”命令，接着弹出“新建图层”对话框，如图4-4-23所示，单击“确定”按钮后，将在“图层”面板中产生一个新图层。

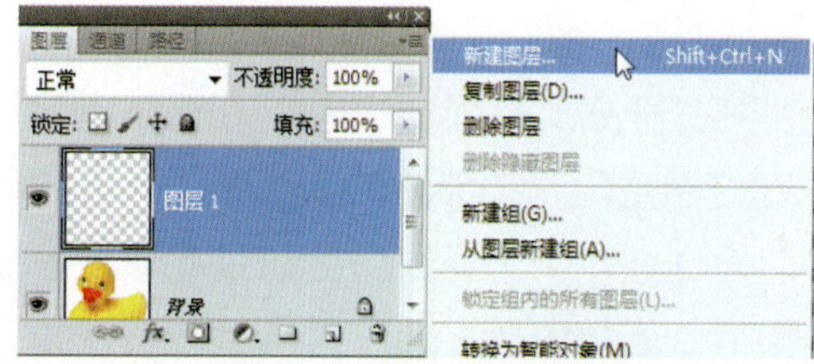

图4-4-22　新建图层方法2

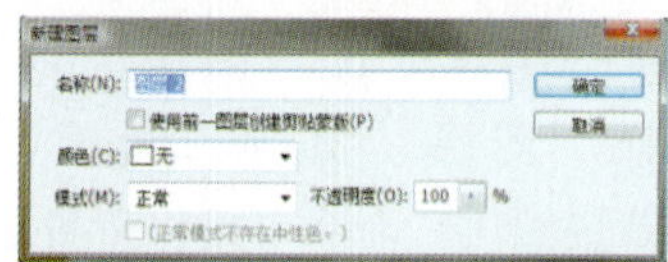

图4-4-23　新建图层对话框

在“新建图层”对话框中可改变图层的名字，设定“不透明度”和“模式”等，还可在“图层”面板中进行设定。

③通过拷贝和粘贴命令建立新图层。

首先使用选框工具确定选择范围，如果整幅图像都要粘贴过去，可通过执行“选择”>“全选”命令将图像全选后，执行“编辑”>“拷贝”命令进行拷贝。切换到另一幅图像上，执行“编辑”>“粘贴”命令，软件会自动给所粘贴的图像建一个新图层。

④通过拖放建立新图层。

同时打开两张图像，然后选择工具箱右上角的移动工具，按住鼠标将当前图像拖放到另一张图片上，拖动过程中会有虚线框显示，拖到另一图片上后即创建了新图层。

⑤从“图层”菜单中建立新图层。

在“图层”菜单中有4个命令可用于创建新的图层。

第一种方式是直接执行“图层”>“新建”>“图层”命令。

第二种方式是首先用工具箱中的选框工具确定一个选区（如可用矩形工具确定一个矩形的选区），然后执行“图层”>“新建”>“通过拷贝的图层”命令，在“图层”面板中可看到原始图层上的图像没有变化，通过拷贝将矩形选区转换到一个新图层上。将原始图层关掉后可看到新建的图层。

第三种方式是确定一个矩形选区，然后执行“图层”>“新建”>“通过剪切的图层”命令，建一个新图层。通过此命令新建图层后，原始图层上选中的区域将被裁掉，被裁掉的部分放在了新图层上。

第四种方式是在“图层”面板中选中“背景”图层，执行“图层”>“新建”>“背景图层”命令可以将背景图层转换为新图层。也可以双击“图层”面板中的背景图标，在弹出的“新建图层”对话框中单击“确定”按钮，完成新图层的创建。

（4）转换背景和图层

使用白色背景或彩色背景创建新图像时，“图层”面板中最下面的图像称为背景。一幅图像只能有一个背景图层。不能更改背景图层的堆栈顺序、混合模式或不透明度，但可将背景转换为常规图层，然后就可以任意更改属性了，具体的操作方法为双击“图层”面板中的“背景”，或者执行“图层”>“新建”>“图层背景”命令，反之也可以通过执行“图层”>“新建”>“图层背景”命令将图层转换为背景图层。

（5）显示或隐藏图层

在“图层”面板中单击图层旁的眼睛图标，以便在文档窗口中隐藏其内容，或者从“图层”菜单中执行“显示图层”或“隐藏图层”命令。Adobe Photoshop将在隐藏所有图层之前记住它们的可见性状态。

（6）选择图层

在“图层”面板中，单击需要编辑的图层，可以对其进行操作。

（7）复制图层

可以在图像内复制图层，也可以将图层复制到其他图像或新图像中。在图像内复制图层时，即在“图层”面板中选择一个图层，将图层拖动到“创建新图层”按钮或从“图层”菜单中选取“复制图层”，输入图层的名称，然后单击“确定”按钮。在图像之间复制图层时，则需要打开源图像和目标图像；从源图像的“图层”面板中，选择一个或多个图层，将图层从“图层”面板拖动到目标图像中，或者选择移动工具，从源图像拖动到目标图像进行复制。

（8）锁定图层

可以完全或部分锁定图层以保护其内容。图层锁定后，图层名称的右边会出现一个锁状图标。当图层被完全锁定时，锁状图标是实心的；当图层被部分锁定时，锁状图标是空心的。若要锁定图层的全部属性，需要选择一个图层，并在“图层”面板中单击“锁定全部”选项。

锁定透明像素：将编辑范围限制为只针对图层的不透明部分。此选项与Adobe Photoshop早期版本中的“保留透明区域”选项等效。

锁定组中的图层将显示一个变暗的锁定图标。若要部分锁定图层，需要选择图层，在“图层”面板中单击一个或多个锁定选项，如图4-4-24所示。

图4-4-24 锁定选项

锁定图像像素：防止使用绘画工具修改图层的像素。

锁定位置：防止图层的像素被移动。

对于文字和形状图层，“锁定透明度”和“锁定图像”选项在默认情况下处于选中状态，而且不能取消选择。

(9) **图层的对齐**

可以使用移动工具对齐图层的内容。要对齐多个图层，使用移动工具或在“图层”面板中选择图层；选择“图层”>“对齐”菜单或“图层”>“将图层与选区对齐”菜单，然后从子菜单中选取一个命令。在移动工具选项栏中，这些命令都作为“对齐”按钮出现。

顶边：将选定图层上的顶端像素与所有选定图层上最顶端的像素对齐，或与选区边框的顶边对齐。

垂直居中：将每个选定图层上的垂直中心像素与所有选定图层的垂直中心像素对齐，或与选区边框的垂直中心对齐。

底边：将选定图层上的底端像素与选定图层上最底端的像素对齐，或与选区边界的底边对齐。

左边：将选定图层上左端像素与最左端图层的左端像素对齐，或与选区边界的左边对齐。

水平居中：将选定图层上的水平中心像素与所有选定图层的水平中心像素对齐，或与选区边界的水平中心对齐。

右边：将链接图层上的右端像素与所有选定图层上的最右端像素对齐，或与选区边界的右边对齐。

(10) **图层的均匀分布**

选择三个以上的图层，选择“图层”>“分布”菜单并选取一个命令，或者选择移动工具并单击选项栏中的分布按钮。

顶边：从每个图层的顶端像素开始，间隔均匀地分布图层。

垂直居中：从每个图层的垂直中心像素开始，间隔均匀地分布图层。

底边：从每个图层的底端像素开始，间隔匀均地分布图层。

左边：从每个图层的左端像素开始，间隔均匀地分布图层。

水平居中：从每个图层的水平中心开始，间隔均匀地分布图层。

右边：从每个图层的右端像素开始，间隔均匀地分布图层。

(11) **更改图层的排列顺序**

在“图层”面板中，直接将图层或组向上或向下拖动。当突出显示的线条出现在要放置图层或组的位置时，松开鼠标按钮，或者选择图层，选择“图层”>“排列”菜单，然后从子菜单中选取一个命令。

小提示

根据定义，背景图层总是排列顺序中的底层，因此“置为底层”命令会将选定项目放在紧靠背景图层的上一层。

(12) 图层效果和样式

Adobe Photoshop提供了各种效果（如阴影、发光和斜面）来更改图层内容的外观。移动或编辑图层内容时，修改的内容会应用相同的效果。例如，如果对文本图层应用投影并添加新的文本，则将自动为新文本添加阴影。

图层样式是应用于一个图层或图层组的一种或多种效果，可以应用Adobe Photoshop附带提供的某一种预设样式，或者使用“图层样式”对话框来创建自定义样式。

“图层效果”图标fx将出现在“图层”面板中的图层名称右侧。可以在“图层”面板中展开样式，以便查看或编辑合成样式的效果，如图4-4-25所示。

A.图层效果图标 B.单击以展开和显示图层效果 C.图层效果

图4-4-25 图层效果

可以从应用于图层的样式中移去单一效果，也可以从图层中移去整个样式。若想要从样式中移去效果，首先在“图层”面板中，展开图层样式，以便可以看到其效果，将效果拖动到“删除”图标上，即可将效果删除。

(13) 图层的不透明度和混合

图层的整体不透明度用于确定它遮蔽或显示在其下方图层的程度。不透明度为1%的图层看起来几乎是透明的，而不透明度为100%的图层则完全不透明。

除了设置整体不透明度外，还可以指定填充不透明度。填充不透明度仅影响图层中的像素、形状或文本，而不影响图层效果（如投影）的不透明度。

在“图层”面板中，选择一个或多个图层或组，更改不透明度值和填充值。要查看所有混合选项，请从“图层”面板底部的“添加图层样式”图标fx选择“混合选项”。

6. 存储文件

Adobe Photoshop支持很多的存储文件格式，可以将文件存储为它们中的任何一种格式，或按照不同的软件要求将其存储为相应的文件格式后置入到排版或图形软件中。在“文件”菜单下有“存储”、“存储为”和“存储为Web所用格式”3个支持存储的命令。

(1) 存储

“存储”命令将文件存储为原来的格式，并将源文件替换掉。在图像编辑后有了图层等内容后，执行存储命令总是默认以PSD格式存储Adobe Photoshop文件。因此，要使修改后的文件替换掉原来的文件，就要选择“存储为”命令。

(2) 存储为

作为副本：为文件保存一份复制，但不影响原文件。例如，对于一幅名为YW.psd的图像文件，用户可用YW Copy.tif的名称保存。以复制方式保存图像文件后，用户仍可继续编辑原文件。

Alpha通道：决定是否在保存图像的同时保存Alpha通道。如果图像中没有Alpha通道，则该项以灰色显示。

图层：选中该项，图像将分层保存。不选中该项，在对话框的底部将显示警告信息，并将所有的层进行合并保存。

批注：可将批注与图像一起存储。

专色：可将专色通道信息与图像一起存储。不选中该项可将专色从已存储的图像中删除。

7.常用文件存储格式

图像的存储格式有很多种，可以根据不同的需求将Adobe Photoshop图像存储为不同的格式。在Adobe Photoshop中，处理完的图像通常都不是直接输出，而是置入到排版软件或图形软件中，加上文字和图形并完成最后的版面编排和设计工作，然后再存储为相应的文件格式，进行输出。下面简要介绍一下目前流行的几种图像文件格式特点。

①Adobe Photoshop格式（*.psd）。

此格式是Adobe Photoshop本身专用的文件格式，也是新建文件时默认的存储文件类型。此文件格式不仅支持所有模式，还可以将文件的图层、参考线和Alpha通道等属性信息一起存储。该格式的优点是保存的信息多，缺点是文件所占的存储空间较大。

②BMP（*.bmp）。

BMP是Windows操作系统中“画图”程序的标准文件格式，此格式与大多数Windows和OS/2平台的应用程序兼容。该图像格式采用的是无损压缩，因此，其优点是图像完全不失真，其缺点是图像文件所占的存储空间较大。

BMP格式支持RGB、索引（Indexed）、灰度（Grayscale）及位图（Bitmap）等颜色模式，但无法支持含Alpha通道的图像信息。

③JPEG（*.jpg）。

JPEG是一种压缩效率很高的存储格式，但是它采用的是具有破坏性的压缩方式，因此，该格式仅适用于保存不含文字或文字尺寸较大的图像。否则，将导致图像中的字迹模糊。就目前来说，以JPEG格式保存的图像文件多用于作为网页素材的图像。

JPEG格式支持CMYK、RGB和灰度等颜色模式，但不支持含Alpha通道的图像信息。

④GIF（*.gif）。

GIF格式为256色RGB图像，其特点是文件尺寸较小，支持透明背景，特别适合作为网页图像。此外，还可利用ImageReady制作GIF格式的动画。

⑤TIFF（*.gif）。

TIFF格式也是一种应用非常广泛的图像文件格式，它支持包括一个Alpha通道的RGB、CMYK和Grayscale模式，以及不含Alpha通道的Lab Color、Indexed Color和Bitmap模式，并且可以设置透明背景。

⑥Adobe Photoshop PDF（*.pdf）。

该格式是由Adobe公司推出的专为网上出版而制订的。它以PostScript Level 2语言为基础，可以覆盖矢量式图像和点阵式图像，并且支持超级链接。

PDF格式是由Adobe Acrobat软件生成的文件格式，该格式可以保存多页信息，其中可以包含图形和文本。此外，由于该格式支持超级链接，因此是网络信息交流经常使用的文件格式。

PDF格式支持RGB、Indexed、CMYK、Grayscale、Bitmap和Lab等颜色模式，但不支持Alpha通道。

小结：本书从Adobe Photoshop基础知识、工作区、编辑图像、创建选区、图层及存储文件几部分对Adobe Photoshop的基本教学应用进行了介绍，更加详细的内容可参考Adobe Photoshop的其他标准培训教材或相关网络资源。

4.5 Adobe Flash Professional CS5

Adobe Flash Professional CS5（如图4-5-1所示）是一款功能强大的多媒体动画创作工具，设计人员和开发人员可以使用它来创建演示文稿、应用程序和其他具有交互性的内容。Flash可以制作包括简单的动画与视频内容、复杂的演示文稿和应用程序以及介于它们之间的任何资源。可以通过添加图片、声音、视频和特殊效果，构建包含丰富媒体资源的 Flash 应用程序。

图4-5-1　Adobe Flash Professional CS5

Flash被称为是“最为灵活的前台”，由于其独特的时间片段分割（TimeLine）和重组（嵌套）技术，结合ActionScript的对象化处理技术和流程控制，使得灵活的界面设计和动画设计成为可能，同时它也是最为小巧的前台。Flash程序具有跨平台特性，所以无论使用何种平台，只要安装了支持Flash应用程序播放的Flash Player，就可以保证它们的最终显示效果一致。

1．Flash的应用方向

（1）应用程序开发

由于其独特的跨平台特性、灵活的界面控制以及多媒体特性的使用，使得用Flash制作的应用程序具有很强的生命力。在与学习者的交流方面具有其他任何方式都无可比拟的优势。

（2）软件系统界面开发

Flash对于界面元素的可控性和它所表达的效果无疑具有很大的吸引力。对于一个软件系统的界面，Flash所具有的特性完全可以为学习者提供一个良好的接口。

（3）手机领域的开发

移动终端对于程序发布来说是一个强大的平台，为了使得广大的开发者可以一次制作多元发布于各种终端的内容，Adobe已经将Flash平台部署于超过25亿台移动设备上。Adobe还将功能完整的Flash Player 10.1发布于智能手机平台，以满足各种复杂应用的需要。

（4）游戏开发

事实上，Flash中的游戏开发已经进行了多年的尝试。现如今基于Flash/ActionScript进行网页游戏制作的需求不断扩大和制作的团队不断涌现，制作的游戏种类多样，有Social Game、休闲游戏、网页游戏和角色扮演类网络游戏（MMORPG游戏）等类型。目前参与到其中的大大小小的制作团队数量呈直线上升趋势，目前全球已经有70%的Web游戏使用Flash。

（5）Web应用服务

Flash动画具有文件体积小、视觉效果好、直观动感及互动性强等优点，已成为当今最流行的Web页面动画格式。Flash动画可以更加形象生动地体现一个网站的性质和形象，并且，一个好的Flash动画具有很高的艺术欣赏性，对于增强网站浏览者对网站的友好程度非常有帮助。

（6）站点建设

事实上，虽然只有少数人掌握了使用Flash建立全Flash站点的技术，但它意味着更高的界面维护能力和开发者整站架构能力。它带来的好处也异常明显：全面的控制、无缝的导向跳转、更丰富的媒体内容、更体贴学习者的流畅交互、跨平台和瘦客户端的支持，以及与其他Flash应用方案无缝连接集成等。

2. 构建Flash应用程序的基本步骤

①计划应用程序。确定应用程序要执行哪些基本任务。

②添加媒体元素。创建并导入媒体元素，如图像、视频、声音和文本等。

③排列元素。在舞台上和时间轴中排列这些媒体元素，以定义它们在应用程序中显示的时间和显示方式。

④应用特殊效果。根据需要应用图形滤镜（如模糊、发光和斜角）、混合和其它特殊效果。

⑤使用ActionScript控制行为。编写ActionScript代码可以控制媒体元素的行为方式，包括这些元素对交互的响应方式。

⑥测试并发布应用程序。进行测试以验证应用程序是否按预期工作，查找并修复所遇到的错误。在整个创建过程中应不断测试应用程序。最终将Flash源文件发布为可在网页中显示并可使用Flash Player播放的SWF文件。

根据项目和工作方式，您可以按不同的顺序使用上述步骤。

3.面向教学应用的基本功能介绍

(1) 工作区

可以使用各种元素（如面板、栏以及窗口）来创建和处理Flash文档。这些元素的任意排列方式称为工作区，如图4-5-2所示。

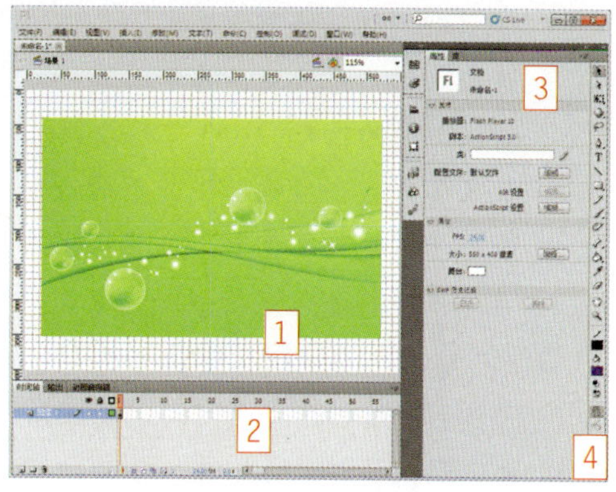

图4-5-2 工作界面

①舞台。舞台是创建Flash文档时放置图形内容的矩形区域。创作环境中的舞台相当于Flash Player或Web浏览器窗口中在播放期间显示文档的矩形空间。若要在工作时更改舞台的视图大小，请使用放大和缩小功能。若要在舞台上定位对象，可以使用网格、辅助线和标尺。若要设置舞台的大小，请设置“属性”面板中的“大小”值。

网格：网格将文档的所有场景显示为插图之后的一系列直线。要显示或隐藏网格，请执行“视图”>“网格”>“显示网格”命令，或者按组合键Ctrl++。

使用辅助线：使用辅助线可以更精准地确定对象的位置和大小。编辑辅助线的操作如下。

- 添加辅助线：显示标尺（执行“视图”>“标尺”命令）时，可以从标尺上将水平辅助线和垂直辅助线拖动到舞台上。
- 显示或隐藏辅助线：执行“视图”>“辅助线”>“显示辅助线”命令。

如果在创建辅助线时网格是可见的，请执行“视图”>“贴紧”>“贴紧至辅助线”命令，则辅助线将贴紧至网格。

- 移动辅助线：使用“选取”工具单击标尺上的任意一处，将辅助线拖到舞台上需要的位置。
- 删除辅助线：在辅助线处于解除锁定状态时，使用“选取”工具将辅助线拖到水平或垂直标尺上。

②时间轴。时间轴用于组织和控制一定时间内的图层和帧中的文档内容。与胶片一样，Flash文档也将时长分为帧。图层就像堆叠在一起的多张幻灯胶片一样，每个图层都包含一个显示在舞台中的不同图像。时间轴的主要组件是图层、帧和播放头。

文档中的图层列在时间轴的左侧。每个图层中包含的帧显示在该图层名右侧的一行中。时间轴顶部的时间轴标题指示帧编号。播放头指示当前在舞台中显示的帧。 播放文档时，播放头从左向右滑过时间轴，如图4-5-3所示。

在时间轴底部显示的时间轴状态指示所选的帧编号、当前帧速率以及到当前帧为止的运行时间。

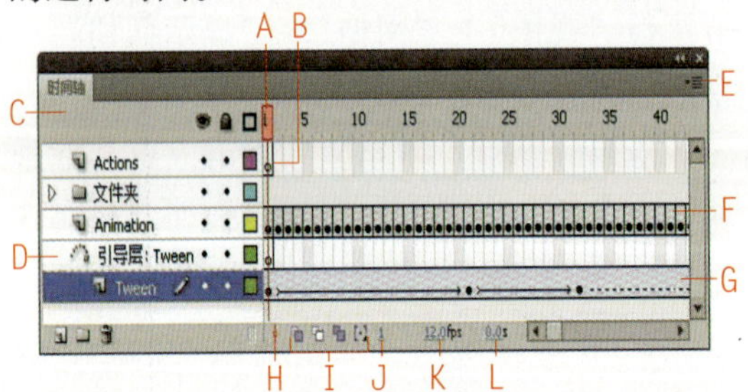

A.播放头 B.空关键帧 C.时间轴标题 D.引导层图标 E.“帧视图”弹出菜单 F.逐帧动画 G.补间动画 H.“滚动到播放头”按钮 I.“绘图纸”按钮 J.当前帧指示器 K.帧频指示器 L.运行时间指示器

图4-5-3 时间轴面板

③属性面板。使用属性面板可以轻松查看舞台或时间轴上当前选中内容的最常用属性。属性面板的内容取决于当前选择的内容，属性面板可以显示当前文档、文本、元件、形状、位图、视频、组、帧或工具的信息和设置情况。若要显示属性检查器，请执行“窗口”>“属性”命令，或者按组合键Ctrl+F3。

④工具面板。使用“工具”面板中的工具可以进行绘图、上色、选择和修改插图等操作，并可以更改舞台的视图。执行“窗口”>“工具”命令或按组合键Ctrl+F2可以打开“工具”面板。“工具”面板分为四个部分，如图4-5-4所示。

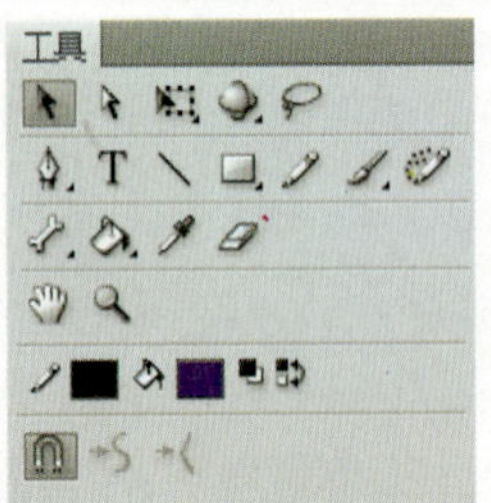

图4-5-4 工具面板

- 工具区域包含绘图、上色和选择工具；
- 查看区域包含在应用程序窗口内进行缩放和平移的工具；
- 颜色区域包含用于笔触颜色和填充颜色的功能键；
- 选项区域包含用于当前所选工具的功能键。功能键会影响工具的上色或编辑操作。

若要显示或隐藏“工具”面板，请选择“窗口”>“工具”。

存储和删除工作区。通过将面板的当前大小和位置存储为命名的工作区，即使移动或关闭了面板，也可以恢复该工作区。

存储自定工作区：执行“窗口”>“工作区”>“新建工作区…”命令，输入工作区的名称；

删除自定工作区：执行“窗口”>“工作区”>“管理工作区…”命令，选择该工作区，单击“删除”按钮。

(2) 设置首选参数

要设置常规应用程序操作、编辑操作和剪贴板操作的首选参数，请打开“参数设置”面板，具体的操作方法为执行“编辑”>“首选参数”命令，在“类别”列表中选择一个类别，并从各个选项中进行选择，如图4-5-5所示。

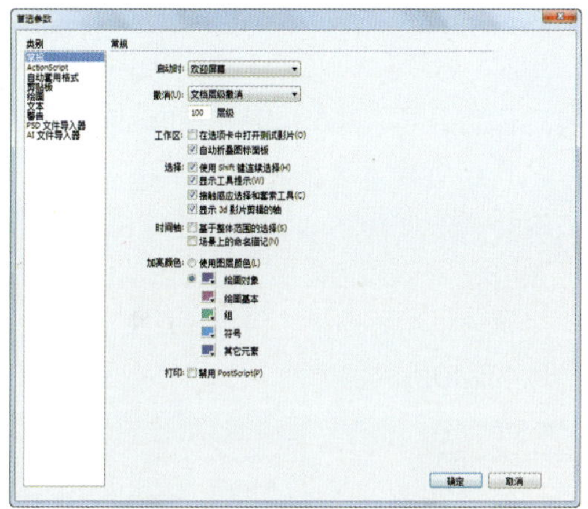

图4-5-5　首选参数对话框

(3) 模板

Adobe Flash Professional CS5的模板功能跟以前的版本相比有了很大的改进，增加了许多常用的模板，基本涵盖了常用的Flash动画，学习者无需编程也可以制作出专业的Flash动画，非常适合初学者使用。

①Flash模板的分类。

广告：其中包括在线广告中使用的常见舞台大小；

动画：其中包括许多常见类型的动画，包括动作、加亮显示、发光和缓动；

横幅：包括网站界面中常用的尺寸和功能；

媒体播放：包括若干个视频尺寸和高宽比的照片相册和播放安全区；

演示文稿：包括简单的和复杂的演示文稿样式；

示例文件：这些文件提供了Flash中的常用功能的示例。

②使用模板。

01 执行“文件”>“新建”命令。

02 在“从模板新建”对话框中，单击“模板”选项卡，如图4-5-6所示。

03 从其中一个类别中选择模板，单击“确定”按钮。

04 将内容添加到打开的FLA格式文件中。

05 保存文件，并按组合键Ctrl+Enter发布文件。

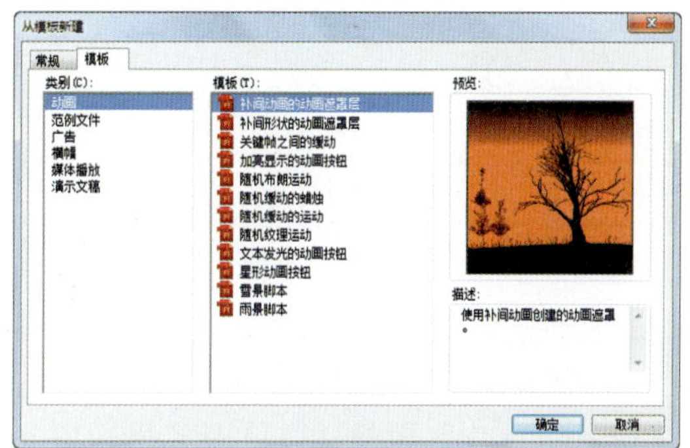

图4-5-6　“从模板新建”对话框

(4) 处理导入的位图

将位图导入Flash中，可以对该位图进行修改，并可以用各种方式在Flash文档中使用它。如果Flash文档中显示的导入位图的大小比原始位图大，则图像可能发生扭曲。若要确保正确显示图像，请预览导入的位图。

在舞台上选择位图后，在“属性”面板中会显示该位图的元件名称、像素尺寸以及在舞台上的位置。

①交换位图。

01 在舞台上选择一个位图实例。

02 执行“修改”>“位图”>“交换位图”命令，然后单击“交换”按钮。

03 在“交换位图”面板中选择一个位图实例以替换当前舞台上选择的位图，如图4-5-7所示。

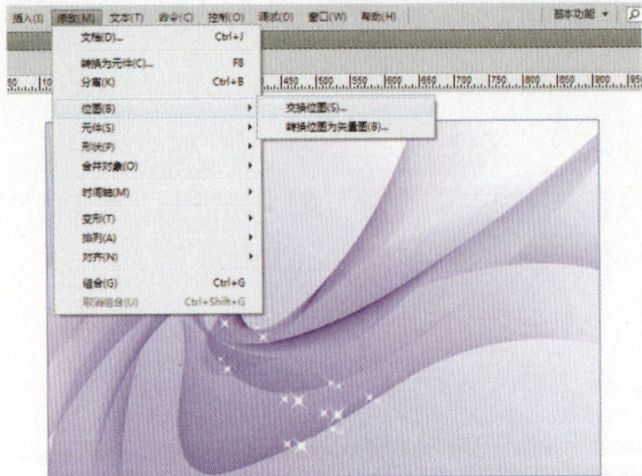

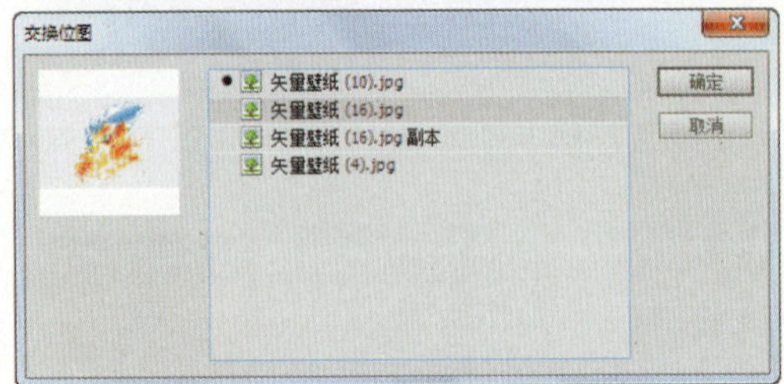

图4-5-7　交换位图操作过程

②将位图应用为填充。

若要将位图作为填充应用到图形对象，请使用“颜色”面板。将位图应用为填充时，会平铺该位图，以填充对象。具体的操作方法如下。

01 在舞台上选择一个或多个图形对象。

02 执行“窗口”>“颜色”命令，打开颜色面板，如图4-5-8所示。

图4-5-8　选择对象和打开颜色面板

03 从面板右上角的下拉列表中选择“位图”选项，并从列出的图中选择一幅位图，效果如图4-5-9所示。

图4-5-9　应用位图填充对象

③导入PSD文件。

01 执行“文件”>“导入到舞台”或“导入到库”命令。

02 定位到要导入的Adobe Photoshop PSD文件，选择该文件，然后单击“确定”按钮。

03 在PSD 导入对话框中，选择图层、组和各个对象，然后选择如何导入每个项目，如图4-5-10所示。

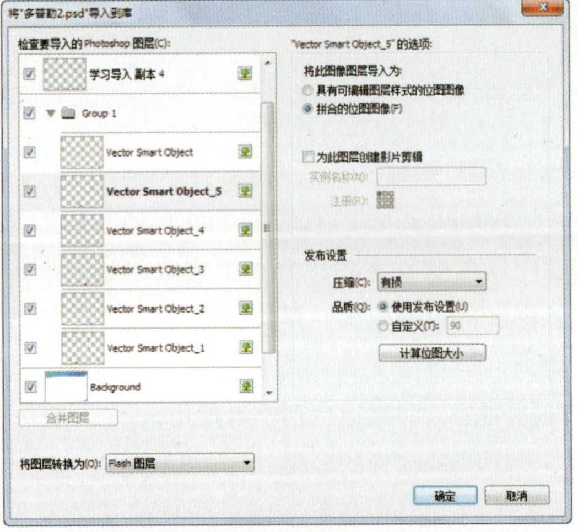

图4-5-10　导入PSD文件的对话框

（5）绘制模式

在Flash中，可以使用不同的绘制模式和绘画工具创建几种不同种类的图形对象。这些图形对象各有利弊。在了解了每种图形对象类型的功能之后，您可以就使用何种类型对象做出最佳决定。

①合并绘制模式。默认的绘制模式在重叠绘制的形状时，会自动进行合并。当您绘制在同一图层中互相重叠的形状时，最顶层的形状会截去在其下面与其重叠的形状部分，并且当使用合并绘制模式创建的形状时，在叠加时会合并在一起，如图4-5-11所示。

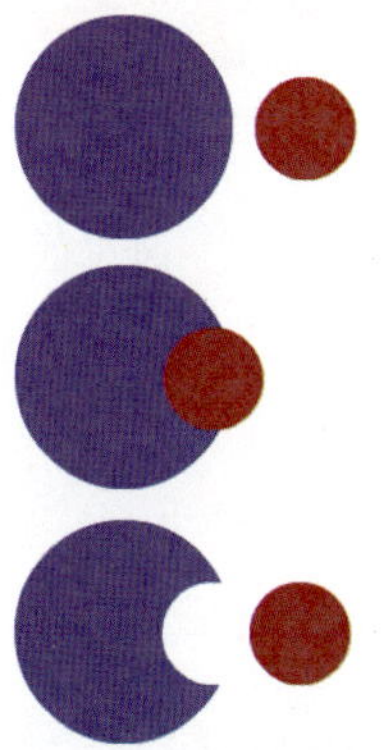

图4-5-11　合并绘制模式效果图

②对象绘制模式。如果使用对象绘制模式，绘制的对象在叠加时不会自动合并在一起，并保持单独的图形对象，如图4-5-12所示。

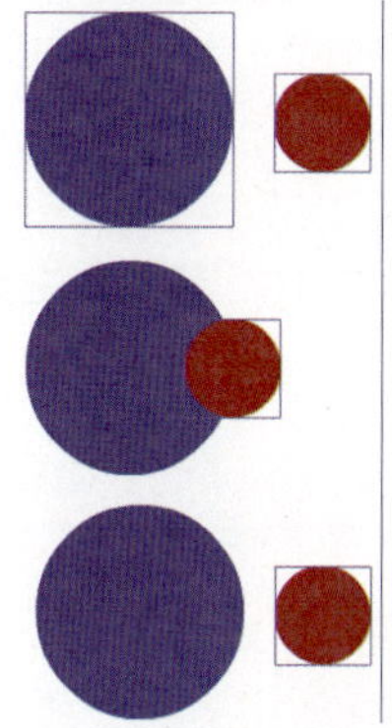

图4-5-12　对象绘制模式效果图

进入对象绘制模式的方法有以下两种：

- 在“工具”面板中选择任意一个绘画工具（如铅笔、线条、钢笔、刷子等工具）；
- 在“工具”面板中单击“对象绘制”按钮，或者可以按J键在“合并绘制”与“对象绘制”模式间切换。

(6) 层叠、排列和复制对象

在Flash中通过专门的工具可以轻松地组织和布置插图。这些工具可以进行以下操作：测量和对齐对象；编组对象以便能够将其视为一个单元进行操作；有选择地隔离、锁定或隐藏对象。

①层叠对象。在图层内，Flash会根据对象的创建顺序层叠对象，将最新创建的对象放在最上面。对象的层叠顺序决定了它们在重叠时的出现顺序，您可以在任何时候更改对象的层叠顺序。例如，要把下层的图像放置到上层，请执行以下操作。

01 选择对象。

02 执行“修改”>“排列”命令后，再选择相关层叠命令，如图4-5-13和图4-5-14所示。

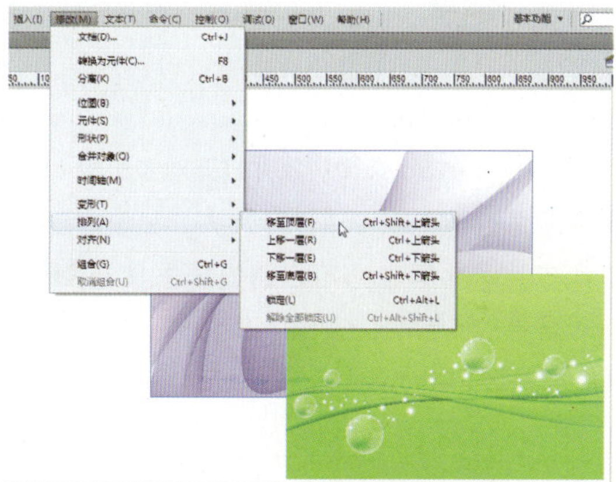

图4-5-13　设置层叠顺序

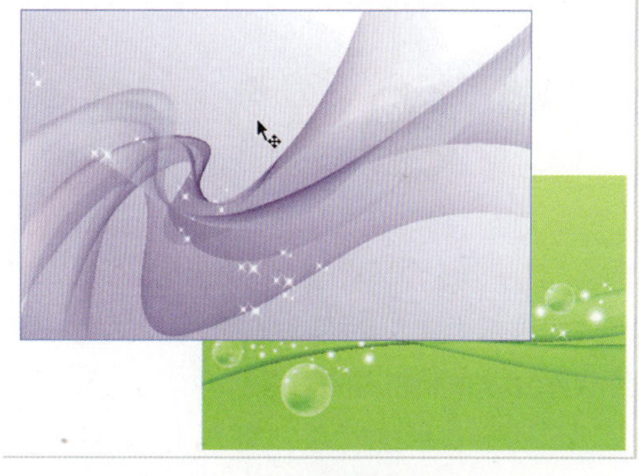

图4-5-14　把下层的图像调到上层

②对齐对象。利用“对齐”面板能够沿水平或垂直坐标轴排列所选对象，可以沿选定对象的右边缘、中心或左边缘垂直对齐对象，或者沿选定对象的上边缘、中心或下边缘水平对齐对象。

实例：对齐对象的操作方法

01 执行“文件”>“导入”>“导入到舞台…”命令，从外部导入图片。

02 执行“窗口”>“对齐”命令，或者按组合键Ctrl+K，打开“对齐”面板。

03 在舞台中选择要对齐的对象。如图4-5-15所示。

图4-5-15　选择对象并打开对齐面板

04 单击相关命令按钮设置对齐。如要底部对齐并水平居中分布，请先单击按钮，再单击按钮，则图4-5-15的对齐效果如图4-5-16所示。

图4-5-16　对齐效果图

如果勾选了“与舞台对齐”复选框，就会以舞台为参照物对齐对象。

③复制变形的对象。可以创建对象的缩放、旋转或倾斜副本。

实例：制作如图4-5-17所示的风车效果

图4-5-17　风车效果图

01 在“工具”面板中选择多角星形工具，并打开属性面板后单击 选项... 按钮，把“边数”改为“3”。

02 在舞台上画一个三角形，如图4-5-18所示。

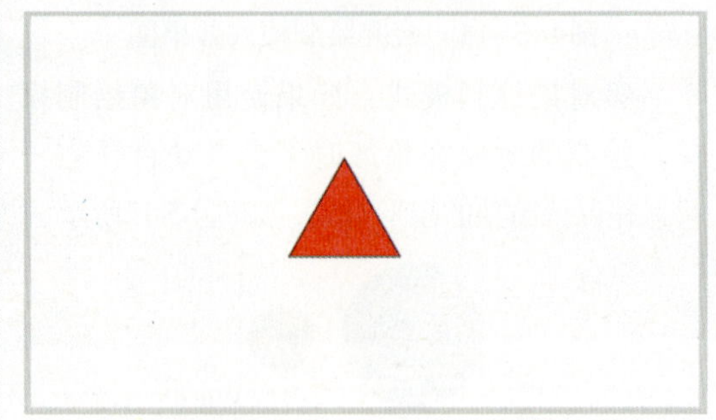

图4-5-18　画一个三角形

03 利用“选择工具”调整三角形，如图4-5-19所示。

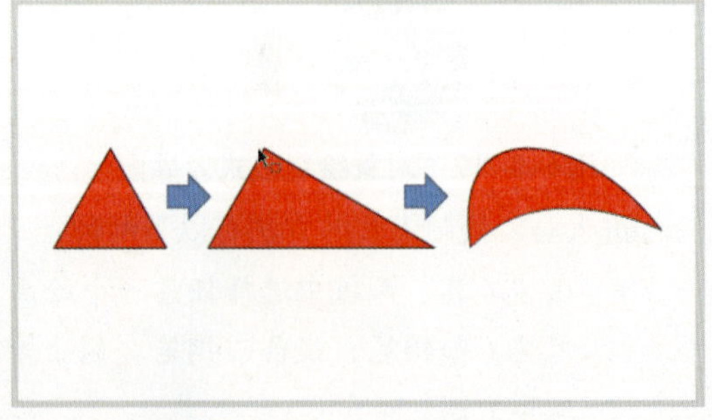

图4-5-19　调整三角形形状

04 把调整后的形状转换为元件：执行“修改”>“转换为元件…”命令，如图4-5-20所示。

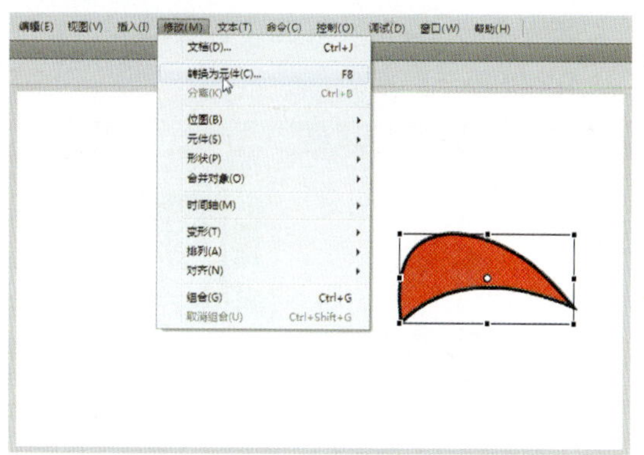

图4-5-20　把对象转换为元件

05 在工具面板中选择任意变形工具，点选舞台中的对象，默认在对象的中间有一个空心圆，叫“中心点”，拖动该点更改其位置，如图4-5-21所示。

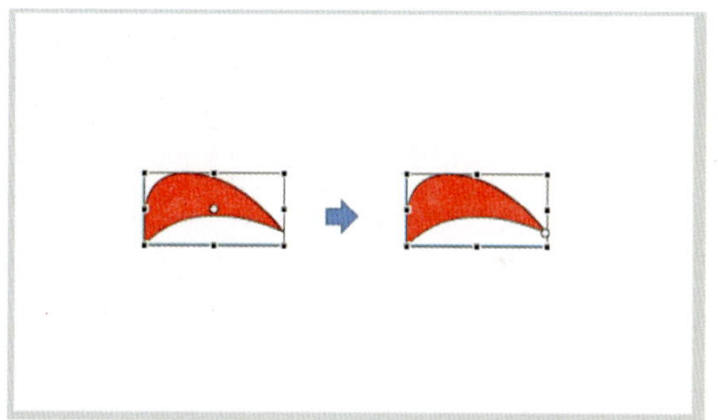

图4-5-21　更改中心点位置

06 执行“窗口”>“变形”命令或者按组合键Ctrl+T，打开变形面板，并把“旋转”值设置为45度，如图4-5-22所示。

图4-5-22　打开变形面板

07 连续单击“变形”面板右下角中的“重制选区和变形”按钮，生成的效果如图4-5-23所示。

图4-5-23　最终效果图

（7）颜色、渐变和笔触

①关于“颜色”概述。

颜色模型用于描述在数字图形中看到和用到的各种颜色。每种颜色模型（如RGB、HSB或CMYK）分别表示用于描述颜色及对颜色进行分类的不同方法。颜色模型用数值来表示可见色谱。色彩空间是另一种形式的颜色模型，它有特定的色域。

处理图形颜色时，实际是在调整文件中的数值。可以简单地将一个数字视为一种颜色，但这些数值本身并不是绝对的颜色，而只是在生成颜色的设备的色彩空间内具备一定的颜色含义。

由于每台设备有着自己独有的色彩空间，因此它们只能重现自己色域内的颜色。例如，通过桌面打印机打印出的颜色不可能与显示器上看到的颜色完全一致。打印机使用CMYK色彩空间，而显示器使用RGB色彩空间。它们的色域各不相同。油墨生成的某些颜色无法在显示器上显示，而在显示器上显示的某些颜色则同样无法用油墨在纸张上重现。

②“颜色”面板的使用，如图4-5-24所示。

笔触颜色：更改图形对象的笔触或边框的颜色。

填充颜色：更改填充颜色。填充是填充形状的颜色区域。

RGB：可以更改填充的红、绿和蓝

（RGB）的色密度。

Alpha：Alpha可设置实心填充的不透明度，或者设置渐变填充的当前所选滑块的不透明度。如果Alpha值为0%，则创建的填充不可见（即透明）；如果Alpha值为100%，则创建的填充不透明。

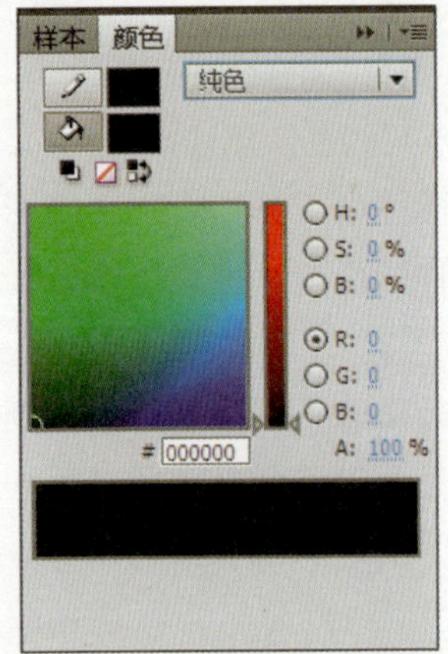

图4-5-24　“颜色”面板

实例：制作一个立体小球

01 在“工具”面板中选择椭圆工具，按住Shift键不放，在舞台上画一个圆（填充任意颜色均可），如果所画的圆有边框，请用选择工具选中边框并删除。

02 执行“窗口”>“颜色”命令或者按组合键Alt+Shift+F9，打开“颜色”面板，如图4-5-25所示。

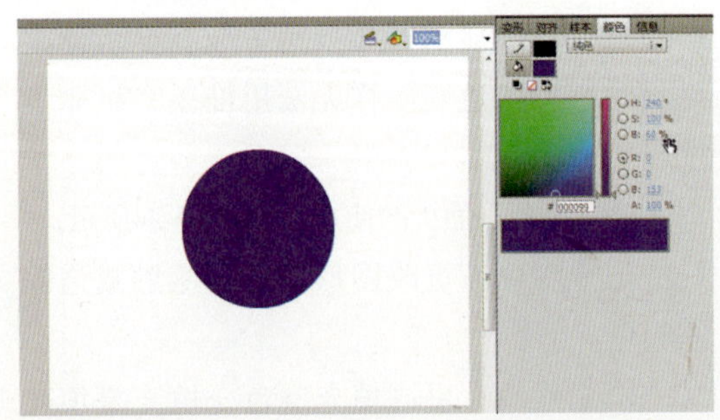
图4-5-25　画圆并打开颜色面板

03 更改填充颜色：单击颜色面板中的填充颜色按钮，并在图中选择颜色，如图4-5-26所示。

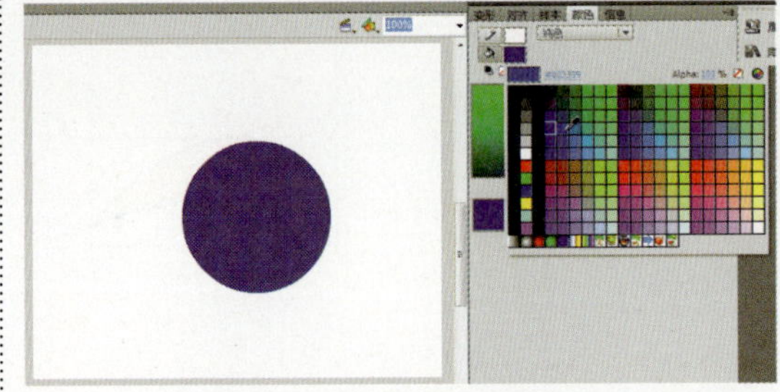
图4-5-26　更改填充颜色

04 用“选择工具”选中圆形，在填充模式下拉列表中，选择“径向渐变”选项。如果要更改颜色，请选择颜色滑块并更改颜色，如图4-5-27所示。

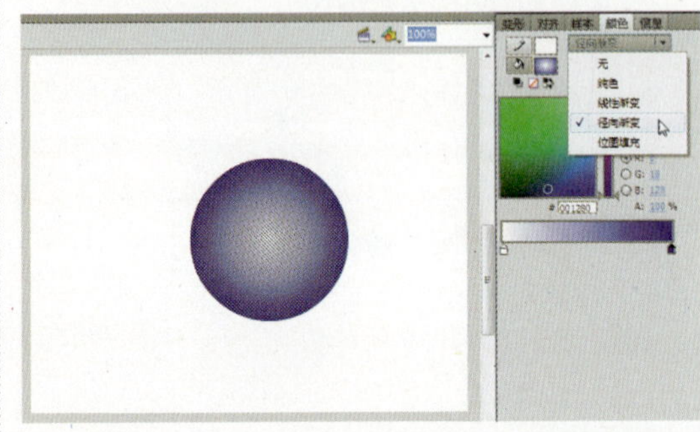
图4-5-27　设置“径向渐变”填充模式

05 选择“工具”面板中的填充工具，单击相关区域调整颜色位置，如图4-5-28所示。

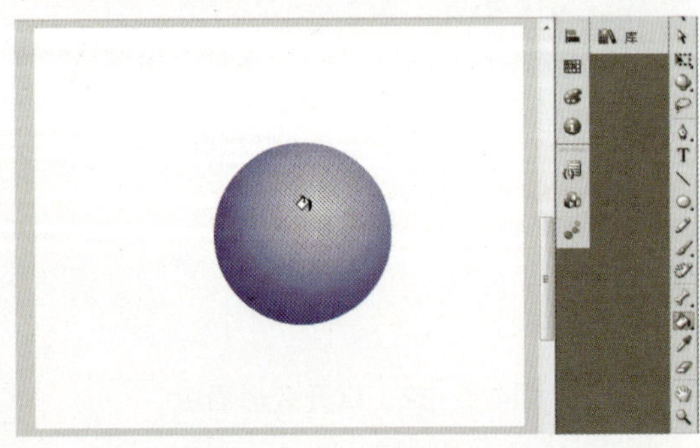
图4-5-28　调整颜色位置

06 制作完成后的效果如图4-5-29所示。

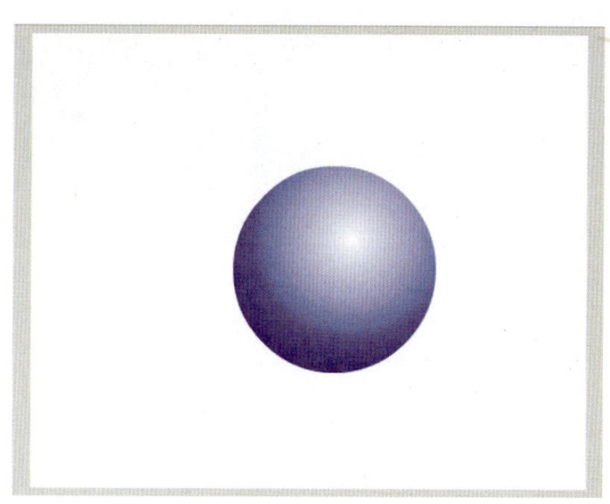
图4-5-29　最终效果图

（8）使用元件

元件是指在Flash环境中一次性创建的图形、按钮或影片剪辑，然后可以在整个文档或其他文档中重复使用。每个元件都有一个唯一的时间轴和舞台以及多个图层。可以将帧、关键帧和图层添加至元件时间轴，就像将它们添加至主时间轴一样。

①元件的类型。

创建元件时需要选择元件类型，如图4-5-30所示。

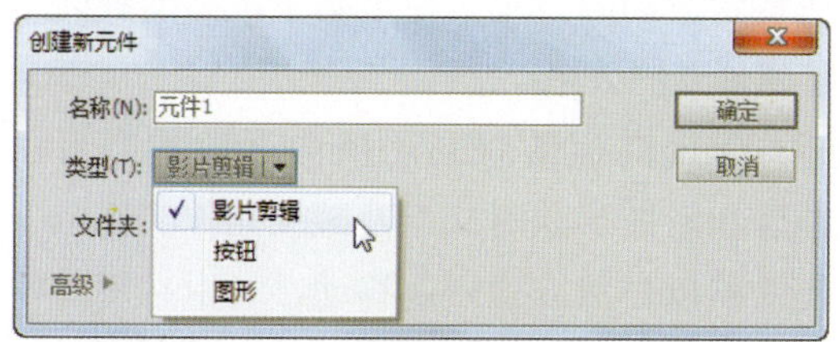

图4-5-30　“创建新元件”对话框

图形元件：可用于静态图像，并可用来创建连接到主时间轴的可重用动画片段。图形元件与主时间轴同步运行。交互式控件和声音在图形元件的动画序列中不起作用。由于没有时间轴，图形元件在FLA文件中的尺寸小于按钮或影片剪辑。

按钮元件：可以创建用于响应鼠标单击、滑过或其他动作的交互式按钮。可以定义与各种按钮状态关联的图形，然后将动作指定给按钮实例。

影片剪辑元件：可以创建可重用的动画片段。影片剪辑拥有各自独立于主时间轴的多帧时间轴。您可以将多帧时间轴看作是嵌套在主时间轴内，他们可以包含交互式控件、声音甚至其他影片剪辑实例。也可以将影片剪辑实例放在按钮元件的时间轴内，以创建动画按钮。此外，可以使用ActionScript 2.0或ActionScript 3.0语言对影片剪辑进行改编。

②创建元件。

将选定元素转换为元件。可以执行下面的任意一种操作来完成元件的创建。

- 执行“修改”>“转换为元件”命令或按F8键；
- 将选中对象拖到“库”面板上；
- 右键单击对象并从弹出的快捷菜单中选择“转换为元件”。

创建空元件。可以执行下面的任意一种操作来完成空元件的创建。

- 执行“插入”>“新建元件”命令；
- 单击“库”面板左下角的“新建元件”按钮。

（9）使用库

Flash文档中的库用于存储元件和从外部导入的媒体资源。

①打开当前文档的库。

“库”面板（执行“窗口”>“库”命令）显示库中所有项目名称的滚动列表，允许您在工作时查看和组织这些元素。“库”面板中项目名称旁边的图标将指示项目的文件类型，如图4-5-31所示。

图4–5–31　库面板

②在另一个Flash文件中打开库。

01 在当前文档中执行“文件”>“导入”>“打开外部库”命令。

02 定位到要打开的库所在的Flash文件，然后单击“打开”。

③使用公用库。

可以使用Flash附带的范例公用库向文档添加按钮或声音，还可以创建自定义公用库，然后与创建的任何文档一起使用。

01 执行“窗口”>“公用库”命令，然后从子菜单中选择一个库，如图4-5-32、图4-5-33和图4-5-34所示。

02 从公用库将元件拖入当前文档的舞台。

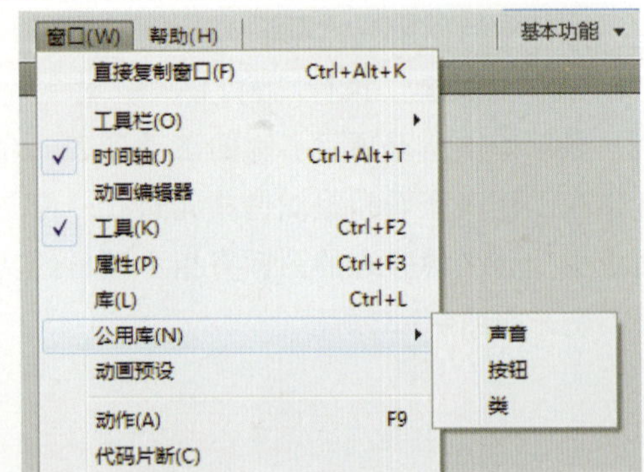

图4–5–32　打开公共库

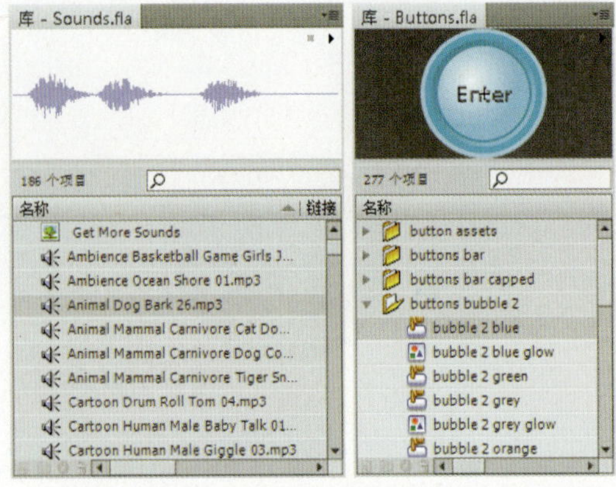

图4–5–33　声音库　　图4–5–34　按钮库

（10）Flash动画类型

①补间动画。是通过两个不同关键帧中对象属性的不同或属性关键帧的属性不同创建的动画。对于由对象的连续运动或变形构成的动画，补间动画很有用。补间动画在时间轴中显示为连续范围的帧，默认情况下可以作为单个对象进行选择。补间动画功能强大，易于创建。

②传统补间。传统补间与补间动画类似，但是创建起来更复杂。传统补间允许一些特定的动画效果，使用基于范围的补间不能实现这些效果。

③反向运动状态。反向运动状态用于伸展和弯曲形状对象以及链接元件实例组，使它们以自然方式一起移动。可以在不同帧中以不同方式放置形状对象或链接的实例，Flash将在属性关键帧之间填补帧中的位置。

④形状动画。在形状补间中，可在时间轴中的特定帧绘制一个形状，然后更改该形状或在另一个特定帧绘制另一个形状。然后，Flash将内插中间的帧的中间形状，创建由一个形状变形为另一个形状的动画。

⑤逐帧动画。使用此动画技术，可以为时间轴中的每个帧指定不同的艺术作品。使用此技术可创建与快速连续播放的影片帧类似的效果。对于为每个帧的对象制作不同的

复杂动画而言，此技术非常有用。

(11) **应用动画预设**

动画预设是预配置的补间动画，可以将它们应用于舞台上的对象。您只需选择对象并单击“动画预设”面板中的“应用”按钮。使用动画预设是学习在Flash中添加动画的基础知识的快捷方式。一旦了解预设的工作方式后，创作动画就非常容易了。

动画预设只能包含补间动画。传统补间不能保存为动画预设。

①下面举例示意应用动画预设的操作过程。

01 制作一个类型为影片剪辑的小球元件，并把它拖到舞台，执行“窗口”>“动画预设”命令，打开“动画预设”面板，如图4-5-35所示。

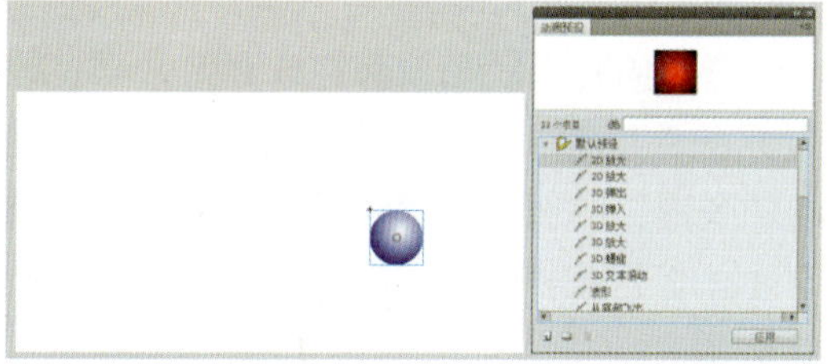

图4-5-35　打开“动画预设”面板

02 选择舞台上的小球，在“动画预设”面板中选择“从左边飞入”动画，单击“应用”按钮，则可以把该动画应用到该小球中，按下组合键Ctrl+Enter测试动画效果，如图4-5-36所示。

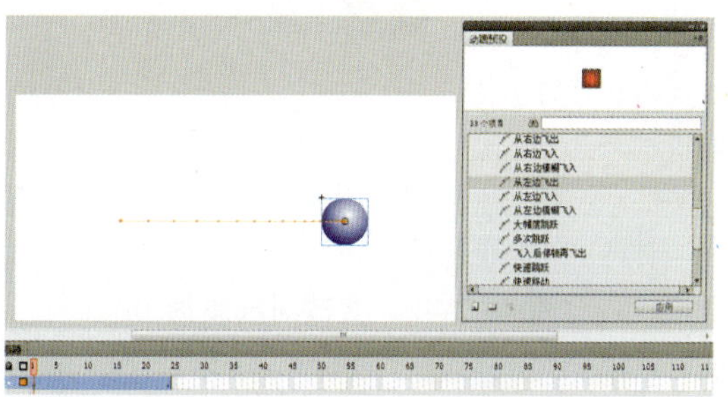

图4-5-36　应用动画预设动画

②将已有的补间动画保存为预设，下面举例示意其操作过程。

01 选择舞台中应用了补间动画的对象或选择舞台上的运动路径，如图4-5-37所示。

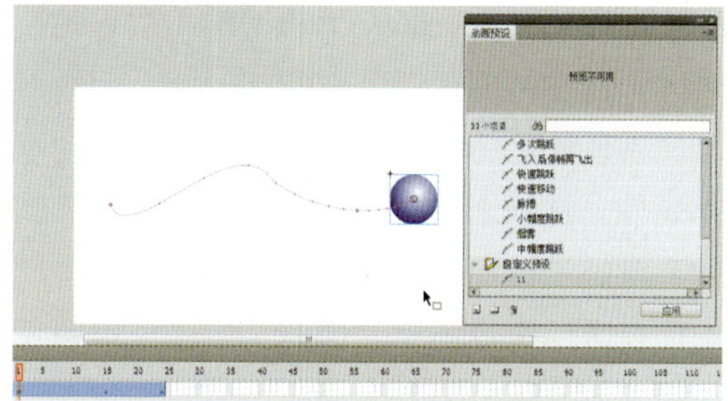

图4-5-37　选中要保存的动画对象

02 单击“动画预设”面板中的“将选区另存为预设”按钮，在对话框中输入要保存的名字，如图4-5-38和图4-5-39所示。

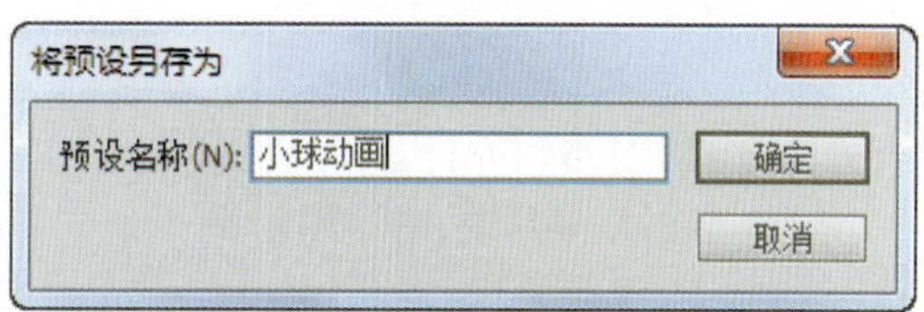

图4-5-38　“将预设另存为”对话框

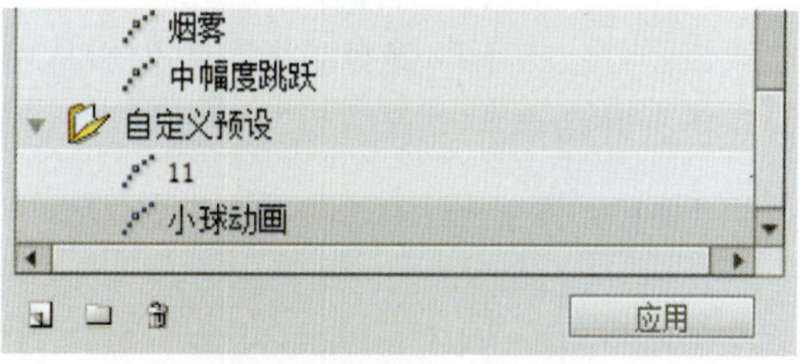

图4-5-39　保存后的动画预设面板

(12) **补间动画**

①帧和关键帧的概念。

与胶片一样，Adobe Flash Professional CS5文档也将时长分为帧。在时间轴中，使用这些帧来组织和控制文档的内容。在时间轴中根据放置帧的顺序来决定帧内对象在最终内容中的显示顺序。

帧：就是动画中最小单位的单幅影像画面，相当于电影胶片上的每一格镜头。在动画软件的时间轴上帧表现为一格或一个标记。

关键帧：相当于二维动画中的原画面。指角色或者物体运动或变化中的关键动作所处的帧。关键帧与关键帧之间的动画可以由软件来创建，叫做过渡帧或者中间帧。

属性关键帧：是从Flash CS4中引入的新概念，指在补间运动范围的某一帧，记录对象属性值变化的帧。Flash能补间，即自动填充属性关键帧之间的属性值，以便生成流畅的动画。通过属性关键帧，不用画出每个帧画面就可以生成动画，因此，属性关键帧使动画的创建更为方便。

补间：是通过两个不同关键帧中对象属性的不同或属性关键帧的属性不同创建的动画。Flash会自动计算在这两个属性帧之间的值。术语“补间”（tween）来源于词“中间”（in between）。

②创建影片剪辑元件。

新建一个ActionScript 3.0文档，然后执行“文件”>“导入”>“导入舞台”命令，导入一张“青苹果”的图片。用选择工具选取该图片，按下F8键将该图转换为影片剪辑元件，并命名为“青苹果”，如图4-5-40所示。

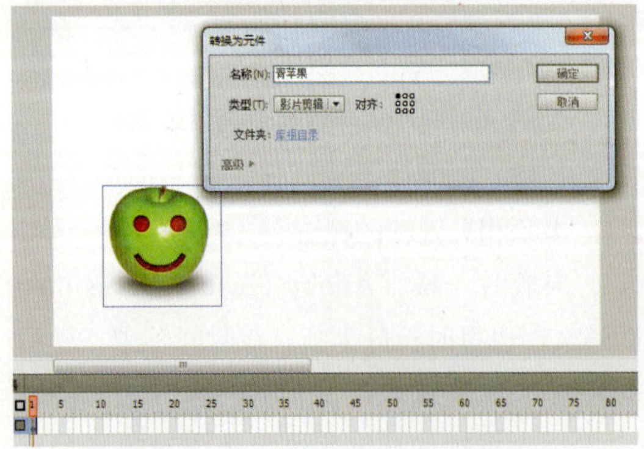

图4-5-40　创建影片剪辑元件

③创建补间动画。

在“青苹果”所在图层的第30帧处，按下F5键或右键单击，在弹出的快捷菜单中执行“插入帧”命令插入一静止帧，然后在1～30帧之间，右键单击，在弹出的快捷菜单中执行“创建补间动画”命令，如图4-5-41所示。

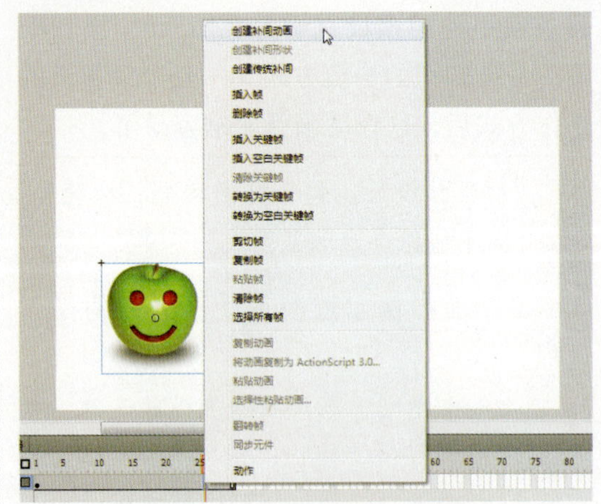

图4-5-41　创建补间动画

④创建属性关键帧。

将时间轴上的播放头拖放到第10帧，改变一下“青苹果”的位置，这时该帧就会变成“菱形”的图标，表示该帧的所有属性值均被自动记录下来，如图4-5-42所示。按这个方法还可以设置多个属性关键帧，制作后在舞台上显示的“青苹果”运动轨迹是一条贝塞尔曲线，如图4-5-43所示。

图4-5-42　更改对象属性

图4-5-43　设置多个属性关键帧

⑤调整运动轨迹。

如果要调整舞台上的属性关键帧的位置，可以使用“选择工具”或“部分选择工具”点选属性关键帧节点并拖放它们的位置；如果要更精确地调节该贝塞尔曲线，请在“工具”面板中选取“转换锚点工具”，拖曳关键帧节点，会弹出一个调节手柄，可以通过控制手柄来调节属性关键帧两侧的路径，如图4-5-44所示。

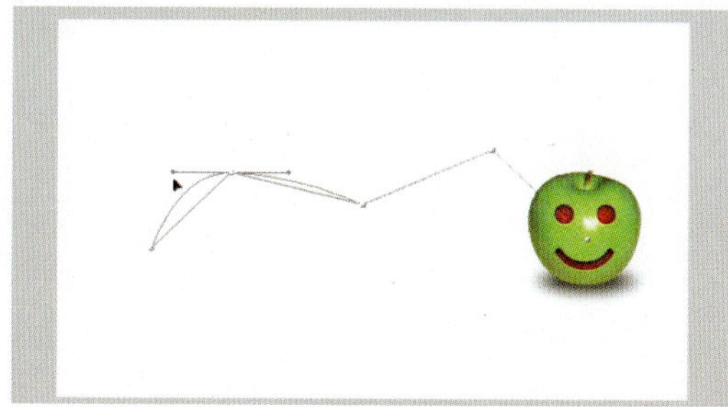

图4-5-44　调整动画轨迹

⑥利用动画编辑器设置关键帧的属性。

通过“动画编辑器”面板，可以查看所有补间属性及其属性关键帧。它还提供了向补间添加精度和详细信息的工具。动画编辑器显示当前选定的补间的属性。在动画编辑器中，可以非常方便又精确地为每个属性关键帧的每一个属性进行编辑。具体的操作方法如下。

01 将时间轴上的滑动头拖放到某个帧位置。

02 改动左边的属性值后，就会在时间轴上添加一个关键帧，如图4-5-45所示。

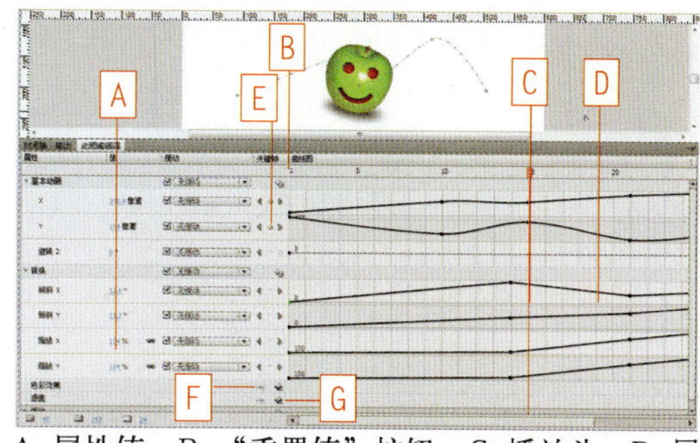

A.属性值　B.“重置值”按钮　C.播放头　D.属性曲线区域　E.“上一关键帧”按钮　F.“添加或删除关键帧”按钮　G.“下一关键帧”按钮

图4-5-45　动作编辑器

（13）**制作骨骼动画**

①关于骨骼动画。

骨骼动画，又称“反向运动（IK）”，是一种使用骨骼的有关结构对一个对象或彼此相关的一组对象进行动画处理的方法。使用骨骼工具，元件实例和形状对象可以按照复杂而自然的方式移动，而只需做很少的设计工作。例如，通过反向运动可以更加轻松地创建人物动画，如胳膊、腿和面部表情。

实例：制作挥手动画

01 利用Adobe Photoshop CS5打开一张图片，如图4-5-46所示。

图4-5-46　打开图片

02 在“工具”面板中选择快速选择工具，选取手部，并执行“图层”>“新建”>“通过剪切的图层”命令，把选取的手部作为一个新图层进行编辑，如图4-5-47所示。

图4-5-47　选取手部作为新图层

03 打开Adobe Flash CS5软件，执行“文件”>“导入”>“导入到库…”命令，在打开的“导入到库”的对话框中，在图片格式的下拉列表中选择“所有图像格式”，导入上面制作好的Photoshop文件，并勾选所有图层，如图4-5-48所示。

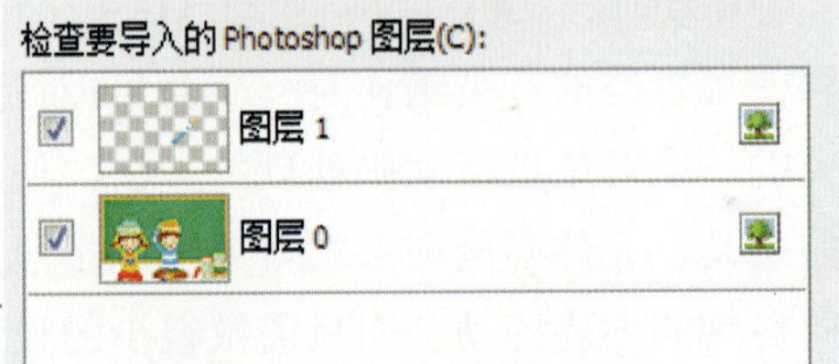

图4-5-48　导入PSD文件

04 执行“窗口”>“库”命令打开库面板，如图4-5-49所示。把手形图片拖入舞台，按组合键Ctrl+B将把图片转换为矢量图，并根据手形的关节部位将其分解为两部分，并分别把它们转换成元件，如图4-5-50所示。

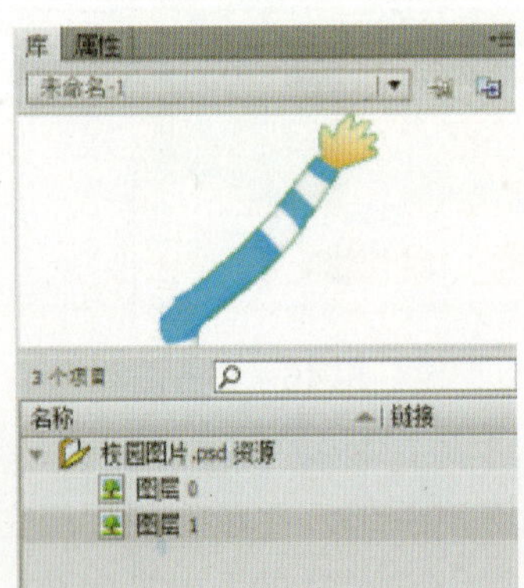

图4-5-49　打开库面板

图4-5-50　分解手部图片

05 利用素材在舞台上布局画面，在时间轴上设置两个图层，第一个图层放置背景图片。单击时间轴左下角的“新建图层”按钮，新建一个图层，该图层放置制作好的两个手部元件，如图4-5-51所示。

图4-5-51　布局画面

06 在“工具”面板中选择骨骼工具，单击并拖动要成为骨架的手部元件。这时，在“时间轴”面板中新增了一个骨骼图层，而原来存放元件的图层被清空，如图4-5-52所示。

图4-5-52　添加骨骼

07 制作骨骼动画与创建补间动画的方法一样，要在某个帧处改变骨骼的位置，请把播放头拖到该帧处，利用“选择工具”改变其位置，按组合键Ctrl+ Enter测试动画效果，如图4-5-53所示。

图4-5-53　效果图

小提示　若要创建分支骨架，请单击希望开始分支的现有骨骼的头部，然后进行拖动以创建新分支的第一个骨骼，但分支不能连接到其他分支。

②编辑骨骼动画。

01 要删除骨骼，请右击骨骼层，在弹出的快捷菜单中执行“删除骨架”命令，如图4-5-54所示。

02 要编辑骨骼层中的属性关键帧，请右击骨骼层，并在弹出的快捷菜单中执行“清除姿势”、“剪切姿势”或“复制姿势”命令。

图4-5-54　编辑骨骼图层

(14) 在Flash中使用声音

Flash 中有两种声音类型：事件声音和音频流。事件声音必须完全下载后才能开始播放，除非明确停止，否则它将一直连续播放。音频流在前几帧下载了足够的数据后就开始播放，音频流要与时间轴同步以便在网站上播放。

①导入声音。

声音和图片的导入方法是类似的，都是从外部把文件导入到Flash中。声音也如图片一样有多种格式，目前最常用的格式为MP3和WAV。将声音文件导入到当前文档的操作方法如下。

01 执行“文件” > “导入” > “导入到库”命令。

02 在“导入”对话框中，定位并打开所需的声音文件。

小提示　也可以执行“窗口” > “公用库” > “声音”命令打开系统自带声音库，把声音文件拖入当前文档的库中，如图4-5-55所示。

图4-5-55　声音公共库

②使用声音。

01 执行“窗口” > “库”命令，打开库面板。

02 选定新建的声音层后，将声音从“库”面板中拖到舞台中。声音就会添加到当前的图层中，如图4-5-56所示。

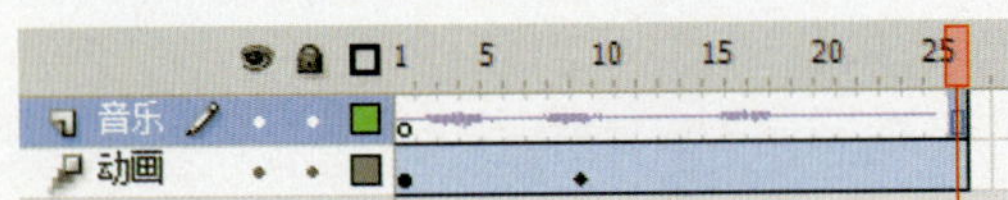

图4-5-56　声音层

小提示　可以把多个声音放在一个图层上，或放在包含其他对象的多个图层上。但是，建议将每个声音放在一个独立的图层上。每个图层都作为一个独立的声道。播放SWF文件时，会混合所有图层上的声音。

03 在时间轴上，选择包含声音文件的第一个帧，执行“窗口”>“属性”命令，然后单击右下角的“声音”箭头以展开属性检查器。

04 从“同步”下拉列表中选择同步方式，如图4-5-57所示。

图4-5-57　声音帧的属性面板

③为按钮添加声音。

按钮元件是一种特殊的四帧交互式影片剪辑。按钮元件的时间轴上的每一帧都有一个特定的功能。

第一帧是“弹起”状态：代表指针没有经过按钮时该按钮的状态。

第二帧是“指针”状态：代表指针滑过按钮时该按钮的外观。

第三帧是“按下”状态：代表单击按钮时该按钮的外观。

第四帧是“单击”状态：定义响应鼠标单击的物理区域。只要在Flash Player中播放SWF文件，此区域便不可见，如图4-5-58所示。

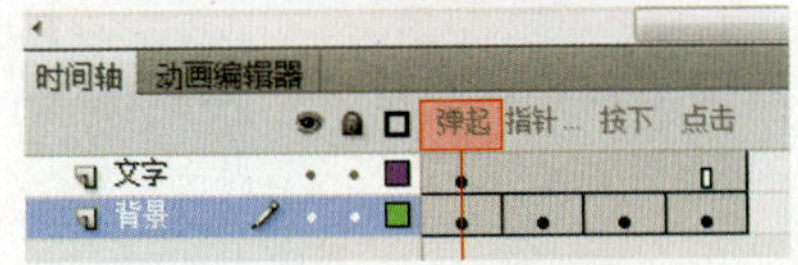

图4-5-58　按钮时间轴

实例：为按钮的指针经过状态添加声音

01 执行“窗口”>“公用库”>“按钮”命令，打开按钮公共库，将“buttons bubble 2”文件夹下的“bubble 2 green”按钮拖入舞台中，如图4-5-59所示。拖入的按钮会自动存入当前文档的库面板中，如图4-5-60所示。

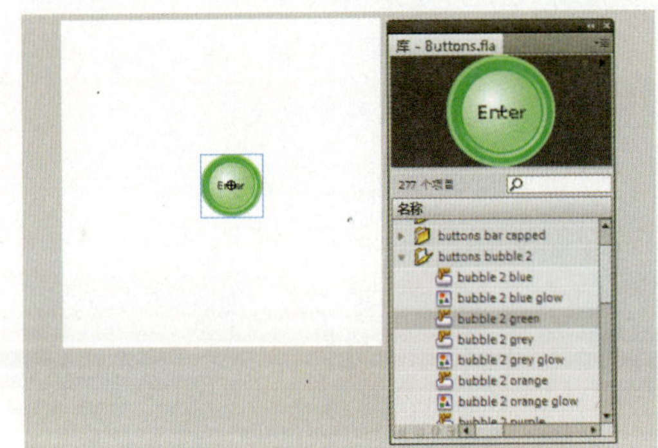

图4-5-59　使用公共库中的按钮

图4-5-60　拖放按钮后的库面板

02 双击舞台上的按钮，或双击库面板中的按钮元件，进入按钮元件的编辑状态。

03 新建一个图层，作为声音层，并在“指针”状态帧处按下F6键，添加关键帧。

04 打开系统自带声音库，把一个声音文件拖入舞台，再在“按下”状态帧处按下F6键添加关键帧，如图4-5-61所示。

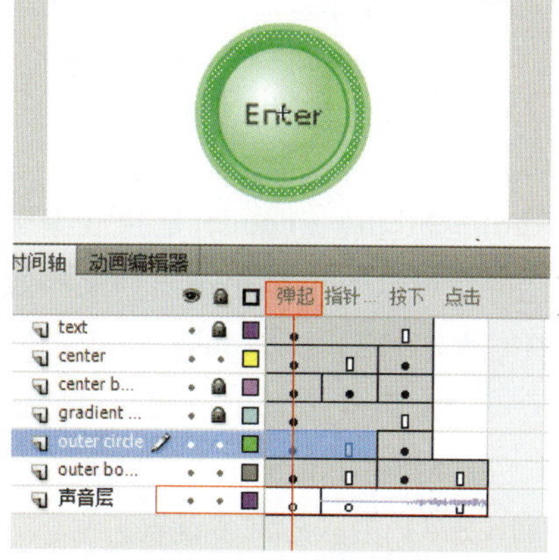

图4-5-61　添加声音

05 从图4-5-61看出，声音是从“指针”状态一直延续到“单击”状态，这样就会导致多次触发。因此，要想在其他状态下不出现声音，请在“按下”状态按F6键插入一个关键帧，如图4-5-62所示。

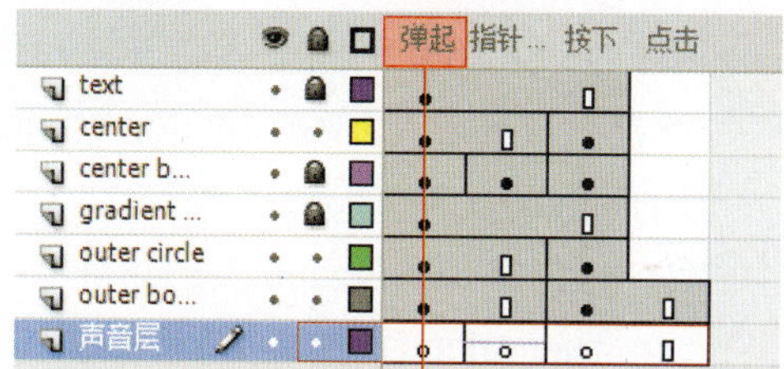

图4-5-62　最终效果图

（15）在Flash中使用视频

从Adobe Flash 8软件开始，就引入了FLV视频格式，由于Flash播放器的普及，FLV格式现在已经成为非常流行的网络视频格式。Adobe Flash Professional CS5除了支持FLV和F4V两种Flash视频格式外，还支持MP4、MOV、QT和移动设备的3GP视频格式等。如果想把其他视频格式转换为FLV和F4V两种Flash视频格式，请使用Adobe Media Encoder软件。

①在Flash文件中加载视频。

01 执行“文件”>“导入”>“导入视频”命令，打开“导入视频”对话框，在对话框中选择“使用回放组件加载外部视频”单选钮，单击“浏览…”按钮，选择要插入的视频文件，如图4-5-63所示。

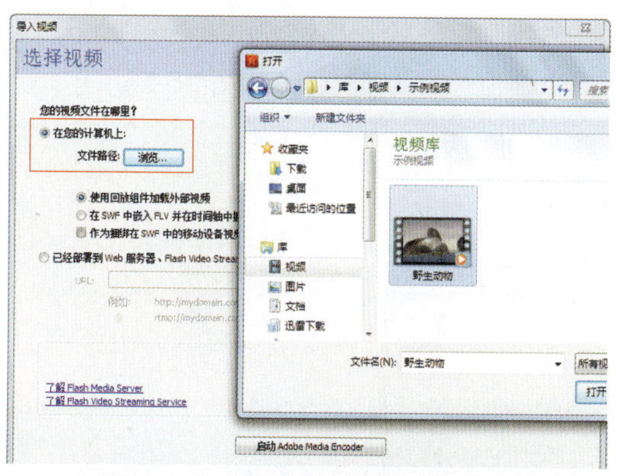

图4-5-63　选择加载的外部视频文件

02 进入下一步后，在该对话框中设置播放控件的外观，如图4-5-64所示。

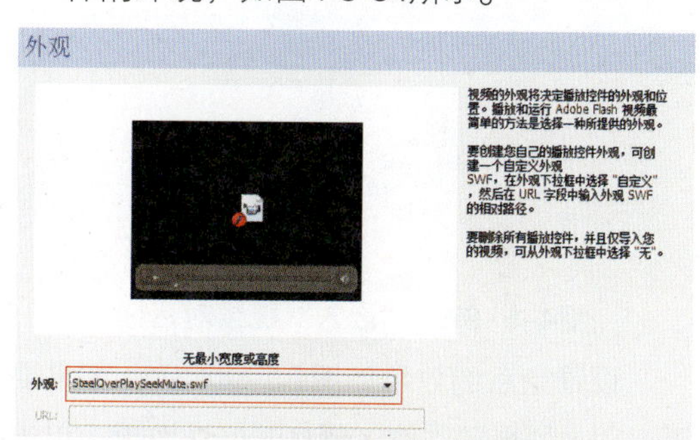

图4-5-64　设置播放控件的外观

03 设置完后的效果图如图4-5-65所示。如果要更改载入的视频文件，请打开属性面板，单击“contentPath”的值，在弹出的“内容路径”对话框中更改链接的文件。

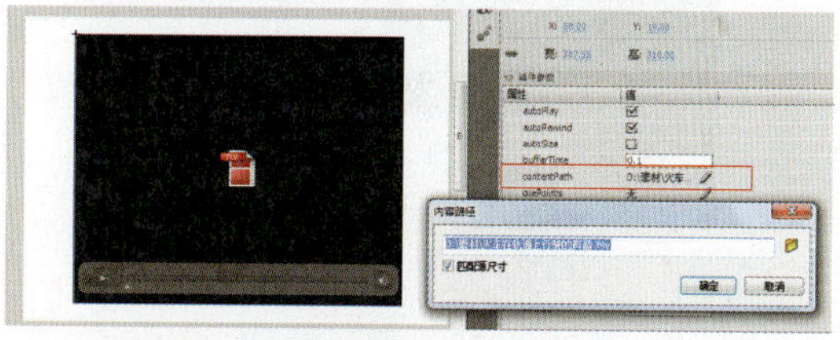

图4-5-65　载入视频的效果图

②在Flash文件内嵌入视频。

“视频导入”对话框提供了三个视频导入选项。

01 执行“文件”>“导入”>“导入视频”命令，打开“导入视频”对话框，并在对话钮中选择“在SWF中嵌入FLV并在时间轴中播放”单选钮，单击“浏览…”按钮，选择要插入的视频文件，如图4-5-66所示。

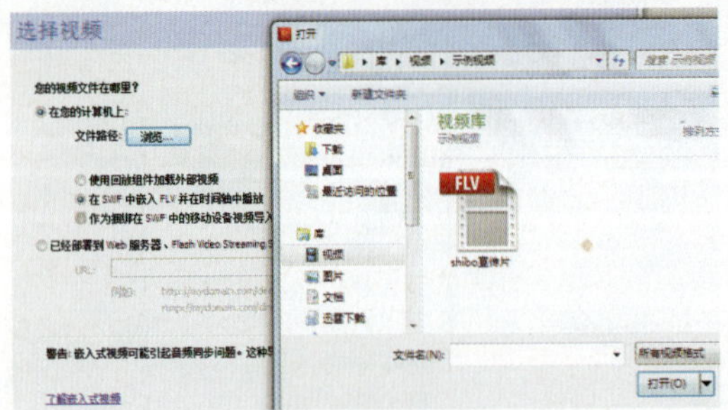

图4-5-66 选择嵌入的FLV视频文件

02 在“嵌入”对话框中，默认各选择值，如图4-5-67所示。

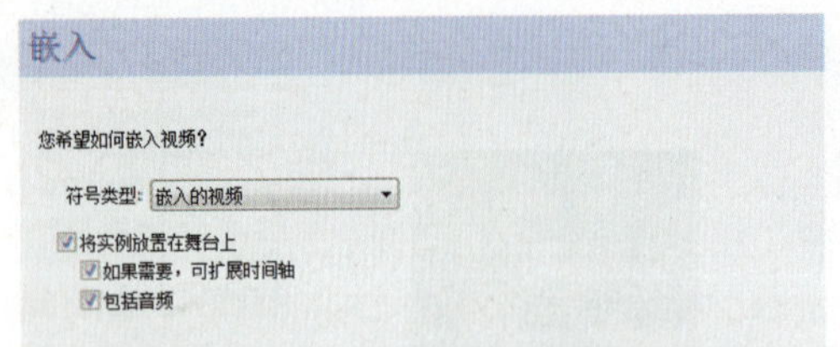

图4-5-67 “嵌入”视频对话框

设置完后的效果如图4-5-68所示。如果要更改载入的视频文件，请打开属性面板，单击“交换…”按钮，在弹出的“交换视频”对话框中更改存在库中的视频文件，如图4-5-68中弹击的“交换视频”对话框所示。

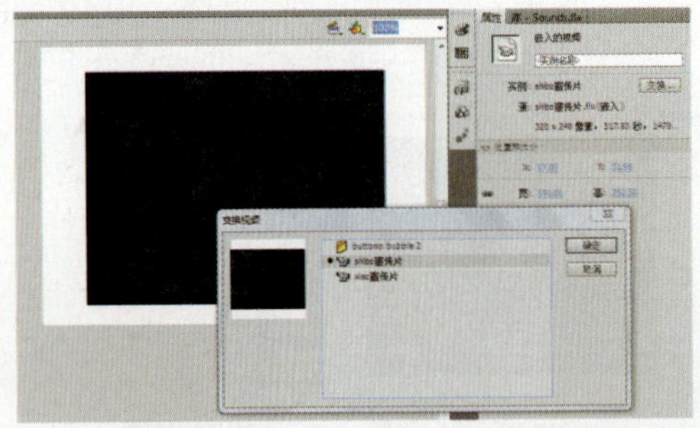

图4-5-68 嵌入视频的效果图

小提示 将视频内容直接嵌入到SWF文件中会显著增加发布文件的大小，因此仅适合于小的视频文件。此外，在使用Flash文档中嵌入较长的视频剪辑时，音频与视频的同步（也称作音频/视频同步）会变得不同步。

③利用Adobe Media Encoder软件转换视频格式。

Adobe Media Encoder是独立编码应用程序，可使用该应用程序输出到某些媒体格式。根据程序的不同，Adobe Media Encoder提供了一个专用的“导出设置”对话框，该对话框包含与某些导出格式（如Adobe Flash Video和H.264）关联的许多设置。

（16）ActionScript 3.0入门

ActionScript脚本撰写语言允许您向应用程序添加复杂的交互性、播放控制和数据显示。可以使用“动作”面板、“脚本”窗口或外部编辑器在创作环境内添加ActionScript。

小提示 有关ActionScript的详细信息，请参阅：①《ActionScript 3.0 开发人员指南》，网址为：www.adobe.com/go/learn_cs5_as3devguide_cn;
②“BETA ActionScript 3.0 Reference for the Adobe Flash Platform”，网址为： www.adobe.com/go/learn_flcs5_as3lr_cn。

若要创建嵌入到FLA文件中的脚本，可以直接将ActionScript输入到“动作”面板中。“动作”面板由三个窗格构成：动作工具箱（按类别对ActionScript元素进行分组）、脚本导航器（可以快速地在Flash文档中的脚本间导航）和“脚本”窗格（可以在其中键入ActionScript代码），如图4-5-69所示。

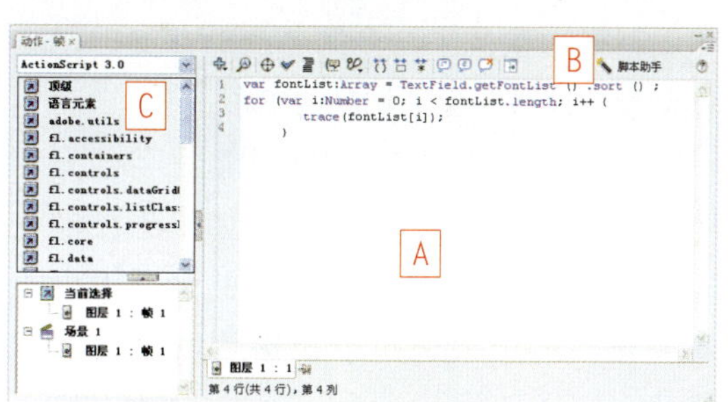

A. “脚本”窗格　B.面板菜单　C.动作工具箱

图4-5-69　动作面板

实例：“单击按钮动作”编程控制补间运动

01 执行“插入”>“新建元件…”命令，在“创建新元件”对话框中的“名称”文本框中输入“补间动画”，“类型”选择“影片剪辑”，如图4-5-70所示。

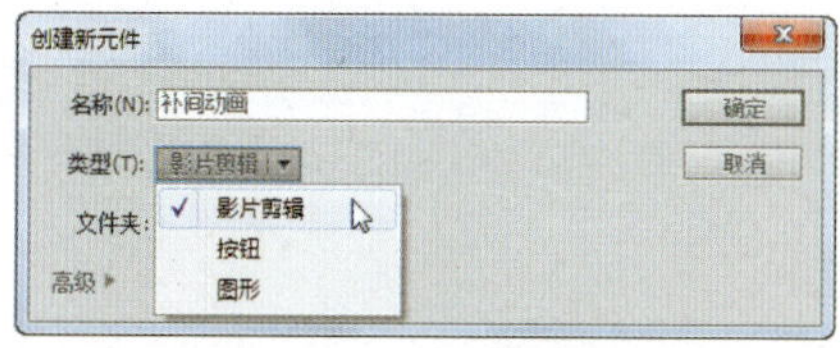

图4-5-70　创建新元件

02 在该影片剪辑中，根据上面介绍的“创建补间动画”知识制作一个关于小球运动的补间动画，如图4-5-71所示。

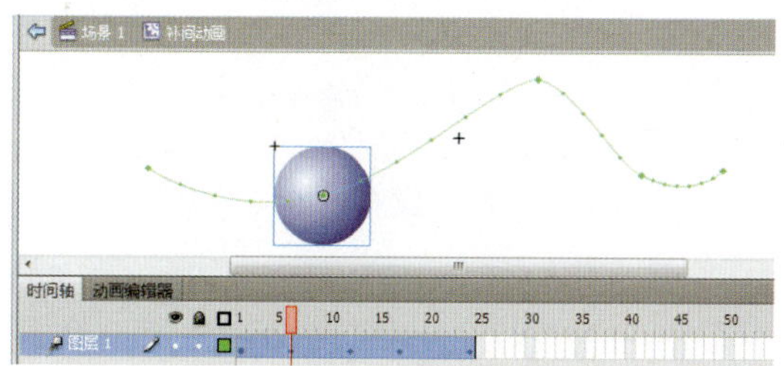

图4-5-71　制作元件动画

03 单击时间轴左下角的“新建图层”按钮，新建一个图层，并双击该图层名称，更改名称为“程序”；选择第一帧（关键帧），按F9键打开“动作”面板，输入停止程序命令“Stop(　　);”，如图4-5-72所示。

小提示　程序中的所有标点符号均为英文标点符号。

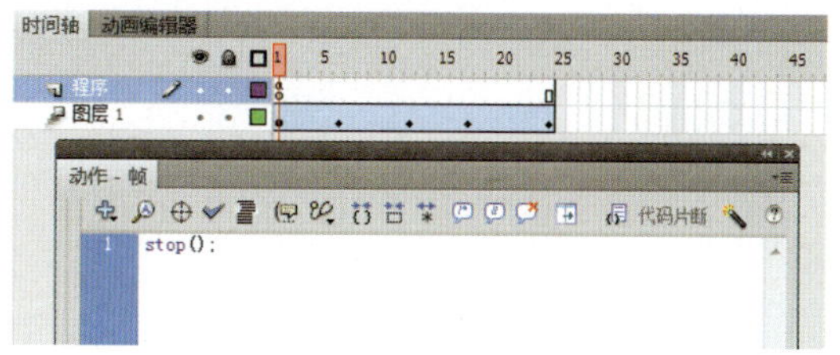

图4-5-72　输入停止程序命令

04 单击工作区左上角的场景导航标签 场景 1，回到主场景舞台。新建图层并重命名，选中“补间运动”层，并从“库”面板拖入上面制作的元件“补间动画”，选中“按钮”图层并从“按钮公共库”中拖入一个按钮，如图4-5-73所示。

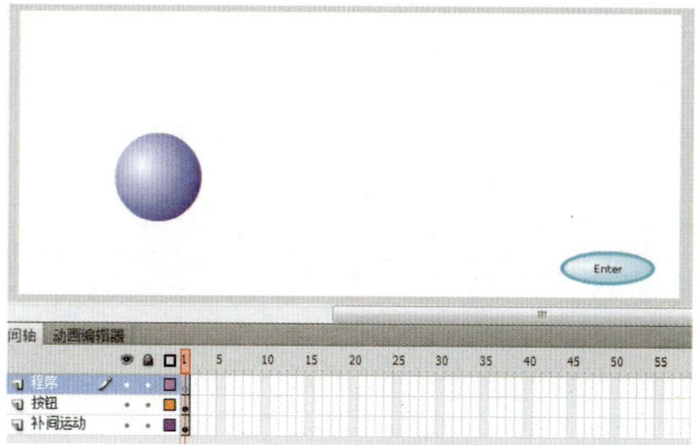

图4-5-73　场景布局

05 由于在编程中要引用舞台中的元件实例，所以要为这些元件实例命名。选中舞台上的小球影片剪辑，打开属性面板，将它命名为“mc”，如图4-5-74所示。同理，选中按钮元件，在属性面板中将其命名为“bt”。

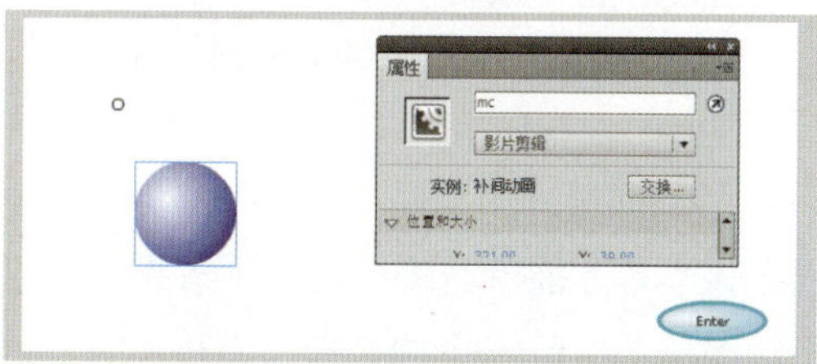

图4-5-74　为场景中的元件命名

06 选中程序图层的第一帧（关键帧），按F9键打开“动作”面板，输入以下程序，如图4-5-75所示。

```
import flash.events.MouseEvent;    //自动生成不用输入
function playMotion (event:MouseEvent) : void{
        mc.play ( ) ;
}
bt.addEventListener (MouseEvent.CLICK, playMotion) ;
```

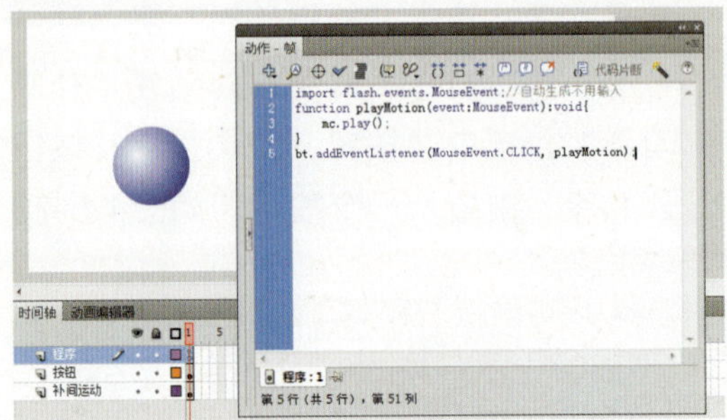

图4-5-75　编写程序

07 程序编写完后，可单击动作面板上的编译按钮，检查程序是否有误，如果没有错误，按组合键Ctrl+ Enter测试动画效果。正确的效果是：每单击一次按钮，小球就运动一次，如图4-5-76所示。

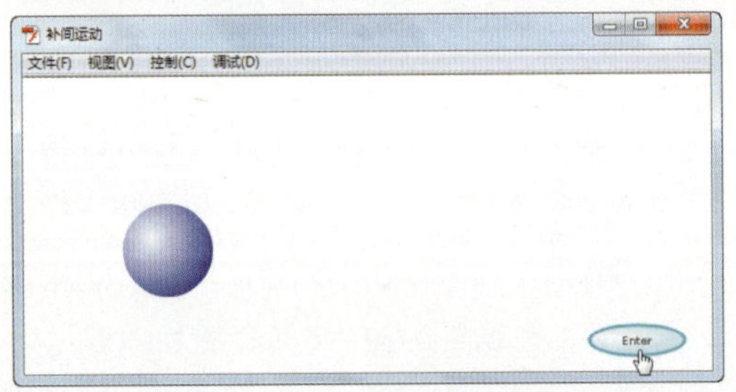

图4-5-76　动画效果图

(17) **发布影片**

在Flash软件中完成了一个作品后，还要发布该影片才能看到最终的动画效果。如果已经保存了当前的Flash文档，当按下组合键Ctrl+Enter调试影片时，就已经在Flash文档的相同目录中生成了一个同名的SWF文件，这样实际上也是完成了作品的发布。

要观看SWF文件，需要电脑上已经安装了Adobe FlashPlayer软件，如果想在没有安装Adobe FlashPlayer软件的情况下也能看到影片的效果，可以把影片发布为EXE格式。

实例：把Flash动画发布为SWF和EXE文件

01 打开一个名为“补间运动”的Flash文件。

02 执行“文件”>“发布设置”命令，然后选择“格式”选项卡，在类型选项组中勾选“Flash(. swf)”和“Windows放映文件(.exe)”两个复选框，如图4-5-77所示。

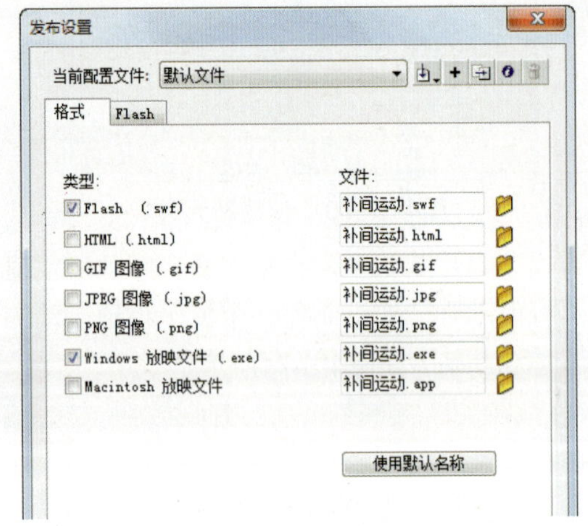

图4-5-77　发布设置对话框

03 单击“发布”按钮后，就会在当前的Flash文档中生成一个同名的SWF文件和一个同名的EXE文件。

小结：Flash可以为教育工作者创建具有交互性的教学资源，本节只介绍了Adobe Flash Pro fessional CS5中的常用工作面板及几种常用动画的制作，如果要详细了解该软件的功能，请参看Adobe的其他相关教材和网上资源。

4.6 Adobe Soundbooth CS5

Adobe Soundbooth CS5软件为网页设计人员、影视编辑人员和其他创意专业人员提供了多种具有建立与润饰音频、自定音乐和音效等功能的工具，如图4-6-1所示。Adobe Soundbooth的设计目标是为网页及影像处理流程提供高品质的声音信号，能快速录制、编辑及创作音频。它紧密整合于Adobe Flash及Adobe Premiere Pro中，让Adobe Soundbooth学习者能够轻松地移除录音杂音、修饰配音，为作品编排最适合的配乐。

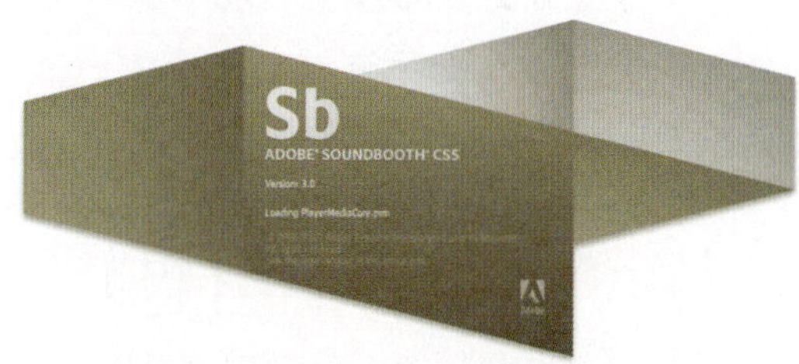

图4-6-1　Adobe Soundbooth CS5

利用Adobe Soundbooth CS5进行音频处理的一般步骤如下。

01 将音频素材导入软件。

02 将音频文件标准化。

小提示

这个是一般处理音频必做的事情。尤其是录音时，嘴靠麦克风太近，就会产生破音，要是离得太远，声音又很小，这个时候就需要提高音量，这就是标准化。

03 对音频进行采集噪音样本。

04 接着对音频进行降噪处理，选中全部音频，这里要注意，一定要选中全部，否则进行的降噪只是选中的那一部分，并且根据自己的需要调节。

05 将音频压缩。要是处理人的声音，还要进一步提高人声音量。

小提示

压缩的目的是为了让声音处于同一个音量上，不至于听起来忽高忽低。

06 最后是添加混响效果。一般录制的声音都比较干涩，可以添加混响加以处理，使之听起来更舒服。

1. 数字音频基本知识

理解音频的概念可以帮助您更有效地运用Adobe Soundbooth。

（1）声音

声音是空气的振动，而振动所产生的物质分子位置的变化，叫做波动，简称为波。所以声波是靠介质中相邻分子的互相推动而传播的。声音的声波本身是一种连续的模拟信号，通常用波形表示声音。

图4-6-2所示的是音频波形，波的形状反映着空气的压力。波形中的零线是静止的空气压力；波峰代表最高的压力，低谷代表最低的压力。

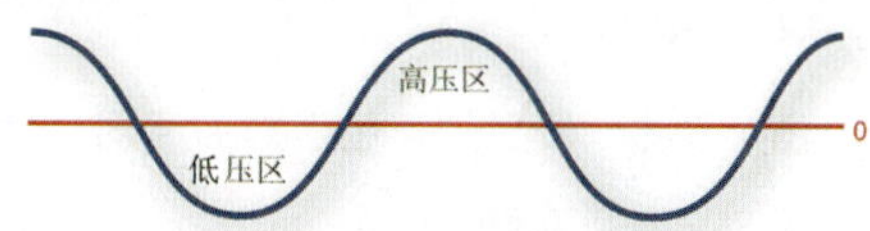

图4-6-2　音频波形

（2）声波的相互作用

如果两个或两个以上的声波波峰和波谷相吻合，即它们相互增益，具有比单个波形较高的振幅，如图4-6-3所示。

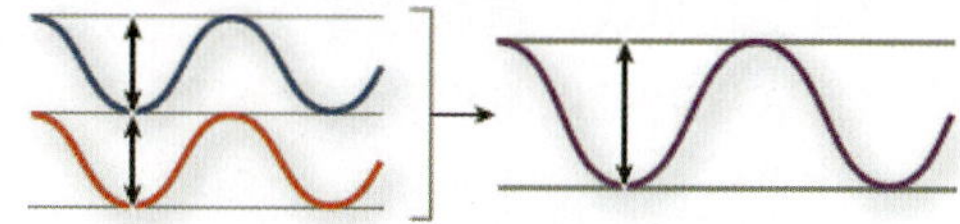

图4-6-3　两个声波结合相互增益

如果两个或两个以上的声波的波峰和波谷刚好完全相反，即它们相互抵消，如图

4-6-4所示。

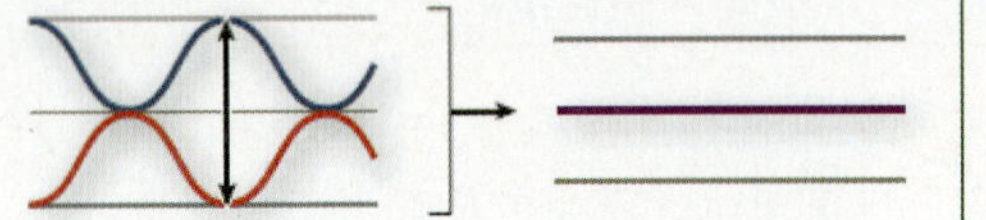

图4-6-4　两个声波结合相互抵消

但是，在大多数情况下，声波的结合并不像以上两种情况那么吻合。所以，现实中的每个声波都是一个复杂的波形，如图4-6-5所示。

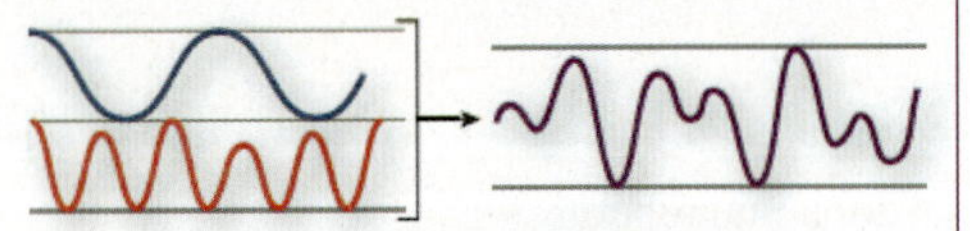

图4-6-5　两个简单的波相结合，创建一个复杂的波

（3）频率

“频率”的单位是赫兹（Hertz），常简写为“Hz”。对于一个以正弦函数曲线为形态的周期振动来说，其振动幅度在每1秒内循环变化的次数就是其频率，即赫兹数。波形的正弦函数曲线图如图4-6-6所示。

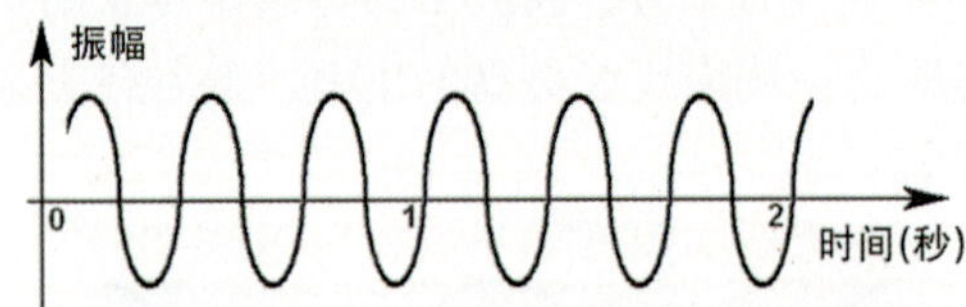

图4-6-6　波形的正弦函数曲线图

（4）数字化音频

模拟音频与数字音频的声音传输和存储方式完全不同。

模拟音频：声音通过麦克风线转换成电压的变化形成一个声音的压力波：高压力变为正电压，低压力变为负电压。这些变化的电压通过麦克风线，造成磁带或唱片上磁场的变化，这样就可以将声音信息记录下来。

数字音频：与磁带或唱片的模拟存储介质不同，数字音频信息是以编码方式在计算机中存储的，所存储的形式是0和1的序列。在数字存储过程中，原来的波形被分成一个个样本，这一过程被称为数字化或采样，如图4-6-7所示。

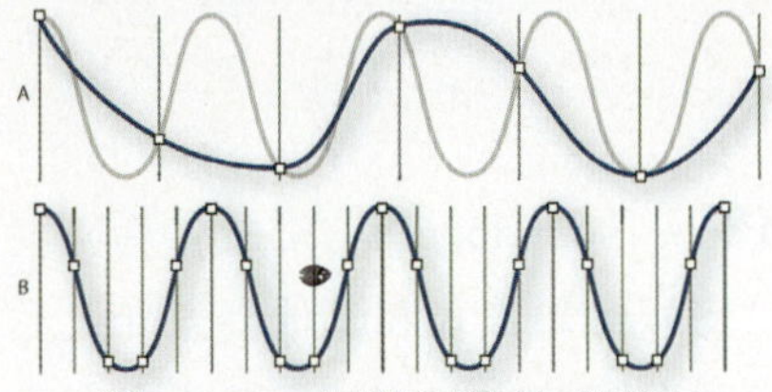

图4-6-7　两种不同的采样率

数字化音频的优点：高抗干扰、高抗损耗和易于二进制处理器接纳等。

由于实际设备的不理想性，从录音技术诞生的那一天起，信号畸变就一直存在。不论是唱机的针头对唱盘刻痕的磨损，还是卡式录音机磁头与磁带的直接接触，都会最终导致音质劣化直至连同它的载体一起报废，如图4-6-8所示。

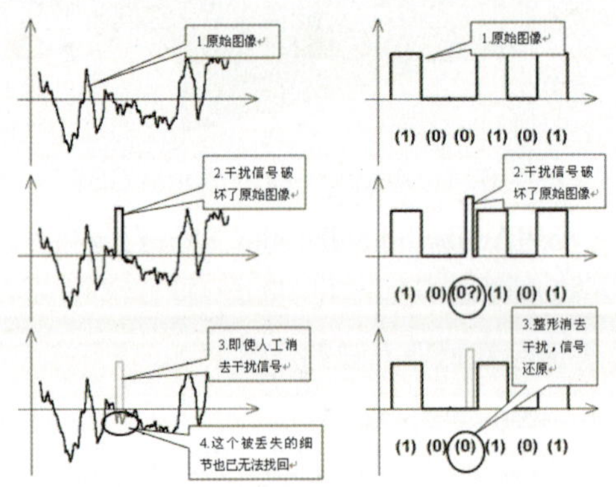

图4-6-8　模拟音频和数字音频比较

采样率：采样率也称为“样率”、“采样速率”或“采样频率”，指每秒钟对声音做采样的次数，也即每秒钟采集出多少个样值，其单位是赫兹。采样时间间隔必须相等，且速度必须足够快。例如，对于CD碟来说，它的音频内容应该是每秒采样44100次，即采样率是44100。采样率越高，记录的信息就越多，音频文件的容量就越大。表4-6-1列出了最常见的数字音频采样率。

表4-6-1 音频采样率表

采样率	质量水平	频率范围
11,025 Hz	Poor AM radio (low-end multimedia)	0～5,512 Hz
22,050 Hz	Near FM radio (high-end multimedia)	0～11,025 Hz
32,000 Hz	Better than FM radio (standard broadcast rate)	0～16,000 Hz
44,100 Hz	CD	0～22,050 Hz
48,000 Hz	Standard DVD	0～24,000 Hz
96,000 Hz	high-end DVD	0～48,000 Hz

（5）声道数

一般来说，每个音箱只接收一条信号，称为一个声道。所以，两个音箱的设备叫做“双声道（Stereo）立体声设备”，多个音箱环绕的设备就叫做“多声道（Multi-track）环绕（Surround）声设备”，如图4-6-9和图4-6-10所示。

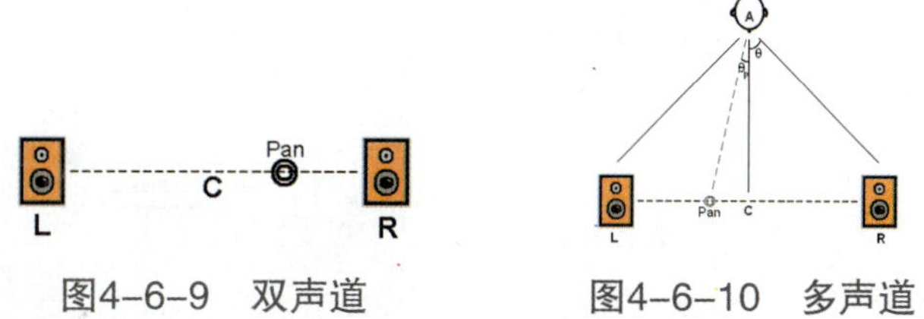

图4-6-9 双声道　　图4-6-10 多声道

（6）音频格式概述

音频压缩格式种类还有很多，但它们都是针对PCM编码进行改良和优化。任何压缩文件被播放时，都必须被临时解码成PCM-wav数据，只不过由于数字音频设备技术的成熟，解码过程几乎是全自动或实时的，很多时候根本察觉不到。常用的音频格式如表4-6-2所示。

表4-6-2 常用音频格式表

简要描述	扩展名	损失	简要描述	扩展名	损失
ADPCM自适应差分	.wav、.vox	有	NTT与Yamaha合作	.vqf	有
Windows媒体音频	.wma、.asf	有	苹果公司音频	.aif、.aiff	有
MPEG-I第Ⅲ层	.mp3	有	Sony开发apple认证	.aac	有
OggVorbis开源	.ogg	有	猴子音频	.ape	无
RealNetworks公司	.rm、.ra、.ram	有	免费无损编码	.flac	无

2. Adobe Soundbooth工作区

Adobe Soundbooth中提供了一个灵活的、可定制的工作区，学习者可以快速优化工作区。默认的工作区有多个面板组以及独立面板，可以自定义布局，通过拖放面板，安排最适合的工作区，如图4-6-11所示。

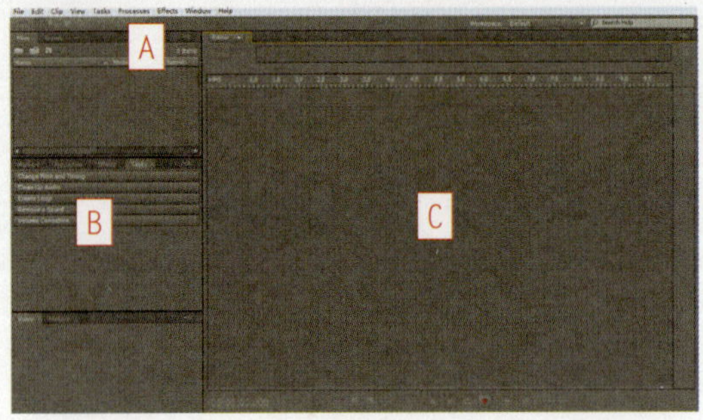

A.菜单与工具栏　B.功能面板组区　C.编辑区

图4-6-11　Adobe Soundbooth工作区

①存储自定工作区。执行“Window”>“Workspace”>“New Workspace”命令，键入工作区的名称。

②删除自定工作区。执行“Window”>“Workspace”>“Delete Workspace…”命令，选择该工作区，然后单击“Delete”按钮。

③重置默认工作区。执行“Window”>“Workspace”>“Reset Default…”命令，然后单击“Yes”按钮。

3. Adobe Soundbooth的基本操作

（1）利用Soundbooth制作数字化音频的准备工作

数字录音需要很多硬件支持。整体可以划分为三大部分：录入设备（麦克风、键盘等）、安装了Soundbooth软件的计算机终端和监听设备。声音就是从录入设备传入计算机终端，并以数字方式被记录下来的；通过监听设备，将当前录入的声音反馈给监听者，供其监听声音效果；通过调音台或软件界面，可随时调整录入的各种参数，以得到最好的录音效果。如图4-6-12所示。

A.麦克风　B.耳机

图4-6-12　连接音频硬件

（2）配置输入和输出硬件设备

您可以使用输入和输出硬件设备与Adobe Soundbooth进行广泛的交互。例如，可以利用麦克风和磁带机等输入设备录音，声音通过声卡录入到电脑，然后经过Adobe Soundbooth处理后，再经由声卡输出到输出设备（如扬声器或耳机等）。

要配置音频的输入和输出，请执行以下操作，如图4-6-13所示。

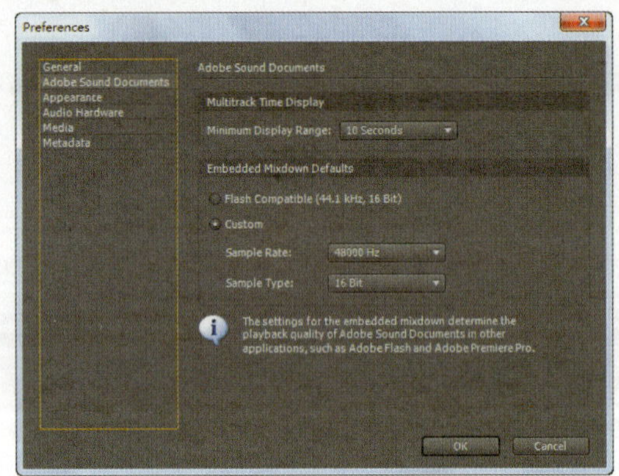

图4-6-13　配置音频硬件设置

01 执行“Edit”>“Preferences”>“Audio Hardware”命令。

02 选择缺省设备。

03 单击“Settings…”按钮，设置硬件设备属性。

为了在Windows中得到最佳的性能，请选择一个专业的声卡设备。如果没有，即选择Soundbooth 2.0 WDM或DirectSound。

04 设置“Output mapping（输出映射）”，为每个可用的硬件端口指定声道。

05 如果想Soundbooth在与其他应用程序进行交换时继续播放声音，请勾选“Continue Audio Playback In Background”复选框。

（3）**声卡的标准Windows设置属性**

在Windows中，专业的ASIO声卡可以提供最佳的音频性能。但是，如果使用的是标准的WDM或DirectSound卡，通过优化驱动程序属性，也可以提高性能。

默认的驱动程序属性在大多数的操作系统中工作良好。如果遇到缓慢响应，可按以下步骤进行设置。

01 执行“Edit”>“Preferenc-es”>“Audio Hardware”命令，弹出如图4-6-14所示的参数设置面板。

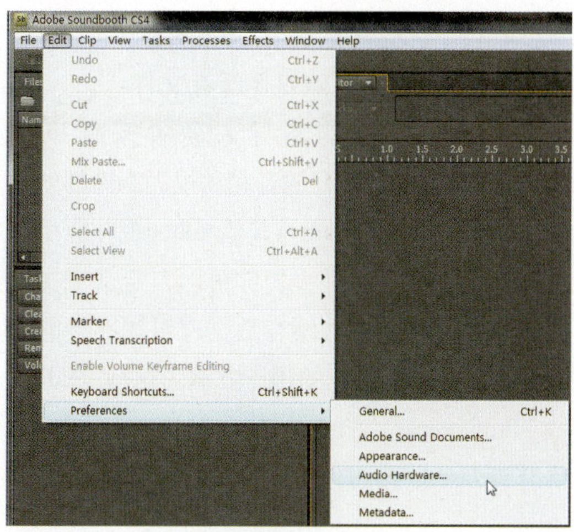

图4-6-14

02 在Default Device中，选择Soundbooth 3.0 WDM Sound。

03 单击“Settings…”按钮。

04 在输入和输出选项卡上，设置以下选项。

- Enable Devices（可用的设置）；
- Device 32-bit Recording and Playback（是否可用32位录制和回放）；
- Buffer Size（缓冲的大小）。

（4）**打开和创建音频文件**

①打开现有文件。Adobe Soundbooth CS5可以打开多种音频和视频格式，包括AIFF、AVI、MP3、QuickTime和WAV。具体的操作方法为执行“File”>“Open…”命令，或者双击文件面板，选择所需的文件。

小提示 如果添加的文件不需要显示在编辑器面板中，执行“File”>“Import…”命令。

②创建一个空的音频文件。要结合多个音频文件，则要创建一个空的音频文件。

01 执行“File”>“New…”>“Audio File From Clipboard”命令，如图4-6-15所示。

02 选择音频文件的频率（Sample Rate）和声道类型（Channels）。

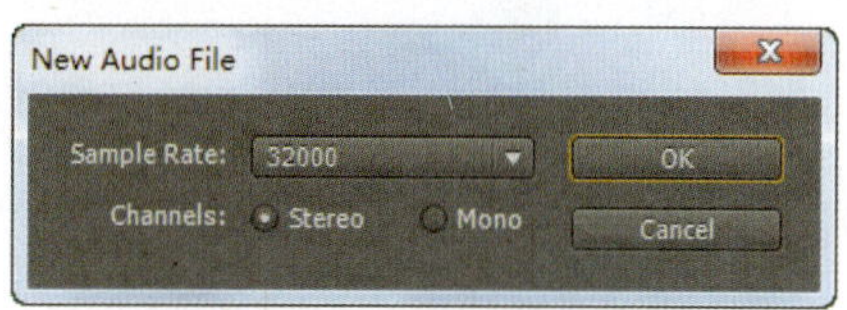

图4-6-15 新建声音文件

③从选择的音频段中创建文件。

01 在编辑面板中选择一段音频。

02 执行“File”>“New…”>“Audio File From Selection”命令。

④从音频剪贴板中创建文件。

01 从剪贴板中复制一个音频文件。

02 执行“File”>“New…”>“Audio File From Clipboard”命令。

⑤录制一个新的音频文件。

在声卡处插入输入设备，可以记录来自输入设备的任何声音。录制前，请按前面所述内容配置输入设备。

01 选择“File”>“Record”，或者在音频编辑面板中单击录音按钮。

02 在“Record”面板中选择一个输入设置，并单击“Settings…”按钮，设置输入设备的属性，如图4-6-16所示。

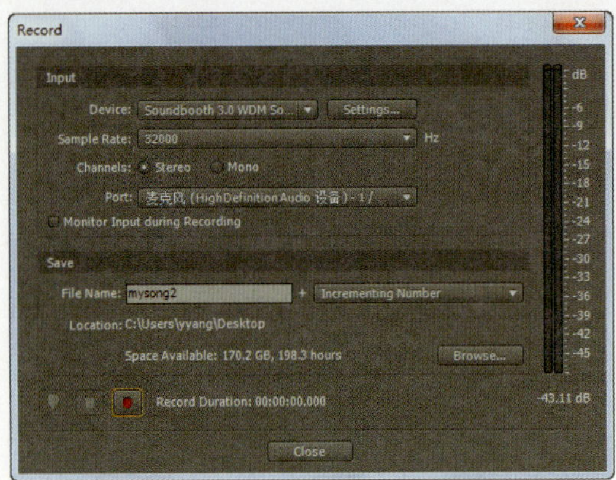

图4-6-16　录音面板

03 选择该文件的采样频率和声道类型（立体声或单声道）。

04 选择输入端口（建议采用默认选项）。

05 设置文件的保存路径。

06 单击录制按钮 。

07 录制完成后，单击“Stop” 按钮，或关闭该录音对话框。

（5）调整录音的级别

如果录制的声音太低（导致背景噪声）或太高（导致变声），就需要对录音进行级别的调整。要得到最好的录音效果，录音的高低要尽可能保持一致。在设置录音级别时，还要观看录音面板中的音频，并且设法保持最大音量的峰值在黄色范围值－3dB以下。

Soundbooth不能直接控制声卡录音的级别。对于一张专业的声卡，你可以利用专业声卡提供的综合应用程序调整它的级别。以下是在不同系统中的操作方法。

①在Windows Vista和Windows 7中调整录音的级别，如图4-6-17所示。

01 右击任务栏中的扬声器图标，并选择“录音设备”。

02 双击您要使用的输入设备。

03 选择“级别”选项卡，调整相应的滑动条。

②在Windows XP中调整录音的级别。

01 双击任务栏中的扬声器图标。

02 执行“选项”＞“属性”命令。

03 执行“录制”命令，单击“确定”按钮。

04 选择要使用的输入设备，调整音量滑动条。

③在Mac OS中调整录音的级别。

01 从苹果菜单中选择系统属性。

02 单击声音，然后单击输入选项卡。

03 选择您要使用的输入设备，调整音量滑动条。

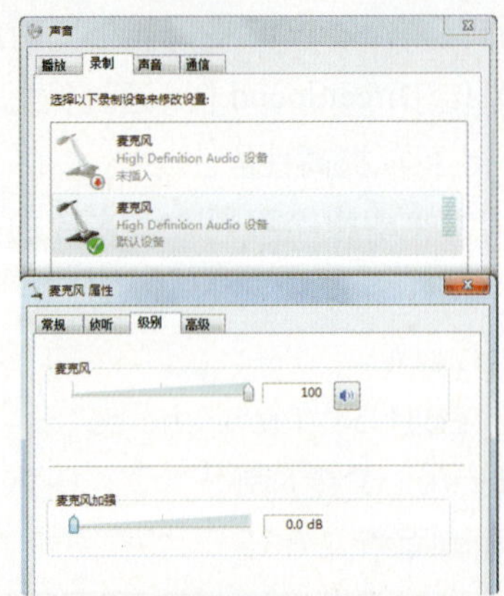

图4-6-17　Vista和Windows 7中的录音级别设置

（6）配置和清除媒体缓存文件

为了提高性能和导入各种采样率，Soundbooth为每个打开的音频和视频文件都创建缓存，而且Soundbooth与其他Adobe视频应用程序共享一个缓存文件夹，你可以自定义该文件夹的位置，清除媒体缓存数据库以提高性能和恢复磁盘空间。具体的操作方法为执行“Edit”＞“Preferences”命令，选择“Media”栏目，单击“Clean”按钮，如图4-6-18所示。

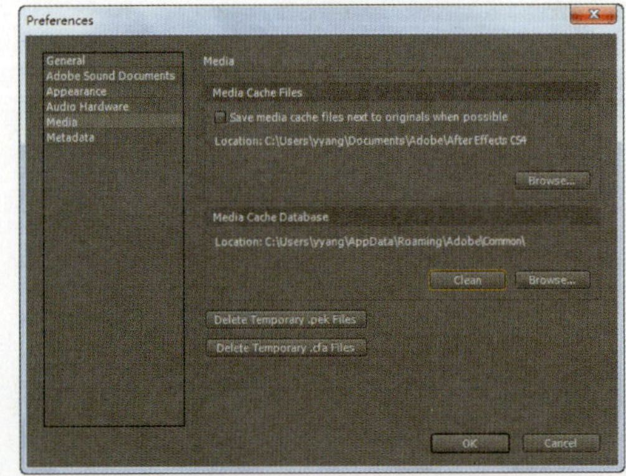

图4-6-18　媒体缓存文件设置

（7）播放音频

①监视播放。Adobe Soundbooth CS5编辑器面板提供了多种用于监控播放状态的功能，如图4-6-19所示。

- 时间轴标尺显示小时、分钟和秒（默认格式），右击时间轴可以更改时间格式。
- 时间光标表示目前播放到的位置，编辑面板的左下角显示播放时间。拖动时间光标可以定位当前播放的位置。
- 波形的大小表示声音的强弱。

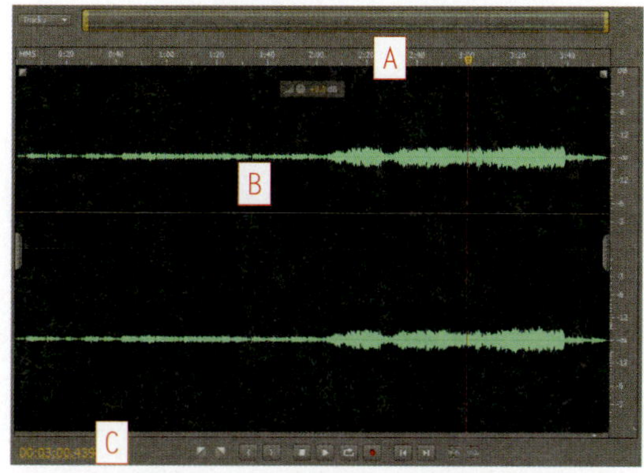

A.时间轴　B.编辑区　C.时间显示

图4-6-19　播放音频面板

②播放控制。在编辑面板的底部，Soundbooth中提供了若干个播放控制按钮，把鼠标移到按钮上面，会有该按钮的功能提示，如图4-6-20所示。

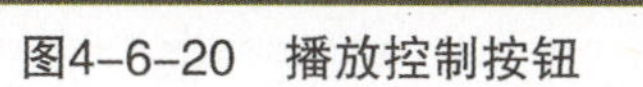

图4-6-20　播放控制按钮

按空格键可以实现播放或停止操作。

③音量级别水平监视器。音量级别水平监视器位于编辑面板的上方，用于监视播放时声音的幅度。对于立体声双声道文件，上部代表左声道，下部代表右声道，右边的红色标识为峰值指示灯，如图4-6-21所示。

图4-6-21　音量级别水平监视器

4. 编辑和修复音频文件

使用Adobe Soundbooth CS5中直观的可视化工具可以很容易地编辑、优化和修复音频文件。

（1）查看音频波形和频谱

当打开一个音频文件时，编辑器面板提供了一个可视化的声波显示器。如果打开了一个立体声文件，会出现左声道和右声道两个波形。如果打开一个单声道文件，即只出现一个波形显示，并在播放时，音量级别水平监视器只显示一个声道。

该面板的下方是频谱显示器，是理想的评价音频振幅工具，在频谱显示器上显示的是声音的频率（从低音到高音）。

要查看频谱显示，请执行下列操作之一。

- 在工具栏上，单击谱频率显示按钮；
- 在任务（Tasks）面板中，单击“Remove a Sound”；
- 在编辑面板中，拖动波形和频谱显示器之间的分区柄，如图4-6-22所示。

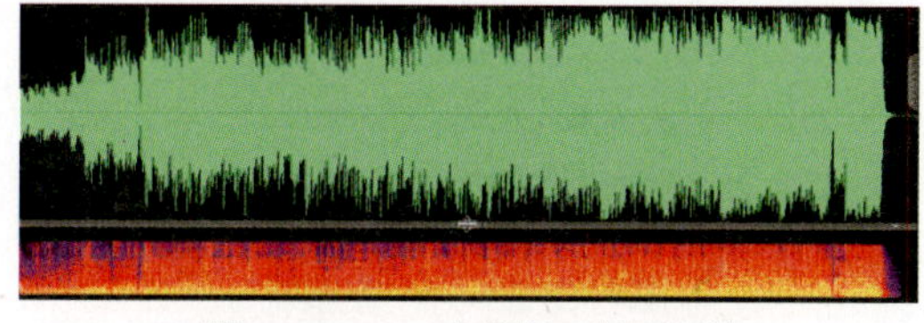

图4-6-22　音频波形和频谱

①关于波形显示。在波形显示器上显示的是一系列波峰和波谷。X轴（水平尺）用于测量时间，而Y轴（垂直标尺）用于测量声音分贝的幅度，测量范围从静音－∞（负无穷大振幅）到最大峰值，如图4-6-23所示。

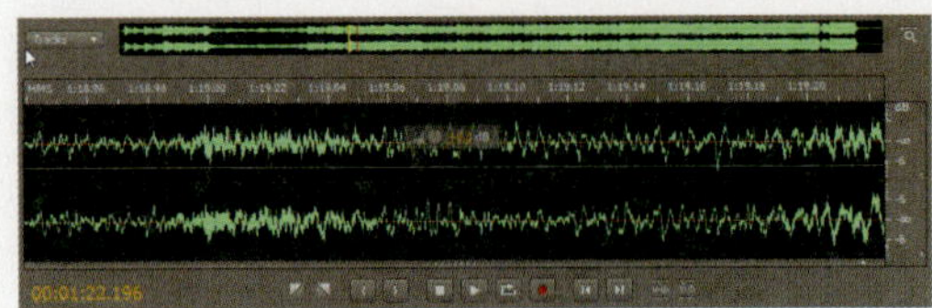

图4-6-23 波形显示图

②关于频谱显示。显示屏显示音频频谱及其频率成分，其中x轴（水平尺）表示时间，y轴（垂直标尺）表示频率。颜色代表振幅，深蓝色的表示低振幅，亮黄色的表示高振幅。可以利用光谱适合于去除单击声、咳嗽或嗡嗡声等不需要的声音，如图4-6-24所示。

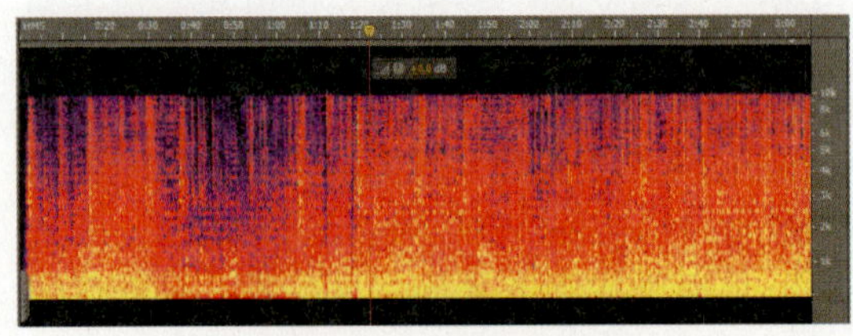

图4-6-24 频谱显示图

③缩放波形图和频谱图。要想更细致地观察声波的形状，可以执行以下操作之一。

- 单击编辑区，按"+"或"-"键即可放大或缩小波形图；
- 选择工具栏上的按钮，在编辑区的波形上单击可以放大波形图；按住Alt键，单击按钮可以缩小波形图。

④浏览音频。选择工具栏上的手形工具，移至编辑器面板拖拉；或移至滑动条上，向左或向右拖动，如图4-6-25所示。

图4-6-25 浏览音频

（2）使用标记

在指定的时间点上作标记，能更容易在波形图上进行浏览、编辑或回放。

添加标记：首先在编辑区里，把时间光标放在需要播放标记的地方。然后在工作区右侧选择"Markers"面板，单击按钮，就会在面板中添加了一条标记，如图4-6-26所示。

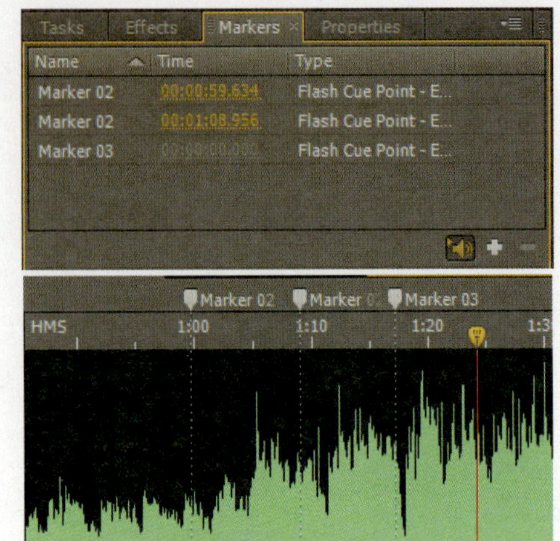

图4-6-26 添加标记

删除标记：在"Markers"面板中，选择一个标记，单击按钮。

通过标记跳转到相应的时间点：在"Markers"面板中，双击标记，时间光标就会跳转到相应的时间点。

重命名标记：打开"Markers"面板，在"Marker Details"处输入标记的名称。

（3）编辑音频

①随意选择波形范围。

01 在工具栏上，选择时间选择工具。

02 在编辑器面板，拖动选择一个特定的范围，若要全选，双击编辑区即可。

②精确选择波形范围。

01 在左下角时间显示器上输入时间，按回车键，这时时间光标就跳转到相应的位置。

02 按下"设置入点按钮"，再一次在时间显示器上输入结束时间，按回车键。

03 按下"设置出点按钮"，这时，就在编辑区里形成一个白色的选择区域，如图4-6-27所示。

图4-6-27 精确选择一个波形范围

③选择频谱范围。

在频谱显示区里，工具栏上的三种工具都可以在频谱上选择音频数据。频率工具用于横向选取整个频谱范围；选框工具用于选择一个矩形区域；而套索工具用于创建一个自由的选区。这三个工具为音频修复提供了强大的灵活性。例如，如果你找到一个声音缺陷，你可以选择和编辑只是受影响的频率，如图4-6-28所示。

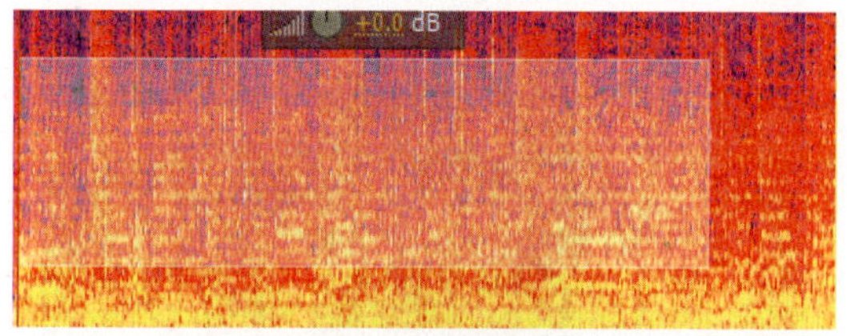

图4-6-28　选择频谱范围

④编辑音频。

如图4-6-29所示，选择一个波形范围后右击，即会弹出对音频操作的快捷菜单。下面介绍一下快捷菜单中的相关命令。

图4-6-29　编辑音频菜单

- Cut（剪切）；
- Copy（复制）；
- Paste（粘贴）；
- Mix Paste…（混合粘贴）；
- Delete （删除）；
- Crop（裁剪）；
- Insert Silence…（插入静音）；
- Save Selection As…（保存选择为）；
- Insert Waveform into New Multitrack File（把声波插入到新的多轨文件中）；
- Insert Channels into New Multitrack File（把声道插入到新的多轨文件中）；
- Processes（处理）；
- View（查看）。

⑤复制、剪切、粘贴和删除音频。

在Adobe Soundbooth CS5里，可以像编辑文本一样在编辑区里编辑声音文件。具体的操作方法为利用工具栏中的选择工具选择音频，右键单击，在弹出的快捷菜单中选择复制、粘贴、剪切或删除命令。

⑥混合粘贴（Mix Paste）。

把复制好的一段音频，与其他音频混合在一起的操作方法如下。

01 选择一段音频，右击执行“Copy”命令。

02 再选择一段音频，右击执行“Mix Paste…”命令，这时便会弹出“Mix Paste”对话框，如图4-6-30所示。

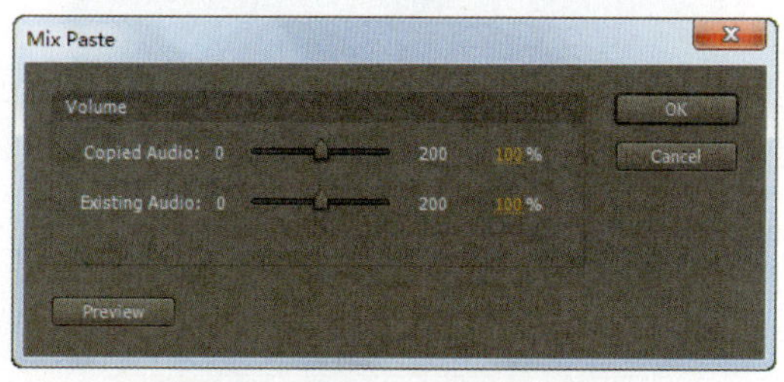

图4-6-30　Mix Paste对话框

03 设置好两段音频的音量，拖动“Copied Audio”和“Existing Audio”滑动条。

04 单击“OK”按钮，两段音频就被混合在一起。

⑦设置和插入静音（Insert Silence）。

设置静音：选择某段音频，右击执行“Insert Silence…”命令后，就会将该段音频去掉，从而变成静音区，如图4-6-31所示。

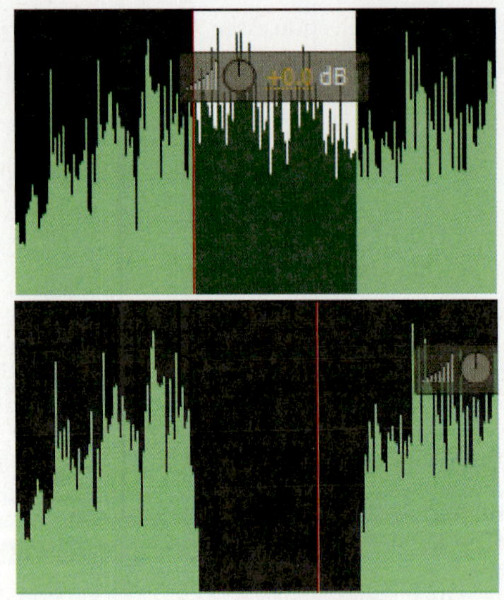

图4-6-31　设置静音

插入静音：当右击某位置，执行“Insert Silence…”命令后（也可以执行“Edit”>“Insert”>“Silence…”命令），就会弹出一个对话框，要求输入静音的时间，单击“OK”按钮后，就会在光标位置处插入一段静音区，如图4-6-32所示。

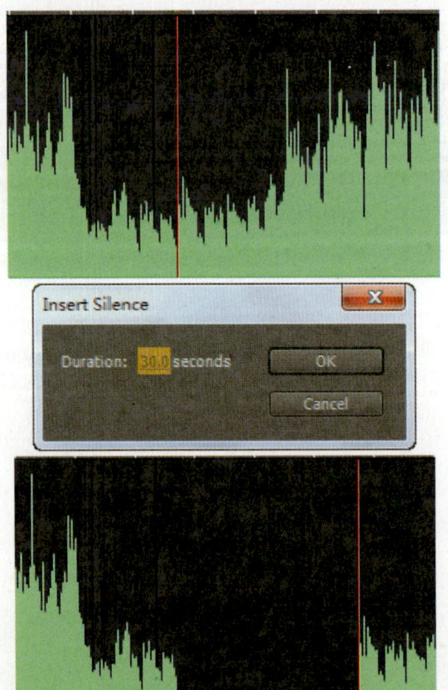

图4-6-32　插入静音

⑧设置声音的淡出淡入。

单击编辑面板底部的淡入按钮和淡出按钮，就会分别在编辑区的左上角和右上角出现淡入和淡出浮动按钮。拖动按钮，就可以设置声音的淡出淡入效果，如图4-6-33所示。

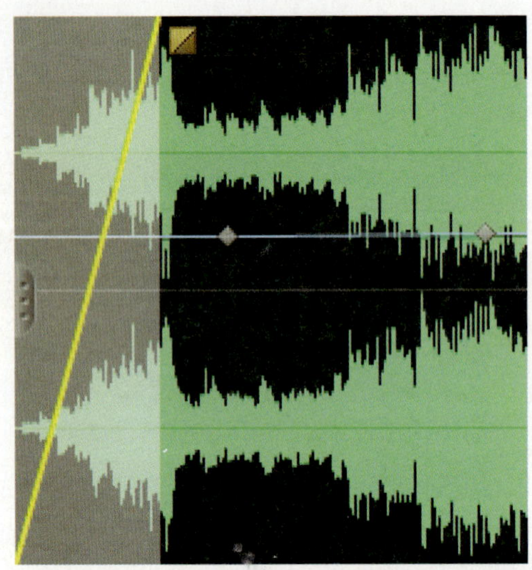

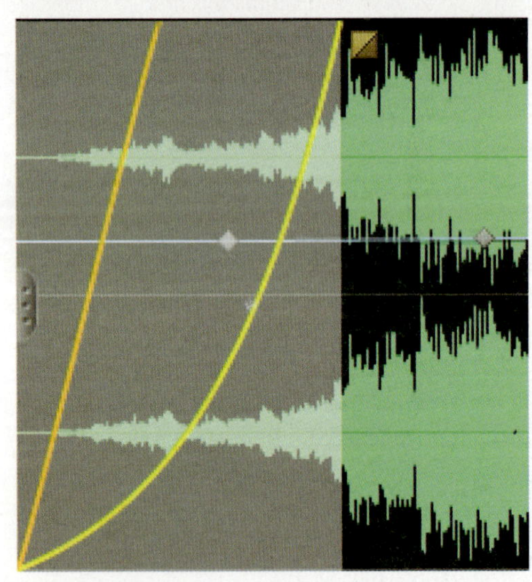

图4-6-33　设置声音的淡出淡入

⑨调节音量。

把鼠标放在圆盘上，向左拖动即降低声音，向右拖动即提高声音。若要对某一部分进行声音的调整，在调整前，使用选择工具选择要调整的区域，如图4-6-34所示。

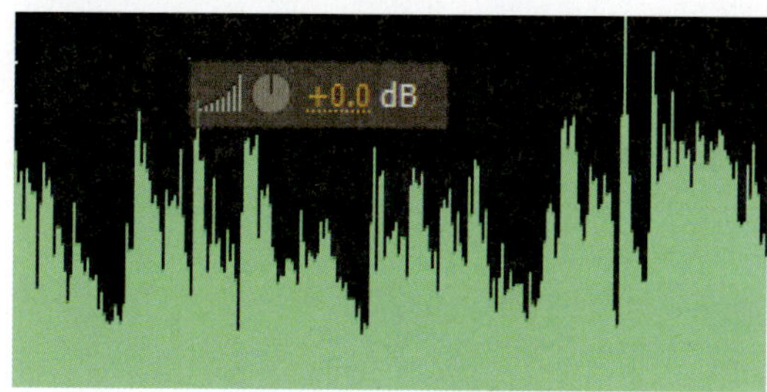

图4-6-34　调节音量

（4）修复音频

①通过频谱识别噪音。

在频谱显示图里，可以快速地识别和选择不同类型的噪声，如单击声和嘶嘶声。单击声通常显示为光亮的从顶部向底部延伸的竖形条。嘶嘶声通常显示为红色光亮的延伸至顶部的云状红线，如图4-6-35所示。

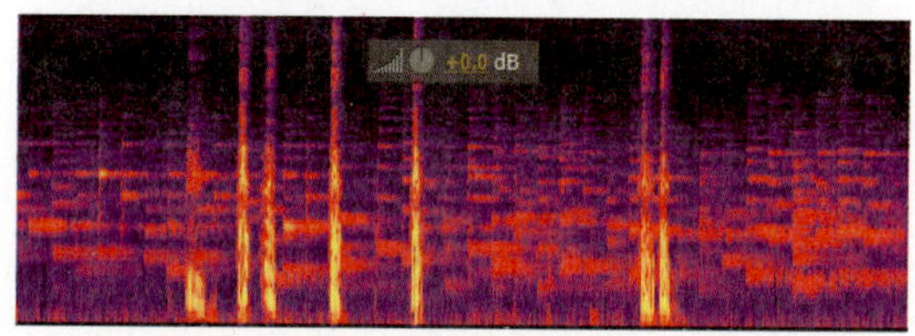

图4-6-35　通过频谱识别噪音

②消除背景噪音。

要消除持续不断的嘶嘶声或嗡嗡声等背景噪音，就要进行噪音处理。

01 在编辑面板中，选择一个里面有单一噪音的音频区域，然后右击执行“precess”>“Capture Noise Print”（捕获噪音打印）命令。

02 在编辑器面板中，选择想要清除的音频。

03 右击执行“precess”>“Reduce Noise…”（减少噪音）命令。

04 在面板中设置以下选项。

减少（Reduction）：指定的本噪声的幅度。音频低于此值就衰减；

减少到（Reduce by）：确定减轻多少是属于音频。

小提示

以上操作也可以在任务面板中执行，请在左侧工作区的Tasks选项卡中选择“Clean Up Audio”面板，如图4-6-36所示。

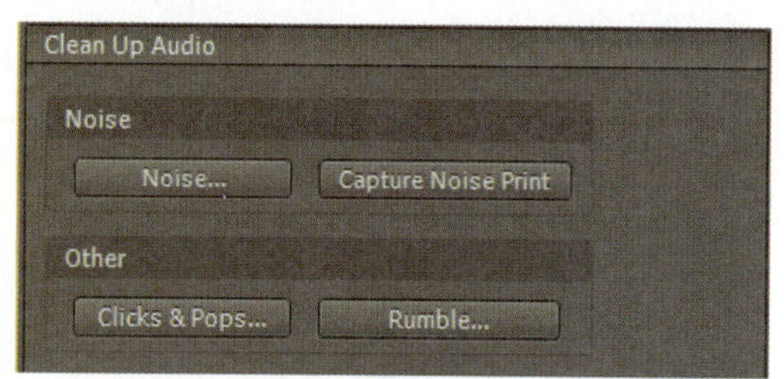

图4-6-36　消除噪音操作面板

③消除单击声、爆裂声或者隆隆声。

Soundbooth能迅速去除锋利的单击声和爆裂声（如从唱片发出的爆裂声），或者低沉的隆隆声（如驶过的卡车发出的振动声）。具体的操作方法如下。

01 在编辑盘区，选择想要消除的音频。

02 右击执行“precess”>“Remove Click & Pops…”或者“Rumble…”命令；或者在“Clean Up Audio”面板中单击“Click & Pops…”或者“Rumble…”按钮。

03 根据需要拖动图4-6-37的滑动条，可以点单“Preview”按钮试听声音效果，满意后点单“OK”按钮。

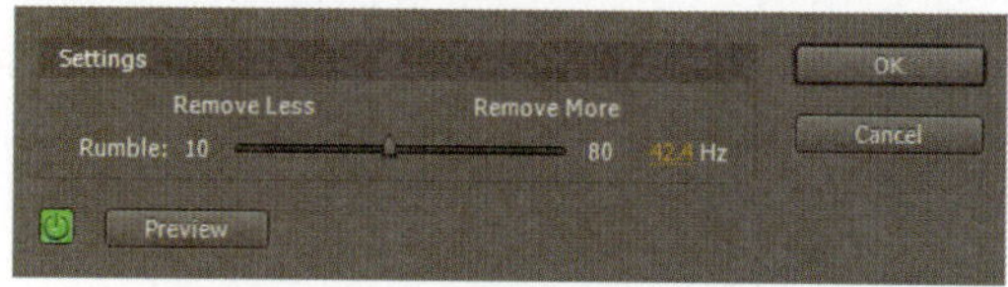

图4-6-37　设置消除噪音量的面板

④删除不协调的声音。

如图4-6-38所示，在“Remove a Sound”面板中，有一个“Auto Heal”按钮，与删除命令不同，该命令能够检测出声音的错失，去除这些不协调的声音，并能让处理后的声音与周围的声音完善融合在一起。

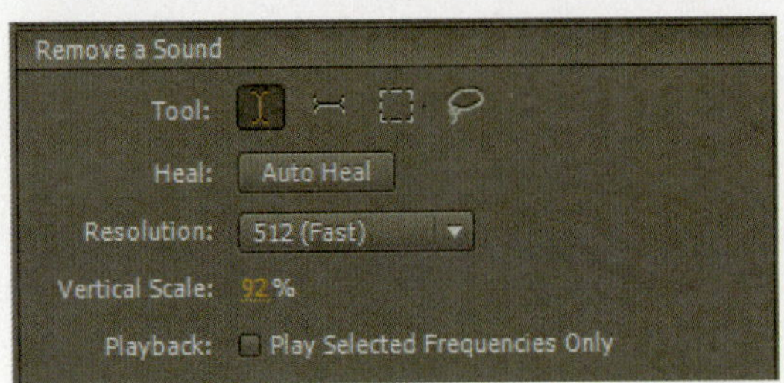

图4-6-38　Remove a Sound面板

具体的操作方法如下。

01 在左侧工作区的“Tasks”选项卡中选择“Remove a Sound”面板。

02 在面板中选择相应的选择工具。

03 在编辑区的光谱面板中，使用选择工具选取一段要处理的频谱。

04 为了得到更好的处理效果，请确保选区的长度不要超过25，000个采样（即每个采样率为48 kHz的样本时长是0.52秒）。

05 在“Remove a Sound”面板里，单击“Auto Heal”按钮，或右击选区执行“Processes”>“Auto Heal”命令。

（5）设置音频效果

Adobe Soundbooth CS5能够优化和提高音频效果，制作出完美、专业的声音。

在Soundbooth中，可以为一个音频设置最多5个声音处理效果，对于每个声音效果，可以对其进行预览、自定义，以便可以比较加工和未加工的音频，满意后以便应用到音频文件中。

小提示　如果设置多个声音处理效果，不同的排列顺序会产生不同的声音效果。

具体的操作方法如下。

01 如果想处理一个特定范围的音频，请在编辑器面板中选择要处理的音频区，如果不选择，Soundbooth会把效果处理应用到整个音频文件中。

02 执行“Window”>“Effects”命令，即会在工作区左侧出现“Effects”面板，如图4-6-39所示。

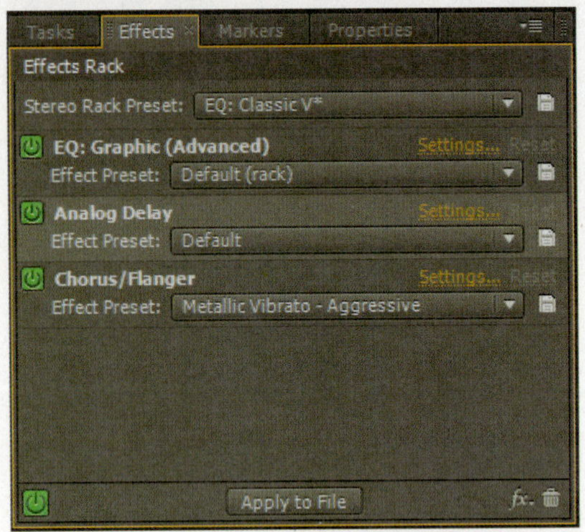

图4-6-39　添加音频效果面板

03 单击“Effects”面板右下角的添加效果按钮，选择一种效果，就会在面板上添加了一条效果记录。

04 对于每条效果，都可以在对它进行编辑，选择“Effect Preset”里的预设效果，单击“Settings…”按钮进行相关参数的设置。

05 在每个效果的左侧有一个效果开关按钮，用于关闭或启动效果。

06 在每个效果的右侧有一个保存预设效果的按钮，单击该按钮，输入保存名称，然后单击“OK”按钮。该名称就会出现在预设效果选项中，以供后面的操作使用。

07 要测试设置效果后的音频效果，可点选编辑区中的播放按钮进行试听。

08 要删除不需要的效果，只需选择该效果，并单击“Effects”面板右下角的按钮或按Delete键。

09 要把效果应用到音频文件中，请单击“Apply to File”按钮。

（6）声音效果菜单如图4-6-40所示，其各选项含义如下

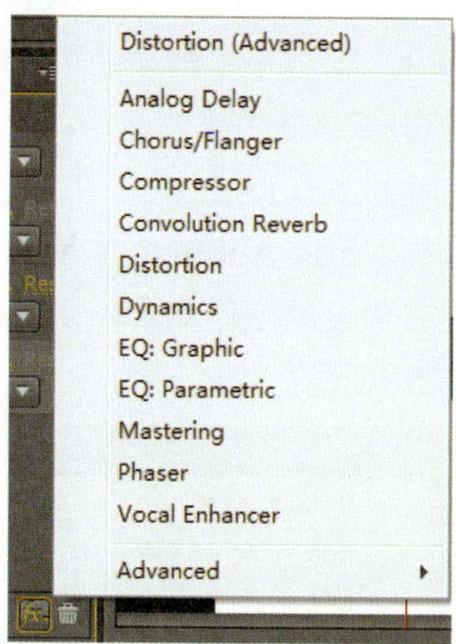

图4-6-40　声音效果菜单

- Distortion（Advanced）：失真（高级）；
- Analog Delay：模拟延迟；
- Chorus/Flanger：合唱/镶边；
- Compressor：压缩器；
- Convolution Reverb：盘旋混响；
- Distortion：失真；
- Dynamics：动态变化；
- EQ：Graphic：图形均衡器；
- EQ：Parametric：参数均衡器；
- Mastering：控制；
- Phaser：移相器；
- Vocal Enhancer：提高音量。

5. 多轨道混合和编辑

多轨道文件可以把多个音频文件混合在一起，并能迅速地为电影和Flash配乐。关于多轨道混合的录像，请参看：http://tv.adobe.com/watch/learn-soundbooth-cs4/mixing-multitrack-files-and-restoring-edits/

（1）创建多轨道文件、轨道和文件夹

如图4-6-41所示，选择新建文件按钮，在弹出的菜单中，请选择以下其中之一创建一个多轨道文件。

图4-6-41　创建多轨道文件菜单

New Multitrack File：创建一个空的多轨道文件，创建后默认在编辑面板中有3个音频轨道。

New Multitrack File from Waveform：把剪切面板里的音频片段作为轨道创建多轨道文件。

New Multitrack File from Channels：把复制的音频文件作为轨道创建多轨道文件。如果是立体声文件，会把左右声道分离作为单个声道插入。

（2）插入视频声道

在编辑面板上执行“Tracks”>“Add Video Track”命令，或在菜单上执行“Edit”>“Tracks”>“Add Video Track”命令即可插入视频声道，如图4-6-42所示。

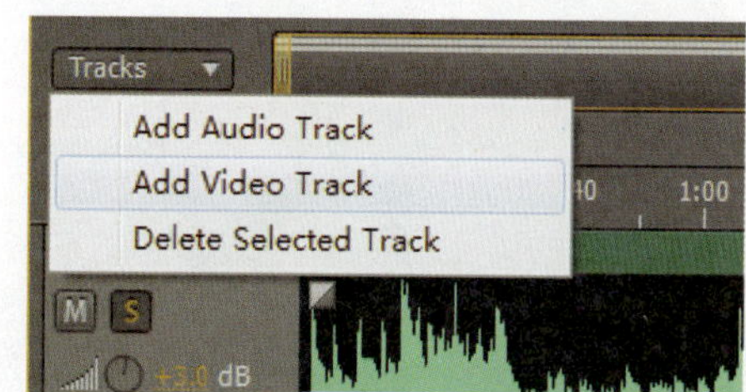

图4-6-42　插入视频声道

(3) 认识轨道控制面板

每个轨道的左侧都有一个控制面板，轨道控制面板里具有多个控制按钮，如图4-6-43所示。

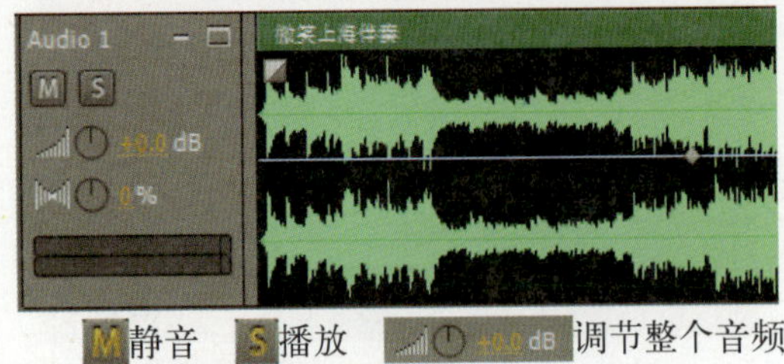

M静音 S播放 dB调节整个音频音量 %调节左右声道音量

图4-6-43 多轨道面板

(4) 添加和删除音轨

- 添加单轨：在编辑面板上执行“Tracks”>“Add Audio Track”命令，或在菜单上执行“Edit”>“Track”>“Add Audio Track”命令；
- 删除音轨：在编辑面板上执行“Tracks”>“Delete Selected Track”命令，或在菜单上执行“Edit”>“Track”>“Delete Selected Track”命令。

6. 为视频配音

(1) 对视频中的音频进行编辑

01 在“Files”面板中单击“打开文件”按钮，打开要编辑的视频。

02 在工具栏的Workspace（工作区）列表中，选择“Edit Audio to Video”，打开专为配音预设的工作界面，如图4-6-44和图4-6-45所示。

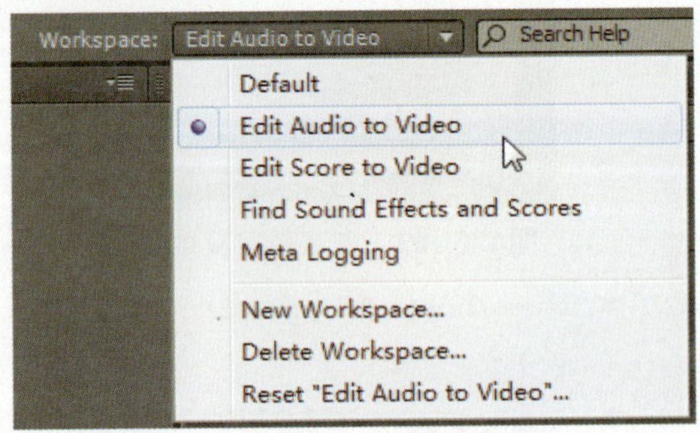

图4-6-44 设置“配音预设界面”菜单

03 如图4-6-45所示，在观看视频的显示的同时进行音频的编辑。

图4-6-45 配音工作区界面

04 要保存文件，请在“Files”面板中选择视频文件，右击执行“Save Selected Files”命令，或在菜单中执行“File”>“Save”命令，如果要另存该文件，请执行“File”>“Save as…”命令。

（2）**提取视频中的声音**

如果要编辑或修复视频中的声音，要先将视频中的音频提取出来，作为一个单独的轨道。具体的操作方法为对着视频轨道右击执行“Extract Audio…”命令，这样，就会在编辑区中出现一条新的音频轨道，在“File”面板中也增加了一个声音文件。

（3）**删除视频中的音频并重新配音**

①新建一个多轨道文件。如图4-6-41所示，在“Files”面板中，选择“新建文件”按钮，选择“New Multitrack File ”，创建一个空的多轨道文件。

②添加视频轨道。在工具栏的Workspace（工作区）下拉列表中，选择“Default”，回到默认界面。在编辑面板上执行“Tracks”>“Add Video Track”命令，或在菜单上执行“Edit”>“Tracks”>“Add Video Track”命令。

③插入视频文件。对着视频轨道右击，选择“Insert File…”命令，在对话框中选择一个视频插入，如图4-6-46所示。

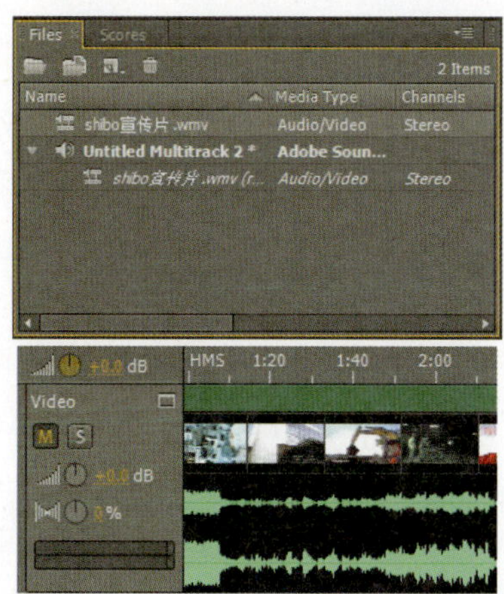

图4-6-46　插入视频后的Files面板

④消除视频中的声音。视频中的声音在Soundbooth中是不能删除的，只能把它的音频设为静音，具体的操作方法如下。

01 双击“Files”面板中的视频文件，进入音频编辑界面。

02 在编辑区双击全选音频。

03 右击执行“Insert Silence…”命令，单击“OK”按钮。

⑤为视频配音。双击“Files”面板中新建的多轨道文件，返回多轨道编辑界面。您可以在某一轨道里插入已经存在的音频，具体的操作方法如下。

01 选择一个空的音频轨道，右击执行“Insert File…”命令，在对话框中选择一个音频插入。

02 执行“Window”>“Video”命令打开视频窗口，通过播放预览，调整音频的位置。

> **小提示** 如果要对视频进行录音生并成配音文件，请用另一个软件打开视频文件，并用Soundbooth进行录音和裁剪，把录音文件编辑完后再插入到多轨文件中。

（4）**保存文件**

可选择以下方式之一保存文件，如图4-6-47所示。

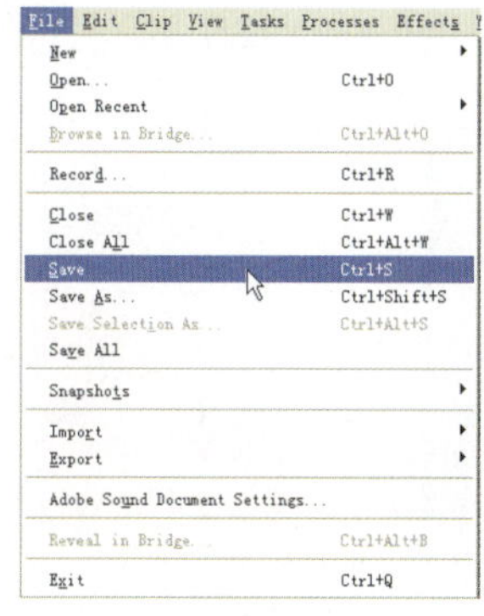

图4-6-47

- 执行“File”>“Save”命令，在“保存类型”中选择相关的视频格式；

- 执行“File”>“Save As”命令，在“保存类型”中选择相关的视频格式；
- 执行“File”>“Save Selection As”命令，在“保存类型”中选择相关的视频格式；
- 执行“File”>“Export”>“Multitrack Mixdown…”命令，在“保存类型”中选择相关的视频格式。

小结：Adobe SoundBooth CS5在制作数字化教学资源中可以为资源截取音频、修复音频并为视频文件和Flash文件配音。本节只介绍了Adobe SoundBooth CS5中的常用工作面板及几种常用动画的制作，如果要详细了解该软件的功能，请参看Adobe的其他相关教材和网上资源。

4.7 Adobe Acrobat 9 Pro

Adobe Acrobat（如图4-7-1所示）用来从电子邮件、Web网页以及日常使用的软件及文件中创建、合并和控制Adobe PDF文档，更加安全地进行文件分发和参与共享审阅，并可以对敏感信息进行控制，与Flash技术整合，允许在PDF文件中插入FLV或H.264格式的视频。

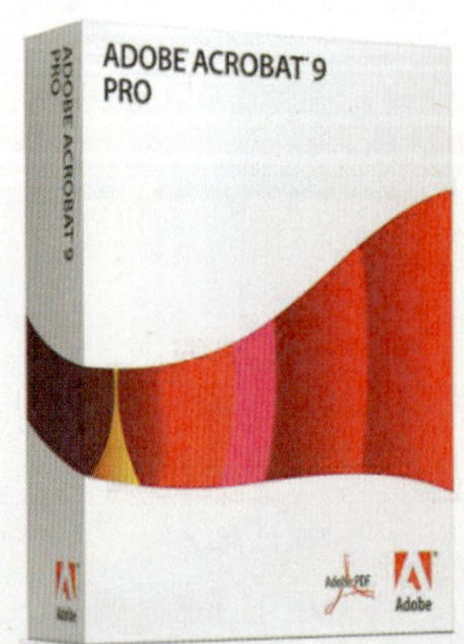

图4-7-1 Adobe Acrobat 9 Pro

PDF以紧凑、完整的文件结构将源文档中的文字、字体、格式、颜色、图形和图像版面的设置等封装在一个PDF文件中，使得任何用户都可以不依赖操作系统的语言、字体和现实设备，通过免费的Adobe Reader软件就能“逼真地”将文件原貌再现出来。而且PDF文件支持内容搜索，还可以包含超文本链接、声音和动态影像信息，具有较高的集成度和可靠的安全性。

Adobe Acrobat可以帮助教师和学生创建新颖、方便、灵活的PDF“公文包”，以与众不同的方式存储、组织和发布信息。PDF“公文包”将文档、图片、电子邮件、电子数据表和富媒体文件（包括音频、视频、3D图形等）整合到一个单独的PDF压缩文件包中，方便任何人访问和浏览。在校务管理方面，Adobe Acrobat可以帮助学校实现无纸化办公，PDF表单应用可以在学校管理部门中发挥作用，规范学校运营；在协作方面，教师和学生可以通过PDF文档和Adobe Acrobat Pro实现交互，如对毕业论文的审阅，课外作业的审批等，这种审阅审批的对象不仅仅是文字，还可以针对图片、视频、设计图和3D模型等。下面介绍Adobe Acrobat面向教学应用的基本功能及应用技巧。

1. 创建PDF文档

教师可以使用空白页面、文档文件、网站、扫描的纸质文档和剪贴板内容来创建PDF。对于PDF转换，不同类型的资源使用不同的工具。在许多应用程序中，可以通过在“打印”对话框中选择Adobe PDF打印机来创建PDF，也可以将文件拖放到Adobe Acrobat图标上来创建PDF，在后一种情况下，Adobe Acrobat将应用最近使用的转换设置。下面介绍几种常用的创建PDF文档的方法。

（1）运用微软Office软件，创建PDF文档

在安装了Adobe Acrobat后，微软Office软件的菜单栏中会出现Acrobat图标，由此可以将Word、PPT等文档转换为PDF格式，如图4-7-2所示。

图4-7-2　Word中的Acrobat菜单

（2）将网页资源保存为PDF文档

当安装了Adobe Acrobat后，Internet Explorer（6.0或更高版本）浏览器上将嵌有Adobe PDF工具栏。使用本工具栏的命令，可以用多种方法将当前显示的网页转换为PDF：转换整个网页或仅选择它的一部分；创建新的PDF或将转换的页面追加到现有的PDF。Adobe PDF工具栏菜单也包含在转换后成功启动下一步动作的命令，例如，将新转换的PDF附加到新的电子邮件或执行打印。

①在Internet Explorer中将网页转换为PDF。

在Internet Explorer中打开目标网页，执行“Adobe PDF”工具栏上的“转换”命令，执行下列操作之一，如图4-7-3所示。

小提示　如果在Internet Explorer中看不到Adobe PDF工具栏，执行“查看”>“工具栏”>“Adobe PDF”命令。

- 从当前打开的网页创建PDF，选择“将网页转换为PDF”。然后选择位置，键入文件名后单击“保存”按钮。
- 将当前打开的网页的内容添加到其他PDF中，选择“将网页添加到现有的PDF”。定位并选择现有的PDF，然后单击“保存”按钮。
- 从当前打开的网页创建并打印PDF，选择“打印网页”。当转换结束并打开“打印”对话框时，指定选项并单击“确定”按钮。
- 从当前打开的网页创建PDF并将其附加到空白电子邮件，选择“转换网页并通过电子邮件发送”。然后指定PDF的保存位置和文件名并单击“保存”按钮。在转换完成后在电子邮件中输入适当的信息。

对于这些选项中的任何一个选项，要在转换后打开输出PDF，选择“查看 Adobe PDF结果”弹出式菜单命令，如图4-7-3所示。

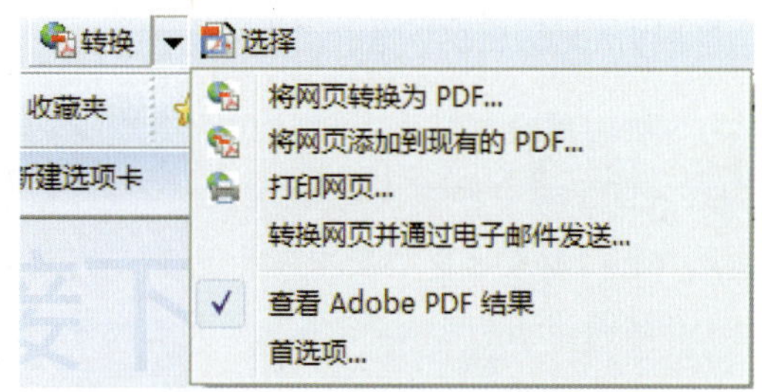

图4-7-3　将网页转换为PDF

若要将网页的一部分转换为PDF文件，则需要进行以下操作。

01 拖动指针来选择网页上的文本和图像。

02 用鼠标右键单击选定内容，若要新建PDF文件，选择“转换为Adobe PDF”，然后选择一个PDF的名称和位置；若要将选定的内容追加到其他PDF文件，选择“追加到现有的PDF”，然后定位并选择要将选定内容加入的PDF文件。

若将网页中的选定区域转换为PDF，则需要进行以下操作。

可以使用“选择”选项选择网页上要转换的特定区域。可以使用此选项转换网页上有意义的内容，忽略不需要的内容（如广告）。

01 在“Adobe PDF”工具栏上，单击“选择”。

02 将鼠标指针在网页上四处移动时，一条红色的虚线会指示可以选择的网页区域。单击要转换的区域，选中的区域将出现在蓝色框中。要取消选中某个区域，请再次单击它。

03 用同样的方法继续转换。

04 若要取消，选中所有区域并退出“选择”模式，再次单击“选择·”。

若将链接网页转换为PDF，则需要进行以下操作。

在打开网页中右键单击链接的文本，若要将链接网页添加到现有PDF文件中，选择“将链接目标追加到现有的PDF”，定位并选择现有的PDF文件，然后单击“保存”命令；若要将链接网页转换为新PDF文件，选择“转换链接目标为Adobe PDF”弹出式菜单命令。

小提示 该右键菜单还包括了“追加到现有的PDF”命令和“转换为Adobe PDF”命令。如果选择了其中一个选项，则将转换当前打开的网页，而不是转换选定的链接。

②在Adobe Acrobat中将网页转换为PDF。

将一个网页转换为PDF文件，除了上述操作之外，还可以在Adobe Acrobat中直接进行相关操作，如图4-7-4所示。

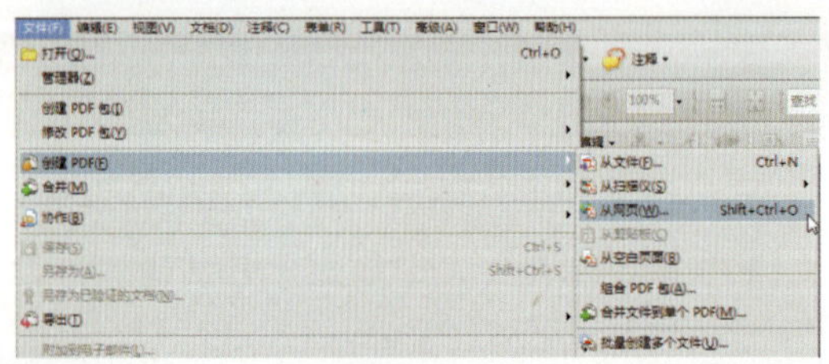

图4-7-4

01 在Adobe Acrobat中执行“文件”>“创建PDF”>“从网页”命令。

02 输入完整的网页路径，或者单击“浏览”并找到HTML文件。

03 单击“设置”，根据需要在“网页转换设置”对话框中更改选择的选项，然后单击“确定”按钮。

04 单击“创建”按钮，则执行文件创建。

小提示 可以查看正在下载的页面，但在下载结束以前无法修改页面。

2. 利用Adobe Acrobat制作多媒体课件

添加视频、声音和交互内容可以将PDF转换为多媒体课件制作平台，可提高文档的交互性和参与性，提升学习者的学习兴趣。

（1）添加音频、视频、Flash文件到PDF文档中

Adobe Acrobat提供的多媒体功能允许PDF放置多种类型的电影和声音文件到页面上。例如，Flash、QuickTime、MP3、MPEG和Windows Media文件等，通过链接、书签、表单域或页面动作来激活，并在指定的播放区域里播放。播放区域在PDF页面上显示为图像或矩形，也可设置为不可见。Adobe Acrobat支持Windows Media Player、Flash Player、RealPlayer或QuickTime等格式的媒体文件。使用“手形工具”或“选择”工具，移动鼠标指针到视频或声音文件的播放区域上方，当光标变成播放模式图标时单击来播放视频或声音。

小提示 安装必要的硬件和软件后方可播放媒体文件。

01 执行“工具”>“多媒体”命令，选择“视频工具”、“声音工具”或“Flash工具”，如图4-7-5所示。

图4-7-5 多媒体工具栏

02 在页面上拖画或双击来指定其播放区域，如图4-7-6所示。

03 将弹出“插入视频”对话框，单击“浏览”按钮选择目标视频文件，如图4-7-7所示。

图4–7–6　指定视频播放区域

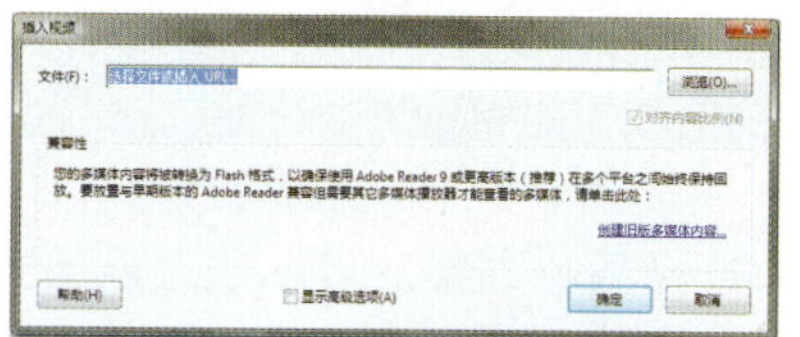
图4–7–7　选择视频文件

04 要在插入视频、声音或交互内容时查看高级多媒体选项，请在“插入视频”对话框中选择“显示高级选项”，就可以对多媒体的启用、停用及外观等进行相应的设置，如图4-7-8所示。

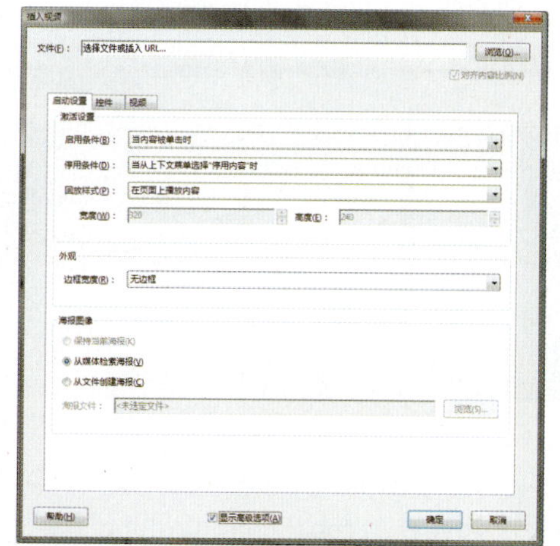
图4–7–8　插入视频高级面板

（2）添加3D模型到PDF文档中

在Adobe Acrobat中，利用3D工具可将U3D格式文件嵌入到PDF文档中。嵌入PDF文档中的3D内容通常以二维海报图像显示。当已设置“该动画在启用文件时播放”时，在使用“手形工具”单击3D模型后，会显示3D工具栏。3D工具栏总是出现在3D模型的左上角区域并不能移动。“旋转”工具右边会出现一个小箭头，单击该小箭头可以隐藏或展开工具栏。

添加3D模型到PDF文档中的方法如下。

01 选择“工具”>“高级编辑工具”>“3D工具”。

02 在页面上拖画矩形来为3D文件定义画布区域。

03 在“3D模型”下，单击“浏览”来选择3D文件，然后单击“打开”。

3. 创建引人入胜的PDF文件包

PDF包可以快速将某个对象化教学资源的所有文件组合到单个内聚的PDF包中。这些文件可以包括文本文档、电子邮件、电子表格、CAD绘图、PowerPoint文件、视频和PDF文件等各种组件。教师不必将组件文档转换为PDF文件格式，而且可以独立编辑每个组件，而不影响PDF包中的任何其他组件。

（1）创建PDF包文件

01 在Adobe Acrobat中，执行“文件”>“创建PDF包”命令，如图4-7-9所示。

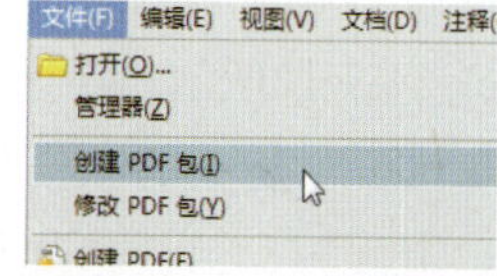
图4–7–9　创建PDF包

02 添加文件到PDF包：在PDF包工具栏中执行“修改”>“添加文件”命令，导航到要包括的文件。选择一个文件并单击“打开”按钮，如图4-7-10所示，该文件即被添加到PDF文档中。

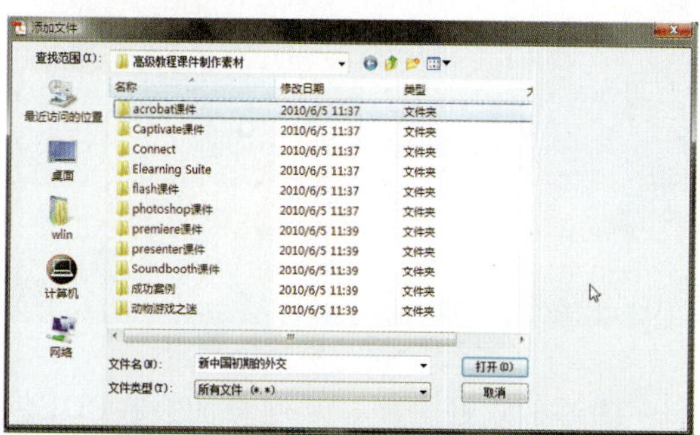
图4–7–10　为PDF包选择文件

(2) PDF包的编辑

在创建了PDF包后，可以对PDF包进行相应的编辑，以美化PDF包，具体的编辑操作包括以下几个方面。

①选择布局。执行“编辑PDF包”窗格中的“选择布局”命令，从弹出的菜单中选择类别（如“基本布局”），然后选择布局，如图4-7-11所示。

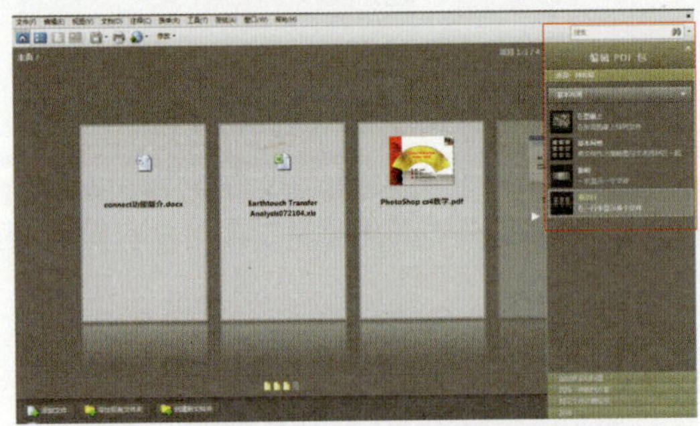

图4-7-11　布局选项

②添加页眉。可以在PDF包页面的顶部应用页眉，使PDF包具有一致的外观。页眉可以包括文本和图形，如徽标、单位名称或联系信息，如图4-7-12所示。要添加页眉，单击“编辑PDF包”窗格中的“添加欢迎和页眉”，单击“页眉”，然后选择模板。每个模板包含一个图像占位符、一个文本占位符或同时包含两者。单击图像占位符将其替换为GIF、JPEG或PNG文件。单击文本占位符可键入文本并设置文本格式。

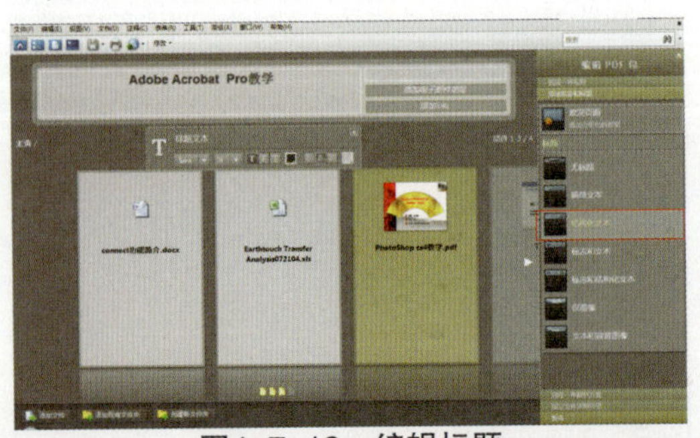

图4-7-12　编辑标题

③添加欢迎页面。欢迎页面会在PDF包打开时显示。欢迎页面可以包含文本、图像或Flash动画（SWF文件或FLV文件），如图4-7-13所示。

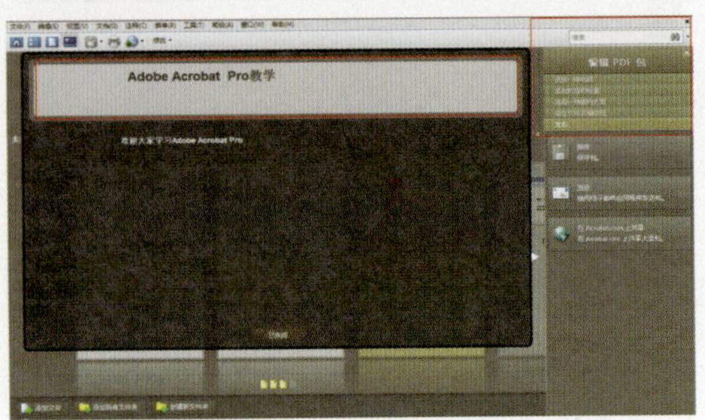

图4-7-13　欢迎页面

④选择颜色方案。可以通过以下方式进一步自定义PDF包：选择要用于文本、背景以及显示组件数据的卡片的颜色，如图4-7-14所示。执行“编辑PDF包”窗格中的“选择颜色方案”命令；单击所要选用的方案色板，或者单击“自定义颜色方案”定制自己的方案。要创建自定义颜色方案，请选择用于每种类别的颜色，如主要的文本颜色。

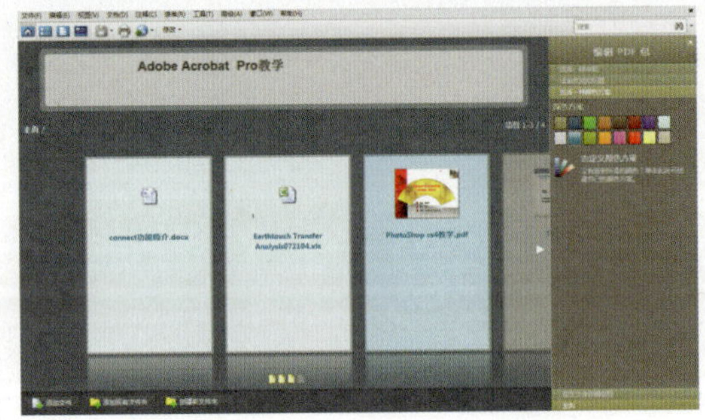

图4-7-14　颜色方案选项

⑤发布PDF包。完成PDF包后，可以通过电子邮件或在Acrobat.com（Adobe提供的服务网站）上将其共享。可以将其刻录到CD或DVD中，也可以像共享任何其他PDF那样将其发布，这三种方式的具体执行过程如下：

- 执行“文件”>“保存包”命令；
- 或者从PDF包工具栏中的共享菜单选择“电子邮件”将PDF包作为电子邮件附件发送；
- 或者在Acrobat.com上将其共享，当

PDF包文件大小对于许多电子邮件服务器而言过大时这将特别有用。从共享菜单选择“在Acrobat.com上共享包”，然后登录到Acrobat.com。

4. PDF文档注释功能的教学应用

(1) 注释和标记工具概览

可利用“注释和标记”工具，执行“视图”>“工具栏”>“注释和标记”命令，来进行注释和标记的相关操作，如图4-7-15所示。

图4-7-15 注释和标记工具

在图4-7-15“注释和标记”工具栏中从左至右依次为：附注工具、文本编辑工具、图章工具和菜单、高亮文本工具、标注工具、文本框工具、云朵工具、箭头工具、线条工具、矩形工具、椭圆形工具、铅笔工具和显示菜单。

注释是基于PDF文档基础的交流想法或者提供反馈的注解和图画。可以使用“附注工具”输入文字信息，或者可以使用绘图工具来添加线条、圆或者其他形状，并在关联的弹出式附注窗口里输入信息。可以使用文本编辑工具添加编辑标记，表明希望在源文档中做的更改。

对于已经标有注释和标记的文档，可以通过执行“工具”>“注释和标记”>“显示注释和标记工具栏”命令将注释和标记在页面上显示出来。

通常注释包括两部分：图标或者“标记”，出现在页面上并且当双击图标或将指针放置在其上时会出现包含文字信息的弹出式附注窗口。

当添加了一个注释，它将维持选中状态直到单击页面的其他位置。选中的注释由蓝色光晕高亮显示来帮助找到页面上的标记。此时将出现一个带选择手柄的线框，可以调整大小和形状。

(2) 更改注释的外观

注释和标记可以有很多外观，可以在创建它们之间或之后更改注释或标记的颜色和外观，例如可以设置新外观为该工具的默认外观。

(3) 添加附注

附注是最普通的注释类型，包括一个附注图标和一个弹出式的文字信息框。可以在页面或文档区域上的任何位置添加附注。

01 执行“注释”>“添加附注”命令或者在“注释和标记”工具栏中选择“附注”工具，如图4-7-16所示。

02 单击要放置附注的位置，或拖动创建自定义大小的附注窗口。

03 在弹出式附注中输入文字，也可以使用“选择工具”从PDF文件中复制和粘贴文本到附注中，如图4-7-17所示。

图4-7-16 选择“附注”工具

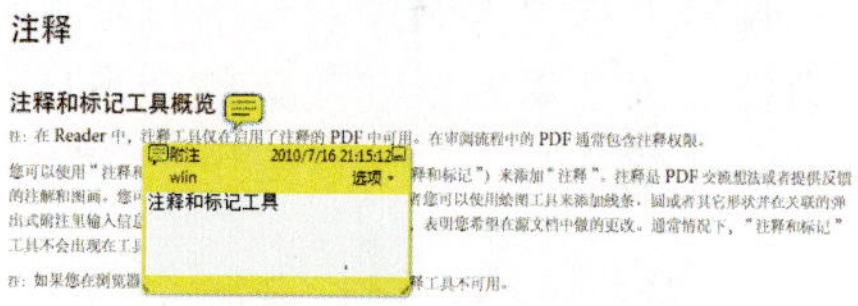

图4-7-17 添加附注

①编辑附注注释。单击或双击附注图标，即可以根据需要对辅助注释进行更改，具体的操作如下。

- 若要调整弹出式附注的大小，拖动左下角或右下角，如图4-7-18所示。

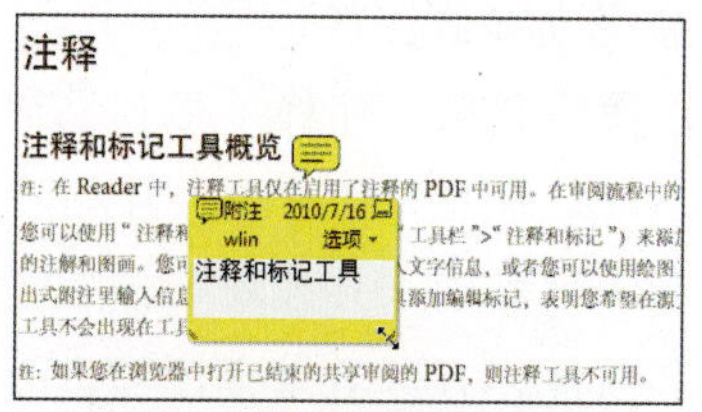

图4-7-18 修改附注大小

● 若要更改文本格式，执行“视图”>“工具栏”>“属性栏”命令，选择文本，然后选择想要在工具栏中的属性，如图4-7-19所示。

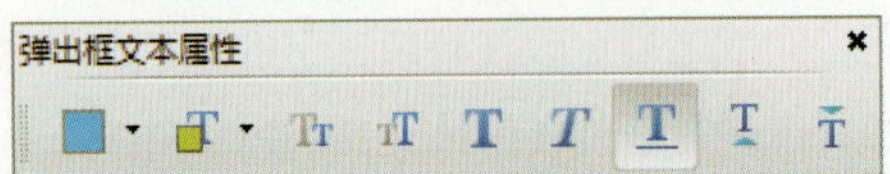

图4-7-19　修改附注文本格式

②删除附注。选择“附注工具”、“手形工具”或者“选择工具”；选择附注图标，然后按Delete键或者双击附注图标，从弹出式附注的“选项”菜单中选择“删除”。

(4) 标记编辑过的文本

可以在PDF中使用文本编辑注释，用来指出源文件中文本被编辑之处。文本编辑注释不会更改PDF中的原有文本。它们只是用来指示PDF源文件中哪些文本应该被删除、插入或替代。

执行“选择工具”或“文本编辑工具”，如图4-7-20所示。

在用“文本编辑工具”单击或选择文本之后，将会出现一个图标。如果将指针放置在该图标上，文本编辑选项菜单会出现，具体操作如图4-7-21所示。

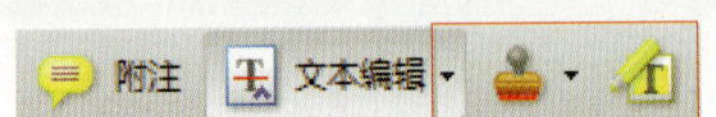

图4-7-20　文本编辑工具

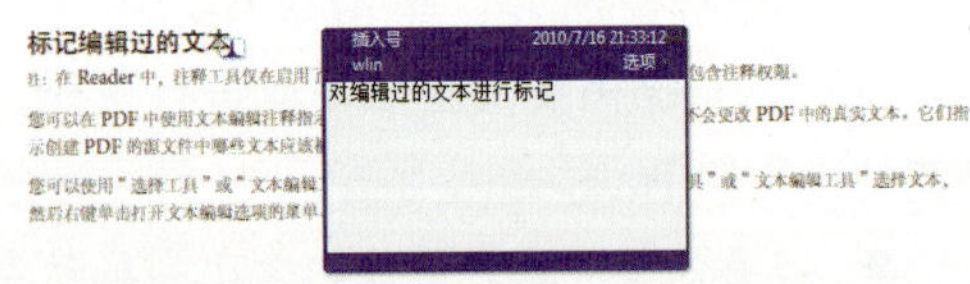

图4-7-21　编辑过的文本

(5) 添加录音注释

可以使用“录音注释”工具添加预录的WAV或AIFF文件作为注释。音频附件出现在“注释”列表中，必须安装播放音频文件的硬件和软件，方可对录音注释进行播放。默认情况下，“录音注释”工具不会出现在“注释和标记”工具栏中，但可以执行“工具”>“自定义工具栏”命令来添加，如图4-7-22和图4-7-23所示。

图4-7-22　自定义工具栏

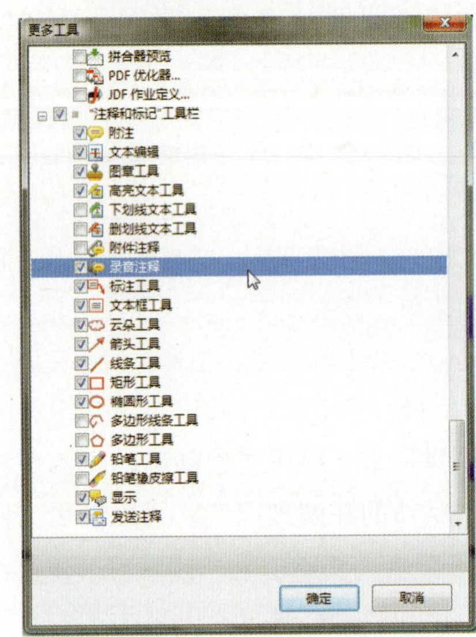

图4-7-23　添加“录音注释”

①添加预先录制的音频注释。操作过程如下，如图4-7-24和图4-7-25所示。

01 执行“工具”>“注释和标记”>“录音注释”命令。

02 单击PDF文档中要放置录音注释的位置。

03 单击“浏览器”，选择要添加的音频文件。

04 若要试听音频注释，单击“播放”按钮。

05 在完成试听之后，单击“停止”按钮。

06 然后单击“确定”按钮。

07 在“属性”对话框中指定选项，单击“关闭”。

图4-7-24　录音注释

图4-7-25　浏览已有录音

②录制录音注释。

01 执行“工具”>“注释和标记”>“录音注释”命令。

02 单击PDF文件中要放置录音注释的位置。

03 在出现的对话框中单击“录制”按钮，对着麦克风进行录音。

04 在完成录制之后，单击“停止”按钮，然后单击“确定”按钮。

(6) **管理注释**

“注释列表”显示了PDF文件中所有的注释，并且提供了一个包含常用选项的工具栏，例如，排序、筛选、删除和回复注释。若要查看注释，可以通过以下几种方式进行。

- 在Adobe Acrobat中执行“注释”>“显示注释列表”命令；
- 在Adobe Reader中执行“文档”>“注释”>“显示注释列表”命令；
- 单击导览窗格中的“注释”按钮。

5. 教学资源的可控共享与保护

教师可以利用Adobe Acrobat的安全性功能来增强PDF文档的安全性，如限制文档的打开、编辑和打印，只允许指定的学习者访问PDF文档，验证PDF文档并在验证文档后限制编辑。对于文档中的安全性设置，可以在创建的时候添加。当文档限制了某些功能后，相关的工具和菜单项目都呈灰色不可用状态。

可以通过以下方式查看文档的安全性设置。

01 执行“高级”>“安全性”>“显示安全性属性”命令。

02 执行“文件”>“属性”命令打开“文档属性”对话框后单击“安全性”选项卡，如图4-7-26所示。

03 执行“任务”工具栏的“安全”按钮选择“显示安全性属性”命令。

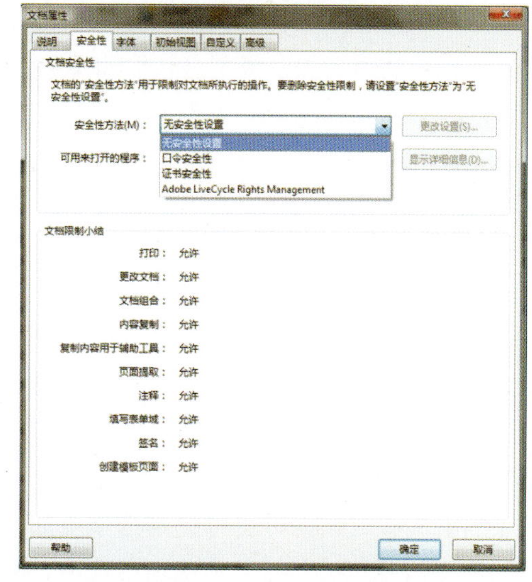

图4-7-26　安全性

可以通过以下方式设置口令安全性：

- 在打开的文档属性“安全性”选项卡对话框中，选择“安全性方法”为“口令安全性”或执行“任务”>“安全”按钮，从下拉菜单中选择“使用口令加密”命令；
- 打开“口令安全性－设置”对话框，如图4-7-27所示。

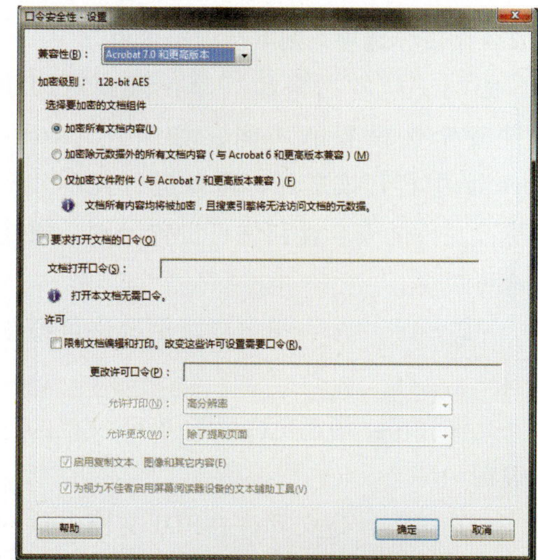

图4-7-27　口令安全性-设置

“兼容性”下拉列表用于设置打开密码保护文档的加密类型。“Acrobat 3和更高版本”选项使用低加密级别（40-bit RC4），而其他选项使用高加密级别（128-bit RC4或AES）。“Acrobat 6和更高版本”选项允许搜索元数据。

小提示 使用较低版本的Acrobat无法打开具有较高兼容性设置的PDF文档。

加密的对象可以是文档和文档元数据、除文档元数据以外的文档内容，或者仅是文档附件。搜索引擎将无法访问加密后的文档元数据。其他选项介绍如下。

加密所有文档内容：选择本选项可加密文档和文档元数据。如果本选项被选中，搜索引擎无法访问文档元数据。

加密除元数据外的所有文档内容：选择本选项可加密文档内容，但仍然允许搜索引擎访问文档元数据。

仅加密文件附件：选择本选项可要求打开文件附件时输入口令，但无需口令即可打开文档。

要求打开文档的口令：选择本选项来要求键入指定打开文档口令。如果选中“仅加密文件附件”选项，则本选项不可用。

限制文档的编辑和打印：限制对PDF文件安全性设置的访问。如果在Adobe Acrobat中打开该文件，可以进行查看，但要更改文件的安全性和许可设置，则必须输入许可口令。

更改许可口令：指定要求更改许可设置的口令。

允许打印：指定允许用于 PDF 文档的打印级别。

允许更改：定义允许在PDF文档中执行的编辑操作。

6. 利用PDF的交互式表单进行教学与管理应用

在实际教学中，纸质的问卷和试题回收后的统计工作会比较繁琐，Adobe PDF 表单是基于计算机的表单版本，可以通过电子邮件或CD分发，也可以在网站上发布使用。利用Adobe Acrobat Pro或免费的Adobe Reader都可以填写表单，并且教师可以通过收集表单数据轻松获取问卷或试题的回答，并对回答情况进行统计。

（1）快速创建PDF表单

使用扫描仪可以将纸张表单转换为PDF，并使用“表单”工具在与纸张表单相同的位置创建交互表单域。可以从现有的或创作应用程序（如Word、Excel）中创建的表单开始，并将其转换为PDF文档，或者可以从现有的PDF开始，使用Adobe Acrobat来添加表单域和其他表单功能。

小提示 将文档转换为Adobe Acrobat表单时，Adobe Acrobat会检测文档中的表单域，需要仔细检查文档以验证Adobe Acrobat检测到了正确的域。

下面介绍从现有电子文档（如Word、Excel或PDF文档）创建表单并将交互表单的方法域添加到表单中。具体创建表单的过程如下。

01 执行“表单”>“启动表单向导”命令，如图4-7-28所示。

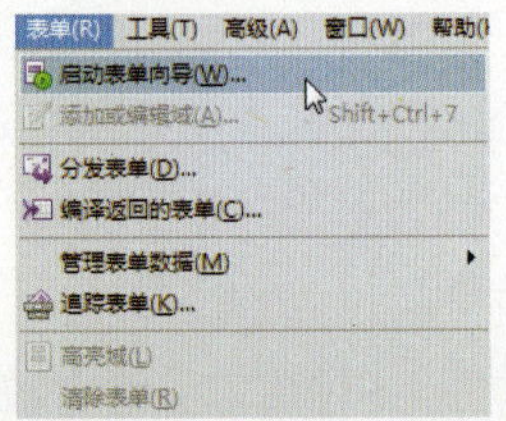

图4-7-28 启动表单向导

02 选择“现有的电子文档”，如图4-7-29所示。

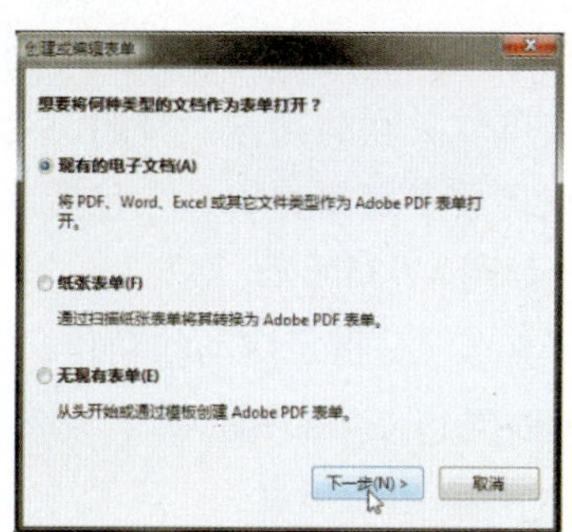

图4-7-29 选择“现有的电子文档”

03 选择创建为表单的电子文档，单击下一步，则会自动将电子文档转换为PDF表单，如图4-7-30和图4-7-31所示。

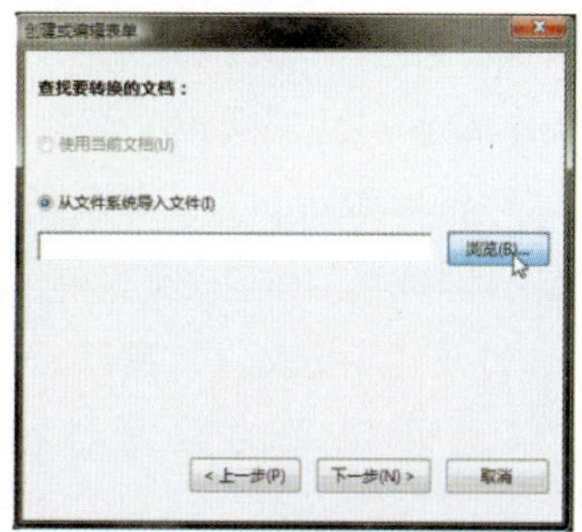

图4-7-30 浏览目标电子文档

基础教育领域教育资源使用现状及评价调查问卷

老师，您好！我们是北京师范大学的教育资源研究小组，正在对基础教育领域教育资源使用现状及资源评价等问题进行研究（这里的资源指数字化教学资源）。您提供的信息只用于学术研究，我们保证不会对您产生任何不良影响。期待您的真实反馈，非常感谢您的合作！

◆ 个人信息（请在横线上填写相应的信息）

您所教的科目：fill_2 您所在的年级：fill_1 （A高中 B初中 C 小学）

◆ 选择您觉得合适的填写（可以多选）

1. 您通过以下哪种途径获得教学资源：fill_3
   A. 学校内部有自己的资源库
   B. 自己在搜索引擎（如百度）上检索
   C. 自己通过专业网站（如北京教育资源网）检索
   D. 教材配套的光盘 E. 其他
2. 您下载资源时可能遇到的问题包括：fill_4
   A. 速度很慢 B. 解压不顺利 C. 其他
3. 您觉得自己在使用网络获取资源的时候有哪些满意之处：fill_5
   A. 网站导航交互友好 B. 资源检索方便
   C. 网站服务十分人性化 D. 网站信息反馈及时
   E. 网站提供帮助功能 F. 其他
4. 您得到的教学资源一般用于：fill_6
   A. 教学 B. 自己学习从而促进自身发展 C. 观摩优秀教学案例
5. 在您自己准备教学资源的过程中，您经常会查询下面哪些素材类资源：fill_7
   A. 文本 B. 图形/图像 C. 音频 D. 视频 E. Flash 动画 G. 其他
6. 当没有自己满意的教学资源的时候，您一般会：fill_8
   A. 自己做 B. 在网络上搜索 C. 修改已有的优秀成果
7. 您还需要哪种类型的教学资源，而这些资源在网站上不容易获得fill_9
   A. 教学内容的知识总结 B. 教学内容的思维导图 C. 其他
8. 请您评价一下当前您直接获取得到的教学资源内容质量：

图4-7-31 生成PDF表单

（2）修改表单域属性

在Adobe Acrobat中，可以通过选择表单工具，在文档页面上拖动来定义域的大小和位置，并命名该域来创建表单域。通过表单域属性对话框，可以为每个域类型设置多种选项。教师只能在编辑模式下访问Adobe Acrobat表单域属性，即执行“表单”>“在Adobe Acrobat中编辑表单”命令或执行“工具”>“高级编辑”>“选择对象工具”命令。要编辑单个表单域，双击或右键单击它并选择“属性”；要编辑多个表单域，选择要编辑的域，右键单击一个选定域，然后选择“属性”，如图4-7-32所示。

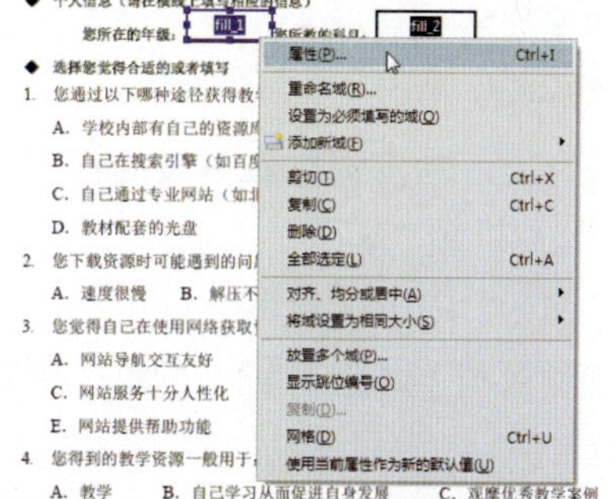

图4-7-32 域属性设置

下面对常用的一些标签项加以介绍。

①表单域属性的“一般”标签。“一般”标签显示在所有类型的表单域中，它包括以下几部分内容，如图4-7-33所示。

名称：指定选定的表单域的单独的名称。

工具提示：当指针短暂悬停在表单域上方时将显示工具提示。

表单域：指定表单域是否可见，无论是在屏幕上或是打印时。选项有“可见”、“隐藏”、“可见但不打印”和“隐藏但能打印”。

方向：0、90、180或270度旋转表单域。

只读：禁止更改表单域内容。

必填：强制在选定表单域中填写。如果试

图提交必填栏位空白的表单，将显示错误信息，空白必填栏位会被高亮显示。

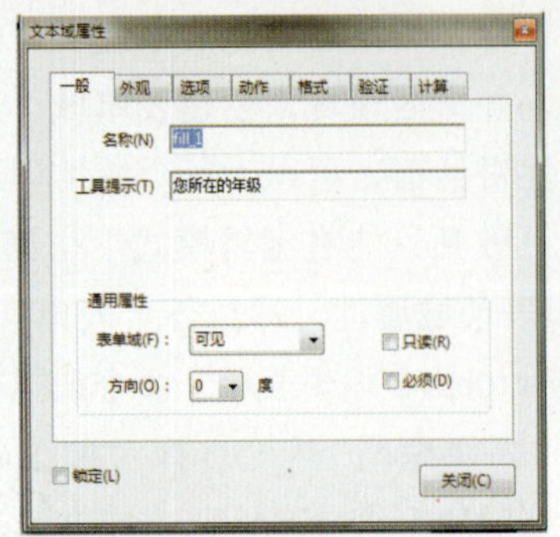

图4-7-33　文本域“一般”标签

②表单域属性的外观标签。“外观”属性将决定表单域在页面上的外观，它包括以下几部分内容，如图4-7-34所示。

边框颜色：可以打开拾色器，从中选取域周围的框架的颜色样本。要使域无边框，则选择“无颜色”。

线条宽度：指定围绕表单域的框架的宽度：“薄”、“中”或“厚”。

填充颜色：打开拾色器，从中选取域后面背景的颜色样本。要使域不着色，则选择“无颜色”。

字体大小：设定用户输入文本或单选钮和复选框的选项标记的大小。

文本颜色：打开拾色器，从中选取文本或选项标记的颜色样本。

字体：列出计算机上可用的字体。

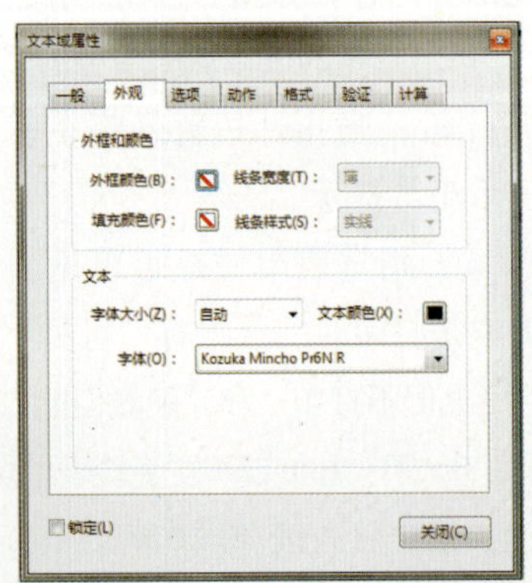

图4-7-34　文本域“外观”标签

③表单域属性的动作标签。“动作”属性指定表单域关联的动作，例如，跳转到指定页面或播放多媒体剪辑。它包括以下几部分内容，如图4-7-35所示。

选择触发器：指定启动的动作：“鼠标松开”、“鼠标按下”、“鼠标进入”、“鼠标退出”、“在焦点上”或“移出焦点”。

选择动作：指定触发时发生的动作：“执行菜单项”、“跳至3D视图”、“跳至页面视图”、“导入表单数据”、“打开文件”、“打开网络链接”、“播放声音”、“播放媒体”（Acrobat 5兼容）、“播放媒体”（Acrobat 6和更高版本兼容）、“阅读文章”、“重置表单”、“运行JavaScript”、“设置图层可见性”、“显示/隐藏域”和“提交表单”。

添加：打开“浏览文件”窗口。

动作：显示定义的触发器和动作的列表。

上和下箭头：更改在触发器下列出的显示的选定动作的顺序。

编辑：打开有选定的动作的特定选项的对话框。

删除：删除选定的动作。

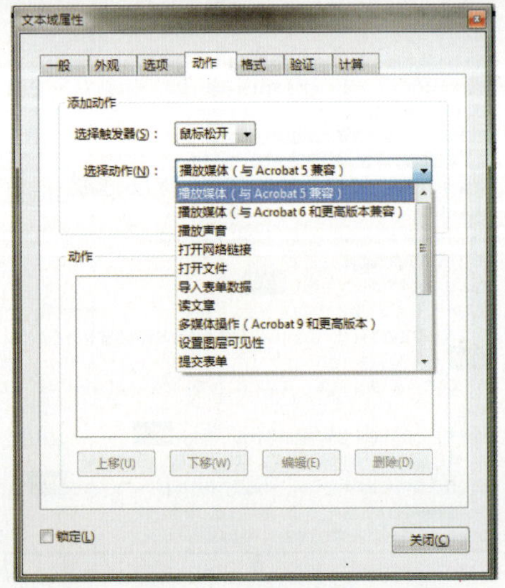

图4-7-35　文本域“动作”标签

（3）利用网格线对域进行排列

在定位表单域时，可以使用网格帮助在页面上进行精确定位，并且可以定义网格间距、颜色和位置。网格线在文档打印过程中将不被打印。使用网格线的具体操作为：执行“视图”>“网格”命令；要使网格在创建和移动它们的时候与最近的网格线条对齐，需要执行“视图”>“对齐网格”命令，如图4-7-36所示。

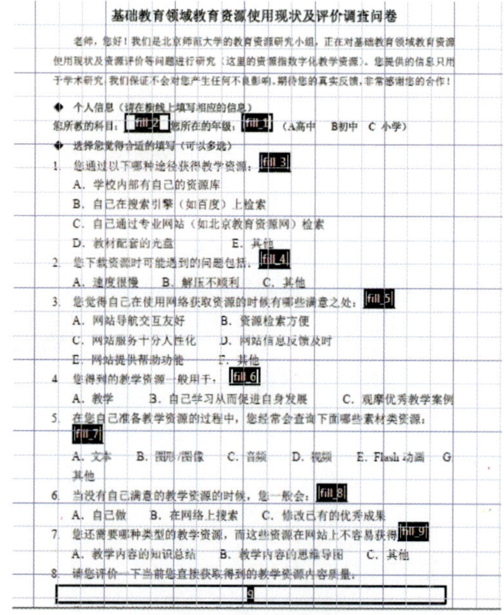

基础教育领域教育资源使用现状及评价调查问卷

老师，您好！我们是北京师范大学的教育资源研究小组，正在对基础教育领域教育资源使用现状及资源评价等问题进行研究（这里的资源指数字化教学资源）。您提供的信息只用于学术研究，我们保证不会对您产生任何不良影响。期待您的真实反馈，非常感谢您的合作！

◆ 个人信息（请在横线上填写相应的信息）

您所教的科目：fill_2 您所在的年级：fill_1 （A高中 B初中 C 小学）

◆ 选择您觉得合适的填写（可以多选）

1. 您通过以下哪种途径获得教学资源：fill_3
   A. 学校内部有自己的资源库
   B. 自己在搜索引擎（如百度）上检索
   C. 自己通过专业网站（如北京教育资源网）检索
   D. 教材配套的光盘 E. 其他
2. 您下载资源时可能遇到的问题包括：fill_4
   A. 速度很慢 B. 解压不顺利 C. 其他
3. 您觉得自己在使用网络获取资源的时候有哪些满意之处：fill_5
   A. 网站导航交互友好 B. 资源检索方便
   C. 网站服务十分人性化 D. 网站信息反馈及时
   E. 网站提供帮助功能 F. 其他
4. 您得到的教学资源一般用于：fill_6
   A. 教学 B. 自己学习从而促进自身发展 C. 观摩优秀教学案例
5. 在您自己准备教学资源的过程中，您经常会查询下面哪些素材类资源：fill_7
   A. 文本 B. 图形/图像 C. 音频 D. 视频 E. Flash 动画 G 其他
6. 当没有自己满意的教学资源的时候，您一般会：fill_8
   A. 自己做 B. 在网络上搜索 C. 修改已有的优秀成果
7. 您还需要哪种类型的教学资源，而这些资源在网站上不容易获得fill_9
   A. 教学内容的知识总结 B. 教学内容的思维导图 C. 其他
8. 请您评价一下当前您直接获取得到的教学资源内容质量：

9

图4-7-36 网格线

（4）收集和管理表单数据

Acrobat支持一次性将多个PDF文件中的表单数据导出并合并为单个数据文件，具体操作过程如下。

01 执行“表单”>“管理表单数据”>“合并数据文件为电子表格”，如图4-7-37所示。

02 在“从多个表单导出数据”对话框中，单击“添加文件”。

03 在“选择包含表单数据的文件”对话框中，在“文件类型”选项中选择“Acrobat表单数据文件”或“所有文件”。

04 定位想合并到工作表中的表单文件，选中并单击“选择”。

05 单击“导出”。

06 选择工作表的文件夹和文件名并单击“保存”。

07 在“导出进度”对话框中，单击“立即显示文件”来打开工作表文件或“关闭对话框”以返回Adobe Acrobat。

图4-7-37 合并数据文件到电子表格

（5）按钮

按钮在表单中十分常见，它是Adobe PDF文档中启动动作最简单、最直观的方式。可以通过按钮实现打开文件、播放声音或电影剪辑、将数据提交到网络服务器等诸多功能。下面介绍一下如何将按钮添加至Adobe Acrobat PDF表单。

01 执行“工具”>“高级编辑”>“按钮”工具命令，如图4-7-38所示。

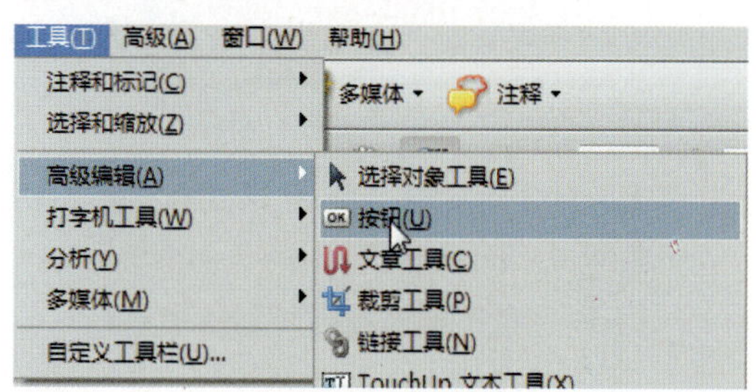

图4-7-38 按钮工具

02 拖画十字指针来创建按钮区域，如图4-7-39所示。

图4-7-39 放置按钮

03 右键单击按钮，选择“属性”，如图4-7-40所示。

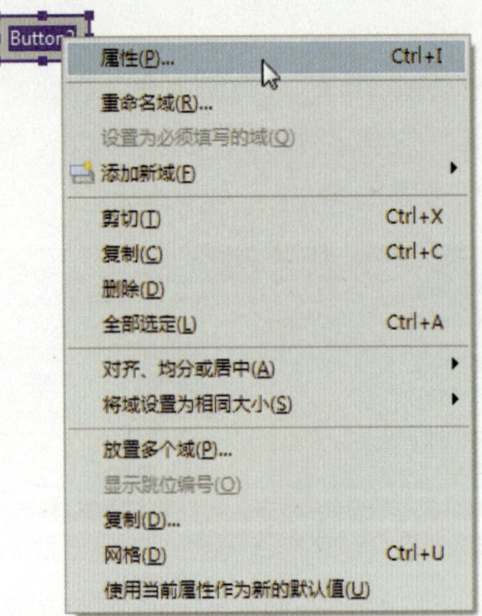

图4-7-40 按钮属性

04 单击“一般”标签，指定名称、工具提示文本和其他通用属性，如图4-7-41所示。

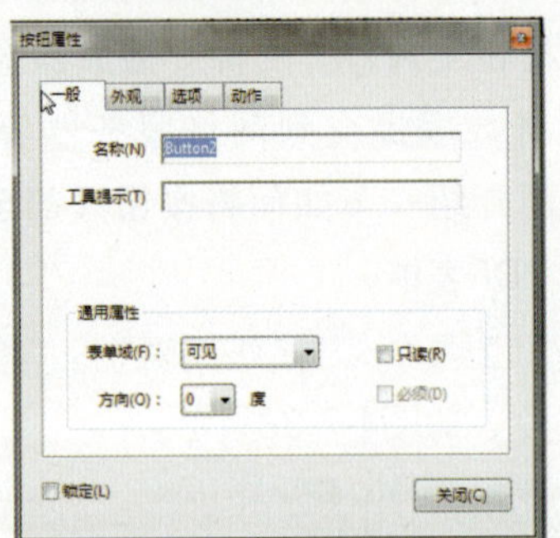

图4-7-41 “一般”标签

05 单击“外观”标签，这是决定在页面上按钮如何显示的选项，如图4-7-42所示。

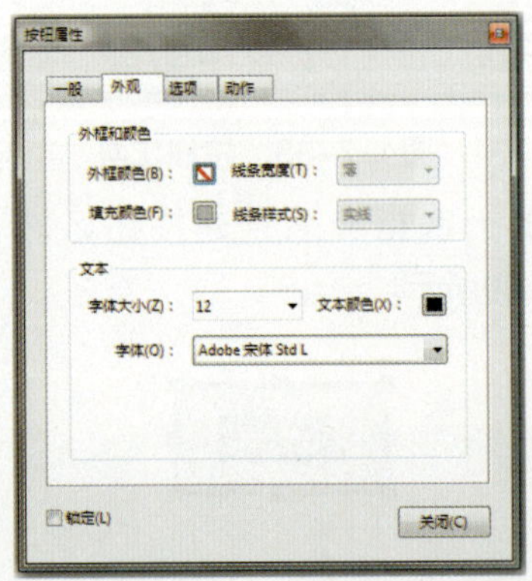

图4-7-42 “外观”标签

06 单击“选项”标签，选择决定如何在按钮上显示标记和图标的选项，如图4-7-43所示。

图4-7-43 “选项”标签

07 单击“动作”标签，指定单击按钮后发生动作的选项，如图4-7-44所示。

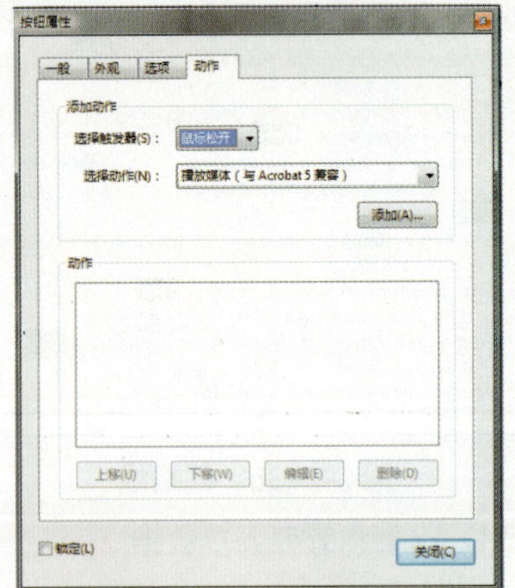

图4-7-44 “动作”标签

08 单击“关闭”按钮，完成按钮的设置。

小结：本书从创建PDF文档、制作多媒体课件、PDF包、PDF文档注释、安全性、表单几部分对Adobe Acrobat的基本教学应用进行了基本介绍，更加详细的内容可参考Adobe Acrobat的其他标准培训教材或相关网络资源。

第5章 对象化资源设计与制作案例

本章导读

在对象化教学资源设计原理及富媒体制作工具介绍的基础上，本章选取了不同学段、不同学科的课程制作富媒体资源案例，包括语文、数学、英语、地理、物理、信息技术等，示范了如何制作具有富媒体技术特征的对象化资源，展现了对象化教学资源制作的基本过程，包括分析、设计和制作等，并对如何利用Adobe eLearning 系列软件进行富媒体课件制作进行了详细示范与说明。

5.1 数学案例——圆锥的体积

本案例所涉及的相关资源，包括原始素材、源文件及发布后的效果，请参见教材配套光盘《数学案例资源》。

5.1.1 案例的来源

“圆锥的体积”案例出自北京师范大学出版社义务教育课程标准实验教科书《数学》六年级下册。相关数字化教学资源请参见电子课本：http://gbjc.bnup.com.cn/xxsx/newsdetail.cfm?iCntno=80325

5.1.2 案例的编写目标

本案例的编写目标具体包括以下几点。

①由于小学数学课中涉及空间几何知识，而小学生的空间思维能力有限，为了更好地展示几何体的关系，激发学生的学习兴趣，促进学生进行高效的学习，需要在数学教学中借助富媒体教学资源辅助教学。因此，选择数学“圆锥的体积”作为学习对象资源制作的案例。

②结合小学数学课学习对象的资源制作，能够进一步熟悉Adobe Captivate CS5软件制作富媒体课件时常用的一些基本功能，包括在课件中插入图文声像等素材，并设置其显示播放动画和控制时间等属性，制作练习题以及在课件制作完毕后进行预览和发布。

③综合利用各种教学应用软件配合课件的制作，熟悉Adobe eLearning软件工具包的基本功能，并能将其恰当地运用于课件制作中。例如，使用Adobe Photoshop CS5制作数学中的几何图形和课件背景。使用Adobe Flash Professional CS5进行简单的动画制作等。

④以“基于学习对象的教学资源设计”思想为指导，进行对象化资源的设计与制作。

5.1.3 案例的设计思路

5.1.3.1 基于学习对象技术的课件设计

本案例中基于学习对象技术的课件设计包括三部分：首先是对学习内容的教学设计；其次是以教学设计为指导的对象化分析及媒体选择；最后是课件脚本的生成。

1. 案例的教学设计

本节课的教学目标、教学分析和主要内容如下。

（1）教学目标

结合具体情境和实践活动，了解圆锥体积的含义。

通过“类比猜想——验证说明”方法探索圆锥体积的计算过程，掌握圆锥体积的计算方法，能正确计算圆锥的体积，并会解决一些简单的实际问题。

（2）教学内容

圆锥的体积计算公式如下。

$$V_{锥}=\frac{1}{3}Sh$$

等底等高的圆柱和圆锥之间的体积关系如下。

$$V_{锥}=\frac{1}{3}V_{柱}$$

（3）学生分析

本节课的学生为小学六年级学生。从知识水平来看，学生对圆柱和圆锥已经有了初步的认识，并且已经学习了圆柱的体积，对几何体的体积有了一定的了解。因此，在进行圆锥的教学时，可以基于先前圆柱体积学习的基础导入本节课的内容。从认知特点上，小学六年级学生以其当前的空间思维能力，仅仅依照文本信息想象圆锥的体积以及圆锥体积与圆柱体积的关系还存在一定的难度。

（4）重、难点分析

教学重点：通过“类比猜想——验证说明”方法探索圆锥体积的计算过程，掌握圆锥体积的计算方法，能正确计算圆锥的体积，并会解决一些简单的实际问题。

教学难点：理解并能够推导圆锥体积公式。

（5）教学过程

①课前导入。

首先通过展示生活中包含圆锥的图片，让学生找出其中所包含的圆锥的特点；然后通过媒体展示圆柱、圆锥和其他几何体，以辨识出圆柱和圆锥，并明确各个图形的高和底；在复习前一节课所学习的圆柱的体积之后，引导学生思考圆锥体积应该如何计算。

②探索新知。

让学生猜想：圆锥的体积和与它等底等高的圆柱的体积之间有什么关系？

通过动画，展示等底等高的圆锥和圆柱之间的关系，使学生从感官上了解圆柱和圆锥。直观来看，“等底等高”的圆柱体积大于圆锥体积，那么两者体积之间到底存在着什么关系呢？

实验探究：通过动画展示将水从圆锥形容器倒入圆柱形容器的过程，其中包括以下内容。

- 等底等高的圆柱和圆锥：圆锥装满水后倒入与其等底等高的圆柱中，共倒了三次，圆柱中才装满水。
- 等底不等高的圆柱和圆锥：圆锥与圆柱等底，但是圆锥的高度低于圆柱的高度，圆锥装了三次水也没把圆柱倒满。
- 等高不等底的圆柱和圆锥：圆锥与圆柱等高，但是底小于圆柱的底，倒三次没有把圆柱给倒满。

思考与总结：通过上述实验，让学生进行思考与讨论，试着总结结论，然后教师给出圆锥体积的计算公式。

圆锥的体积等于与其等底等高的圆柱体积的1/3，圆柱的体积是与其等底等高的圆锥体积的3倍。

圆锥的体积计算公式是：$V_{锥}=\frac{1}{3}Sh$

例题：如果小麦堆的底面半径为2米，高为1.5米，你能计算出小麦堆的体积吗？

③练习。

一个圆锥形零件，它的底面直径是10厘米，高是3厘米，这个零件的体积是多少立方厘米？

通过这部分练习题，学生可以巩固课上学习的圆锥体积的计算公式，并有助于学生举一反三，将其运用到实际的生活中。

④小结。

展示本节课所学习的知识点，并布置练习题。

2. 案例的对象化分析及媒体选择

学习对象是“具有教育教学单元含义”的、完整的、优质的、模块化的数字化学习资源，能够被有效检索、重组和重用。它以目标为导向，一个学习对象具有相对的内容完整性，所包含的知识点适量，且编排顺序要符合学习内容本身的知识点间的关系。

本节课的学习资源设计是基于学习对象的资源设计思想，通过对教学内容的分析，首先以本节课的两点教学目标为导向进行设计，包含有圆锥的体积以及圆柱和圆锥体积的关系，因此分析出整个课件的组织结构图，如图5-1-1所示。

图5-1-1 课件结构

媒体在学习对象的资源设计中扮演着重要的角色，不同媒体所能表现的特性不同。各种媒体素材中，文本是准确、有效地传播教学信息的重要媒体元素，其显示的信息是教学信息非常重要的组成部分。在作为教学重要资源的富媒体课件中，文本主要用于概念、定义、原理的阐述、问题的表述以及标题、菜单、按钮、导航等的显示。图形、图像以及动画视频是学生非常容易接受的信息，一幅图可以胜过千言万语，它们能够更加直观、形象地展示信息，生动地创建和表现真实情景，帮助学生理解知识，比枯燥的文字更能吸引学生，如背景、研究对象、界面、按钮等。在本案例中，小学生仅靠阅读有限的抽象文字和简单的插图，想象圆锥的体积比较困难，因此，为了展现给学生更加具体、生动的情景，激发学生的学习兴趣，在文字的基础上添加了适当的图片、音视频或动画素材，从而更好地促进学生对知识的意义建构。下面详细阐述本案例资源制作中教学内容的对象化分析以及媒体的选择。

（1）呈现教学目标

在课件开始呈现具体学习目标，告知学习目标可以使学生知道在学习结束时要达到什么水平，对学习结果形成比较具体的期望，从而在学习过程中调动其元认知，在后面的学习过程中合理地分配注意力，以达到学习目标。

（2）课前导入

本环节是在对学生的知识水平和认知特征进行分析的基础上，依据奥苏贝尔的先行组织者教学策略，给学生提供恰当的导入知识，帮助学生建立已有知识与新知识之间的联系，并进行有意义的学习，同时还能够激发学生的学习兴趣，吸引他们的注意力。

根据学生的年龄特征，本课件中选择了一些可爱且令学生感兴趣的图片，图片包含生活中的圆锥体，学生可以感知日常生活环境中的圆锥，意识到圆锥在生活中的应用。从知识的关联性方面，给学生呈现三种几何体，分别是圆柱、圆锥和棱锥，让学生辨识圆锥和圆柱，并指出它们的底和高，同时让学生回忆上节课所学习的圆柱体积的计算方法，引起学生对圆锥体积计算方法的思考和探索。

学生比较喜欢动态的媒体形式，因此，依据这一特征可以选择使用动画，以呈现三种立体图形并动态地展示圆锥体的底面和高。

（3）知识点讲解

根据北师大版的课程要求，本节课的教学重点是：通过“类比猜想——验证说明”方法探索圆锥体积的计算过程，掌握圆锥体积的计算方法，能正确地计算圆锥的体积，并会解决一些简单的实际问题。类比猜想是数学学习中的一个重要的学习方法，学生在本节课中运用此方法，并体会此方法的作用，可以形成良好的探究性学习习惯。验证出计算方法之后，在课程中掌握圆锥体积的计算方法，并将其应用于实际生活中，这是本节课的重点。由于学生为小学生，接触的数学学习方法相对较少，对于推导圆锥体积的“类比猜想——验证说明”方法的体会还不深刻，在此过程中理解推导圆锥体积的公式成为教学的难点。为了很好地解决本节课的教学重难点问题，应采用富媒体配合教学。

首先要展示圆锥和圆柱的关系。某些学生的空间思维能力有限，因此需要借助富媒体动画的形式来展示两个几何体在外观上的关系。然后，通过三次倒水的实验（分别是圆柱和圆锥等底等高、等底不等高和等高不等底的三种情况），让学生掌握“类比猜想——验证说明”的思维方法。在呈现圆锥体积的计算公式之后，为了强化和巩固该计算公式，提供给学生例题，利用该公式解决问题，并规范应用题的解题步骤，然后提供给学生练习题，让学生进一步熟悉圆锥体积公式所能应用的情景，将知识进行迁移。

基于学生的特征分析，以静态的教材文字和插图的方式呈现内容。学生仅通过静态媒体获取信息，不能有效地达到本节课的学习目标。再者，在教室中操作实体的圆锥和圆柱形容器具有不方便性，为了更好地表现空间几何体，需要形象性地将圆锥和圆柱之间的关系展示给学生。因此，在实践教学中可以充分利用富媒体技术提供丰富的学习资源，创建一个有效的学习环境，如图片和Flash动画素材等，形象、生动地呈现给学生圆锥的高和底以及圆柱和圆锥的体积之间的关系。通过三组实验，让学生观察体会并总结出圆锥的体积是和它等底等高的圆柱体积的1/3。在课堂的例题部分，通过分步骤显示解题过程，形象并清晰地展示解题思路，可以加深学生对知识点的理解。

（4）知识导图

本节课的内容主要是通过圆锥和圆柱之间的关系探究圆锥体积的计算方法。在课程的最后展现两者之间的关系，能够对本节课的内容进行清晰的归纳总结，建立新旧知识点之间的联系，本节的知识导图如图5-1-2所示。

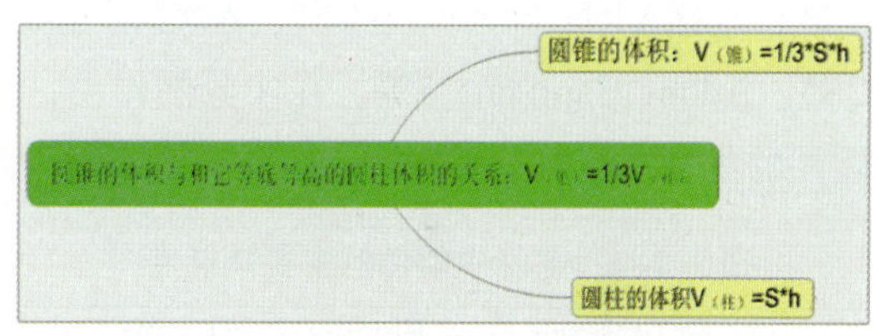

图5-1-2　知识导图

（5）测评练习

依据强化理论可知，在课程的结尾进行练习可以强化本节课的内容，加深对知识的理解，因此，在课堂结尾呈现练习题，可以让学生巩固本节课所学习的圆锥的体积计算以及圆锥和圆柱体积的关系。

3.案例脚本

结合前面的对象化分析和媒体选择的分析，形成案例的制作脚本，如图5-1-3所示。

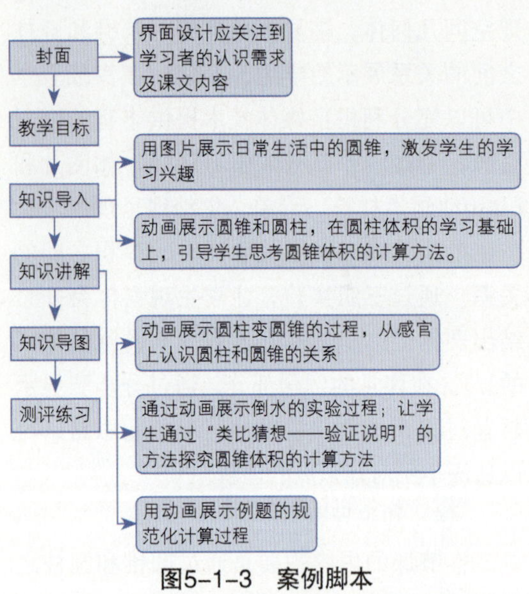

图5-1-3 案例脚本

5.1.3.2 软件选用及其功能说明

上述课件设计脚本可以用Adobe eLearning软件工具包来实现。在本课件制作中，运用到的软件包括Adobe Photoshop CS5、Adobe Flash CS5、Adobe Captivate 5等。在实际制作中，软件的主要技能点见表5-1-1。

表5-1-1 案例中软件的主要技能点

	Photoshop	Flash	Captivate
技能点	创建3D图形	更改x轴的值，创建补间动画	导入素材
		更改Alpha值，创建补间动画	添加文本
			使用母版
			发布课件

以上技能点主要应用在本课件的如下之处。

①创建3D图形：在本案例资源Captivate源文件的第4页，为了通过立体动画展示圆柱和圆锥的关系，前期需要使用Photoshop中的3D图形的创建功能创建圆锥和圆柱，然后再用Flash进行动画制作。

②更改x轴的值创建补间动画：在本案例资源Captivate源文件的第4页实现底面积中圆的平移。

③改变Alpha值创建补间动画：在本案例资源Captivate源文件的第4页，该功能可以实现闪烁动画，从而动态地呈现圆锥和圆柱的高和底。

④导入素材：在本案例资源的Captivate源文件的第3页，该功能可以将课前导入部分所需要的图片导入到案例资源当中。

⑤添加文本：在本案例Captivate源文件的第3页中，可以添加案例课件的标题以及课件中的文本信息。

⑥利用母版：在本案例资源Captivate源文件的第1页，用于添加课件的背景。

⑦发布课件：在案例资源制作完毕之后，进行案例的发布，可以将其发布成SWF格式。

5.1.4 案例的制作

由于富媒体课件制作过程中涉及各种媒体的准备和制作，现介绍制作时使用的软件及涉及的知识点。

5.1.4.1 利用Adobe Photoshop CS5 进行3D圆锥体的制作

教师在讲解本节课中的圆锥和圆柱时，可以以动画形式或平面图形来展现。Flash动画制作前期所需的素材图像也可以通过Adobe Photoshop CS5来制作，因此，先介绍圆锥体3D图形的创作方法。

Adobe Photoshop CS5提供了三种创建三维模型的简单方法，分别是从图层新建3D明信片、从图层新建形状、从灰度新建网格。

本节中所需圆锥体和圆柱体可以通过“从图层新建形状”命令创建，如图5-1-4所示，下面介绍创建圆锥体的具体步骤。

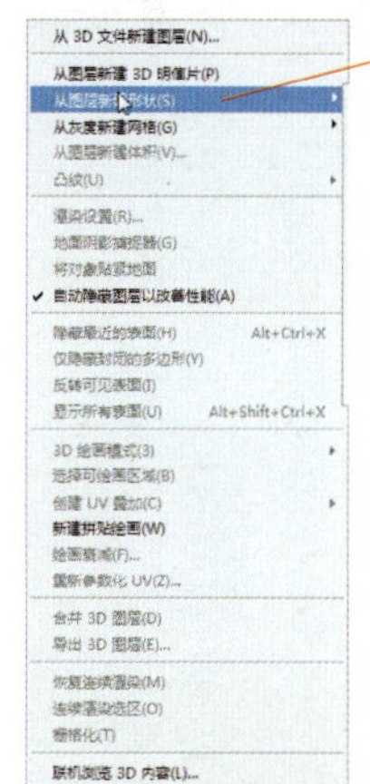

图5-1-4　从图层新建形状

01 首先确定电脑是否支持GPU（三维加速）显卡。按下组合键Ctrl+K，打开“首选项”对话框，选择“性能”选项，观察“性能”选项面板中“GPU设置”选项区中的“启用OpenGL绘图”选项是否处于选中状态。如果已经处于选中状态，说明可以支持3D图形的创建，否则不支持3D图形的创建，如图5-1-5所示。

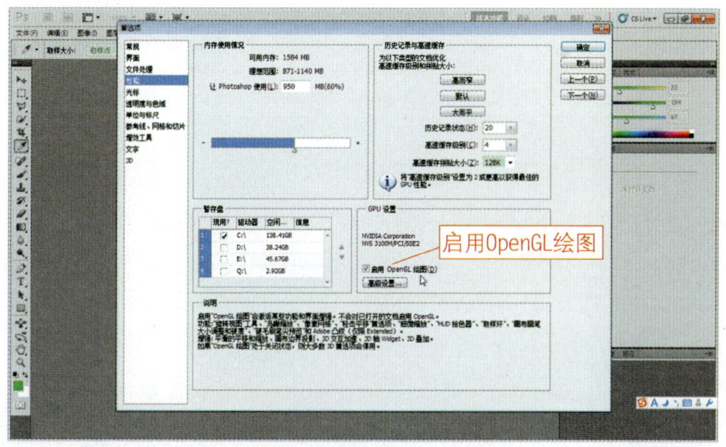

图5-1-5　查看OpenGL选项

02 新建一个空白文档。执行“文件”>“新建”命令，打开“新建”对话框，设置“宽度”和“高度”均为1000像素，“分辨率”为“72像素/英寸”，“颜色模式”为“RGB颜色”，创建一个空白文档，如图5-1-6所示。

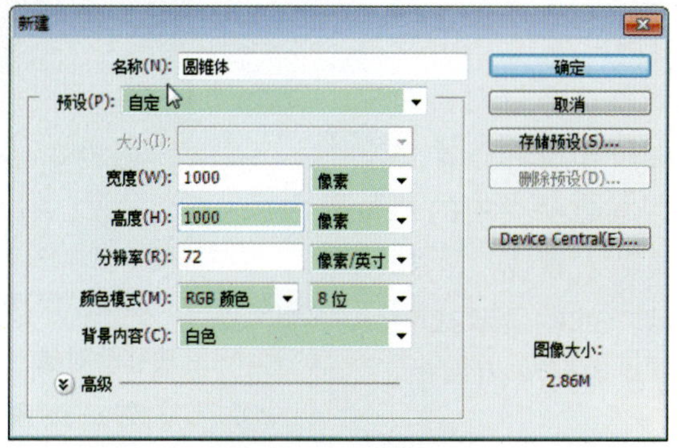

图5-1-6　设置文档

03 建立3D锥形图。执行“3D”>“从图层新建形状”>“锥形”命令，创建一个3D锥形体，命令及效果如图5-1-7和图5-1-8所示。

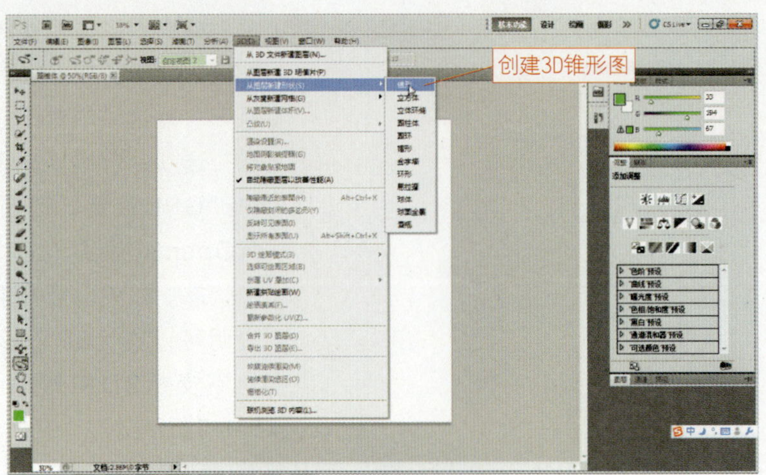

图5-1-7　创建3D锥形体

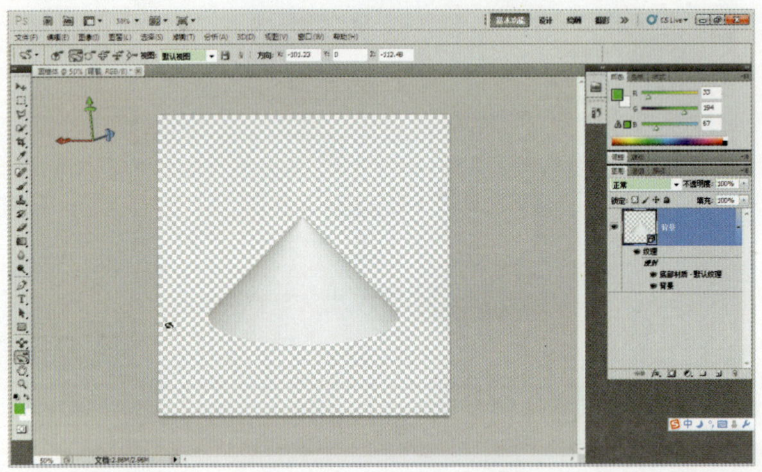

图5-1-8　创建后的图形

04 3D锥形体的编辑。锥形体创建完毕，在左侧工具栏中选择“3D对象比例工具”，画面中的左上角出现一个3D轴。通过对该3D轴进行操作，可以对画面中的对象进行移动、旋转和拉伸等操作。在拉伸时，应设置上方选项栏中的“位置”为“左视图”或“右视图”，如图5-1-9～图5-1-11所示。3D轴显示3D空间中的模型、相机、光源和网格的当前x、y、z轴的方向。

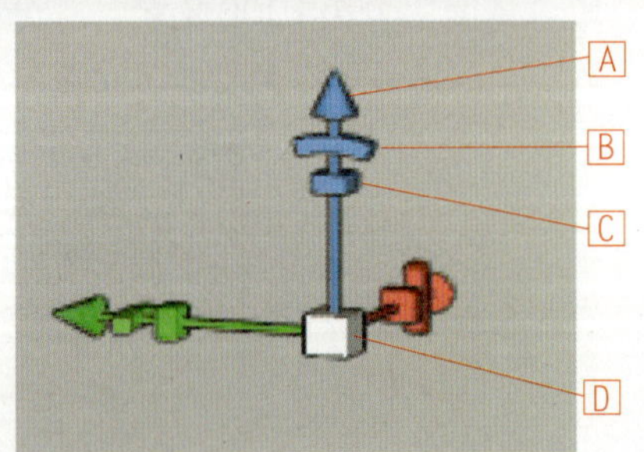

图5-1-9　选定“3D对象比例工具”时的3D轴

A. 沿轴移动对象　　B. 旋转对象

C. 压缩或拉长对象　　D. 调整对象的大小

小提示

执行“视图”>“显示”>“3D轴”命令，可以显示或隐藏3D轴。

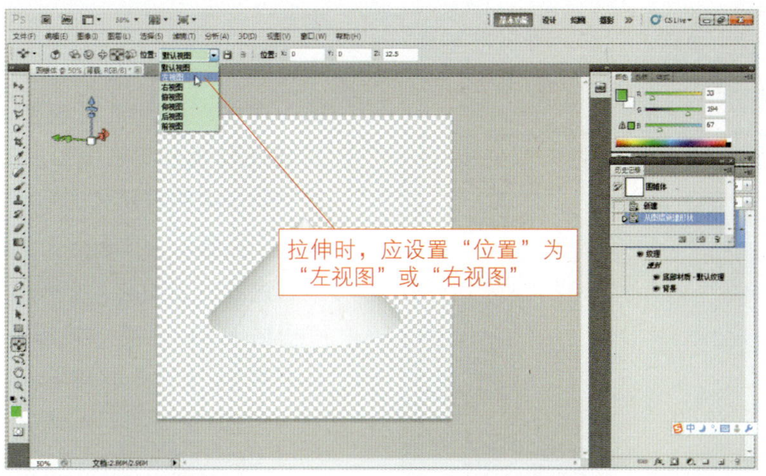

图5-1-10 设置“位置”为“左视图”

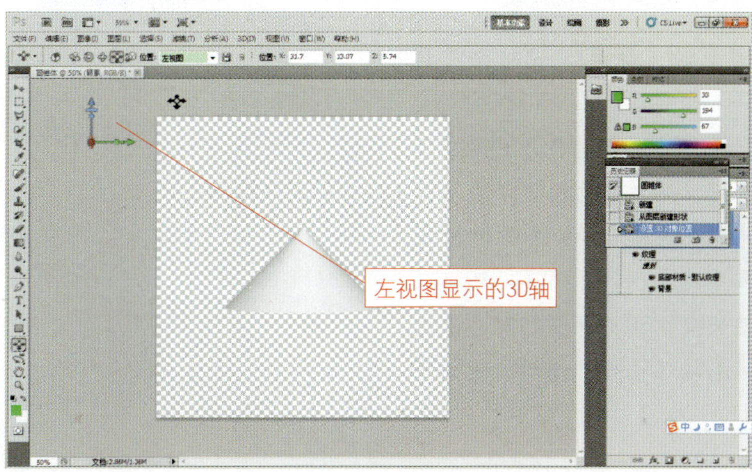

图5-1-11 左视图显示的3D轴

小提示 拖动箭头可以对3D锥形体进行平移，如图5-1-12所示。

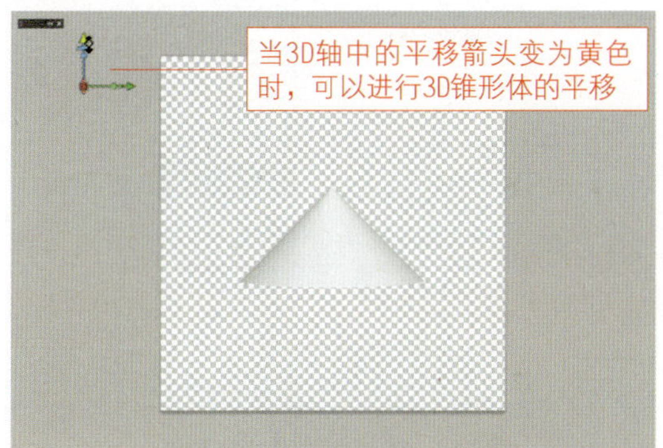

图5-1-12 3D轴中的平移箭头工具

小提示 通过点击图中弧形处，可以对3D锥形体进行旋转操作，如图5-1-13所示。

图5-1-13 3D轴中的旋转弧

小提示 通过拉伸下面的立方块，可以对3D锥形体进行缩放，如图5-1-14所示。

图5-1-14　3D轴中的拉伸块

小提示 选中3D图层时，会激活3D对象工具（如图5-1-15所示）和3D相机工具（如图5-1-16所示）。使用3D对象工具，可以更改3D对象的位置或大小；使用3D相机工具，可以更改场景视图。如果系统支持 OpenGL，还可以使用3D轴来操作3D对象和相机，以进行旋转、滚动、平移、滑动和缩放等操作。

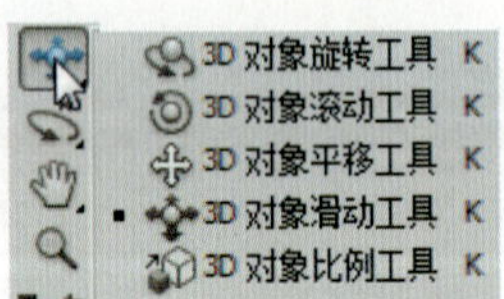

图5-1-15　3D对象工具

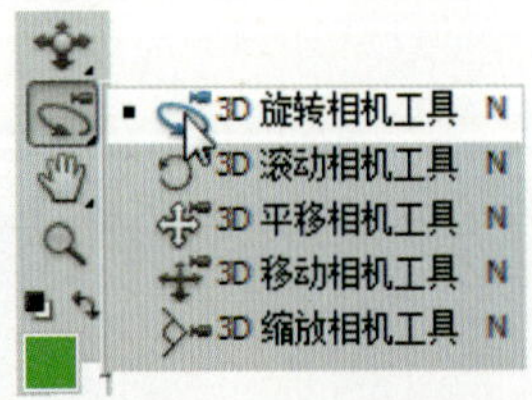

图5-1-16　3D相机工具

05 保存序列图。调整完毕，每移动一定的角度，就保存一个JPG格式的图片，以便形成序列图，为后面Flash动画的制作进行素材准备。

06 转成平面图形。此时3D锥形基本制作完毕，但如果想进一步使用“编辑”>“变换”命令对图形进行调整，可以将制作的3D图转换成平面图形。3D图层在“图层”面板中的显示如图5-1-17所示，可以执行“图层”>“栅格化”>“3D”命令或通过右击该图层，在弹出的菜单中选择“栅格化3D”命令，将其中的图形转换为平面图形，如图5-1-18所示。

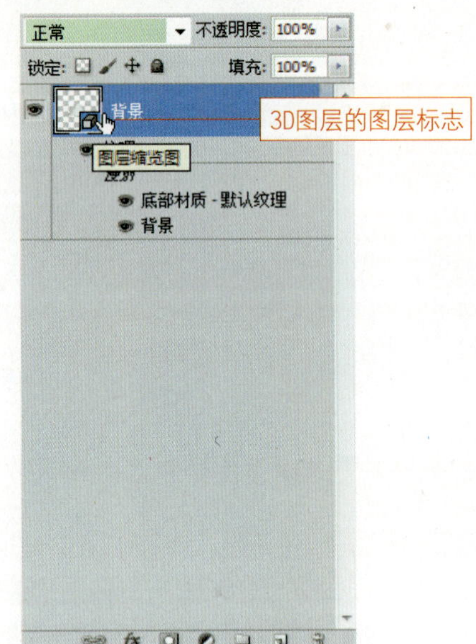

图5-1-17　3D图层标志

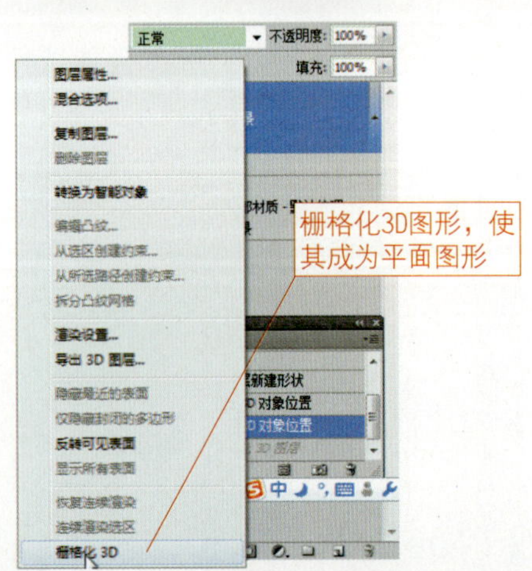

图5-1-18　栅格化3D图形

栅格化之后的图形如图5-1-19所示。

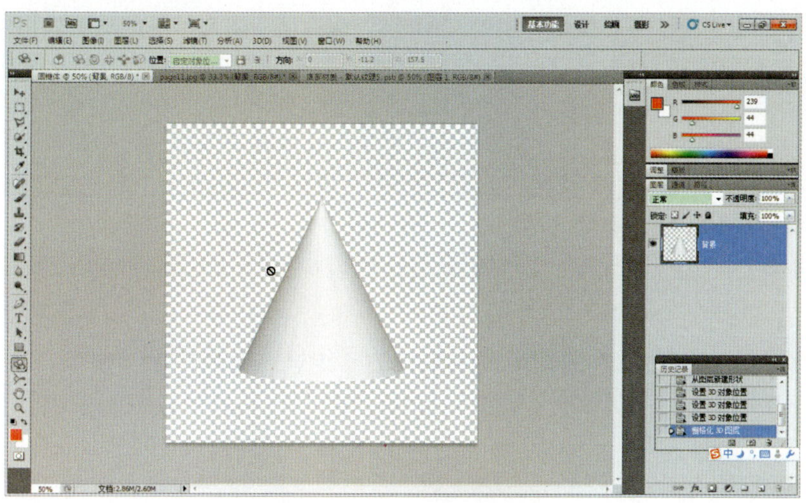

图5-1-19　创建的图形

圆柱体的制作过程与圆锥体的制作过程类似，区别是建立3D图形时，执行“3D”＞“从图层新建形状”＞“圆柱体”命令，创建一个3D圆柱体，命令效果如图5-1-20、图5-1-21所示。

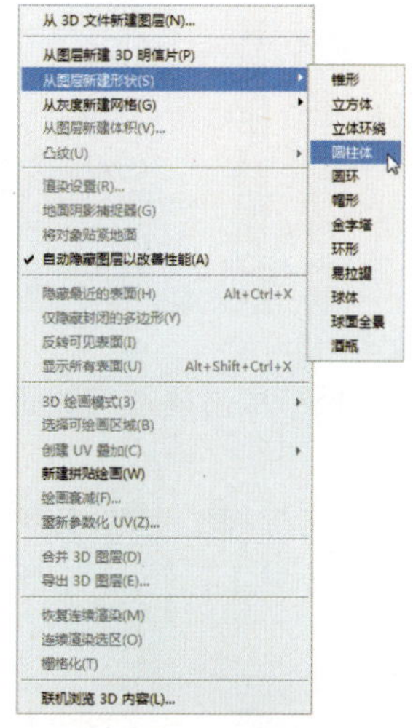

图5-1-20　执行“圆柱体”命令

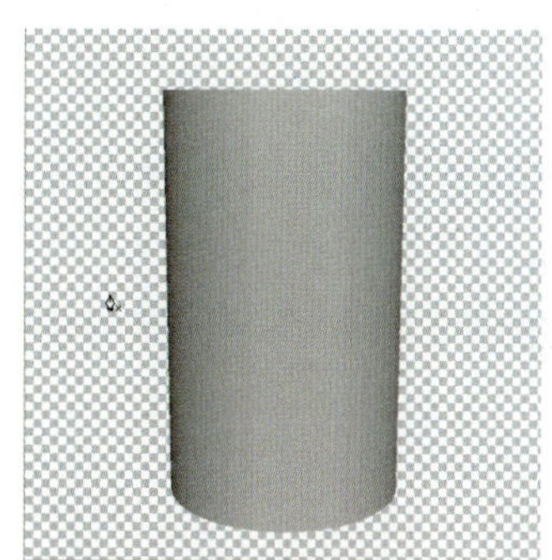

图5-1-21　创建3D圆柱体

5.1.4.2　制作等底等高的圆锥和圆柱

本案例主要使用的是Adobe Flash Professional CS5（以下简称为“Flash”）中的创建补间动画这一知识点。在此介绍两种创建补间动画的方式，一种是在“动画编辑器”中更改关键帧的x轴的位置，实现平移动画效果；一种是在“动画编辑器”中更改“色彩效果”中的“Alpha”属性值，实现闪烁动画效果。

具体的操作流程是：首先将制作好的3D动画导入到Flash中，复制圆锥的底部，将其定义成元件，延续导入的3D动画中的某些片段并添加补间动画，在“动画编辑器”中更改x轴的位置，实行平移的动画效果；然后再添加文本并绘制高，将其定义为元件，创建补间动画，在

“动画编辑器”中更改“色彩效果”中的“Alpha”属性值，实现闪烁的动画效果。

1. 导入动画

01 在“库”面板中新建一元件，将其命名为“模型”，设置“类型”为“影片剪辑”。

02 执行“文件”>“导入”>“导入到库”命令，将在Photoshop中制作完毕的序列图导入到库，并将序列图放置到各关键帧。

03 使用组合键Ctrl+K打开“对齐”面板，将所有图片居中到库，然后制作序列图层的逐帧动画，也可以使用第三方软件辅助制作动画，如使用Swift 3D软件可以很轻松地制作3D动画。本案例导入的即是在该软件中制作好的动画“3d.swf”，可以通过执行“文件”>“导入”>“导入到库”命令，将“3d.swf”导入到库中，如图5-1-22所示。

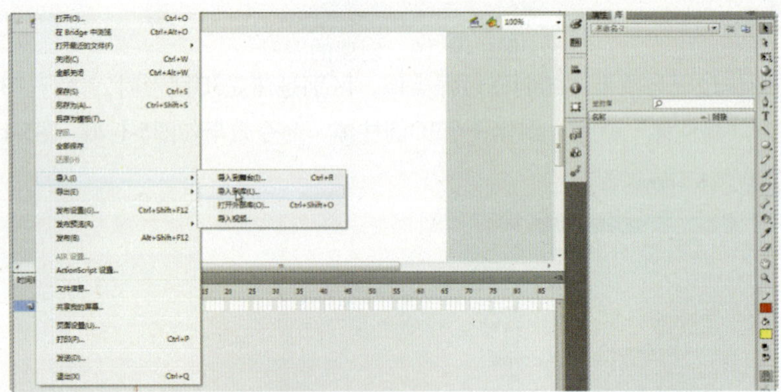

图5-1-22 导入文件

04 双击该元件，进入“3d.swf”层级中，可在“库”面板中单击播放按钮查看，观察序列动画是否正确，如图5-1-23所示。

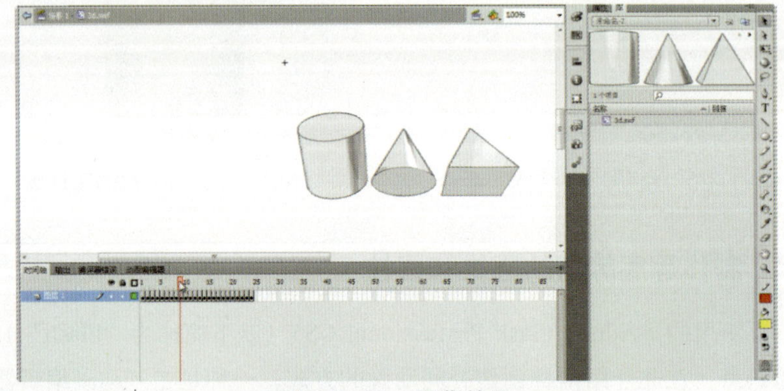

图5-1-23 预览效果

2. 编辑“3d.swf”元件——表现出圆柱与圆锥的底面一致

01 新建图层“比对动画”。在“3d.swf”层级中，新建图层并将其命名为“比对动画”，在第24帧处按F6键插入一个关键帧，在第40帧处同时选中本图层与“图层1”，按F5键延续普通帧动画，如图5-1-24所示。

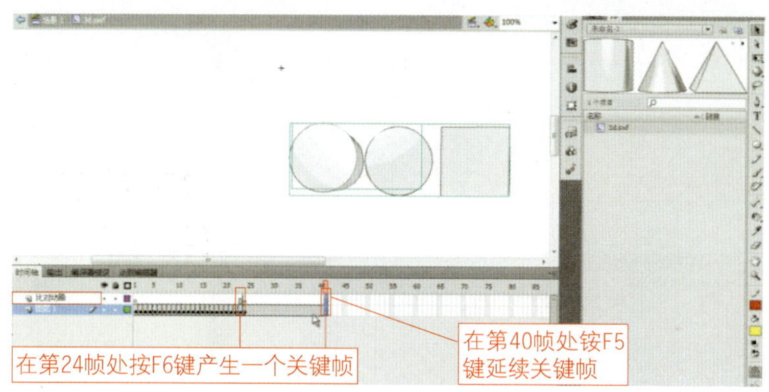

图5-1-24　新建图层“比对动画”

02 复制圆锥底部。双击“图层1”第24帧上的圆锥图形，进入“组”层级。它是一个矢量图形，可以双击中间圆锥的底部，使用组合键Ctrl+C复制底部圆，如图5-1-25所示。

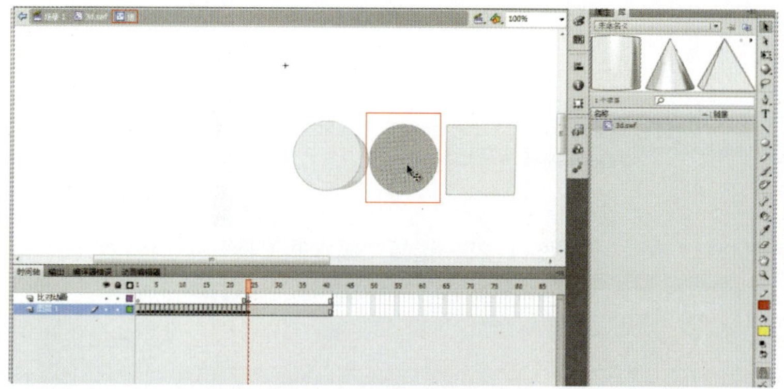

图5-1-25　复制底部圆

03 粘贴圆锥底部。双击“3d.swf”回到该层级中，在“比对动画”图层中的第24帧处，使用组合键Ctrl+Shift+V实现原位粘贴，如图5-1-26所示。

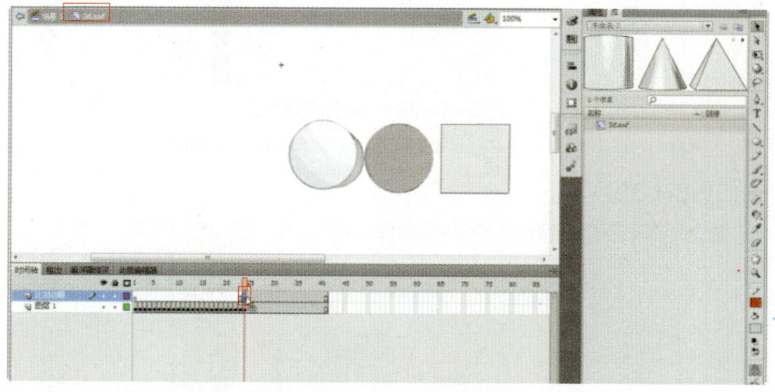

图5-1-26　粘贴底部圆

04 对刚粘贴的圆进行勾边处理。选择工具栏中的“笔触颜色”，在弹出的颜色选择面板中取色，然后选择工具栏中的“墨水瓶工具”，在圆的边缘处点击以实现勾边，如图5-1-27～图5-1-29所示。

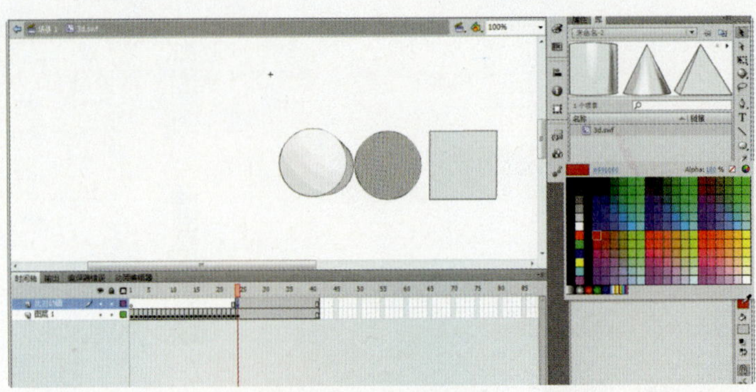

图5-1-27　选择颜色

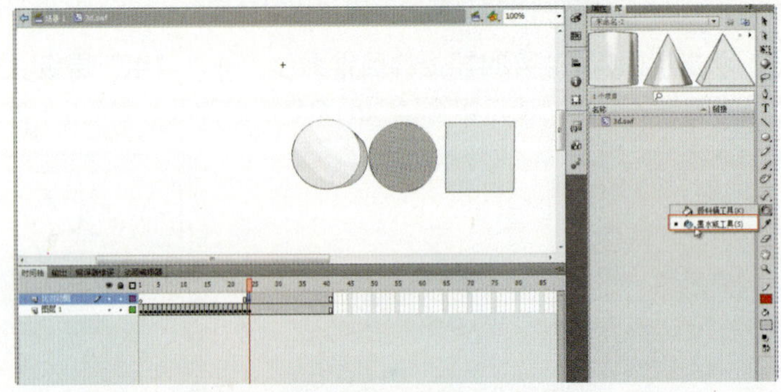

图5-1-28　选择“墨水瓶工具”

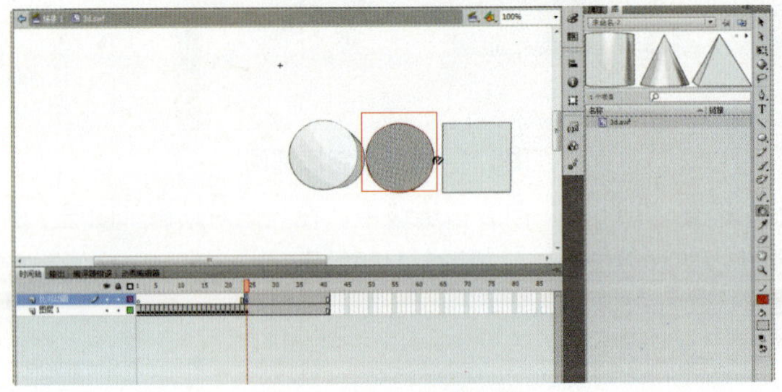

图5-1-29　填充边缘

05 填充圆的内部。选择上底部圆，单击 “填充颜色” 色块，在弹出的颜色选择面板中选择一个满意的颜色，如图5-1-30所示。

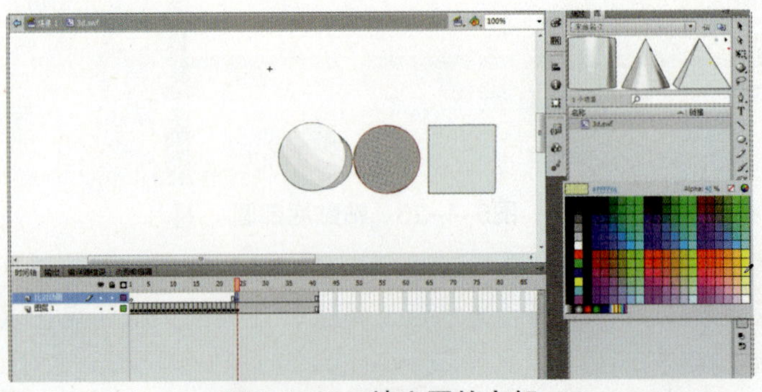

图5-1-30　填充圆的内部

06 将圆定义为元件。由于要实现将圆进行平移的效果，需要将圆定义为元件。双击选中的圆锥底部，按F8键将其定义为元件，并将其命名为“圆底”，设置“类型”为“影片剪辑”，如图5-1-31所示。

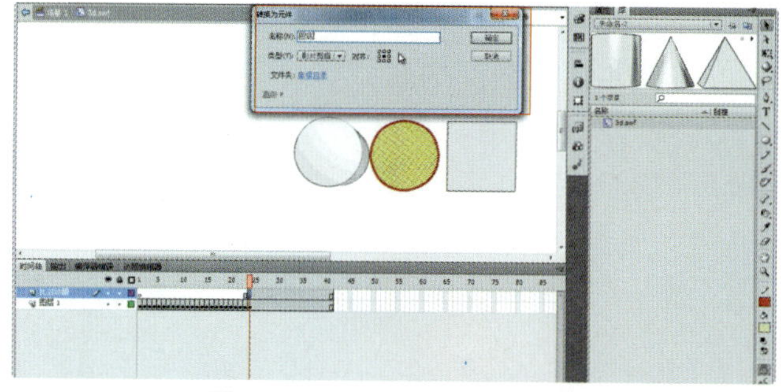

图5-1-31　将圆转换为元件

07 创建补间动画——实现平移效果。在命名为“比对动画”的图层中，在关键帧动画中右击鼠标，在弹出的快捷菜单中选择“创建补间动画”命令，如图5-1-32所示。

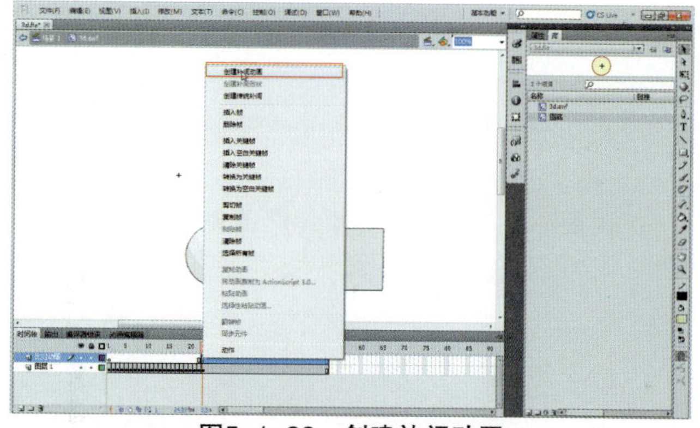

图5-1-32　创建补间动画

08 更改*x*轴的位置。选中“对比对画”图层中的补间区域，在窗口下方的时间轴面板上选择“动画编辑器”选项，进入“动画编辑器”进行编辑。由于是要实现“圆底”的平移，只需要分别更改“动画编辑器”中第一帧*x*轴的位置和最后一帧*x*轴的位置，以确定第一帧时“圆底”在圆柱底部，最后一帧时“圆底”在圆锥底部，如图5-1-33所示，在第一帧和最后一帧处插入关键帧，更改*x*值为“70.5像素”，使底刚好完成从圆柱底部到圆锥底部的平移。

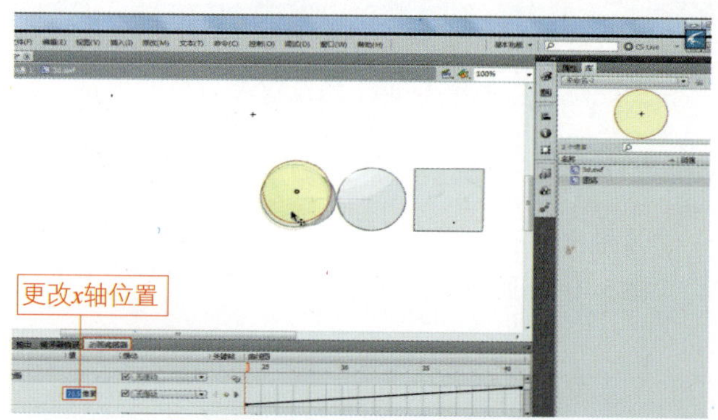

图5-1-33　更改*x*轴位置

09 编辑脚本图层。如果圆从圆柱体底部移到圆锥体底部的这个动画只需要播放一次后停止，而不再反复循环播放，则应该添加脚本语言进行控制，新建图层，将其命名为“Actions”，在动画的最后一帧处按F6键插入关键帧，然后按F9键打开“动作”窗口，并输入脚本语言“stop();”。

10 将制作好的动画置于场景中。双击“场景1”，进入该层级中进行编辑，从“库”面板中将“3d.swf”元件拖入舞台中，并打开“对齐”面板，将其置于舞台的中间位置，如图5-1-34所示，制作完毕，可使用组合键Ctrl+Enter进行预览，如图5-1-35所示。

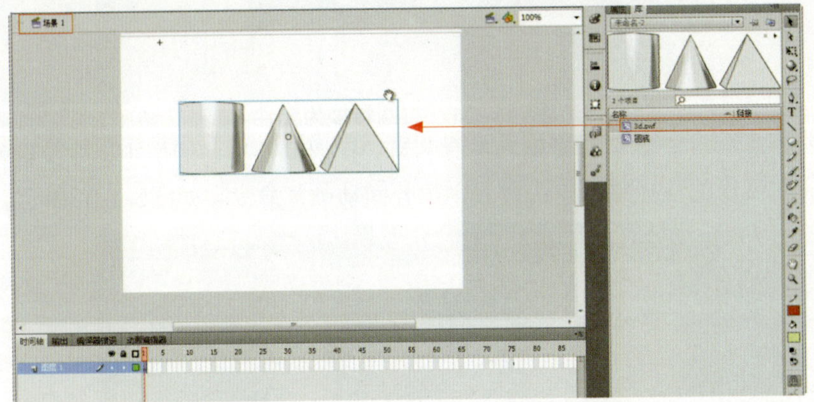

图5-1-34　拖动“3d.swf”至舞台中央

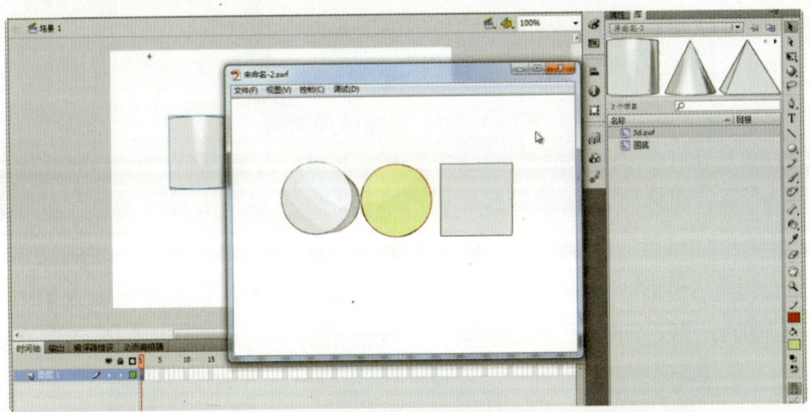

图5-1-35　预览效果

3．制作高度一致的比对动画

01 延续帧。由于这个动画是出现在上面的动画之前，需要在“图层1”的第一帧处进行延续帧动画的操作，如图5-1-36所示。

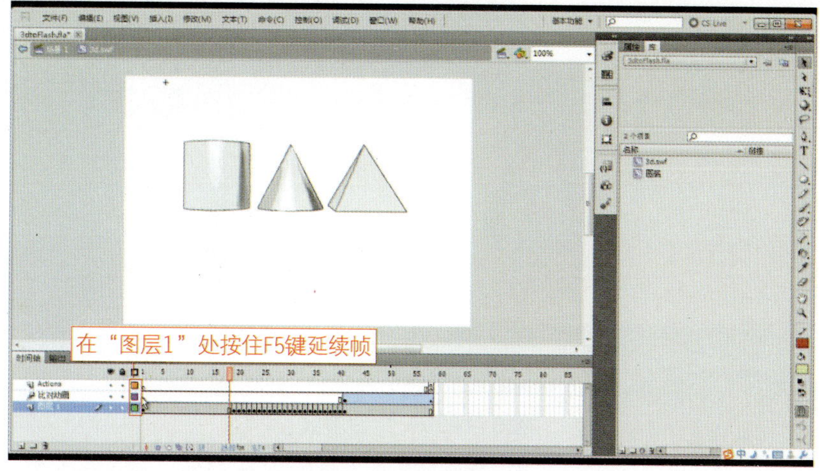

图5-1-36　延续帧动画

02 绘制高。在工具栏中选择“直线工具”，如图5-1-37所示。

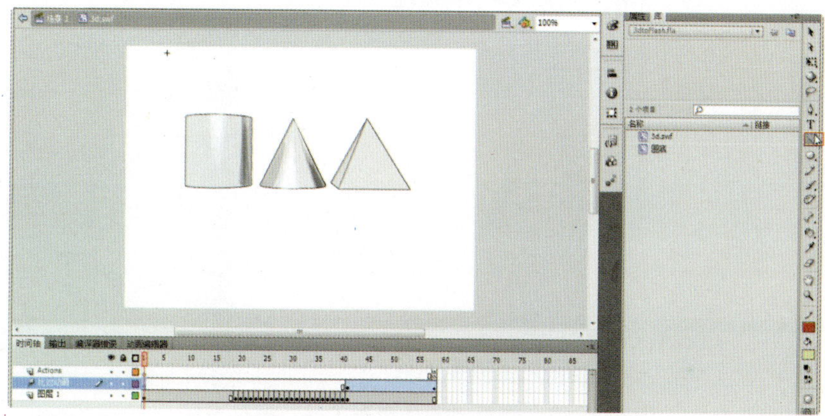

图5-1-37　选择“直线工具”

03 在“属性”面板中更改“样式”为“虚线”，如图5-1-38所示。

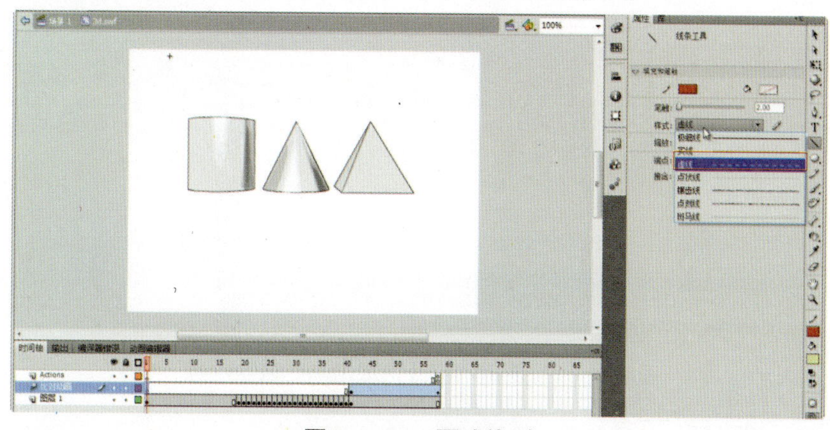

图5-1-38　更改线型

04 激活“比对动画”图层的第一个关键帧，在场景中绘制一条虚线，如图5-1-39所示。

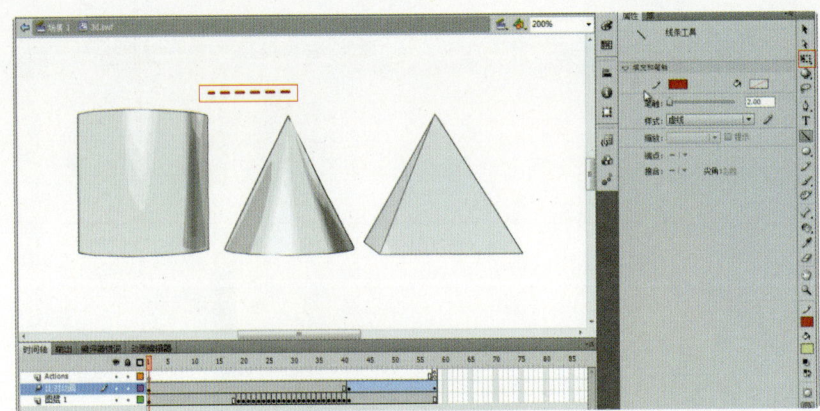
图5-1-39　绘制虚线

05 选中虚线，用“任意变形工具”或“部分选取工具”进行调整，如图5-1-40和图5-1-41所示。

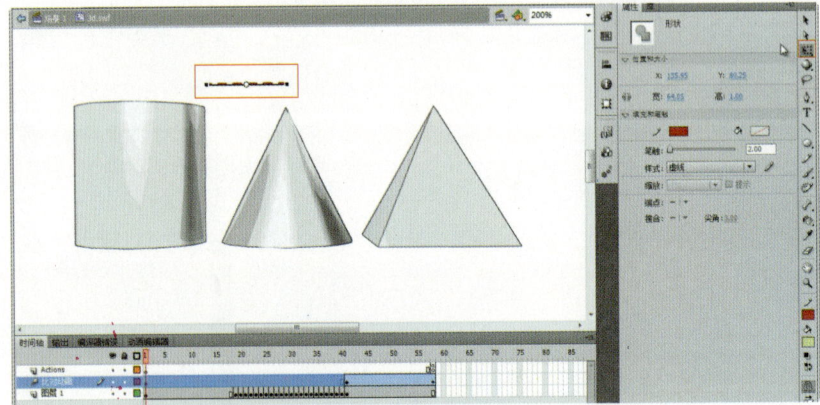
图5-1-40　使用“任意变形工具”调整虚线

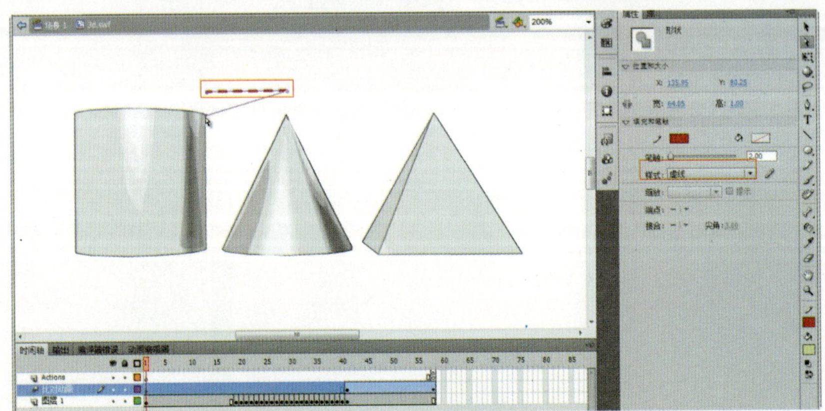
图5-1-41　使用“部分选取工具”调整虚线

06 初步效果如图5-1-42所示。

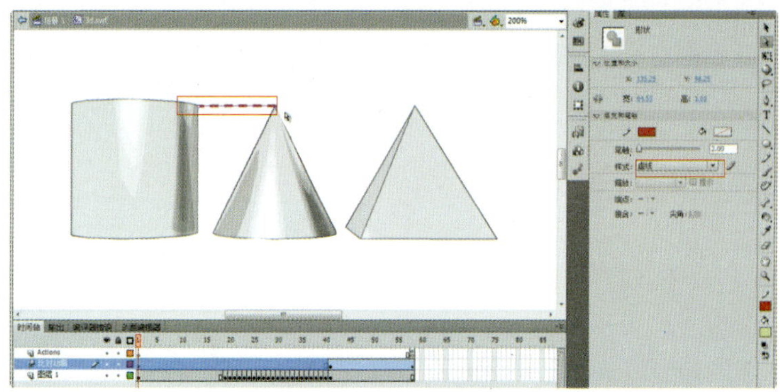
图5-1-42　调整效果

07 同理，再添加另外两条虚线，可以在“属性”面板中更改线段的颜色、粗细等属性，绘制高的最终效果如图5-1-43所示。

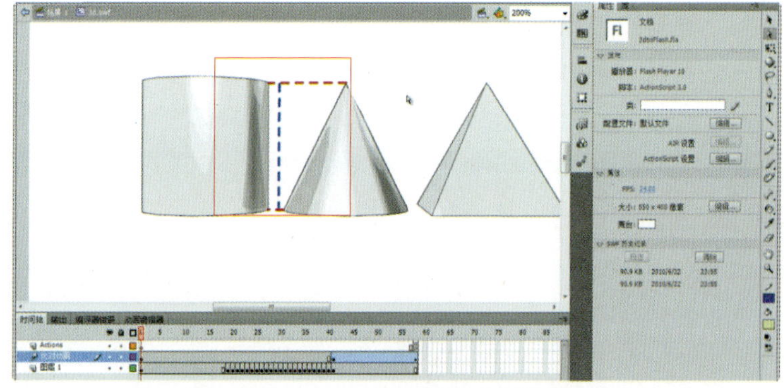
图5-1-43　绘制高的最终效果

08 添加文本。使用“文本工具”输入文字“高度一致”，如图5-1-44所示。

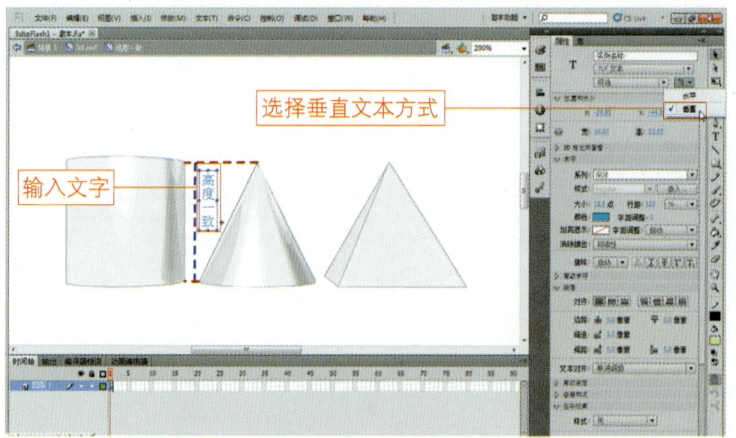

图5-1-44　输入文字

09 制作闪烁动画。通过创建补间动画并使用“动画编辑器”更改Alpha值，为上面绘制好的三段虚线和文本加上闪烁的动画效果。

（1）**定义元件**

同时选中三段虚线和文本，按F8键定义元件，并命名为“高度一致”，设置“类型”为

“影片剪辑”，如图5-1-45所示。

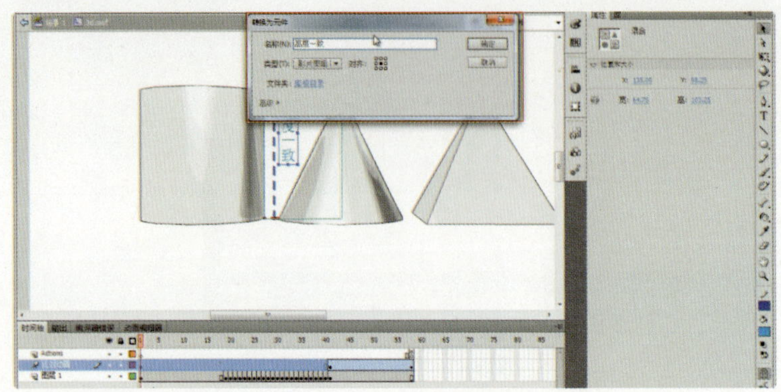

图5-1-45　转换为元件“高度一致”

（2）**创建补间动画**

在“比对动画”图层中的第20帧到第40帧处插入空白关键帧。创建补间动画，在第1帧到第20帧之间右击鼠标，在弹出的快捷菜单中选择“创建补间动画”命令，如图5-1-46所示。

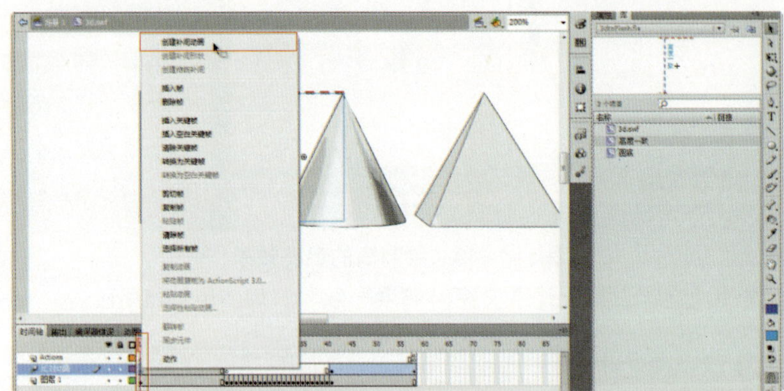

图5-1-46　创建补间动画

在“动画编辑器”中生成多个关键帧，修改“Alpha数量”值，如图5-1-47所示。

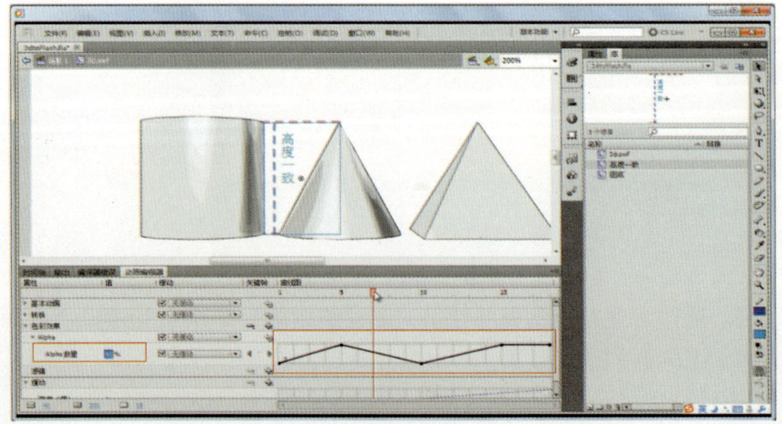

图5-1-47　在“动画编辑器”中更改Alpha值

如果觉得文字显示得过快，可以单击时间标尺，取消对任何图层的选择，再通过按快捷键F5延长普通帧以实现动画时间的延长并降低动画播放速度，如图5-1-48所示。

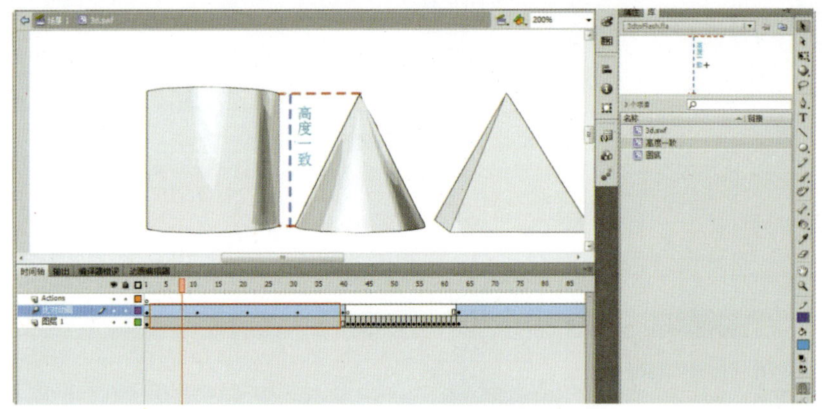

图5-1-48　延长关键帧

如果要修改对象的大小，即“3d.swf”影片剪辑在舞台中的大小，可以回到“场景1”层级中，选中该对象，使用“任意变形工具”并按住Shift键进行等比例缩放，如图5-1-49所示。

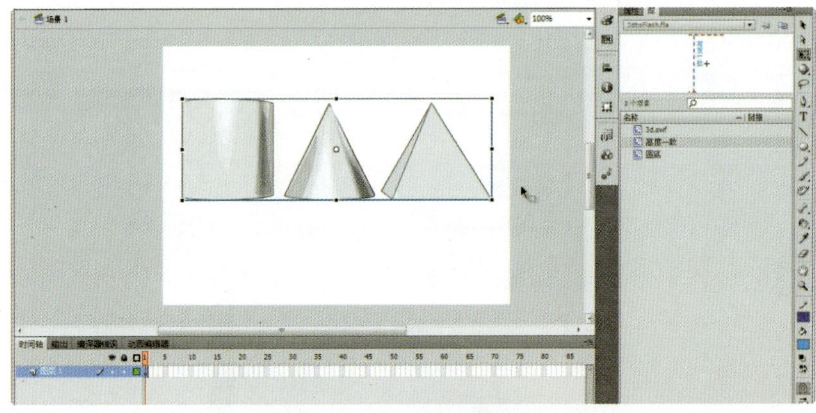

图5-1-49　改变对象的大小

4．添加一些闪烁文字

回到“场景1”层级中，添加两个文本“圆柱”与“圆锥”，然后将其定义为元件，并设置“类型”为“影片剪辑”，然后以同样的方法创建补间动画，并在“动画编辑器”中更改“Alpha数量”值，制作闪烁效果，如图5-1-50所示。

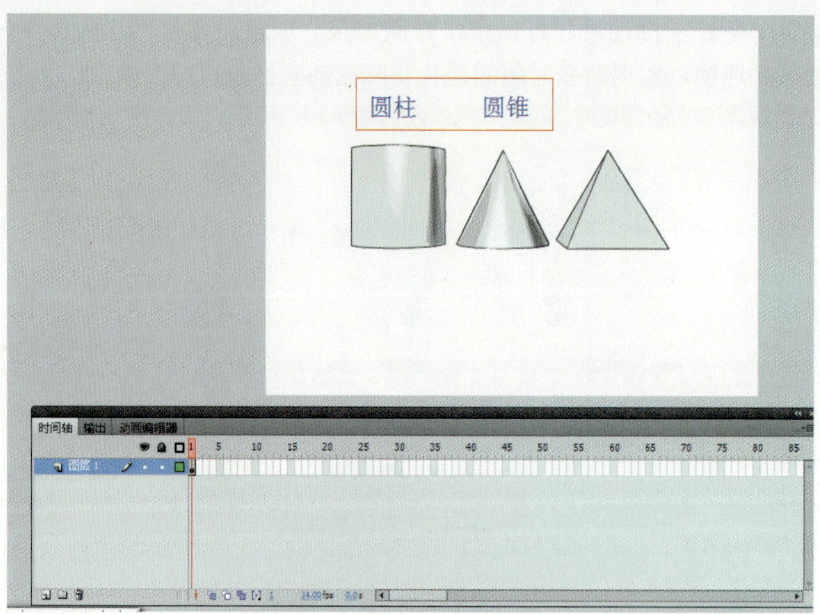

图5-1-50　添加动画文本

（1）创建“圆柱”闪烁文字动画

01 首先在“库”面板中新建一个元件，并将其命名为“圆柱”，设置“类型”为“影片剪辑”，如图5-1-51所示。

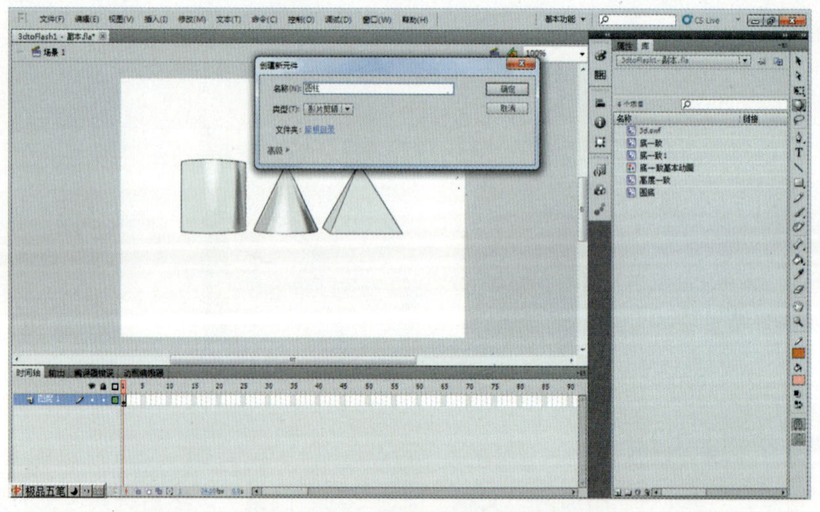

图5-1-51　新建“圆柱”元件

02 在“库”面板中双击“圆柱”，进入该元件层级中进行编辑，在工具栏中选择“文本工具”，在舞台中输入文字“圆柱”，在“属性”面板中更改其属性，设置“颜色”为蓝色，“大小”为“27点”，如图5-1-52所示。

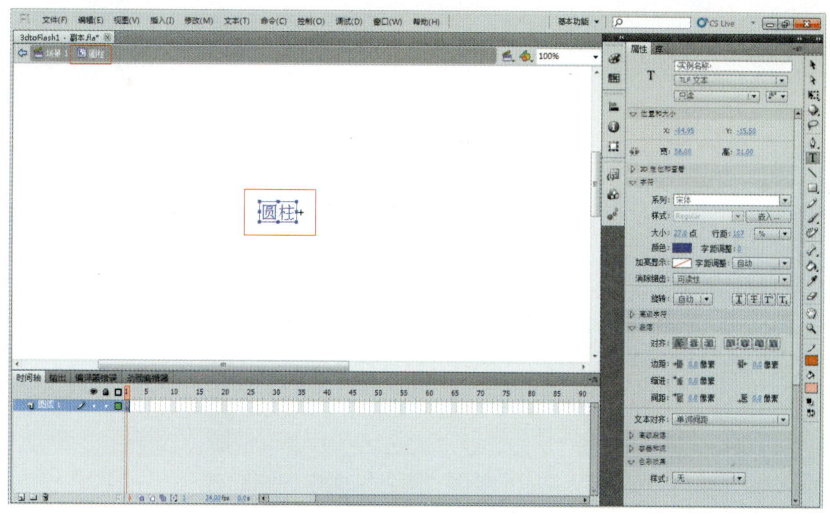

图5–1–52　编辑“圆柱”文本

03 选择“圆柱”文本，按F8键定义元件，以方便后面制作关键帧动画，将元件命名为“圆柱基本动画”，设置“类型”为“图片”，如图5-1-53所示。

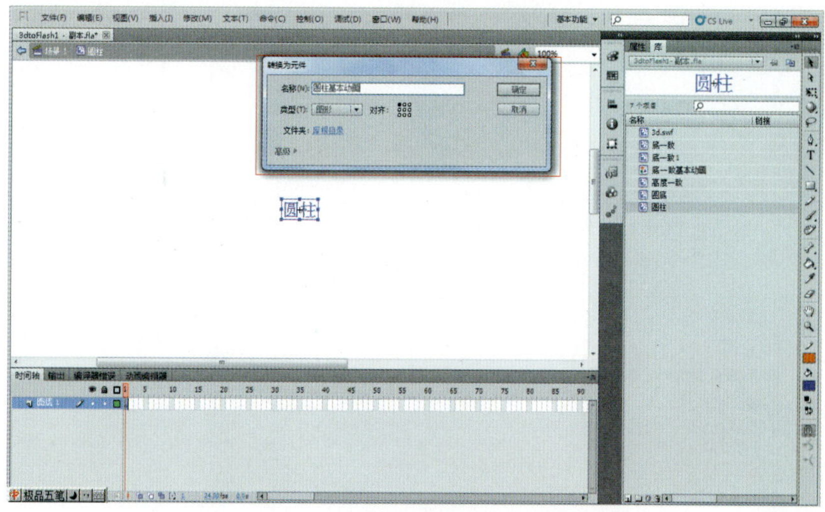

图5–1–53　定义“圆柱基本动画”元件

04 在“圆柱”影片剪辑的层级中，在第60帧处按F5键延长关键帧动画，并在这60帧动画之间右击鼠标，在弹出的快捷菜单中选择“创建补间动画”命令，进入“动画编辑器”，在第1、15、30、45和60帧处产生关键帧，并更改“Alpha数量”值，如图5-1-54所示。

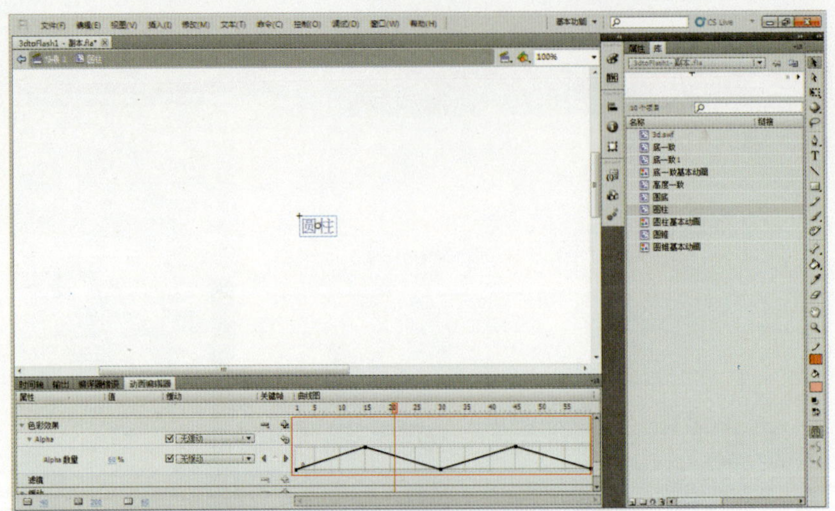

图5-1-54 制作“圆柱”文字闪烁动画

05 制作完毕，可使用组合键Ctrl+Enter预览效果，然后回到“场景1”层级中，在“图层1”的第1帧处，从“库”面板中将“圆柱”影片剪辑拖入到舞台中的合适位置，如图5-1-55所示。

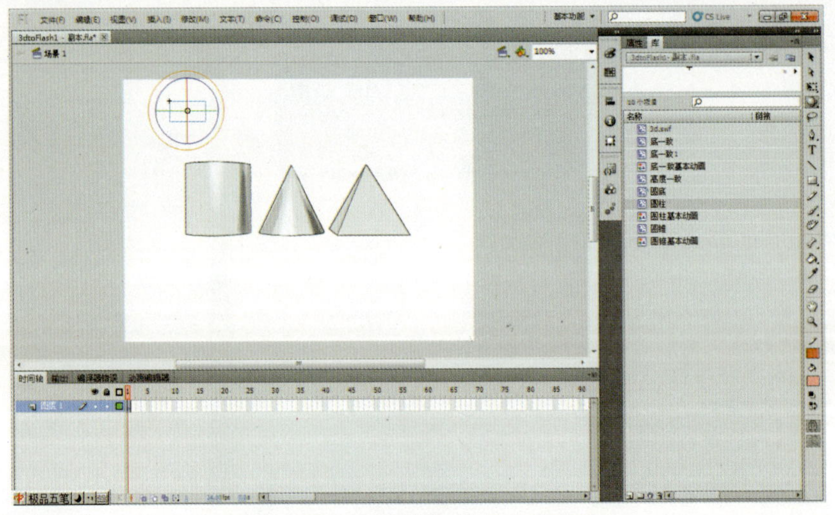

图5-1-55 将“圆柱”拖入舞台中

（2）创建“圆锥”闪烁文字动画

操作同“（1）创建‘圆柱’闪烁文字动画”基本一致，除了将文本改为“圆柱”以外。最后在“场景1”层级中，将制作完毕的“圆锥”影片剪辑从“库”面板中拖入到舞台中并移至合适的位置。在进行预览时，会发现“圆柱”和“圆锥”两个文本不停闪烁，如图5-1-56所示。

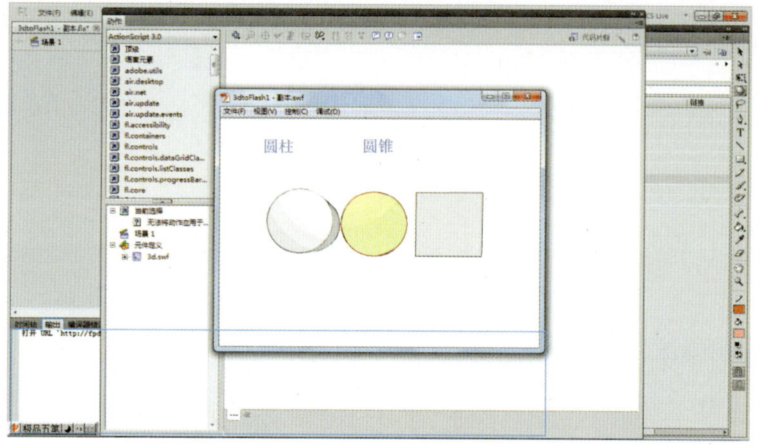

图5-1-56　预览“圆柱”和“圆锥”文字闪烁动画

（3）在“3d.swf”元件中添加“底一致”闪烁文字动画，如图5-1-57所示

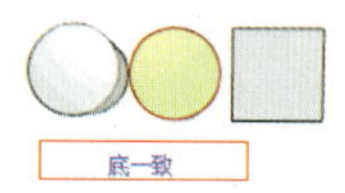

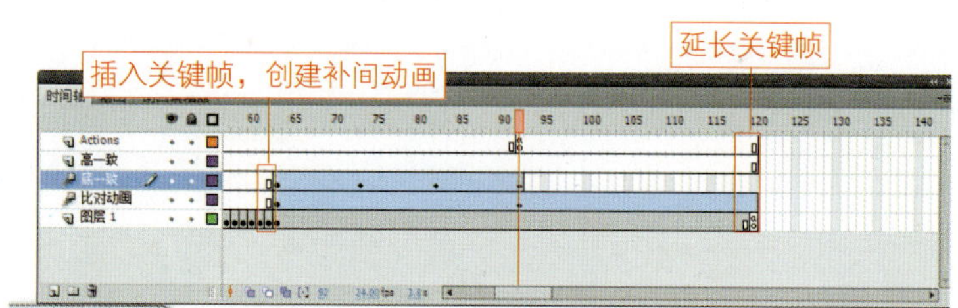

图5-1-57　添加图层“底一致”

01 在“库”面板中双击“3d.swf”元件，进入该层级中进行编辑。

02 新建图层，将其命名为“底一致”，延长所有图层的关键帧至120帧，然后在“底一致”图层中的第63帧处（即比对动画演示的最后一帧）按F6键插入关键帧，添加“底一致”文本。

03 以同上面创建“圆柱”文字闪烁动画基本相同的方法创建补间动画。新建一个元件，设置“类型”为“影片剪辑”，并将其命名为“底一致”，然后输入文字“底一致”，并选中它，将其再定义成“图片”类型的元件，并命名为“底一致基本动画”。

04 在第95帧处插入关键帧动画，在第120帧处按F5键延长普通帧动画，并在第95帧和120帧之间右击鼠标，在弹出的快捷菜单中选择“创建补间动画”命令，然后在“动画编辑器”中产生多个关键帧，更改“Alpha数量”值，如图5-1-58所示。

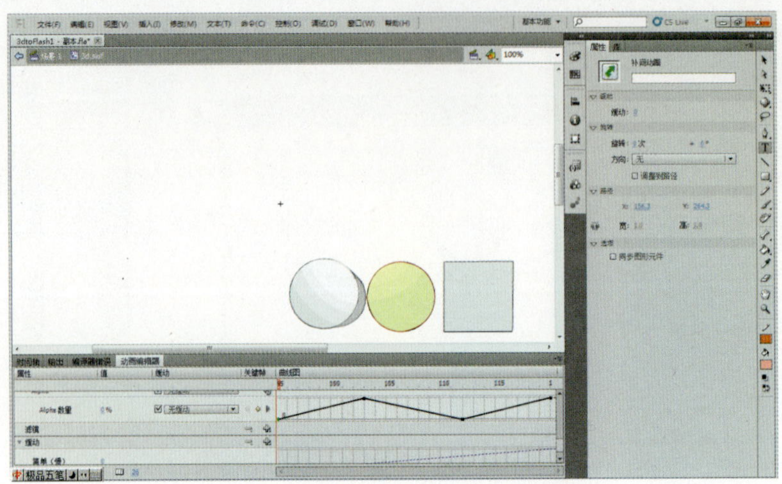

图5-1-58　编辑“底一致”动画

5.1.4.3　利用 Adobe Captivate 5进行对象化制作

1.导入素材

在制作课件的过程中需要运用到许多外部素材，Adobe Captivate 5（以下简称为Captivate）允许把素材内嵌到项目中，并通过“库”面板进行管理。使用“库”面板的操作如下。

01 执行“Window”>“Library”命令，打开“库”面板，如图5-1-59所示。

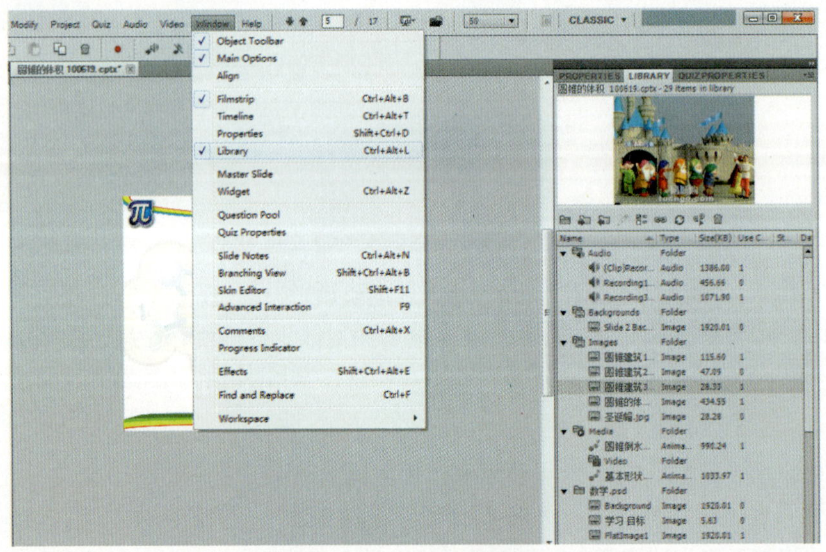

图5-1-59　打开素材库

02 导入素材。可以单击按钮，选择要导入的文件，单击“OK”按钮，素材会出现在“库”面板中。

03 单击某一素材，可以在素材库中预览效果。

04 使用素材。可以把素材拖放到幻灯片或时间轴上。

2. 制作课件母版

利用Captivate模板可以提升课件或幻灯片之间的一致性，减少制作课件所需的资源。制作母版的操作方法如下。

01 执行“Window” > “Master Slide”命令，打开“母版”面板。

02 单击“母版”面板中的幻灯片，在“PROPERTIES（属性）”面板中单击浏览按钮，选择并插入素材图片“FlatImage1.jpg”，效果如图5-1-60所示。

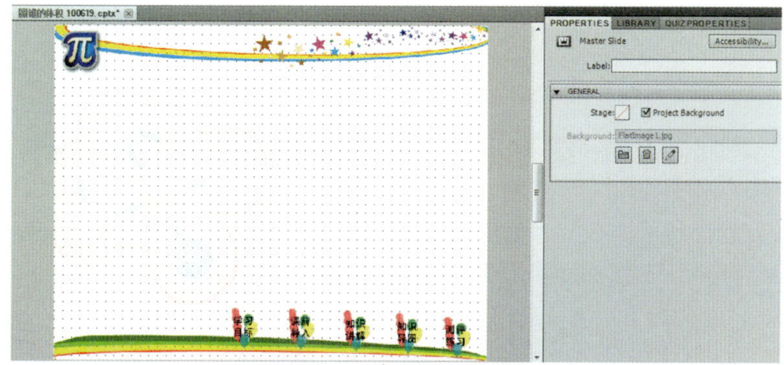

图5-1-60 添加封面图片

03 在“母版”面板中新建一张幻灯片，用上述方法制作一张背景母版，选择并插入素材图片“FlatImage2.jpg”，效果如图5-1-61所示。

图5-1-61 添加背景图片

3. 利用母版制作课件封面

新建一张幻灯片，打开“PROPERTIES（属性)”面板，在“GENERAL”选项卡中的“Master Slide”下拉列表中选择“1（Master Slider 1）”选项，效果如图5-1-62所示。

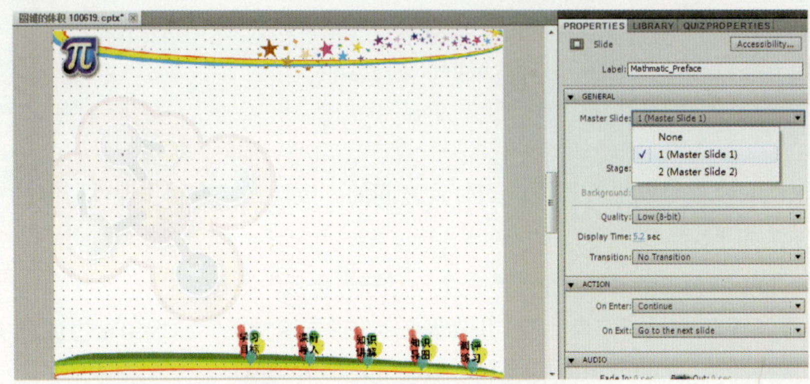

图5-1-62　利用母版制作封面

4．为封面添加标题

01 单击“工具”面板中的标签按钮，在幻灯片中出现一个标签。

02 双击标签，输入文字“圆锥的体积”。

03 设置标签的背景为透明。在“PROPERTIES（属性)”面板中打开“GENERAL”选项卡，在“Caption Type”下拉列表中选择“transparent”选项。

04 设置字体的大小。打开“CHARACTER”选项卡，设置“Size”为“64pt”，如图5-1-63所示。

图5-1-63　设置标签字体的大小

5．设置对象的出现顺序

在该课件的第9张幻灯片中，根据该幻灯片的内容，如果想留给学生一定的思考时间后再呈现答案，可以通过按钮进行控制，还可以设置蓝色文字依次显示，如图5-1-62所示。操作方法如下。

01 在该幻灯片中插入一个按钮，将其命名为“运算过程”，插入一个标签，内容为“V=1/3*(3.14*2^2)*1.5=6.28(立方米)”，再插入一个标签，内容为：“答：小麦堆的体积是6.28立方米。”如图5-1-64所示。

02 在默认情况下，插入的每一个对象都会从0秒开始并持续显示4秒。现在，把按钮放到第3秒的起始位置上，把文字“V=1/3*(3.14*2^2)*1.5=6.28(立方米)”放在第6秒的起始位置上，把其他文字内容放在第7秒的起始位置上。

03 按F8键预览效果。

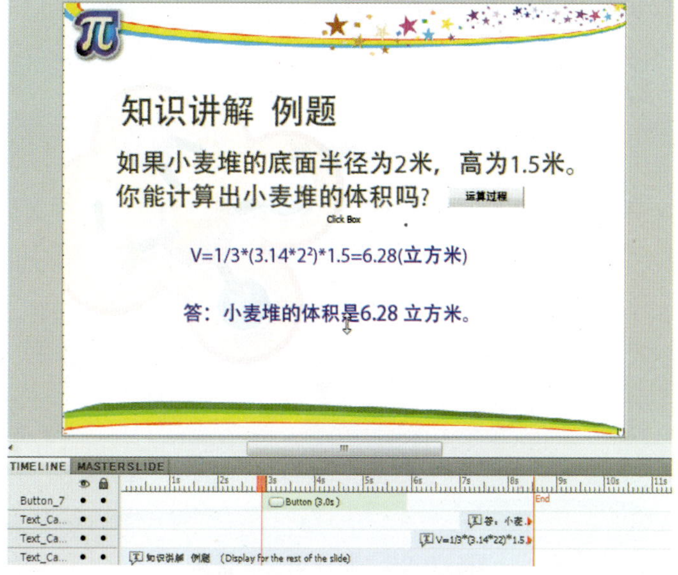

图5–1–64　时间轴控制

6．制作填空题

01 执行“Insert” > “Question Slide…”命令，打开“Insert Questions”面板，勾选“Fill-In-The-Blank”复选框，其他保持默认值，如图5-1-65所示。

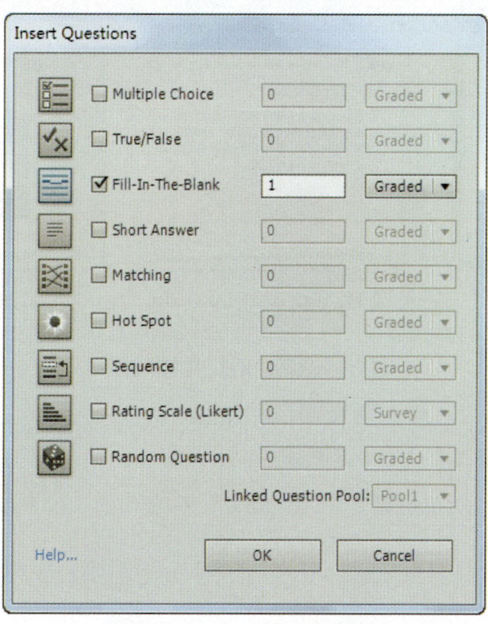

图5–1–65　插入填空题

02 在生成的填空题幻灯片中，有一个预留的填空区，双击该区会弹出如图5-1-66所示的对话框，可以在此添加多个可能正确的答案。

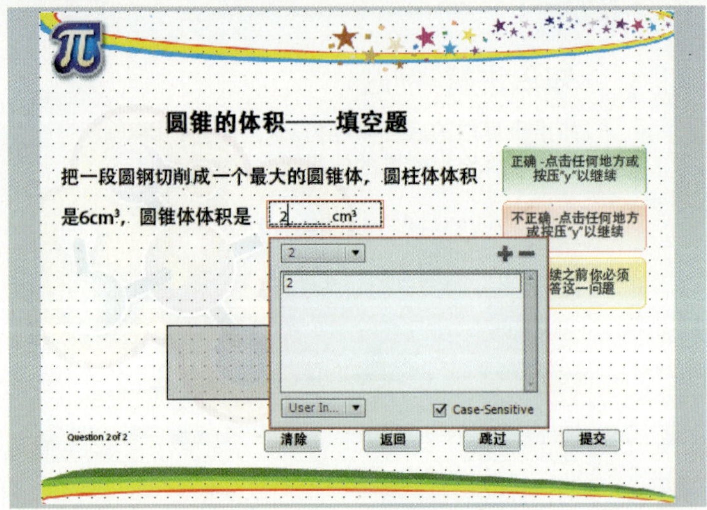

图5–1–66 制作填空题答案

7．为封面按钮设置导航

为了更方便地设置导航，在制作幻灯片时，最好为每个要链接的幻灯片设置一个有意义的名字，如图5-1-67所示（截取的是本案例前3张带有命令的幻灯片）。

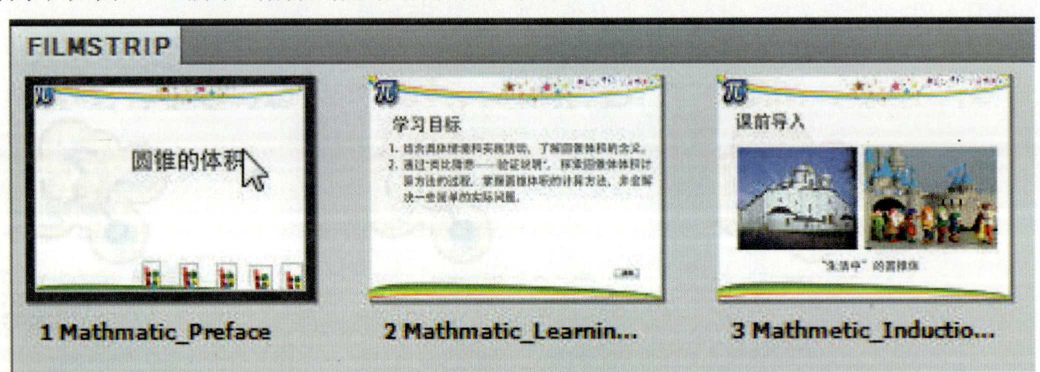

图5–1–67 幻灯片缩略图

01 打开封面幻灯片，单击“工具”面板中的按钮，插入一个“Click Box（单击方块）”对象。

02 在“属性”面板中，取消选择属性“Captions”中的选项，如图5-1-68所示。

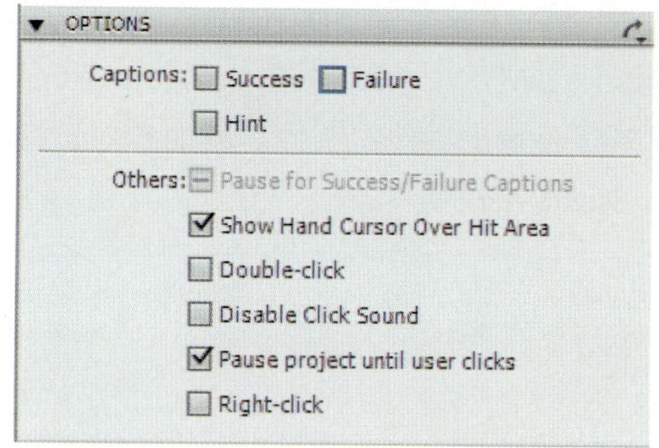

图5-1-68　设置Click Box的属性

03 在“ACTION”选项卡中，在“On Success”列表中选择“Jump to slide”选项,并在“Slide”列表中选择要链接的幻灯片，如图5-1-69所示。

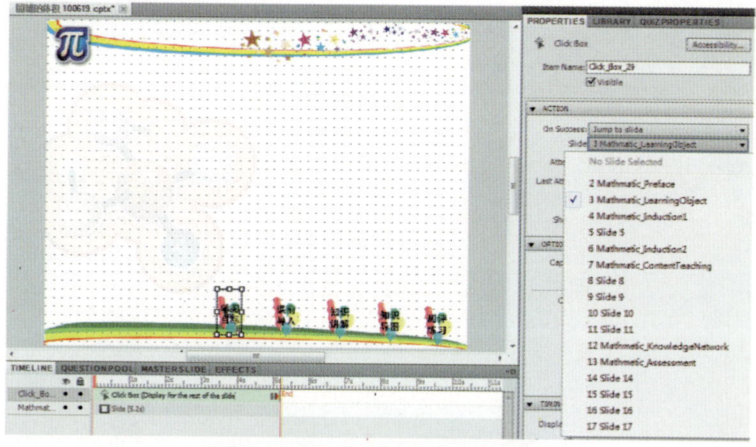

图5-1-69　设置跳转的幻灯片

04 可以复制该“Click Box”对象，修改链接，为其他按钮制作导航。

8.把课件发布成SWF文件

01 执行“Project”>“SKINEDITOR（外观编辑器）”命令，在该编辑器中可以修改发布后的SWF文件的外观，如外框的样式、控制栏的功能按钮、是否出现幻灯片标题等，如图5-1-70所示。

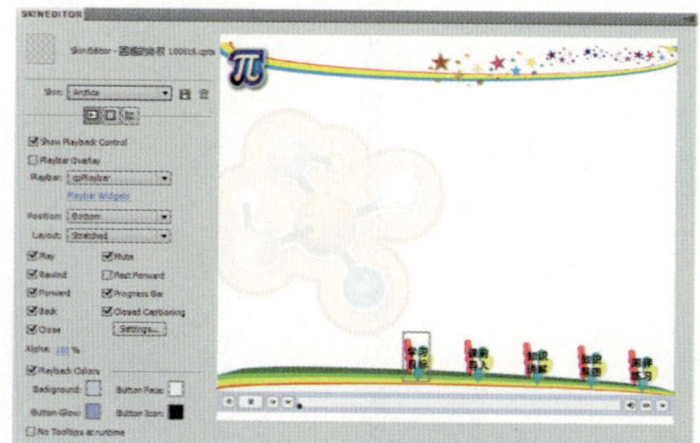
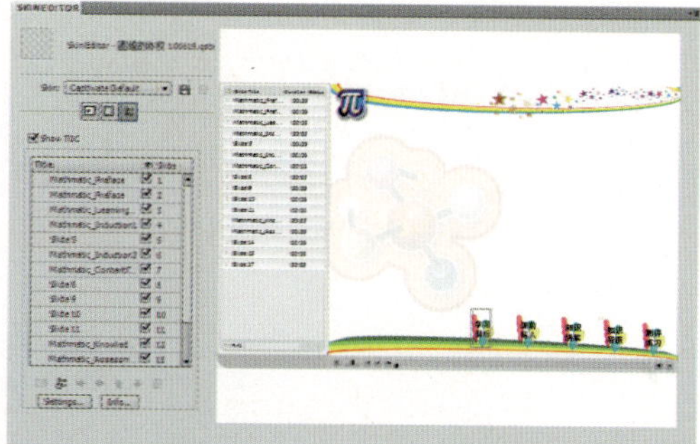

图5-1-70　设置项目皮肤的外观

02 单击“发布”按钮或执行“File” > “Publish”命令，打开“Publish（发布）”对话框。选择输出 “Flash（SWF）” 项目，在“Project Title”中输入要导出的文件名，在“Folder”中设置要保存输出文件的路径，其他参数保持默认设置，最后单击按钮“Publish（发布）”，如图5-1-71所示。

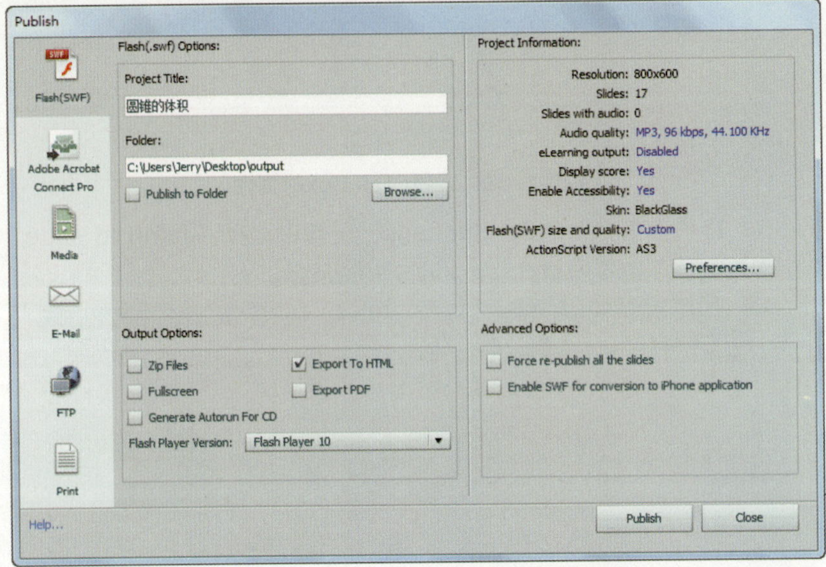

图5-1-71 “Publish（发布）”对话框

5.2 语文案例——动物游戏之谜

本案例所涉及的相关资源，包括原始素材、源文件及发布后的效果请参见教材配套光盘《语文案例资源》。

5.2.1 案例的来源

“动物游戏之谜”案例出自人民教育出版社普通高中课程标准实验教科书《语文》（必修3）第四单元。相关数字化教学资源请参见下面网址。

教师用书：http://www.pep.com.cn/gzyw/jszx/kbjc/bx3/jsys/200810/t20081010_522068.htm

电子课本：http://www.pep.com.cn/gzyw/jszx/kbjc/dzkb/bx3/200901/t20090106_542192.htm

5.2.2 案例的编写目标

本案例选取的是高中阶段课程的语文学科，案例编写的目标包括以下几个方面。

①结合高中语文学科的特点，示范如何制作新媒体资源。

②结合对象化资源的开发过程，制作对象化学习资源。

③在该案例中，展示如何利用Adobe Captivate 4、Adobe Flash Professional CS5等软件的特定技术功能实现案例。

本书中选取该案例是基于语文学科的特点考虑的，语文是适宜以富媒体技术表现内容的学科，如：

在语文的识字教学中，借助于媒体技术可以将所教的汉字由静态变为动态，使学生更准确地掌握汉字笔顺、帮助学生记忆字形，强化学生的视觉和听觉刺激，突出了观察对象，通过影像建立起字形与字义的联系，让学生了解汉字的结构规则。

利用数字化课件，可以给学生以造句训练，让学生与富媒体课件进行交互，显示各种词句进行比较、分析、选择，让学生明白怎样写出通顺、优美的句子；让学生进行填空、扩句、补充或改写等形式的练习造句，同时，用拼音输入法既练习了组词造句又复习了汉字拼音。

利用数字化资源中的动画、视频可以指导学生的写作，在看图作文训练中，将这些图画制作成三维动画展示出来，再配上语音、音乐，从而很大程度上提高课堂教学效果。

教师在讲解古代诗词时，可以辅助以一些富媒体类的课件，融合古诗内容、诗人介绍、作品背景、词句解释、疑问解答、配乐、朗读、风景山水画、动画等多媒体信息，让学生根据自身的知识水平，有选择地浏览不理解或未知内容，解决教学中的重难点问题。

此外，语文学科最重要的教学切入点，就是引导学生去“体验”。借助数字化教学媒体，可以大大拓展学生体验空间，从已有的常见媒体类型如文本、图像、音频、动画、视频和3D等中进行选择，体验空间的延伸。

总之，富媒体在语文学科的教学应用中具有多种可能性和丰富的应用形式，能给学科教师以充分的表现空间。本案例以对象化学习资源制作的思想和方法为指导，给出这样的一个现实案例。

5.2.3 案例的设计思路

5.2.3.1 基于学习对象技术的课件设计

考虑到对媒体资源的基本需求，案例选取了“动物游戏之谜”这一课文进行案例设计。整体案例的设计流程如下。

1. 案例的教学设计

结合课文内容，依据教学原理进行教学设计。本文以“动物游戏”这一现象为题，描述了科学家们迄今为止对“动物游戏”现象的研究及相关思考，并以科普说明文的写作体例加以展示，全文结构清晰，文字描述准确、全面。基于课文内容，教学目标包括三个方面：第一，通过课文的学习，体会科普说明文的写作特点，了解科普说明文的层次结构；第二，培养筛选概括信息及概括叙述的能力；第三，领会课文表达的人文内涵。课文教学设计主要内容如下。

(1) 导入新课

“动物游戏之谜”这篇课文在列举了各类动物游戏现象的基础上，引发了“动物为什么要进行游戏？”这一疑问，而后通过各种假说来解答这一问题。动物游戏这种现象在生活中多有存在，可挑选一组有趣的动物游戏图片、动物游戏视频、电视节目《动物世界》片头等，展示给学生。学生一般对这些图片或影像非常感兴趣，尤其是给动物游戏图片或影像加入“语言”，更能增加动物游戏的趣味性。在激发学生的学习兴趣时，提出一个疑问：动物为什么会有这些行为表现？从而导入新课。

(2) 初读课文，整体感知

①把握对象。

- 请学生快速浏览课文，看看课文中写了哪些主要内容呢？围绕下列问题理清课文结构。学生归纳课文的主要内容：课文先写了动物的各种游戏行为，并由此引出动物为什么游戏的问题，然后再写科学家对此作出的各种假说，最后总结这个问题还需要进一步研究。
- 课文按照“总－分－总”的结构，先说动物游戏，再说动物为什么游戏，最后得出结论。

②理清思路。

科学思维过程：提出问题 →分析问题 →解决问题

说明文的结构：总→分→总

内容：动物为什么游戏 {演习说、自娱说、学习说、锻炼说} 还有待更深入研究

(3) 细读课文，深入探究

课文题目是“动物游戏之谜”，主要内容是探寻“谜”底，所以，课文列举了各种假说。请学生以小组为单位找出关键句，筛选出“假说”的根据和结论。

例如，你同意或不同意哪种假说呢？为什么？你有自己的观点吗？

(4) 思考结论，学习语言

课文既然是研究动物游戏之谜，为什么说仍然是一个谜呢？课文为什么没有确定的结论？学生可能的回答：

①动物的游戏行为很复杂，不同动物可能有不同的游戏原因，同时人类对动物的研究还不够，所以仍是一个谜。

②科学就应该注重实事求是，假说永远是假说，不能贸然下结论。

③应该提出各种各样的看法，大家来一起讨论，真理总是越辩越明。

作者用了非常简练、全面的语言描述动物的游戏行为，如作者对“动物在游戏行为中”的描述，表现出超出估计的“智力潜能、自我克制能力、创造性、想象力、狡猾、计谋和丰富多彩的通信方式”，你能从课文中找出相应的例证吗?

①智力潜能：动物们的游戏，“与人类儿童的游戏行为有着相似特征”，这说明动物在游戏中蕴含着智慧。具体如给黑猩猩棍子，它会用棍子做各种游戏。

②自我克制能力：战斗游戏，“看似激烈，其实极有分寸，它们配合默契，绝不会引起伤害。”“动物严格地自我控制，使游戏不会发展成真的战斗。”。

③创造性和想象力：北极熊玩棍子或石头；野象“踢”草球等。

④狡猾、计谋：叶猴在树上互相推搡，攻守嬉闹。

⑤丰富多彩的通信方式：动物群体的游戏活动，必定有各种形式的交流通信方式，才能保证游戏的组织、进行，如北极渡鸦排队滑雪，没有沟通是不可能井然有序的。

动物游戏中必然包含以上所说的各种能力，是综合性的能力，并不是说一种游戏只包含一种能力。

(5) **挖掘内涵，引发思考**

任何作品都会向读者传达某种信息，在这篇课文中，作者介绍了动物世界存在的令人无法理解的游戏行为，可是游戏历来被看做人类的专利。但科学证明被人们视为低等的动物也有游戏，这不能不引起人们的兴趣和深思。学习了这篇课文之后，我们应该重新审视动物、审视自己，更重要的是要真正懂得，地球不是人类独有的，动物一样是地球的主人，让人类与动物和谐相处，共同迈向美好的明天。

在课文学习中，应掌握以下这些生词的发音：

1 嬉闹	2 聒噪	3 尾鳍	4 似的
5 相似	6 厮打	7 默契	8 嚼烂
9 汲取	10 坎坷	11 反馈	12 陡峭

2. 案例的对象化分析

基于教学设计进行教学课件的对象化分析，完整的课件对象化分析包含教学资源的教学特性、有效的媒体应用和合适力度的资源设计。这里的对象化分析先关注在资源设计的教学特性方面。教学设计为对象化资源的制作提供了基础，接下来的工作是如何将这些教学设计需求参考数字化学习对象资源的可参考框架结构（见第2章）进行设计。这里的重点是如何依据课程内容、课程目标对象和课程媒体支持能力，创建符合教育原理的本案例数字化资源。相关的本案例对象化要素分析如下。

(1) **教学目标**

本教学目标集中在三个方面，分别是科普说明文的说明结构、写作语言以及人与动物和谐相处的人文内涵，数字化课件内容的制作应该围绕上述三个教学目标的实现为出发点，应在该学习对象的开始阐述本学习对象支持的上述目标。

(2) **教学导入**

课文为阐述“动物游戏之谜”，列举了9种动物的游戏现象，其中一些动物离一般高中生的生活比较远，因此，导入的基本目标就是让学生对这些游戏动物有直观的认识。依据媒体的多通道原则，学习者通过视觉、听觉通道同时工作，可以调动起对课文所涉及动物的直观认知，从而建立起对游戏行为的基本视觉体验。

(3) **教学内容**

教学内容设计应紧紧围绕着本课文教学

的三个目标，其中科普说明文的层次结构和写作特点应是媒体表达的重点，而课文中对不同种类动物游戏行为的观察、行为意图的揣想等思维过程表达应该是媒体表现的重点。在此过程中，应通过媒体来有效表达教学重点——即科普说明文中筛选和概括信息的能力，并进而解决教学难点问题——体会这篇科普说明文中蕴含的丰富人文内涵。依据知识目标实现的不同，前两者是知识型的，人文内涵相比较而言是偏拓展性的，且后者更适宜于新媒体的表达，因此，可以将教学内容依据教、学的差异性，分配到课件和学件两个部分来进行表达。课件部分以课文的辅助教学为主，学件部分以课文的知识扩展、巩固联系为主。在媒体制作中，应将“初读课文，整体感知”、“细读课文，深入探究”、“思考结论，学习语言”等教学环节借助媒体进行有效的表达和承载。

（4）教学的重难点

从本课文的内容来看，文中重难点内容更适宜于以过程性方式表达在课件教学内容和学件教学内容中，并通过教学活动和数字化媒体进行表达，不适宜再以独立的媒体形式进行阐述。

（5）知识导图

课文的知识导图以图示化方式，向学习者展示课文内容的知识及其相互之间的关系。依据对课文中知识内容的把握，描述了具有7个节点的知识网络图，如图5-2-1所示。

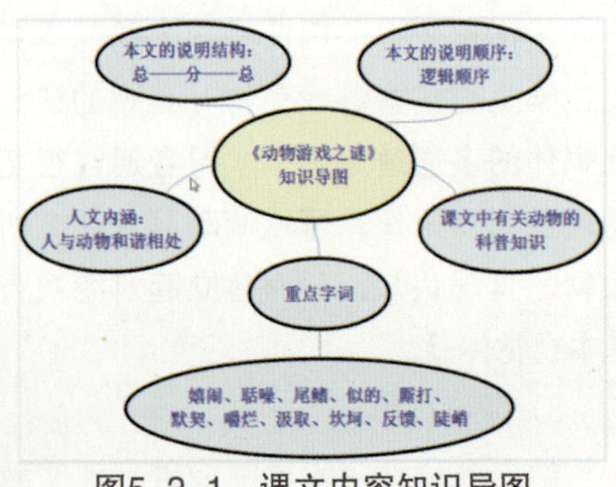

图5-2-1　课文内容知识导图

（6）学件的基本设计

学件的设计一方面促进第三教学目标（课文的人文内涵）基于体验化基础上的实现；另一方面，应拓展学习者对课文中所提及动物的基本特性认识，加深对这些动物的了解。同时，学件部分提供对课文重点字词的深刻理解，通过各种媒体手段，对字词认知充分地表达，并应提供对学习效果的测评。

通过前面的分析可知，本课文数字化资源的制作定位在具有开放性特征的课文资源制作任务，将新媒体技术应用在教和学两个方面，特别是对“学”方面的扩展和关注。在课文媒体设计阶段，就考虑到“人文内涵”这一学习目标可以用新媒体进行充分承载和表达。通过分析将本数字化资源的制作分解为“课件”和“学件”两个部分，并将课文中人文内涵目标的实现放置到“学件”中去完成。

3．案例的媒体选择

围绕教学目标，依据本学习对象要素和课文教学的重难点，进行媒体选择和相应媒体技术应用。对照前面的对象化分析过程，本案例的媒体应用分析如下。

在教学导入环节，需要借助于媒体技术来缩短学习者对文中所涉及动物的认知距离，这里选用的教学媒体包括相关动物的游戏场面图片、对动物游戏的配音说明等。

在教学环节，让学习者认识科学说明文的层次结构特点、了解科学的思维过程及其与说明文结构的关系是重点，因此，在媒体选择上，应使用交互性较强的媒体表现形式，尤其是在动物游戏的现象观察及其行为动机的猜测归纳上。

在教学环节中的“结论”部分，为强化学生对“提出”—“分析”—“解决”问题科普说明文写作思路的理解，特别是本文中如

何通过开放性结论而“解决”问题的，需要借助媒体技术来表达，这里可以用标准的课文内容朗读来强化学生对这一问题的记忆。

在学件制作目标的实现上，应充分调动学习者的认知激情，通过精炼的、文字性的语言加深学习者对课文中所涉及动物的认知，通过趣味化、生动性的视频媒体片断，结合准确的语言，表达人、动物和谐相处的可能性和现实意义。这是课文教学目标的重要内容。

语言的精炼性是本科普说明文的基本特色，对字、词的认识是学习本课文的要求，可以在学件中用媒体技术来帮助学生对字、词的记忆，这里采用交互式媒体方式帮助学习者进行学习。

学习的形成性测评是检查学习效果的一个重要组成部分，可以将测评环节放置到学件中，让学习者进行自我测试、自我练习。

此外，在课件制作中，界面设计风格应适合高中生的年龄段特征，并适应课文内容的需要，需要选择合适的图片及其相关要素进行组合，建议在本课文课件、学件的制作中，放置授课教师的图片，以增加学习者对数字化资源的亲切感。

4. 案例的脚本

结合前面的对象化分析和媒体选择的基本构想，形成案例的制作脚本。图示化的脚本如图5-2-2所示。

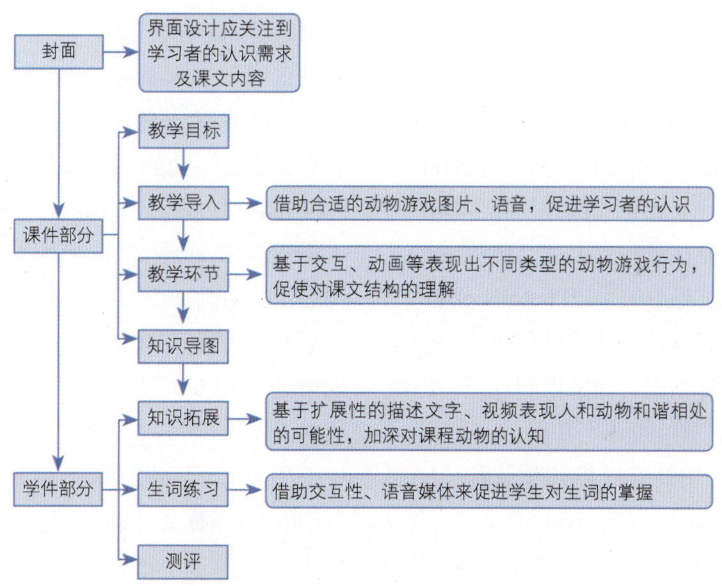

图5-2-2　图示化语文案例脚本

5.2.3.2　软件选用及其功能说明

上述课件设计脚本的实现可以用Adobe eLearning 工具包来实现，在本对象化课件制作中，实际运用到的软件包括Adobe Photoshop、Adobe Flash、Adobe Soundbooth、Adobe Captivate 4等软件。在实际制作中，这些软件应用的主要技能点体现在表5-2-1中。

表5-2-1 案例中软件功能选用说明

	Photoshop CS5	Flash Professional CS5	Soundbooth CS5	Captivate 4*
技能点	快速选择工具	创建补间形状	录制声音	交互性框架的制作（基于按钮的跳转）
	智能抠图	添加图层混合方式	录音声音文件剪辑	插入图片、音频、视频、动画
	图像调整——曲线、色阶	制作骨骼动画（含CS5新增功能——弹簧和阻尼特效）	声音文件的降噪	鼠标指向效果注解对象及配音音频应用
	局部修饰（污点修复画笔工具）	创建补间动画	调节音量	试题集的制作
	操控变形	“FLVPlayback2.5”组件的应用		基于试题集的配对题和排序题随机幻灯片生成
	智能填充	“On Cue Point”事件的应用		
		添加动作脚本（ActionScript 3.0的使用：事件侦听机制）		

*在本教材中，只有本案例使用了Captivate 4，其他地方均为Captivate 5。

这些技能在课件制作过程中的用途简介如下。

①Photoshop中的“智能抠图”功能：在本案例Captivate源文件的第2页和第18页设计中，将教师的个人照片放置在“课件”和“学件”封面页，该图像是从教师个人生活照片中抠选出来的，在这一过程中使用了Photoshop的“智能抠图”功能。同时，在这一过程中，由于原照片中的老师头部稍歪，为了得到校正，也使用了Photoshop的“操控变形”功能。

②Photoshop中的“图像调整”和“局部修饰”功能：在本案例Captivate源文件的第9页设计中，需要用一个猩猩嚼树叶的照片，以说明猩猩通过咀嚼树叶汲水。由于没有现成这样的图片，案例中通过类似的图片进行加工而成，在这一过程中使用了Photoshop中的“图像调整”和“局部修饰”功能。

③Photoshop中的“智能填充”功能：在本案例Captivate源文件的第4页和第10页，需要放置一个北极渡鸦的图片，以增强学习者对北极渡鸦的认识。在素材准备过程中，找到的是一张具有多余背景和污点的北极渡鸦图片。在这一过程中，使用了Photoshop的“智能填充”功能。

④利用Flash制作海绵动态吸水的过程：在本案例Captivate源文件的第9页，需要用一个海绵汲水的动画来说明猩猩嚼树叶的游戏背后蕴含着的猩猩生存技能训练。该海绵动态汲水的动画是用Flash进行制作的，使用的是层混合技术。

⑤利用Flash制作小猴荡秋千：在本案例Captivate源文件的第23页，用一个小猴荡秋千的动画来丰富课件内容，并与主题相呼应——动物游戏，同时增加课件内容的趣味性。该动画是用Flash CS5版本骨骼动画中新增的弹簧与阻尼特效功能制作的，表现了小猴荡秋千来回摆动并由于阻力作用而渐渐停止的过程。

⑥利用Soundbooth进行配音：在本案例Captivate源文件的第25页，为了让学习者掌握

生词的发音，制作成了交互式发音的课件，需要先对生词的发音进行录制，这里使用了Soundbooth软件实现声音的录制、剪辑、润色（降噪和调节音量）等功能。

⑦Captivate 4中“鼠标指向效果注解”对象的应用：在本案例Captivate源文件的第25页，需要为学习者提供一个交互式的、有语音反馈的生词练习题，这里就使用了“鼠标指向效果注解”对象来实现这一功能。

⑧Captivate 4中基于问题集的配对题和排序题的随机生成：在本案例的学件部分（27～33页），需要向学习者提供一些测试练习题，这些练习题分为6种不同的类型。在这一过程中，使用了Captivate 4 中问题集区和插入随机问题幻灯片的功能。

小提示

在Flash素材部分，增加了普通骨骼动画制作、声音与画面同步的slideshow制作两个案例，用于展示Flash的实用技能，为制作课件提供一些启发，可利用这些技能创建表现力丰富的动画插入到自己的课件中。

5.2.4 案例的制作

5.2.4.1 素材的准备和加工

在案例制作的前期，需要对素材进行搜集和加工，相关的工作过程如下。

1. 使用Photoshop准备素材

(1) 从照片中抠选出人物图像

使用的知识点：在Photoshop中快速选择工具、智能半径和操控变形

- 快速选择工具：通过连续颜色区域识别进行选区的创建，该工具如同一支画笔，但它画出的不是颜色而是选区，“快速选择工具”的操作就如同其本身的名称，只要在所需创建选区的区域内绘制即可快速创建选区。它是智能的，比“魔棒工具”更加直观和准确，不需要在需选取的整个区域内涂画，而是自动调整用户所涂画的选区大小，并寻找到边缘，使其与选区分离。

从照片中抠选出人物图像时，操作步骤如下。

01 使用“快速选择工具”创建选区。“快速选择工具”在工具箱的上方，有点类似于“魔棒工具”，如图5-2-3所示。

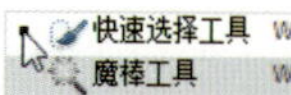

图5-2-3 快速选择工具

“快速选择工具”的使用方法是基于画笔模式的，也就是说，用户可以“画”出所需的选区。如果是选取离边缘比较远的较大区域，可以使用大尺寸的画笔；如果是要选取边缘，可换成小尺寸的画笔，这样才能尽量避免选取背景像素。

如果要更改画笔大小，可以使用工具选项栏中画笔右侧的下拉列表，如图5-2-4所示，也可以直接按快捷键“[”和“]”来减小和增大画笔大小。

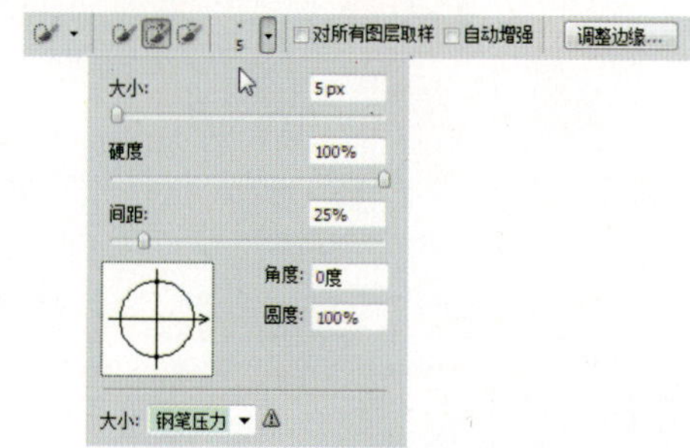

图5-2-4 修改画笔的大小

02 图5-2-5为使用“快速选择工具”初步创建的选区。

图5-2-5　初步创建选区

03 如果有些区域不想选中，但此时却仍然包含在选区内，只需要将画笔大小调小一些，然后按住Alt键，再使用“快速选择工具”去“画”一下这些区域就可以了，如图5-2-6所示。

图5-2-6　多余的选区

04 使用“快速选择工具”修改之后的选区如图5-2-7所示。

图5-2-7　修改之后的选区

05 使用“快速选择工具”创建选区后，整体效果如图5-2-8所示。

图5-2-8　创建选区

06 至此选取工作虽然结束了，但选区中会出现锯齿状或模糊的像素，在应用选区之前，需要对选区做进一步细致的调整和优化。

单击工具选项栏中的“调整边缘”按钮，可以对选区进一步优化，如图5-2-9所示。

对所有图层取样　自动增强　调整边缘...　调整边缘

图5-2-9　调整边缘

单击该按钮，会打开“调整边缘”对话框，在其中可以对所创建的选区进行精细调整，如可以在“边缘检测”选项组中进行智能半径的调整，或在“调整边缘”选项组中进行平滑、对比度、羽化和移动边缘的操作。其中，拖动“平滑”滑块可以去除锯齿状边缘，而且不会使选区边缘变模糊，并可以较小的数值增大或减小选区大小，如图5-2-10所示。

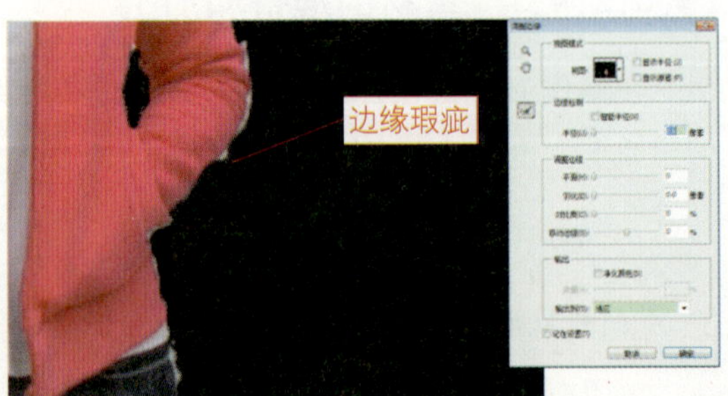

图5-2-10　调整局部瑕疵

07 如图5-2-11所示为操作完成之后的图像。

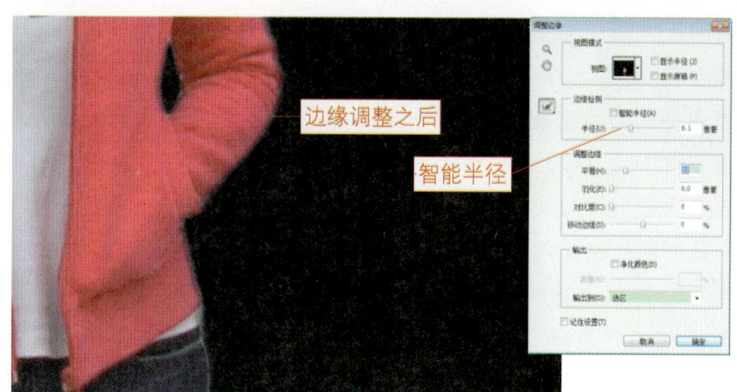

图5-2-11　调整效果

在调整上述选项时，可以实时观察到选区的变化，从而在应用选区之前确定所做的选区是否精准无误。如果觉得选区已经优化得不错，就可以单击“确定”按钮接受选区。

08 由于人物的头部有些倾斜，为了将头部调正，以美化照片，可以使用Photoshop CS5的新功能“操控变形”对其进行调整。执行“图层” > “通过剪切的图层”命令，将人物图像单独放置在一个新图层上。然后执行“编辑” > “操控变形”命令，如图5-2-12所示。

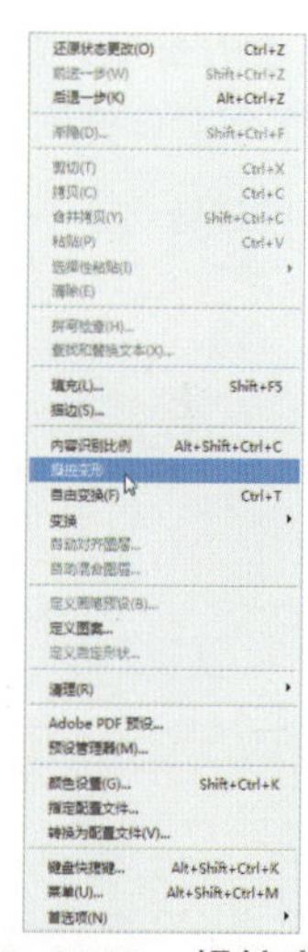

图5-2-12　操控变形

09 执行完上述步骤后，可以在图像中添加“图钉”以固定图像，如图5-2-13所示。对人的图像而言，一般选择人的关节点处添加“图钉”，设置好固定点之后，继续调整图像，直至得到理想的状态。

图5-2-13　添加图钉

(2) 将现有的猩猩图片加工成需要的猩猩嚼树叶图片

使用的知识点：Photoshop中的色相、饱和度和色阶调整

- 色相：即各类色彩的相貌称谓，如大红、普蓝、柠檬黄等。色相是色彩的首要特征，是区别各种不同色彩的最准确标准。事实上任何黑、白、灰以外的颜色都有色相的属性，而色相也就是由原色、间色和复色来构成的。
- 饱和度：是颜色的强度或纯度（有时称为色度）。饱和度表示色相中灰色分量所占的比例，它使用从0%（灰色）至100%（完全饱和）的百分比来度量。
- 色阶调整：使用“色阶”或“曲线”来调整色调范围。在开始校正色调时，首先调整图像中高光像素和阴影像素的极限值，从而为图像设置总体色调范围。此过程称做设置高光和阴影或设置白场和黑场。设置高光和阴影将适当地重新分布中间调像素。当然，用户也可以手动调整中间调。

本部分主要操作是将猩猩嚼的草从黄色转变为绿色，并进行整体调整。操作步骤如下。

01 快速创建选区。使用“快速选择工具”选中猩猩吃的黄色食物，如图5-2-14所示。

图5-2-14　快速选择工具创建选区

02 设置色相/饱和度。执行“图像” > “调整” > “色相/饱和度”命令，如图5-2-15所示。

图5-2-15　执行“色相/饱和度”命令

03 在打开的“色相/饱和度”对话框中，对选区内的图像调整色相及饱和度，如图5-2-16所示。

04 调整完毕后，单击“确定”按钮，选区中的图像颜色如图5-2-17所示。

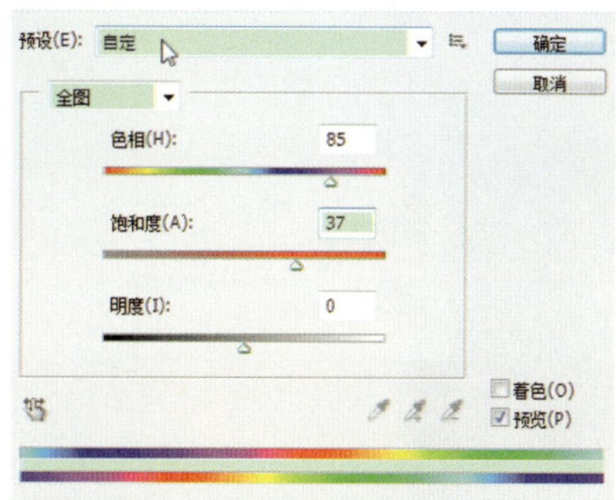

图5-2-16　设置选项

图5-2-17　调整后的颜色效果

05 使用“色阶”命令调整颜色范围。由于图像的整体颜色比较暗淡，接下来要对整个图像进行调亮。执行“图像”＞“调整”＞“色阶”命令，如图5-2-18所示。

图5-2-18　执行“色阶”命令

06 打开“色阶”对话框，如图5-2-19所示。通过选择“预设”下拉列表中的选项，可对图像色阶进行调整。也可以通过拖动下侧的滑块调整色阶，如图5-2-20所示。

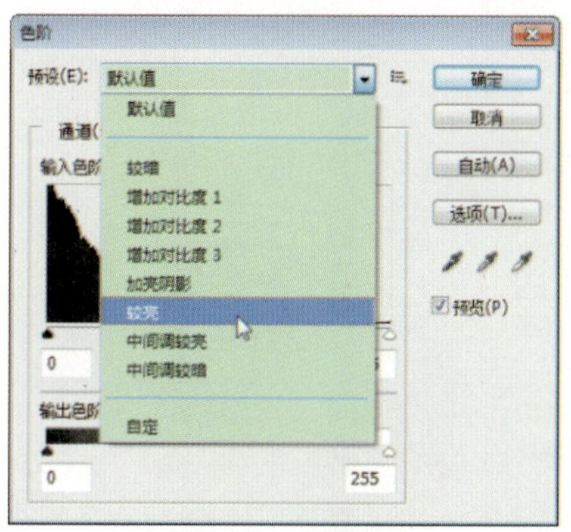

图5-2-19　色阶调整

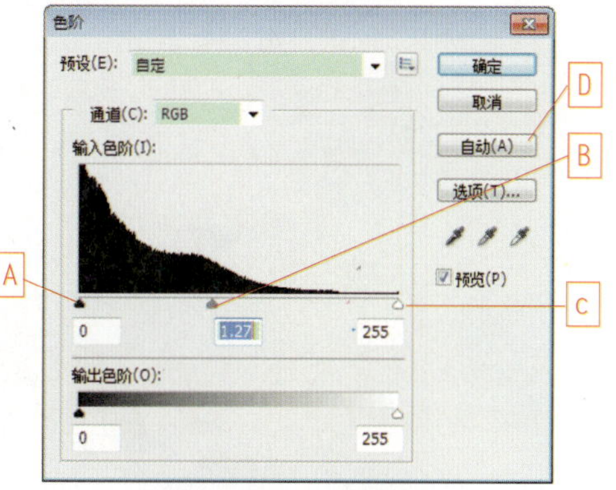

图5-2-20　调整滑块

A. 阴影　B. 中间调　C. 高光　D. 应用自动颜色校正

07 调整至合适效果后，得到的图像效果如图5-2-21所示。

图5-2-21　调整效果

（3）编辑从网上获取的北极渡鸦图片

使用的知识点：Photoshop中的智能填充工具

- 污点修复画笔工具：该工具可以快速移去照片中的污点和其他不理想部分。污点修复画笔的工作方式与修复画笔类似，它使用图像或图案中的样本像素进行绘画，并将样本像素的纹理、光照、透明度和阴影与所修复的像素相匹配。与修复画笔不同，污点修复画笔不要求用户指定样本点，它将自动从所修饰区域的周围取样。
- 内容识别：使用附近的相似图像内容不留痕迹地填充选区，内容识别填充会随机合成相似的图像内容。

“污点修复画笔工具”和“内容识别”功能体现了Photoshop中的智能填充工具的优势。

在本案例素材准备过程中，由于搜索到的渡鸦图片背景具有杂色，为了突出主体，要将背景物体以及图像中的杂色去除。有两种实现方式，下面进行详细阐述。

①利用“污点修复画笔工具”实现智能填充。

01 使用“污点修复画笔工具”去除杂物。打开原始素材渡鸦图片，在Photoshop工具箱中选择“污点修复画笔工具”，在工具选项栏中选中“内容识别”单选按钮（此功能只有Photoshop CS5中才有）。“内容识别”功能可根据所需要修复的区域进行自动取样运算，以填充更加合适的图像内容，如图5-2-22所示。

图5-2-22　选择污点修复画笔工具

02 将画笔的笔头覆盖住污点，如图5-2-23所示，单击即可快速填充修补图像。这里可以通过按快捷键“[”或“]”缩小或放大笔头。

图5–2–23　修复小污点

03 将污点去除后的效果如图5-2-24所示。

图5–2–24　去除污点效果

04 使用“污点修复画笔工具”不仅可以修除较小的污点，而且还可以修除较大的背景物。操作时使用“污点修复画笔工具”连续选取将要修除的图像即可，如图5-2-25所示。

图5–2–25　修复大污点

05 修除背景之后的效果如图5-2-26所示。

图5–2–26　修除背景效果

②利用“内容识别”功能进行智能填充。

在此方式下，使用“多边形套索工具”为所要填充的内容创建选区。执行“编辑”>“填充”命令，打开“填充”对话框，在“内容”选项组的“使用”下拉列表中选择“内容识别”选项，然后单击“确定”按钮，Photoshop便会自动填充内容。操作步骤如下。

01 选择背景物。使用“多边形套索工具”将背后的背景杂物选中，如图5-2-27所示。

图5–2–27　创建选区

02 填充选区。执行“编辑”>“填充”命令，如图5-2-28所示。

03 打开“填充”对话框，在“内容”选项组中，选择“使用”下拉列表中的“内容识别”选项，然后单击“确定”按钮即可，如图5-2-29所示。

图5-2-28　执行“填充”命令

图5-2-29　选择“内容识别”选项

04 填充后的效果如图5-2-30所示。

图5-2-30　填充效果

2. 使用Flash准备素材

(1) 使用层混合方式制作海绵浸水效果

本案例使用了Flash的创建补间形状与添加图层混合方式两个知识点 。首先创建一个层混合元件，其中放置了吸满水的海绵图像，然后新建一个遮罩层，绘制矩形，通过调节渐变颜色创建形状补间动画，然后使用了“Alpha”的层混合效果，最后在“场景1”层级中对两个海绵对象使用“图层”混合方式，来展现海绵吸水的动态过程。

01 新建文档，导入图片。新建一个空白文档，执行“文件” > “导入” > “导入到舞台”命令，导入两张图片（ “海绵1.png”和 “海绵2.png” ）到舞台中，如图5-2-31所示。其中黄色的海绵表示未吸水，偏绿色的海绵表示吸满水。

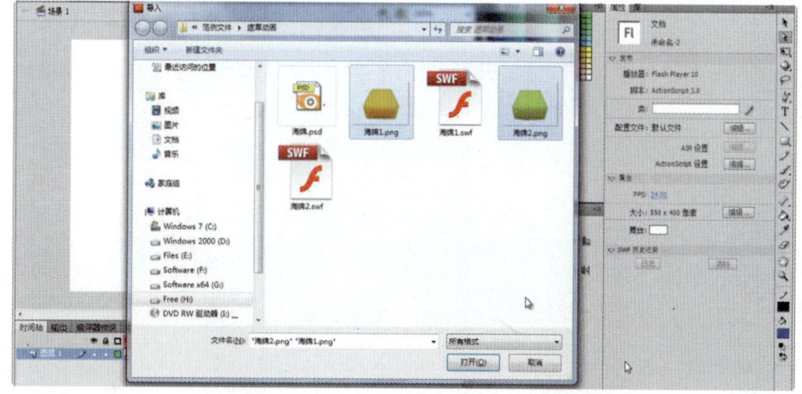

图5-2-31　新建文档并导入图片

02 调整舞台的尺寸。在“属性”面板中的“属性”选项区中，单击“编辑”按钮，打开“文档设置”对话框，设置舞台的尺寸为700×540像素，如图5-2-32所示。

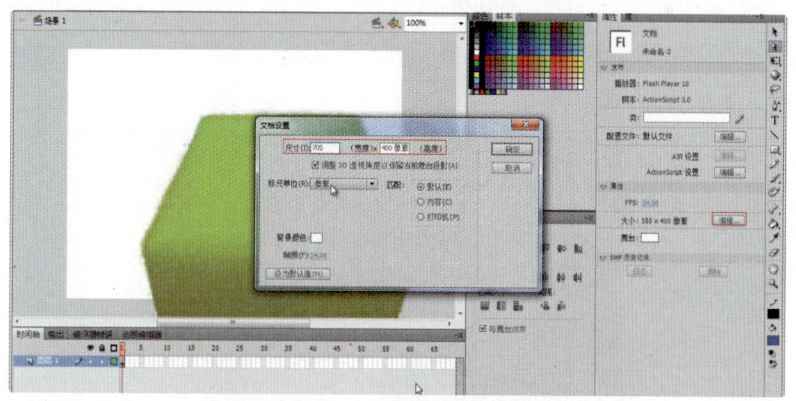

图5-2-32　“文档设置”对话框

03 将两个海绵图像分别置于两个图层上。使用工具栏中的“选择工具”选择偏绿色的海绵，然后使用组合键Ctrl+X剪切该海绵，新建一个名称为“图层2”的图层，使用组合键Ctrl+Shift+V实现原位粘贴，将偏绿色的海绵粘贴到“图层2”中，则实现了将两个海绵图像置于两个图层中的目的，如图5-2-33所示。

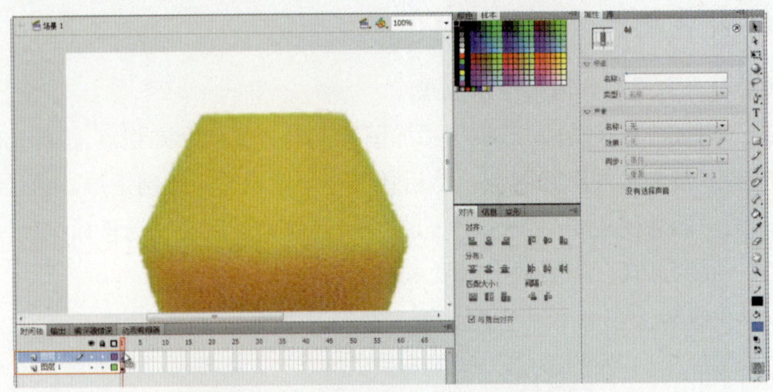

图5-2-33　新建图层并导入海绵图片

04 将偏绿色的海绵对象转换为元件。若要对“图层2”进行层混合特效处理，需要将偏绿色的海绵定义为“影片剪辑”类型的元件，选择偏绿色海绵对象，按F8键，会弹出“转换为元件”对话框，如图5-2-34所示。

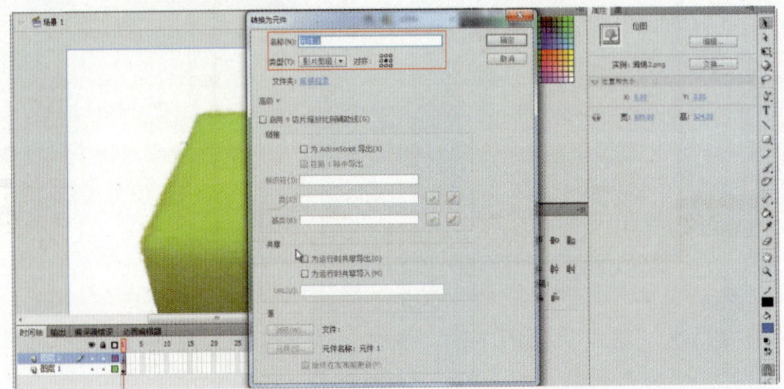

图5-2-34　定义元件1

05 单击“高级”选项可以收起下面的部分，以方便操作。在“名称”文本框中输入“层混合”，设置“类型”为“影片剪辑”，如图5-2-35所示。

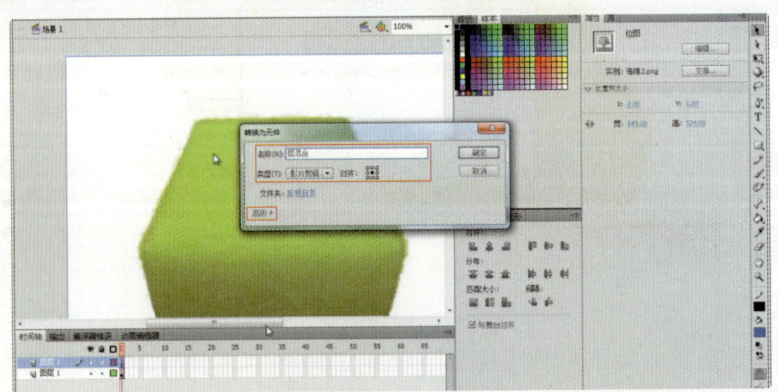

图5-2-35　定义元件2

06 下面来编辑“层混合”元件并制作渐变的动画效果。双击偏绿色的海绵，进入“层混合”元件层级中，如图5-2-36所示。

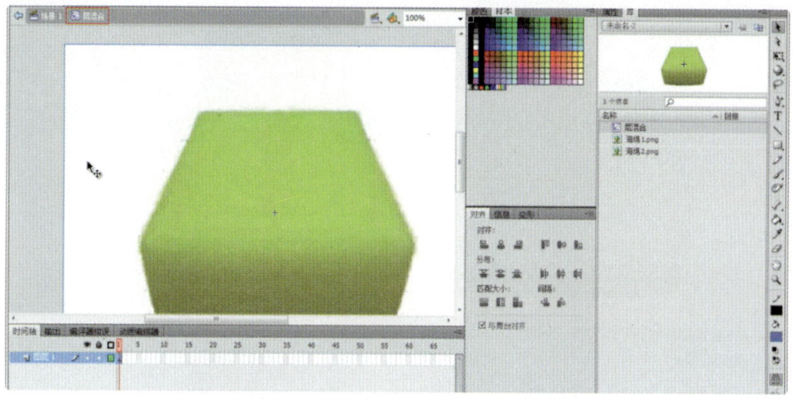

图5-2-36　进入“层混合”元件内部

07 新建一个图层，命名为“Alpha遮罩层”，如图5-2-37所示。

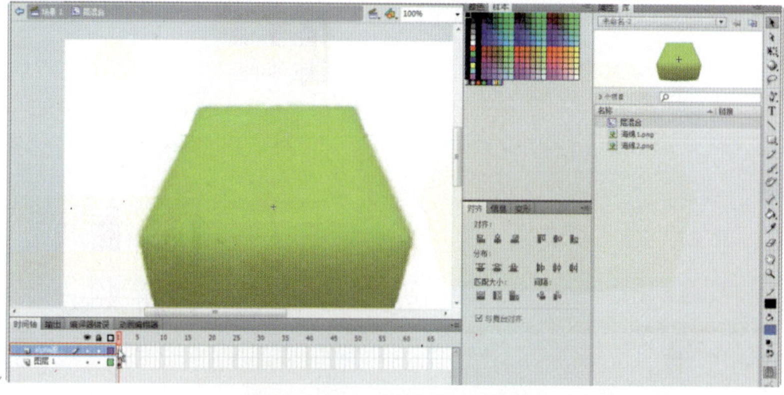

图5-2-37　新建Alpha图层

08 制作“遮罩动画”元件。在工具栏中选择“矩形工具”，如图5-2-38所示。

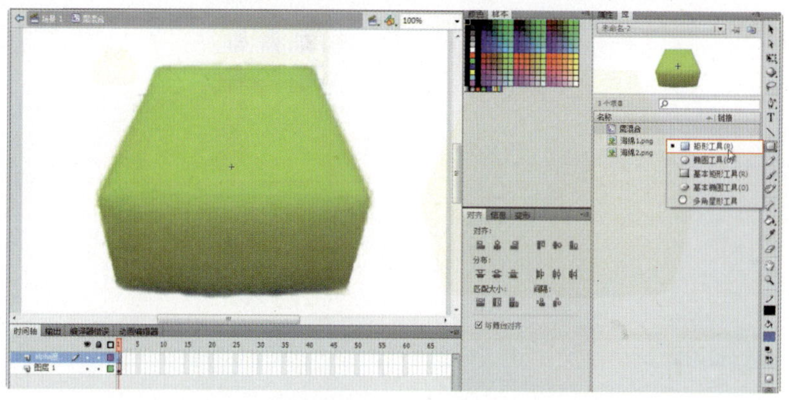

图5-2-38　矩形工具

09 勾边方式选择“不勾边”，如图5-2-39所示。

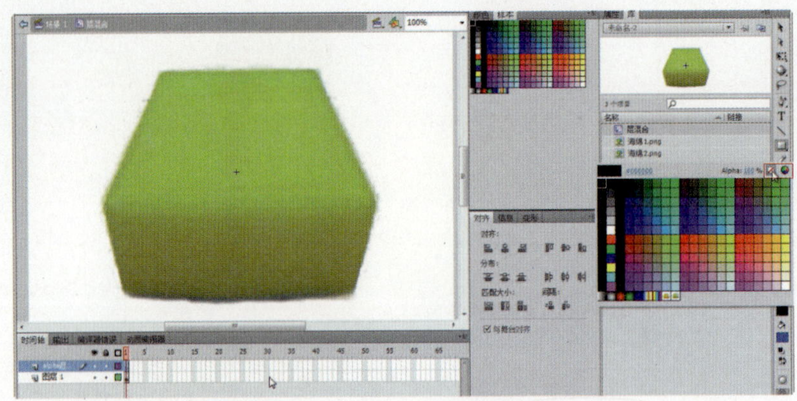

图5-2-39　选择“不勾边”方式

10 填充方式设置为“渐变填充”，如图5-2-40所示。

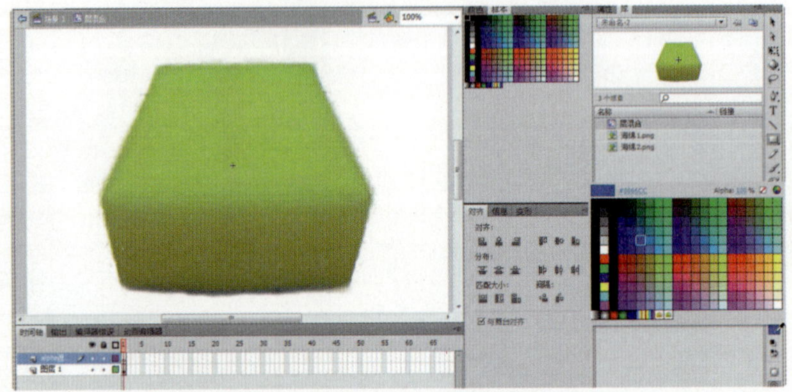

图5-2-40　选择“渐变填充”方式

11 拖动鼠标绘制矩形，如图5-2-41所示。

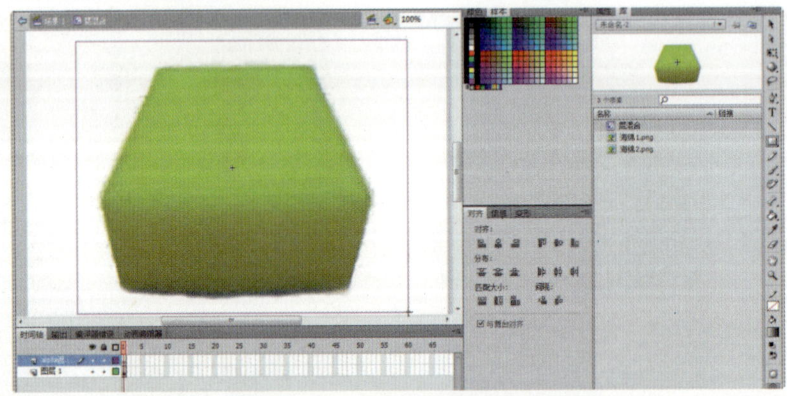

图5-2-41　拖动鼠标绘制矩形

12 到合适大小后，释放鼠标按钮，效果如图5-2-42所示。

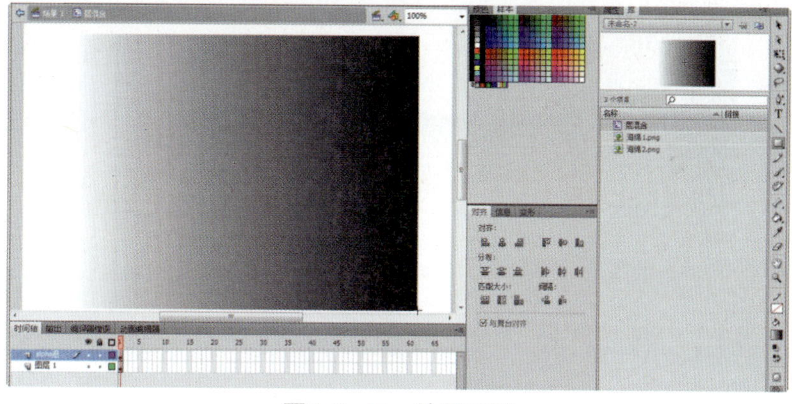

图5-2-42　绘制矩形

13 使用“渐变变形工具”改变渐变的方向和角度，如图5-2-43所示。

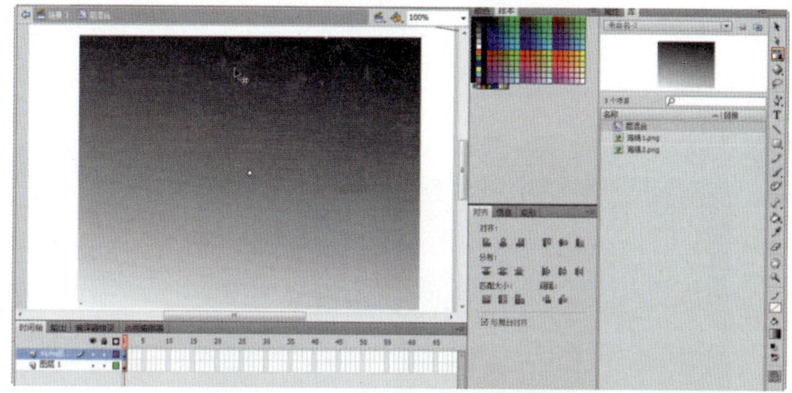

图5-2-43　选择“渐变变形工具”

14 此时可缩小视图以方便调整，将显示比例设为“50%”，如图5-2-44所示。

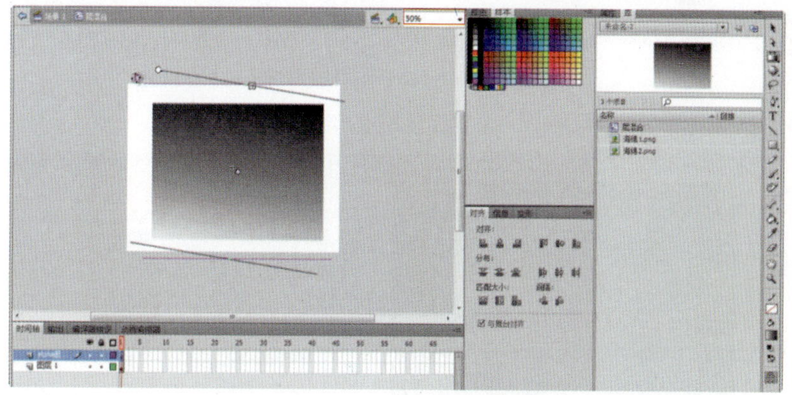

图5-2-44　调整显示比例

15 将调整好的渐变矩形定义为一个元件，命名为“遮罩动画”，设置“类型”为“影片剪辑”，如图5-2-45所示。

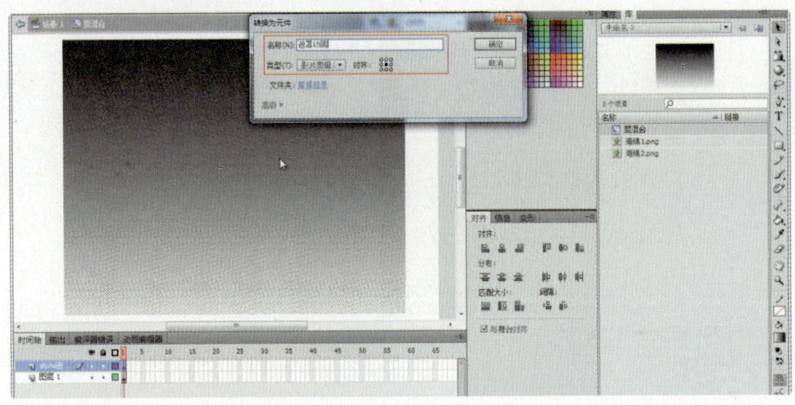

图5-2-45 定义元件“遮罩动画”

16 下面来编辑“遮罩动画”元件，并创建补间形状。在“库”面板中，双击“遮罩动画”元件进入该层级中，打开“颜色”面板，单击动画中的第1帧，调节滑块的颜色和位置，一个色块为黑色，另一个色块设为完全透明，即将该色块的Alpha属性设置为“0”，如图5-2-46所示。

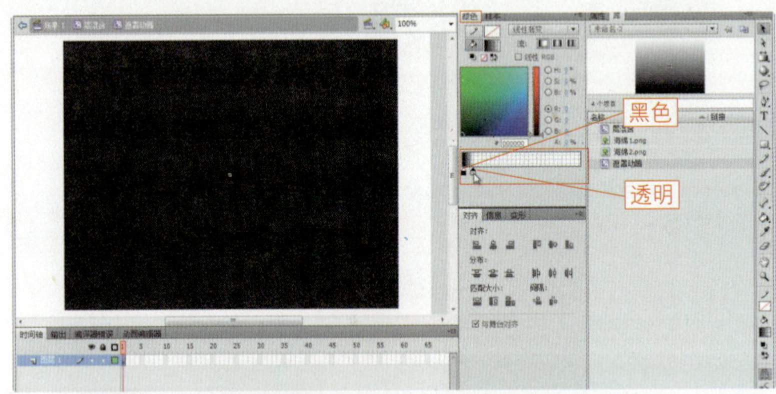

图5-2-46 调节颜色滑块

17 再在第30帧处按F6键插入关键帧，如图5-2-47所示。

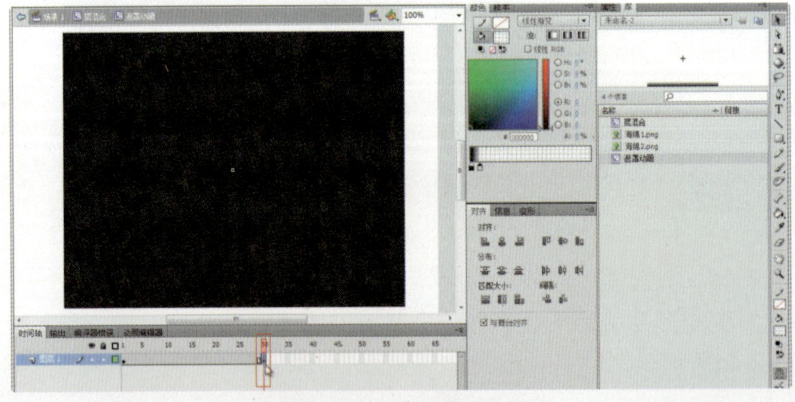

图5-2-47 插入关键帧

18 调节滑块的颜色和位置，一个色块为黑色，另一个则为完全透明，如图5-2-48所示。

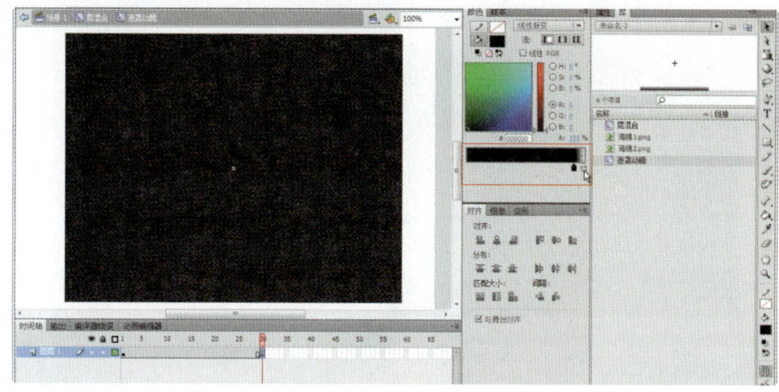

图5-2-48　调节颜色效果

19 在第1帧与第30帧动画之间右击，在弹出的快捷菜单中选择“创建补间形状”命令，动画制作完毕，如图5-2-49所示。

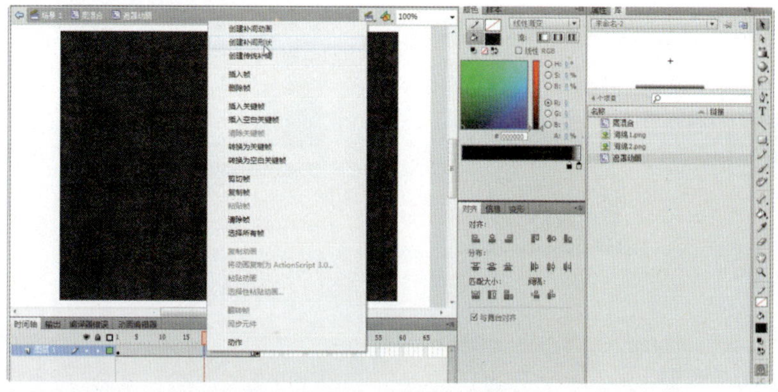

图5-2-49　创建补间形状

20 查看效果，如果渐变的距离过短，可以调节关键帧（第一帧和最后一帧）中色彩的过渡范围，使渐变的过渡范围大一点，如图5-2-50所示。

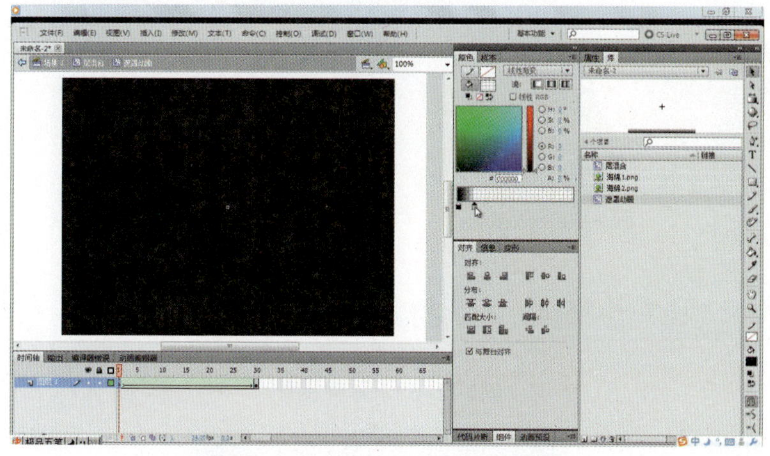

图5-2-50　增加渐变过渡的范围

21 再进入“层混合”层级中，查看渐变效果，如图5-2-51所示。

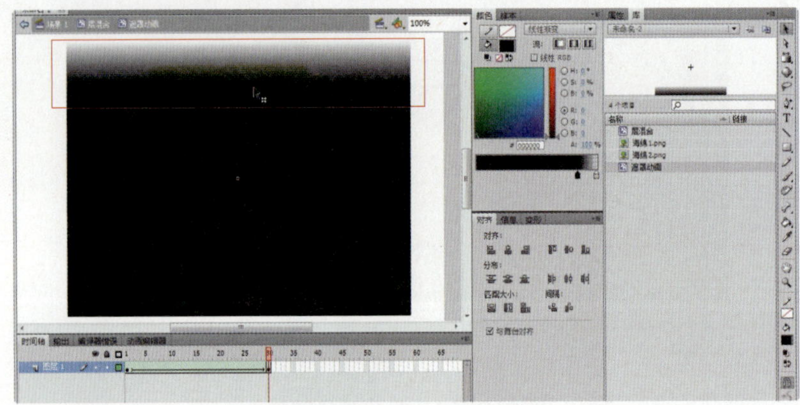

图5-2-51　查看渐变效果

22 若还没有完全遮盖住海绵，则进入“层混合”层级，选择“任意变形工具”，如图5-2-52所示。

图5-2-52　选择“渐变变形工具”

23 使用该工具对渐变形状进行拉伸，使渐变完全遮住海绵，如图5-2-53所示。

图5-2-53　拉伸图像

24 添加Alpha图层混合效果。在“层混合”层级中选择名称为“Alpha遮罩层”的图层，在“属性”面板的“显示”选项区中，选择“混合”下拉列表中的“Alpha”选项，如图5-2-54所示。

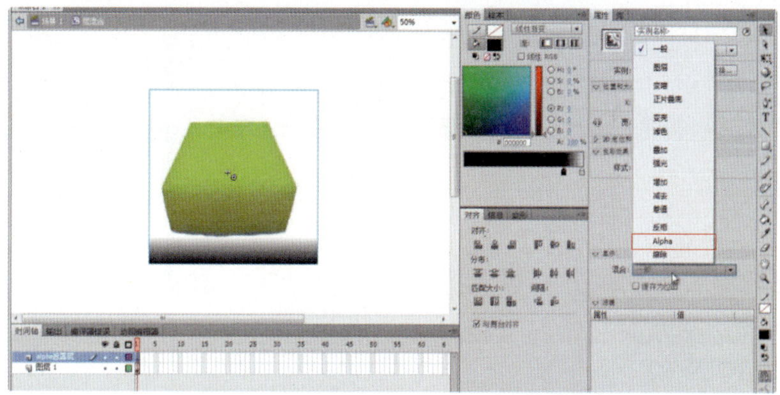

图5-2-54　选择“Alpha”混合方式

25 这时“Alpha遮罩层”中的“遮罩动画”（渐变矩形）消失了，并且对下面的图层未产生任何影响，显示出偏绿色的海绵。将“图层1”重命名为“吸满水的海绵”，如图5-2-55所示。

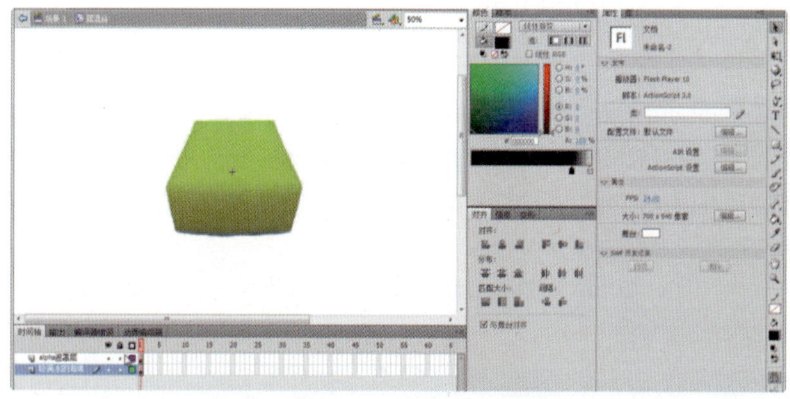

图5-2-55　对“图层1”重命名

26 添加图层混合效果。进入“场景1”层级中，选择“图层2”中的“层混合”影片剪辑，在“属性”面板中的“显示”选项区中，从“混合”下拉列表中选择“图层”选项，如图5-2-56所示。

图5-2-56　选择“图层”混合方式

27 设置完毕后，使用组合键Ctrl+Enter进行预览，如图5-2-57所示。

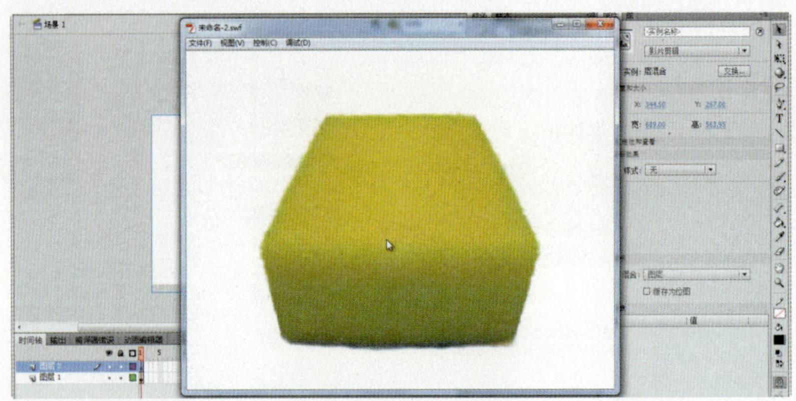
图5-2-57　预览效果

（2）**制作猴子尾部的骨骼动画**

在制作尾部的骨骼动画之前，需要在Photoshop中将猴子尾巴分成几个部分，尾巴是无脊椎的，因此要展示其灵活的运动过程，最好将尾巴截得细一点，本例中为了演示清楚，将尾巴截成了4段，分别保存为4张图片。

本案例使用了Flash中的制作骨骼动画和创建关键帧动画的知识点，先将截成了四段的猴子尾巴分别定义为元件，使用骨骼工具对其进行绑定，然后创建关键帧动画展示尾巴摆动的过程。还可以不创建关键帧动画，直接将骨架图层的类型设置为“运行时”，可以实现尾巴根据用户的意愿进行摆动。操作步骤如下。

01 新建文档，导入图片。新建一个Flash空白文档，将猴身图片与截成四部分的尾巴图片导入到舞台，如图5-2-58所示。

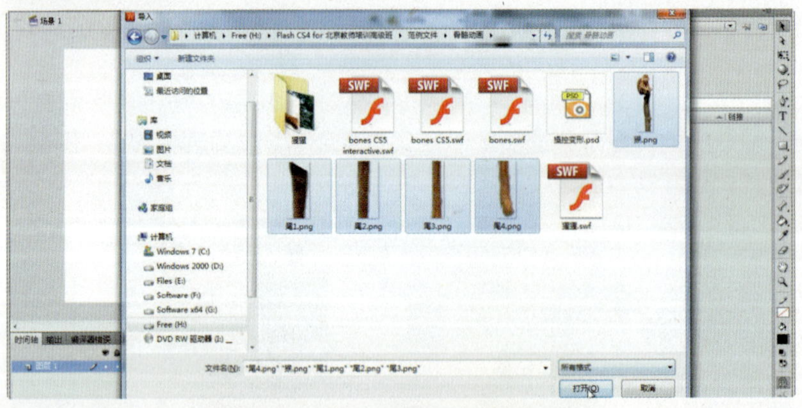
图5-2-58　导入“猴身与尾巴”图片

02 调整导入图片的尺寸，以适应舞台，也可以先选中导入的图片，在“属性”面板中查看其大小，然后以此为据更改舞台的大小，如图5-2-59所示。

03 在“属性”面板的“属性”选项区中，单击“大小”选项旁边的“编辑”按钮，在弹出的“文档设置”对话框中设置大小为211×750像素，如图5-2-60所示。如果效果不满意，可以再次打开“文档设置”对话框，更改大小至满意状态。

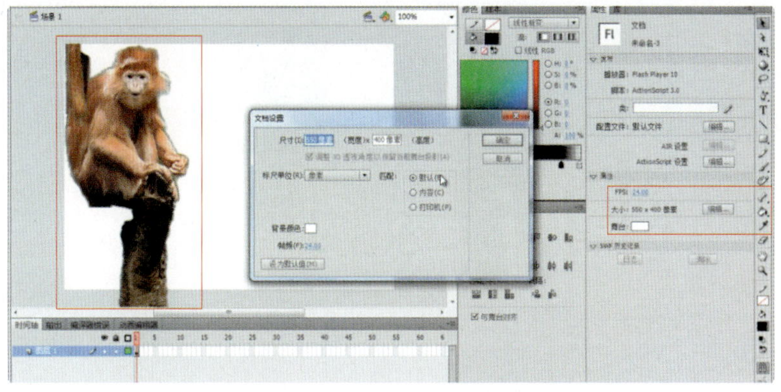
图5-2-59　更改文档尺寸1

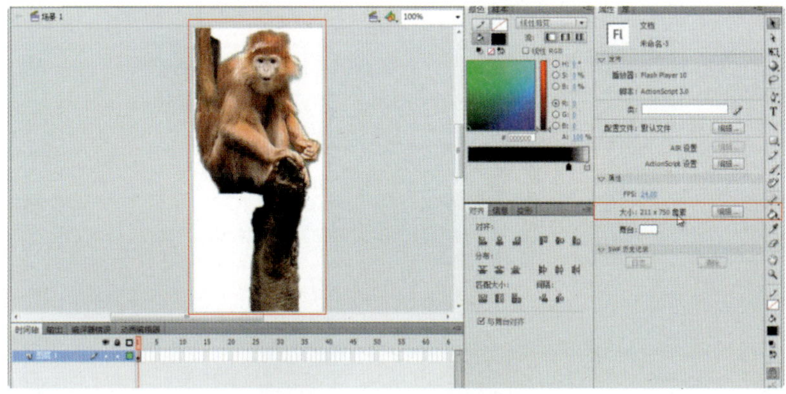
图5-2-60　更改文档尺寸2

04 使用组合键Ctrl+K调出“对齐”面板，勾选“与舞台对齐”复选框，然后单击“水平居中”和“垂直居中”按钮。注意在此只需要将猴身对齐到舞台的中央，尾巴图片则不需要，如图5-2-61所示。

图5-2-61　打开“对齐”面板

05 排列4张尾部图片。使用“选择工具”将4张尾部图片排列好，如图5-2-62所示。

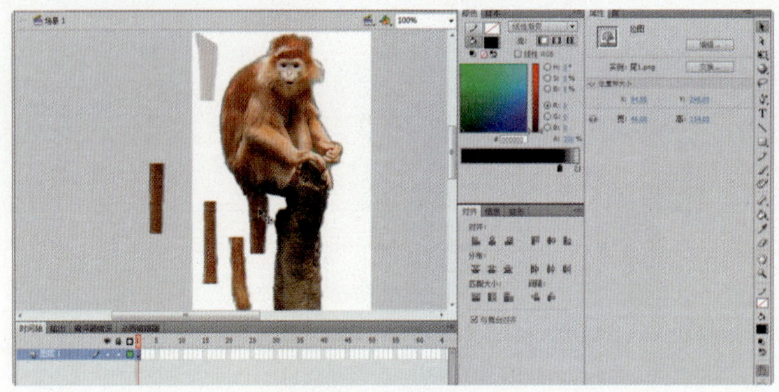

图5-2-62　排列尾巴图片

06 如果图片不好对齐的话，可配合键盘上的“↑”和“↓”键进行微调，如图5-2-63所示。

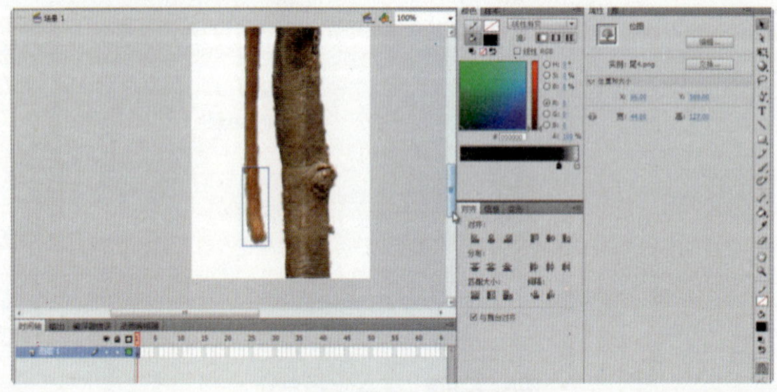

图5-2-63　微调图片位置

07 定义元件。骨骼动画是建立在元件的基础上的，采用与前面一样的操作，按F8键将猴身图片定义为元件，命名为“猴身”，设置“类型”为“影片剪辑”，并将其置于底层，在舞台上选中猴身元件实例并右击，在弹出的快捷菜单中执行“排列”>“移至底层”命令，如图5-2-64所示。

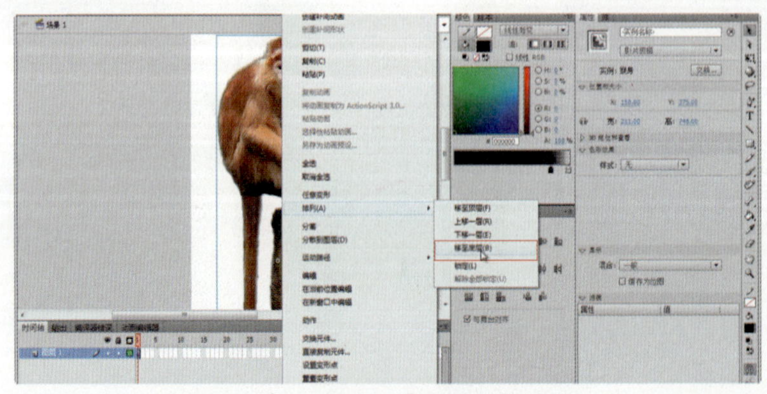

图5-2-64　执行“移至底层”操作

08 再将4张尾部图片分别定义为元件，从上到下分别命名为“尾巴1”、“尾巴2”、“尾巴3”和“尾巴4”，设置“类型”为“影片剪辑”，如图5-2-65所示。

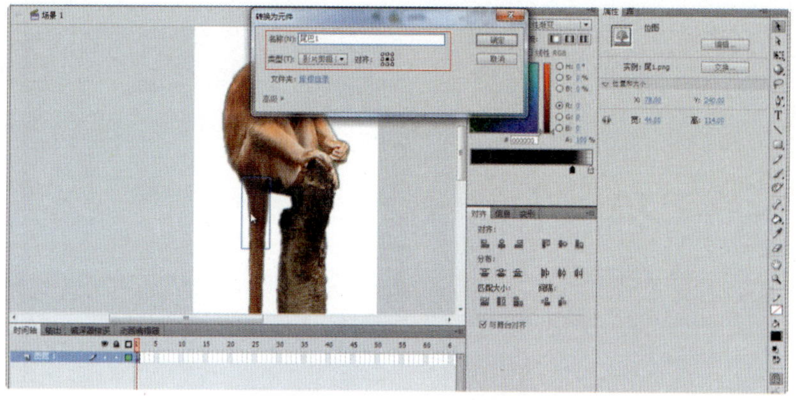

图5-2-65　定义各个元件

09 使用“骨骼工具”绑定元件。在工具栏中选择“骨骼工具”，如图5-2-66所示。使用“骨骼工具”对元件进行绑定，如图5-2-67所示。

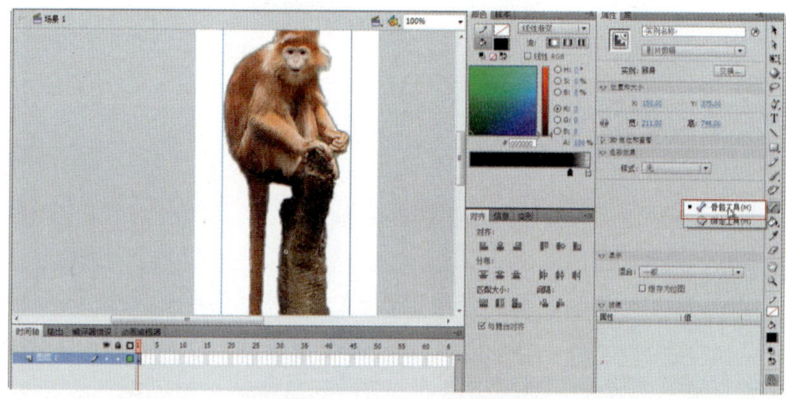

图5-2-66　选择“骨骼工具”

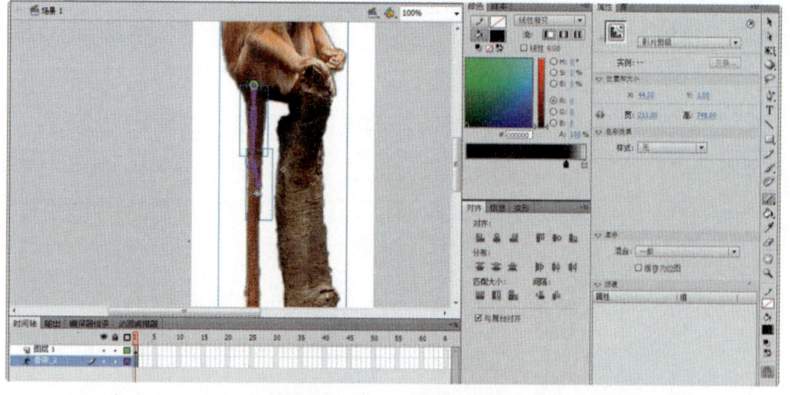

图5-2-67　绑定元件

10 绑定完毕后，将定义成元件的四部分尾巴图片由“图层1”移到名称为“骨架_2”的图层中，如图5-2-68所示。此时使用“选择工具”拖动尾巴元件，如图5-2-69所示。

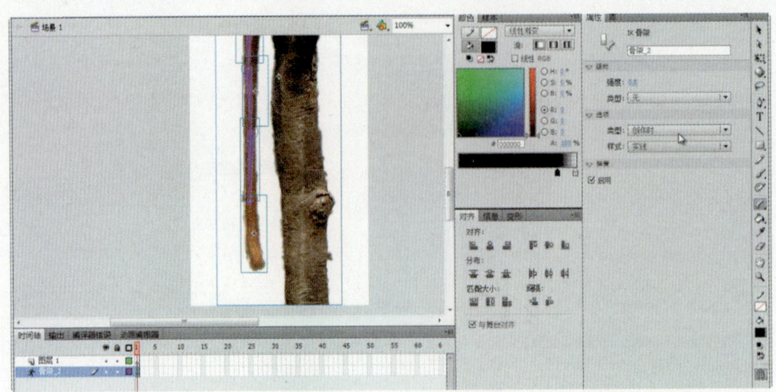

图5-2-68　移动位置

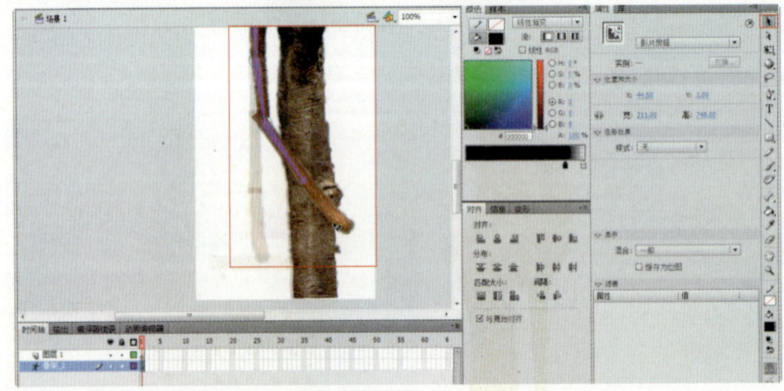

图5-2-69　使用“选择工具”拖动图片

11 对骨骼运动的角度进行约束。当拖动猴子尾巴运动时，有时会产生一些干扰和影响，例如希望尾巴的某一部分只在某一范围内移动，可以对其进行角度约束，或者在“尾巴1”骨骼属性中，取消选择“联接：旋转”选项区内的“启用”复选框，以禁止此骨骼的旋转功能；若不取消“启用”复选框，则可以通过在“约束”选项区中将最大值和最小值设置得非常接近，从一定程度上也能解决旋转问题。若希望元件“尾巴1”保持不动，可以先选定该元件，然后在骨骼属性的“联接：旋转”选项区内勾选“约束”复选框，将“最小”和“最大”值均设为0°，如图5-2-70所示。

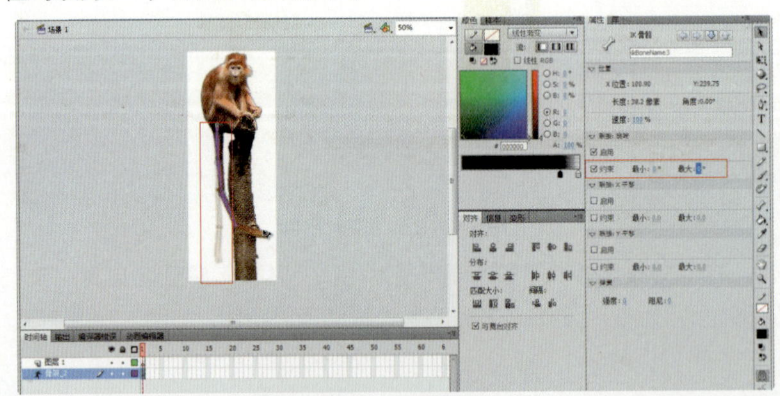

图5-2-70　设置约束角度

12 在编辑过程中，可以将图片进行局部放大，以便于更改的同时在舞台中看到旋转角度的范围，如图5-2-71所示。

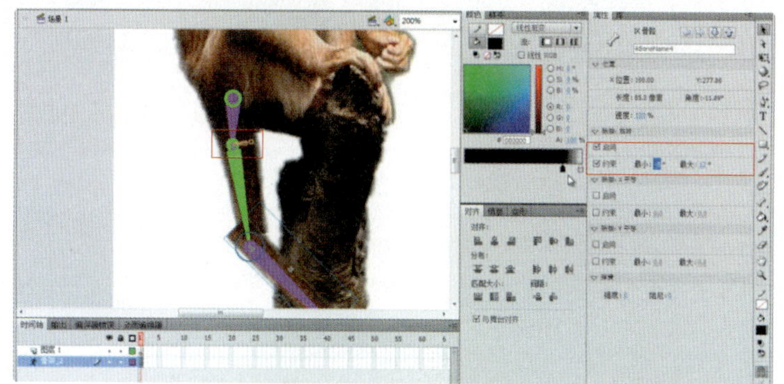
图5-2-71　放大图片

13 在调节的过程中，若发现骨骼的位置或骨骼节点不对，可以利用“任意变形工具”进行局部调整，如图5-2-72所示。

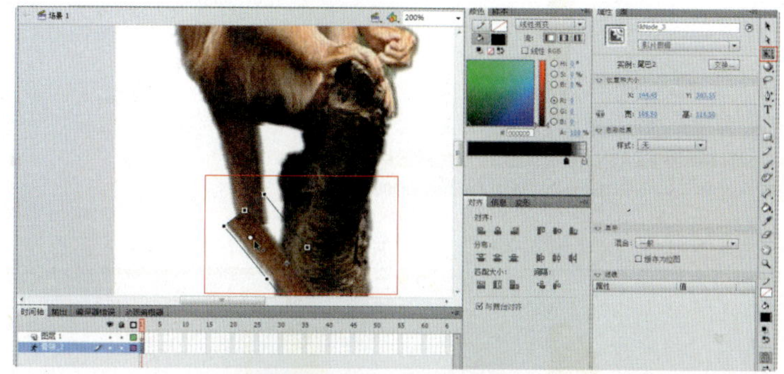
图5-2-72　局部调整图片

14 可以适当移动变形点，以使将来制作关键帧动画后尾巴运动得更加真实，如图5-2-73所示。

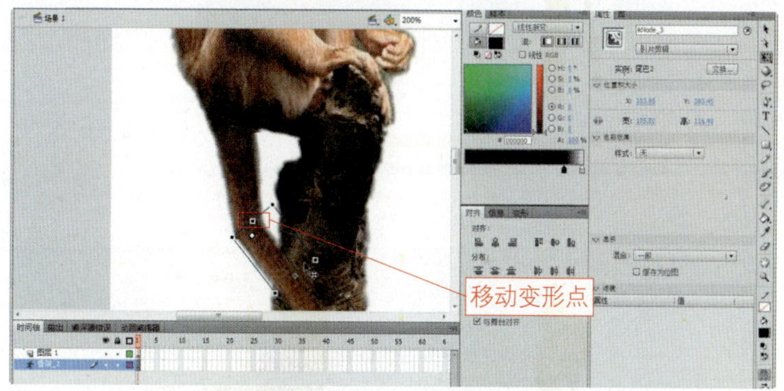

图5-2-73　移动变形点

15 制作关键帧动画。下面开始制作关键帧动画以展现尾巴的运动过程，在时间轴的第60帧处按F5键，实现延长普通帧动画至该帧位置，如图5-2-74所示。

16 在需要的地方拖动尾巴进行运动，如在第15帧处，拖动尾巴到合适状态，然后系统会自动在第15帧位置添加一个关键帧，如图5-2-75所示。

17 在第35帧处和第60帧处以相同的方法添加关键帧，如图5-2-76和图5-2-77所示。

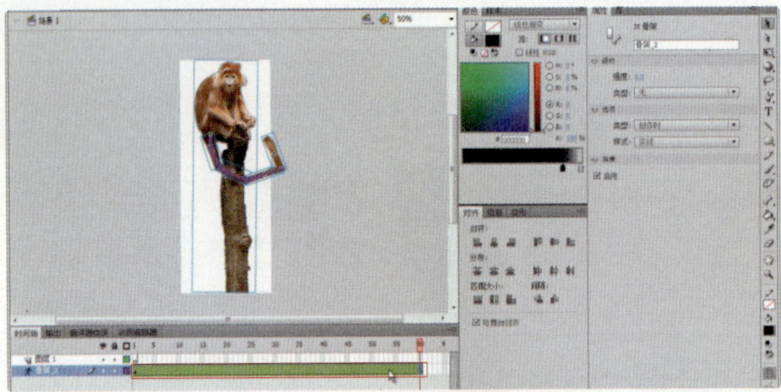

图5-2-74　延长关键帧动画

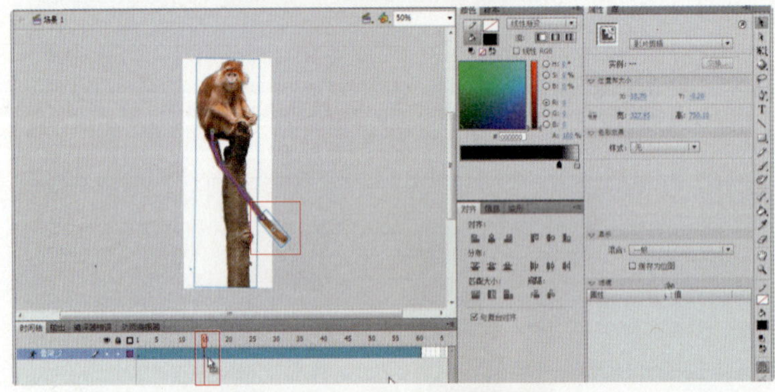

图5-2-75　制作关键帧动画1

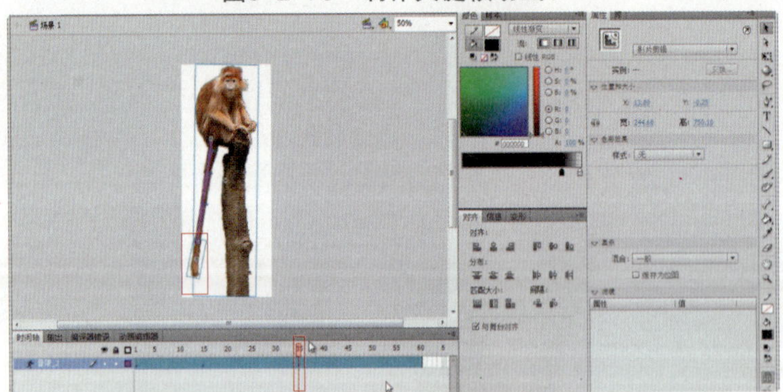

图5-2-76　制作关键帧动画2

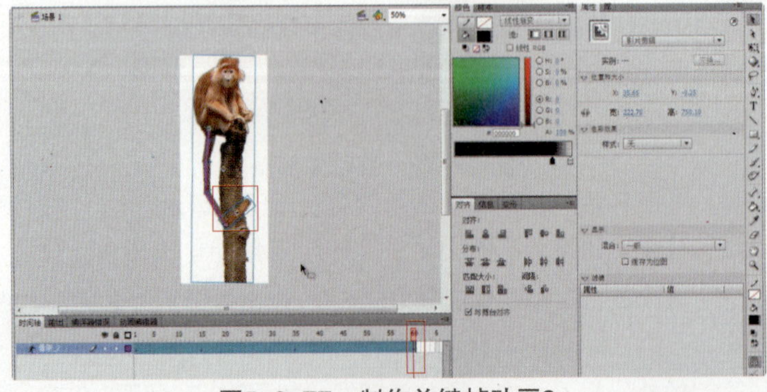

图5-2-77　制作关键帧动画3

18 完成动画设置后，使用组合键Ctrl+Enter进行预览，可以看到猴子的尾巴按之前设置的运动轨迹来回摆动，如图5-2-78所示。

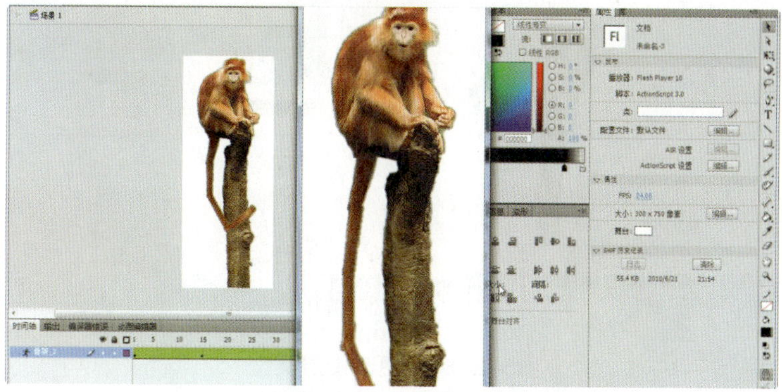

图5-2-78 预览效果

19 创建交互式动画。下面来介绍如何实现猴子的尾巴按照用户的意愿进行运动，即可以用鼠标拖动猴子的尾巴灵活摆动，增加人机的交互性。首先需要删除前面所制作的动画，在“时间轴”面板上的第2帧到第60帧之间的普通帧上右击，在弹出的快捷菜单中选择“删除帧”命令，如图5-2-79所示。

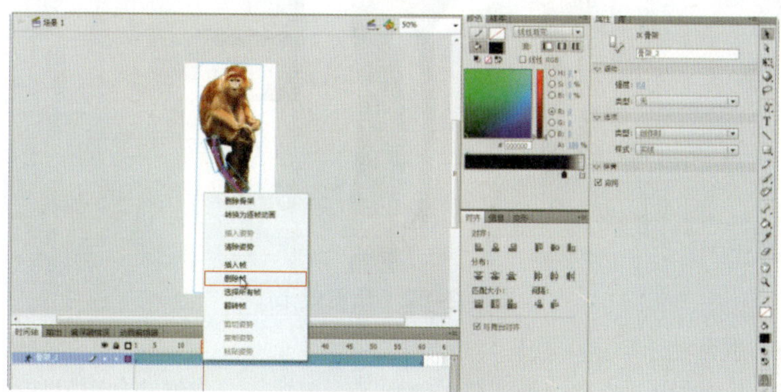

图5-2-79 删除帧

20 将动画恢复为单帧，如图5-2-80所示。

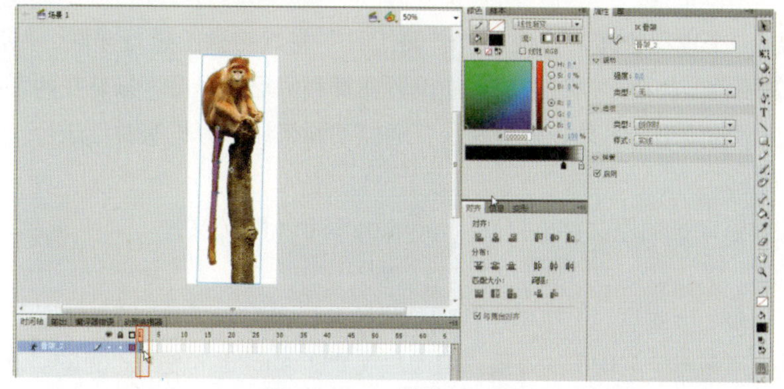

图5-2-80 恢复为单帧

21 选择“骨架_2”图层，在“属性”面板的“选项”选项区，选择“类型”下拉列表中的

“运行时”选项，将该图层的类型设置为“运行时”，如图5-2-81所示。

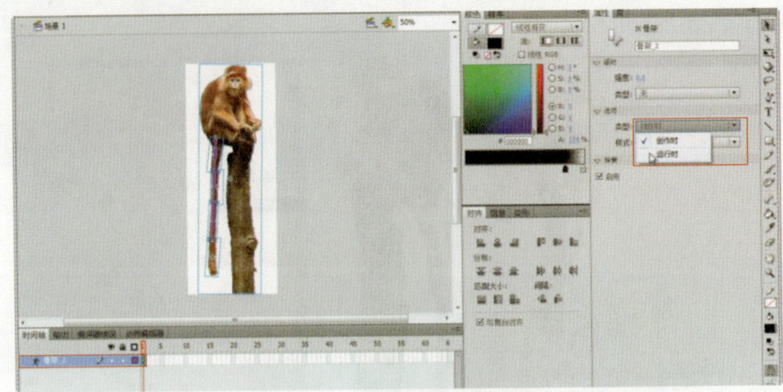

图5-2-81　更改图层类型

22 设置完毕后，使用组合键Ctrl+Enter进行预览，则猴子尾巴随着鼠标拖动的方向摆动，如图5-2-82所示。

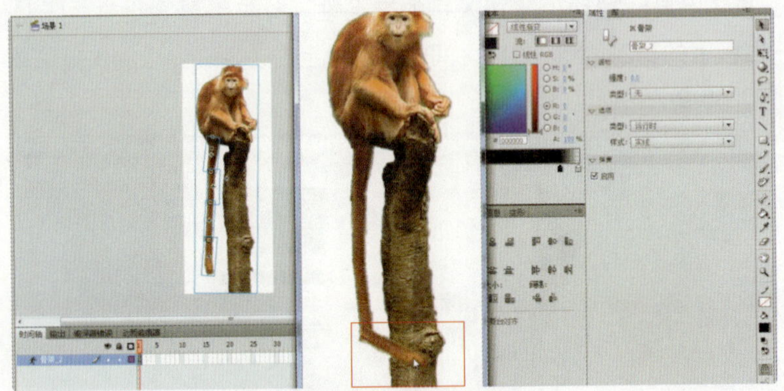

图5-2-82　预览效果

(3) **制作小猴荡秋千动画**

在Adobe Flash CS5中，骨骼动画部分新增加了一项功能——弹簧和阻尼特效，可以实现增强的基于物理特性的缓动效果。如在小猴荡秋千案例中，可以实现小猴来回摆动，并渐渐慢下来的效果。

首先要绘制一个虚拟物体，并使用“骨骼工具”将其与秋千进行关联，然后在“骨架图层”中激活弹簧属性，在要运动的骨骼当中设置弹簧和阻尼的程度，只有在两者都设置的情况下，才能实现正常的效果。另外，还要延长普通帧动画来让计算机实时地进行一些扩展运算。具体操作步骤如下。

01 打开要添加骨骼动画的原文件。打开“monkeySwing.fla”文件，其中包含3个图层，如图5-2-83所示。

02 绘制图形作为骨架的基点。为了实现荡秋千的效果，首先要绘制一个虚拟的物体，作为骨架的一个基点，用来连接荡秋千的效果，但最后观看Flash动画时是看不见的。选择工具栏中的“矩形工具”，在舞台外随意绘制一个图形，填充的颜色、是否勾边都无所谓，如图5-2-84所示。

图5-2-83 打开文件

图5-2-84 绘制图形

03 选中该图形，按F8键将其定义为元件，命名为“虚拟物体”，设置“类型”为“影片剪辑”，如图5-2-85所示。

图5-2-85 定义元件“虚拟物体”

04 将“虚拟物体”与秋千进行关联。选择工具栏中的“骨骼工具”，将“虚拟物体”元件与小猴秋千进行关联，如图5-2-86所示。

图5-2-86 使用骨骼工具进行关联

05 延续普通帧动画。先使用“选择工具”将小猴移到右上角，然后在第85帧处将4个图层全部选中，按F5键延长普通帧动画，如图5-2-87所示。

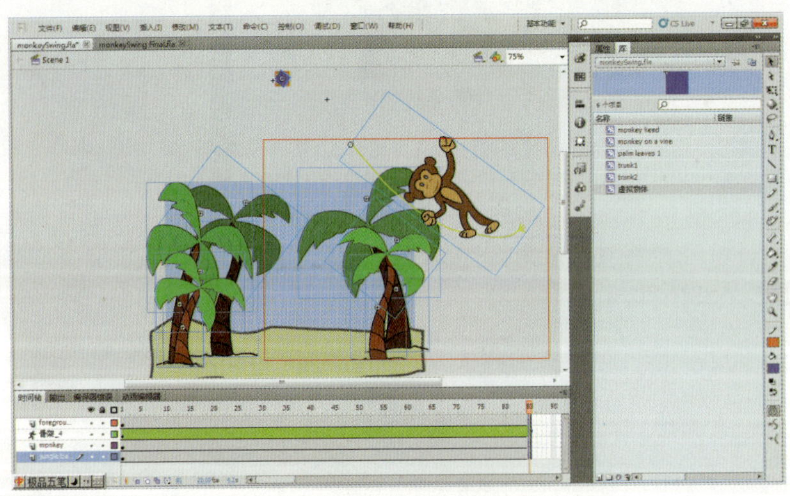

图5-2-87 延长普通帧动画

06 设置弹簧属性。选择第10帧，使用“选择工具”移动骨架的位置，使小猴处于中间，不需要移到左边，只需要完成荡秋千来回运动一半的动作，其他可以由软件自动来完成，如图5-2-88所示。

图5-2-88　在第10帧改变小猴的位置

在此需要注意两点：第一，骨架图层是否启用了“弹簧”属性。选择骨架层，在“属性”面板的“弹簧”选项区中，查看“启用”复选框是否选择，如图5-2-89所示。

图5-2-89　启用“弹簧”属性

第二，更改弹簧的强度和阻尼。先选择骨骼，然后在“属性”面板的“弹簧”选项区中，更改弹簧的强度和阻尼，如图5-2-90所示。

图5-2-90　更改弹簧的强度和阻尼

将弹簧的强度设为100，这时小猴会一直荡下去不会停止，可以使用组合键Ctrl+Enter进行预览。

小提示 在预览时可能会出现只荡一次的情况，此时可返回到文档中，来回移动一下播放头指针，让计算机完成实时的动画扩展运算，然后再次预览即可。

但这种来回反复摆动的动画并不符合实际情况，由于阻力的存在，小猴尾巴应渐渐慢下来并最终停止运动，因此需要设置阻尼的值。同样，选中骨骼，然后在“属性”面板的“弹簧”选项区中，将“阻尼”值改为100，如图5-2-91所示。

图5-2-91　设置弹簧的阻尼值

07 在预览之前，建议同样在骨架层将播放头指针来回移动一下，然后再使用组合键Ctrl+Enter进行预览。完成后，将文件另存为“monkeySwingFinal.fla”，发布成动画“monkeySwing.swf”。

（4）**制作声音与画面同步的Slideshow**

本案例中使用了Flash中的编辑脚本语言和创建补间动画（更改Alpha值）的知识点，并使用了Soundbooth软件配合完成动画。本案例想实现音画同步的效果，图片与课文的某处内容匹配，当课文朗读语音播放到有图片匹配时，会显示相应的图片，当读到下一段有图片匹配时会跳转到下一张图片。

本案例主要的创作思想是通过脚本语言来控制动画的播放，因此需要在场景中添加两个元件，一个是图片元件，用于实现每张图片的转场；一个是声音元件，用于控制课文朗读音频的播放，其中需要用到Soundbooth软件为声音在需要图片转场处添加标记，当脚本语言执行时，会让声音元件进行事件侦听，若需要图片转场，则执行相应的函数。另外，为了避免图片转场比较突然，需要通过创建补间动画，在“动画编辑器”中设置Alpha值以添加淡入淡出的效果，使图片过渡得更加自然。

在案例制作过程中首先创建了一个名称为“自动翻面”的元件，类型为“影片剪辑”，然后导入图片创建连续播放动画的效果，并添加了脚本语言，将元件置于场景中；然后在Soundbooth软件中为课文朗读文件增加标记文件，并导出标记文件，格式为XML，接着在场景中再增加一个音频组件“FLVPlayback2.5”，导入音频文件和标记文件；最后再编辑脚本语言进行控制。另外，还可以修改“自动翻页”元件，通过创建补间动画，实现图片的自然转场。

具体操作步骤如下。

01 新建文档，导入多张图片，将来作为一帧一帧的画面。按下组合键Ctrl+R导入图片，打开“导入”对话框，选择要导入的图片，如图5-2-92所示。

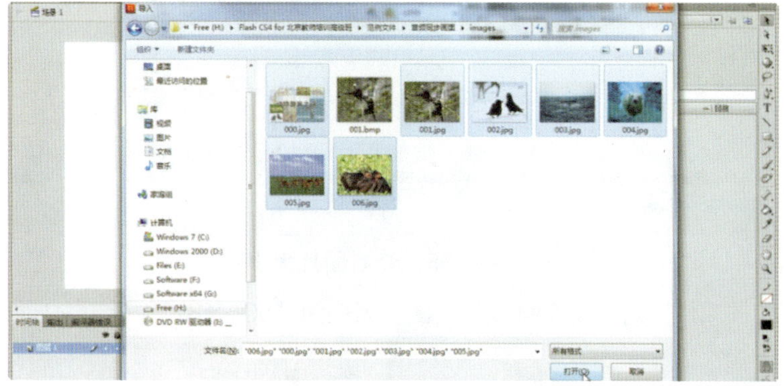

图5-2-92 “导入”对话框

02 使用这种方法可将图片直接导入到舞台中，如果不希望图片直接出现在舞台上而是出现在库中，可以执行“文件” > “导入” > “导入到库”命令，如图5-2-93所示。

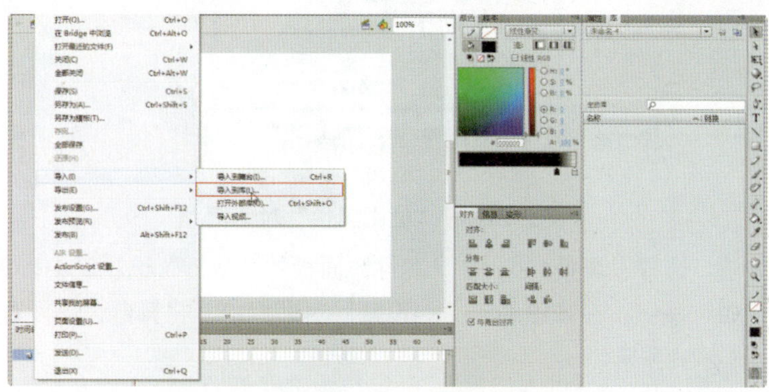

图5-2-93 导入图片到库1

03 执行“导入到库”命令后，在“库”面板中将出现导入的图片，如图5-2-94所示。

图5-2-94 导入图片到库2

04 调整舞台的大小。可根据图片的大小调整舞台的大小，首先查看图片的大小，在“库”面板中选择图片并右击，在弹出的快捷菜单中选择“属性”命令，如图5-2-95所示。

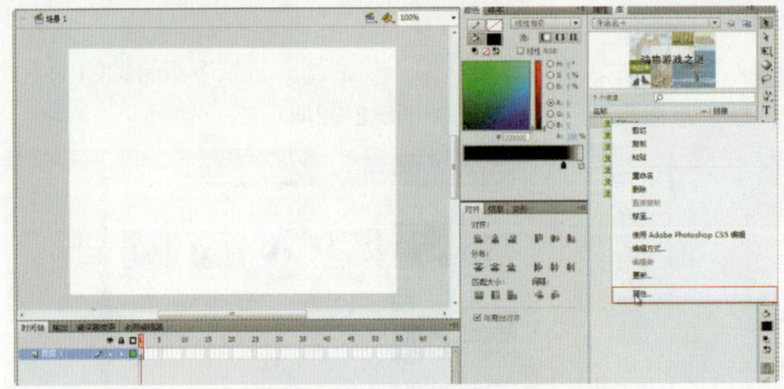

图5-2-95 查看图片大小

05 在弹出的“位图属性”对话框中可以看到图片大小为“500×313像素”，如图5-2-96所示。

图5-2-96 “位图属性”对话框

06 采用相同的方法，选择“场景1”，在“属性”面板的“属性”选项区中，单击“大小”选项旁边的“编辑”按钮，在弹出的“文档设置”对话框中，将舞台大小设置为“550×400像素”，如图5-2-97所示。

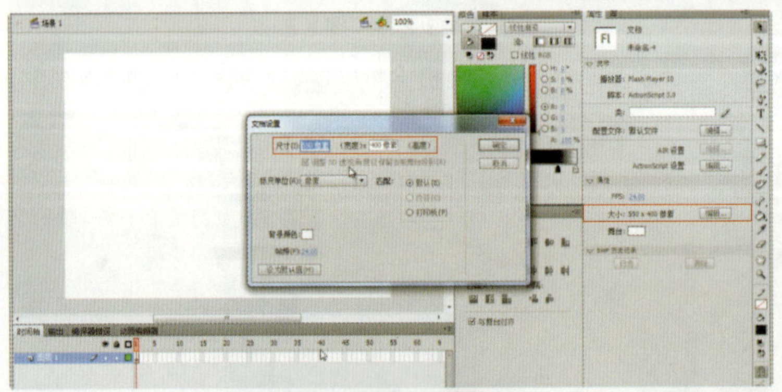

图5-2-97 更改舞台大小

07 创建“自动翻页”动画。新建一个类型为“影片剪辑”的元件，命名为“自动翻页”，如图5-2-98所示。

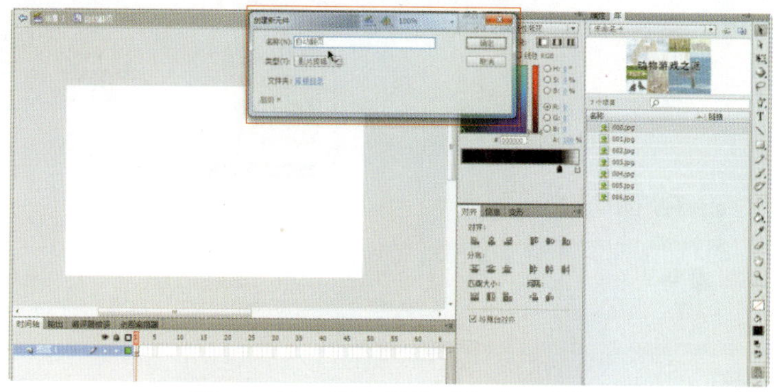

图5-2-98　新建元件“自动翻页”

08 将图片插入到各关键帧。将库中的图片放置到舞台上，并设置为关键帧，注意要保持图片在舞台中央，可以打开“对齐”面板进行调节，如图5-2-99所示。

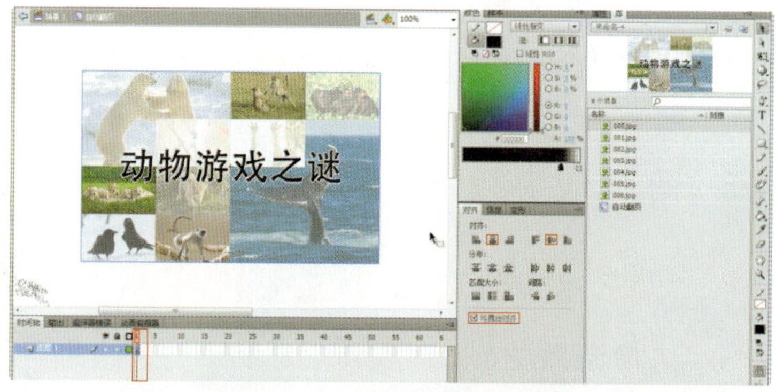

图5-2-99　打开“对齐”面板

09 在第1帧处插入第1张图片，然后在第2帧处按F6键插入关键帧，再将图片换成第2张，可以单击“属性”面板中的“交换”按钮，在弹出的“交换位图”对话框中选择第2张图片，单击“确定”按钮，此时第1帧中插入了第1张图片，第2帧中为第2张图片，如图5-2-100所示。

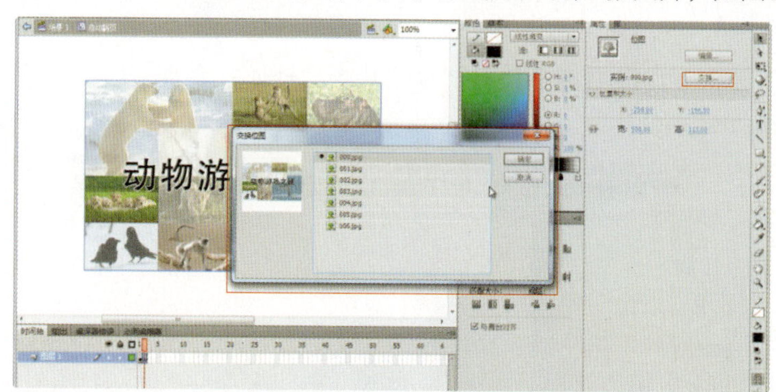

图5-2-100　交换位图

采用相同的方法，接着插入其他5个关键帧，每帧分别依次导入库中的后5张图片。

10 将“自动翻页”元件置入舞台中。编辑完“自动翻页”元件后，回到“场景1”层级中，将“自动翻页”元件从库中导入到舞台上，调出“对齐”面板进行调整，使其对齐到舞台中央，如图5-2-101所示。

图5-2-101　调整位置

此时进行预览时，每张图片会很快闪过，并不断重复播放，这个并不是理想的效果，接下来需要通过编辑脚本来实现理想的效果。

11 编辑脚本。理想的效果是播放到每一页图片时可以停留下来，才能进行自动翻页操作，所以需要新建一个图层然后输入脚本语言，以达到这样的效果。双击“自动翻页”元件进入该层级，新建一个图层并命名为“as”，如图5-2-102所示。

图5-2-102　新建图层“as”

12 打开“动作”窗口。按F9键或是执行“窗口”＞“动作”命令，打开“动作”窗口，如图5-2-103所示。

图5-2-103　打开“动作”窗口

13 在“动作”窗口中输入“stop();”命令，关闭窗口并进行预览，画面就会停在第1帧不动，如图5-2-104所示。

图5-2-104　输入脚本语句

小提示

最终效果是配上朗读本篇课文的背景语音，当读到课文的某段时，屏幕上会显示与该段内容相匹配的画面。下面需要对语音进行相应的处理，使用Soundbooth软件为语音添加标记，即在与画面相匹配的内容处增加标记，然后导入到Flash中与画面进行匹配。

下面开始语音的处理。启动Soundbooth软件，打开音频文件。

14 执行“File”>“Open”命令，在弹出的“Open Files”对话框中选择“《动物游戏之谜》课文朗读_.mp3”文件，如图5-2-105所示。

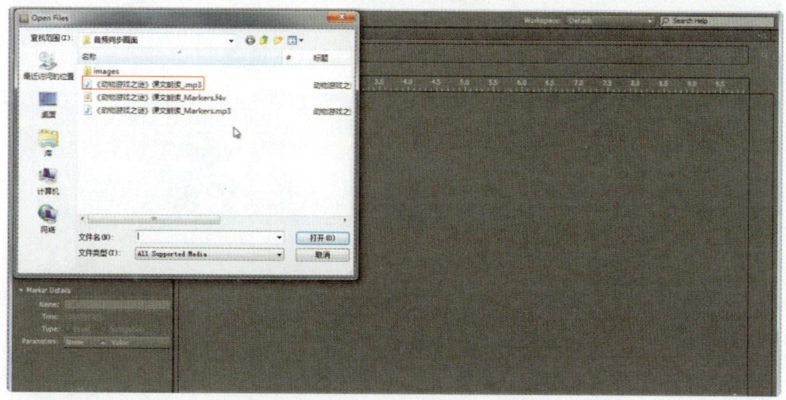

图5-2-105　打开声音文件

打开文件后，在“Edition”面板中会显示波形文件，如图5-2-106所示。

15 选择添加标记的位置。在听语音朗读的同时，记下需要添加标记的位置，然后将时间线移动到需要添加标记的位置，在窗口左下方的黄色区域会显示精确的时间，如图5-2-107所示。

16 打开“Markers”面板。按下组合键Ctrl+6或执行“窗口”菜单下的命令，打开“Markers”面板，如图5-2-108所示。

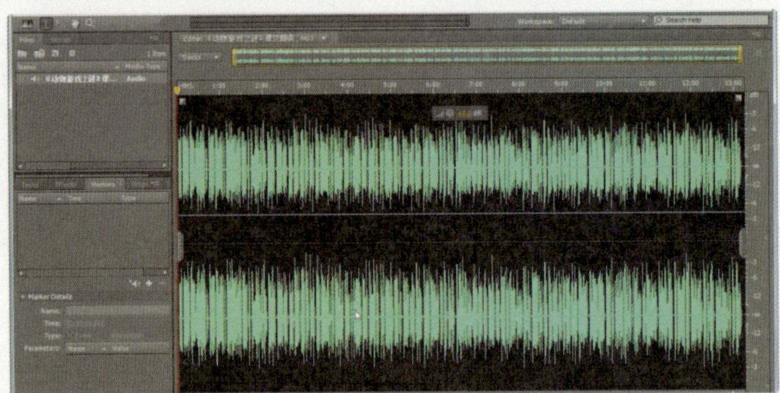

图5-2-106　波形文件

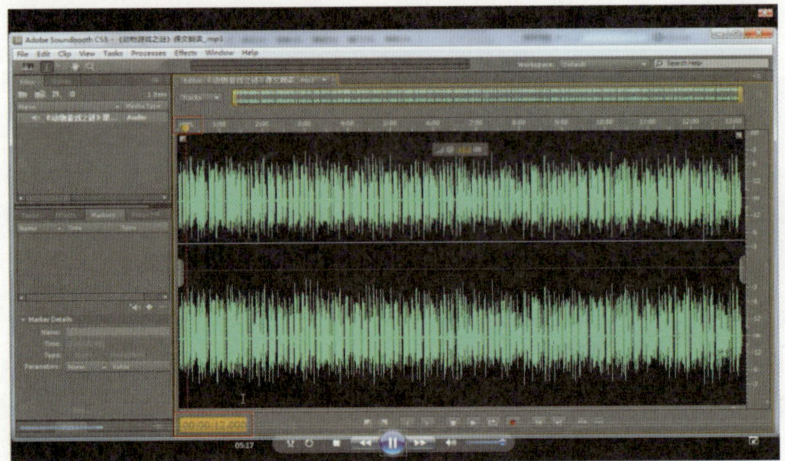

图5-2-107　选择添加标记位置

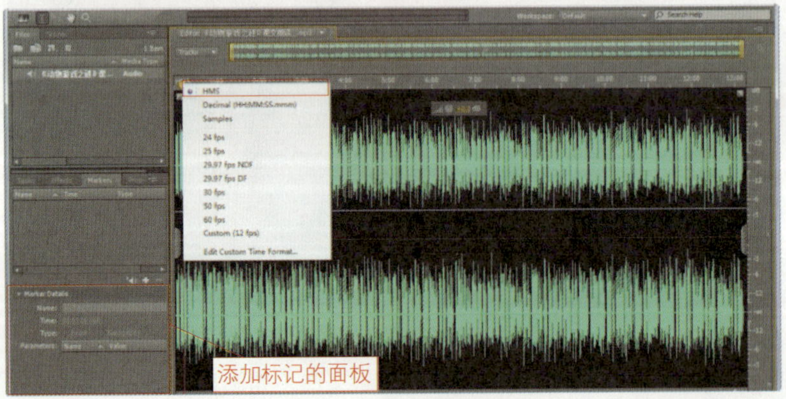

图5-2-108　打开面板

17 添加标记。在“Markers”面板中单击黄色的加号，如图5-2-109所示。

18 这时在“Markers”面板中会增加一个名称为“Marker 01”的标记，还会显示其时间与类型信息，如图5-2-110所示。

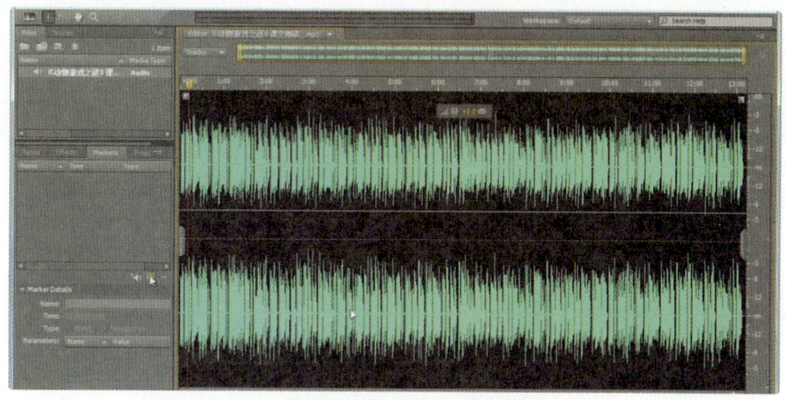

图5-2-109　单击黄色加号

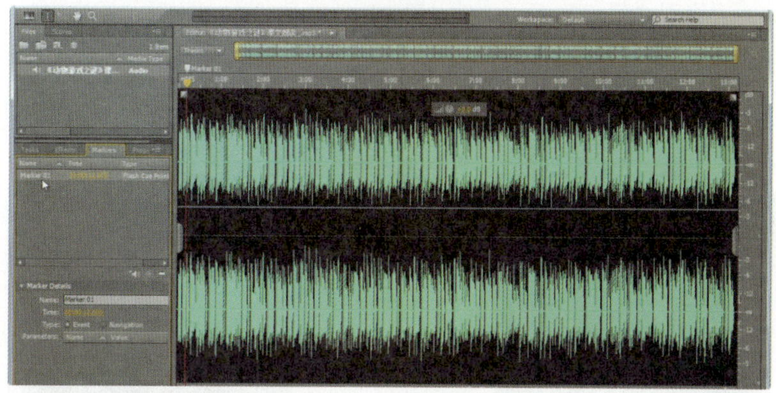

图5-2-110　添加标记

19 采用相同的方法再插入多个标记，然后再将标记输出生成 XML 文档，以便后期在Flash中能够载入进来使用，单击“Markers”面板旁的扩展按钮，在弹出的菜单中选择“Export Markers”命令，如图5-2-111所示。

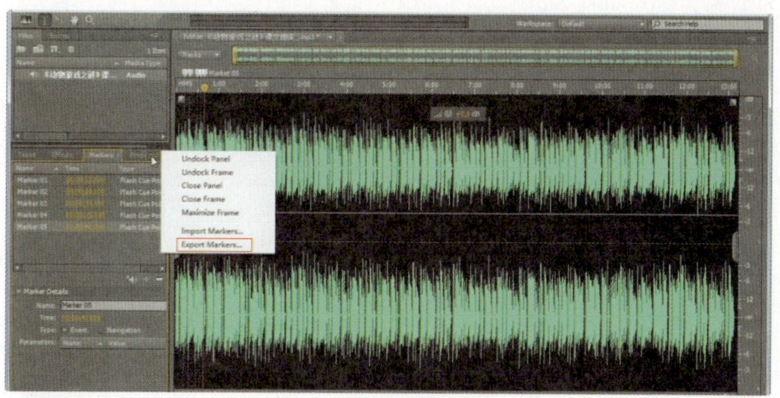

图5-2-111　存储标记1

20 在弹出的“另存为”对话框中进行重命名，输出的文件格式为“.xml”，如图5-2-112所示。

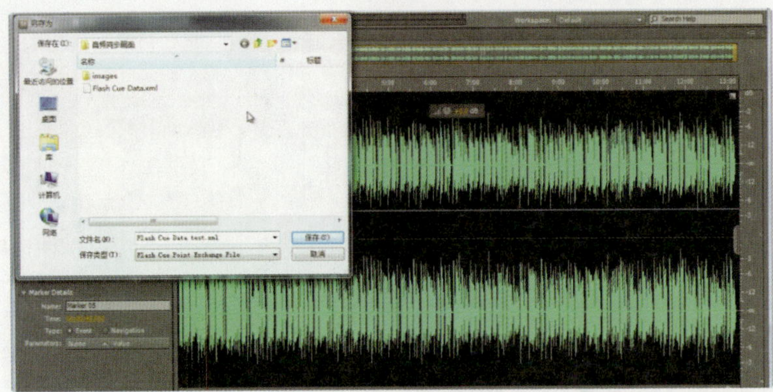

图5-2-112　存储标记2

21 更改标记文件。将刚才保存的标记文件“Flash Cue Data.xml”以“记事本”的方式打开，如图5-2-113所示。将其中的“event”全部替换为“actionscript”，这样导入到Fash中才会起作用。

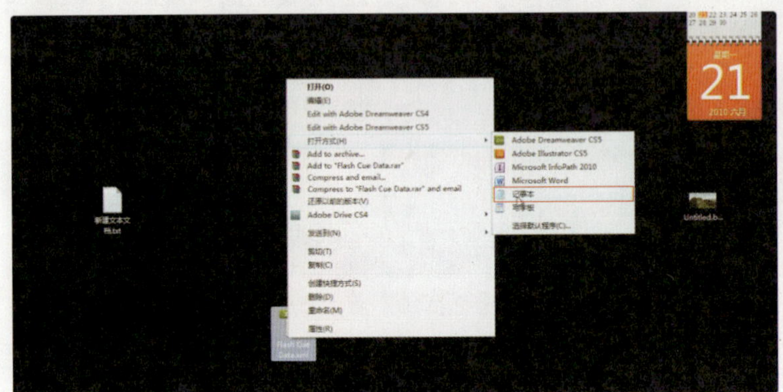

图5-2-113　以“记事本”的方式打开标记文件

22 以记事本方式打开“Flash Cue Data.xml”文件，执行“编辑”>“替换”命令，如图5-2-114所示。

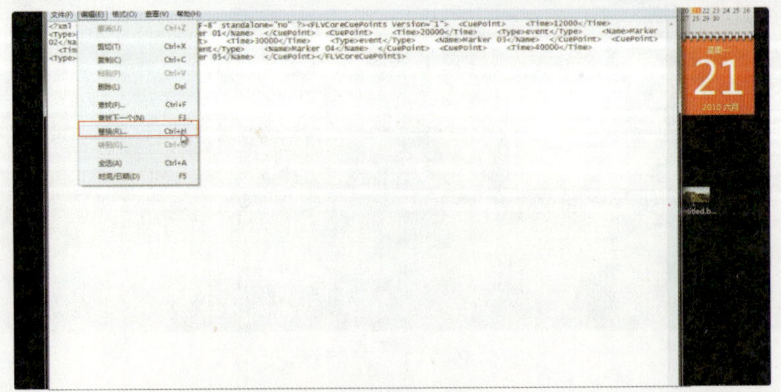

图5-2-114　执行“替换”命令

23 打开“替换”对话框，在“查找内容”文本框中输入“event”，在“替换为”文本框中输入“actionscript”，如图5-2-115所示。

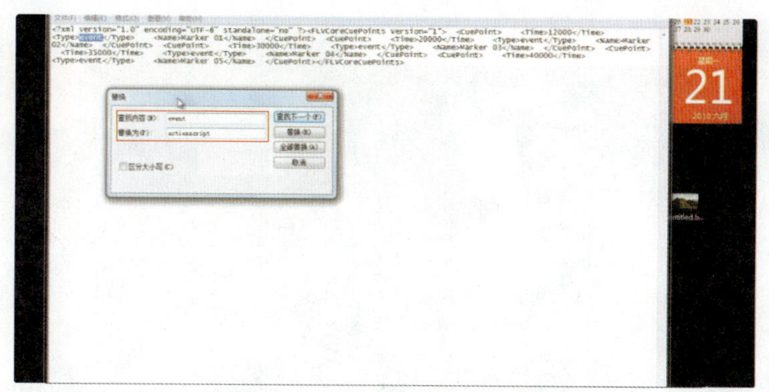

图5-2-115 “替换”对话框

24 将文件格式由MP3格式转换为FLV格式。因为后面将会使用到的FLVPlayback组件用来实现了Cue Point关键点的事件侦听，而此回放组件并不支持MP3格式，因此需要将MP3格式的音频文件转换为FLV或F4V格式的视频文件，以便于将来在Flash中置入。可以直接在Soundbooth软件中进行转换，先删除标记，然后另存为FLV格式，如图5-2-116所示。

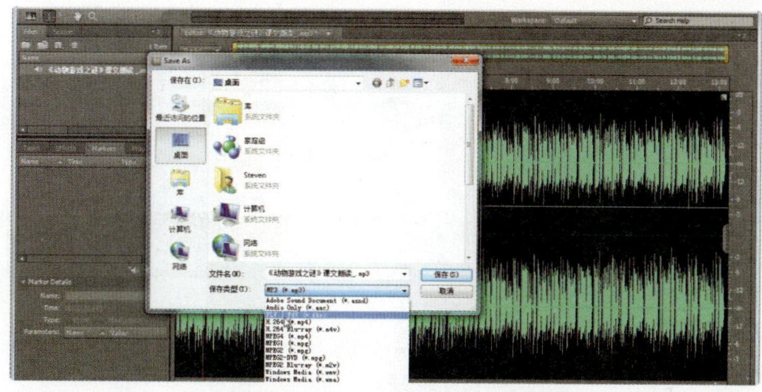

图5-2-116 另存为FLV格式

该文件将以Flash组件的形式载入动画中使用，但注意在设置Flash动画时，上传文件时一定要同时拷贝FLV文件，因为它是一种外部链接的关系，而不是内部置入。

25 保存FLA文件。为了便于以后能找到文件，先将Flash文件保存一下，如图5-2-117和图5-2-118所示。

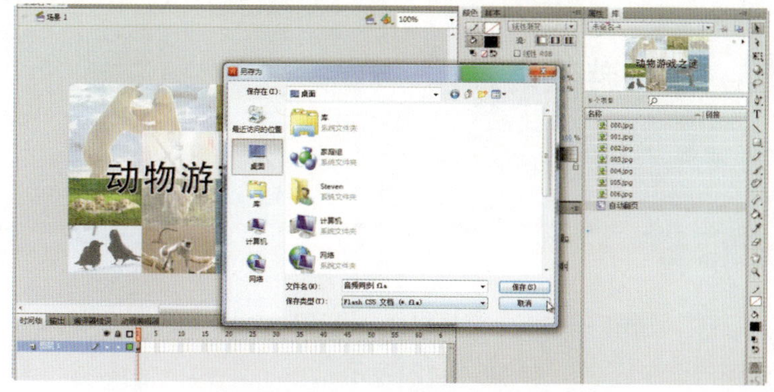

图5-2-117 保存Flash 源文件

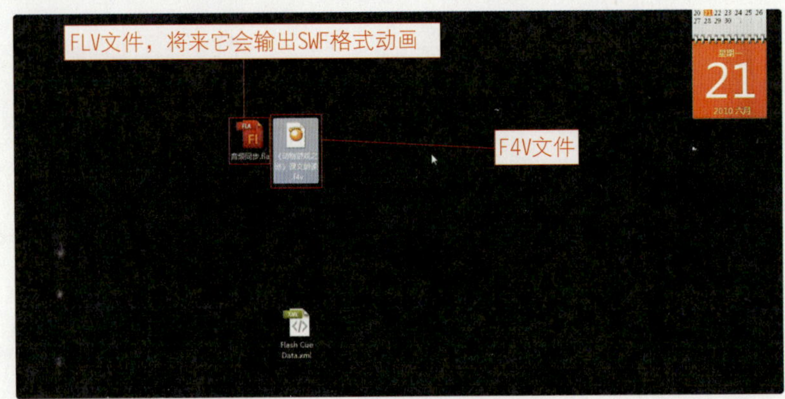

图5-2-118　FLA文件与F4V文件

26 插入FLVPlayback组件。前面已经介绍了在Flash中要播放导入的视频，此时需要使用到一个组件叫做“FLVPlayback2.5”。执行“窗口”>“组件”命令，如图5-2-119所示。

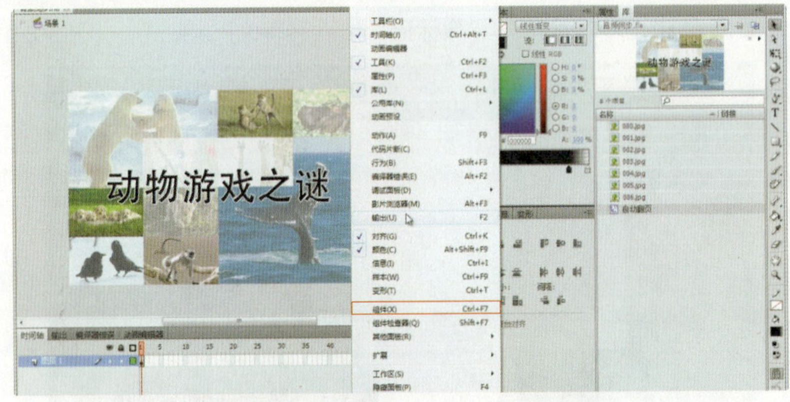

图5-2-119　执行“组件”命令

27 在窗口右边的“组件”面板中，选择“Video”文件夹下的“FLVPlayback2.5”命令，该组件用于控制播放FLV和F4V格式的视频文件，如图5-2-120所示。

图5-2-120　选择组件“FLVPlayback2.5”

28 将该组件拖动到“场景1”中，如图5-2-121所示。

图5-2-121　将组件拖入场景

29 导入F4V格式的音频文件。选择上面拖入的组件，在右边的“属性”面板中，单击“组件参数”选项区“属性”栏中的“Source”选项旁边的小铅笔图标，并进行编辑，如图5-2-122所示。

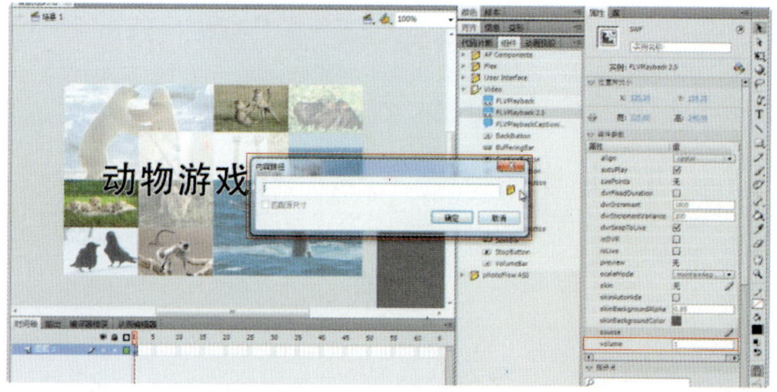

图5-2-122　导入音频文件1

30 在打开的“内容路径”对话框中，选择要导入的音频文件“《动物游戏之谜》课文朗读_.f4v”，如图5-2-123所示。

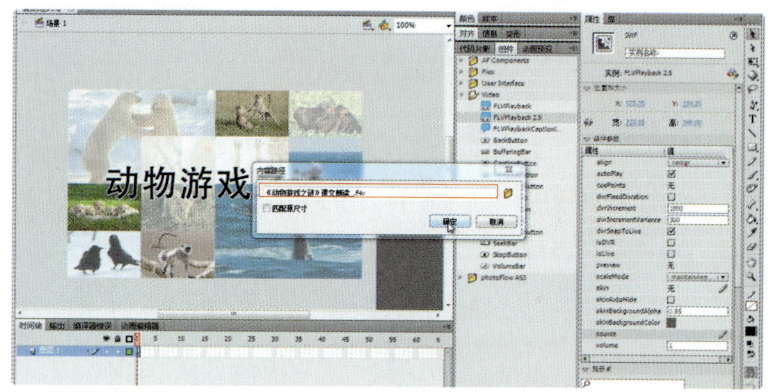

图5-2-123　导入音频文件2

31 因为导入进来的视频文件只有声音，没有任何视频内容，因此可以将其缩小，置于舞台之外，如图5-2-124所示。

图5-2-124　缩小文件尺寸

32 导入提示点。选择拖入的“FLVPlayback2.5”组件，在窗口右边的“属性”面板中，单击“提示点”选项区的扩展按钮，将其展开，并单击“导入ActionScript提示点”按钮，如图5-2-125所示。

图5-2-125　导入提示点1

33 在弹出的“导入ActionScript提示点”对话框中，选择刚才保存的XML格式的标记文件，如图5-2-126所示。

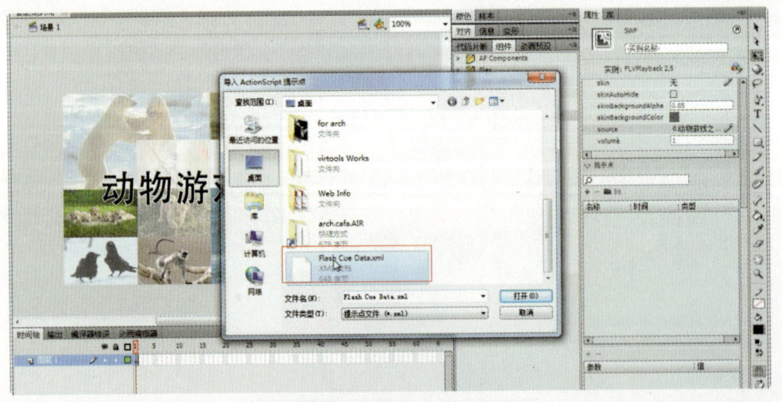

图5-2-126　导入提示点2

34 导入完毕后，刚才在Soundbooth软件中添加的5个标记就会显示在“提示点”选项区中，如图5-2-127所示。

图5-2-127　导入提示点3

此时进行预览，看能否听见声音，若能则说明导入正确，可进行下一步操作。

35 下面需要实现的是通过导入提示点，即5个标记来实现上面提到的效果，当语音播放到某段，则显示相应的画面，因此会使用到脚本语句，这时需要更改实例名，以便后面编辑脚本语句时会出现相应的代码提示，如在“场景1”层级中，选择“自动翻页”元件，然后在右边的“属性”面板中输入实例名称为“slideshow_mc”，_mc是其扩展名，表示其类型是“影片剪辑”，如图5-2-128所示。

图5-2-128　对图片实例进行重命名

36 采用相同的方法，选中“FLVPlayback”组件，在“属性”面板中输入其实例名称“sound”，如图5-2-129所示。

图5-2-129　对音频组件进行重命名

37 输入脚本语句。创建一个图层专门用于编辑脚本语言，命名为“actions”，然后按F9键打开“代码片段”面板，如图5-2-130所示。

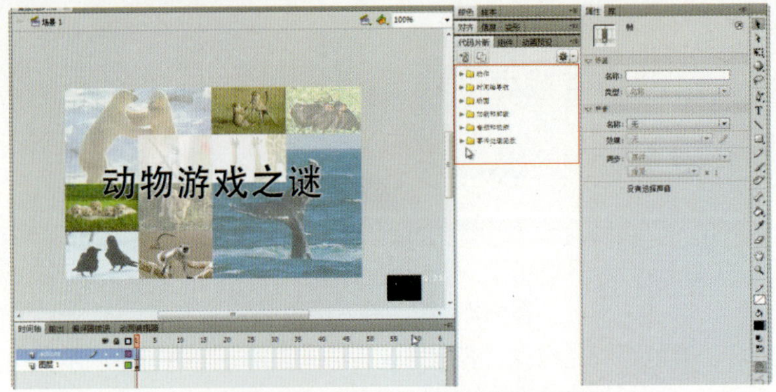

图5-2-130 打开“代码片断”面板

38 在“代码片断”面板中，选择“音频和视频”文件夹下的“On Cue Point事件”选项，其功能是当视频播放到某个Cue Point关键点时，响应关键点事件，并执行某些脚本语句所表示的动作。先选中舞台上的“FLVPlayback”组件实例，在“代码片段”面板中选择“On Cue Point事件”，并单击面板上的“添加到关键帧”按钮，如图5-2-131所示。

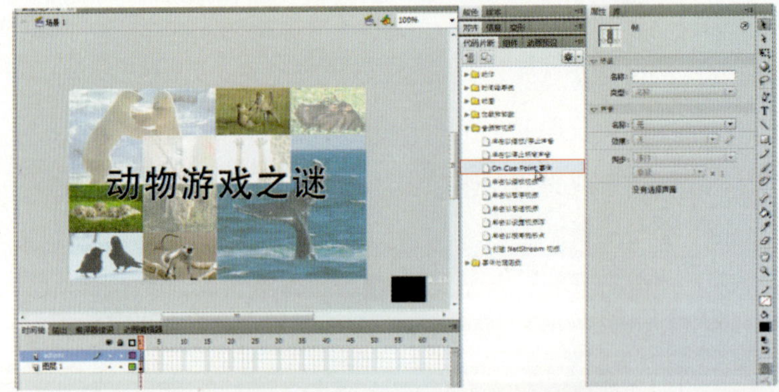

图5-2-131 选择“On Cue Point事件”

39 相应的脚本语言会自动添加进来，这是CS5中新增的功能，减少了手动输入很多代码的烦琐环节，如图5-2-132所示。

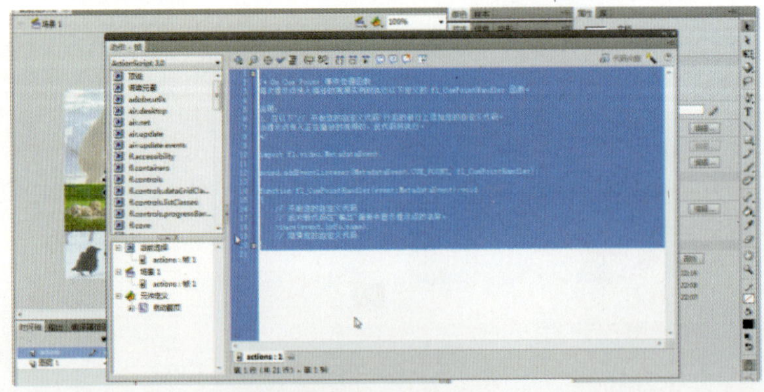

图5-2-132 输入代码1

其中灰色文字为注释语言，不用理会，只需看下面的语言。

```
import  fl.video.MetadataEvent;
sound.addEventListener (MetadataEvent.CUE_POINT, fl_CuePointHandler);()
function  fl_CuePointHandler(event:MetadataEvent):void
{
   trace(event.info.name);
}
```

这段语言表示，当“sound”实例侦听到“CUE_POINT”事件之后，会根据“fl_CuePointHandler”函数执行相应的命令，在该函数中“trace(event.info.name);”一句只是显示事件的信息，需要再添加一句 “slideshow_mc.nextFrame();”，位于trace(event.info.name);之后，这句话表示“slideshow_mc”实例根据音频播放过程中的关键点（即标记）信息控制slideshow_mc到下一帧，如图5-2-133所示。

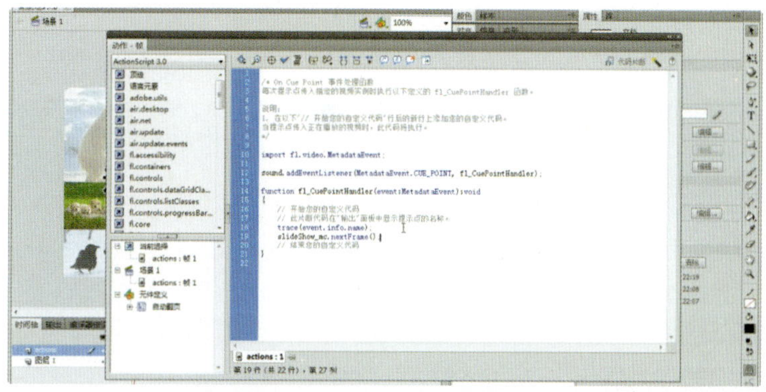

图5-2-133　输入代码2

40 设置动画转场效果。上述操作完毕后，预览动画发现画面转场很突然，因此需要为动画转场增加一些过渡效果，会显得更自然，如添加淡入淡出的效果。先给照片1添加淡入效果，双击“自动翻页”元件进入该层级，可先只保留“图层1”中的第1帧，删除其余帧，“actions”层也可暂时不要，选中第1帧并右击，在弹出的快捷菜单中选择“创建补间动画”命令，如图5-2-134所示。

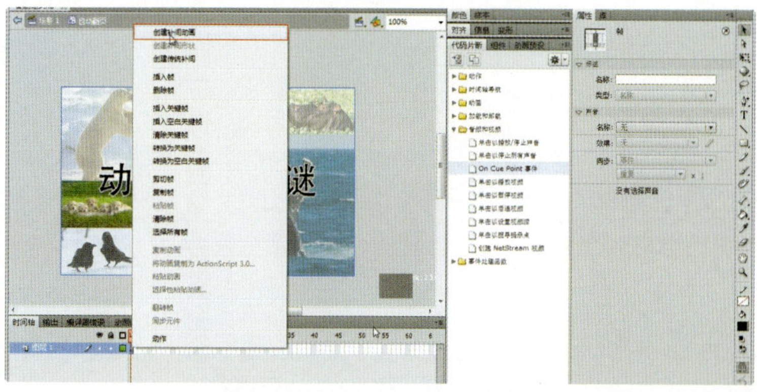

图5-2-134　创建补间动画1

41 在“动画编辑器”中更改Alpha值创建淡入效果。进入“动画编辑器”，因为要创建淡入淡出的效果，可以关闭“基本动画”和“转换”等用不到的选项，在“色彩效果”一栏中单击“+”按钮增加一个“Alpha”通道，如图5-2-135所示。

图5-2-135　添加Alpha通道

42 在第1帧处插入一个关键帧，并将Alpha设置为“0%”，如图5-2-136所示。

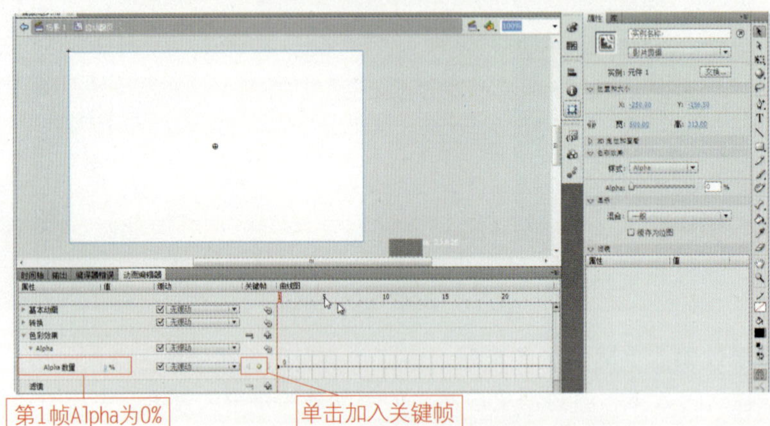

图5-2-136　更改Alpha属性1

43 在第15帧处插入一个关键帧，将Alpha设置为“100%”，如图5-2-137所示。

图5-2-137　更改Alpha属性2

44 编辑完毕后返回到时间轴中，可以看到刚刚编辑的效果，如图5-2-138所示。

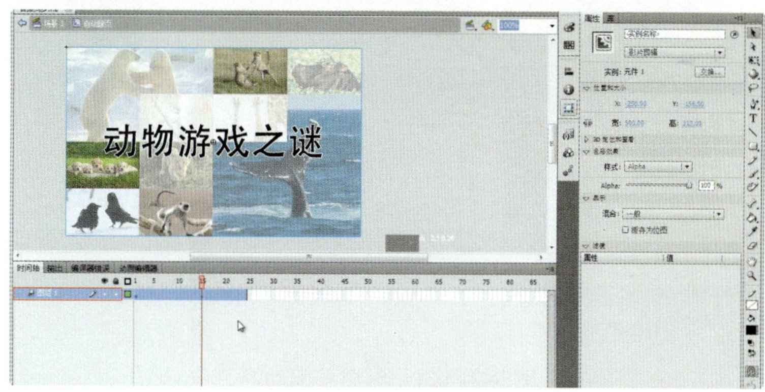

图5-2-138 查看效果

45 在时间轴的第35帧处，按住Shift键拖动鼠标，延长动画至第35帧，如图5-2-139所示。

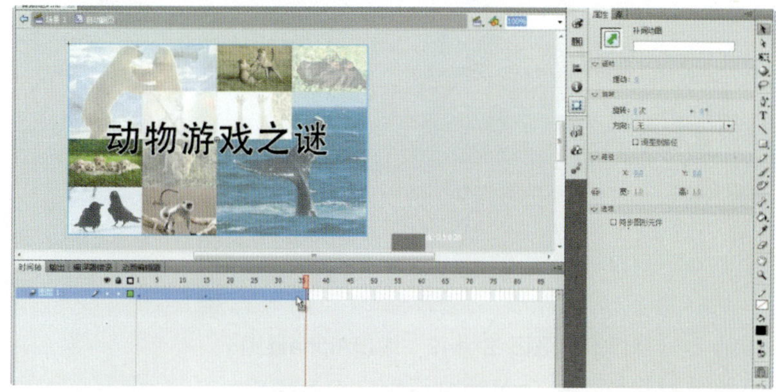

图5-2-139 延长动画

46 为照片2添加过渡效果。将“图层1”重命名为“照片1”，并新建一个图层，命名为“照片2”，在第30帧处按F6键插入空白关键帧，如图5-2-140所示。

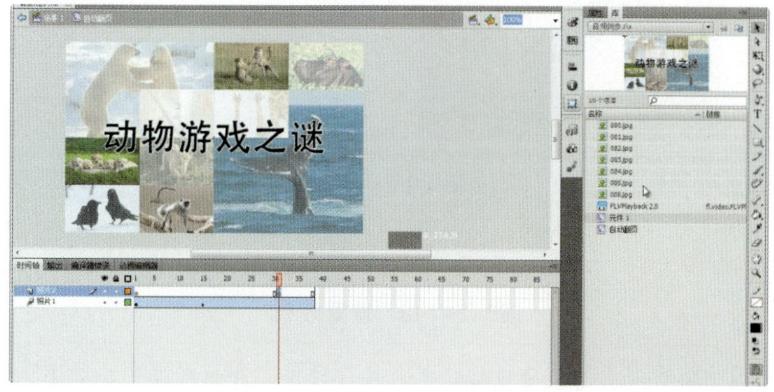

图5-2-140 插入空白关键帧

47 导入第2张图片，并创建补间动画，如图5-2-141所示。

48 在“动画编辑器”中增加一个Alpha通道并调节百分比，如图5-2-142所示。这样动画从照片1播放到照片2会有一个逐渐叠加起来的效果。

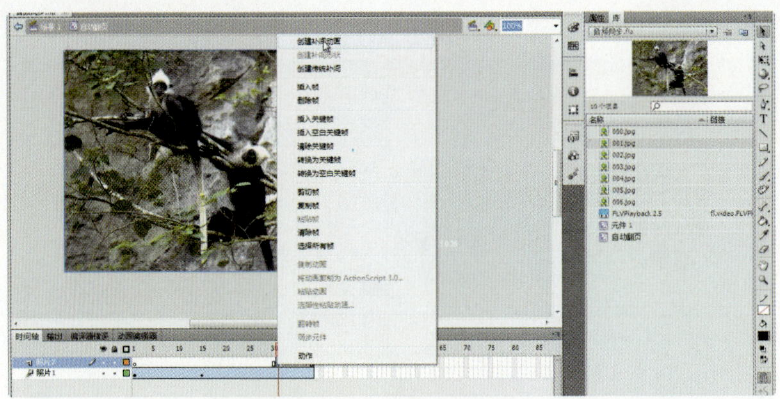

图5-2-141　创建补间动画

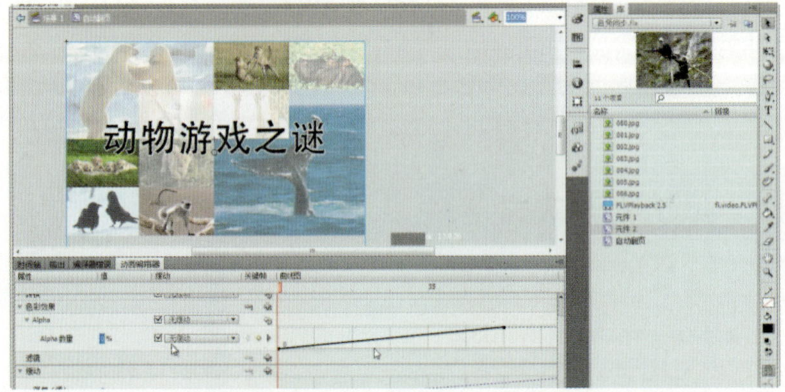

图5-2-142　增加Alpha通道

49 在“动画编辑器”中编辑完成后，可返回到时间轴中查看效果，如图5-2-143所示。

图5-2-143　查看效果2

前面两张照片编辑完后系统会自动将其转换为元件，存放在库中，如图5-2-142所示。在“库”面板中增加了两个元件，即“元件1”和“元件2”，也可以在编辑动画的过程中将图片先定义为元件。

50 采用相同的方法，编辑其他几张照片，这样动画播放过程中每张图片将自然地转场。

51 为照片3添加过渡效果。新建一个图层，命名为“照片3”，在第60帧处按F6键插入关键帧，如图5-2-144所示。

图5-2-144　插入关键帧

52 选择“照片1”图层，按住Shift键将最后一帧拖动至第40帧，以延长普通帧动画，如图5-2-145所示。

图5-2-145　延长照片1普通帧动画

53 选择“照片3”图层，在“库”面板中将名称为“002”的照片拖入舞台中，如图5-2-146所示。

图5-2-146　将照片002拖入舞台中

54 虽然不需要将“照片002”定义成元件就可以创建补间动画，在编辑动画完成以后系统会自动将其定义为元件，但较规范的做法是先将“照片002”定义为元件，然后再创建补间动画，如图5-2-147所示，将“照片002”定义成元件，“类型”为“影片剪辑”，命名为“照片3”。

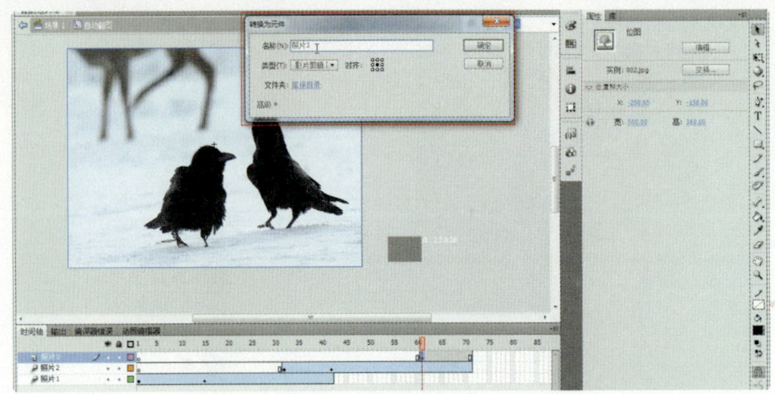

图5-2-147　将“照片3”定义为元件

55 接下来操作方法与前面一样，右击鼠标，在弹出的快捷菜单中选择“创建补间动画”命令，然后进入“动画编辑器”中更改Alpha值，如图5-2-148所示。

图5-2-148　创建补间动画2

56 采用前面介绍的方法，延续动画至第100帧处，如图5-2-149所示。

图5-2-149　延续动画至100帧

57 在时间轴中定位在第70帧处，进入“动画编辑器”，调节Alpha值，第61帧是“0%”，第70帧是“100%”，如图5-2-150所示。

定位在第70帧处

在“动画编辑器”中更改Alpha值

图5-2-150

依此类推，为照片“004”、“005”和“006”添加过渡效果，这里不再重复。

58 添加标记图层“marks”。新建一个图层，命名为“marks”。选择第1帧，在此添加第一个标记，在“属性”面板“标签”选项区的“名称”文本框中输入标签名称“Marks 00”，如图5-2-151所示。

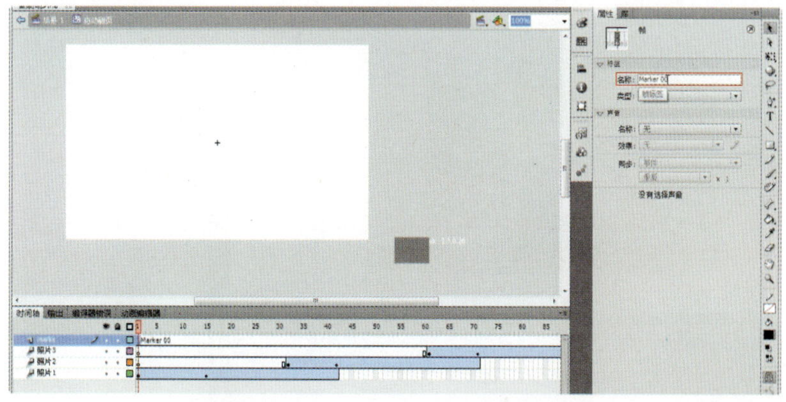

图5-2-151　添加标记“Mark 00”

小提示 标签的命名非常重要，一定要和上面所保存的“Flash Cue Data.xml”文件中的标记名称一致，如果忘记如何命名，可以再次以记事本的方式打开“Flash Cue Data.xml”文件进行查看，如图5-2-152所示，蓝色区域中 “Marks 01”表示标签1。

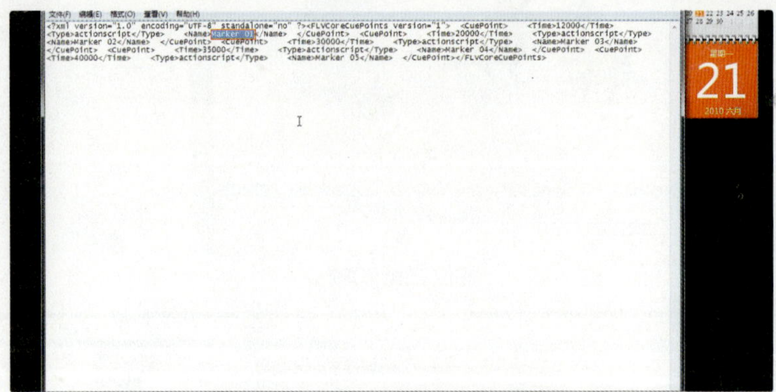

图5-2-152 查看标签名称

59 在“marks”图层中，选择“照片2”图层中第1个关键帧的位置，在此处添加第2个标记，命名为“Marker 01”，注意与上面文件中的标记名称保持一致，如图5-2-153所示。

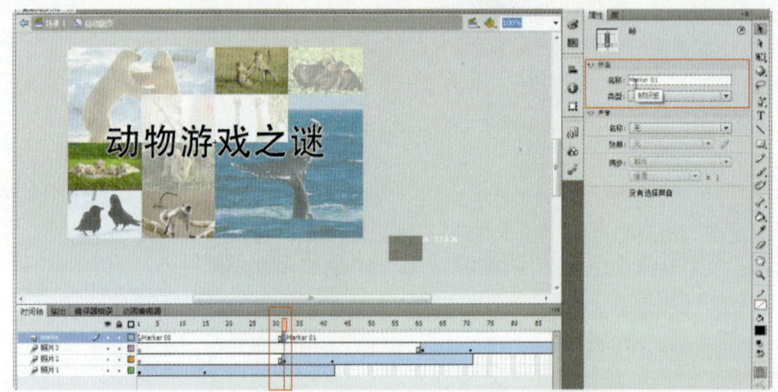

图5-2-153 添加标记“Mark 01”

60 同样，在“marks”图层中，选择“照片3”图层中第1个关键帧的位置，在此处添加第3个标记，命名为“Marker 02”，注意与上面文件中的标记名称保持一致，如图5-2-154所示。

图5-2-154 添加标记“Mark 02”

依此类推，为其他几张照片添加相应的标记。

添加标记时，注意让“Flash Cue Data.xml”文件中表示声音提示点的名称与图层“marks”中所添加的标记名称对应起来，是为了将来播放动画时，先从“Mark 00”标记处播放，在“Mark 01”标记的前一帧处停止，然后等待脚本语句执行到下一个声音提示点“Mark 01”，在“Mark 02”标记的前一帧处停止，继续等待脚本语句执行到下一个声音提示点“Mark 02”，然后动画跳转到“Mark 02”标记，开始下一段动画的播放。

61 为了使动画在固定帧处停留，需要添加一个脚本图层。新建一个图层，命名为“as”，如上分析，动画的第一次停留处是在“Mark 01”标记的前一帧，因此在图层“as”中按F6键插入关键帧。然后按F9键打开“动作”面板，输入脚本语句“stop();”，如图5-2-155和图5-2-156所示。

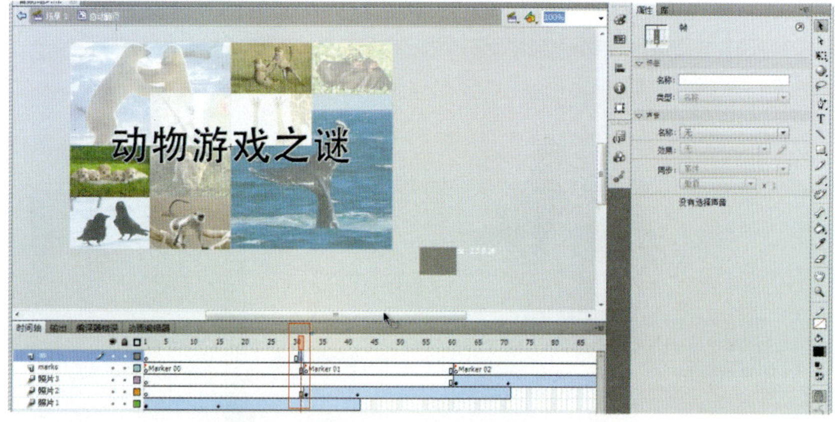

图5-2-155　第一次停留处插入关键帧

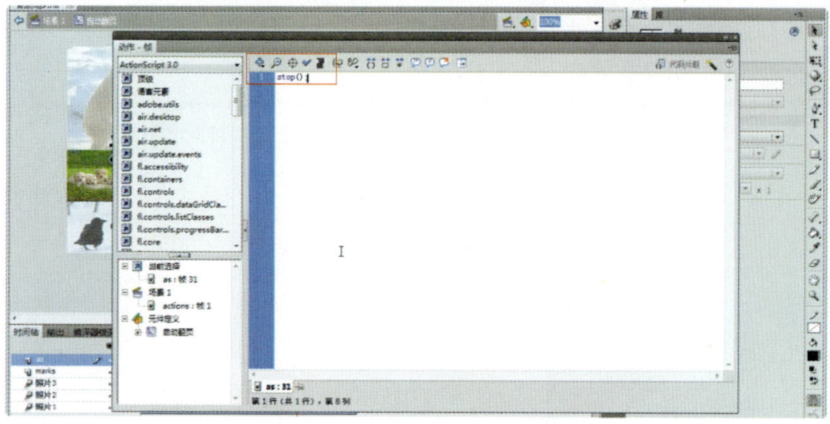

图5-2-156　输入“stop();”

62 按住Ctrl键，将第一个插有脚本语句的关键帧拖动到第二个停留处，实现脚本语句的复制，则在“Mark 02”标记的前一帧处自动添加了一个关键帧，按F9键可以看到在“动作”面板中出现了语句“stop();”，如图5-2-157所示。

图5-2-157 复制插有脚本语句的关键帧1

63 同理，在最后一帧处复制插有脚本语句的关键帧，如图5-2-158所示。

图5-2-158 复制关键帧

64 进入“场景1”层级中，更改脚本语句，选择“actions”图层，在第1帧处按F9键打开“动作”面板，如图5-2-159所示。

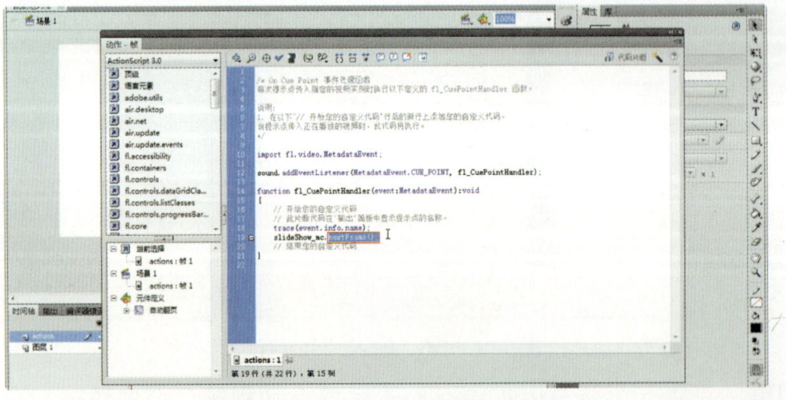

图5-2-159 打开“动作”面板2

65 在“动作”面板中，将“slideshow_mc.nextFrame();”一句改为“slideshow_mc.gotoAndPlay(event.info.name);”。

其中“event.info.name”表示获取声音提示点的名称，即在“Flash Cue Data.xml”文件中的声音提示点的名称，则动画会播放到与声音提示点名称相对应的图层中的标记，然后开始播放该标记代表的下一段动画，如图5-2-160所示。

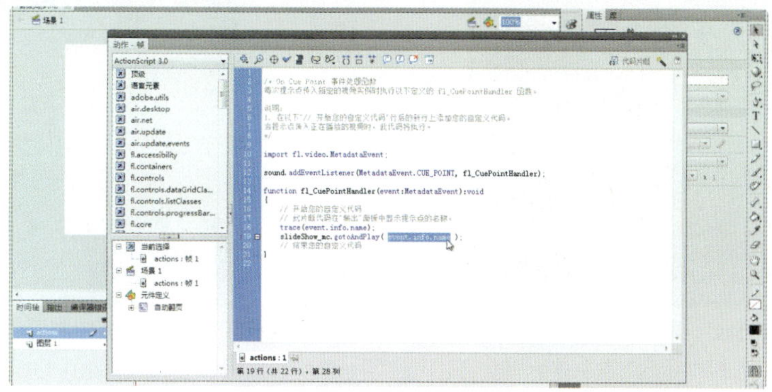

图5-2-160　更改脚本语句

66 至此动画制作完毕，可以使用组合键Ctrl+Enter进行预览。

3．使用Soundbooth准备素材

在本案例中，使用Soundbooth软件所进行的操作包括：导入部分的音频（案例的第4页）和研究结论部分的音频（案例的第14页）的截取；生词部分音频的录制与处理（案例的第25页）。具体操作步骤如下。

01 启动Adobe Soundbooth CS5，单击“Editor”调板下方控制面板中红色的录音键，打开“Record”对话框，如图5-2-161所示。

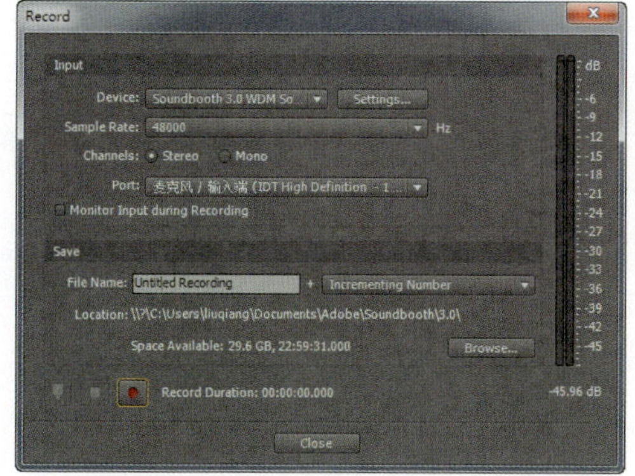

图5-2-161　“Record”对话框

02 安装好麦克风和监听耳机。在“Record”对话框中，单击红色的录音键，开始录音；单击停止键，完成录音，如图5-2-162所示。

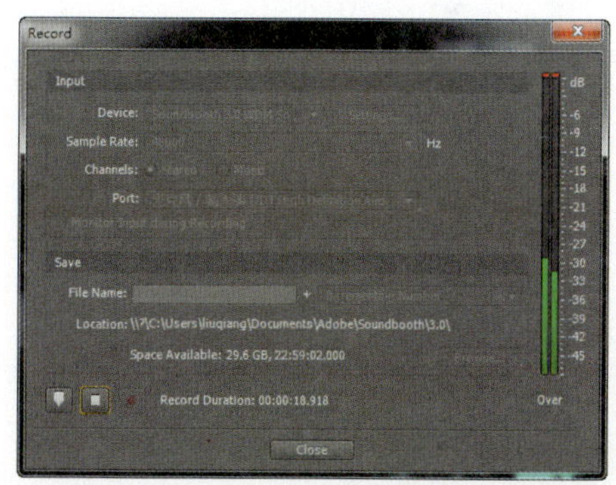

图5-2-162　在“Record”对话框中进行录音操作

03 单击“Close”按钮，关闭“Record”对话框，在“Editor”调板中显示录制好的音频波形，如图5-2-163所示。

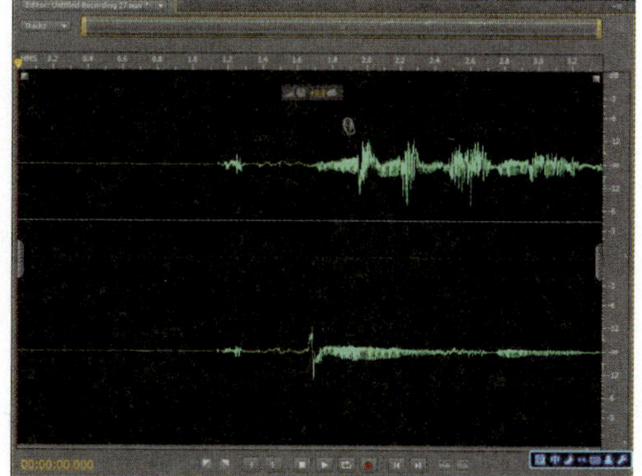

图5-2-163　“Editor”调板

04 使用鼠标拖动“Trim”手柄，删除不需要的音频部分，如图5-2-164所示。

05 在“Tasks”调板中，展开“Clean Up Audio”功能，如图5-2-165所示。

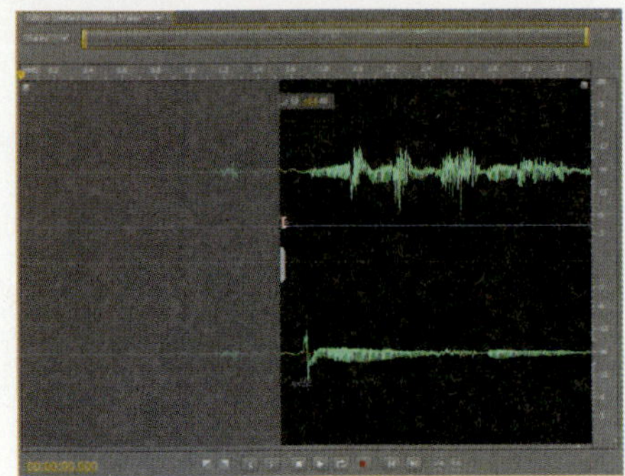

图5-2-164 在“Editor”调板中进行音频删除操作

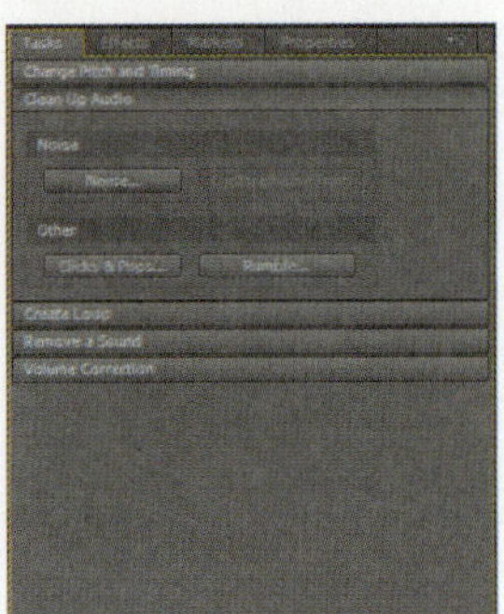

图5-2-165 在“Tasks”调板中展开Clean Up Audio功能

06 在“Editor”调板中，选中一部分噪音，在“Tasks”调板中的“Clean Up Audio”选项区中，单击“Capture Noise Print”按钮，进行噪音采样，如图5-2-166所示。

07 在“Editor”调板中，选中所有音频，在“Tasks”调板中的“Clean Up Audio”选项区中，单击“Noise”按钮，调出“Noise”对话框，设置好参数后，单击“OK”按钮，进行降噪，如图5-2-167所示。

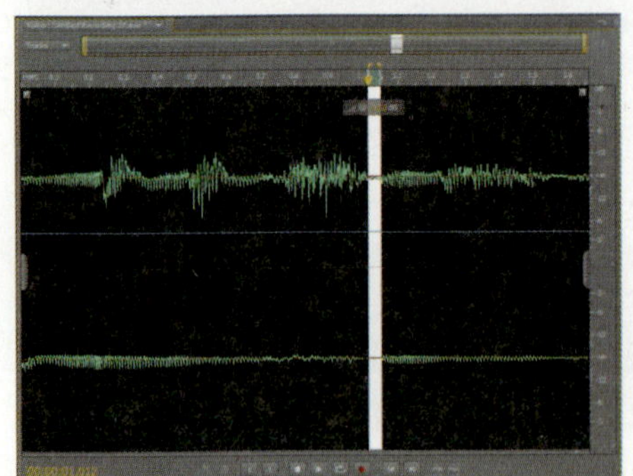

图5-2-166 在“Task”调板中进行噪音采样

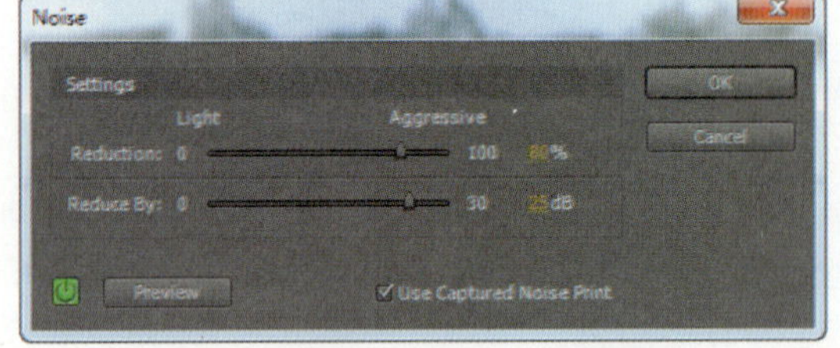

图5-2-167 “Noise”对话框

08 在“Editor”调板中，通过音量调节功能控制和调整音量，并单击下面控制条中的“Louder”和“Equalize Volume Levels”按钮，调节到合适的音量，如图5-2-168所示。

09 设置完毕后，执行“File > Save As”命令或按组合键Ctrl+Shift+S，将音频保存为所需格式，如图5-2-169所示。

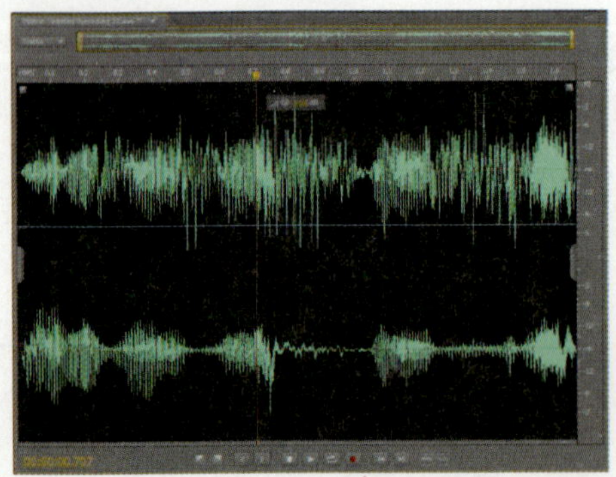

图5-2-168 在“Editor”调板中进行音量调节

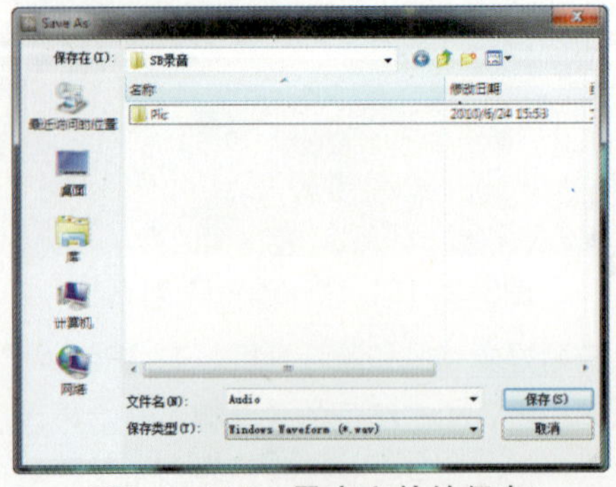

图5-2-169 录音文件的保存

5.2.4.2 对象化资源的制作

基于前面的设计和准备好的素材，可以开展对象化资源的设计，这里选用Captivate 4进行对象化资源的制作。利用Captivate 4制作上述对象化课件的重要过程如下。

1.制作基本的交互性框架

如前面分析，在本学习对象课件的制作中，分为课件和学件两个部分，这两部分通过统一的封面页进行导航，整体效果如图5-2-170所示，其中，1为本学习对象资源的封面页，2为“课件”部分的封面页，3为“课件”部分的结尾页，4为“学件”部分的导航页，5为“学件”部分的结尾页。

其交互功能为：在封面页1中，有两个按钮，名称分别为“课件”和“学件”，单击其中的“课件”按钮，将跳转到“课件”部分的封面页；单击其中的“学件”按钮，则跳转到“学件”部分的封面页。封面2和封面4分别是“课件”和“学件”的首页，封面2中有4个按钮（“教学目标”、“情境导入”、“教学环节”、“知识导图”），封面4中有3个按钮（“知识拓展”、“生词练习”、“测验”），这些按钮对应着各自的内容部分。页面3和页面5是“课件”和“学件”的结尾页，在这两个结尾页上，分别放置着“返回”按钮，单击这两个按钮将返回到封面页1中。

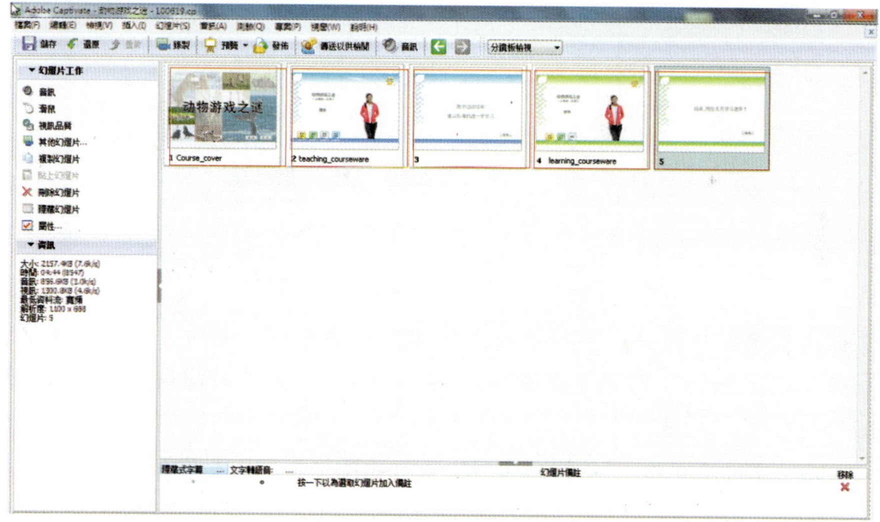

图5-2-170 使用Captivate 4制作课件的基本交互性框架

在上述环节中，以封面1为例说明利用Captivate 4进行交互性功能制作的过程。

01 新建一个Captivate 4项目，创建该项目后，双击当前幻灯片，将Captivate 4的工作空间从“分镜板视图”切换到“编辑视图”，然后开始插入封面1图片。

02 执行“插入”>“影像”命令，选取封面1的背景图片，如图5-2-171所示。

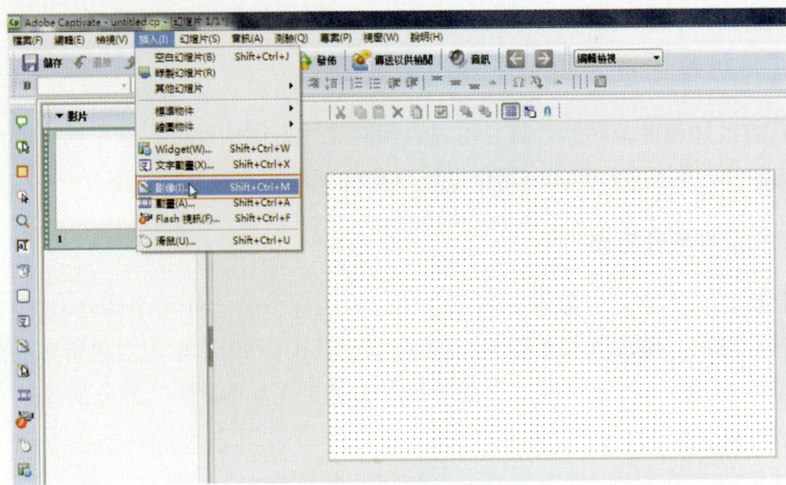

图5-2-171　插入背景图

03 单击“打开”按钮，将背景图片插入，如图5-2-172所示。

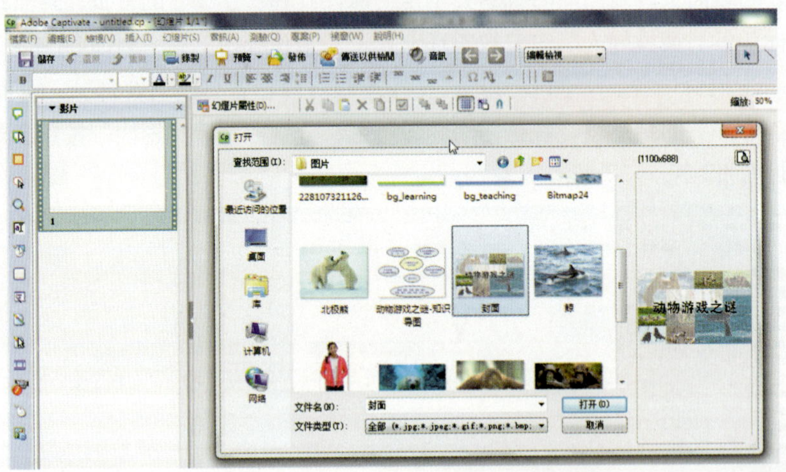

图5-2-172　插入背景图_选图

04 在该页面上放置两个按钮，并将这两个按钮分别命名为“课件”和“学件”。双击对象工具条中的“按钮”对象（如图5-2-173所示），出现按钮属性页，如图5-2-174所示。

05 编辑“按钮”属性页，将“按钮文字”文本框中的“按钮”文字修改为“课件”，单击“确定”按钮，则在该幻灯片上将生成“课件”按钮，用鼠标将其调整为合适大小，并放置到合适的位置。复制该按钮，双击复制后的按钮，在其“按钮”属性页的“按钮文字”文本框中将“按钮”文字修改为“学件”。

06 执行“插入”>“空白幻灯片”命令，插入新的幻灯片。重复上述操作，设置好每个幻灯片上的按钮。

图5-2-173　准备插入按钮

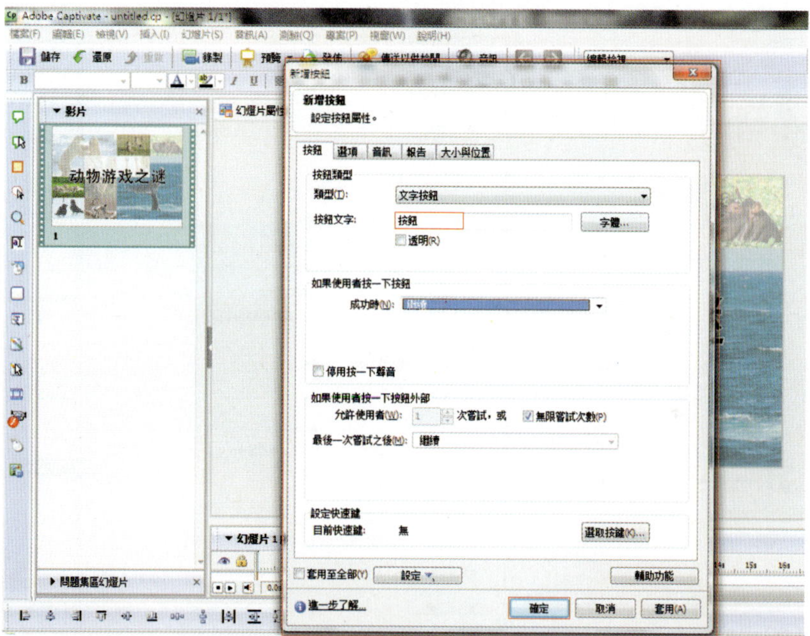

图5-2-174　双击出现按钮属性页

07 单击“幻灯片属性”工具条（如图5-2-175所示），弹出幻灯片属性页，如图5-2-176所示。

08 在幻灯片属性页上的“标识”文本框中输入该幻灯片的标识名“teaching_courseware”，以标识“课件”封面页幻灯片。采用相同的方法，将幻灯片4的标识命名为“learning_courseware”。

图5-2-175　单击“幻灯片属性”工具条

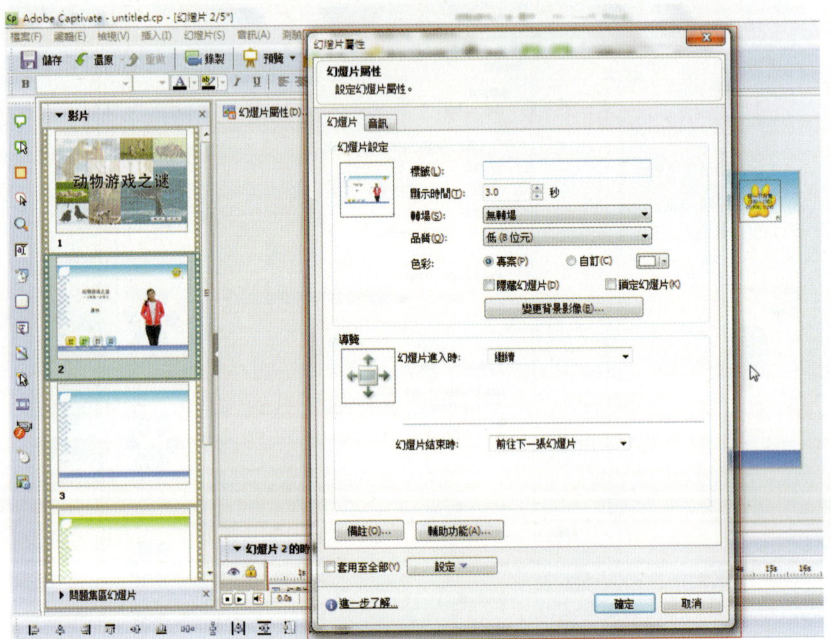

图5-2-176　增加幻灯片标识属性页

09 双击幻灯片1上的“课件”按钮，通过对该按钮属性的设置，形成页面跳转功能。此功能实现后，在Captivate 4发布后的课件中，单击“课件”按钮将跳转到幻灯片“teaching_courseware”。

10 双击幻灯片1上的“课件”按钮，弹出该按钮属性页，如图5-2-177所示。

11 在“成功时”下拉列表中选择“跳至幻灯片”选项，并将目标幻灯片设置为标识是“Teaching_courseware”的页面，如图5-2-178所示。至此，该按钮就与第二页幻灯片发生了关联。

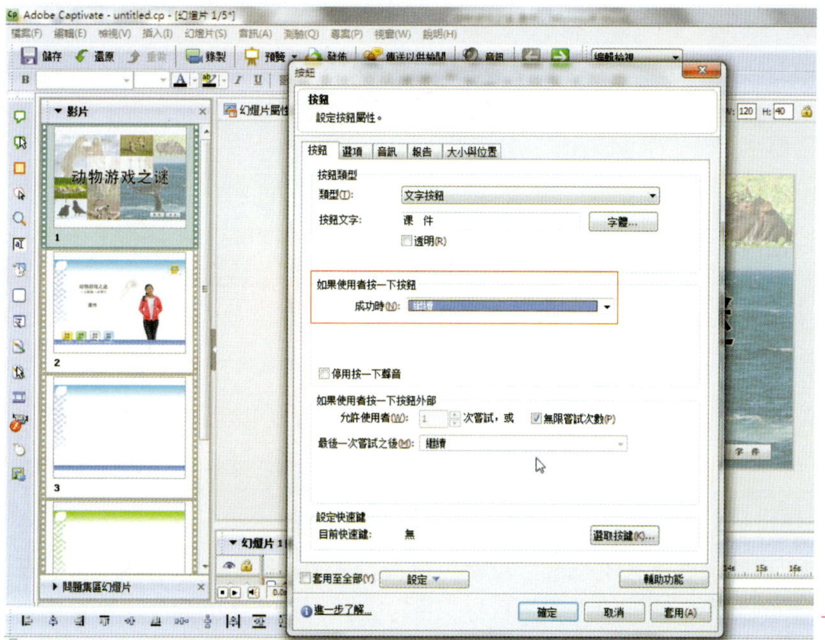

图5-2-177　双击页面1的按钮属性页

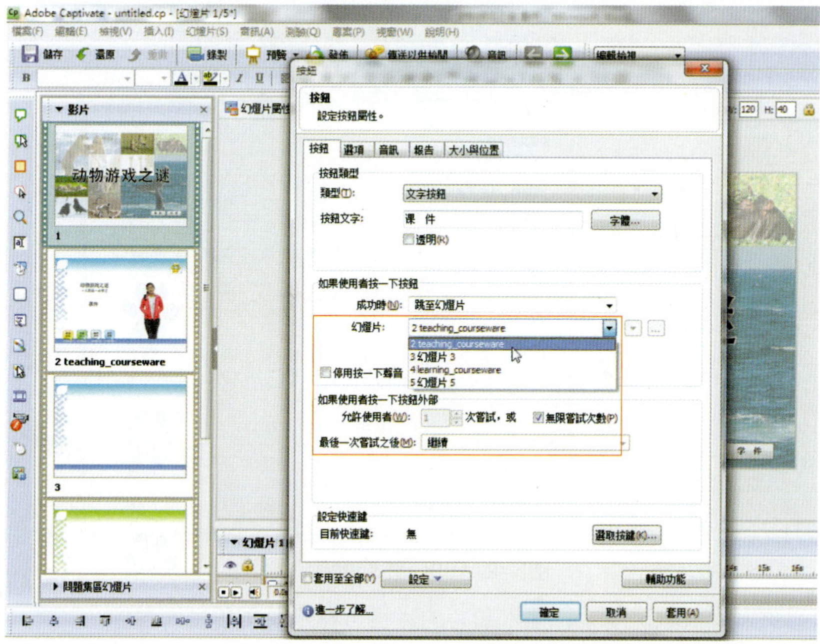

图5-2-178　按钮属性页跳转设置

2．课件部分的制作

在制作课件部分时，可执行如下操作步骤。

01 插入文字。在学习目标幻灯片上，对学习目标部分进行文字插入，如图5-2-179所示。

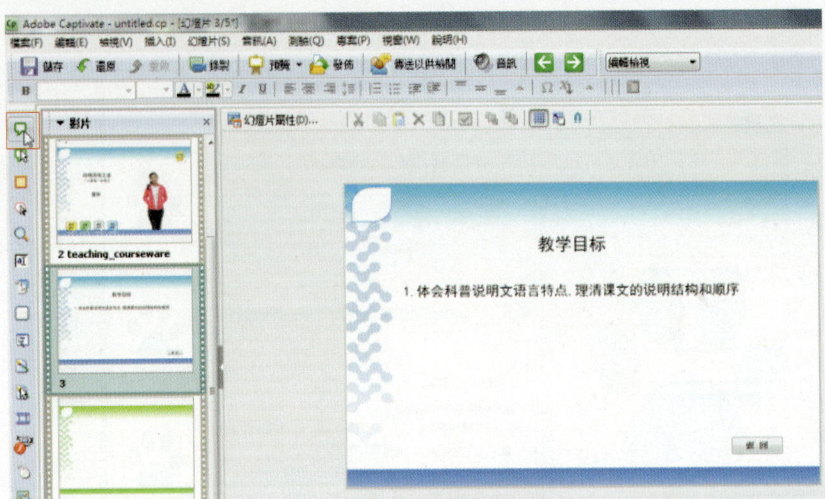

图5-2-179　插入文字

02 双击对象工具条上的“文字标签”对象，弹出“文字标签”对象的属性页。在文本框中输入需要注释的文字（这里输入教学目标文字），并设置文字的大小、字符编码等。设置成功后，放置到合适的位置，如图5-2-180所示。

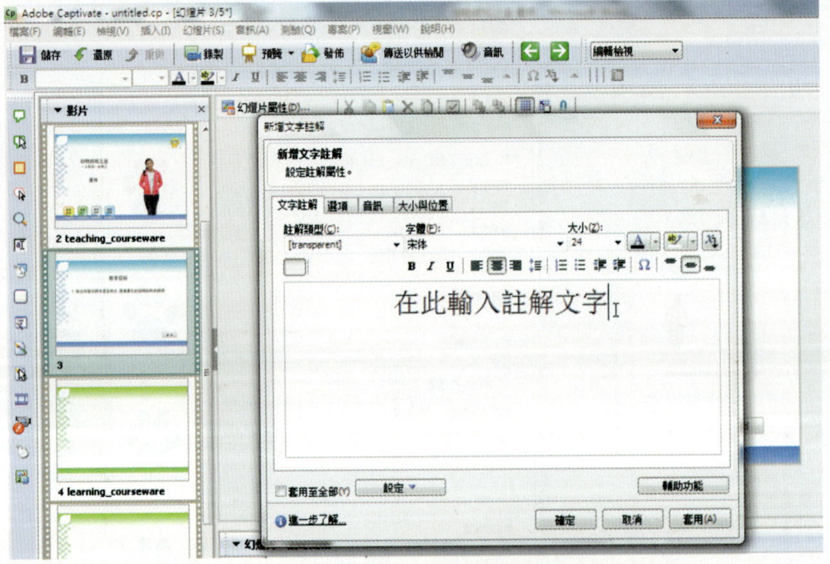

图5-2-180　注释的输入

03 插入图片。在教学导入环节中，插入图片的过程可参照前面所讲内容。

04 插入音频，这是对象化资源实现过程中必不可少的功能。执行“音讯”>“汇入至幻灯片”命令（如图5-2-181所示），打开“汇入音讯”对话框；

05 在“汇入音讯”对话框中，在查找范围内找到需要导入的文件后，进行选择，并单击“打开”按钮（如图5-2-182所示），即可将音频导入到当前的幻灯片中。

图5-2-181　教学导入语音

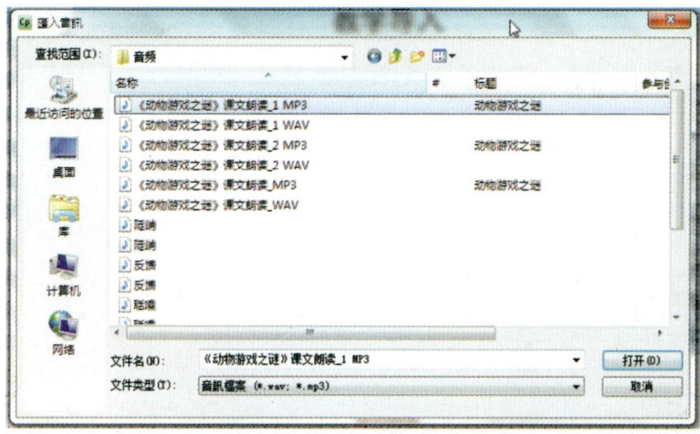

图5-2-182　选择导入语音

06 插入动画。为了帮助学生理解猩猩嚼烂树叶汲水游戏背后所蕴含的道理，前面制作了一个海绵吸水的动态动画，需要插入幻灯片中，以启发学生的认知。图5-2-183所示的海绵动画是利用Flash制作的。

图5-2-183　课件中的海绵

07 双击对象工具条上的“动画”对象（如图5-2-184所示），打开“打开”对话框，如图5-2-185所示。

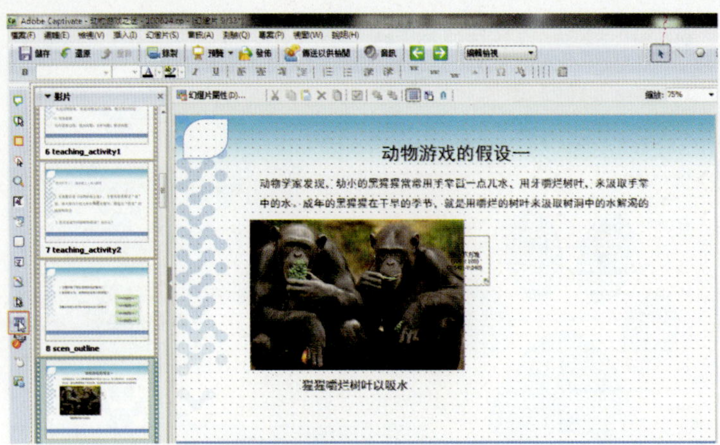

图5-2-184　插入动画准备

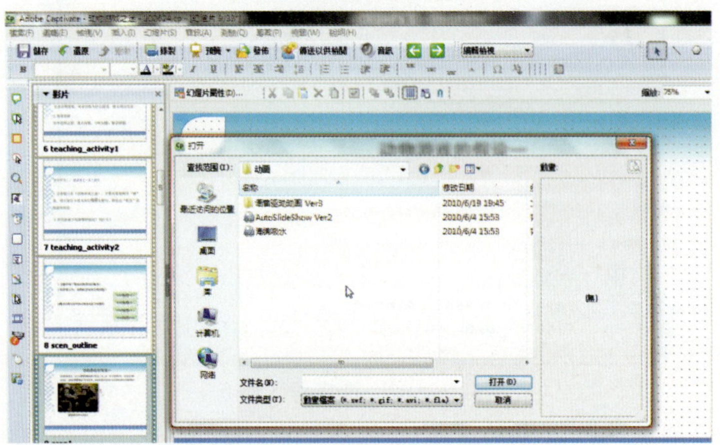

图5-2-185　“打开”对话框

08 在该对话框中选择需要插入的动画，单击“打开”按钮后，通过“新增动画”对话框（如图5-2-186所示）设定要加载动画的相关属性。这些相关的属性包括是否需要重复播放、是否需要有相应的音频、初始大小等。

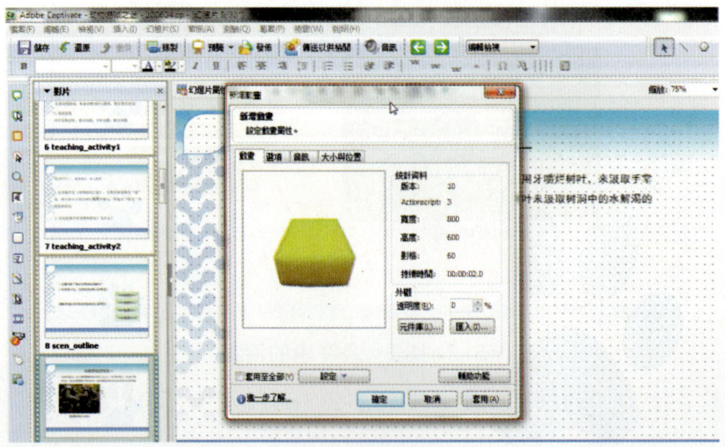

图5-2-186　“新增动画”对话框

3. 学件部分的制作

（1）插入视频

在学件的知识拓展部分，通过向幻灯片中添加合适的视频以表现人与动物的和谐相处，这里展示了如何将准备好的视频材料插入到幻灯片中的过程。在Captivate 4版本中，能够插入的视频仅为FLV格式。

01 将幻灯片切换到要插入视频的页面上，然后双击对象工具条上的“Flash视讯”对象，如图5-2-187所示。

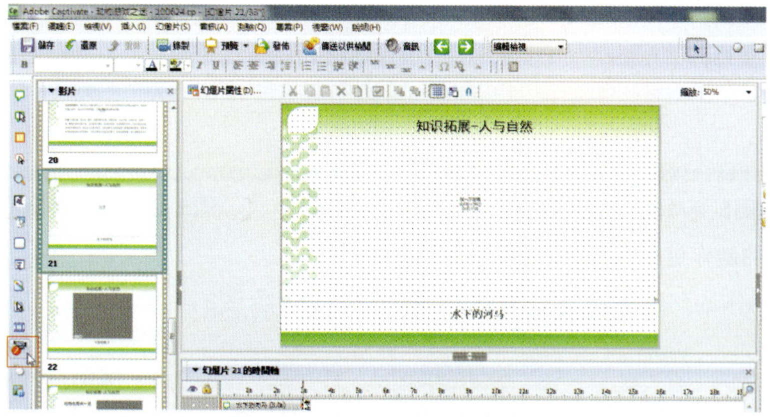

图5-2-187　插入视频对象

02 在打开的“新增Flash视讯”对话框中单击“浏览”按钮，找到要插入的视频文件然后插入。在成功插入后，可以在该窗口中所包含的不同属性页上进行相关属性的设定，如是否自动播放、是否重复播放和本幻灯片的同步方式等。将相关属性设置合适后，单击“确定”按钮，如图5-2-188所示。该视频文件就插入到了幻灯片中。另外，可以调整视频窗口的大小和位置直至合适状态。

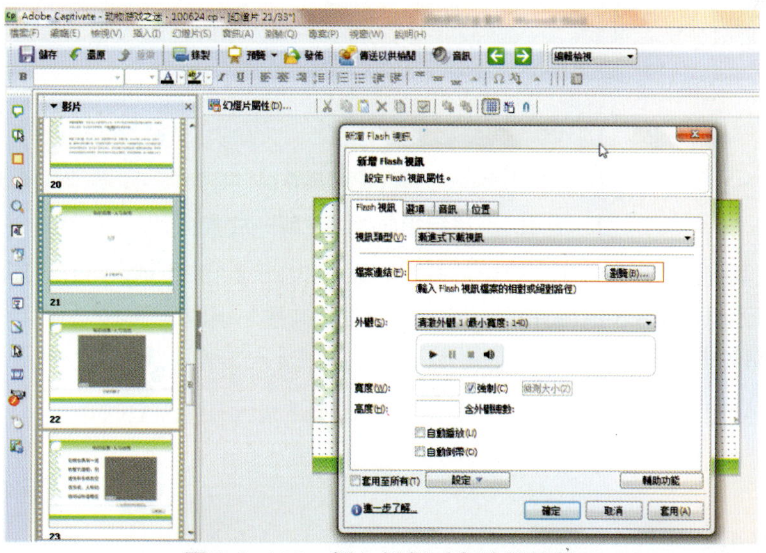

图5-2-188　插入视频对象选择视频

（2）鼠标指向效果注解对象与音频

在学件部分，为了让学习者掌握生词的发音，制作成了交互式发音的课件。将鼠标移动至某一个生词上，就会显示出该生词的汉语拼音，同时，该生词的读音也会播放出来。学习者可以通过多次的“鼠标热区”激活来重复播放。其效果如图5-2-189和图5-2-190所示。

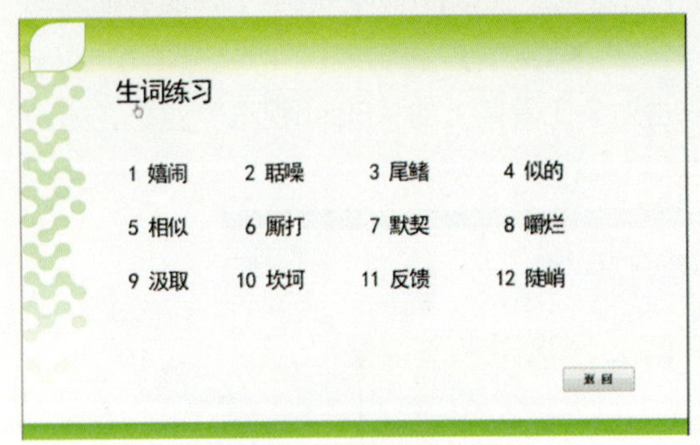

图5-2-189 发音前

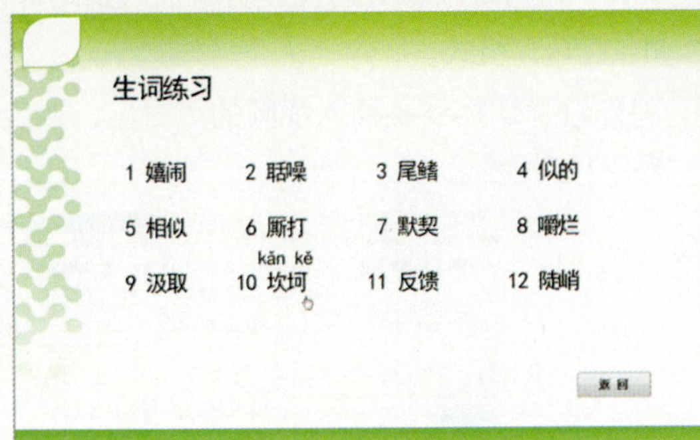

图5-2-190 发音后

这一功能的制作过程如下。

01 切换到待制作的幻灯片，通过添加文字标签，将待标注的生词放置到幻灯片上，如图5-2-191所示。

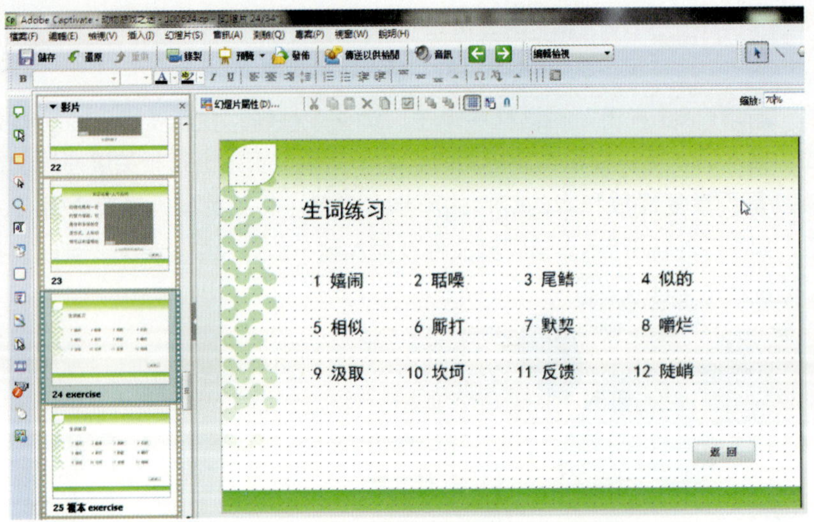

图5-2-191 鼠标指向效果注解—放置生词

02 双击对象工具条上的“鼠标指向效果注解”对象，如图5-2-192所示，打开“新增鼠标指向效果注解”对话框，如图5-2-193所示。在“输入注释文字”编辑框中输入待注释生词的拼音，如图5-2-194所示。

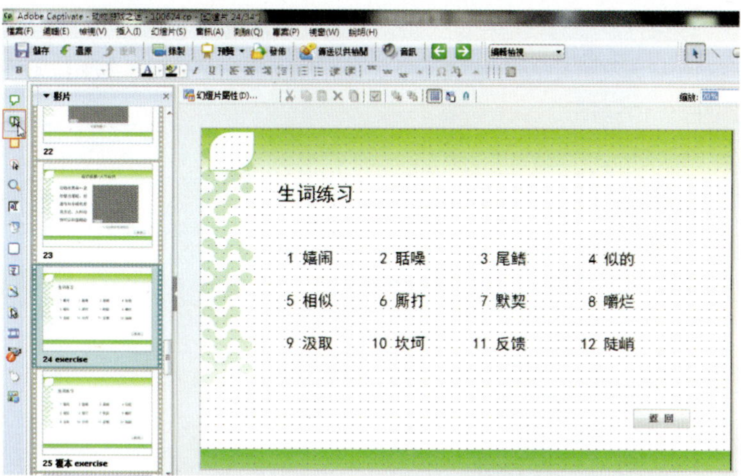

图5-2-192　启用鼠标指向效果注解

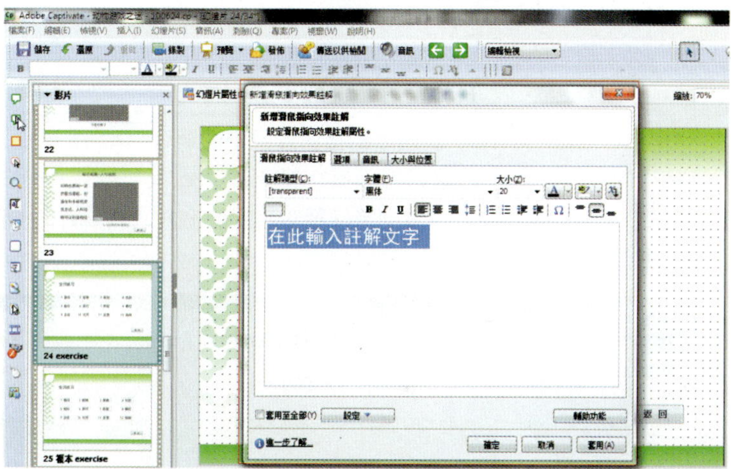

图5-2-193　“新增鼠标指向效果注解”对话框

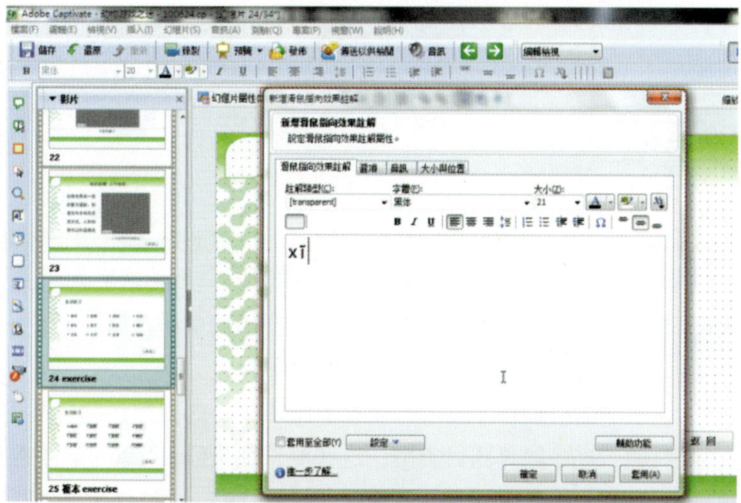

图5-2-194　向鼠标指向效果中添加特定词的拼音

03 单击“鼠标指向效果注解”对话框中的“音讯”属性页，单击“汇入”按钮，选择已经准备好的录制的生词发音音频文件（WAV或MP3格式），然后单击“确定”按钮，使注释文字和注释语音生效，如图5-2-195所示。

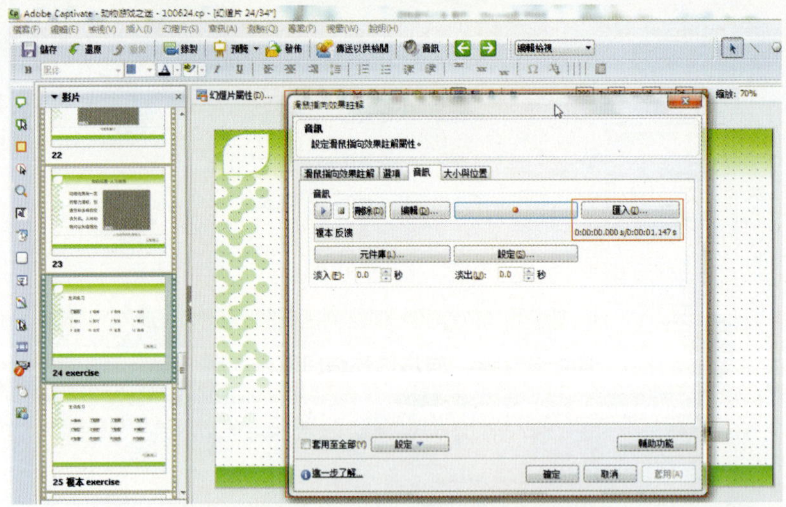

图5-2-195　新增鼠标指向效果中的语音

04 拖动和调整“鼠标指向效果注解”对象，将“鼠标指向效果区域”放置到待注释的词上，将“鼠标指向效果注解”（当前是拼音）放置到待注释文字的正上方，调整它们的位置，直至合适状态，如图5-2-196所示。

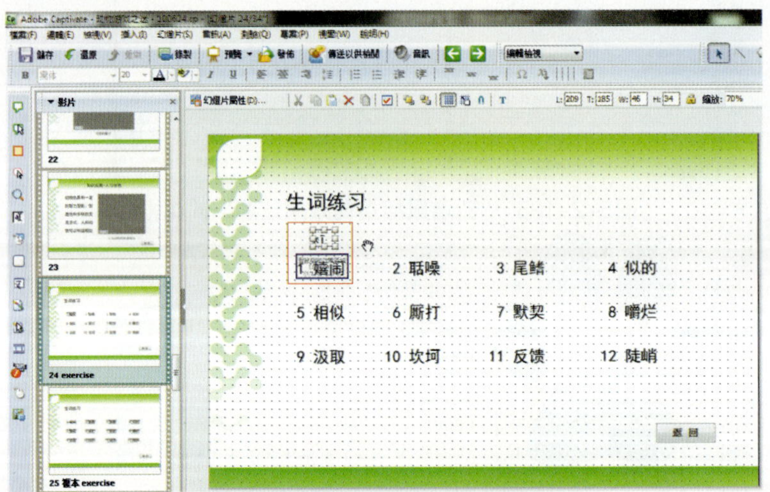

图5-2-196　将鼠标指向效果注解放置到待注释的文字上

重复上述操作过程，直至为所有的生词配置上“鼠标指向效果注解”。

（3）制作基于问题集的配对题和连线题随机生成幻灯片

在学件部分，为了让学生检查学习效果，设置了测评题，这些测评题目类型包括单选题、多选题、填空题、配对题、排序题等题目类型。这些测试题是Captivate 4学件在浏览的启动过程中，依据其题目类型从问题集中随机生成的。图5-2-197、图5-2-198、图5-2-199分别展示了在学件播放过程中随机生成的试题幻灯片及其运行情况。

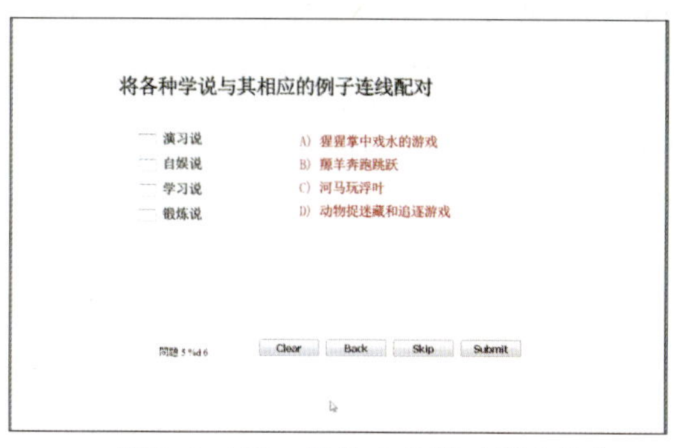

图5-2-197　课件中的配对题（前）

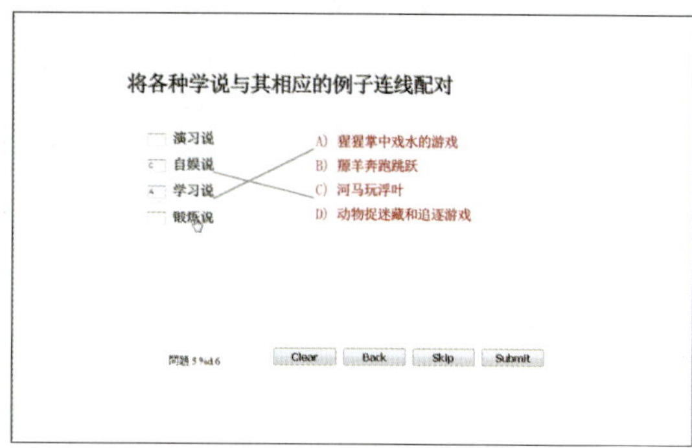

图5-2-198　课件中的配对题（后）

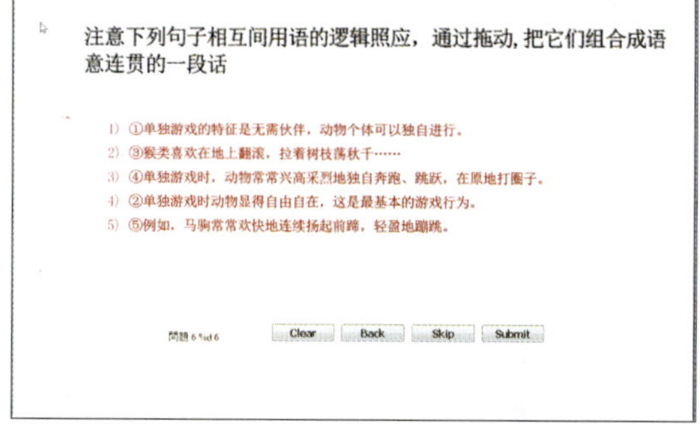

图5-2-199　课件中的排序题

上述效果幻灯片的制作主要分为两个大步骤，即问题集的制作和随机试题幻灯片的生成。其中，随机试题幻灯片的生成需要使用事先制作好的问题集。

01 Captivate 4随机问题集的生成。准备好问题，并根据需要，将问题按类别划分，如单选题、多选题、配对题等。在制作过程中，可以将一种类型的题制作成一个问题集，也可以将多种类型的问题制作成一个试题集。推荐采用第一种方式，在这种方式下，插入随机问题幻灯片就更加具有针对性。

02 执行“测验”>“问题集区管理员”命令，如图5-2-200所示，将弹出“问题集区管理员”对话框，如图5-2-201所示。

图5-2-200　执行“问题集区管理员”命令

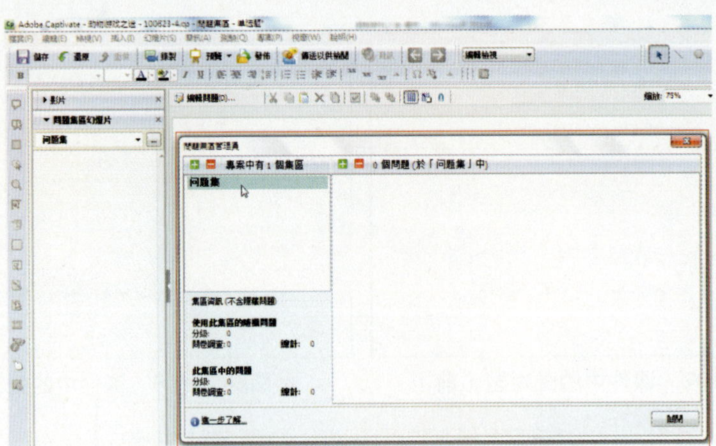

图5-2-201 “问题集区管理员”对话框

03 通过“问题集区管理员”对话框创建Captivate 4问题集。本案例中，依据问题的类型，创建6种类型的问题集，分别是对错题、单选题、多选题、填空题、连线题和排序题。下面创建对错题问题集。

04 双击“问题集区管理员”对话框中的“问题集”文本项（如图5-2-202所示），将当前的试题集名称修改为“对错题”，如图5-2-203所示。

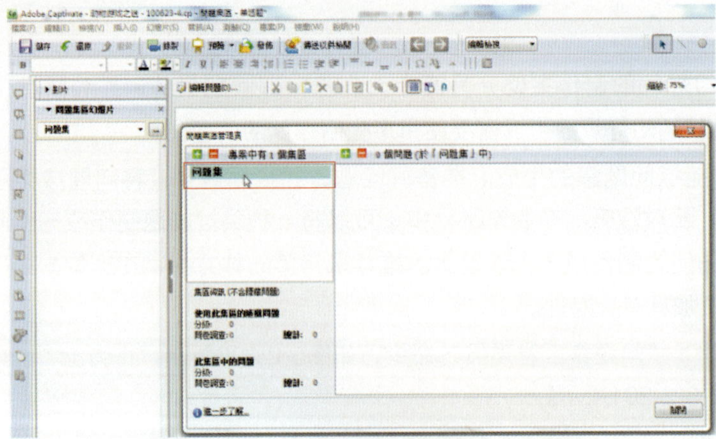

图5-2-202 “问题集区管理员”对话框

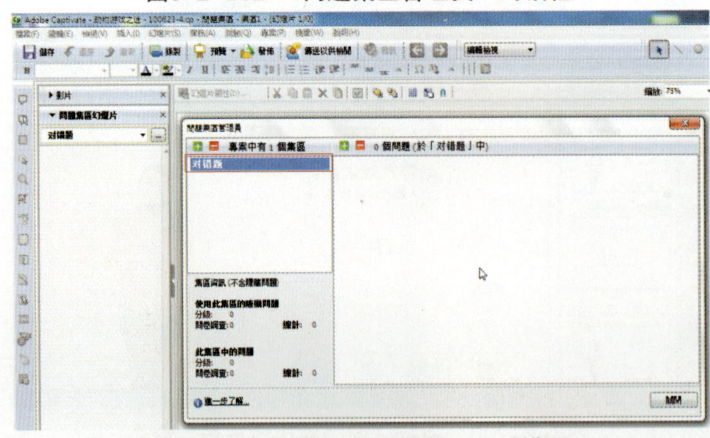

图5-2-203 第一个问题集——对错题

05 向对错题问题集中添加问题。单击“+”按钮，如图5-2-204所示，弹出“问题题型”对话框，如图5-2-205所示。

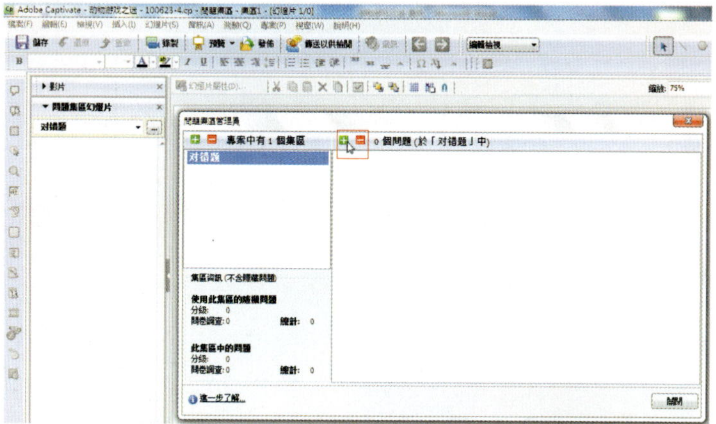

图5-2-204　向对错题问题集中添加问题

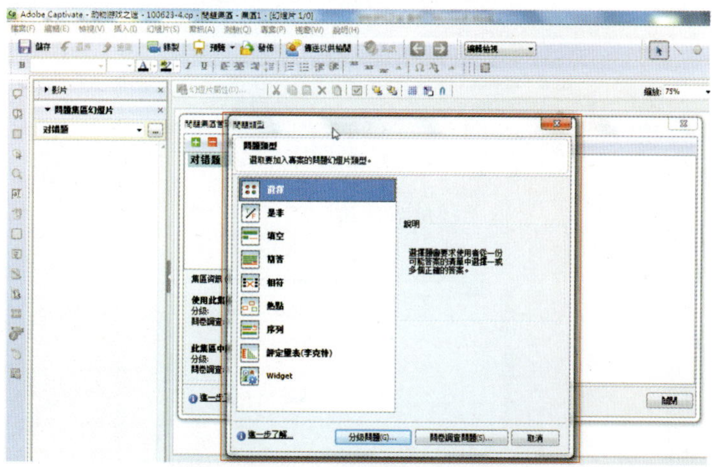

图5-2-205　“问题题型”对话框

06 在“问题题型”对话框中，将题型设置为“是非”题，并在对话框底部单击“分级问题”按钮，如图5-2-206所示。

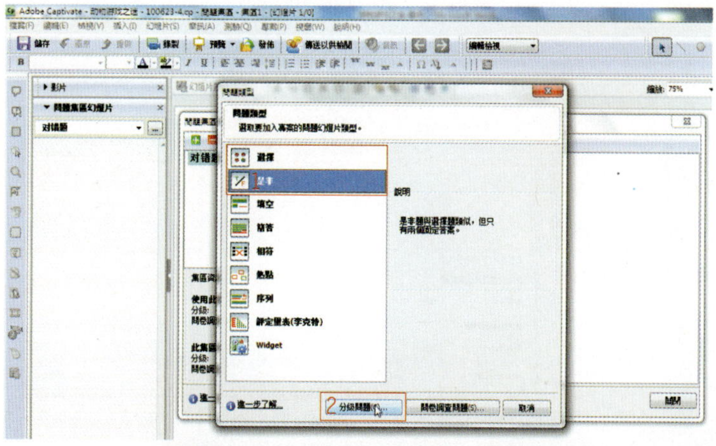

图5-2-206　是非题及分级问题选择

07 此时将弹出“是非题”编辑对话框，如图5-2-207所示，在该对话框中给出该是非题的名称、是非题的问题，如图5-2-208所示。然后单击“确定”按钮。

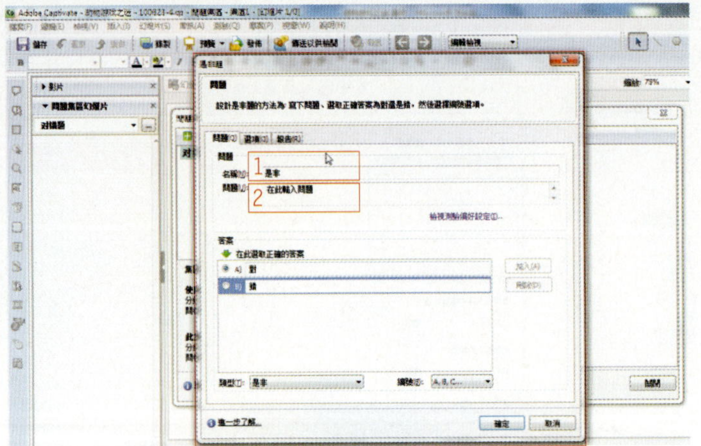

图5-2-207 “是非题”对话框

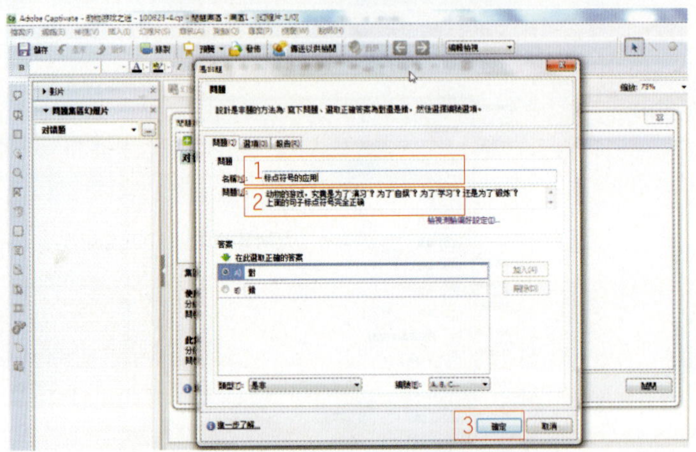

图5-2-208 一个是非题示例

08 此时，就在是非题问题集中添加了一个问题，如图5-2-209所示。重复上述过程，使该问题集拥有合适的问题数量，如图5-2-210所示。

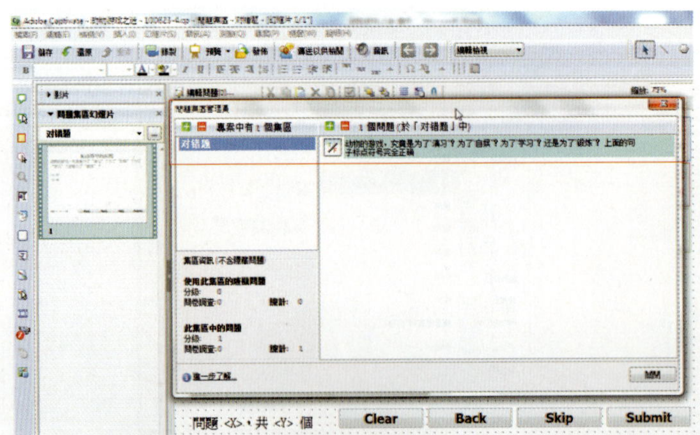

图5-2-209 是非题集中增加了一个是非题

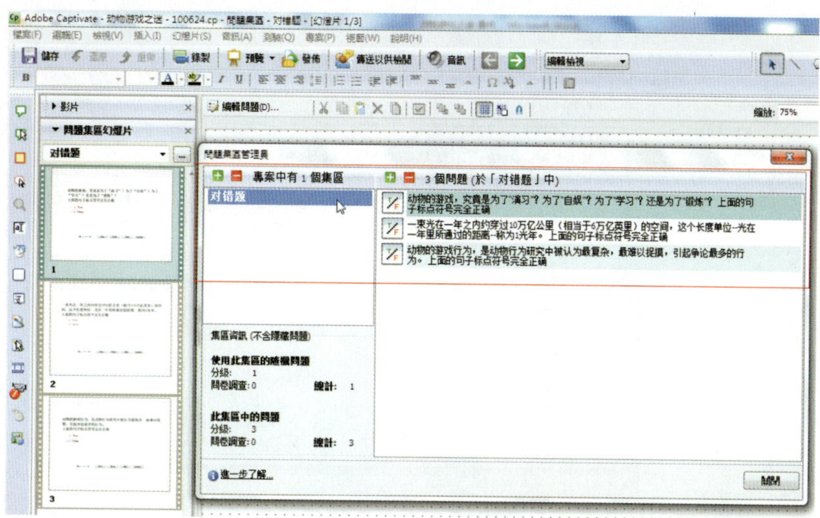

图5-2-210　添加合适数量的是非题

小提示　可以对添加到问题集中的问题进行定制化调整，包括呈现及反馈方式，可调整的地方包括按钮的名称、测试题测试过程中的反馈信息、问题出现在幻灯片上的位置等。调整的问题可以通过问题集区幻灯片浮动窗进行切换选择，如图5-2-211所示。

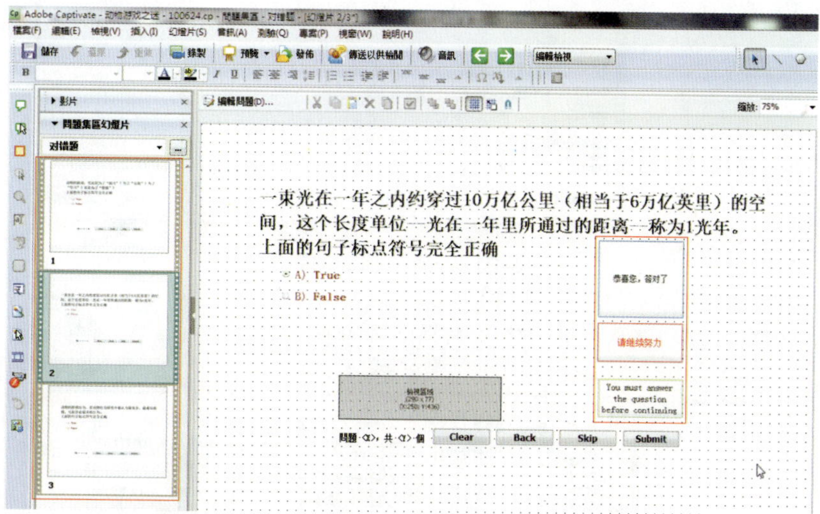

图5-2-211　是非题问题集中呈现的问题调整

09 创建新的问题集。在“问题集区管理员”对话框中单击右上角的“+”按钮，创建新的问题集，如图5-2-212所示。然后为问题集命名，并向问题集中添加相应类型的问题，如图5-2-213所示。

10 依据上述方式，分别创建其他类型的问题集，最终创建出6种问题集，如图5-2-214所示。

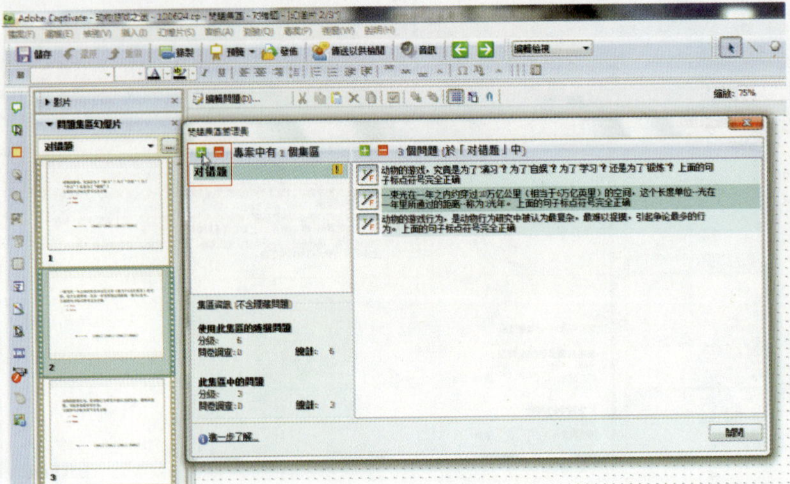

图5-2-212　添加新的问题集

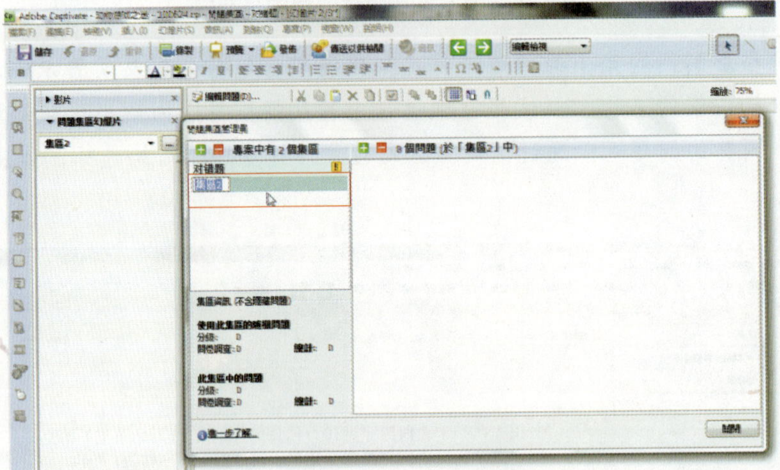

图5-2-213　新添加的问题集2

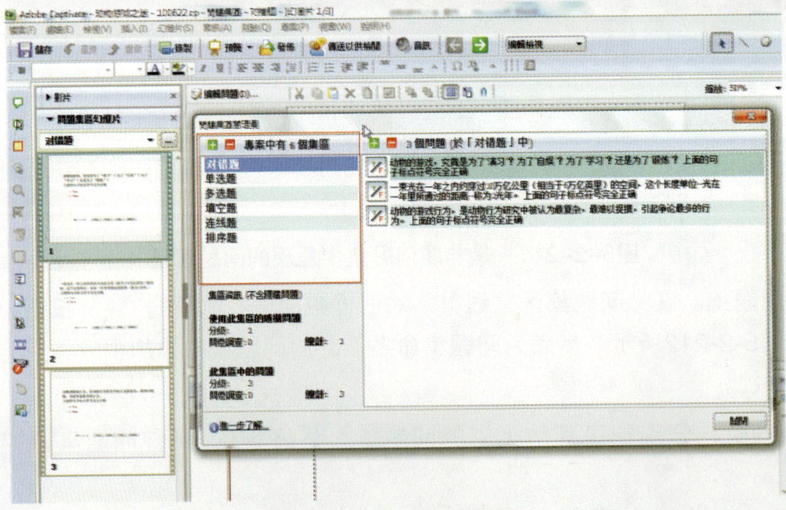

图5-2-214　6个问题集

11 创建随机生成问题的幻灯片。在学件部分选择待插入问题幻灯片的前一页，准备好向学件插入随机问题幻灯片，然后执行“测验”>“随机问题幻灯片”命令，如图5-2-215所示，弹出“新增随机问题”对话框，如图5-2-216所示。

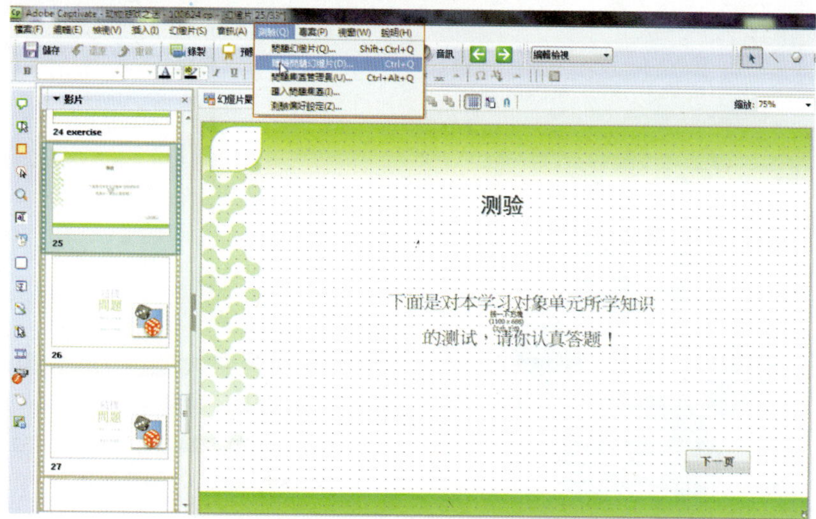

图5-2-215　插入随机问题幻灯片

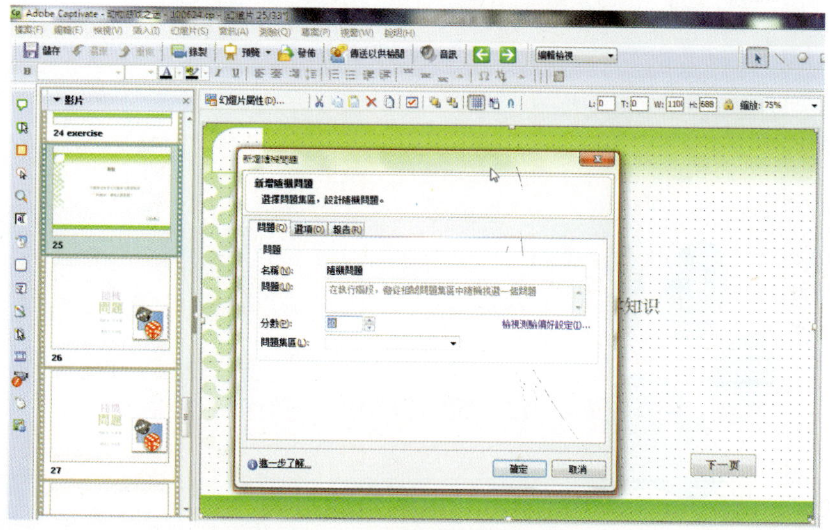

图5-2-216　新增随机问题幻灯片

12 确定待插入的问题类型，并从相应的问题集中选取，如图5-2-217所示。单击下拉按钮，从下拉列表中选取单选题问题集。此外，在该对话框中同时可以设定随机生成的问题名称、该测试题的分值。

13 确认后，单击“确定”按钮，则在该学件部分添加了一页新的，可从相应的问题集动态随机生成新一页幻灯片，如图5-2-218所示。

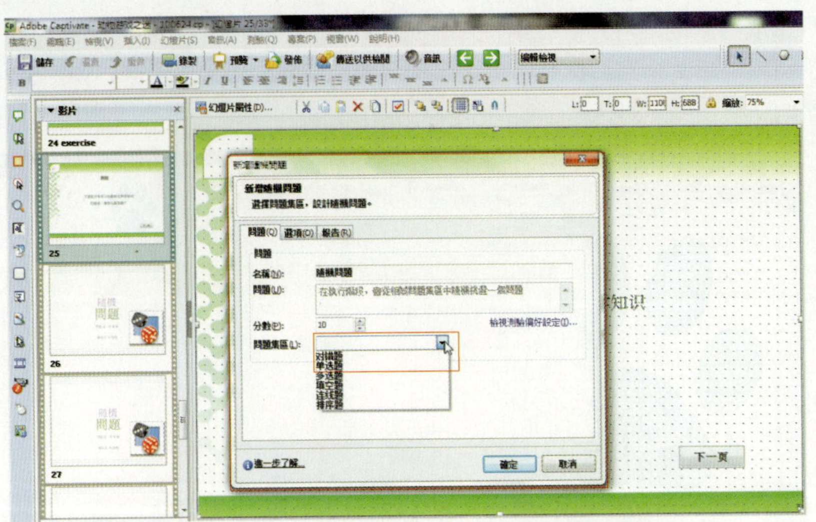

图5-2-217 随机问题幻灯片——选取随机问题集

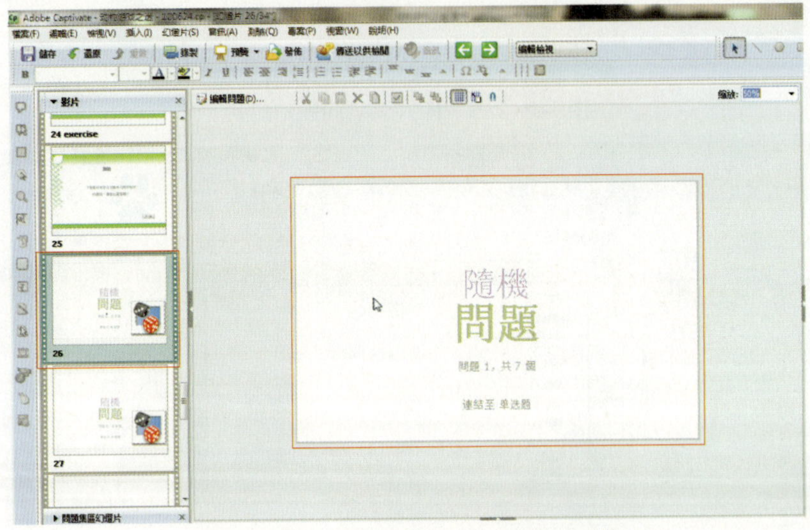

图5-2-218 新生成的随机问题幻灯片

5.2.4.3 利用Acrobat进行学习对象的资源封装

在课件制作完成之后，可使用Adobe Acrobat Pro对新开发的对象化资源进行打包（又称为PDF包），并在其中囊括所制作学习对象资源的Captivate 4源文件、Captivate 4 发布文件以及本学习对象制作过程中加工后的素材。PDF包中的文件可具有不同文件格式，可以包含文本文档、PowerPoint文件、Flash文件等，可以将所有这些文档合并到一个PDF包中，形成一个完整的学习对象资源包，从而支持该学习对象资源发布版、源文件版以及素材上的可重用和可定制化。在该PDF包中，原始格式的文件保留各自的身份，并可以随时将这些文件导出并另存为单独文件。用户可以打开、阅读和编辑每个构成文件并设置其格式，而不受PDF包中其他构成文件的制约。

利用Adobe Acrobat Pro的PDF包功能对对象化资源进行打包的具体操作如下。

（1）**创建PDF包**

01 启动Adobe Acrobat Pro，执行“创建” > “组合PDF包”命令，如图5-2-219所示。

02 将已有的资源文件添加到PDF包。打开Adobe Acrobat Pro，单击位于软件底部的“添加现有文件夹”按钮，如图5-2-220所示。

03 选择已有文件并添加。将所要添加的课件资源选中，然后单击“确定”按钮，如图5-2-221所示。

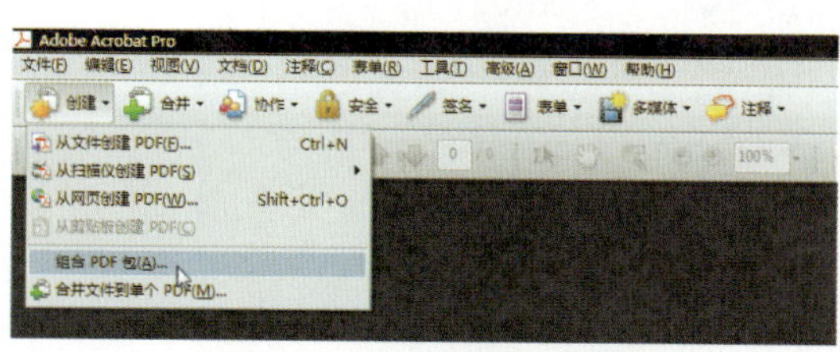

图5-2-219　创建PDF包

图5-2-220　添加文件

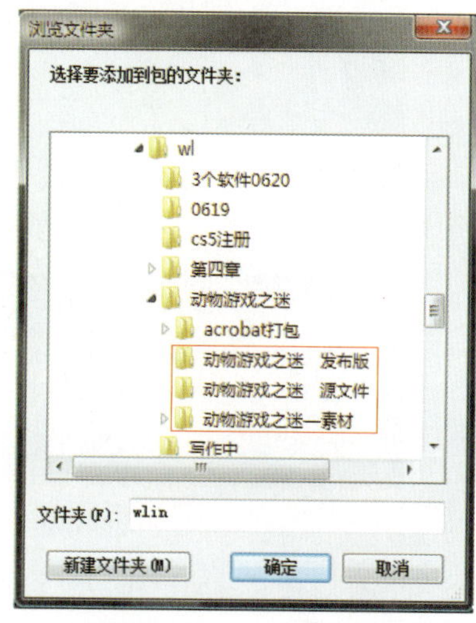

图5-2-221　选择文件夹

（2）**创建PDF包**

可以利用Adobe Acrobat Pro本身的功能对PDF包进行一定的美化编辑，具体操作如下。

01 选择布局。通过PDF包布局选项，按照需求的布局显示组件文件。例如“旋转”布局允许使用者每次对文档缩略图进行一次换页，并且能够实时预览效果，如图5-2-222所示。

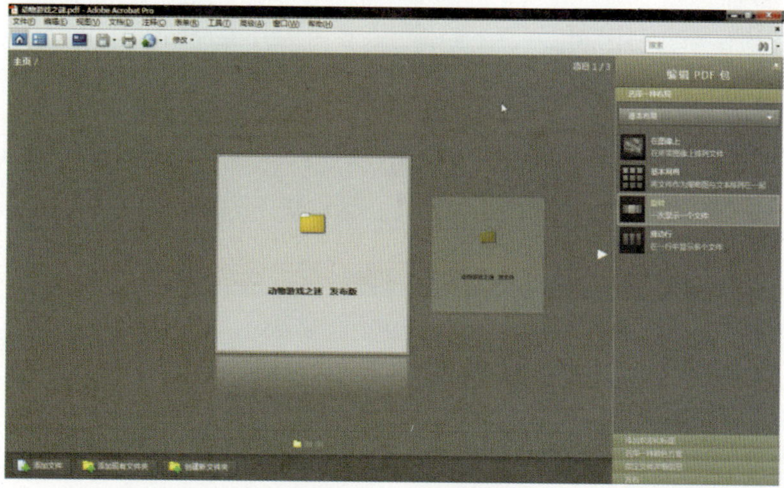

图5-2-222　选择布局

02 添加欢迎页面和标题。可以在PDF包中包含欢迎页面和页眉。欢迎页面在学习者打开PDF包文件时出现，可以提供使用PDF包的信息或说明。要打开或关闭欢迎页面，可在PDF包工具栏中单击“欢迎页面”按钮。页眉显示在布局的顶部，可以包含图标、学校名称和联系信息等。欢迎页面和页眉中可以包含文本或图像，或同时包含两者，而且可以用各种方式排列，甚至可以添加 Flash动画（SWF或FLV文件）到欢迎页面，如图5-2-223所示。

图5-2-223　欢迎页面和标题

03 选择颜色方案。在“编辑PDF包”窗格中，单击“选择一种颜色方案”选项，并单击颜色按钮以预览颜色方案，或者单击“自定义颜色方案”并指定颜色，如图5-2-224所示。

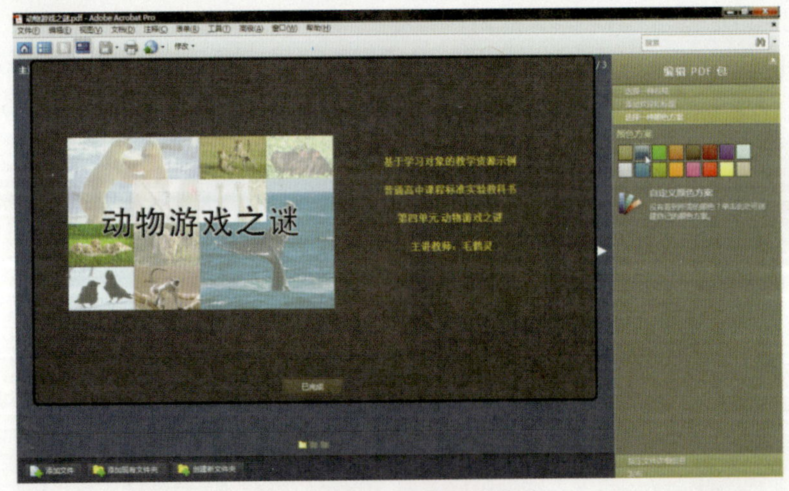

图5-2-224　选择颜色方案

04 指定文件的详细信息。“文件详细信息”视图以表格形式列出了PDF包中所包含的组件文件，该视图包含文件说明、大小和修改日期等列。可以自定义显示在“文件详细信息”视图中的列。在“编辑PDF包”窗格中，选择“指定文件详细信息”。在“指定文件详细信息”下可执行以下任意一项操作，如图5-2-225所示。

- 要显示或隐藏列表中的某列，可选择或取消选择该列。

- 要添加列，可在“添加列”文本框中键入名称，然后从菜单中选择数据类型，并单击“添加”按钮。
- 要删除列，可将其选中，然后单击“删除”按钮，但不能删除预设列。
- 要更改某一列的顺序，可将其选中，然后单击向上或向下的箭头。
- 要指定首次打开PDF包时文件显示的顺序，可从“初始排序”菜单中选择列名，然后单击“升序”或“降序”按钮。初始排序会影响“主页”视图以及“文件详细信息”视图。
- 要创建自定义排序顺序，可添加新列，指定数据类型并为每个文档输入值。（例如，创建名称为My Sort的列，并将数据类型指定为Number，然后为第一个文档输入值1，为第二个文档输入值2，依此类推）。随后可以将此顺序指定为初始排序顺序。

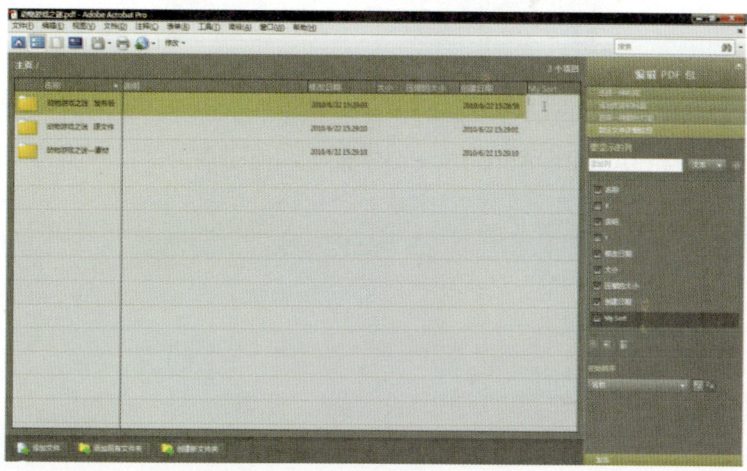

图5-2-225　选择文件详细信息

（3）发布、预览PDF包

01 发布PDF包。在对PDF包完成编辑后，可以选择发布PDF包，或者将文件另存到指定位置，如图5-2-226所示。

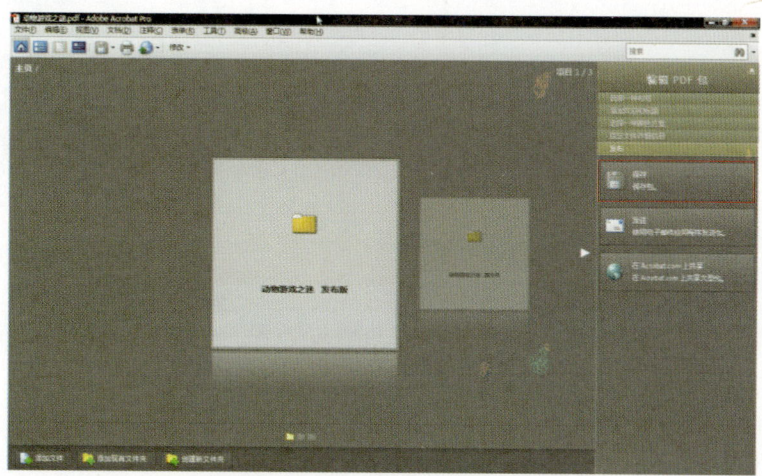

图5-2-226　生成PDF发布包

02 提取PDF包中的文件。在编辑好的PDF包中，可以对其中的文件进行提取，只要在所需要的文件上右击，在弹出的快捷菜单中选择“保存包中的文件”命令即可，如图5-2-227所示 。

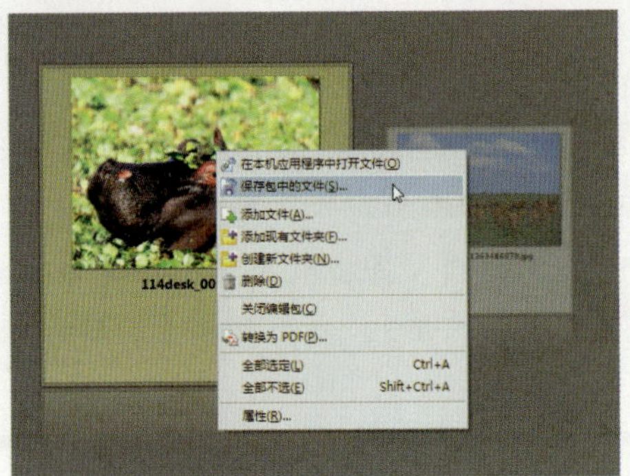

图5-2-227　保存包中的文件

03 预览PDF包。完成后，可以对保存的PDF包进行预览，打开已有的PDF包，则可发现其中的文件可以直接在Adobe Acrobat Pro中预览，而无需另外打开第三方软件，操作十分方便。

5.3 地理案例——河流的综合开发

本案例所涉及的相关资源，包括原始素材、源文件及发布后的效果请参见教材配套光盘《地理案例资源》。

5.3.1 案例的来源

“河流的综合开发——以美国的田纳西河为例”案例出自人民教育出版社普通高中新课程标准实验教科书《地理》（必修3）第三章。相关数字化教学资源请参见下面网址。

教师用书：http://www.pep.com.cn/gzdl/jszx/kbjc/bx3/jsys/200501/t20050127_182109.htm

电子课本：http://www.pep.com.cn/gzdl/jszx/kbjc/dzkb/bx3/200412/t20041209_140830.htm

5.3.2 案例的编写目标

①由于地理课程的内容与人类的生活息息相关，为了更好地呈现信息，许多地形和自然特征又必须借助富媒体来呈现，因此选用地理课作为对象化制作的案例。

②结合中学地理课的案例，了解并熟悉“基于学习对象的资源设计”的思想，进行数字化资源的设计与制作。

③进一步熟悉Captivate 5软件制作富媒体课件时的文字动画和放大区域等一些基本功能，在课件制作完毕后能进行发布。

④综合利用Adobe各种教学应用软件来配合课件制作，如使用Adobe Photoshop CS5创建3D凸纹和制作课件的背景；使用Adobe Flash Professional CS5进行简单的动画制作；使用Adobe Premiere处理一些视频素材等。熟悉此系列软件的基本操作，并能将其适时地应用于学习对象的资源制作中。

5.3.3 案例的设计思路

5.3.3.1 基于学习对象技术的课件设计

1.案例的教学设计

依据人民教育出版社的课程要求，本节课的教学目标和内容如下所示。

（1）学习目标

- 根据资料，从流域位置、自然环境、自然资源等方面，分析田纳西河流域开发的地理条件。
- 通过对田纳西河流域开发和治理过程的探究和学习，掌握分析流域开发治理的基本思路与方法，提出对我国流域开发治理的启示。
- 通过探究田纳西河流域的地理开发条件、开发方向和治理措施，树立科学发展观，即人与自然关系协调和可持续发展的基本思想。

（2）教学内容

该篇课文分为以下四个主要部分。

①田纳西河流域的基本情况：田纳西河位于美国东南部，是密西西比河支流俄亥俄河的一条流程最长、水量最大的分支，发源于阿巴拉契亚山的西坡，在肯塔基市附近注入俄亥俄河。

②流域开发的自然环境：地形、气候、水文和矿产资源特征。

③流域的早期开发及其后果：土地退化、植被破坏和环境污染等问题。

④流域的综合开发：1933年以后，TVA在田纳西河的干、支流上修建了71座大小水坝，在防洪、航运、发电、提高水质、旅游、土地利用等方面实现了统一开发和管理。

（3）学习者分析

本节课的学习者为高中学生，从知识基础上来看，学习者已经在上节课学习了“能源资源的开发——以我国山西省为例”，对资源开发的知识有了一定的了解。由于学习者所处的地理位置与所讲的田纳西河流域所处的地理位置相距甚远，不能亲身体验异地的自然地理环境，仅靠阅读有限的抽象文字和简单的插图，想象当地的地理环境以及当时不合理开发所带来的灾难性后果的情景比较困难，因此，可以借助富媒体来展现本节课的内容。

（4）重、难点分析

教学重点：根据具体河流流域实例，从流域位置、自然环境、自然资源、人口、社会经济基础等方面，分析流域开发的地理条件；流域综合开发和治理的一般方法和思路。

教学难点：流域综合开发和治理的一般方法和思路。

（5）教学过程

教学过程如表5-3-1所示。

表5-3-1　教学过程

教学环节	教师活动	学生活动	设计意图
导入	1.一方面，展示四大文明古国——大河文明，河流孕育文明，与人类生存发展关系密切。另一方面，展示人类的不合理利用所带来的洪涝灾害的景象。 2.展示干流和支流的关系，以及流域的整体性和特殊性	观察四大文明古国的发源地，观看洪涝灾害的视频，以及干流和支流的动画	使学生认识到河流开发对人类带来的影响，激发学生的学习兴趣，引出流域治理的问题。同时学习干流和支流的概念，并理解流域的整体性与特殊性，为本节课内容的学习做知识准备
承启	河流流域的治理是世界性的课题。其中，美国田纳西河流域被看做是流域开发治理的成功典范。我们将通过学习田纳西河流域的治理，归纳总结出河流流域开发治理的一般思路和方法，并为我国河流治理提供经验借鉴		学习典型区域，为我国流域治理提供借鉴
新知识讲解	流域的自然条件决定了河流的利用方式和流域的开发方向。 1.不同河段地形差异：上游山地丘陵、中游丘陵、下游平原。读剖面图，田纳西河的落差给流域地区带来什么影响? 2.读诺斯维尔气温降水图，田纳西河流域的降水给流域地区带来什么影响? 3.水文特征。 4.丰富的资源	认识田纳西河流域的自然地理条件，说出流域开发的优势资源。 1.多山、起伏大。 2.气候湿润，降水量丰富、降水季节变化较大。 3.水力资源丰富、航运条件差、陆路不发达、航运重要；河流水系发达、径流量大、年际变化大。 4.土地资源、森林资源、矿产资源、水能资源等丰富	通过富媒体展示田纳西河的自然资源特征，让学生了解田纳西河的自然特征

续 表

教学环节	教师活动	学生活动	设计意图
	1.假设你是来自欧洲的早期移民，到了田纳西河流域，你首先开发的是哪些资源？在开发过程中可能出现哪些问题？ 2.什么会出现这些问题	水土流失、土壤退化、环境污染等导致生态环境恶化，以及贫困、就业困难等社会问题。 片面追求经济增长，对资源大规模掠夺式开发，忽视环境和社会的发展	通过富媒体展示田纳西河早期开发不当所造成的危害，认识到科学开发流域的重要性
承启	正是认识到了这些问题，1933年美国开始对田纳西河流域进行综合开发治理。这时的田纳西河流域综合开发治理要达到什么目的呢	不仅要经济增长，还要实现环境和社会的共同发展	
知识讲解	1.我们再来看看田纳西河流域实际开发和治理的措施。 2.田纳西河流域的综合开发和治理取得明显成效，以河流梯级开发为核心，促进工业体系的建立，使农业发展水平不断提高，发展第三产业，同时生态环境得到改善，实现了经济效益、环境效益、社会效益的统一	读书标划出田纳西河流域的治理目标、具体措施，以及综合治理的成果	通过富媒体能够形象地展示美国田纳西河流域具体开发措施及其成果，加深学生的印象
知识迁移	1.你认为我国在流域开发和治理时，可以从田纳西借鉴哪些经验？ 2.以田纳西河为借鉴，同时联系我国的三峡大坝，说说河流大坝在河流开发中的积极与消极作用	总结 积极：拦蓄洪水、灌溉农田、发展航运、养殖水产、调节径流、发展旅游、调节气候、提供水源、清洁能源 消极：淹没农田、迁移居民、泥沙淤积、地震、滑坡增加、地下水变化、水体富营养化、物种减少、土壤盐渍化、海岸侵蚀	归纳流域综合开发的一般方法
总结	通过田纳西河流域的综合开发与治理的探究学习，我们掌握了流域治理的一般方法和基本原则，并为我国河流流域的开发治理提供借鉴。中国河流众多，各有各的特点，实际应用中应具体问题具体分析		因地制宜

2. 案例的对象化分析及媒体的选择

关于学习对象的涵义在前面的数学案例中已经阐述过，本节课的课件设计是基于学习对象的资源设计思想，通过对教材的分析，首先以本节课的三个教学目标为导向进行设计，包含有田纳西河的基本情况、流域开发的自然环境、河流的早期开发和后果以及流域的综合开发四部分内容，分析出整个课件的组织结构图如图5-3-1所示。

图5-3-1 组织结构

媒体在学习对象的资源设计中扮演着重要的角色，不同媒体所能表现的特性不同。前面数学案例已经提及，此处不再赘述。

由于本节课是以美国的田纳西河为例来介绍河流的综合开发，而学生对于美国的自然地理环境以及人文环境相对比较生疏，缺乏对其整体的感官认识与了解。依据双通道理论、认知负荷理论可知，仅仅以静态的教材文字内容和插图的方式呈现内容，学生只通过视觉获取信息，不能最有效地达到本节课的学习目标，因此在实践教学中可以利用富媒体技术提供丰富的学习资源，创建一个良好的学习环境，如音视频素材，可以形象生动地呈现人们对河流的不合理开发和利用所带来的灾难；动态效果可以引起学生的注意，生动形象地展示干流和支流的关系，并使学生在较短的时间内获取较有效的信息；补充一些支持性的图片文字材料，可以帮助学生更好地感受人类能否合理开发利用河流所带来的影响。各种媒体形式的综合呈现，可以为学生营造良好的学习情境，促进其进行意义建构。

下面详细阐述本案例资源制作中的对象化分析及媒体的选择。

（1）呈现学习目标

在课件开始部分以文本的形式呈现具体学习目标，告知学生在学习结束时应该达到什么这样的水平，使学生对学习结果形成一个预期目标，从而在学习过程中调动其元认知，并能够在学习过程中合理地分配注意力，以达到本节课的三个学习目标。

（2）课前导入

本环节根据学习者的水平提供恰当的导入知识，帮助学习者在已有的知识与新知识之间建立联系，并能通过实际案例，激发学习者的学习兴趣。

首先为学习者呈现古文明发源地的几大流域的动画，让学生感知河流对人类文明发展的重要作用，同时用视频展示现代对河流的不合理开发所引起的洪涝灾害，通过正反两方面的展示，可以让学生在真实的情境中体验到河流的综合开发的重要性，从而激发了学习本节课内容的兴趣。其次，导入干流和支流以及流域特殊性和整体性的知识，为后面介绍田纳西河的地理位置，以及其综合开发提供前期的知识准备，其中干流和支流的关系以动画的形式动态展示更能形象地阐释其概念。

（3）知识点讲解

此部分是本课的主要内容，也是课件的主体内容，首先给出知识点的总体框架，即田纳西的基本情况、流域的早期开发和后果、流域的自然环境和流域的综合开发，展现课文主体内容包括的几个主要部分，使学习者对课文的整体框架有个初步的认识。在此基础上，进一步细化各知识点的内容，即每个知识点下面包括的小标题和具体内容，便于学生建立知识的整体关联。

在流域的自然条件部分，首先用一个流程图展示流域的自然环境如地形、气候、水文和矿产资源特征，决定着河流的利用方式和河流的开发方向。对于其中的自然地理特征，对于地形特征的呈现，由于地形本身的立体化展示会更加形象，并符合学生的认知特点，因此，通过3D地形图配有文字描述，来展示田纳西河流域的地形特征；对气候特征、水文特征和矿产资源的展现通过与课本配套的图片和文字进行展现。

通过对田纳西河的自然地理条件的展示，引出人们对流域开发并造成的后果，通过一系列的视频来展示早期开发对自然所造成的灾害，能够更加生动形象的展示流域开发对人类的重要作用。

然后针对以上的后果进行了流域的综合开

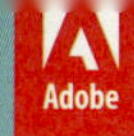

发。此部分首先呈现TVA综合开发的核心——梯级开发的过程图，给学生一个整体的感知。然后指出修建大坝给人类带来的好处，包括防洪、航运、发电、提高水质、旅游和土地利用等方面。该部分内容使用图片和文字配合的方式呈现。最后使用图表的形式呈现综合开发所带来的效益。

（4）**教学的重难点**

重、难点分析可以在学生学习完本节课的内容之后，帮助学生更好地学习重难点知识。

（5）**知识导图**

本节课的内容主要是以田纳西河的自然条件分析为基础，以及针对早期开发的后果，进行综合开发以及它所带来的效果的阐述。课件结尾的知识图，能够对本节课的内容进行清晰的归纳总结，建立各个知识点之间的关联，促进学生在头脑中对本节课知识形成一个清晰的概念图，如图5-3-2所示。

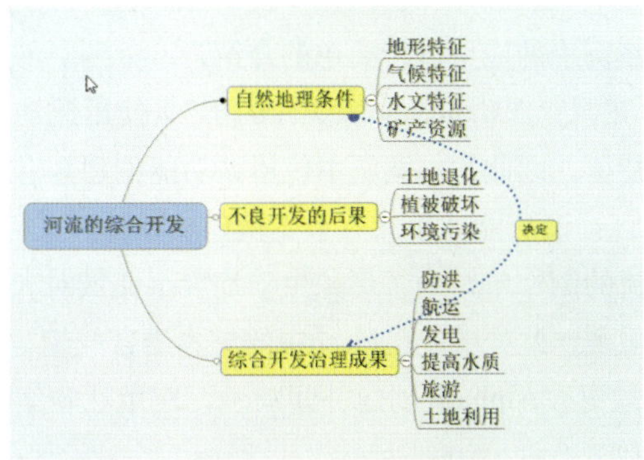

图5-3-2　知识导图

3. 案例的脚本

结合前面的对象化分析和媒体选择的基本构想，形成案例的制作脚本。图示化的脚本如图5-3-3所示。

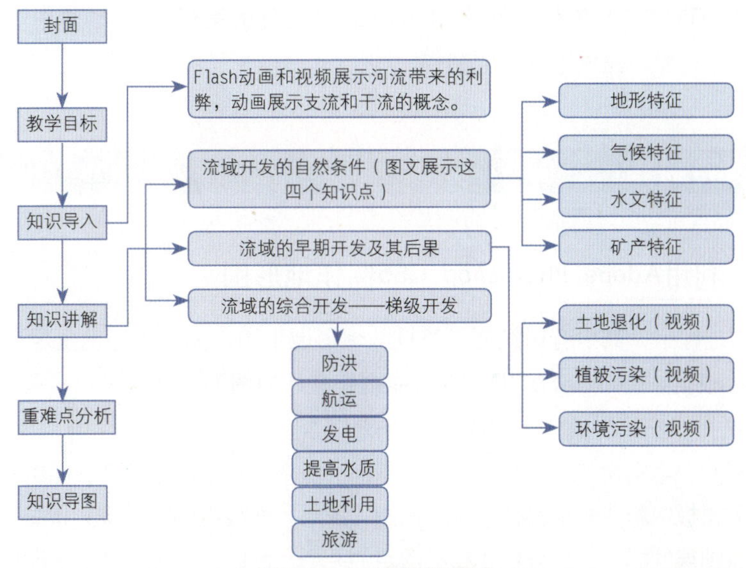

图5-3-3　案例的脚本

5.3.3.2 软件选用及其功能说明

上述课件设计脚本的实现可以用Adobe eLearning软件工具包来实现，在课件制作中，实际运用到的软件包括Adobe Photoshop CS5、Adobe Flash Professional CS5、Adobe Premiere、Adobe Captivate 5等软件。在实际制作中，这些软件应用的主要技能点体现在表5-3-2 中。

表5-3-2 案例中软件功能选用说明

	Photoshop	Flash	Captivate	Premiere
技能点	3D凸纹功能	编写Actionscript脚本语言	文字动画	剪辑
		创建按钮元件	Click box	转场
		补间动画(闪烁效果，通过更改Alpha值)		发布（FLV）

下面对以上技能点在案例中的应用进行简单的介绍。

①3D凸纹功能：在本案例资源Captivate源文件的第7页使用此功能，地形的特征使用立体图形可以更好地展示地形特征，因此，本案例中使用该功能创建具有立体效果的图形。

②Actionscript脚本语言：该功能应用在本节案例Captivate源文件的第3页中课前导入部分的流域文明以及干流和支流的制作中，为了形象生动地展示流域对人类文明的重要作用，可以通过热区动画的形式进行呈现，此处就使用Flash中的脚本语言的编写。

③创建按钮元件和通过更改Alpha值创建补间动画，应用在本案例资源Captivate源文件的第3页中干流支流动画的制作。

④文字动画在本案例资源Captivate源文件的第4页知识导入部分，使用动态文字形式进行知识导入的展示。

⑤Click box：在该课件中，每一张幻灯片的下方都有相同的导航按钮，可以方便地跳转到任何页面，本案例使用了该功能来实现导航。

⑥剪辑、转场和发布：在本案例资源Captivate源文件的第3页和第17页中进行了视频的剪辑、转场和发布等过程，完成了视频的制作。

5.3.4 案例的制作

5.3.4.1 利用Adobe Photoshop CS5制作地形图

本案例制作过程中，其中有田纳西河流域的地形展示图，为了更好地呈现地形地貌，本案例中利用了Adobe Photoshop CS5的3D凸纹功能制作立体的图形，具体操作步骤如下。

01 在工具箱中选择“钢笔工具”，如图5-3-4所示。

02 在工具属性栏中，会出现“形状图层”和“路径”两个选项，由于“形状图层”模式，不仅可以在“路径”面板中新建一个路径，同时还在“图层”面板中创建一个形状图层，可以在创建之前设置形状图层的样式、混合模式和不透明的大小，所以此处选择“形状图层”按钮，然后在图片中的地面部分创建路径。创建完毕后，在“图层”面板中会显示出路径，如图5-3-5所示。

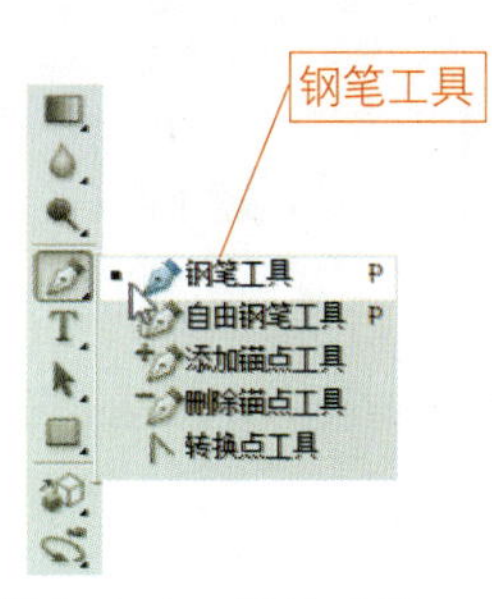

图5-3-4　钢笔工具

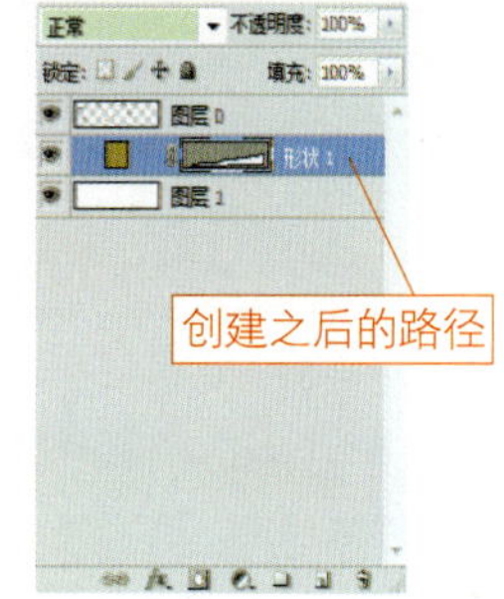

图5-3-5　创建好的形状路径

03 路径创建完毕之后，对路径内的图形执行“3D”>“凸纹”>“所选路径”命令，如图5-3-6所示。

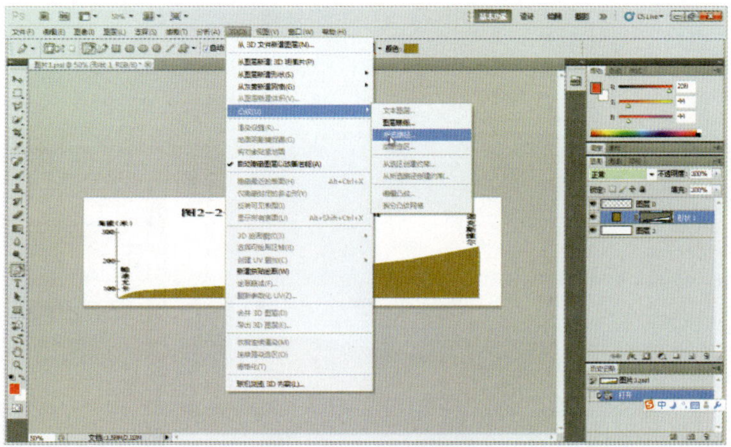

图5-3-6　设置凸纹

04 此时将弹出一个提示对话框，显示是否栅格化形状，单击“是”按钮，如图5-3-7所示。

05 此时会打开“凸纹”对话框，在其中的“材质”选项组中选择“有机物橘皮”，如图5-3-8所示。

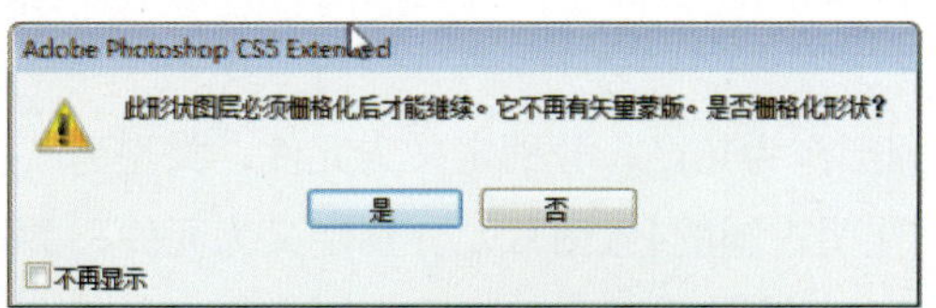

图5-3-7　提示对话框

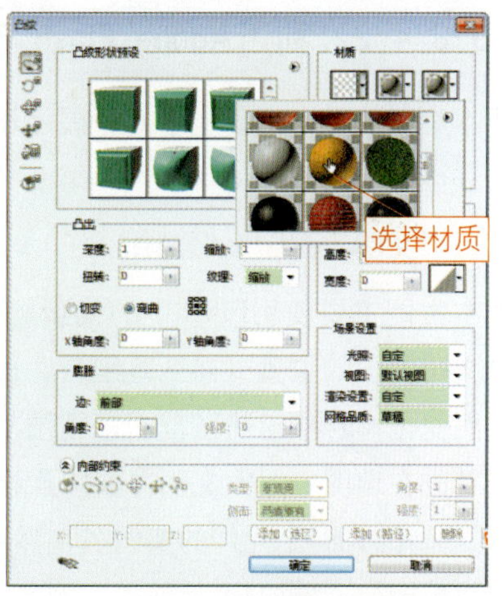

图5-3-8　选择材质

06 在“凸出”选项组中，调整纹理凸出的深度和大小，直到图像比较协调，如图5-3-9所示。

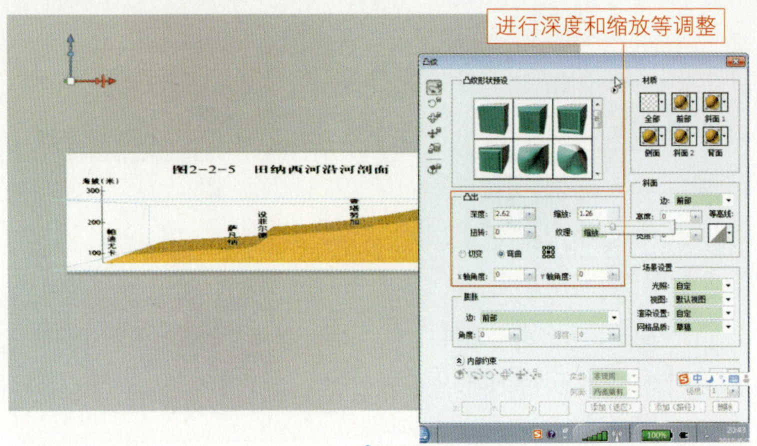

图5-3-9　调整参数

07 最终效果如图5-3-10所示。

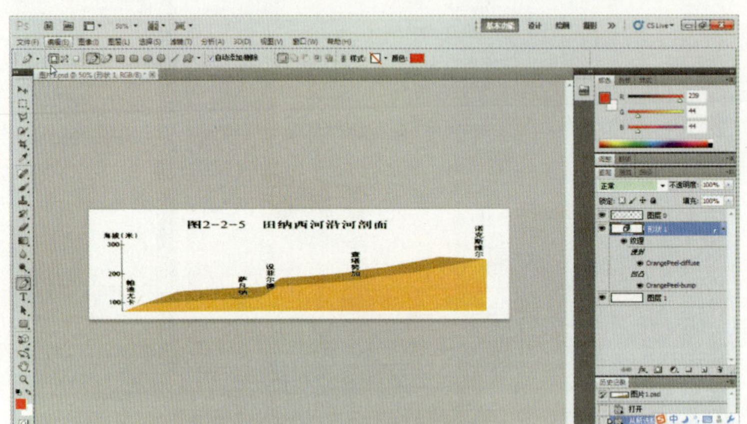

图5-3-10　最终效果

5.3.4.2　利用Adobe Flash Professional CS5制作动画

本案例的导入部分为了充分展示流域对人的重要性，并引起学生的学习兴趣，采用动画的方式进行展示。

1.“文明古国”案例制作

本案例主要使用Flash中的编辑脚本语言的知识点，案例的最终效果是将鼠标指针移至地图中文明古国的位置（热区范围），即可显示相应的国家图片，并且国家图片会随鼠标位置的变化而变化；若移出热区范围，则图片消失。

首先在地图中四大文明古国位置绘制4个椭圆形作为热区，分别定义为元件，类型为“影片剪辑”，并添加4个元件的实例名，然后导入4个文明古国的4张图片，分别定义为元件，类型为“影片剪辑”，添加4个元件的实例名，然后再新建一个脚本图层编辑脚本语言，定义两个函数“show”与“hide”，分别控制图片的显示与隐藏，完成浮动动画的制作。具体操作步骤如下。

01 新建一个空白文档，命名保存为“文明古国.fla”，将“图层1”重命名为“背景图”，导入背景图片并置于舞台中央，查看图片大小为“671×394像素”，然后将舞台大小改为与图片大小相等，并打开“对齐”面板，调节图片使其与舞台重合，如图5-3-11所示。

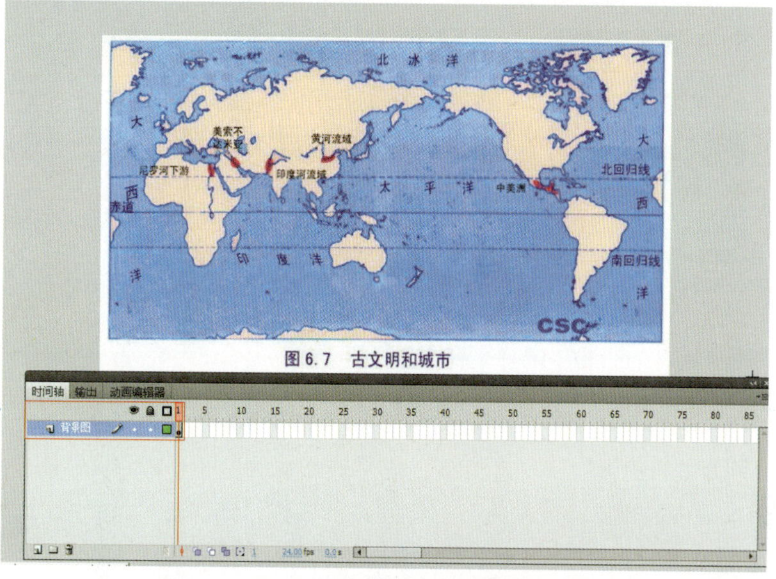

图5-3-11 导入背景图片并调整舞台大小

02 新建一个图层，重命名为“透明热区”，用于放置4个热区，代表4个文明古国的发源地。利用“椭圆形工具”绘制热区，选择“不勾边”方式，在“透明热区”图层上绘制出一个椭圆形，将其定义为元件，类型为“影片剪辑”，命名为“透明热区”，如图5-3-12所示。

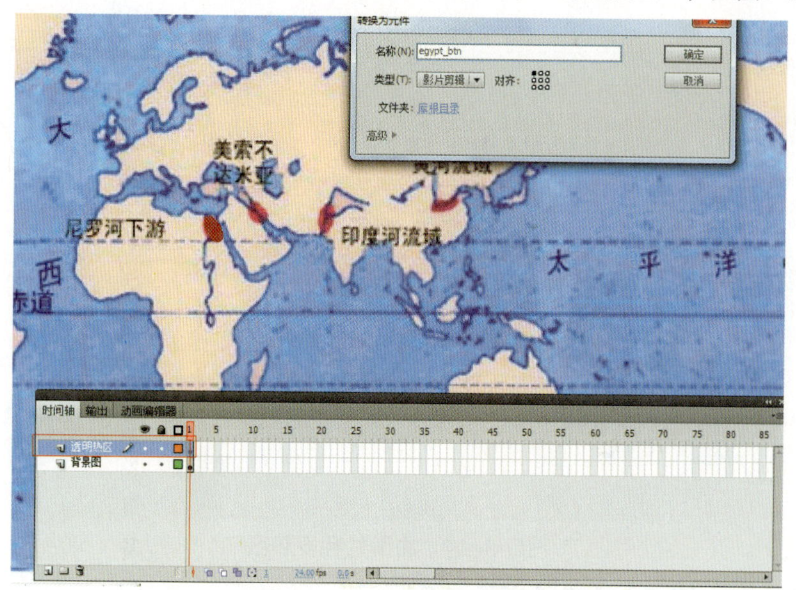

图5-3-12 绘制透明热区

03 选择该椭圆形，在“属性”面板中改变椭圆的透明度，即在“色彩效果”选项区的“样式”下拉列表中选择“Alpha”选项，将“Alpha”值设为“15%”，如图5-3-13所示。

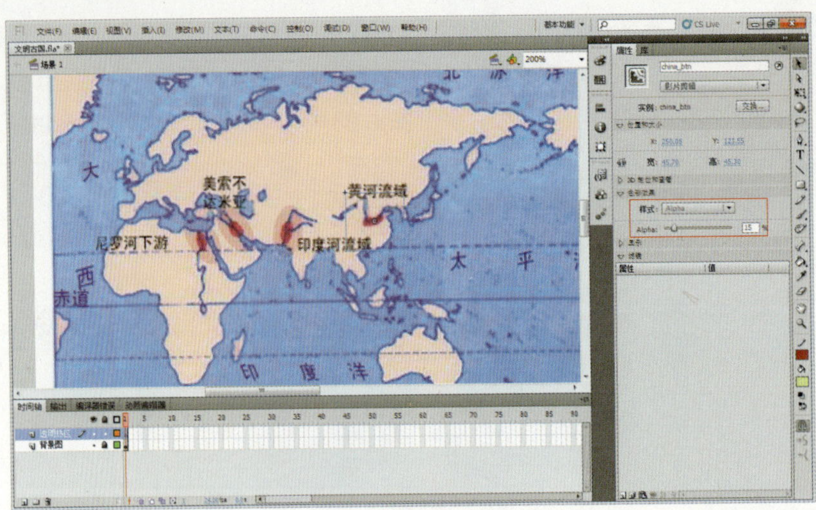

图5-3-13　更改Alpha值

04 使用组合键Ctrl+D复制出另外3个椭圆形，将这4个椭圆形拖动到地图中4个文明古国相应的位置，分别为“古中国”、“古埃及”、“古巴比伦”和“古印度”的透明热区。由于后面编辑脚本语言的需要，分别为它们命名实例名称，依次是“china_btn”、“egypt_btn”、“chaldaic_btn”和“india_btn”。

05 下面开始制作浮动动画。新建一个图层，命名为“小图显示”，然后导入4张图片到舞台上，并移动至合适的位置，使各国的图片出现在相应热区旁边，并将各个国家的图片定义为元件，类型为“影片剪辑”，并分别命名为“中国”、“古埃及”、“古巴比伦”和“古印度”，如图5-3-14所示。

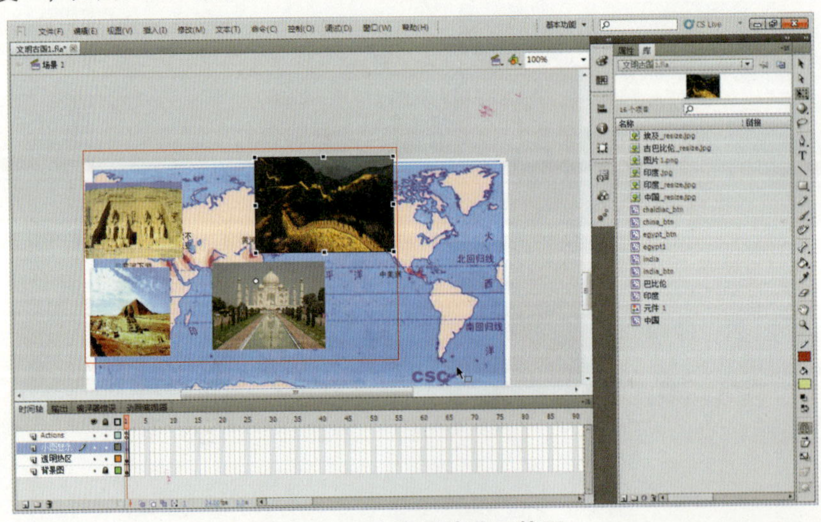

图5-3-14　将图片移至热区

06 当选择各国的图片时，会发现各图片的注册点位于图片中间，如果制作浮动效果后，图片会以鼠标指针为中心点出现，这并非想要的效果，在此希望的效果应该是图片的边角对应着鼠标指针出现，因此需要改变各图片的注册点位置，双击“中国”图片进入该元件层级中，使用组合键Ctrl+K打开“对齐”面板，勾选“与舞台对齐”复选框，并单击“齐左”和“齐上”按钮，回到“场景1”层级中则会发现注册点的位置出现在图片的边角处，如图5-3-15所示。

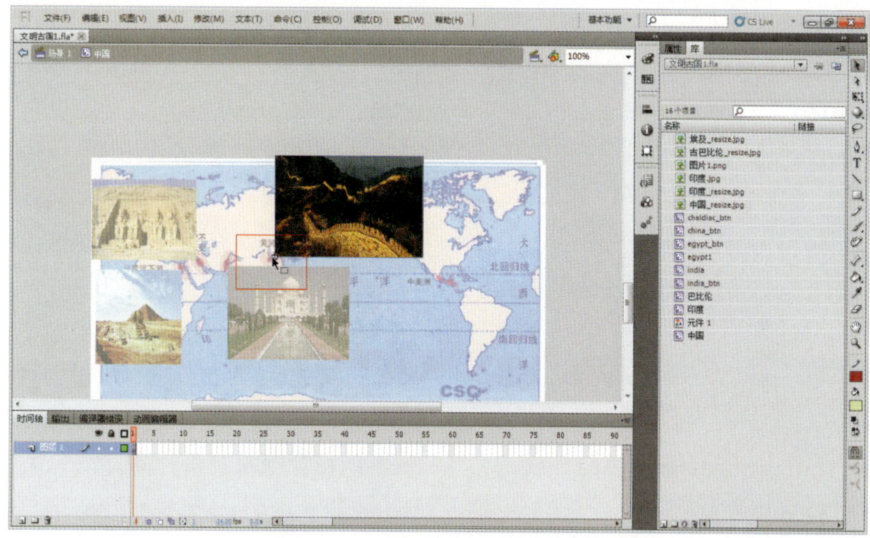

图5-3-15　移动中心点的位置

07 采用同样的操作，双击各图片，进入各自元件层级中，然后通过“对齐”面板更改其他3张图片的注册点位置。其中，“中国”图片的注册点放置在图片的左下角，在“对齐”面板中选择“齐左”和“齐下”按钮；“古巴比伦”图片的注册点放置在图片的右下角，在“对齐”面板中选择“齐右”和“齐下”按钮；“古埃及”图片的注册点放置在图片的右上角，在“对齐”面板中选择“齐右”和“齐上”按钮。

另外为了方便编辑脚本语言，可选择各国图片定义成的元件，更改其实例名称分别为“china_mc”（中国）、“egypt_mc”（古埃及）、“chaldaic_mc”（古巴比伦）和“india_mc”（古印度）。

08 在“场景1”层级中，新建一个图层，放置脚本语言，命名为“Actions”。按F9键打开“动作”面板。最终输入的代码如下。

```
import flash.events.MouseEvent;

china_mc.visible = chaldaic_mc.visible =
egypt_mc.visible = india_mc.visible = false;

china_btn.addEventListener(MouseEvent.
MOUSE_MOVE, show)
china_btn.addEventListener(MouseEvent.
ROLL_OUT, hide)
china_btn.myTarget = china_mc;

chaldaic_btn.addEventListener(Mouse
Event.MOUSE_MOVE, show)
chaldaic_btn.addEventListener(Mouse
Event.ROLL_OUT, hide)
chaldaic_btn.myTarget = chaldaic_mc;
egypt_btn.addEventListener(MouseEvent.
MOUSE_MOVE, show)
egypt_btn.addEventListener(MouseEvent.
ROLL_OUT, hide)
```

```
egypt_btn.myTarget = egypt_mc;

india_btn.addEventListener(MouseEvent.MOUSE_MOVE, show)
india_btn.addEventListener(MouseEvent.ROLL_OUT, hide)
india_btn.myTarget = india_mc;

function show(evt:MouseEvent):void{
    evt.currentTarget.myTarget.visible = true;
    evt.currentTarget.myTarget.x = evt.stageX - 3;
    evt.currentTarget.myTarget.y = evt.stageY - 3;
}

function hide(evt:MouseEvent):void{
    evt.currentTarget.myTarget.visible = false;
}
```

其中，首先使用连环赋值的方法进行各实例相同属性的设置，让4张展示的小图一开始就隐藏掉，输入如下语言。

```
china_mc.visible = india_mc.visible = chaldiac_mc.visible = egypt_mc.visible = false;
```

制作“中国”展示小图的动画效果，即鼠标一移至“中国”热区就显示中国图片，鼠标移出热区则图片消失。输入如下语言。

```
Import flash.events.MouseEvent;
```

该句放在首行，表示导入了Flash包中的events类包的MouseEvent鼠标事件类，为后面编辑语句提供方便，后面只要一输入“MouseEvent”则会自动弹出相应的鼠标事件类的相关属性。

然后在上面的赋值语句后面输入如下语句，表示显示一开始隐藏的“中国”图片。

```
china_btn.addEventListener(MouseEvent.MOUSE_MOVE,show);
```

该句表示对“china_btn”（中国的透明热区）进行事件侦听，只要一触及MOUSE_MOVE事件，即鼠标一移至热区上，就会执行“show”函数。

接下来该定义“show”函数了，在定义之前，可先为“china_btn”对象增添新的自定义属性“myTarget”，并赋值为“china_mc”的影片剪辑对象。输入如下语言。

```
china_btn.myTarget = china_mc;
```

然后再输入如下语句定义“show”函数。

```
function show(evt:MouseEvent):void{
    evt.currentTarget.myTarget.visible = true;
    evt.currentTarget.myTarget.x = evt.stageX ;
    evt.currentTarget.myTarget.y = evt.stageY ;
}
```

此时预览就会发现，鼠标移至热区时会出现照片，但是照片显示得不稳定，会出现闪烁现象，这主要是因为热区在鼠标移动时产生变化切换的缘故，可以通过一种变通的方式解决，将x轴和y轴的值减少3个像素即可，这个减少值可以根据实际情况予以增减。更改后的语句如下。

```
    evt.currentTarget.myTarget.x = evt.stageX - 3;
    evt.currentTarget.myTarget.y = evt.stageY - 3;
```

接着再输入隐藏图片的语句，表示在鼠

标移出热区之后，应该重新将展示的小图隐藏起来，所以需要事件侦听语句和相应的响应移出鼠标事件的函数定义。

```
china_btn.addEventListener(MouseEvent.
ROLL_OUT,hide);
```

该句表示鼠标指针移出热区后，就会调用名称为“hide”函数执行隐藏图片的动作。

因此还需要对上句中出现的“hide”函数进行定义，输入如下语句。

```
function hide(evt:MouseEvent):void{
        evt.currentTarget.myTarget.
visible = false;
}
```

09 至此，第一个动画“中国”图片浮动动画完成，实现鼠标指针移至“中国”的热区上会出现中国的图片，移出热区则图片消失，接下来再定义其他3个国家的浮动动画，因为它们执行的动作都是显示或隐藏图片，因此不需要再定义“show”和“hide”函数。只需要定义各个国家热区事件侦听语句。

2. “干流支流”案例制作

本案例中使用了Flash的创建按钮元件、创建补间动画（在“动画编辑器”中更改“色彩效果”的“色调”属性）以及编辑脚本语言的知识点。本案例最终效果是一个交互动画，有3个文本按钮（“干流”、“一级支流”和“二级支流”）和一张河流干流支流的图片，单击相应的按钮如“干流”，则河流图片中的“干流”部分会出现由蓝色变成红色的闪烁效果。

首先创建3个文本按钮（“干流”、“一级支流”和“二级支流”），并设置按钮的交互效果为鼠标指针一移到按钮上，文本的颜色即会发生变化，然后再将图片中对应文本按钮的部分（干流部分、一级支流部分和二级支流部分）定义为元件，类型为“影片剪辑”，然后创建补间动画，实现闪烁效果，最后再添加图层编辑脚本语言，实现单击相应的按钮，图片中相应的部分即可进行闪烁的交互效果。

在制作本案例时，可执行如下操作。

01 新建一个空白文档，导入河流图片“河流Final.fxg”，该图片为“.fxg”的格式，如果安装了Adobe的eLearning套包，可以顺利导入该格式的图片；如果导入不成功，则需要用Illustrator软件来绘制矢量图，然后直接导入.ai格式的工程文件到Flash舞台中，并改变舞台的大小，增加宽至800像素，如图5-3-16所示。

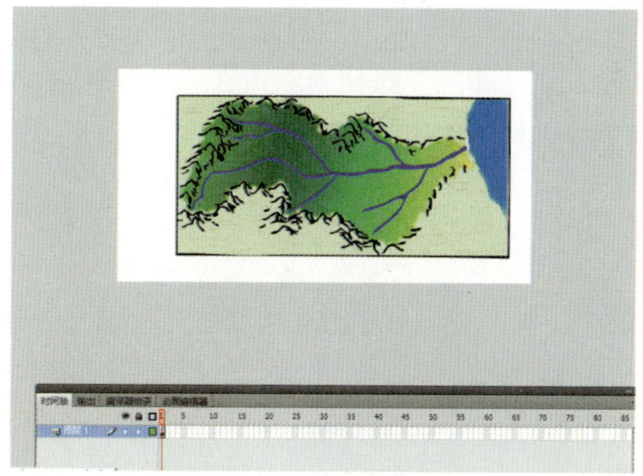

图5-3-16 导入河流图片

02 添加文本。在工具栏中选择“文本工具”，如图5-3-17所示。

图5-3-17 选择“文本工具”

03 在“场景1”中新建一个图层，添加文本“干流”，在“属性”面板中可以设置相关属性，它可以为“传统文本”或是“TLF文本”，但必须是“只读”方式，这样才能方便后面制作交互动画。另外可以更改文本的大小、字体和颜色，如图5-3-18所示。

04 将文本转换为元件。按F8键将“干流”文本转换为元件，设置“类型”为“按钮”，如图5-3-19所示。

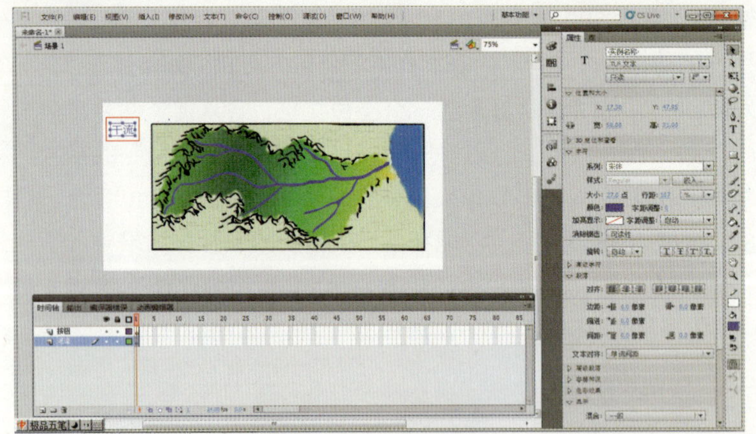

图5-3-18　更改属性

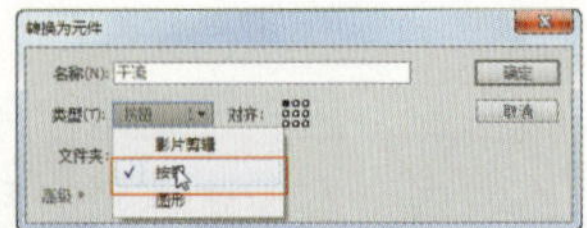

图5-3-19　转换为元件

05 双击“干流”按钮进入该层级进行编辑，在“时间轴”面板中名称为“指针”帧处添加一个关键帧，如图5-3-20所示。

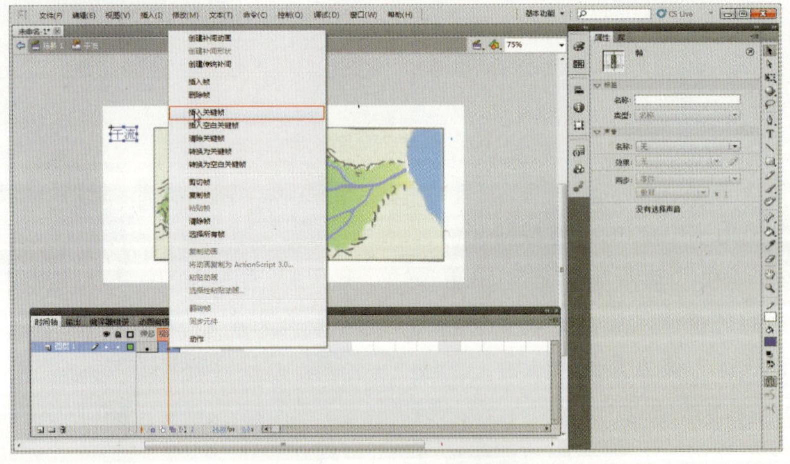

图5-3-20　添加关键帧

06 在“属性”面板中将文本颜色改为红色，如图5-3-21所示。

07 返回到“场景1”层级中，在舞台上选择“干流”文本按钮，使用组合键Ctrl+D复制另一个“干流”文本按钮，右击复制的文本按钮，在弹出的快捷菜单中选择“直接复制元件”命令，如图5-3-22所示。

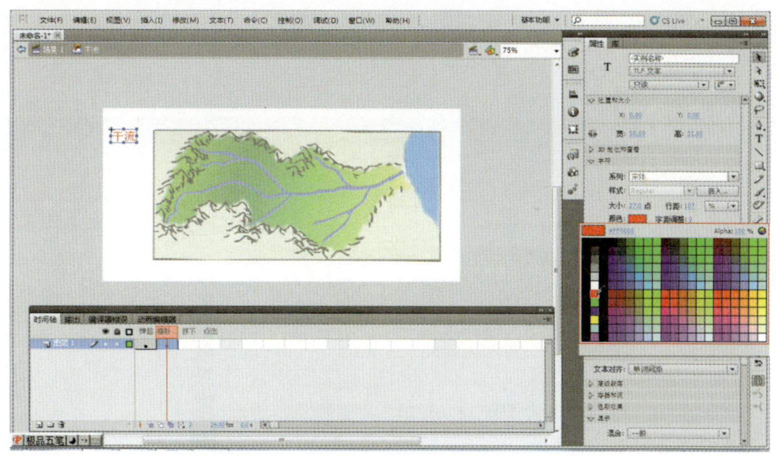

图5-3-21　改变文本颜色

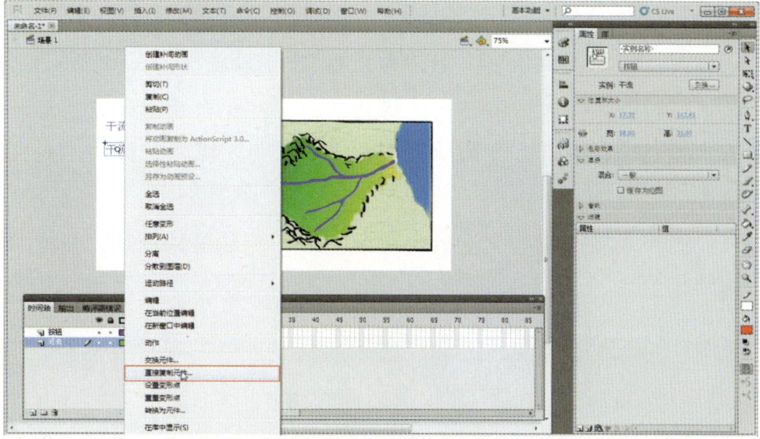

图5-3-22　直接复制元件

08 将复制的文本按钮的元件命名为“一级支流”，并将该文本修改为“一级支流”。同理，再创建另一个文本按钮为“二级支流”，如图5-3-23所示。

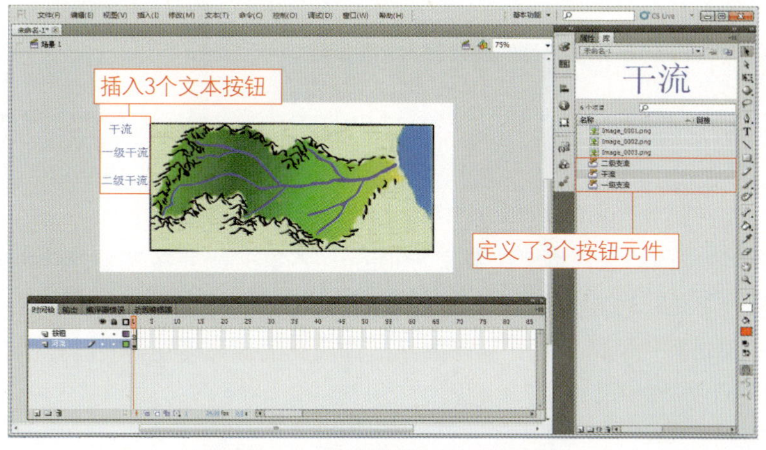

图5-3-23　创建按钮“二级支流”

09 选中河流图片中的干流部分，将其转换为元件，命名为“干流动画”，设置“类型”为“影片剪辑”，如图5-3-24所示。

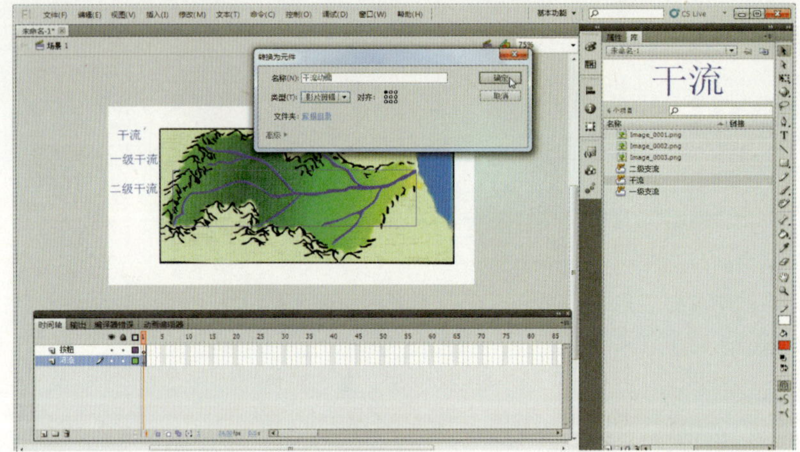

图5-3-24 转换为元件“干流动画”

10 双击“干流动画”元件，进入该层级进行编辑，由于在此要实现干流的颜色闪烁效果，所以需要制作一个关键帧动画，因此需要将图片再定义为“图片”类型的元件，才能完成关键帧动画的制作。

11 选中干流部分的图片，按F8键定义元件，命名为“干流动画基础”，设置“类型”为“图形”，如图5-3-25所示。

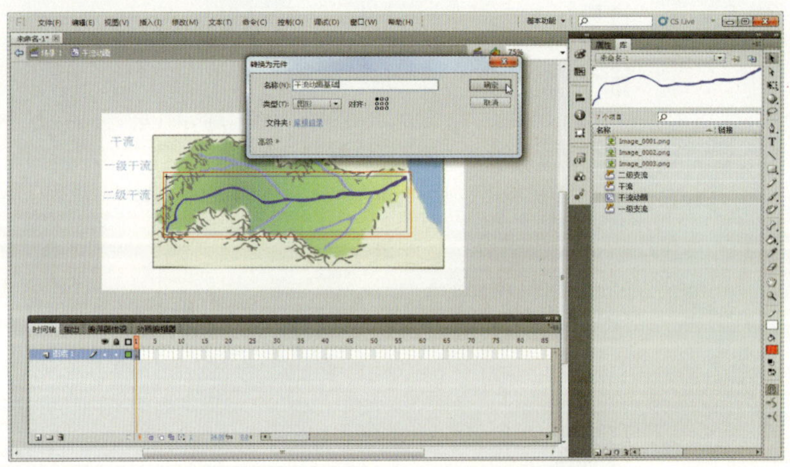

图5-3-25 转换为元件“干流动画基础”

12 由于要制作2秒钟的动画，将帧速率改为30fps，在第60帧处按F5键延续关键帧，然后创建补间动画，如图5-3-26所示。

13 进入“动画编辑器”中，单击“色彩效果”选项后的加号按钮，在弹出的下拉列表中选择 “色调”选项，如图5-3-27所示。

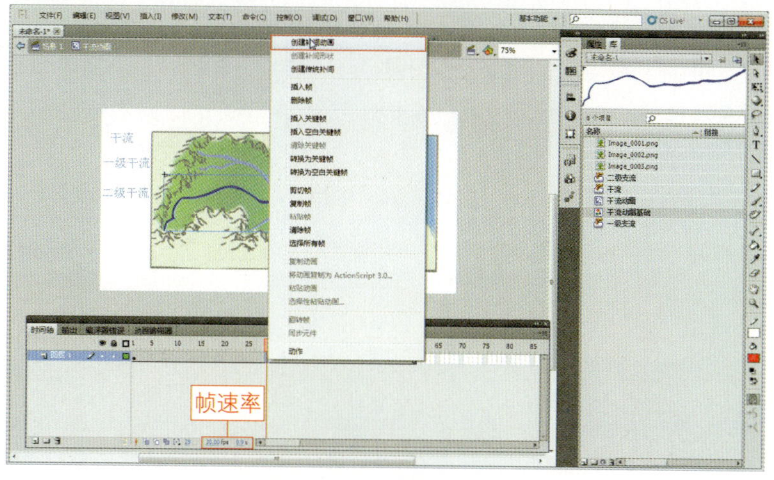

图5-3-26 创建补间动画

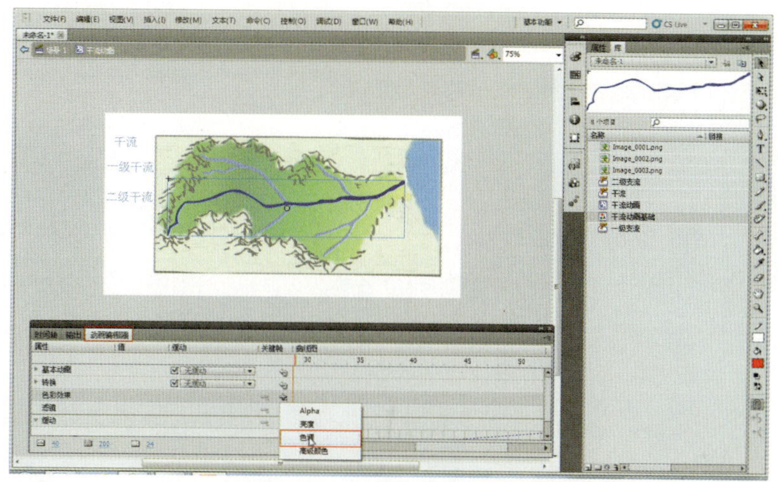

图5-3-27 更改“色调”属性

14 此外要实现的效果是河流由蓝色变红色的闪烁效果，因此“着色”为红色，实现闪烁效果则需要调节“色调数量”，如图5-3-28所示。

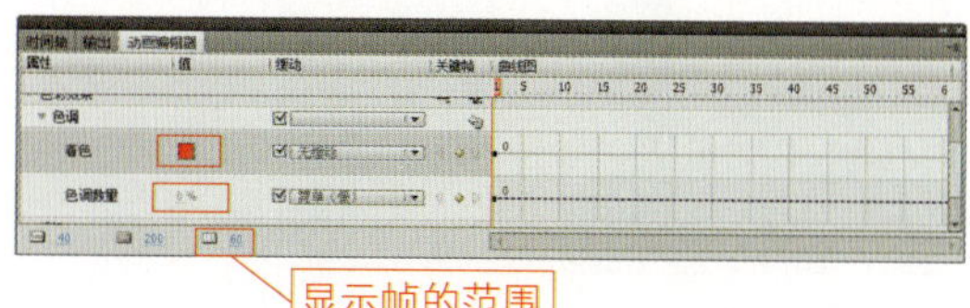

图5-3-28 更改“色调属性”2

15 在第1帧处插入关键帧，将“色调数量”设置为“0%”；在第15帧处将“色调数量”设置为“100%”；在第30帧处将“色调数量”设置为“0%”；在第45帧处将“色调数量”设置为“100%”；在第60帧处将“色调数量”设置为“0%”，效果如图5-3-29所示。

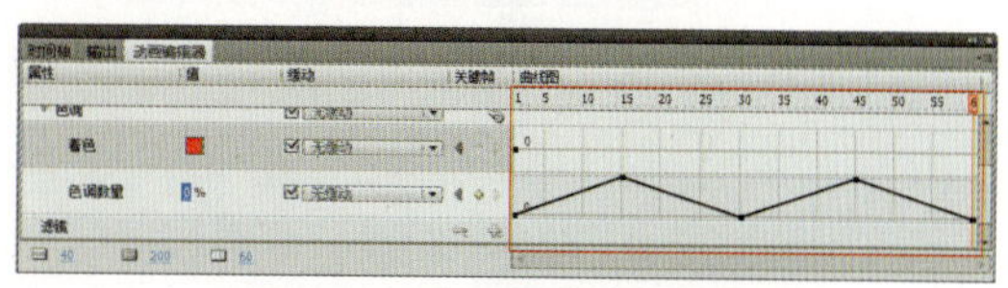

图5-3-29 更改色调属性3

16 编辑完毕后，返回到“时间轴”面板中，则出现了相应的关键帧，如图5-3-30所示。

17 此时进行预览就会发现，动画不停闪烁且不能停止，因此还需要添加一个脚本图层“actions”。同前面一样，在第1帧处按F9键打开“动作”面板，输入脚本语言“stop();”，则实现一开始并不播放动画，而是当用户触发相应的鼠标事件的时候才开始播放。

18 下面需要增加一个脚本图层，实现单击“干流”文本按钮对象则播放“干流动画”。为“干流”文本按钮添加实例名称为“gl_btn”，为“干流动画”元件添加实例名称为“gl_mc”，如图5-3-31所示。

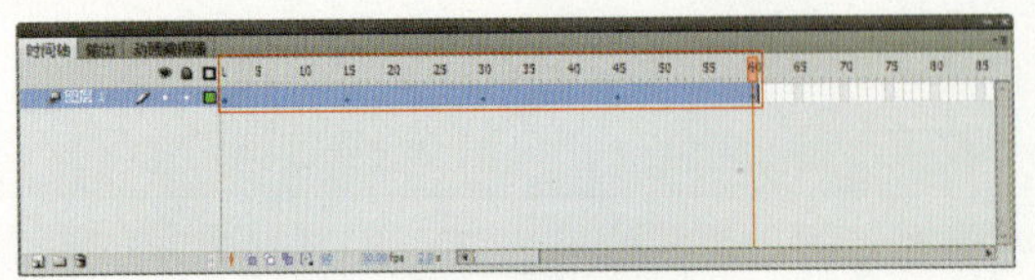

图5-3-30　查看效果

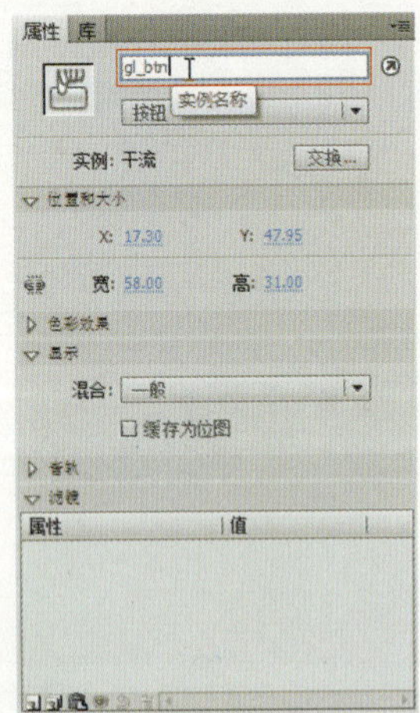

图5-3-31　添加实例名称

19 添加脚本语言。在“场景1”层级中增加一个名称为“as”的图层专门编辑脚本语句，选择“干流”文本按钮，打开“代码片断”面板，选择“事件处理函数”文件夹中的“Mouse Click事件”，单击“插入代码”按钮，如图5-3-32所示。

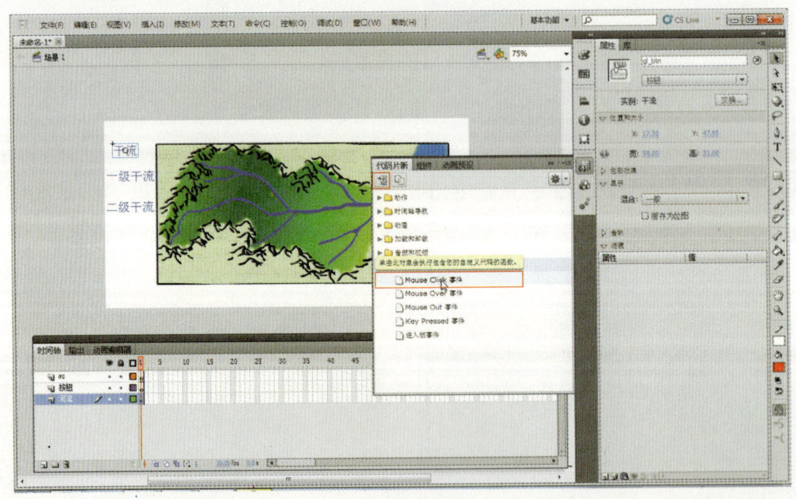

图5-3-32　选择“Mouse Click事件”

20 此时则会弹出“动作”面板，并且其中已增加了相应的“Mouse Click事件”的脚本语言，需要稍作修改。将“trace(“已单击鼠标”);”换为“gl_mc.play();”即可，如图5-3-33所示。

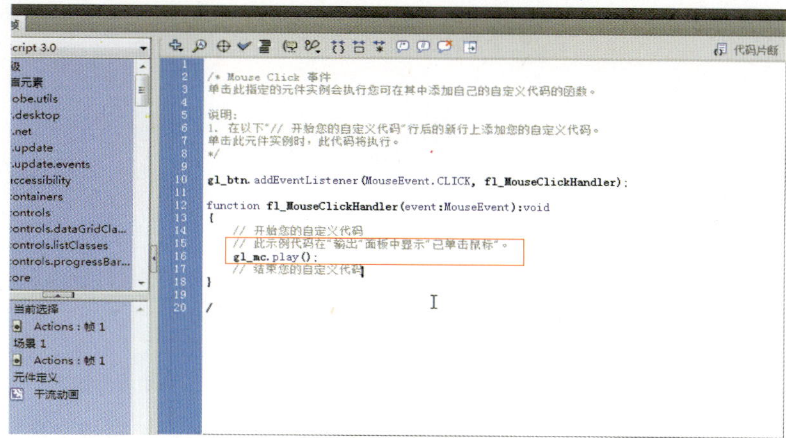

图5-3-33　编辑脚本

21 至此完成了第一个文本按钮“干流”的交互动画的制作，另外两个文本按钮的交互动画可采用相同的操作方法完成。

5.3.4.3　Adobe Captivate 5知识点

1. 插入文字动画

在第4张幻灯片“知识导入-概念界定”中，由于文字较多，如果厌倦了淡入淡出的默认效果，可以插入文字动画，从而增添课件的动感和观赏性，如图5-3-34所示。

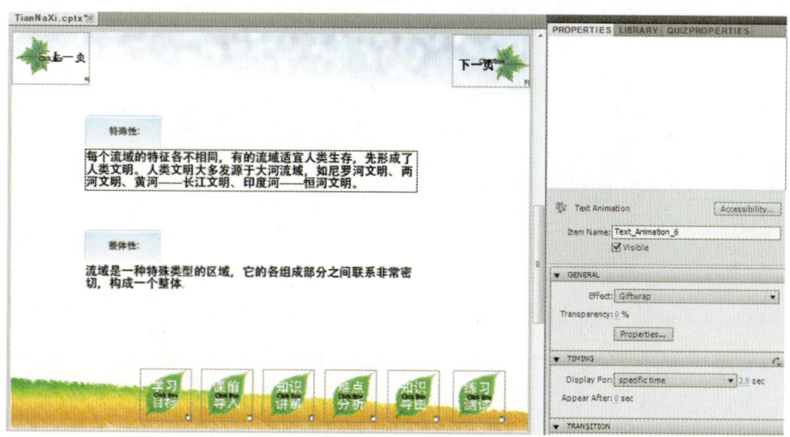

图5-3-34　设置了文字动画的幻灯片

具体制作方法如下。

01 单击工具箱中的“Text Animation”按钮，这时会打开如图5-3-35所示的属性面板。

02 在“Text Animation Properties”面板中，可在“Text”文本框中输入要展示的文字，在“Font”下拉列表中选择字体，在“Size”文本框中设置字体大小，还可设置文字颜色，加粗、倾斜等，设置完成后单击“OK”按钮，效果如图5-3-36所示。

图5-3-35　设置文本动画属性面板

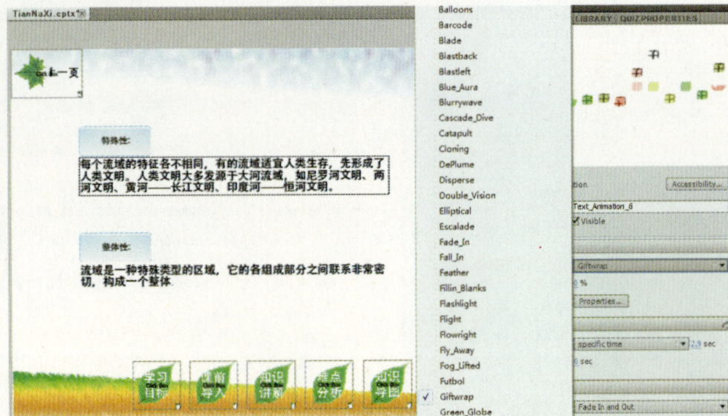

图5-3-36　制作文字动画效果

03 选择插入的文字，打开“属性”面板中的“General”选项卡，选择“Effect”列表中的预设动画，即可为文字设置动画效果。

04 如果想再打开“Text Animation Properties”面板修改文字，可单击“属性”面板中的“Properties…”按钮或双击文字。

2．设置幻灯片导航

在该课件中，每一张幻灯片的下方都有相同的导航按钮，可以方便跳转到任何页面，这就是利用了“Click Box”工具实现导航的功能，如图5-3-37所示。

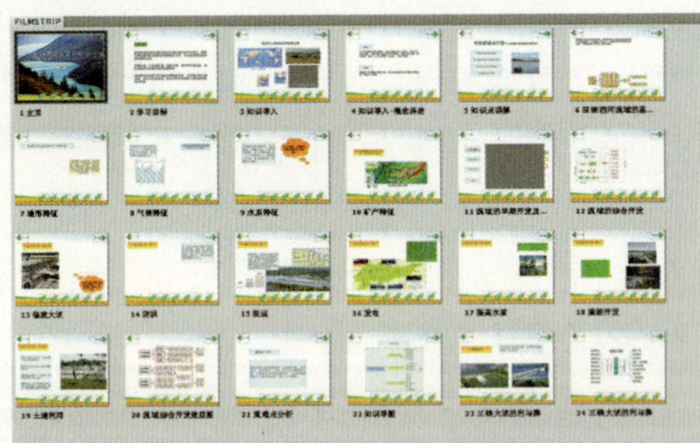

图5-3-37　幻灯片缩略图

制作方法（以封面的导航制作为例）如下。

01 打开封面幻灯片，单击工具箱中的“Insert Click Box”按钮，插入一个对象。

02 在“属性”面板中，取消“Captions”选项组中复选框的选择，如图5-3-38所示。

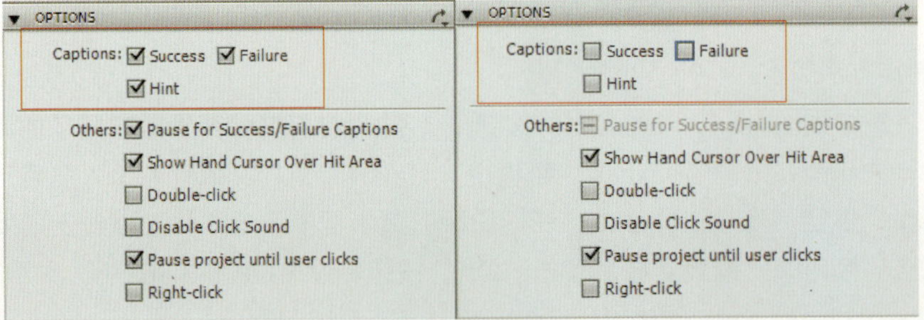

图5-3-38　设置“OPTIONS”属性

03 在“ACTION”选项卡中，从“On Success”下拉列表中选择“Jump to slide”选项，并在“Slide”下拉列表中选择要链接的幻灯片，如图5-3-39所示。

图5-3-39　设置导航-跳转到某幻灯片

04 复制该Click Box对象，修改链接，为其他按钮制作导航，效果如图5-3-40所示。

图5-3-40　设置导航-界面幻灯片

5.3.4.4　Adobe Premiere Pro CS5知识点

本案例中对人类不合理开发造成的自然灾害部分通过视频的方式展现，由于搜索的资源并不能完全满足教学需求，需要对视频进行剪辑，并添加转场最后再发布，下面详细介绍其步骤。

01 启动Adobe Premiere Pro CS5，在欢迎界面中，单击“New Project”按钮，如图5-3-41所示。

02 在打开的“New Project”对话框中，设置项目的保存路径和项目名称，单击“OK”按钮，如图5-3-42所示。

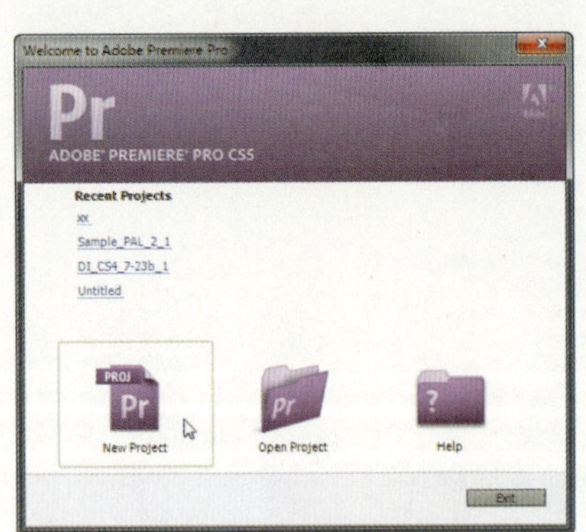

图5-3-41　新建项目

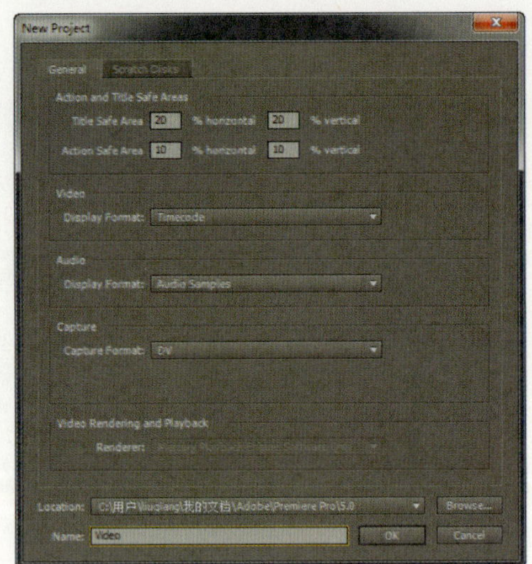

图5-3-42　保存项目

03 在随后打开的“New Sequence”对话框中，单击“General”标签。进入该选项卡中，如图5-3-43所示。在其中进行参数设置。设置完毕后，单击“OK”按钮。

04 进入工作空间后，执行“File” > “Import”命令或按组合键Ctrl+I，在“Import”对话框中选择所需的视频素材“洪水”，单击“打开”按钮，将其导入，如图5-3-44所示。

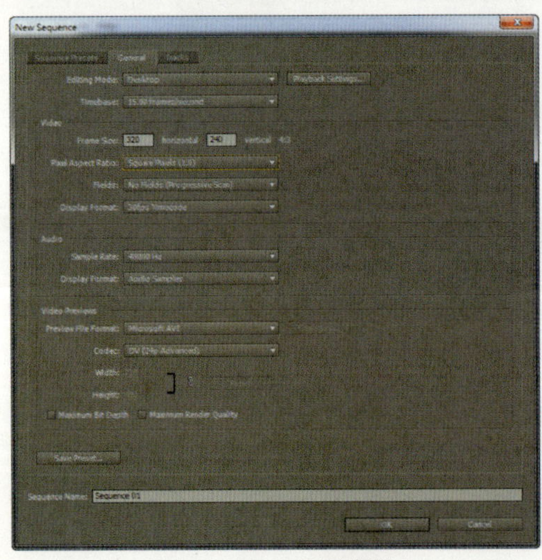

图5-3-43　设置参数

图5-3-44　导入素材

05 在“Project”调板中，双击想进行编辑的素材“洪水”，在源监视器中将其打开，如图5-3-45所示。

06 在源监视器调板中，通过播放或快放的功能按键预览源素材。在所需部分的起始位置，按快捷键“I”，打一个入点；在所需部分的结束位置，按快捷键O，打一个出点，如图5-3-46所示。

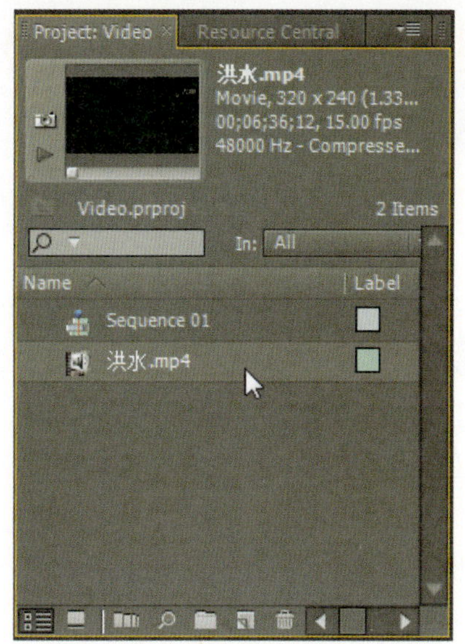

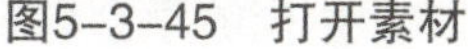
图5-3-45 打开素材

图5-3-46 确定出入点

07 打好入点和出点后，按快捷键“,”，将素材分配到时间线上，如图5-3-47所示。

08 重复步骤6和7的操作，完成所需影片的整体内容，如图5-3-48所示。

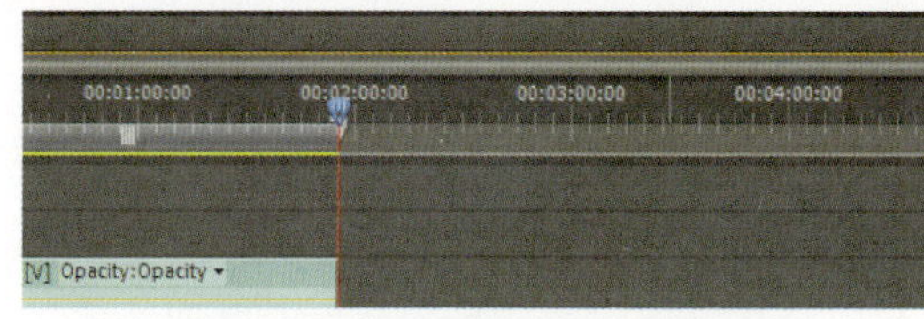

图5-3-47 拖动素材到时间线

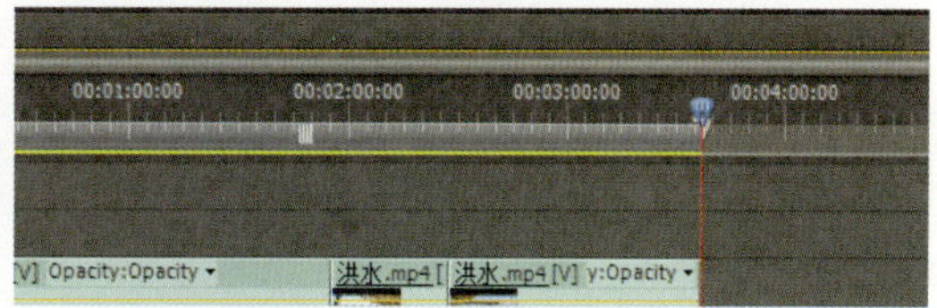

图5-3-48 完成影片内容

09 按快捷键“Page Up”和“Page Down”，切换剪切点，并使用组合键Ctrl+D，在所需的位置添加适当的转场，如图5-3-49所示。

10 完成影片的剪辑后，执行“File”>“Export”>“Movie”命令或按组合键Ctrl+M，调出“Export Settings”对话框，在其中设置输出格式为FLV。设置完毕后，单击“Export”按钮，输出影片，如图5-3-50所示。

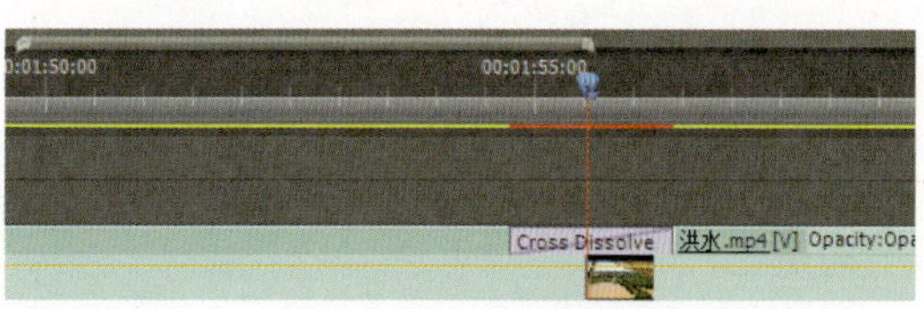

图5-3-49 添加转场

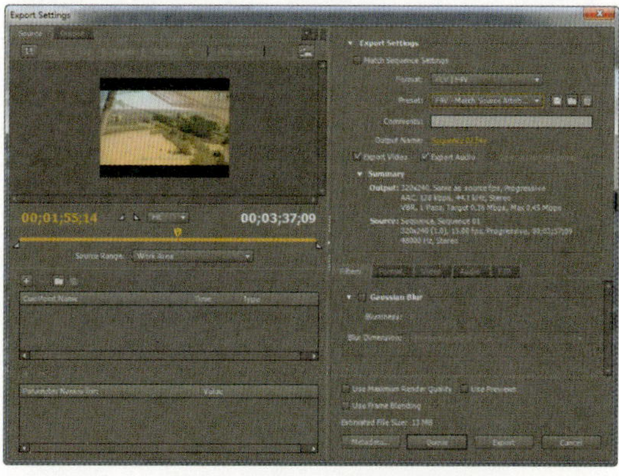

图5-3-50 输出影片

5.4 英语案例——Tony has the longest journey

本案例所涉及的相关资源，包括原始素材、源文件及发布后的效果，请参见教材配套光盘《英语案例资源》。

5.4.1 案例的来源

“Tony has the longest journey”案例出自外语教学与研究出版社《初一英语》（下）第七模块第一单元。

5.4.2 案例的编写目标

本案例选取的是初中阶段英语学科的教学内容，案例编写的目标包括以下几个方面。

①结合初中英语学科的特点，示范如何制作新媒体教学资源。

②结合对象化资源的开发过程，制作对象化学习资源。

③展示如何利用Adobe eLearning 软件工具包的特定功能实现教学资源的制作。

5.4.3 案例的设计思路

5.4.3.1 基于学习对象技术的课件设计

1. 案例的教学设计

本案例是第七模块话题“旅游与交通”中的一篇课文，文中讲述了出行的几种方式，如步行及乘坐公交、出租车、飞机等，并对各种出行方式的优缺点进行了比较。涉及到的语法知识是形容词最高级形式和以“by+交通工具”来表示出行方式的用法。围绕旅游与交通开展听、说、读、写的课堂活动，要求学生通过对形容词最高级形式的操练，就相关话题进行问答，能够描述自己或他人的旅行过程。

（1）学习目标

①词汇：通过本案例的学习，学生能够掌握和使用乘坐交通工具的单词和介词“by”的用法。

②句型：学生能够学会以下句型，并能够进行交际问答。

Where are you going this weekend?

How are you going there?

How long will it take you to get there?

Why don’t you go by…It’s the…est/ the most…?

③语法：学生能理解并且正确运用形容词最高级。

④情感：通过学习如何描述旅游交通，提高对旅游和英语的学习兴趣。

（2）学习者特征分析

初中一年级的学生对出游旅行这类话题非常感兴趣，他们已经学过比较级表现形式的语法知识，对学习最高级表现形式的语法知识其有理论基础，同时，这一年龄阶段的学生对知识的选择取向偏向于形象化知识。

（3）教学重难点

①教学重点：要求学生能够说出描述旅游交通的基本词汇，能够使用形容词最高级结构造句。

②教学难点要求学生能够根据本案例对

话内容，联系实际进行语言的运用和输出，能够和同伴运用学到的这些词汇和语法谈论自己的旅游和出行计划。

（4）教学过程

①情景导入：让学生听一段对话，回答下列问题。

What is Liu Mei going to do this weekend?

How is he going there?

How long will it take her to get there?

设计意图：让学生明确本案例的任务和目的。

②单词学习：学生通过学习掌握交通工具的单词。

bus ferry plane subway taxitrain

乘坐某种交通工具时，使用“by”或“walk/on foot”。

对应各种交通工具，运用句型“How about going by …?”或“It’s …”来学习

cheap、dangerous、comfortable、crowded、expensive、fast等单词，如图5-4-1所示。

学生练习对话。

Where are you going this weekend?

How are you going there?

Why?

设计意图：学生通过对话练习，巩固新单词。

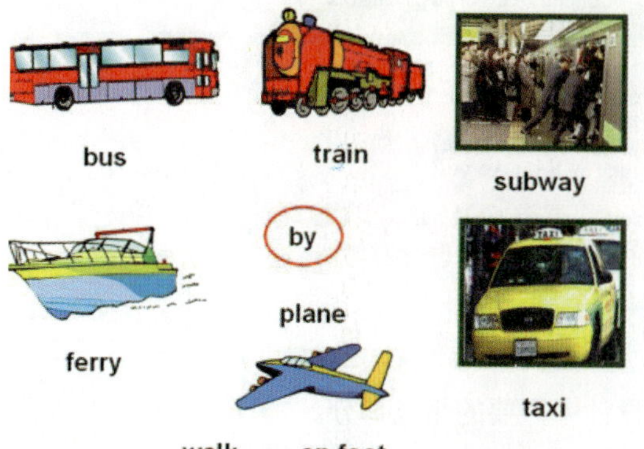

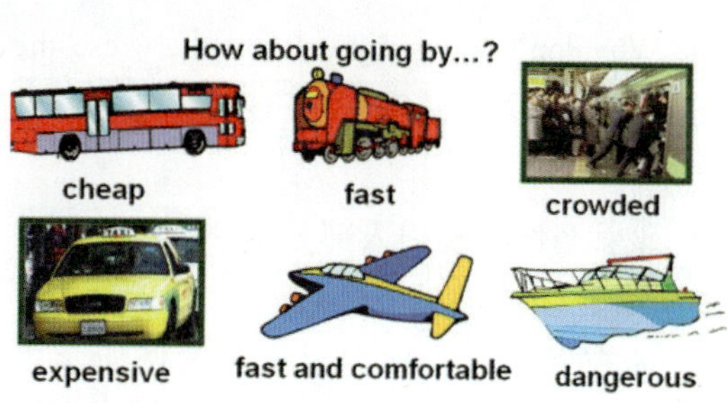

图5-4-1 单词图

③课文学习：学生听课文回答以下问题，整体感知课文。

How does Tony get to school?

How does Daming get to school?

Who goes to work by taxi?

Who goes to school on foot?

学生自读课文，练习填表，内容如表5-4-1所示。

表5-4-1 读课文填表

people	transportation	character
Tony	By bus	
Daming	By bicycle	
Lingling	On foot	
Betty’s father	By taxi	

设计意图：学生通过本案例的学习，达到对案例的理解和应用。

④拓展听力练习：学生听几篇拓展听力文章，完成相应练习。

设计意图：学生对交通方式和最高级表现形式进一步熟悉和理解。

⑤口头作文练习：学生以周末活动为题，两人一组进行对话练习，运用以下句型。

Where are you going this weekend?

How are you going there?

How long will it take you to get there?

Why don't you go by …It's …the …est/ the most…?

… …

设计意图：和引入部分相呼应，检查学生本案例目标的达成情况。

⑥布置作业：学生根据本案例所学内容，写一篇作文来描述周末的出行计划和所要乘坐的交通工具及理由。

2．案例的对象化分析

数字化学习资源的制作要遵循相关的教育教学原理，参考学习对象的框架进行基于学习对象的教学资源设计。

（1）学习目标

本案例的学习目标集中在两个方面，分别是知识的掌握和情感的激发。在知识的掌握中，词汇的学习、语法的运用是重点；在情感的激发中，一般需要通过情境的创建和过程的体验来获得。因此，对象化资源的制作要从实现以上学习目标为出发点。

（2）学习导入

本案例的学习主题是旅游和交通。直接进入主题对于初中一年级的学生来说会显得突兀，为了引起学生的注意，调动其学习积极性，有必要为学生创建一个进入学习主题的通道。

（3）学习内容

本案例的学习内容包括交通工具单词、几个句型和最高级语法的结构和用法，这两部分内容如果仅仅让学生死记硬背，不仅无法达到最初设定的学习目标，而且会使学生产生厌倦的心理。因此，需要在对象化资源的设计中为学生创建学习情境，呈现学习内容的可视化画面，激发学生的兴趣并帮助学生理解和应用。

（4）学习难点

本案例学习的难点是实践，即所学单词、句型和语法结构在实践中的应用，这也是所有语言类知识的学习难点。针对这一学习难点，对象化资源在设计中要注意提供操练的环节，并给出单词和句子的标准发音和应用情境。

（5）知识导图

本案例的知识导图如图5-4-2所示。

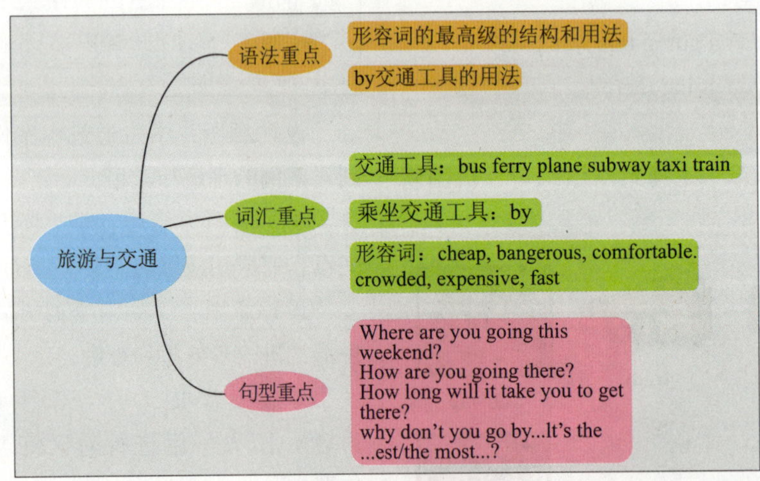

图5-4-2　知识导图

（6）学习评价

学习评价是对学习成果的检验，是学习资源设计中重要的组成部分。

在该案例的学习中，难以做到用媒体资源对语言口头表达能力进行检验，因此把学习资源设计中关于评价的设计放在对知识点的掌握上。

3. 案例的媒体选择

围绕教学目标，依据本案例学习对象要素和教学的重难点，进行媒体的选择和相应媒体技术的应用。对照前面的对象化分析过程，本案例的媒体应用分析如下。

在学习之前将学习目标呈现给学生。在本案例中选择使用人物视频和文字结合的方式呈现学习目标。利用Adobe Premiere对教师视频进行抠像，使教学情境更加凸显，画面更为充实、动感。

在教学导入环节，借助音频这一媒体技术来帮助学生进入学习主题。通过播放一段关于出行的对话并要求学生回答问题，引起学生的思考和表达，使学生对如何用英语表达交通工具的使用产生好奇和兴趣。

在教学环节，通过图片和朗读结合的方式呈现词汇，给予学生视觉和听觉的刺激，以帮助其形象地记忆和理解。这一知识点选择用Adobe Soundbooth对单词进行朗读，语法和句型用表格和文字来表现，课文用Flash动画来表现。

在评价环节，以测试题的形式对学生的知识掌握情况进行评价，测试题分为语法词汇练习和听力练习两大部分，问题形式均为选择题。在听力部分，插入音频作为听力材料，选用Adobe Presenter进行交互式测试题的制作。

整个学习资源最终使用Adobe Acrobat进行制作和封装。在制作的过程中，充分考虑初中一年级学生的年龄特征，界面的设计风格活泼、色彩鲜艳，以增加学生对数字化学习资源的兴趣。

4. 案例的脚本生成

结合前面的对象化分析和媒体选择的基本构想，可以形成案例的制作脚本，其中课件全部文件打包和课件制作主要利用Acrobat 9 Pro，测验部分使用Presenter制作。图示化的脚本如图5-4-3所示。

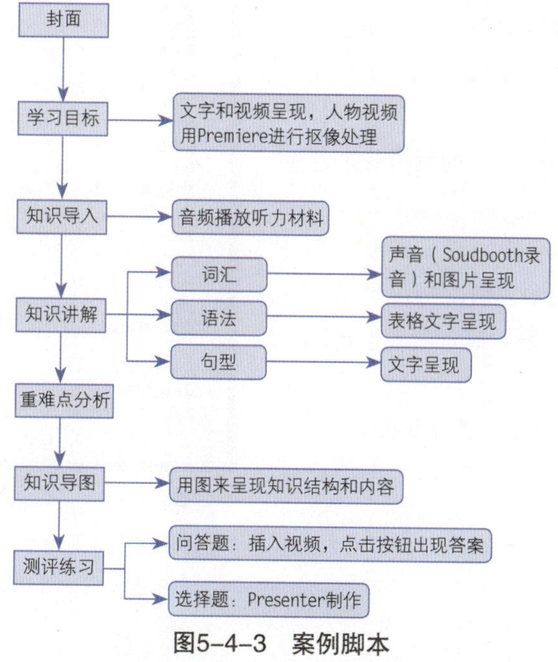

图5-4-3 案例脚本

5.4.3.2 软件的选用及其功能说明

上述对象资源的设计脚本可以用Adobe eLearning软件工具包系列软件来实现。在课件制作中，实际使用软件为Adobe Acrobat Pro 9、Adobe Presenter 7、Adobe Premiere CS5和Adobe Soundbooth CS5这几款软件，其应用的主要技能点体现在以下几方面，如表5-4-2所示。

表5-4-2 案例中软件的主要技能点

	Adobe Acrobat Pro 9	Adobe Presenter 7	Adobe Premiere CS5
技能点	PDF表单、PDF包	插入音视频、测验管理器	人物抠像

这些技能点在本课件制作过程中的用途简介如下。

(1) Adobe Acrobat的PDF包封装功能

在本教学资源最终部分，需要将所有对象化资源封装为一个整体的资源包，便于教师的修改和应用，通过Adobe Acrobat的PDF包封装功能可以实现此需求。

(2) Adobe Presenter中的测验管理器功能

在本教学资源内容呈现之后，需要制作选择题以对学生的知识掌握情况进行考核，通过Adobe Presenter中的测验管理器功能可以方便地实现此需求。

(3) Adobe Soundbooth为单词配音

在本教学资源中，需要插入各种交通工具词汇的朗读声音，这里利用Adobe Soundbooth进行配音。

5.4.4 案例的制作

5.4.4.1 素材的准备和加工

在案例制作的前期，需要对素材进行收集和加工，包括案例中图片的收集和单词发音的录制工作。

5.4.4.2 对象化资源的制作

1. 利用Adobe Premiere进行人物抠像

01 在Windows资源管理器中，用鼠标右键单击素材，将现有素材中的“教师视频.AVI”重命名为“抠像.avi”，查看其属性。在“详细信息”选项卡中，观察素材的分辨率，以便后续新建与之匹配的项目文件，如图5-4-4所示。

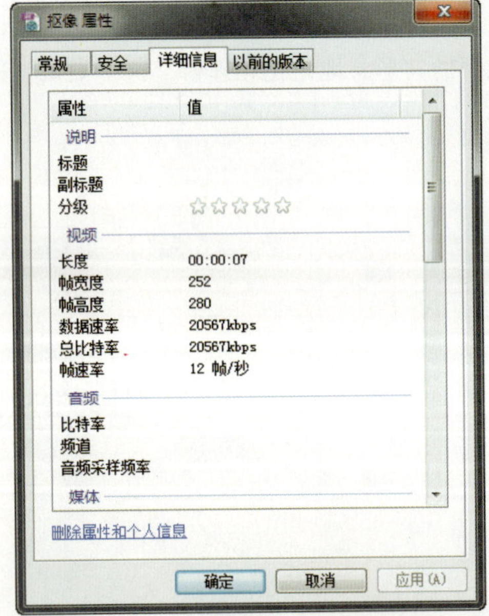

图5-4-4 “抠像.avi”的文件属性

02 启动Adobe Premiere Pro CS5，新建项目，在弹出的“New Project”对话框中，

设置项目的保存路径和项目名称，点击“OK”按钮，如图5-4-5所示。

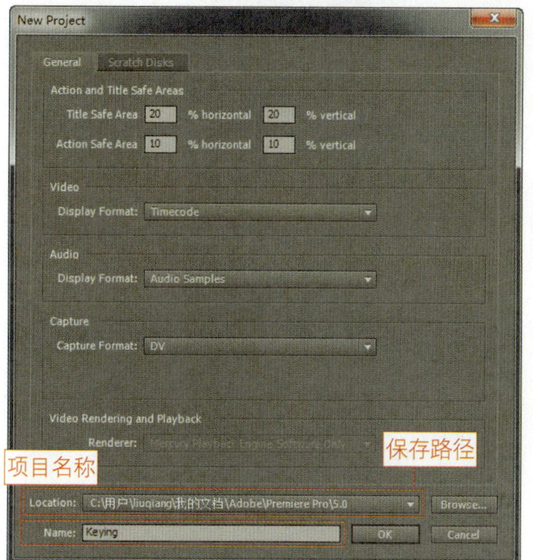

图5-4-5　设置保存路径和名称

03 在随后弹出的“New Sequence”对话框中，选择“General”选项卡，设置序列尺寸为之前的素材尺寸，设置完毕后点击“OK”按钮，如图5-4-6所示。

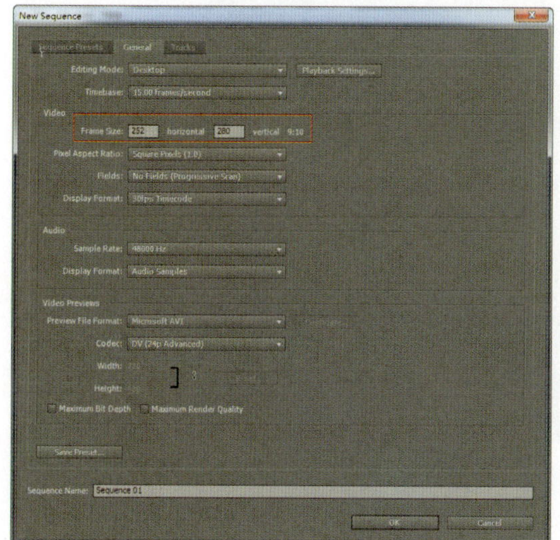

图5-4-6　设置序列尺寸

04 进入工作空间后，执行“File”>“Import”命令或按快捷键Ctrl+I，在“Import”对话框中选择所需的视频素材“抠像.avi”，点击“打开”按钮，将其导入，如图5-4-7所示。

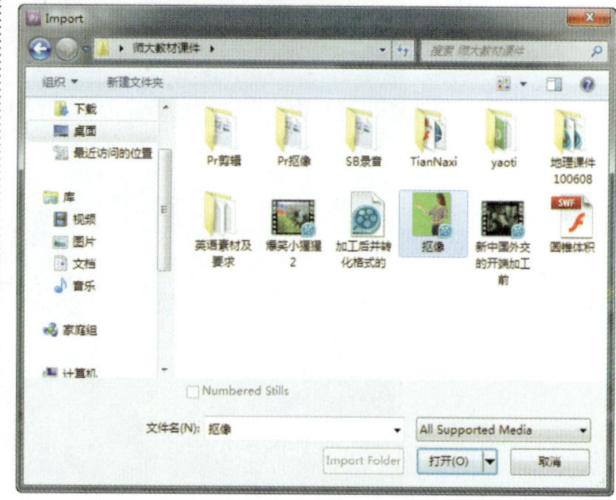

图5-4-7　导入素材

05 将素材发布到时间线上，并为其添加“Chroma Key”效果，如图5-4-8所示。

图5-4-8　为素材加“Chroma Key ”效果

06 在“Effect Controls（效果控制）”调板中，展开“Chroma Key ” 效果，点击“Color”属性后面的吸管图标，将该工具拖放到项目视窗中欲移除的绿色背景上，点击鼠标，吸取背景色，如图5-4-9所示。

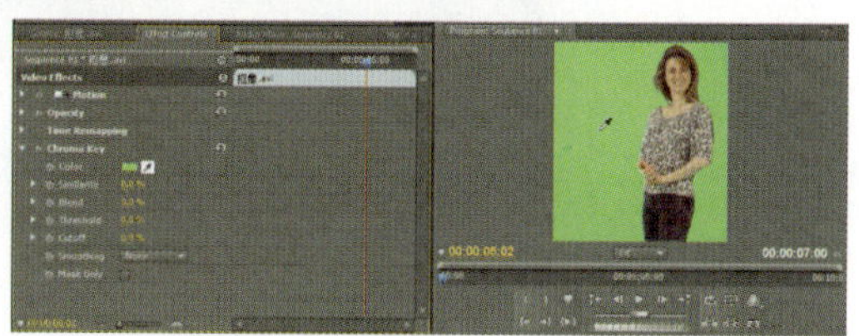

图5-4-9　用吸管吸取背景色

07 继续调节各项参数，直到将背景色完全抠除，以完成所需的合成效果。如果需要，还可以为其添加白色背景，如图5-4-10所示。

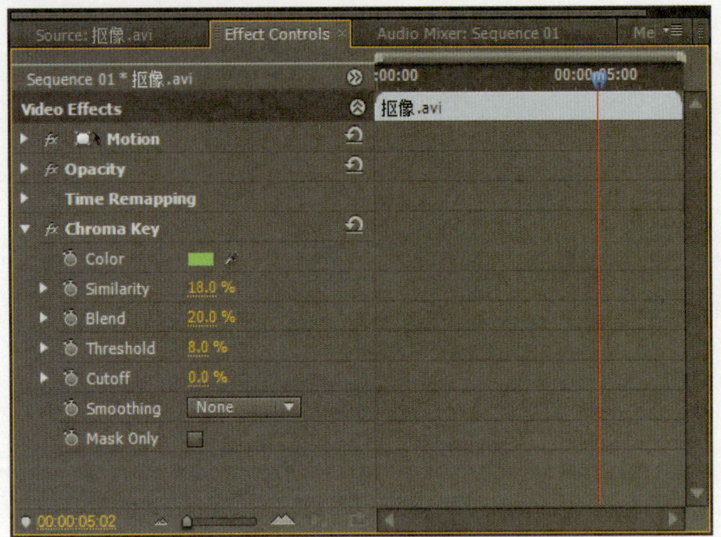

图5-4-10　调节参数

08 完成视频素材的抠像后，执行“File” > “Export ” > “Movie”命令或按快捷键Ctrl+M，弹出“Export Settings”对话框，在其中设置输出格式为“FLV”，设置完毕后点击“Export”按钮，输出视频，如图5-4-11所示。

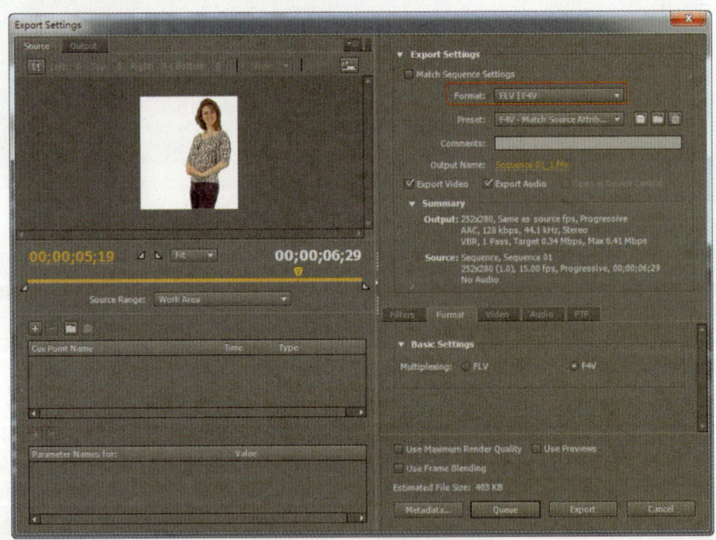

图5-4-11　视频输出

2. 利用Adobe Presenter制作测验题

Adobe Presenter 是使用 Microsoft PowerPoint来快速创建数字化教学资源和高质量多媒体Flash类资源的软件工具。打开PowerPoint时，菜单栏中会显示一个新的“Adobe Presenter”菜单，即可以使用该应用程序的全部创作功能。下面具体讲解本节课中测验部分的制作过程。

由于Adobe Presenter是基于PPT文件进行相关操作的，在利用Adobe Presenter进行测验题部分的创建之前，需要对测验题部分的PPT文件进行制作，新建一个PPT文件以供后续操作。测验题目分为两大部分，一是选词填空，一是听力选择。在已有PPT文件框架的基础上进行测试题的制作。

（1）**利用Adobe Presenter测验管理器制作测试题**

01 执行“测验”>“管理”命令，弹出“测验管理器”对话框，单击“添加测验”按钮。

02 第一次打开“测验管理器”对话框时，将显示默认的测验。教师可以使用默认测验，也可以根据需要添加其他测验。在这里新添加一个测验，在“名称”右侧输入“选择题测验”，如图5-4-12所示。

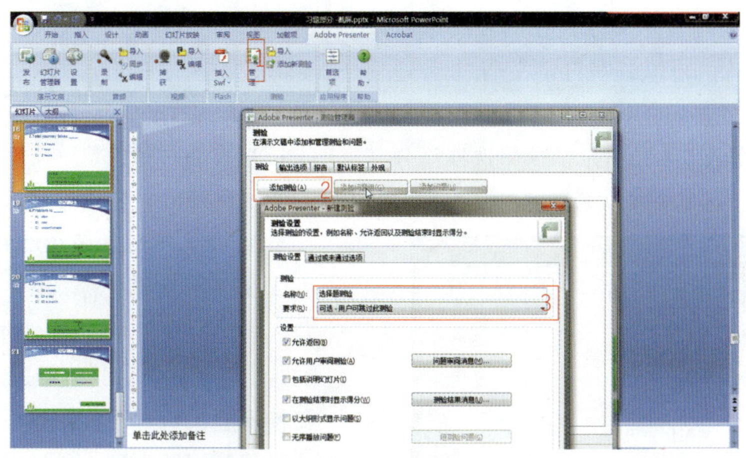

图5-4-12　添加测验

03 在“要求” 右侧的下拉列表中选择一个选项，以确定学生是否必须参加或通过测验。选择选项时，应考虑该测验对于教学策略的重要性。例如，可以要求学生必须通过测验，或者允许他们跳过测验。这里选择“必需-用户必须进行测验才能继续”，要求学生必须尝试完成测验，如图5-4-13所示。

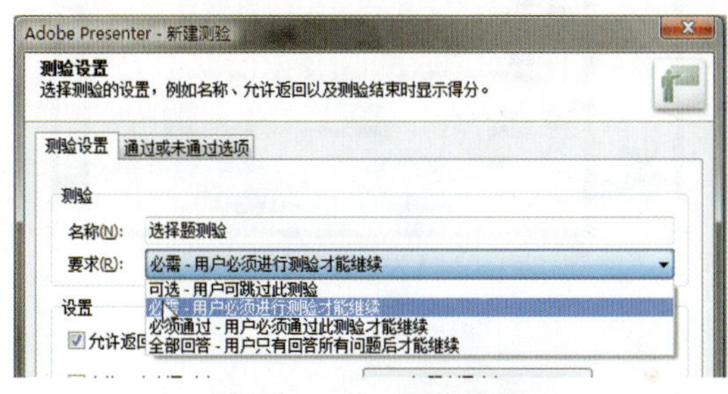

图5-4-13　测验设置

04 继续选择需要的测验选项，如图5-4-14所示。

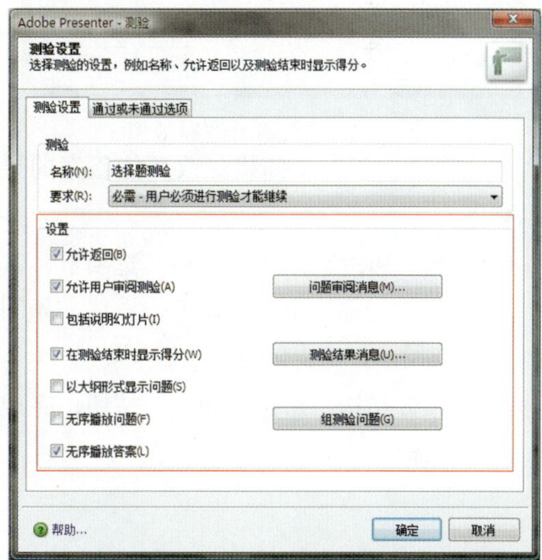

图5-4-14　选项设置

允许返回：允许学生单击播放栏中的“后退”按钮向后移动。

允许用户审阅测验：在得分幻灯片上显示“审阅测验”按钮，单击该按钮，可以返回测验中的第一张问题幻灯片。学生可顺次查看对每个问题的回答，了解自己的答案是否正确。如果不正确，将显示正确答案。审阅测验仅用于提供参考信息，学生不能在审阅过程中更改自己的答案。

在测验结束时显示得分：在测验结束时显示得分幻灯片。可以编写自定义通过/未通过消息，使用背景颜色设计幻灯片，选择得分显示方式，如图5-4-15所示，这里选择得分的显示方式为“计算正确题数”。

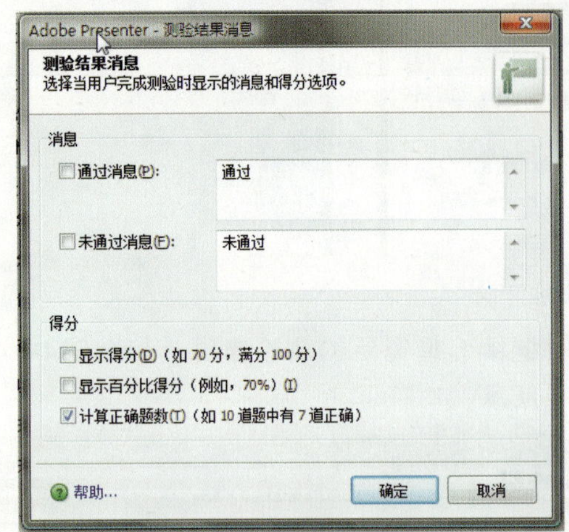

图5-4-15　测验结果设置

无序播放答案：随机更改可能答案的显示顺序。

05 切换到“通过或未通过选项”选项卡，教师可以对测验的通过条件进行设置，如图5-4-16所示，这里保持默认选项。

06 各项设置完毕，点击“确定”按钮，完成测验的相关设置。

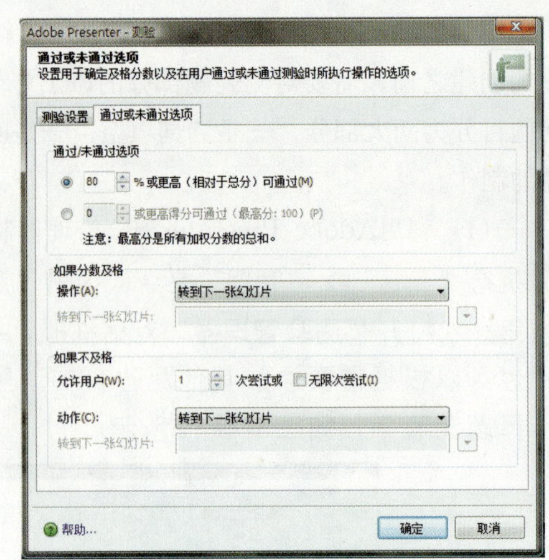

图5-4-16　测验通过条件设置

（2）添加问题

01 在添加测验后，应该继续添加问题，点击“添加问题”按钮。在Adobe Presenter中，可以在演示文稿中添加6种不同类型的问题，如选择题、填空题、对错判断题、匹配题、简答题、评价等级题（Likert）等，每种问题都包含不同的选项。在这里添加“选择”问题类型，并设置题目为评级问题，即答案有正误之分，如图5-4-17所示。

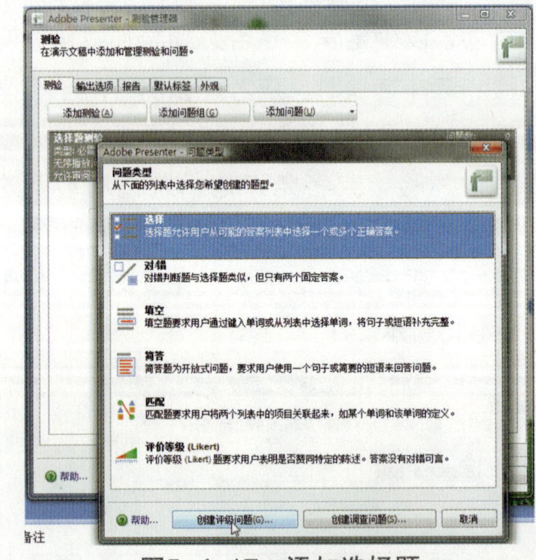

图5-4-17　添加选择题

02 输入选择题的名称及相应的选项、正确答案等。在“问题”选项卡中接受默认的名称，或者在“名称”文本框中输入新名称，名称将显示在演示文稿的问题幻灯片中。在“问题”文本框中，键入希望在幻灯片中显示的多选题（“问题”文本框不能为空）；在“得分”文本框中，键入分配给此问题的分数（或使用向上和向下箭头指定分数），指定分数可强调问题的相对重要性。在“答案”区域，单击“添加”按钮并输入备选答案（一个多选题至少必须有两个答案）；如果有必要，单击“删除”按钮，从列表中删除某个答案；选择正确答案旁边的单选按钮，如图5-4-18所示。

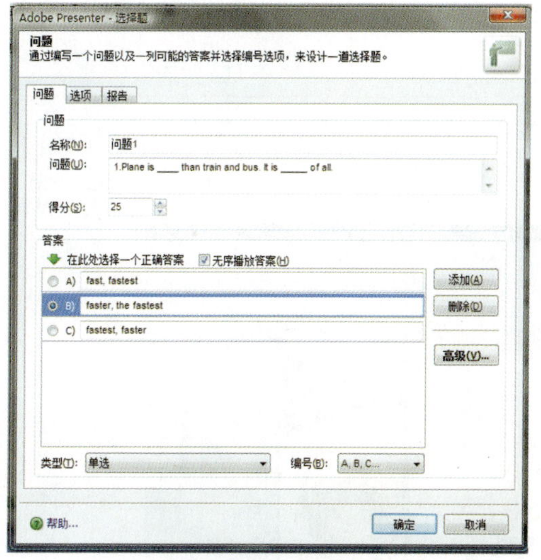

图5-4-18 输入题目及答案

03 在Adobe Presenter中，可以为每个答案设置及时的反馈。单击“高级”按钮，设置各个问题的选项，如自定义反馈消息、特定操作或音频等，以本题中的A选项为例进行相关设置，如图5-4-19所示。在这里还可以对每个答案的反馈进行录音，即在对话框中的“播放音频剪辑”中进行相关设置，操作较为简单，这里不再赘述。

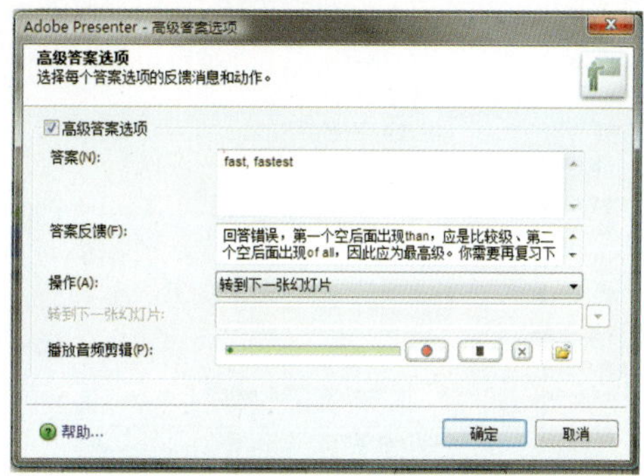

图5-4-19 选择题高级设置

（3）对问题进行相关设置

01 在“选项”选项卡中可以对问题进行相关设置，如图5-4-20所示，在“类型”旁的下拉列表中选择问题类型，“评级”或“调查”；勾选“显示清除按钮”复选框，可以在问题幻灯片中显示一个按钮，学生单击此按钮即可清除自己的答案并从头开始。

02 在“如果答案正确”区域，设置下列选项。

操作：选择回答正确时执行的操作。可以切换到下一张幻灯片、跳转到演示文稿中的另一张幻灯片或者显示网页。如果选择显示网页，在“打开URL”文本框中键入地址，然后指定显示网页的位置。

显示正确消息：勾选此复选框，可以在学生提供正确答案时显示一条文本消息。如果不想为正确答案提供任何反馈，可取消选择此选项。

03 在“如果答案错误”区域，设置下列选项。

允许用户[#]次尝试：点击箭头或直接在文本框中键入数值，指定在执行另一操作前允许用户尝试的次数（“尝试”是指学生打开并查看问题幻灯片）。这里将尝试次数设置为“1”，可在学生先退出、然后再次尝试进入测验的情况下防止继续操作。

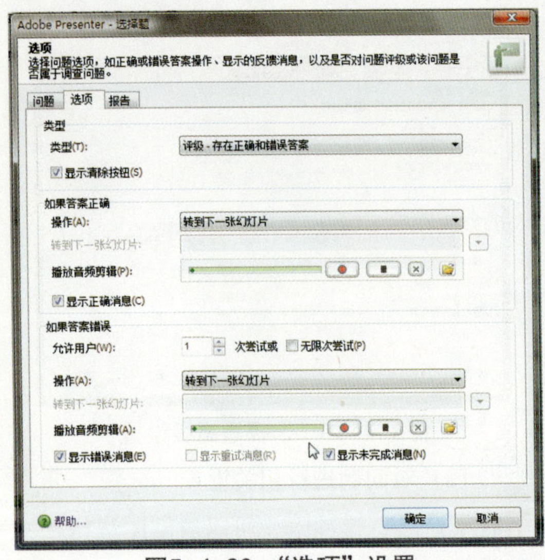

图5-4-20 “选项”设置

测验试题的设置总体过程如上所述，可以按照以上步骤继续增加题目等。

(4) 导入听力文件

Adobe Presenter可在PPT文件中添加音频等内容。通过Adobe Presenter的音频功能，声音可像PPT文件组成部分一样富有个性、方便灵活。教师可以录制自己的音频文件或导入现有文件，录制的文件以MP3格式进行保存，导入的音频文件格式可以为WAV或MP3，当发布PPT时文件均被转换为 MP3格式。

在第二部分听力练习测试中，需要导入听力文件，使用Adobe Presenter导入音频的具体操作如下。

01 执行“音频” > “导入”命令。

02 选择要导入音频文件的幻灯片。

03 单击“浏览”按钮，浏览到要在幻灯片中添加的音频文件（WAV 或 MP3），如图5-4-21所示。选中音频文件，然后单击 “打开” 按钮，完成音频文件的导入。

当导入音频文件后，PPT文件中并不直接显示，而需要将PPT文件发布后或通过“编辑音频”来查看。

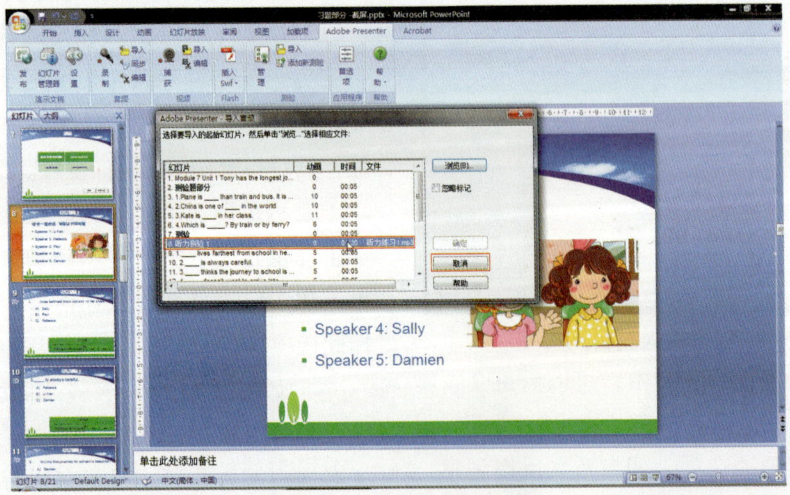

图5-4-21 导入音频文件

04 教师可以通过执行“音频” > “编辑”命令，在弹出的“编辑音频”面板中将导入的声音文件进行一定的编辑，例如，插入一段静音或者对音频文件进行剪辑等。这里在幻灯片开始时插入了一段静音，学生在点开此页几秒后会出现声音，具体操作如图5-4-22、图5-4-23所示。

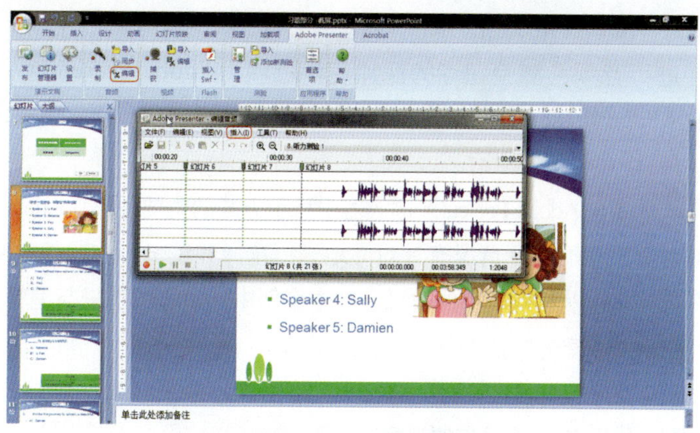

图5-4-22　编辑音频

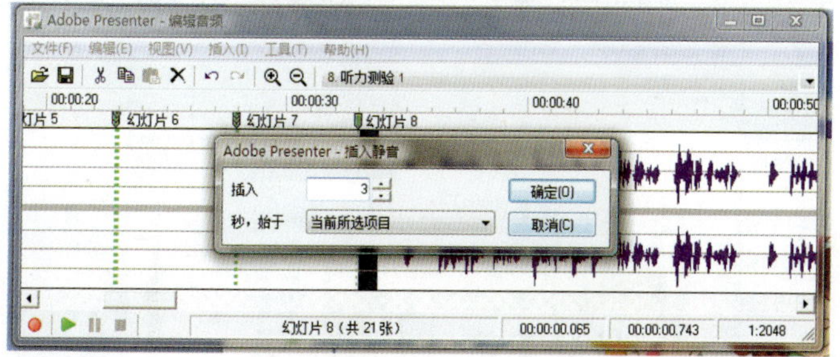

图5-4-23　插入静音

（5）设计发布文档

①添加教师标志。

教师可添加显示在Adobe Presenter查看器中的自定义标志，既可以设计演示文稿，也可以展现教师信息，以增强学生的学习体验。

01 执行“首选项”命令。

02 在弹出的“首选项”面板中单击“添加”按钮，在弹出的“演示者”对话框中对相关信息进行设置，其中可以添加教师的照片、课程信息等相关内容，操作简单方便。这里添加的是本节课的内容信息，如图5-4-24所示。

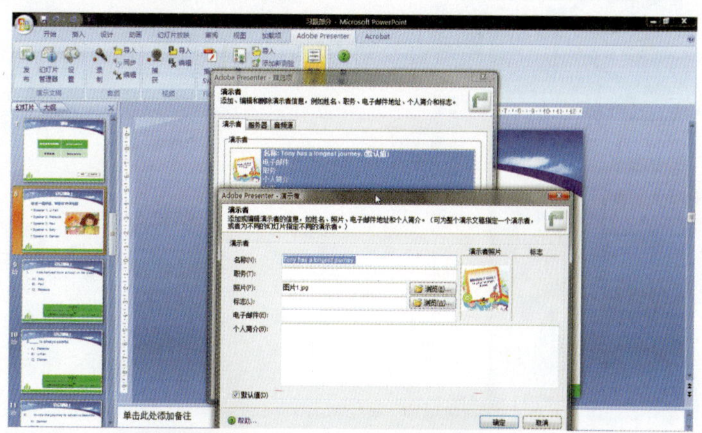

图5-4-24　添加教师标志

②设置Adobe Presenter发布文档。

在对PPT文件进行音频、测验题等的添加后，可以为Adobe Presenter发布文档进行进一步设置，从而优化Adobe Presenter发布文档。这一部分功能均在Adobe Presenter菜单中的“设置”操作下进行。

主题是设计演示文稿在 Adobe Presenter 播放器中显示方式的主要手段。Adobe Presenter本身自带了一些主题，教师也可以根据实际情况有针对性地进行选择和编辑。主题随时都可以添加，教师还可以尝试使用不同的主题以获得所需的效果。在本案例中，主题的选择与编辑如图5-4-25所示。

01 执行“演示文稿”>“设置”命令。

02 在弹出的“演示设置”面板中，选择“外观”选项卡，单击“主题编辑器”按钮，在弹出的“主题编辑器”面板中进行相应的设置。

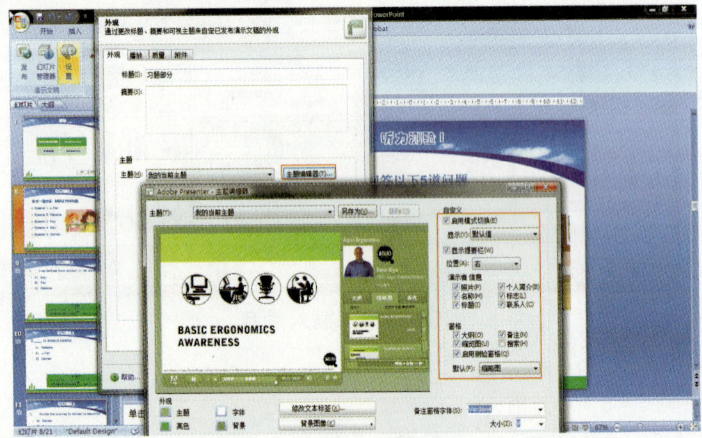

图5-4-25 设置Presenter发布文档

03 在“播放”选项卡中，可以控制幻灯片是否自动播放。这里不采用自动播放形式，将“启动时自动播放”复选框取消，即需要学生点击开始才进行播放。Adobe Presenter默认每页幻灯片的播放时间为5秒，这里也可以根据实际情况进行更改。在本案例中设置每页的播放时间为3秒，如图5-4-26所示。

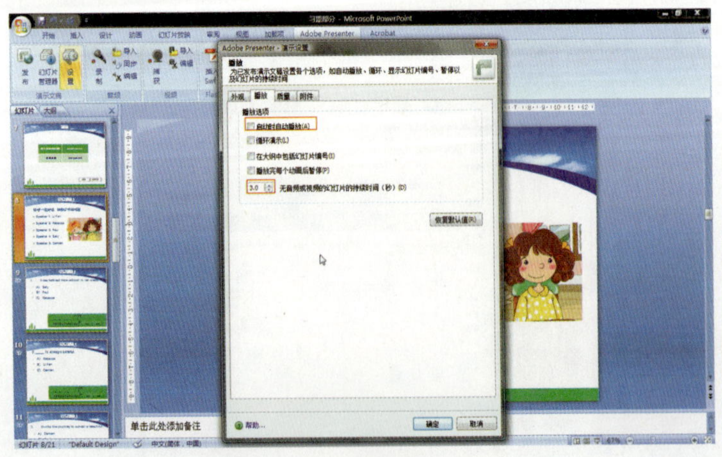

图5-4-26 设置播放选项卡

③幻灯片管理。

在默认情况下，PPT文件中的幻灯片会自动换片。教师可以更改默认设置，在仅当学生单击“下一张”按钮时才前进单张幻灯片。利用Adobe Presenter菜单中的“幻灯片管理器”选项可以进行相应的操作。教师可以选择将自己在“首选项”中设置的教师信息添加到指定的幻灯片中，也可以对每一页幻灯片后的分支路径进行选择，还可以查看每页幻灯片中的多媒体信息等。在本案例中，执行“演示文稿”>“幻灯片管理器”命令，在弹出的“幻灯片管理器”面板中单击 “全选”按钮，再单击“编辑”按钮，弹出“编辑多个幻灯片”对话框，可以将“演示者”设置为先前预设在首选项中的内容，并勾选“用户自行换片” 复选框，即每一页幻灯片结束后，需要学生点击才展示下一页内容，如图5-4-27所示。

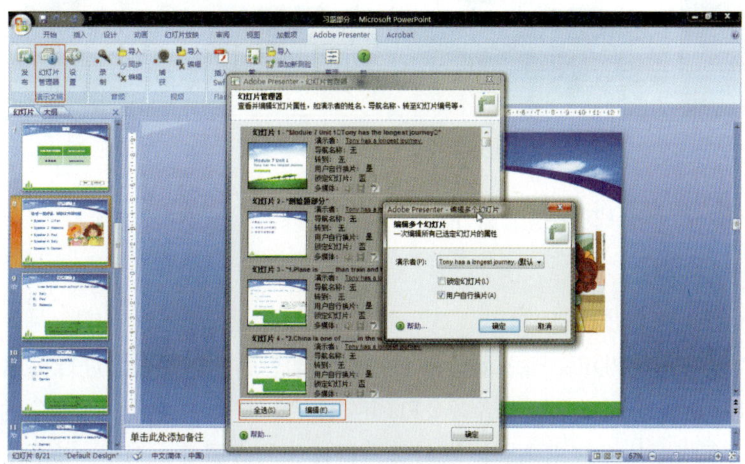

图5-4-27　设置用户自行换片

（6）演示文稿的发布和查看

Adobe Presenter可以将演示文稿以三种方式进行发布，即在本地发布、发布成PDF以及发布到Connect Pro Server，本案例选择发布为PDF，即将系列文件均打包在PDF中，方便教师和学生使用，如图5-4-28所示。

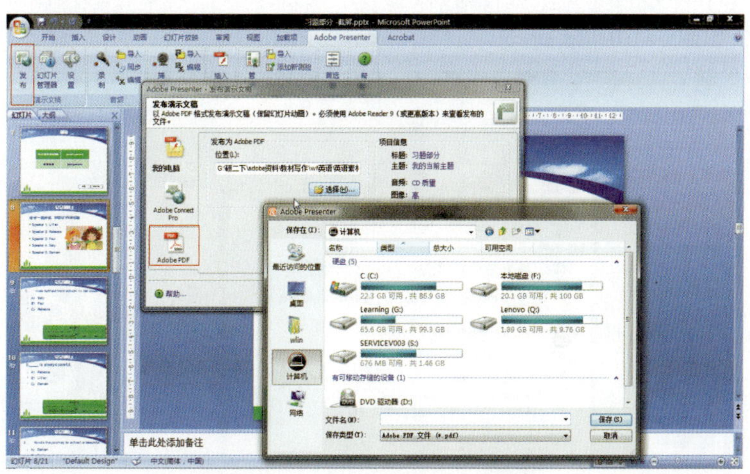

图5-4-28　发布PPT文件为PDF

发布结束后，可以对PDF文件进行预览，效果如图5-4-29所示。

图5-4-29　发布效果预览

3.利用Adobe Acrobat制作精美课件

（1）创建PDF文档

①对 PPT文档进行初步设计。

在将PPT文档转化为PDF文档之前，需要按照教学思路对PPT文档进行构思及初步设计，如插入空白PPT页面，在页面中插入音频及Flash文件等。需要在词汇学习部分的点击图片播放单词音频文件页面将图片提取出来，以供后续进行按钮的设置等。对于本案例，对PPT文件的具体设计可参见“英语课件.ppt”文件。

②将PPT文档转换为PDF文档。

在安装了Adobe Acrobat Pro后，Microsoft Office软件的菜单栏中会出现Acrobat图标，由此可以将PPT文档转化为PDF文档。在对演示文稿进行初步设计后，将PPT文档转换为PDF文档，以供后续在Adobe Acrobat中进行编辑。执行“创建PDF”命令，选择存储位置，并单击“保存”按钮，如图5-4-30所示。

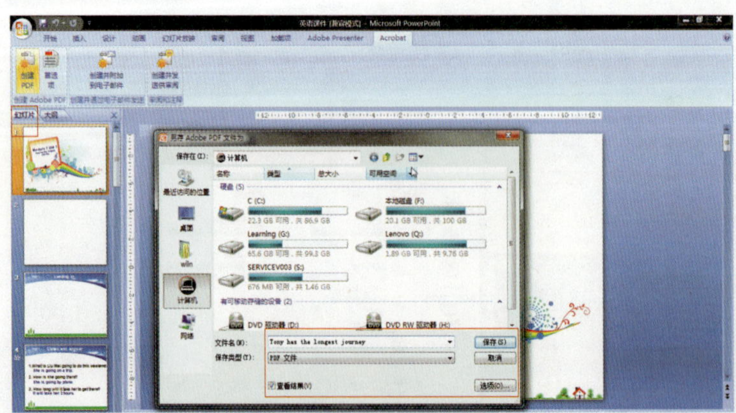

图5-4-30　将PPT文件转化为PDF文件

(2) **页面控制**

单击本课件第一页时，课件自动切换至全屏播放。这种效果是对页面属性进行了相应的设置，具体操作如下。

01 执行"视图" > "导览面板" > "页面"命令，如图5-4-31所示，弹出"页面导览"面板。

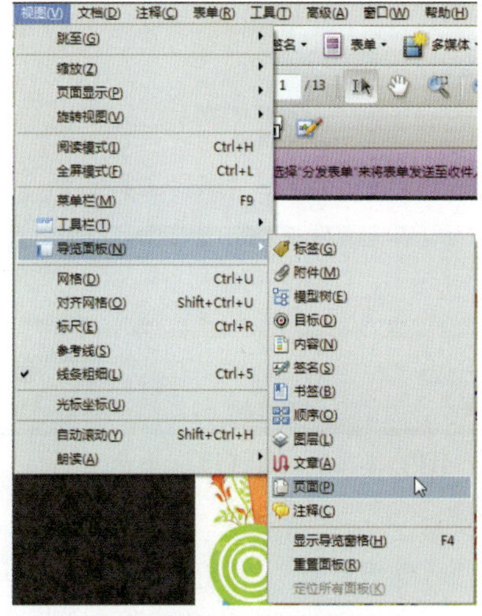

图5-4-31　选择命令

02 在页面视图中选中第一页，用鼠标右键单击，在弹出的快捷菜单中选择"页面属性"命令，如图5-4-32所示。

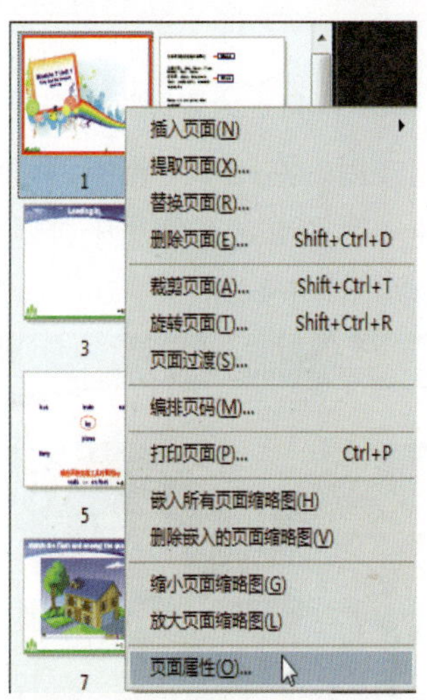

图5-4-32　选择"页面属性"命令

03 弹出"页面属性"对话框，在"动作"选项卡中的"选项动作"右侧下拉列表中选择"执行菜单项"选项，如图5-4-33所示。

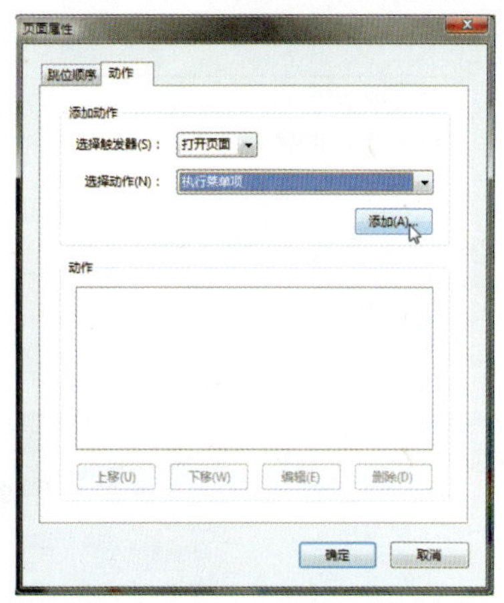

图5-4-33　选择"执行菜单项"选项

04 添加具体菜单项为"窗口 > 全屏模式"，如图5-4-34所示。

05 进行了以上设置后，即可以点击页面实现全屏播放。

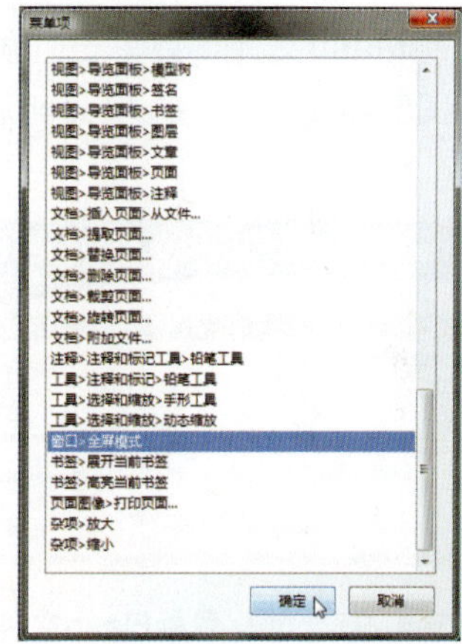

图5-4-34　选择"窗口 > 全屏模式"菜单项

(3) **添加多媒体效果**

①插入Flash文件。

添加视频、声音和交互内容，会将PDF文档转换为多媒体课件制作平台，提高文档的交互性和参与性，提升学习者的学习兴趣。这里主要讲解在PDF文档中插入Flash及声音文件。在"Watch the flash and answer the questions："页面中，需要插入一段Flash。

01 执行“多媒体”>“Flash工具”命令，单击鼠标在页面中拖动出一个区域，如图5-4-35、图5-4-36所示。

图5-4-35 选择Flash工具

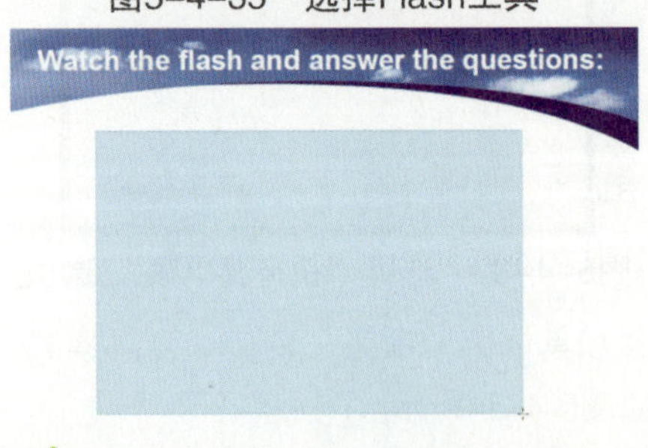

图5-4-36 放置Flash区域

02 插入目标Flash文件，并单击“确定”按钮，如图5-4-37所示，插入Flash后的效果如图5-4-38所示。

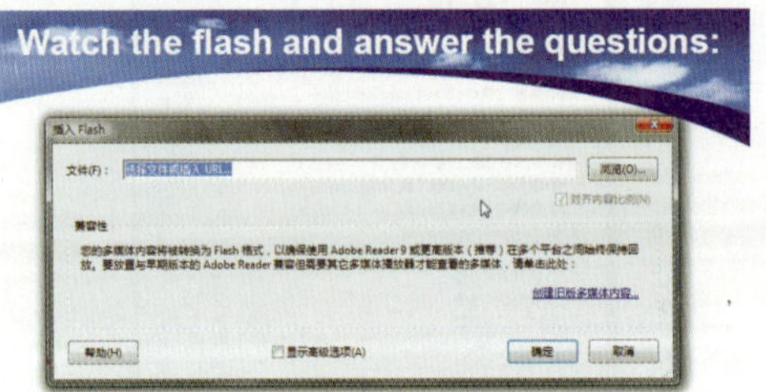

图5-4-37 浏览目标Flash文件

图5-4-38 插入Flash后效果

②插入声音文件。

在“leading in”页面中需要插入一段听力文件，以供学生回答后续问题。插入声音文件的方式和插入Flash文件类似。

01 执行“多媒体”>“声音工具”命令，如图5-4-39所示，在弹出的对话框（如图5-4-40所示）中进行设置。

图5-4-39 选择“声音工具”命令

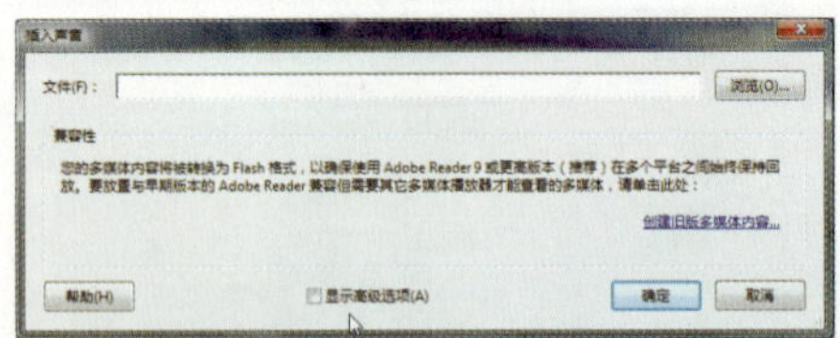

图5-4-40 浏览目标声音文件

02 可以对声音文件的外观进行设置，单击“显示高级选项”按钮，再单击“从文件创建海报”单选按钮，选择一张图片作为声音文件的外观，如图5-4-41所示。

图5-4-41 为音频设置外观

03 设置完成后，在PDF文档中即可点击图片对文件进行播放，在使用中可以控制播放进度，如图5-4-42所示。

图5-4-42 插入音频后的效果

③插入视频文件。

插入视频文件的方式与插入Flash及音频文件相类似。

01 执行“多媒体”>“视频工具”命令，插入事先利用Adobe Premiere进行抠像的教师视频，并可以对视频属性进行编辑，如设置播放控制按钮等，如图5-4-43、图5-4-44所示。

图5-4-43 选择“视频工具”命令

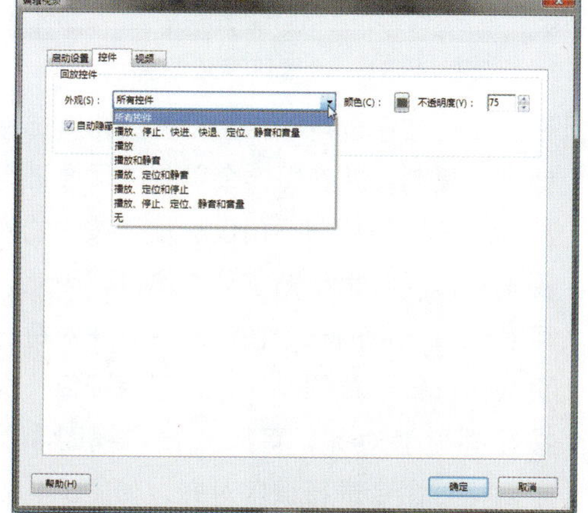

图5-4-44 设置视频外观

02 设置完毕，插入的视频效果呈现如图5-4-45所示。

图5-4-45 插入视频后的效果

(4) 交互性设置

①导航按钮设置。

为了使学生在使用课件的过程中能够迅速地进行跳转及选择学习路径，因此，每一个页面中都设置有“上一页”、“下一页”和“主页”按钮。

01 放置三个按钮，分别对其属性动作进行设置。全选三个按钮，用鼠标右键单击，在弹出的菜单中选择“对齐方式”命令，对按钮进行对齐设置，可以使三个按钮上对齐、水平均分，如图5-4-46所示。

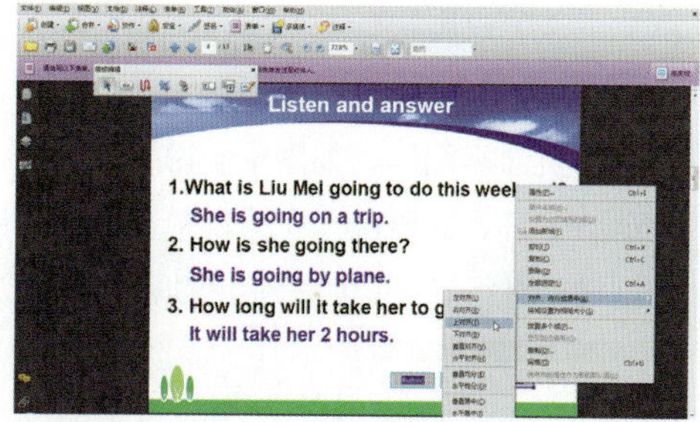

图5-4-46 排列按钮

02 对标签的显示文字进行修改。用右键单击标签的显示文字，在弹出的菜单中选择“属性”命令。在“选项”选项卡中，在“标签”右侧输入“上一页”，则关闭后按钮的外观显示为“上一页”，如图5-4-47所示。

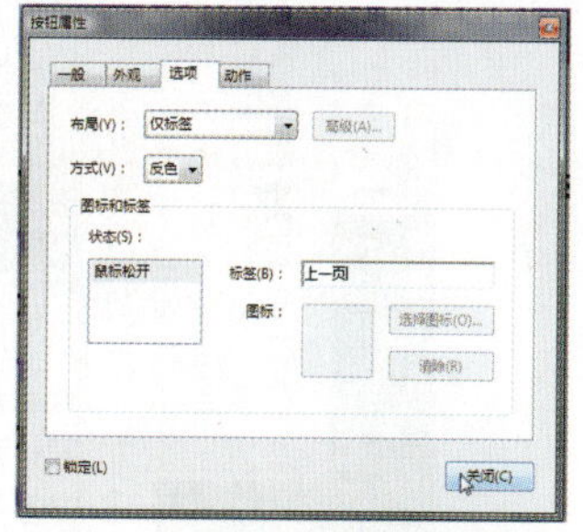

图5-4-47 设置按钮标签

03 单击“动作”选项卡，选择执行菜单项为“视图>跳至>上一页”，即点击按钮执行的是跳转至上一页的效果。“下一页”按钮的设置同“上一页”按钮的设置，设置结果如图5-4-48所示。

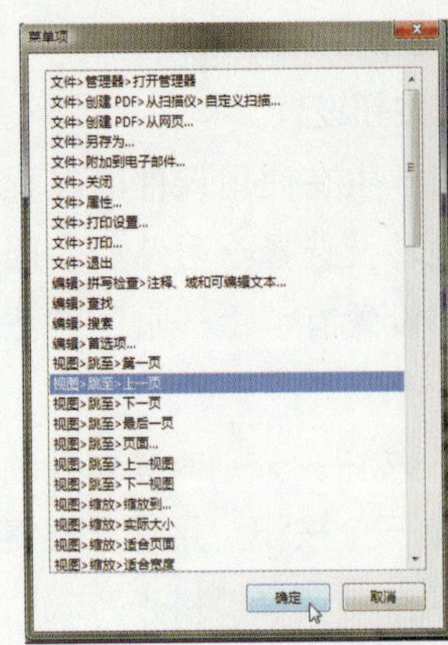

图5-4-48　设置按钮动作

04 对于“主页”按钮的动作设置与“上一页”、“下一页”有所不同，需要将其设置为直接跳转到某一页面，因此，选择动作为“跳至页面视图”，如图5-4-49所示。使用滚动条等工具选择目标视图，单击“设置链接”按钮进行确认，如图5-4-50所示。

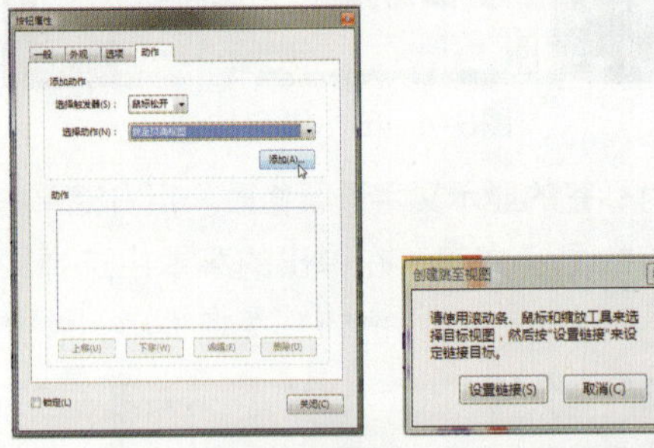

图5-4-49　选择按钮动作 图5-4-50　创建跳至视图

05 为使在每一个页面中点击“主页”按钮后返回主页的效果仍为全屏播放，需要设置屏幕的缩放比例，在“缩放”右侧的下拉列表中选择“承前缩放”选项，即可实现全屏效果，如图5-4-51所示。

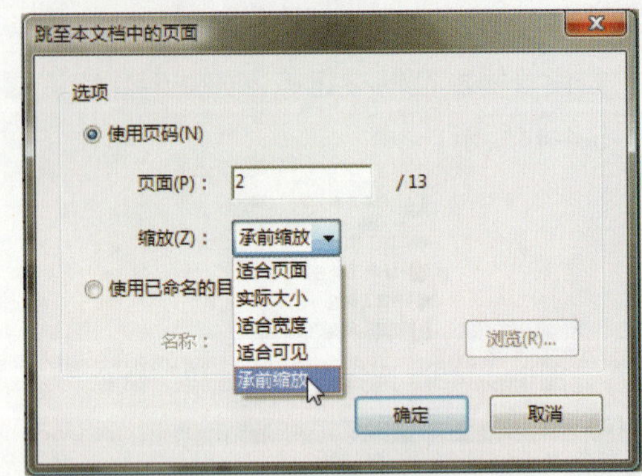

图5-4-51　设置页面承前缩放

06 在对三个按钮进行了相关设置后，全选按钮进行复制，并在每一个需要的页面进行粘贴。这里的粘贴不仅仅粘贴了按钮的外观本身，同时也粘贴了动作属性，因此，可实现每一页的三个按钮效果。在对每一页按钮进行设置的时候，为了保证每一页按钮都能够对齐，可以执行“视图”>“网格”命令进行调整对齐，如图5-4-52所示。

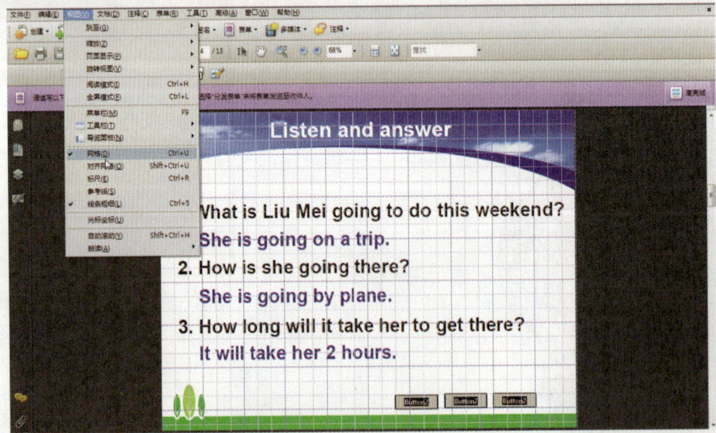

图5-4-52　选择“网格”命令

在课件主页部分的“语法重点”、“词汇重点”、“句型重点”等均利用的是按钮的属性，故不再赘述。

②按钮控制声音文件。

如果要实现点击图片播放声音，除了按照前面讲过的插入音频的方法，还可以利用按钮控制声音文件的播放。这里以“bus”单词的控制为例。

01 首先需要在页面中“bus”单词的上方插入一段音频文件，并将其外观设置为“无”，与之前按钮的设置相同。在声音文件上放置一个按钮，如图5-4-53所示，在“按钮属性”对话框中，设置“布局”为“图标在上，标签在下”；在“图标和标签”选项区输入“标签”为“播放”，设置“图标”为bus对应的图片，此操作的意义是让学生点击图片播放声音文件，如图5-4-54、图5-4-55所示。

图5-4-53 添加按钮

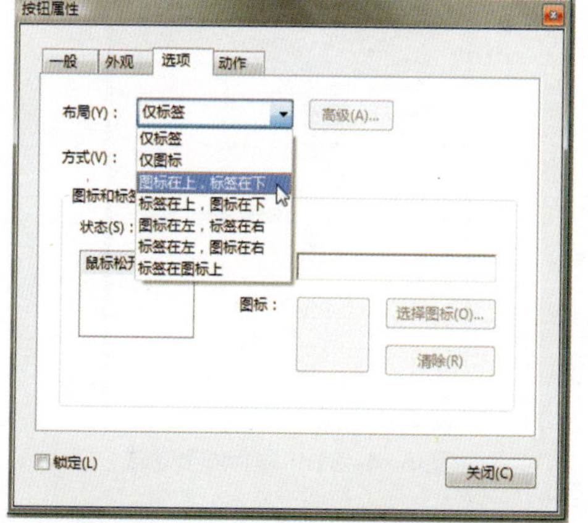

图5-4-54 选择按钮布局

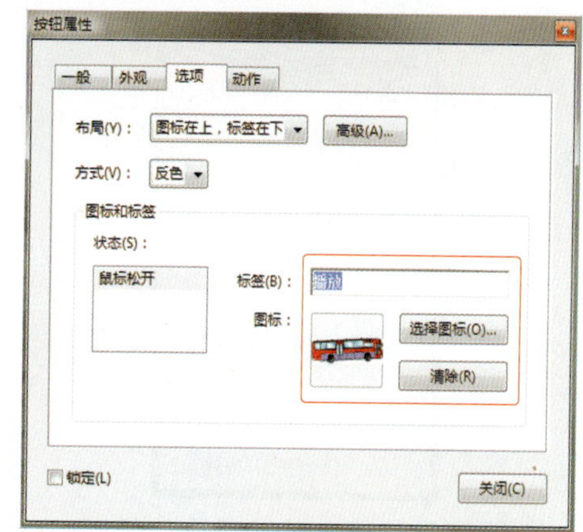

图5-4-55 设置标签和图标

02 利用按钮控制声音文件的播放，需要对“按钮属性”对话框中的“动作”选项卡进行设置。在“选择动作”下拉列表中选择“多媒体操作（Acrobat 9和更高版本）”选项，如图5-4-56所示，单击“添加”按钮，选择已经置入的声音文件；在“动作”下拉列表中选择“播放”选项，如图5-4-57所示，即可实现点击按钮图片播放声音文件的效果。

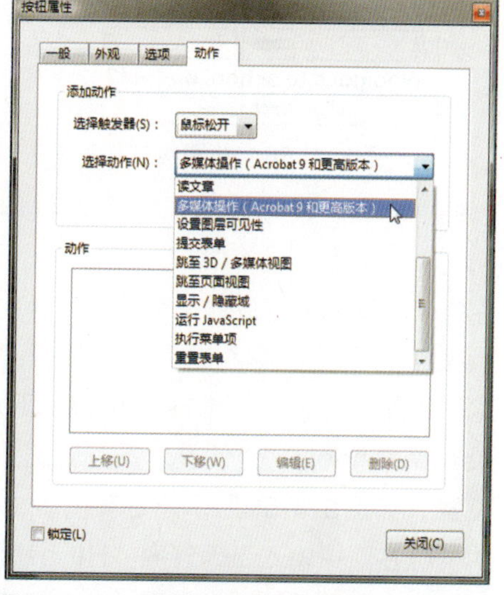

图5-4-56 选择“多媒体操作（Acrobat 9和更高版本）”选项

图5-4-57　选择“播放”选项

③控制页面内容的显示和隐藏。

在本案例资源Captivate源文件第8页的回答问题部分单击“答案”和“复习”按钮，可以分别实现对问题答案的显示和清除。这里用到的是利用按钮控制内容的显示与隐藏。单击“选择工具”可见此页面中“答案”、“复习”和四个问题的答案部分均为按钮，如图5-4-58所示。

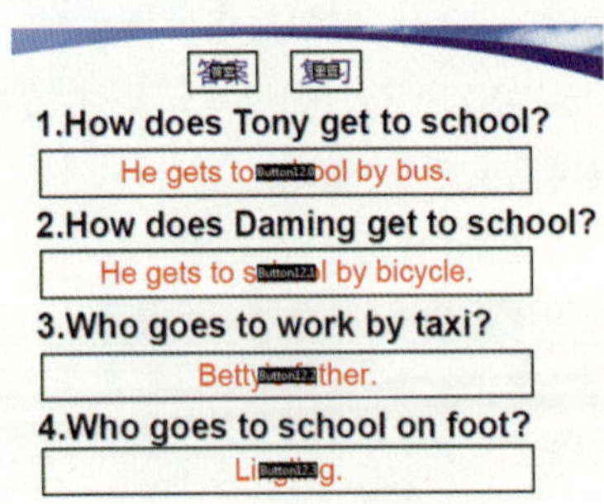

图5-4-58　放置按钮

为实现这一页的效果，需要进行如下操作。

01 在每个问题的下方放置一个按钮，并在每个按钮的标签中输入题目的正确答案。这里以第一个问题“1.How does Tony get to school?”为例展示其答案的按钮设置，如图5-4-59所示。在第一个按钮的“标签”中输入正确答案“He gets to school by bus.”。接下来依次为每个问题设置答案按钮，方法同上。

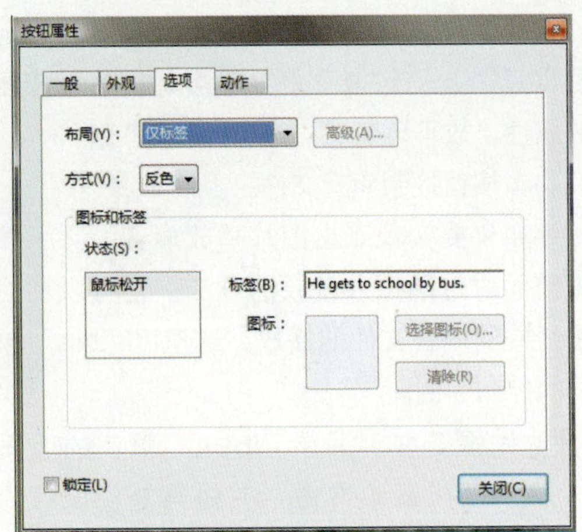

图5-4-59　设置按钮属性

02 在页面的上方放置两个按钮，分别设置其标签为“答案”和“复习”，并将按钮属性的“外框颜色”和“填充颜色”设置为“无”，如图5-4-60所示。

图5-4-60　设置“答案”和“复习”按钮

03 用鼠标右键单击“答案”按钮，在弹出的菜单中选择“属性”命令，在弹出的对话框中选择“动作”选项卡，将“选择动作”设置为“显示/隐藏域”，如图5-4-61所示，单击“添加”按钮。

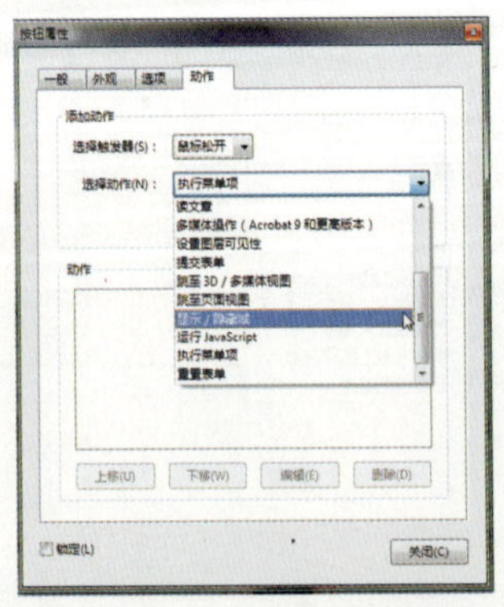

图5-4-61　显示/隐藏域

04 分别添加将在页面单击“答案”按钮时需要显示的内容域，如图5-4-62所示。

图5-4-62　选择需要显示的域

05 “复习”按钮的设置与“答案”按钮的设置相似，但是在“显示/隐藏域”对话框中需要单击“隐藏”单选按钮，如图5-4-63所示。

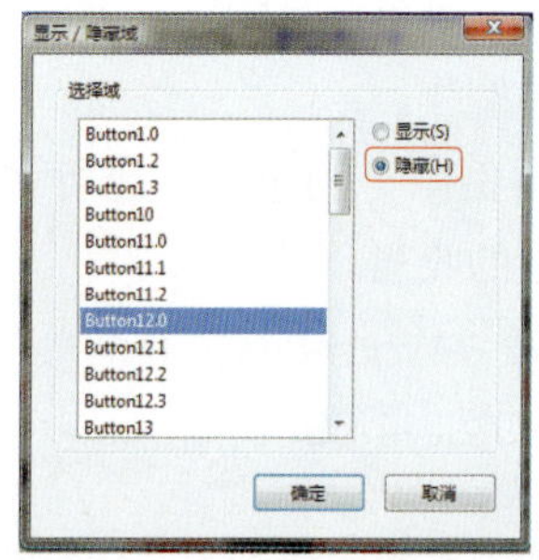

图5-4-63　单击“隐藏”单选按钮

（5）文档的加密保护

可以通过口令限制其他人打开、打印和编辑 Adobe PDF文档。对文档进行加密的具体操作如下。

01 执行“高级”＞“安全性”＞“使用口令加密”命令，设置有口令加密的PDF文档需要用口令开启，或需要口令更改/删除受限操作，如图5-4-64～图5-4-66所示。

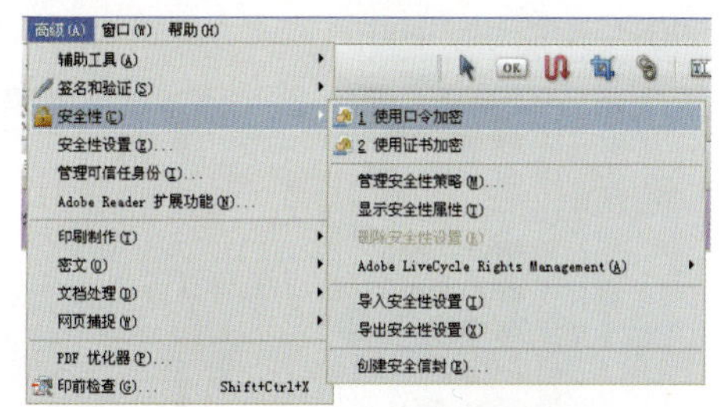

图5-4-64　设置安全性

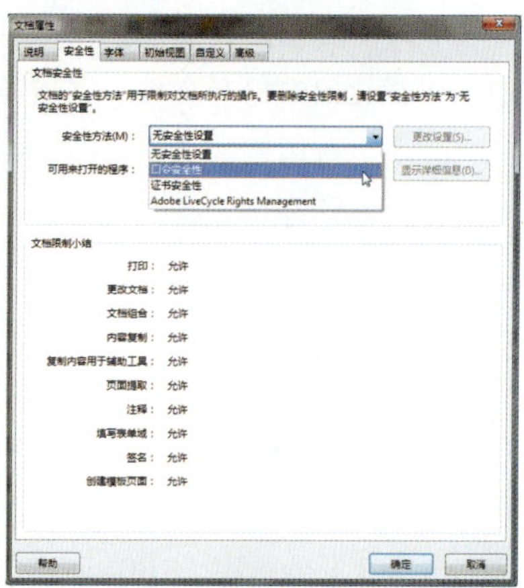

图5-4-65　选择“口令安全性”选项

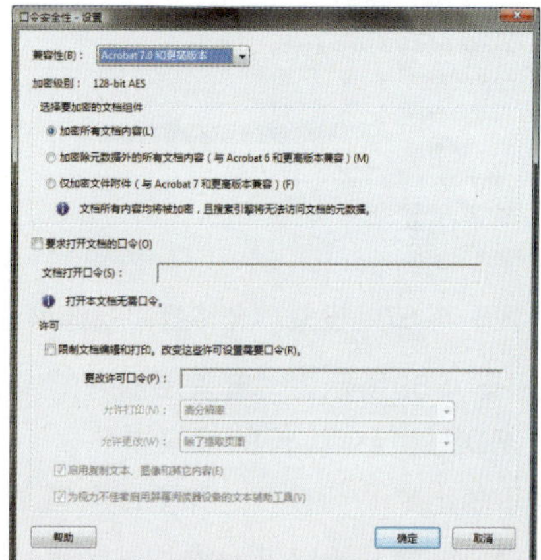

图5-4-66　“口令安全性-设置”对话框

“兼容性”设置用于打开口令保护的文档的加密类型。“Acrobat 3和更高版本”选项使用低加密级别（40-bit RC4），而其他选项使用高加密级别（128-bit RC4或AES）。使用 Adobe Acrobat 较早版本的用户无法打开具有更高兼容性设置的PDF文档。例如，如果选择“Acrobat 9 和更高版本”选项，文档无法在 Acrobat 8.0或早期版本中打开。

02 本课件中不允许随意对文档进行更改，因此，选择“限制文档编辑和打印，改变这些许可设置需要口令。”选项，限制对PDF文件安全性设置的访问。如果在Adobe Acrobat中打开文件，可以查看文件，但必须输入指定的许可口令才能更改文档的安全性和许可设置。如图5-4-67所示，“允许打印”指定允许用于 PDF 文档的打印级别。“无”表示禁止用户打印文档；“低分辨率（150 dpi）”表示允许用户以不高于150 dpi的分辨率进行打印；“高分辨率”允许以任意分辨率打印。本案例中选择“低分辨率（150 dpi）”，如图5-4-67所示。

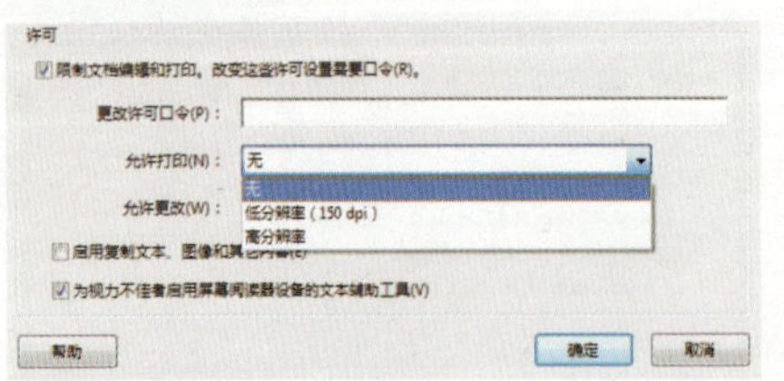

图5-4-67 设置“允许打印”选项

03 如图5-4-68所示，“允许更改”定义允许在 PDF文档中执行的编辑操作。“无”表示禁止更改列在“允许更改”菜单中的文档，如填写表单域、添加注释等；“插入、删除和旋转页面”允许插入、删除和旋转页面，以及创建书签和缩览图；“填写表单域和签名现有的签名域”允许填写表单并添加数字签名；“注释、填写表单域和签名现有的签名域”允许添加注释和数字签名并填写表单；“除了提取页面”允许编辑文档、创建并填写表单域、添加注释并添加数字签名。本案例选择“无”选项，即不允许对案例进行更改。

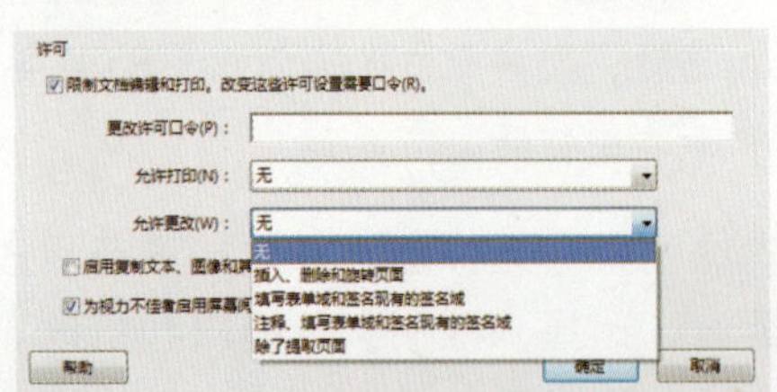

图5-4-68 设置“允许更改”选项

（6）用Acrobat 9 Pro制作表单“小组练习”

PDF表单可以是普通的带有空白表单域的PDF，也可以是交互的PDF。普通的PDF是一种可以打印的、方便手工填写和人工发送的表单。交互表单是可以在计算机中填写并可以通过因特网或本地网络连接提交的表单。交互表单会简化提供所需数据的工作。电子提交表单也可以在接收端节省劳力，因为很多来自个人的数据可以被设置为自动处理。可以扫描纸质表单，也可以转换为其他格式的电子表单为交互的PDF表单。利用Adobe Acrobat的表单功能，可以简化填写表单过程并收集表单信息的交互表单。

①表单制作。

在本案例中，利用表单进行课后小组练习问题答案的收集。

01 首先需要在Word中将已有信息和问题排列完成，如图5-4-69所示。

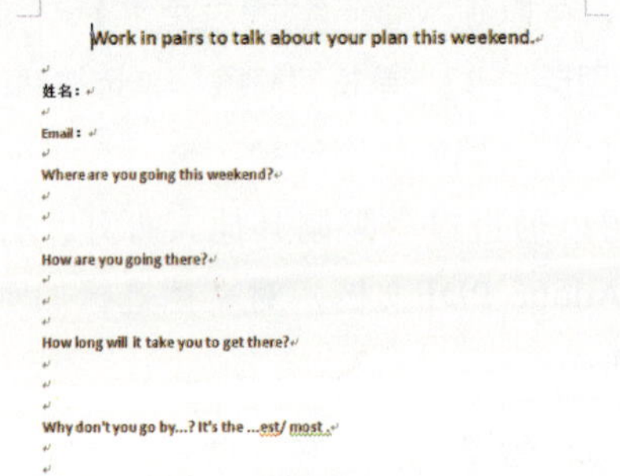

图5-4-69 利用Word对问题排版

02 在Adobe Acrobat中进行表单的制作，执行“表单”>“启动表单向导”命令，如图5-4-70所示。

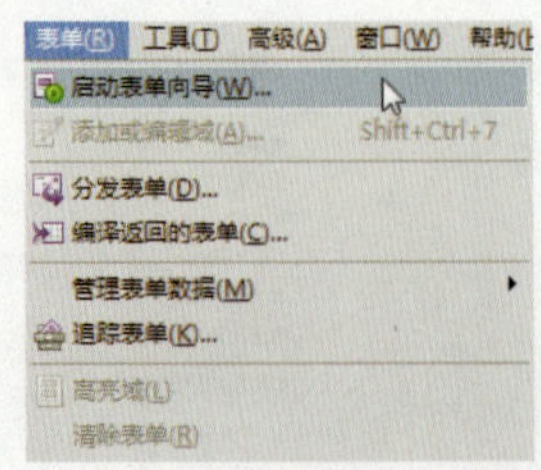

图5-4-70 启动表单向导

03 在“创建或编辑表单”对话框中单击“现有的电子文档”单选按钮，单击“下一步”按钮，如图5-4-71所示，选择上一步骤中已保存的Word文档，并单击“下一步”按钮，则Adobe Acrobat会将Word文档转换为PDF文档并对相应的域范围进行识别。

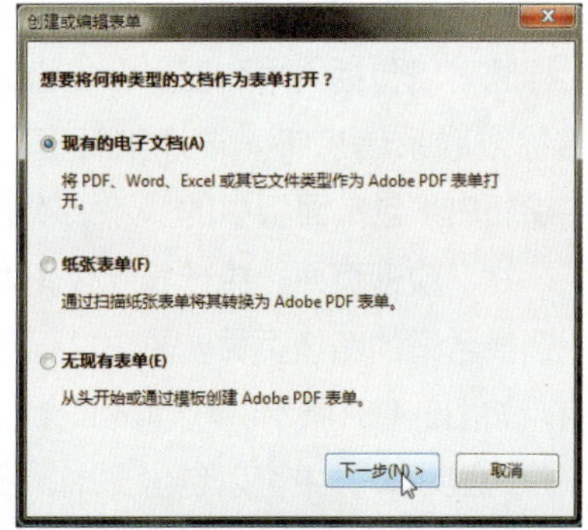

图5-4-71　单击“现有的电子文档”单选按钮

04 在希望学生作答的位置放置域，单击“文本域”按钮，如图5-4-72所示，在相应位置放置文本域。为使需要的域整齐、统一，可以在放置一个域后用鼠标右键单击域，在弹出的菜单中选择“放置多个域”命令，并按照需求在弹出的对话框中进行相应的设置，如图5-4-73所示。

图5-4-72　文本域按钮

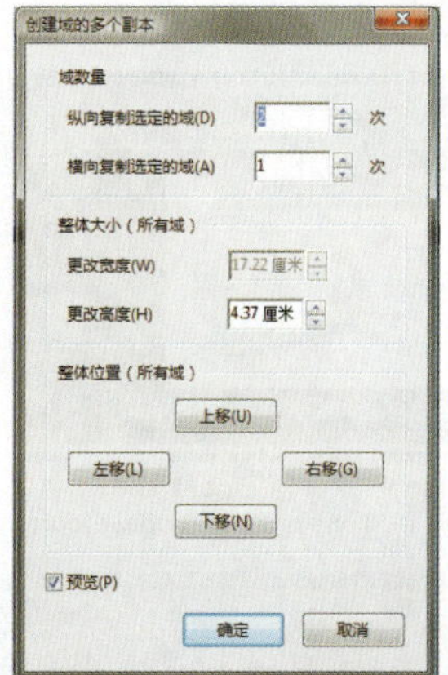

图5-4-73　放置多个域

05 可以通过用鼠标右键单击域，在弹出的菜单中选择“属性”>“外观”命令为域设置外框颜色，这里选取绿色作为外框颜色。单击工具栏中的“预览”按钮，如图5-4-74所示，对设置完成后的效果进行预览，如图5-4-75所示。

图5-4-74　预览按钮

Work in pairs to talk about your plan this weekend.

姓名:

Email:

图5-4-75　效果预览

06 对表单中下半部分需要学生作答的部分按照以上步骤进行域的设置，表单最终制作效果如图5-4-76所示。

Work in pairs to talk about your plan this weekend.

姓名:

Email:

Where are you going this weekend?

How are you going there?

How long will it take you to get there?

Why don't you go by...? It's the ...est/ most .

图5-4-76　表单效果

②数据收集。

在让学生通过表单提交答案后，可以快速通过Adobe Acrobat进行表单数据的收集.

执行“表单”>“管理表单数据”>“合并数据文件到电子表格”命令，如图5-4-77所示，选择已作答的PDF表单文件，最终导出“.CSV”格式的数据文件，并可以由Excel打开。

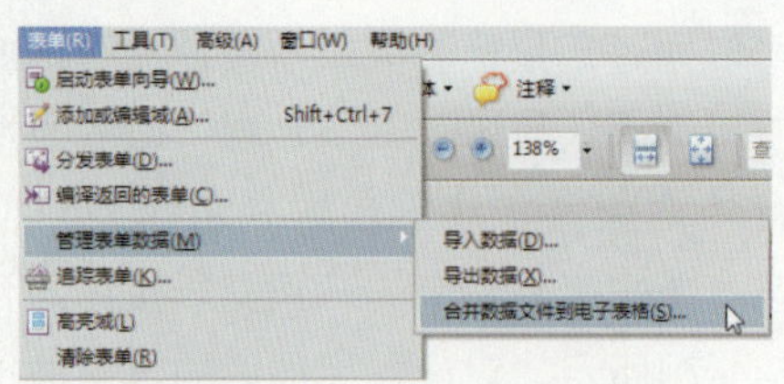

图5-4-77 表单数据收集

(7) 利用Adobe Acrobat对教学资源进行封装PDF包的制作

PDF包可以快速将某个项目的所有文件组合到单个 PDF 包中。这些文件可以包括文本文档、电子邮件、电子表格、CAD 绘图、PowerPoint 演示文稿、视频、PDF 文档等。在本案例中，将利用PDF包将PDF课件、PPT课件及课件素材资源全部封装于PDF包中，以方便教师对资源的修改和重用，深化基于学习对象的教学资源设计观点。

①创建PDF包。

在 Adobe Acrobat 中，执行“文件” > “创建PDF包”命令。

②添加文件到PDF包。

在“PDF包”工具栏中单击“修改” > “添加文件”按钮，将PDF课件、PPT课件及课程资源素材添加进来，如图5-4-78、图5-4-79所示。

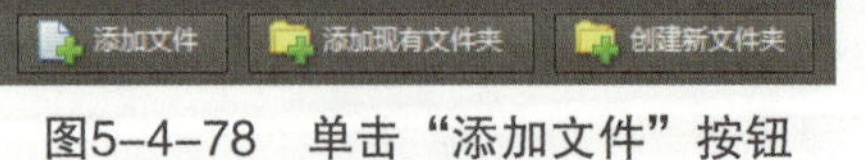

图5-4-78 单击“添加文件”按钮

图5-4-79 添加文件的效果

③编辑PDF包。

01 选择布局。在“编辑PDF包”面板中选择“旋转”布局，如图5-4-80所示。

图5-4-80 选择“旋转”布局

02 添加欢迎页面。教师可以在页面的顶部应用欢迎页面和标题，使PDF包具有一致的外观。标题可以包括文本和图形，如徽标、单位名称或联系信息等。要添加标题，请单击“编辑PDF包”面板中的“添加欢迎和标题”，在“欢迎页面”中选择“仅图像”选项，选择合适的图像页面，单击“已完成”按钮，如图5-4-81所示。欢迎页面会在 PDF 包打开时显示，其中可以包含文本、图像或 Flash 动画（SWF 文件或 FLV 文件）等。

图5-4-81 添加欢迎界面

03 为PDF包设计标题。这里选择“简单文本”样式，输入本节课的主题内容“Module 7 Unit 1 Tony has the longest journey”，在下方可以对文本的格式（如字体、颜色、大小等）进行相应的设置，如图5-4-82所示。

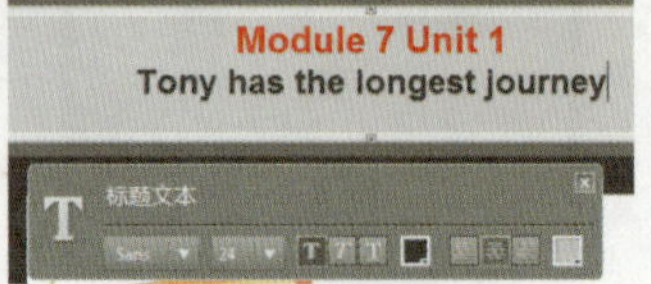

图5-4-82 添加标题

04 选择颜色方案。教师可以通过以下方式进一步自定义 PDF 包：选择要用于文本、背景以及显示组件数据的卡片的颜色。单击“选择一种颜色方案”卷展栏，单击教师要使用的方案的色板，或者单击“自定义颜色方案”，制定自己的方案。要创建自定义颜色方案，应选择用于每种类别的颜色，如主要的文本颜色等。在本案例中选择颜色方案为红色，如图5-4-83所示。

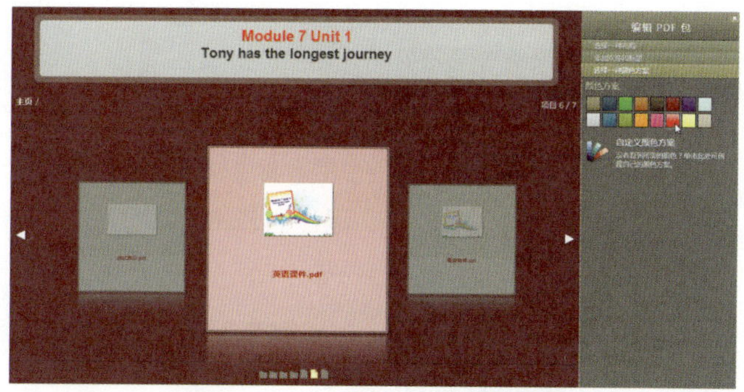

图5–4–83　选择一种颜色方案

05 指定文件详细信息。“文件详细信息”视图以表格形式列出了PDF包中的组件文件。该视图包含文件说明、文件大小和修改日期等内容。教师可以自定义显示在“文件详细信息”视图中的内容，如图5-4-84所示。

06 发布 PDF 包。教师完成 PDF 包的制作后，可以通过电子邮件发布或在 Acrobat.com上将其共享，也可以将其刻录到 CD或 DVD 中，或像共享任何其他PDF文档一样将其发布。执行“文件”＞“保存包”命令。

07 从PDF包中提取或删除文件和文件夹。教师可以根据需要对封装于PDF包中的文件轻松地进行提取或者删除。在需要进行操作的文件上点击鼠标右键，在弹出的菜单中执行相关操作，如图5-4-85所示。

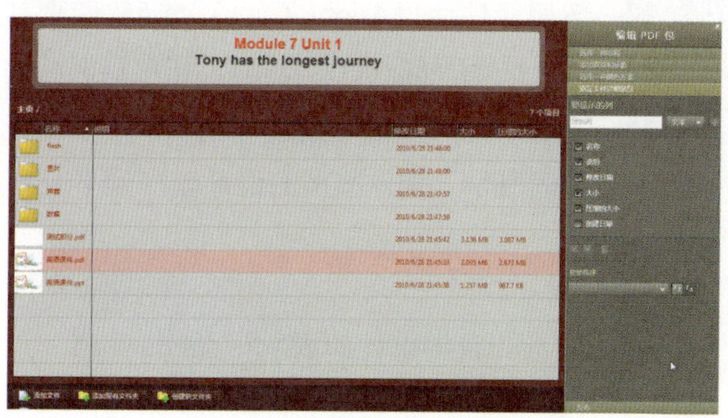

图5–4–84　指定文档详细信息

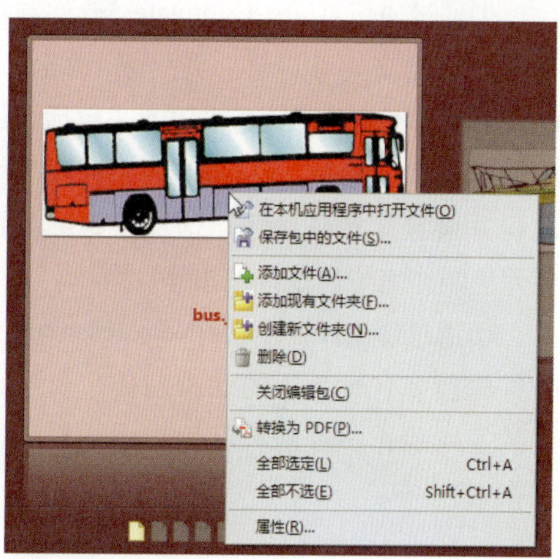

图5–4–85　提取或删除PDF包中的文件

5.5 物理案例——多普勒效应

本案例所涉及的相关资源，包括原始素材、源文件及发布后的效果，请参见教材配套光盘《物理案例资源》。

5.5.1 案例的来源

“多普勒效应”案例出自人民教育出版社普通高中课程标准试验用书《物理》（选修3-4）第十二章。相关数字化教学资源参见下面网址。

教师用书：http://www.pep.com.cn/gzwl/gzwljszx/gzwlpgjc/wljsys/wljsys3/200408/t20040805_111163.htm

电子课本：http://www.pep.com.cn/gzwl/gzwljszx/gzwkb/gzwlxkb/gzwlkb34/200809/t20080925_519365.htm

5.5.2 案例的编写目标

①通过使用Adobe Captivate 5软件制作多普勒效应的富媒体课件，进一步熟练Adobe Captivate 5软件常用的基本功能，包括在课件中插入文字、图片、Flash动画、视频等教学素材并设置其相应属性，以及制作练习题、在课件制作完毕后进行发布等。

②通过使用Adobe Flash Professional CS5软件进行多普勒效应的动画制作，熟悉此软件的基本操作，并能将其恰当地运用于课件制作中。

③能够在课件的设计与制作过程中，体会“基于学习对象的教学资源设计”思想，并将该思想有效地运用于今后的教学设计和课件制作中。

5.5.3 案例的设计思路

5.5.3.1 基于学习对象技术的课件设计

多普勒效应是在生活中经常会遇到的一种现象，其物理解释涉及到波的知识，较为抽象。对于高中二年级的学生而言，要理解其产生及形成的过程有一定的难度，因此，本案例在设计中充分利用了富媒体的优势，通过Flash动画形象地呈现了多普勒效应中波源与观察者位置变化所引起的观察者接受到的频率的变化，化抽象为形象，便于学习者理解。案例课件使用Adobe Captivate 5软件来制作，其中插入视频和Flash动画，并在知识点讲授结果之后配以相应的交互习题以帮助学生进一步巩固所学。整体案例的设计流程如下。

1．教学设计

案例的教学设计如表5-5-1所示。

表 5-5-1 教学设计

教学环节	教师活动	学生活动	设计意图
导入	通过视频展示赛车在环形跑道运行	听赛车靠近和远离观众席时声音的区别，叙述听到的声音情况	感受声音的多普勒效应
	现象：当赛车驶来时，感觉音调变高；当赛车远去时，感觉音调变低		
过渡	声音的音调高低是由频率决定的，频率越高，音调越高。声波的频率是由声源决定的，声源的振动频率决定了音调的高低	分析决定音调高低的因素	知道决定音调的因素，区别音调和响度
承启	赛车驶来和远去时音调变化的本质是声波的频率、波速、波长中的哪一个物理量发生了变化？这种变化是由什么引起的？汽笛发出的声音频率变化了吗？	赛车驶来和远去时接收到声音的频率发生了变化。 这种变化是由火车运动引起的。 汽笛发出的声音频率没有变化。	能区分波源发出的频率和接收频率。
讲授	多普勒效应 由于波源和观察者之间有相对运动，使观察者所接收到的频率与波源的频率不同。 这一效应是奥地利物理学家多普勒在1842年首先发现的，所以被称为“多普勒效应”		
课件辅助教学	二、多普勒效应的解释 1.波源与观察者相对静止（课件演示）	感受实验过程	
	2．波源不动，观察者向波源运动（课件演示）	思考：频率、波长、波速三个物理量中哪个量发生变化引起接收频率的变化	知道多普勒效应产生的原因
	3．波源不动，观察者远离波源运动（课件演示）		
	小结：波源不动，波长不变。 观察者向波源运动，接收频率＞波源频率 观察者远离波源运动，接收频率＜波源频率	思考： 如果观察者远离波源的速度v人=100m/s和v人＞100m/s，那么观察者感受到的频率如何？他感到波源的位置有无变化？	
	4．观察者静止，波源向观察者运动（课件演示）	思考：频率、波长、波速三个物理量中哪个量发生变化引起接收频率的变化	
	5．观察者静止，波源远离观察者运动（课件演示）		

2．案例的对象化分析

本书第三章中讲到的对象化资源分析包括教育教学原理、媒体选择原理和媒体选择大小（粒度）这三个部分，本案例主要从教育教学原理这一角度进行分析。

（1）学习者分析

本案例的教学对象是高二年级学生，他们之前已经学过波的干涉、衍射等相关知识，

具有一定的基础知识储备，对于多普勒效应中涉及的波长、频率这些概念的界定非常清楚，同时对波在生活中的各种现象有着浓厚的兴趣。多普勒效应虽然是选修课本中作为选修的了解知识出现的，但是它贴近学生的生活，学生对这一知识点有探求的欲望。

（2）学习目标确定

本案例作为选修课的一节学习内容，其学习目标除了对知识的掌握之外，更多的是对学生在能力和情感方面提出要求，注重学生观察能力和思考能力的培养，因此，提出以下学习目标。

①知识目标。

- 能够说出波源的频率与观察者接收到的频率的差别。
- 能够具体阐述什么是多普勒效应及其产生的原因。
- 了解多普勒效应的一些应用，并能够解释生活中的多普勒现象。

②能力目标。

- 通过动画演示观察体会，提高观察分析能力和正确表述生活物理现象的能力。
- 通过改变波源与观察者距离的变化，提高利用控制变量法定性分析、解决问题的能力。
- 养成勤于思考和理论联系实际、学以致用的意识。

③情感目标。

- 体验生活中的物理知识，激发学习科学知识的热情，树立正确的学习观。
- 体验富媒体教学与传统教学的不同。

（3）内容选择和编排

内容的呈现按照实践——理论——实践的方式。首先，在本案例开始，通过赛车、火车这些生活中的实例导入教学内容，引导学生思考在赛车和火车由远及近再由近及远的过程中所感受到的声音的变化，引起学生对此现象的注意，激发其学习兴趣；然后，提出多普勒效应这一原理及其产生的原因；最后，回到实践，指出在生活中常常会遇到的各种多普勒效应的应用，并引导学生尝试解释。

（4）学习评价

在学习完这一内容之后，学生可以自己做案例资源中的练习题以检验学习成果，练习题以单项选择、填空的方式出现，可以在做完之后立即提供分数和错误提示，以帮助学生在最短的时间内查缺补漏。

3．案例的媒体选择

多普勒效应这一知识点是在学习了波的波长、频率、干涉、衍射等基础知识点之后的知识点，是波动现象的又一特征，学生学习的重点是多普勒效应的产生过程及原理，难点是对多普勒效应的解释。多普勒效应的产生是一个动态的波动过程和频率变化过程，学生可以感受得到，但是无法形象地看到其变化，因此，用媒体技术来形象地呈现这一过程，选用录像视频和Flash动画作为主要的内容表现形式较为合适。

课前导入的主要目的是为学生创建情境，使用视频呈现导入的内容，能够提供赛车现场和火车经过的画面和声音，给学生以身临其境的感觉，同时唤起日常生活中类似场景的记忆，激发学生思考其原因的兴趣。

用Flash动画来表现多普勒效应的原理，

可形象、生动地展示该效应产生的完整过程，以及波源和观察者变换位置时观察者感受到的波长频率的变化，使抽象的原理及产生过程具象化、可知化，同时辅以文字说明和解释，便于学生理解。

为帮助学生从生活实践中多普勒效应的应用来进一步理解这一原理，加深认识，案例中采用了图文并茂的形式来说明彩超、胎心仪、红移现象，用动画来描述多普勒流量计、测速仪。

表5-5-2是富媒体信息的选择设计表。

表 5-5-2　富媒体信息的选择设计表

知识点	文本	图像	动画	视频	效果声
导入内容	√			√	√
多普勒效应原理	√		√		
多普勒效应应用	√	√	√		

4. 案例的脚本生成

基于以上分析，形成案例的制作脚本。图示化的脚本如图5-5-1所示。

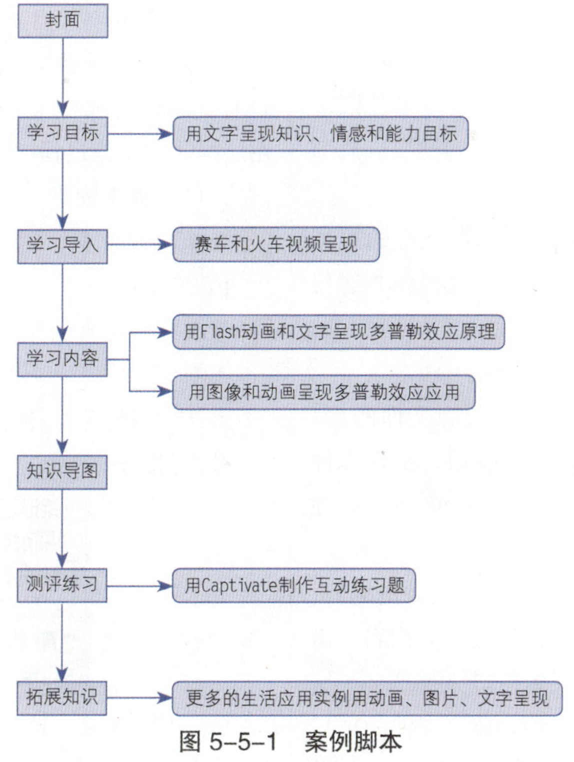

图 5-5-1　案例脚本

5.5.3.2 软件选用及其功能说明

上述课件设计脚本的实现可以用Adobe eLearning软件工具来实现。在课件制作中，实际运用到的软件包括Adobe Photoshop CS5、Adobe Flash Professional CS5、Adobe Captivate 5等，各软件应用的主要技能点体现在以下方面，如表5-5-3所示。

表5-5-3 案例中软件的主要技能点

	Photoshop	Flash	Captivate
技能点	智能对象	制作多普勒效应的产生过程	按钮
	图层样式	测速仪动画	视频控制
			单选

以上技能点在本课件中应用的主要地方如下。

①在本案例资源Captivate源文件的第1页，为了制作课件封面中有图层效果的圆形按钮，需用到Adobe Photoshop的图层样式和智能对象功能。

②在本案例资源Captivate源文件的第16页，为了将多普勒效应的动态过程和测速仪的工作过程以动画的形式展示，需用到Adobe Flash Professional的功能来实现。

③在本案例资源Captivate源文件的第1页，为了设置课件中的链接按钮，实现课件的跳转，需用到Adobe Captivate的按钮属性功能。

④在本案例资源Captivate源文件的第3页和第4页，为了插入视频以导入学习内容，需用到Adobe Captivate的视频控制功能。

⑤在本案例资源Captivate源文件的第17页和第18页，为了制作选择题以对学生的学习情况进行考核，需用到Adobe Captivate的单选测试题功能。

5.5.4 案例的制作

5.5.4.1 素材的准备和加工

在案例制作的前期，对素材进行收集和加工，相关的加工工作如下。

1. 用Photoshop准备素材

本案例中按钮图片的制作需要使用Adobe Photoshop CS5的图层样式功能。图层样式是应用于图层或图层组的一种或多种效果。可以应用Adobe Photoshop CS5 附带提供的某一种预设样式，或者使用“图层样式”对话框中的参数来创建自定样式。添加图层样式后，可以在“图层” 面板中展开样式，以便查看或编辑合成样式的效果。本案例中添加图层样式的操作过程如下。

（1）制作按钮

01 新建空白文档，分别设置宽度和高度为1 000像素。

02 创建一个矢量图形。选择“椭圆工具”，如图5-5-2所示，按住Shift键画圆，即可画出一个圆形矢量图形，圆形矢量图形的效果如图5-5-3所示。

图5-5-2 选择“椭圆工具”

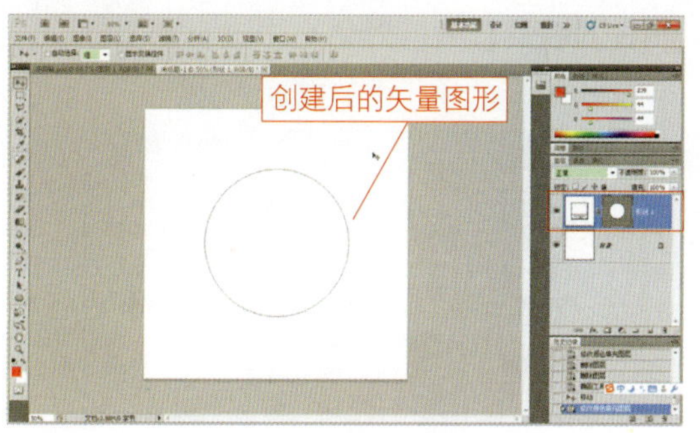

图5-5-3 创建矢量图形

03 设置图层样式。执行“图层”>“图层样式”>“混合选项”命令，打开“图层样式”对话框，进行如图5-5-4所示的“斜面和浮雕”参数设置。

04 在“图层样式”对话框中进行如图5-5-5所示的“描边”参数设置，效果如图5-5-6所示。

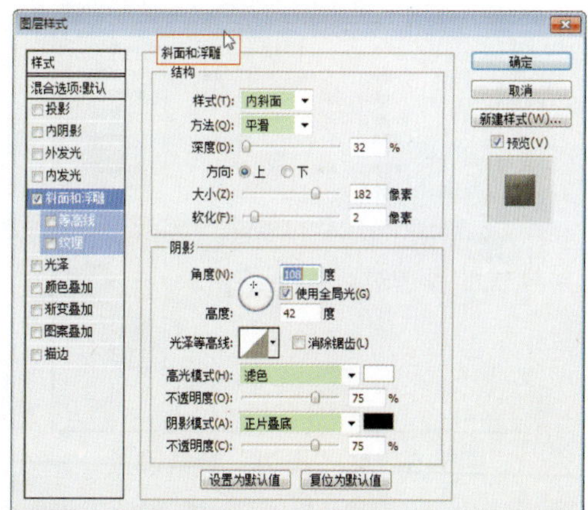

图5-5-4 “斜面和浮雕”参数设置

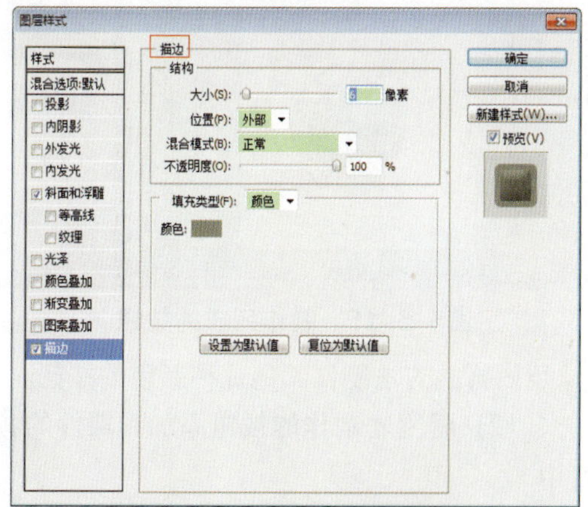

图5-5-5 “描边”参数设置

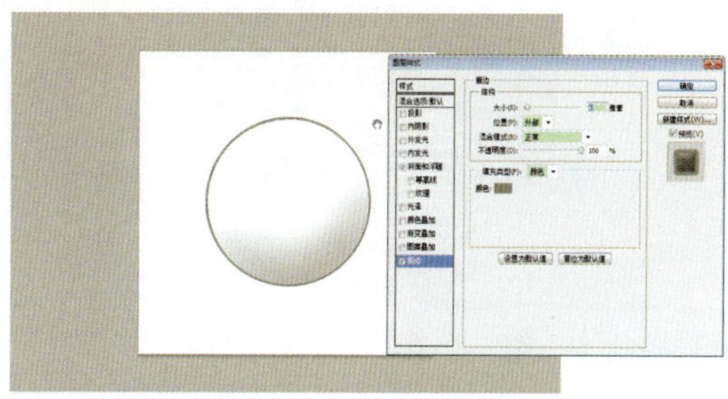

图5-5-6 设置效果

05 复制图层。拖动该图层到“图层”面板的“创建新图层”按钮处，创建该图层的副本，如图5-5-7所示。

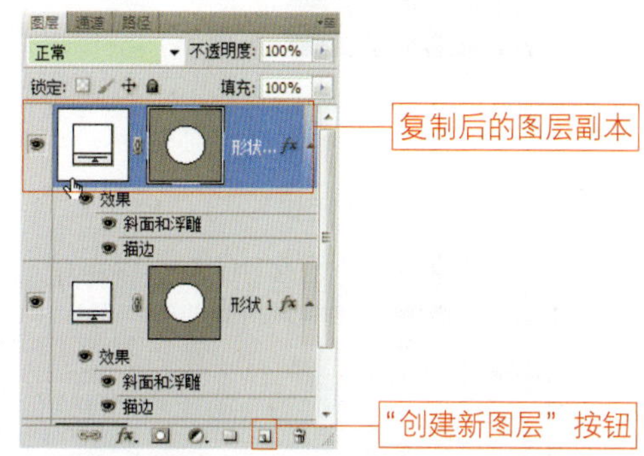

图5-5-7 复制图层

06 选中复制而成的图层，使用组合键Ctrl+T，对该图层中的图形进行变换操作，将图形缩小，如图5-5-8所示。

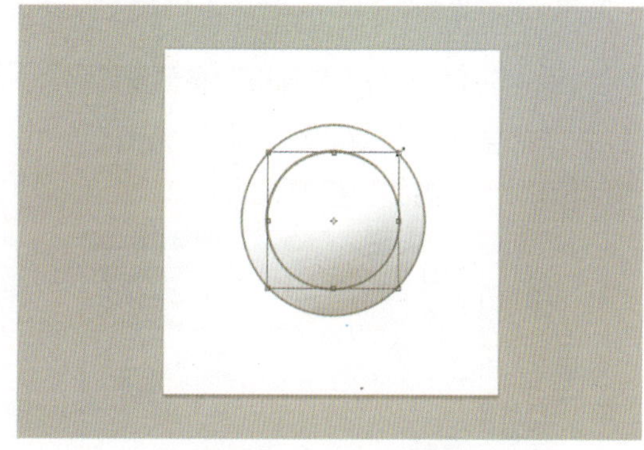

图5-5-8 图形变形

07 双击图层副本的图层缩览图，如图5-5-9所示，打开“拾取实色”对话框，进行颜色的设置，如图5-5-10所示。

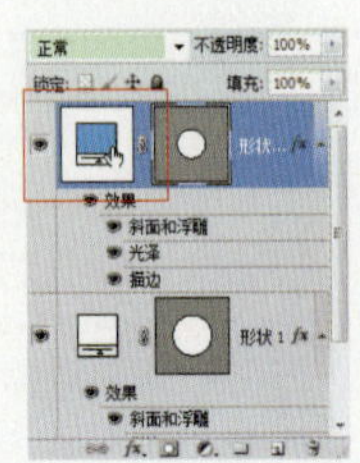

图5-5-9　图层缩览图

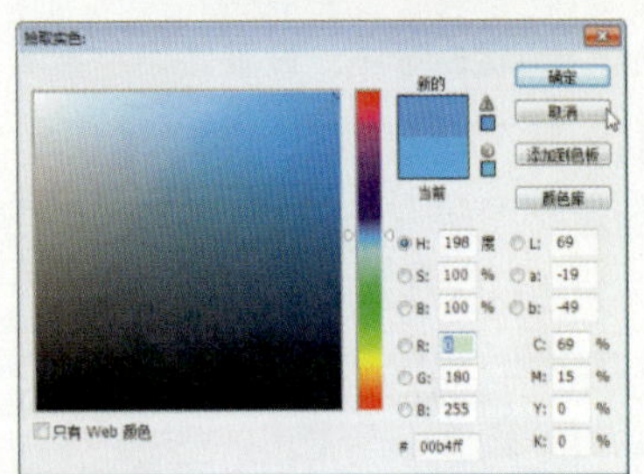

图5-5-10　设置颜色

08 再次打开“图层样式”对话框，对图层样式进行如图5-5-11所示的参数设置。

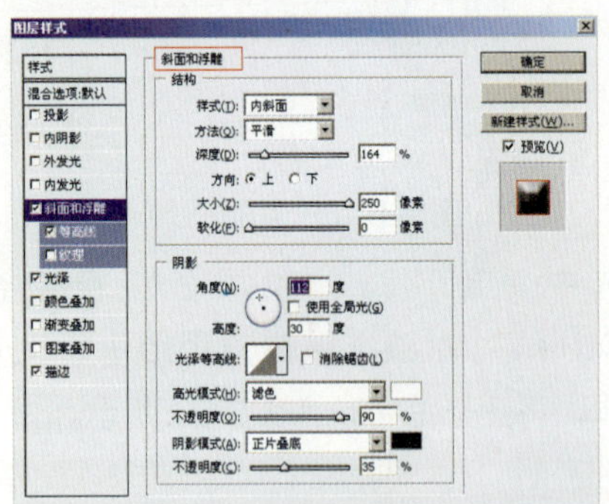

图5-5-11　“斜面和浮雕”参数设置

09 在“图层样式”对话框中进行如图5-5-12所示的“等高线”参数设置。

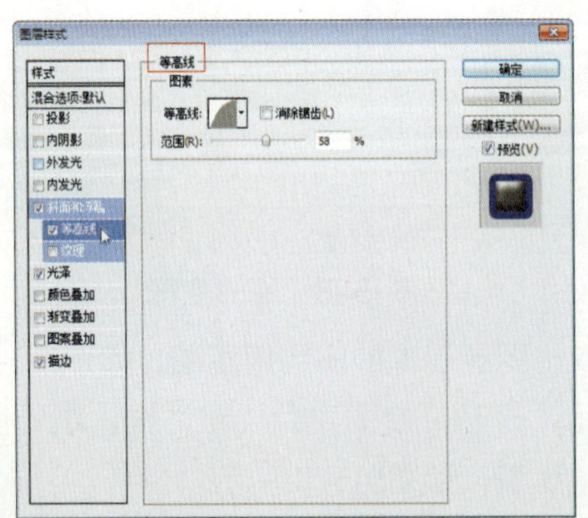

图5-5-12　设置等高线

10 在“图层样式”对话框中进行如图5-5-13所示的“光泽”参数设置。

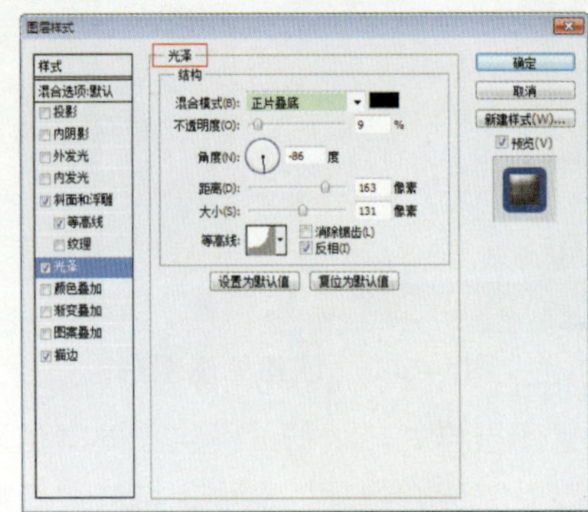

图5-5-13　设置光泽

11 在“图层样式”对话框中进行如图5-5-14所示的“描边”参数设置，效果如图5-5-15所示，按钮制作完成。

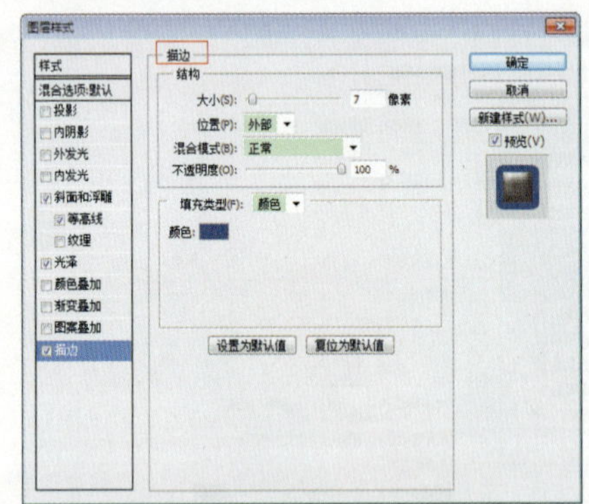

图5-5-14　“描边”参数设置

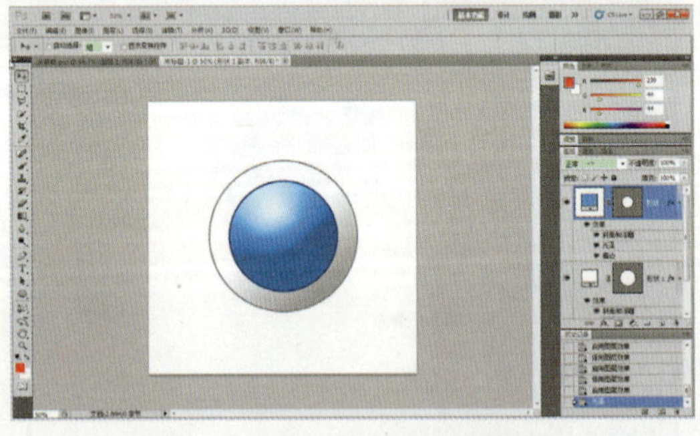

图5-5-15　制作完成的按钮

12 用同样的方法制作其他几种颜色的按钮。

（2）将刚才制作的按钮添加到课件的背景中

01 执行“编辑”>“插入”>“图片”

命令，将按钮插入到背景中，如图5-5-16所示。

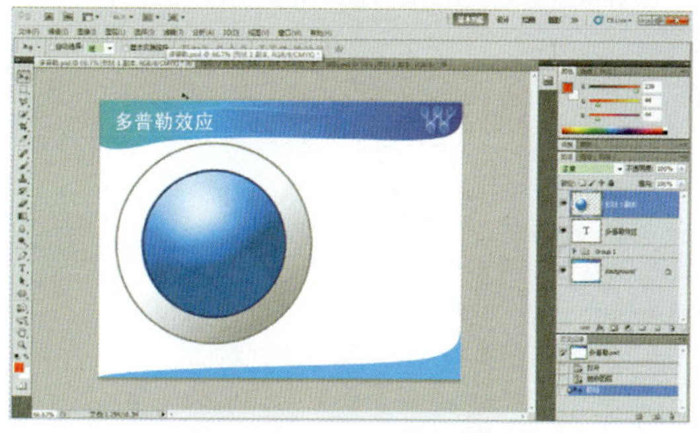

图5-5-16 插入按钮

02 由于按钮过大，需要对其进行变换。在变换之前，执行"图层" > "智能对象" > "转换为智能对象"命令，将其转换为智能对象，如图5-5-17所示，转换为智能对象之后，按钮所在图层缩览图的右下角会出现一个标志，如图5-5-18所示。

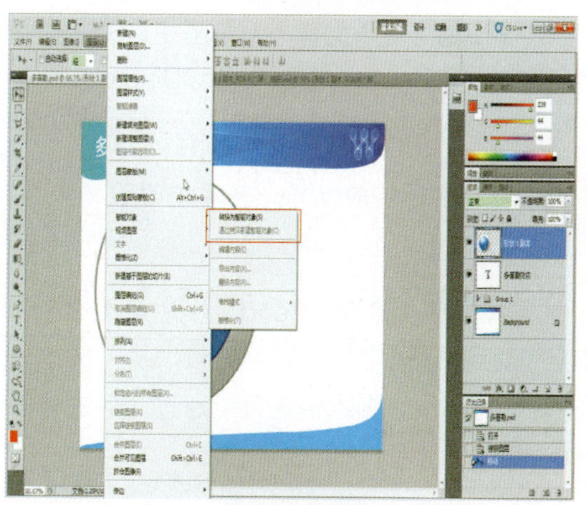
图5-5-17 "转换为智能对象"命令

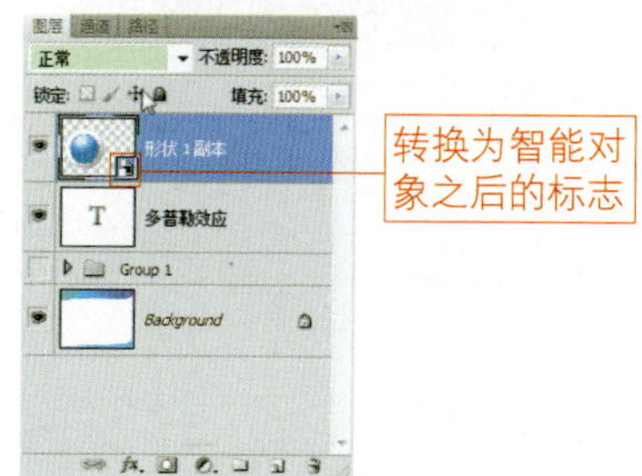

图5-5-18 智能对象标志

03 按组合键Ctrl+T，对按钮进行变换，调整后的效果如图5-5-19所示。

图5-5-19 调整后的按钮效果

04 以同样的方法继续添加其他按钮，完成课件的制作。

2. 用Flash准备素材

（1）制作测速仪动画

本案例主要使用Flash中的创建补间动画和编辑脚本语句的知识点，案例的最终效果是当测速仪放出波、运动的汽车接收到波时，汽车会闪烁一下，然后会有文本实时地显示发出波和接收到波的数目，从而展示了测速仪的工作原理。这里首先要通过创建补间动画（在"动画编辑器"中更改"Alpha"值）实现小车的闪烁效果；然后再创建波形元件和圆圈动画，圆圈动画是为了展示波发出和波接收的动态过程，通过创建补间动画的方式在"动画编辑器"中调节"缩放X"与"缩放Y"值）来实现，再输入文本以表示发出和接收波的数目；最后编辑脚本语句以控制动画的播放。

①新建空白文档，设置舞台的大小。

启动Adobe Flash Professional CS5，新建空白舞台，调节舞台的大小为700×400像素，如图5-5-20所示。

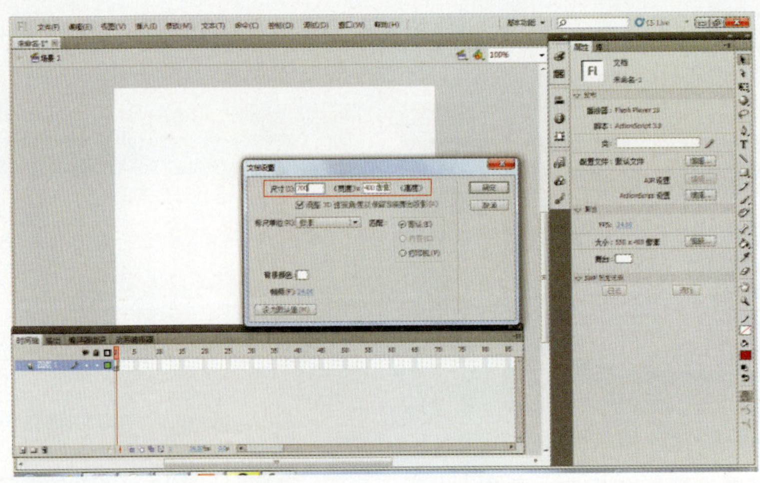

图5-5-20　文档设置

②准备动画素材。

导入制作“测速仪”动画需要用到的一些图片与声音文件，其中有汽车图片“car.jpg”，测速仪图片“测速仪.jpg”，还有表示发出波的声音“send.wav”，汽车接收到波的声音“Ding.wav”。该文件是源于“C:\Windows\Media”文件夹下的“ding”和“Windows XP叮当声”，其中“ding”为“汽车接收到波的声音Ding.wav”，“Windows XP叮当声”为发出波的声音“Send.wav”。

01 执行“文件”>“导入”>“导入到库”命令，在弹出的“导入到库”对话框中选择准备好的图片文件（“car.jpg”和“测速仪.jpg”）及声音文件（“send.wav”和“Ding.wav”）导入到库，导入到库的效果如图5-5-21所示。

小提示　下面需要进行“自定义类”的操作，这样才能用脚本语句的方式，将库中的素材添加到舞台上进行应用。

02 在“库”面板中的“链接”栏下，双击“send.wav”行，输入“Send”（注意类的名称用大写字母开头）。“send.wav”不会被直接拖动到场景1中使用，但是最后执行脚本语句时会调用该文件，因此，需要对其进行自定义类的操作。脚本语句只能通过元件的外部链接属性中的类名称来实现对库中素材的访问与调用。同理，对“Ding.wav”文件进行同样的操作，将其定义为“Ding”，如图5-5-22所示。

图5-5-21　导入到库

图5-5-22　自定义类

小提示

在测速仪动画中汽车接收到波时会闪烁一下。为此，需要制作一个闪烁动画。

03 将库中的“car.jpg”拖入到场景1中，按快捷键F8将其定义为元件，设置“类型”为“影片剪辑”，并命名为“汽车闪动”，如图5-5-23所示，单击“确定”按钮。

04 在“库”面板中双击“汽车闪动”元件，进入该层级进行编辑，如图5-5-24所示。

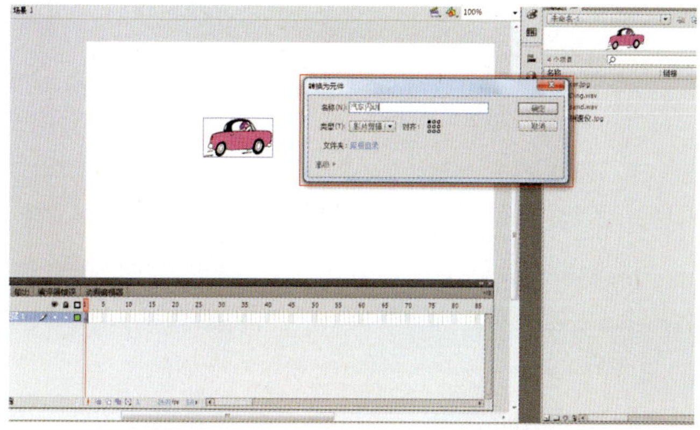

图5-5-23 定义元件“汽车闪动”

图5-5-24 双击“汽车闪动”元件进入该层级

05 选中汽车图像，按F8键将其定义为元件，并命名为“car_mc”，设置“类型”为“影片剪辑”，如图5-5-25所示。

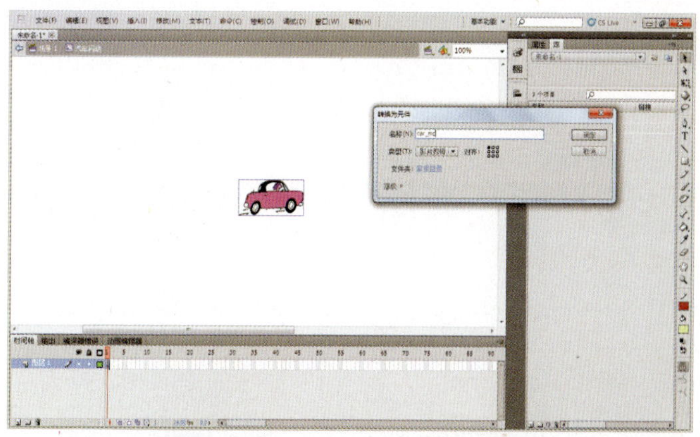

图5-5-25 定义元件“car_mc”

06 选择“car_mc”元件，使用组合键Ctrl+K打开“对齐”面板，选择“与舞台对齐”复选框，单击“水平中齐”与“垂直中齐”按钮，如图5-5-26所示。

07 在第5帧处按F5键延长普通帧动画，如图5-5-27所示。

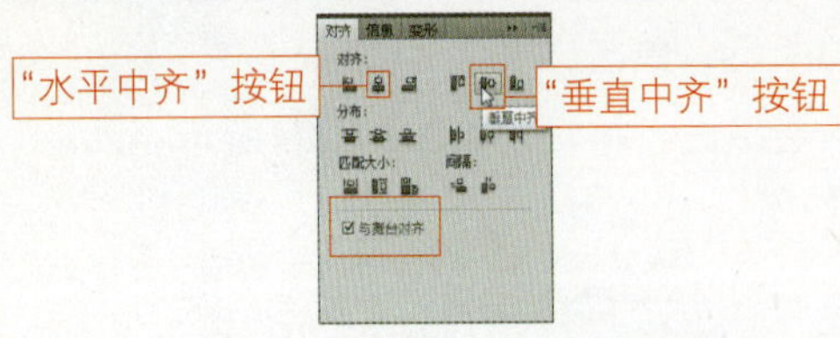

图5-5-26　打开“对齐”面板

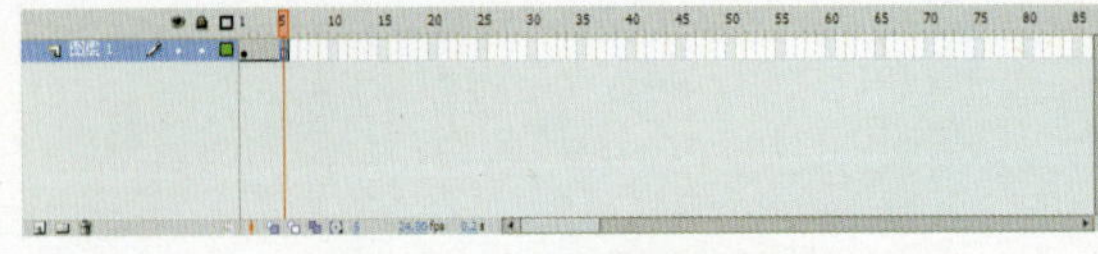

图5-5-27　延长普通帧

08 在时间轴的图层1中，在第2帧处按F6键插入关键帧，通过设置Alpha值来改变车子的透明度。在“属性”面板中，展开“色彩效果”选项区，选择“样式”下拉列表中的“Alpha”选项，如图5-5-28所示。

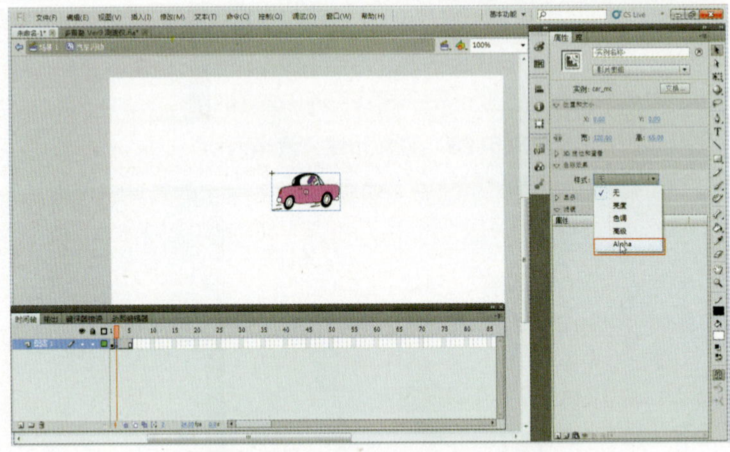

图5-5-28　选择“Alpha”选项

09 拖动活动滑块，设置“Alpha”值为“15%”，如图5-5-29所示。

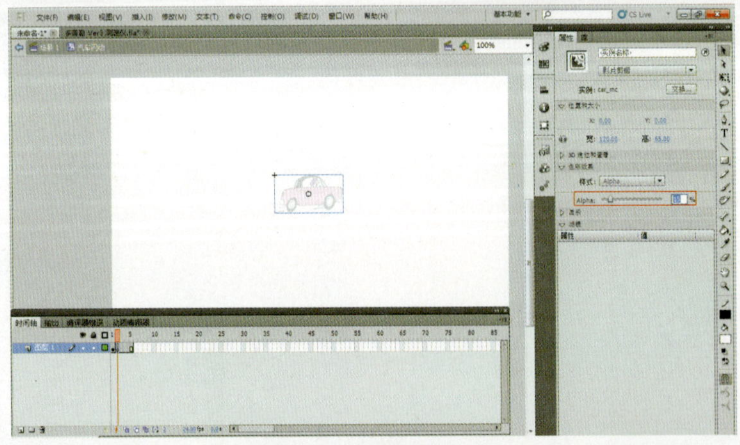

图5-5-29　调节Alpha值

10 新建图层，并将其命名为“actions”，在第1帧处按快捷键F9，打开“动作”面板，输入脚本语句“stop();”，如图5-5-30所示。

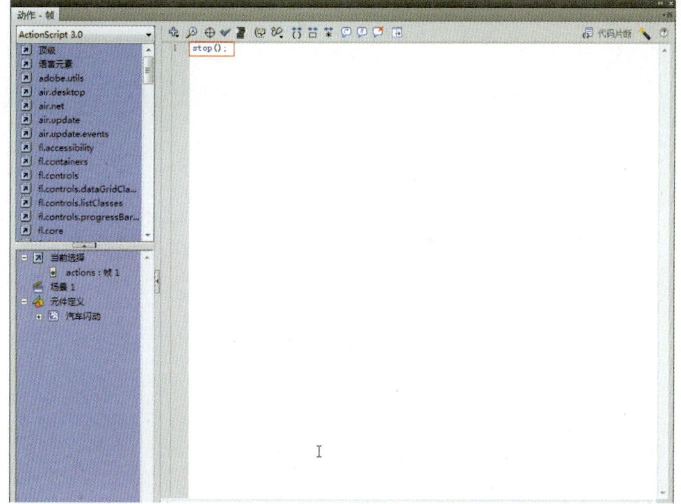

图5-5-30　输入脚本语句

下面定义测速仪元件。

11 回到“场景1”层级进行编辑，从“库”面板中将“测速仪.jpg”拖入舞台中，按F8键将其定义为元件，并命名为“speedTest”，设置“类型”为“影片剪辑”，如图5-5-31所示。

12 调节该元件与“汽车闪动”元件的位置至适合处。

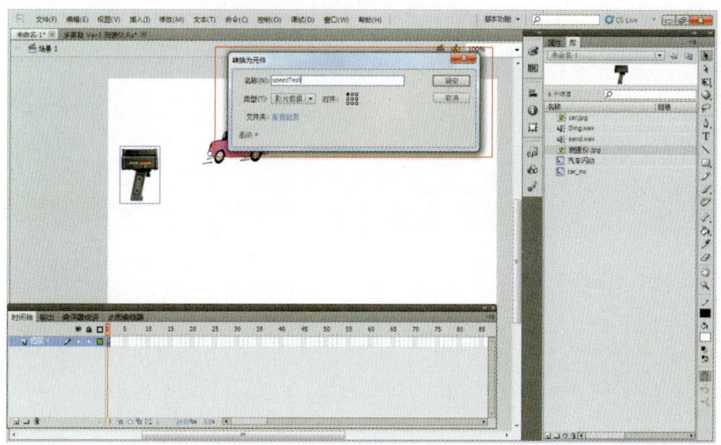

图5-5-31　定义元件“speedTest”

下面制作波形元件。

13 在“库”面板中新建元件，命名为“波”，并设置“类型”为“图形”。

14 双击“波”元件，进入该层级进行编辑。

15 使用“椭圆工具”在舞台中画圆，使用“选择工具”选择圆形的填充部分并将其删除，仅留下外部的勾边部分，再使用“选择工具”选取半个圆，按Delete键删除，因为最后需要的只是半个波形，将其属性设置为如图5-5-32所示，最终效果如图5-5-33所示。

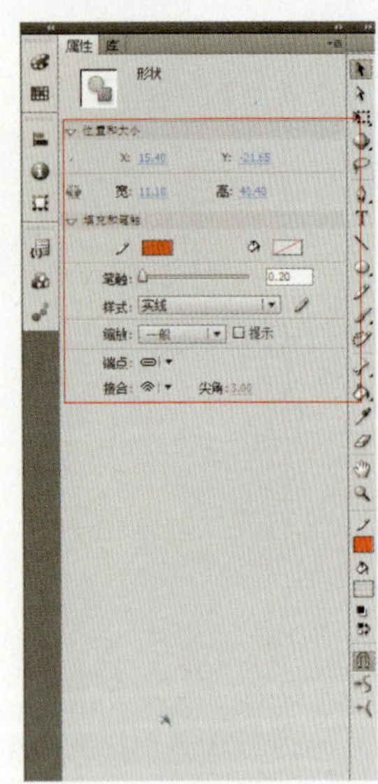

图5-5-32　对波进行属性设置

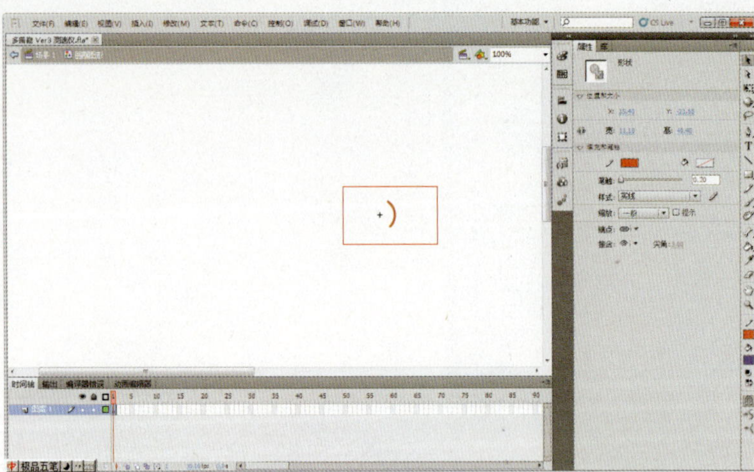

图5-5-33　波的最终效果

③编辑圆圈动画。

制作圆圈动画，用于表示测速仪发出的波。

01 在“库”面板中新建元件，将其命名为“圆圈动画”，设置“类型”为“影片剪辑”，双击“圆圈动画”元件，进入该层级进行编辑。

02 在“图层1”中，使用“椭圆工具”绘制一圆形，并填充为粉色，使用组合键Ctrl+K打开“对齐”面板，将圆圈置于注册点的中心位置。

03 使用“选择工具”选择圆形的外部边线并将其删除，仅留下圆的填充部分，如图5-5-34所示。

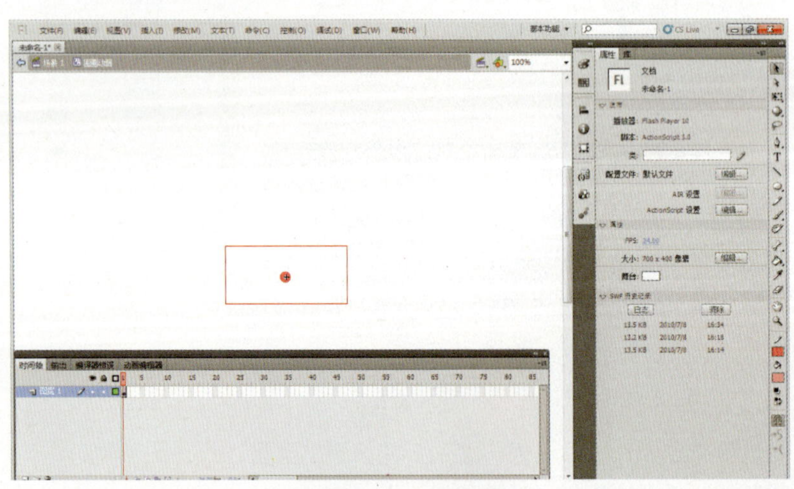

图5-5-34　编辑圆

04 选择该圆，将其属性设置为如图5-5-35所示。

05 新建图层，将其命名为“波”，在“库”面板中将制作好的元件“波”拖入舞台中，放置在圆的右侧，如图5-5-36所示。

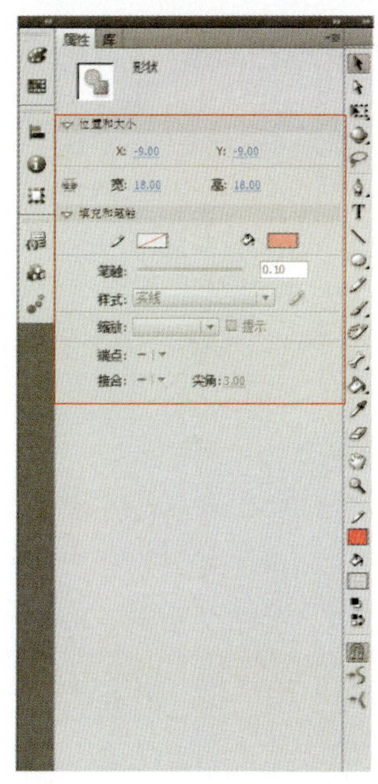

图5-5-35　设置圆的属性

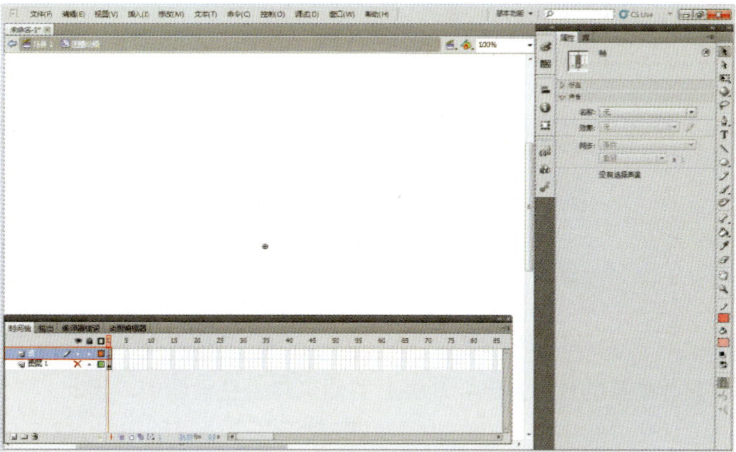

图5-5-36　在第1帧插入“波”元件

06 对该元件进行属性设置，如图5-5-37所示。

07 创建补间动画，以表现出波由波源不断向外传播且波形不断由小变大的过程。在“波”图层的第60帧处按F5键延长普通帧动画，右击鼠标，在弹出的快捷菜单中选择“创建补间动画”命令，进入“动画编辑器”中进行编辑，调节“缩放X”与“缩放Y”的值，在第1帧处设置“缩放X”为“25%”，“缩放Y”为“25%”，如图5-5-38所示。

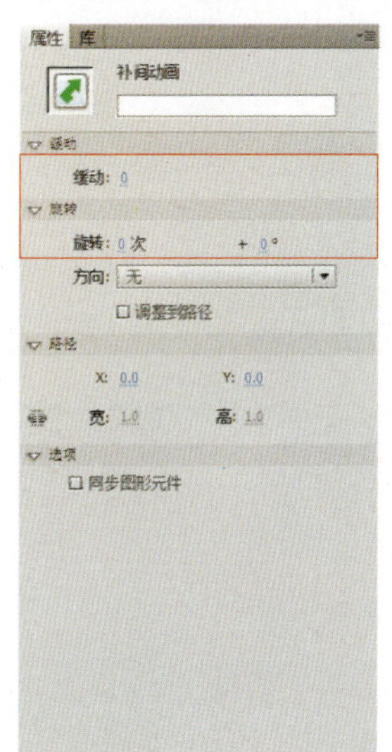

图5-5-37　对元件进行属性设置

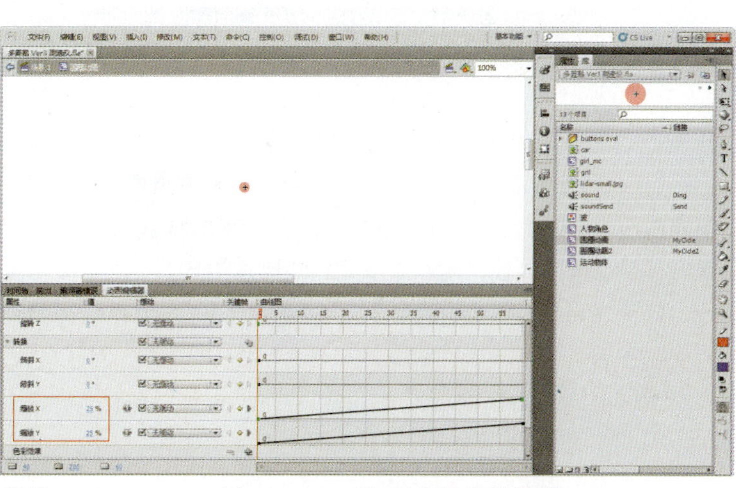

图5-5-38　第1帧处的参数设置

08 在第60帧处，设置“缩放X”为“1600%”，“缩放Y”为“1600%”，如图5-5-39所示。

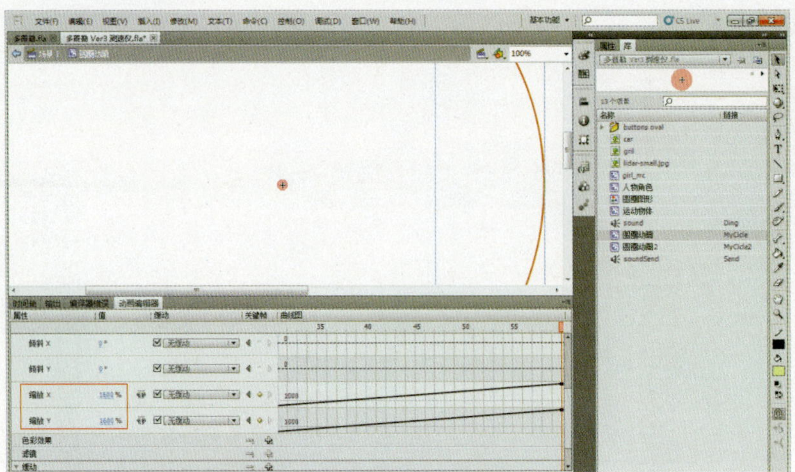

图5-5-39　第60帧参数设置

09 圆圈动画的效果是当波消失后圆圈仍停留在画面中，因此，“图层1”比“波”图层要长一帧。在“图层1”的第61帧处按F5键延长普通帧动画，如图5-5-40所示。

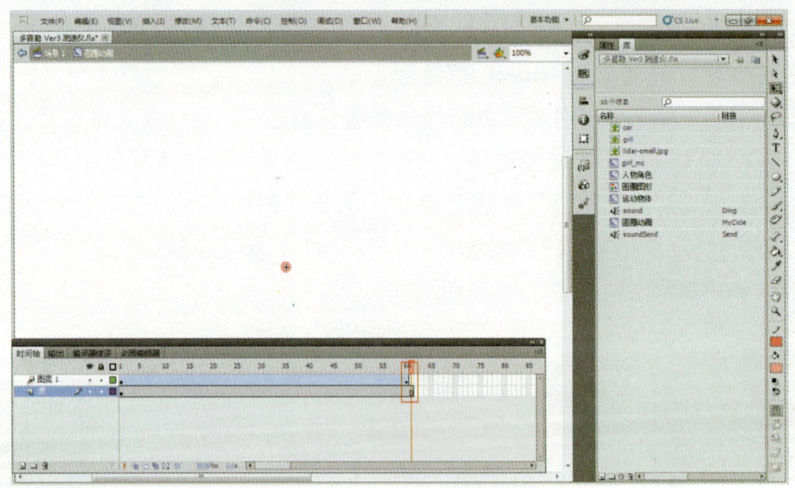

图5-5-40　延长普通帧

10 新建图层，将其命名为“actions”，创建完毕默认动画后有61帧，在第1帧关键帧处按F9键打开“动作”面板，输入如下完整的脚本语句。

```
import flash.events.Event;

this.addEventListener(Event.ENTER_FRAME, testHit);

function testHit(evt:Event):void{
    if ( this.hitTestPoint( MovieClip(parent).car.x, MovieClip(parent).car.y ) ) {
        MovieClip(parent).car.play();
        var ding:Ding = new Ding()
```

```
            ding.play();
            this.removeEventListener(Event.ENTER_FRAME, testHit);
            Object(parent).times ++
            Object(parent).times_txt.text = String( Object(parent).times )

            var myCicle:MyCicle2 = new MyCicle2();
            myCicle.x = MovieClip(root).car.x
            myCicle.y = MovieClip(root).car.y
            stage.addChild(myCicle)
        }
}
```

11 在最后一帧（即第61帧）处，按F9键打开“动作”面板，输入如下完整的脚本语句。

```
this.removeEventListener(Event.ENTER_FRAME, testHit)
parent.removeChild(this);
stop();
```

> 小提示 下面是对上面输入脚本语句的详细解释（其中红色文字部分为对其下面的脚本语句的解释说明）。

在第1帧处输入脚本语句如下。

```
import flash.events.Event;

//侦听进帧事件，每次进帧时进行碰撞检测，看看波有没有碰撞到汽车对象
this.addEventListener(Event.ENTER_FRAME, testHit);

//定义函数testHit
function testHit(evt:Event):void{

//判断语句，判断波是否碰撞到了汽车对象，如果碰撞到则执行条件语句中的具体指令
if ( this.hitTestPoint( MovieClip(parent).car.x, MovieClip(parent).car.y ) ) {

//让汽车播放闪烁动画
MovieClip(parent).car.play();

//调用库中的自定义声音类Ding，并播放声音
var ding:Ding = new Ding()
ding.play();
```

```
//碰撞检测完毕后移除检测侦听事件
this.removeEventListener(Event.ENTER_FRAME, testHit);

//将碰撞的次数变量递增
Object(parent).times ++

//将碰撞的次数显示到某个文本框中
Object(parent).times_txt.text = String( Object(parent).times )

//调用库中回馈测速仪声波的另一个反向的波动画元件，也就是自定义类MyCicle2，并将其添加到舞台上显示出来，其坐标位置就是汽车对象当前的坐标位置
var myCicle:MyCicle2 = new MyCicle2();
myCicle.x = MovieClip(root).car.x
myCicle.y = MovieClip(root).car.y
stage.addChild(myCicle) 70
}
}
```

在最后一帧输入的脚本语句如下。

```
//如果没有发生碰撞，就从这里移除进帧检测碰撞的事件侦听
this.removeEventListener(Event.ENTER_FRAME, testHit)

//动画播放到结尾后，将自己从舞台上移除，消除此波
parent.removeChild(this);
stop();
```

④制作“圆圈动画2”。

该动画用于回馈测速仪声波的另一个反向的波动画。

01 新建元件，将其命名为“圆圈动画2”，设置“类型”为“影片剪辑”。

小提示

接下来的步骤基本一致，不同之处包括：一是将圆圈和波的颜色改为蓝色；二是由于该动画用于回馈测速仪声波的另一个反向的波动画，在“圆圈动画”元件中半边波形是自左向右一边移动一边放大的，而“圆圈动画2”元件中则是半边波形自右向左一边移动一边放大的，因此，此动画中波的放大移动方向与“圆圈动画”元件中的放大移动方向相反，需要改变波的放大方向动作，将半边波形（即“圆圈图形”元件）放置在圆圈的左侧，同时还要创建补间动画，在 “动画编辑器”中更改“缩放X”和“缩放Y”的值。

02 在第1帧处设置"缩放X"为"-25%"，"缩放Y"为"25%"，如图5-5-41所示。

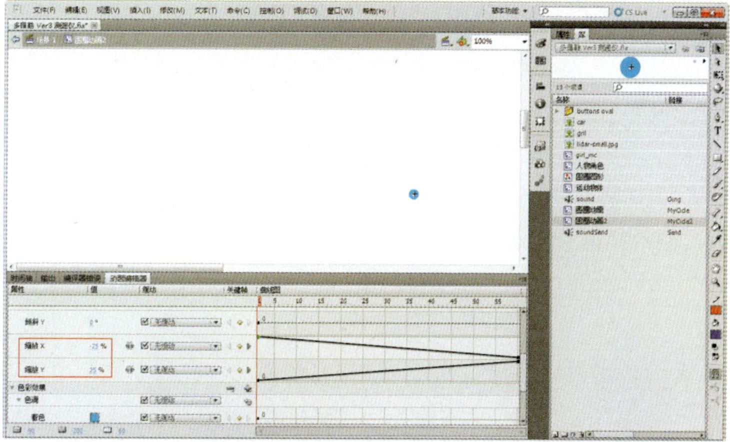

图5-5-41　在第1帧处更改"缩放X"与"缩放Y"的值

03 在最后一帧处设置"缩放X"为"-1600%"，"缩放Y"为"1600%"，如图5-5-42所示。

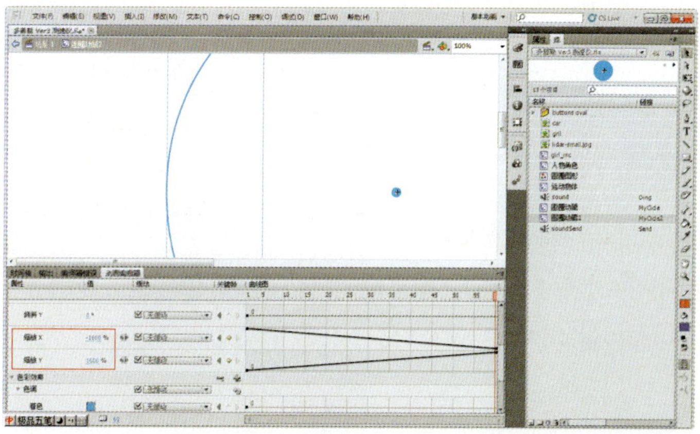

图5-5-42　在最后一帧处更改"缩放X"与"缩放Y"的值

04 添加脚本图层"actions"。在元件"圆圈动画2"层级中，新建名为"actions"的图层，设置长为61帧，在第1帧处按F9键打开"动作"面板，输入如下脚本语句。

```
import flash.events.Event;

this.addEventListener(Event.ENTER_
FRAME, testHit);
function testHit(evt:Event):void{
    if(this.hitTestPoint(MovieClip(parent).
car.x, MovieClip(parent).car.y ) ) {
        MovieClip(parent).car.play();
        var ding:Ding = new Ding()
        ding.play();
        this.removeEventListener(Event.
ENTER_FRAME, testHit);
        Object(parent).times ++
        Object(parent).times_txt.text =
String( Object(parent).times )

        var myCicle:MyCicle2 = new
MyCicle2();
        myCicle.x = MovieClip(root).car.x
```

```
        myCicle.y = MovieClip(root).car.y
        stage.addChild(myCicle)
    }
}
```

05 在最后一帧（即第61帧）处，按F9键打开“动作”面板，输入如下脚本语句。

```
this.removeEventListener(Event.ENTER_
FRAME, testHit)
parent.removeChild(this);
stop();
```

小提示 下面是对上面输入脚本语句的详细解释（其中红色文字部分为对其下面的脚本语句的解释说明）。

在第一帧处输入脚本语句如下。

```
import flash.events.Event;

//侦听进帧事件，每次进帧时进行碰撞检测，看看波有没有碰撞到汽车对象
this.addEventListener(Event.ENTER_
FRAME, testHit);

//定义函数testHit
function testHit(evt:Event):void{

//判断语句，判断波是否碰撞到了汽车对象，如果碰撞到则执行条件语句中的具体指令
if(this.hitTestPoint(MovieClip(parent).
car.x, MovieClip(parent).car.y ) ) {

//让汽车播放闪烁动画
MovieClip(parent).car.play();

//调用库中的自定义声音类Ding，并播放声音
var ding:Ding = new Ding()
ding.play();

//碰撞检测完毕后移除检测侦听事件
this.removeEventListener(Event.ENTER_
FRAME, testHit);

//将碰撞的次数变量递增
Object(parent).times ++

//将碰撞的次数显示到某个文本框中
Object(parent).times_txt.text = String(
Object(parent).times )

//调用库中回馈测速仪声波的另一个反向的波动画元件，也就是自定义类MyCicle2，并将其添加到舞台上显示出来，其坐标位置就是汽车对象当前的坐标位置
var myCicle:MyCicle2 = new MyCicle2();
myCicle.x = MovieClip(root).car.x
myCicle.y = MovieClip(root).car.y
stage.addChild(myCicle)
}
}
```

在最后一帧输入的脚本语句如下。

```
//如果没有发生碰撞，就从这里移除进帧检测碰撞的事件侦听
this.removeEventListener(Event.ENTER_
FRAME, testHit)

//动画播放到结尾后，将自己从舞台上移除，消除此波
parent.removeChild(this);
stop();
```

⑤“自定义类”操作。

同②中“自定义类”的操作相同，

在“库”面板中“圆圈动画”与“圆圈动画2”的“链接”栏下分别输入“MyCicle”和“MyCicle2”，如图5-5-43所示。

图5-5-43　自定义类

⑥完成测速仪动画的制作。

双击“场景1”回到该层级中继续编辑。在此需要增加两个图层——“文字层”和脚本图层“actions”。“文字层”用来放置文本，在播放动画时会显示接收到和发出的波数；而“actions”图层用来放置脚本语句，以控制动画的播放，实现测速仪发出波、汽车接收到波的效果，并且在动画的右下角处有文本实时地显示测速仪发出波与汽车接收到波的数目。

小提示　下面编辑“文字层”。

01 新建图层，将其命名为“文字层”，使用“文本工具”插入四个文本，如图5-5-44所示。

02 将第一行中的文本“1”的实例名改为“times_send_txt”，将第二行中的文本“1”的实例名改为“times_txt”，这样做的目的是为后面编写脚本语句服务的。

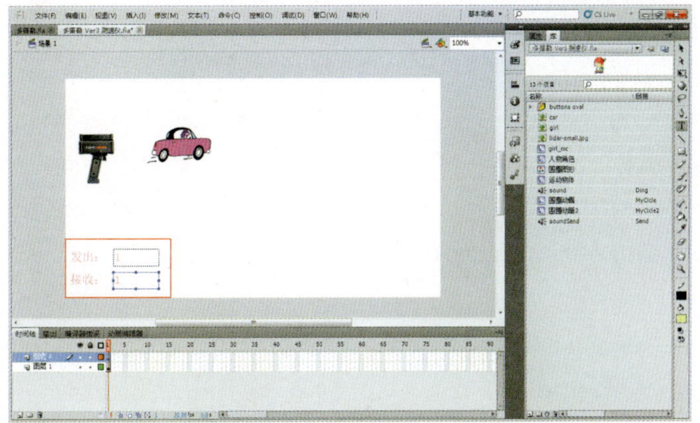

图5-5-44　编辑“文字层”

小提示　下面编辑图层“actions”。

03 新建图层，将其命名为“actions”，如图5-5-45所示。

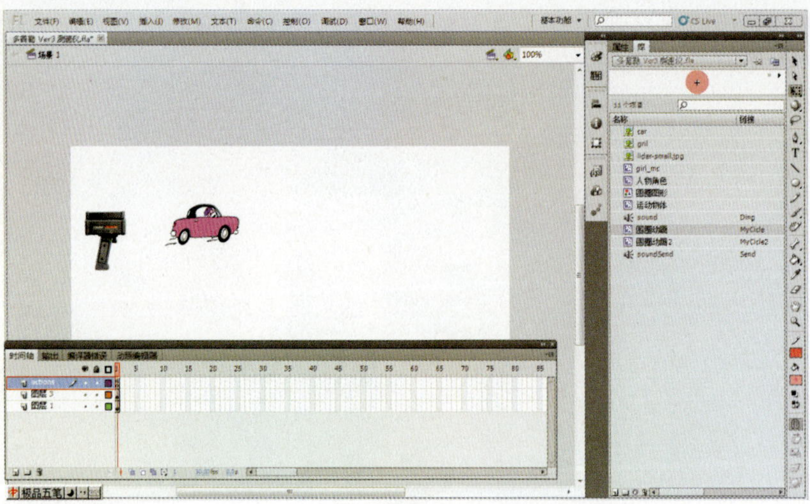

图5-5-45 新建图层"actions"

04 在图层"actions"的第1帧处，按F9键打开"动作"面板，输入如下脚本语句。

```
import flash.display.MovieClip;
import fl.transitions.Tween;
import fl.transitions.easing.*;
import flash.utils.Timer;
import flash.events.TimerEvent;
import fl.transitions.TweenEvent;

var moveObject:MovieClip;

var times_send:uint = 0;

var carMove:Tween = new Tween(car,"x",None.easeOut,car.x,car.x + 550, 15, true)
carMove.addEventListener(TweenEvent.MOTION_FINISH, sendCicleEnd)

var myTimer:Timer = new Timer(500)
myTimer.start()

myTimer.addEventListener(TimerEvent.TIMER, addCicle)

function addCicle(evt:TimerEvent):void{
        times_send ++;
        times_send_txt.text = String( times_send )

        var sendSound:Send = new Send();
        sendSound.play();

        var myCicle:MyCicle = new MyCicle();
        myCicle.x = speedTest.x
        myCicle.y = speedTest.y
        this.addChild(myCicle)
}

function sendCicleEnd(evt:TweenEvent):void {
        myTimer.stop();
}

var times:uint = 0;
```

小提示 下面是对上面输入脚本语句的详细解释（其中红色文字部分为对其下面的脚本语句的解释说明）。

```
import flash.display.MovieClip;
import fl.transitions.Tween;
import fl.transitions.easing.*;
import flash.utils.Timer;
import flash.events.TimerEvent;
import fl.transitions.TweenEvent;
var moveObject:MovieClip;
//初始化发出的波数
var times_send:uint = 0;
//用脚本语句实现汽车的移动动画
var carMove:Tween = new
Tween(car,"x",None.easeOut,car.x,car.
x + 550, 15, true)
//汽车移动动画结束后，执行sendCicleEnd函数，停止计时器，也就是不再发出波
carMove.addEventListener(TweenEvent.
MOTION_FINISH, sendCicleEnd)
//设定定时器，每隔500毫秒发出一个波动画，也就是每隔500毫秒，从库中调用自定义类MyCicle放置到舞台上，播放波发出动画
var myTimer:Timer = new Timer(500)
//启动定时器
myTimer.start()
//定时器到点事件侦听，每次到时间点就执行函数addCicle，添加波动画
myTimer.addEventListener(TimerEvent.
TIMER, addCicle)
function addCicle(evt:TimerEvent):void{
//将发出波变量值递增
times_send ++;
//将发出波数显示到“times_send_txt”文本中
times_send_txt.text = String( times_send )
//发出波声音
var sendSound:Send = new Send();
sendSound.play();
//从库中调用自定义类MyCicle放置到舞台上，播放波发出动画，起点坐标位置就是测速仪对象位置
var myCicle:MyCicle = new MyCicle();
myCicle.x = speedTest.x
myCicle.y = speedTest.y 73
this.addChild(myCicle)
}
function sendCicleEnd(evt:TweenEvent):v
oid {
//汽车运动动画结束时，定时器停止，不再发出波
myTimer.stop();
}
//初始化碰撞次数变量
var times:uint = 0;
```

小提示 添加播放按钮。如果将上面制作好的Flash动画插入到多媒体课件中可能会出现这样的问题，当课件播放到有Flash动画的那一页时，动画会即时播放，可能不便于控制。因此，可以在动画中添加一个播放按钮，当课件进行到这一页时，只有点击了该播放按钮，动画才开始播放。

可以使用Flash附带的范例公用库添加播放按钮，也可以自行创建播放按钮。本案例中通过前者来添加播放按钮。

05 执行“窗口”>“公用库”>“按钮”命令，如图5-5-46所示，弹出按钮库，里面都是Flash自带的按钮范例，如图5-5-47所示。

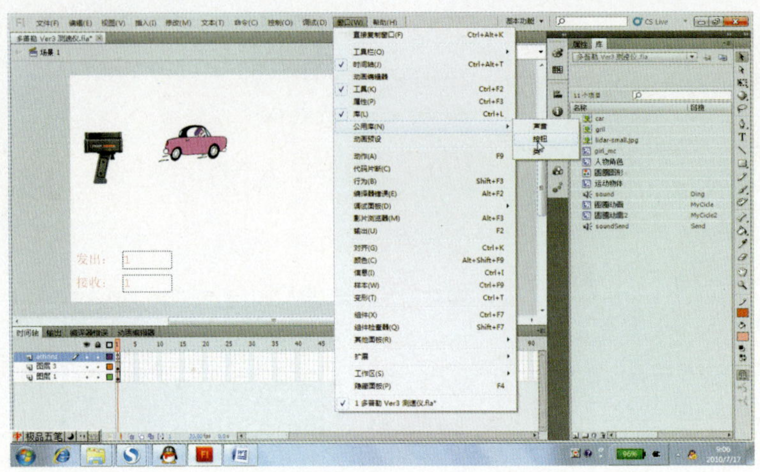
图5-5-46　打开公用库

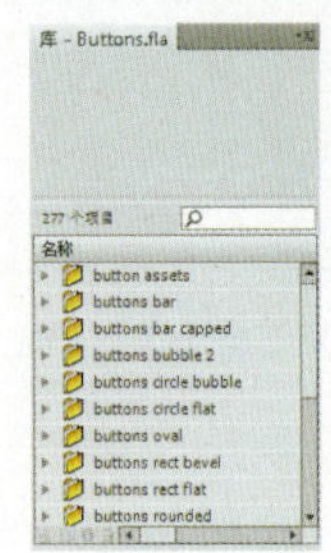
图5-5-47　按钮库

06 编辑播放按钮。在按钮库中，选择“buttons oval”文件夹下的“oval blue”按钮，如图5-5-48所示。

07 将该按钮拖入“库”面板，则在“库”面板中新增一个元件，该元件位于“buttons oval”中，双击该元件可进入其层级中进行编辑，如图5-5-49所示。

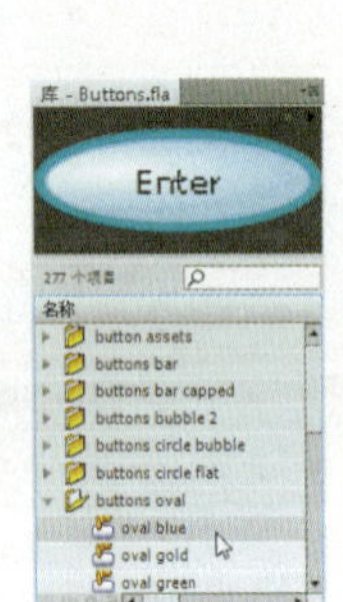
图5-5-48　选择“oval blue”按钮

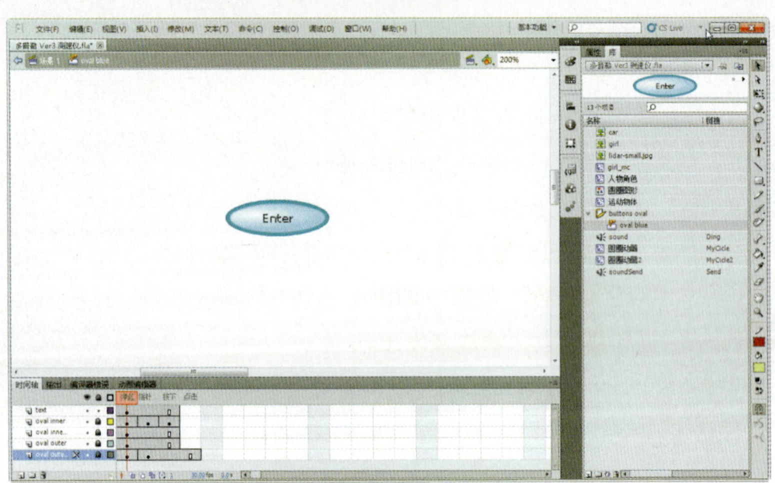
图5-5-49　编辑播放按钮

08 由于要制作的是播放按钮，因此，需要将文本“Enter”改为“Start”。选择名为“text”的文本，在“Enter”上双击，然后输入“Start”，如图5-5-50所示。

09 在场景1中添加播放按钮。修改完播放按钮后，单击“场景1”标签，进入该层级中进行编辑。从“库”面板中将修改好的按钮“oval blue”拖入舞台中，如图5-5-51所示。

10 由于后面执行脚本语句时会引用到该按钮，因此，需要添加其实例名称。选择播放按钮，然后在右侧的“属性”面板中输入“bt”，如图5-5-52所示。

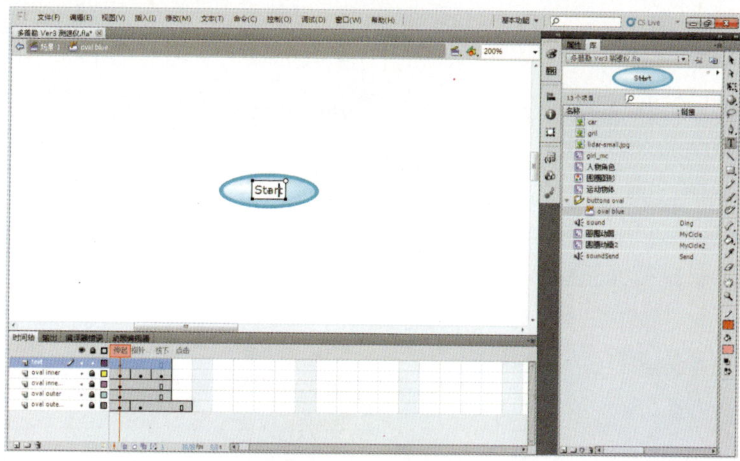

图5-5-50　修改文本

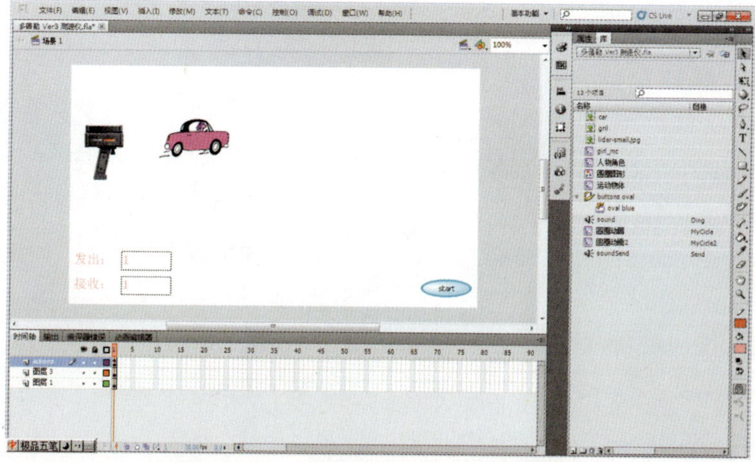

图5-5-51　将播放按钮添加到场景1中

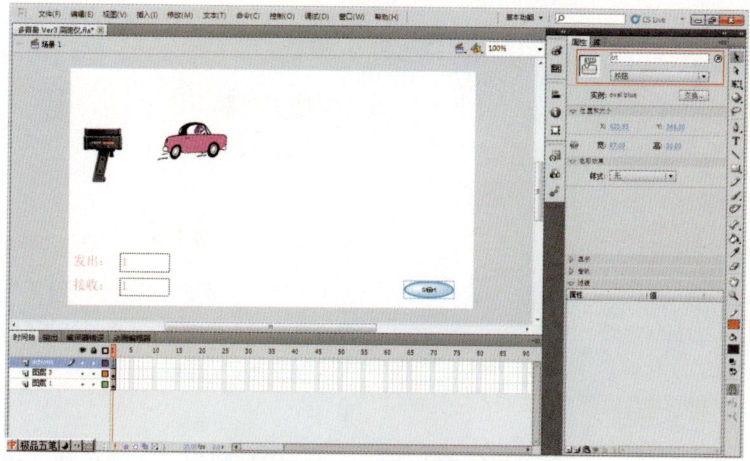

图5-5-52　添加实例名称

11 修改脚本语句。在“场景1”层级中，选择“actions”图层，在第1帧处按F9键打开“动作”面板，输入如下脚本语句，略有变动（用红色字体显示）。

```
import flash.display.MovieClip;
import fl.transitions.Tween;
import fl.transitions.easing.*;
import flash.utils.Timer;
import flash.events.TimerEvent;
import fl.transitions.TweenEvent;

var moveObject:MovieClip;

var times_send:uint = 0;

carMove.addEventListener(TweenEvent.
MOTION_FINISH, sendCicleEnd)

var myTimer:Timer = new Timer(500)

myTimer.addEventListener(TimerEvent.
TIMER, addCicle)
function addCicle(evt:TimerEvent):void{
    times_send ++;
    times_send_txt.text = String( times_
send )

    var sendSound:Send = new Send();
    sendSound.play();

    var myCicle:MyCicle = new MyCicle();
    myCicle.x = speedTest.x
    myCicle.y = speedTest.y
    this.addChild(myCicle)
}

function sendCicleEnd(evt:TweenEvent):v
oid {
    myTimer.stop();
}

var times:uint = 0;

bt.addEventListener(MouseEvent.
CLICK,playmc);
function playmc(e:MouseEvent):void {
    myTimer.start ();
    var carMove:Tween = new
Tween(car,"x",None.easeOut,car.x,car.x
+ 550, 15, true)
}
```

小提示 上面红色字体为修改的部分，对其解释如下（其中红色文字部分为对其下面的脚本语句的解释说明）。

```
//侦听按钮被点击的事件，如果被点击则执行函数playmc
bt.addEventListener(MouseEvent.
CLICK,playmc);

//定义函数playmc
function playmc(e:MouseEvent):void {

//启动定时器
    myTimer.start ();

//用脚本语句实现汽车的平移效果
    var carMove:Tween = new
Tween(car,"x",None.easeOut,car.x,car.x
+ 550, 15, true)
}
```

（2）制作“人动车动”动画

①新建空白文档，设置舞台大小。

操作同（1）中的①。另外，有一种较

简单的方法，可以在测速仪动画的基础上进行修改，再另存为新的文件“人动车动.fla”。

②准备动画素材。导入图片与声音文件，这时不需要“测速仪.jpg”，要换成人物的图片“girl.jpg”。

01 执行“文件”>“导入”>“导入到库”命令。

02 在弹出的“导入到库”对话框中选择准备好的图片文件（“car.jpg”和“girl.jpg”）及声音文件（“send.wav”和“Ding.wav”）并将其导入到库。

③制作人物闪烁动画。

在“库”面板中新建一个元件，将其命名为“小人闪动”，设置“类型”为“影片剪辑”，接下来的操作与前文基本一致。

④定义小车元件。

01 双击“场景1”标签，进入该层级，从“库”面板中将“car.jpg”拖入舞台中。

02 按F8键定义元件，并命名为“car_mc”，设置“类型”为“影片剪辑”。由于动画是人动车动，需要将“car_mc”元件置于舞台外，如图5-5-53所示。

图5-5-53　定义小车元件

⑤制作波形元件。

01 操作基本同(1)中的②下“制作波形元件”相关步骤类似，但不同的是这次绘制的不是半个波形，而是一个完整的圆圈，因此，与前文相比省去删除半个波边的步骤，效果如图5-5-54所示。

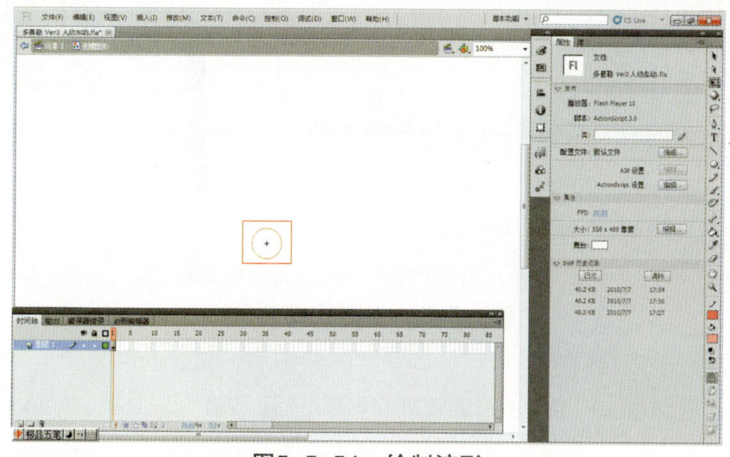

图5-5-54　绘制波形

02 将其定义为元件，命名为“圆圈图形”，设置“类型”为“图片”。

⑥制作圆圈动画。

01 这次只需要制作“圆圈动画”，不需要制作“圆圈动画2”。如果不想重复操作，可以将（1）中③编辑的“圆圈动画”复制到“人动车动.fla”文档的“库”面板中。

其中在“波”图层中使用到的是“圆圈图形”元件，而不是只有半边圆的“波”元件。

02 创建补间动画，表现出波由波源不断向外传播且波形不断由小变大的过程。在“波”图层的第60帧处按F5键延长普通帧动画，右击鼠标，在弹出的快捷菜单中选择“创建补间动画”命令，进入“动画编辑器”中进行编辑。设置 “缩放X”与“缩放Y”的值，在第1帧处设置“缩放X”为“25%”，“缩放Y”为“25%”，如图5-5-55所示。

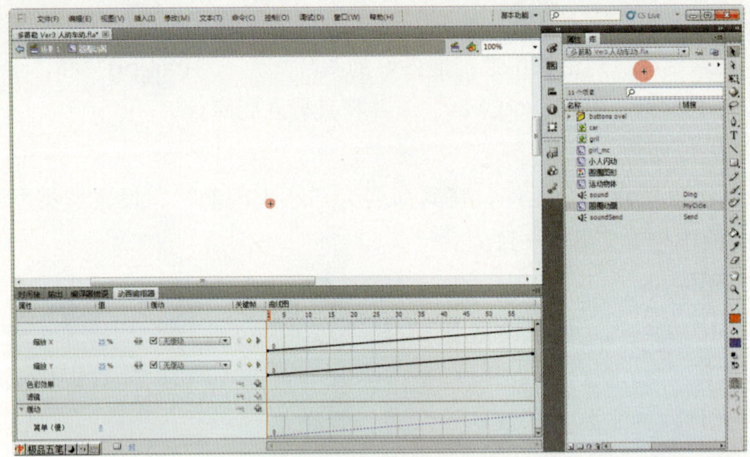

图5-5-55　制作圆圈动画1

03 在第60帧处，设置“缩放X”为“1600%”，“缩放Y”为“1600%”，如图5-5-56所示。

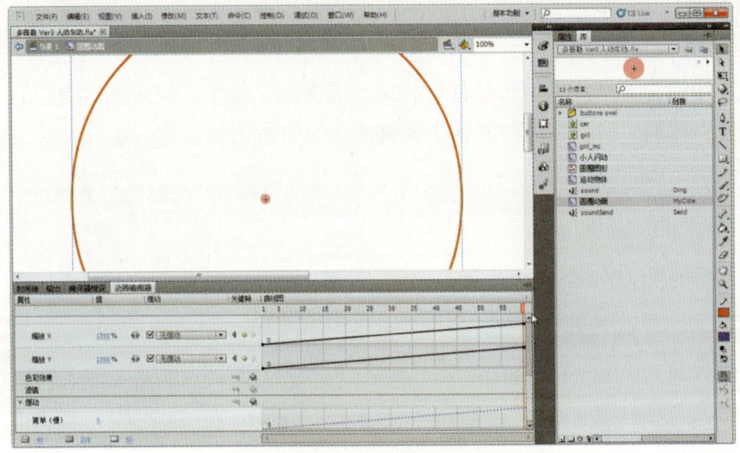

图5-5-56　制作圆圈动画2

04 编辑脚本语句中表现波的传播过程的动画。新建图层，将其命名为“actions”，创建完毕的动画默认有61帧。在第1帧关键帧处按F9键打开“动作”面板，输入如下完整的脚本语句。

```
import flash.events.Event;

this.addEventListener(Event.ENTER_FRAME, testHit);

function testHit(evt:Event):void{
    if(this.hitTestPoint( MovieClip(parent).people.x, MovieClip(parent).people.y )){
```

```
        MovieClip(parent).people.play();
        var ding:Ding = new Ding()
        ding.play();
        this.removeEventListener(Event.ENTER_FRAME, testHit);
        Object(parent).times ++
        Object(parent).times_txt.text = String( Object(parent).times )
    }
}
```

05 在最后一帧（即第61帧）处，按F9键打开“动作”面板，输入如下完整的脚本语句。

```
this.  removeEventListener(Event.ENTER_FRAME, testHit)
stop();
```

⑦完成“人动车动”动画的制作。

01 编辑“文字层”，添加四个文本并进行实例的命名，为后面编辑脚本语句服务。

02 编辑图层“actions”。

03 新建图层，将其命名为“actions”，专门用来编辑脚本语句，以控制动画的播放，如图5-5-57所示。

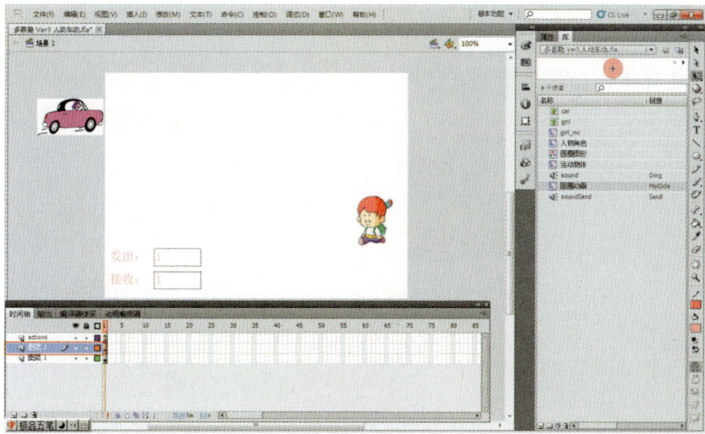

图5-5-57　新建图层“actions”

输入的脚本语句

```
import flash.display.MovieClip;
import fl.transitions.Tween;
import fl.transitions.easing.*;
import flash.utils.Timer;
import flash.events.TimerEvent;
import fl.transitions.TweenEvent;
```

```
var moveObject:MovieClip;

var times_send:uint = 0;

var moveCar:Tween = new Tween(moveObject,"x",None.easeOut,moveObject.x,moveObject.x + 950, 15, true)
moveCar.addEventListener(TweenEvent.MOTION_FINISH, sendCicleEnd)

var myTimer:Timer = new Timer(600)
myTimer.start()

myTimer.addEventListener(TimerEvent.TIMER, addCicle)

function addCicle(evt:TimerEvent):void{
    times_send ++;
    times_send_txt.text = String( times_send )

    var sendSound:Send = new Send();
    sendSound.play();

    var myCicle:MyCicle = new MyCicle();
    myCicle.x = moveObject.x
    myCicle.y = moveObject.y
    this.addChild(myCicle)
}

function sendCicleEnd(evt:TweenEvent):void {
    myTimer.stop();
}
var times:uint = 0;

var moveGirl:Tween = new Tween(people, "x", None.easeOut, people.x, people.x - 600, 15, true)
```

下面是对上面输入脚本语句的详细解释（其中红色文字部分为对其下面的脚本语句的解释说明）。

```
import flash.display.MovieClip;
import fl.transitions.Tween;
import fl.transitions.easing.*;
import flash.utils.Timer;
import flash.events.TimerEvent;
import fl.transitions.TweenEvent;

var moveObject:MovieClip;

//初始化发出的波数
var times_send:uint = 0;

//用脚本语言实现汽车的移动动画
var moveCar:Tween = new Tween(moveObject,"x",None.easeOut,moveObject.x,moveObject.x + 950, 15, true)
moveCar.addEventListener(TweenEvent.MOTION_FINISH, sendCicleEnd)


//设定定时器，每隔600毫秒发出一个波动画，也就是每隔600毫秒从库中调用自定义类MyCicle并将其放置到舞台上，播放波发出动画
var myTimer:Timer = new Timer(600)
```

```
//启动定时器
myTimer.start()

//定时器到点事件侦听，每次到时间点就执行函数addCicle，添加波动画
myTimer.addEventListener(TimerEvent.TIMER, addCicle)

function addCicle(evt:TimerEvent):void{
//将发出波变量值递增
    times_send ++;
//将发出波数显示到times_send_txt文本中
    times_send_txt.text = String( times_send )
//发出波声音
    var sendSound:Send = new Send();
    sendSound.play();
//从库中调用自定义类MyCicle放置到舞台上，播放波发出动画，起点坐标位置就是测速仪对象位置
    var myCicle:MyCicle = new MyCicle();
    myCicle.x = moveObject.x
    myCicle.y = moveObject.y
    this.addChild(myCicle)
}

function sendCicleEnd(evt:TweenEvent):void {
//汽车运动动画结束时，定时器停止，不再发生波
    myTimer.stop();
}

//初始化碰撞次数变量
var times:uint = 0;

//用脚本语句实现人物的移动动画
var moveGirl:Tween = new Tween(people, "x", None.easeOut, people.x, people.x - 600, 15, true)
```

小提示

下面添加播放按钮。

04 使用范例公用库中的“oval blue”按钮，将文本改为“Start”，然后将其拖入场景1中，如图5-5-58所示。

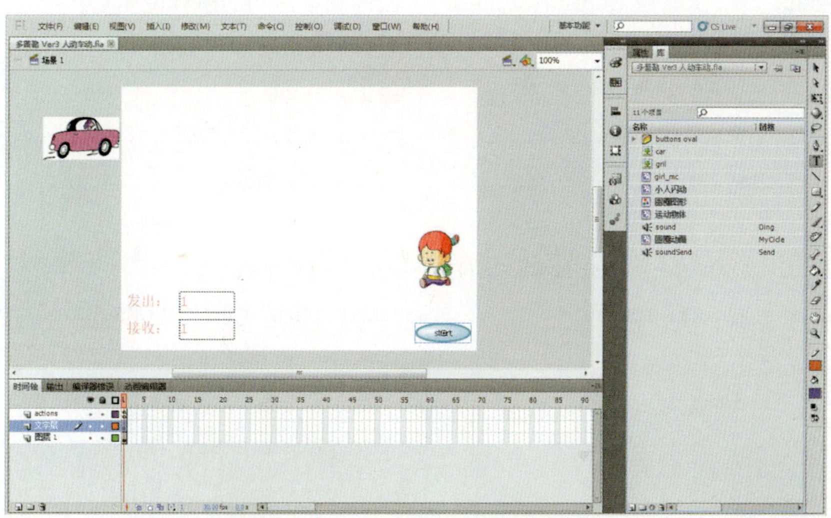

图5-5-58　在场景1中添加播放按钮

05 在“actions”图层中的第1帧处按F9键打开“动作”面板，输入如下脚本语句。

```
import flash.display.MovieClip;
import fl.transitions.Tween;
import fl.transitions.easing.*;
import flash.utils.Timer;
import flash.events.TimerEvent;
import fl.transitions.TweenEvent;

var moveObject:MovieClip;

var times_send:uint = 0;


var myTimer:Timer = new Timer(600)


myTimer.addEventListener(TimerEvent.
TIMER, addCicle)

function addCicle(evt:TimerEvent):void{
    times_send ++;
    times_send_txt.text = String( times_
send )

    var sendSound:Send = new Send();
    sendSound.play();

    var myCicle:MyCicle = new MyCicle();
    myCicle.x = moveObject.x
    myCicle.y = moveObject.y
    this.addChild(myCicle)
}
function sendCicleEnd(evt:TweenEvent):v
oid {
    myTimer.stop();
}

var times:uint = 0;

bt.addEventListener(MouseEvent.
CLICK,playmc);
function playmc(e:MouseEvent):void {
    myTimer.start ();
     var moveCar:Tween = new
Tween(moveObject,"x",None.
easeOut,moveObject.x,moveObject.x +
950, 15, true)
     moveCar.addEventListener(Tween
Event.MOTION_FINISH, sendCicleEnd)
     var moveGirl:Tween = new
Tween(people, "x", None.easeOut,
people.x, people.x - 600, 15, true)
}
```

上面红色脚本语句部分为修改的部分，对其解释如下（其中红色文字部分为对其下面的脚本语句的解释说明）。

```
//侦听按钮被点击的事件，如果被点击则执行函数playmc
bt.addEventListener(MouseEvent.
CLICK,playmc);

//定义函数playmc
function playmc(e:MouseEvent):void {

//启动定时器
    myTimer.start ();
```

//用脚本语句实现汽车的平移效果

```
    var moveCar:Tween = new Tween(moveObject,"x",None.easeOut,moveObject.x,moveObject.x + 950, 15, true)
```

//汽车移动动画结束后，执行函数sendCicleEnd，停止人物移动动画，也就是人物也停止了不再移动

```
moveCar.addEventListener(TweenEvent.MOTION_FINISH, sendCicleEnd)
```

//用脚本语句实现人物移动动画

```
    var moveGirl:Tween = new Tween(people, "x", None.easeOut, people.x, people.x - 600, 15, true)
}
```

（3）制作“人动车静”动画

01 操作基本同（2），只是将小车放置于舞台中，人物放置于舞台外，如图5-5-59所示。

图5-5-59　人动车静

02 操作基本同（2），只是在⑦中脚本语句输入略有变动（用红色字体显示），如下所示。

```
import flash.display.MovieClip;
import fl.transitions.Tween;
import fl.transitions.easing.*;
import flash.utils.Timer;
import flash.events.TimerEvent;
import fl.transitions.TweenEvent;
var moveObject:MovieClip;

var times_send:uint = 0;

var myTimer:Timer = new Timer(600)
myTimer.start()

myTimer.addEventListener(TimerEvent.TIMER, addCicle)

function addCicle(evt:TimerEvent):void{
    times_send ++;
    times_send_txt.text = String( times_send )

    var sendSound:Send = new Send();
    sendSound.play();

    var myCicle:MyCicle = new MyCicle();
    myCicle.x = moveObject.x
    myCicle.y = moveObject.y
    this.addChild(myCicle)
}

function sendCicleEnd(evt:TweenEvent):void {
    myTimer.stop();
}

var times:uint = 0;

var moveGirl:Tween = new Tween(people, "x", None.easeOut, people.x, people.x - 800, 15, true)
```

```
moveGirl.addEventListener(TweenEvent.MOTION_FINISH, sendCicleEnd)
```

小提示

此段语法与前文相同，不再解释，请读者参看前文的语法解释来理解。

03 为了使用方便，可以同前文一样，在场景1中添加一个播放按钮用来加以控制，如图5-5-60所示。

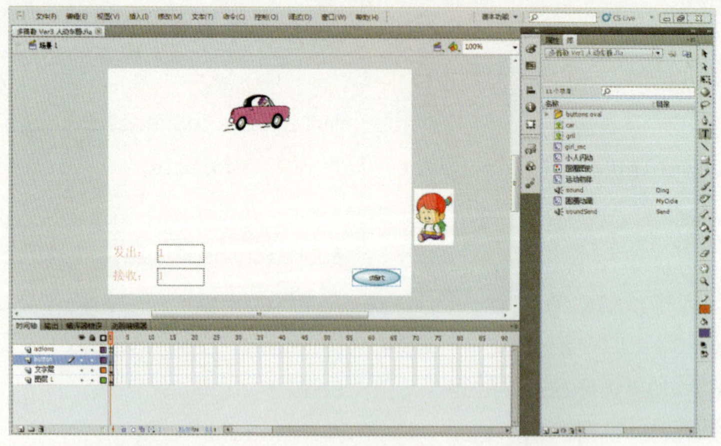

图5-5-60 为“人动车静”添加播放按钮

04 在“actions”图层的第1帧处按F9键打开“动作”面板，输入如下脚本语句，略有变动（用红色字体显示）。

```
import flash.display.MovieClip;
import fl.transitions.Tween;
import fl.transitions.easing.*;
import flash.utils.Timer;
import flash.events.TimerEvent;
import fl.transitions.TweenEvent;
import flash.events.MouseEvent;
stop();
var moveObject:MovieClip;

var times_send:uint = 0;

var myTimer:Timer = new Timer(600);
//myTimer.start();

myTimer.addEventListener(TimerEvent.TIMER, addCicle);
```

```
function addCicle(evt:TimerEvent):void{
    times_send ++;
    times_send_txt.text = String( times_send );

    var sendSound:Send = new Send();
    sendSound.play();

    var myCicle:MyCicle = new MyCicle();
    myCicle.x = moveObject.x
    myCicle.y = moveObject.y
    this.addChild(myCicle)
}

function sendCicleEnd(evt:TweenEvent):void {
    myTimer.stop();
}

var times:uint = 0;

bt.addEventListener(MouseEvent.CLICK,playmc);

function playmc(e:MouseEvent):void {
    myTimer.start ();
    var moveGirl:Tween = new Tween(people, "x", None.easeOut, people.x, people.x - 800, 15, true);
    moveGirl.addEventListener(TweenEvent.MOTION_FINISH, sendCicleEnd);
}
```

(4) **制作“人静车动”动画**

01 操作基本同（2），小车也是置于舞台之外，如图5-5-61所示。

图5-5-61　人静车动

02 操作基本同（2），只是在⑦中输入脚本语句略有变动（用红色字体显示），脚本语句如下所示。

```
import flash.display.MovieClip;
import fl.transitions.Tween;
import fl.transitions.easing.*;
import flash.utils.Timer;
import flash.events.TimerEvent;
import fl.transitions.TweenEvent;

var moveObject:MovieClip;

var times_send:uint = 0;

var moveCar:Tween = new Tween(moveObject,"x",None.easeOut,moveObject.x,moveObject.x + 950, 15, true)
moveCar.addEventListener(TweenEvent.MOTION_FINISH, sendCicleEnd)

var myTimer:Timer = new Timer(600)
myTimer.start()

myTimer.addEventListener(TimerEvent.TIMER, addCicle)

function addCicle(evt:TimerEvent):void{
    times_send ++;
```

```
    times_send_txt.text = String( times_
send )

    var sendSound:Send = new Send();
    sendSound.play();

    var myCicle:MyCicle = new MyCicle();
    myCicle.x = moveObject.x
    myCicle.y = moveObject.y
    this.addChild(myCicle)
}

function  sendCicleEnd(evt:TweenEvent):v
oid {
    myTimer.stop();
}

var times:uint = 0;

stage.addEventListener(KeyboardEvent.
KEY_DOWN, fl_PressKeyToMove);

function  fl_PressKeyToMove(event:Keyboar
dEvent):void
{
    switch  (event.keyCode)
    {
        case Keyboard.LEFT:
        {
            people.x -= 5;
            break;
        }
        case Keyboard.RIGHT:
        {
            people.x += 5;
            break;
        }
    }
}
```

小提示

脚本语句修改的部分表示可以用键盘上的向左或向右方向键来控制人物向左或向右移动，具体解释如下（其中红色文字部分为对其下面的脚本语句的解释说明）。

//侦听按下键盘中的向左或向右方向键的事件，每次按下键盘中的向左或向右方向键，则小人会沿x轴坐标向左或向右移动5个像素

```
stage.addEventListener(KeyboardEvent.
KEY_DOWN, fl_PressKeyToMove);
```

//定义函数fl_PressKeyToMove

```
function  fl_PressKeyToMove(event:Keyboar
dEvent):void
{
```

//条件选择语句，判断是否按下键盘中的向左或向右方向键

```
    switch  (event.keyCode)
    {
```

//如果按下键盘中的向左方向键，则人物会沿x轴坐标向左移动5个像素

```
        case Keyboard.LEFT:
        {
            people.x -= 5;
            break;
        }
```

//如果按下键盘中的向右方向键，则人物会沿x轴坐标向右移动5个像素

```
        case Keyboard.RIGHT:
        {
            people.x += 5;
            break;
        }
    }
}
```

03 为了使用方便，可以同前文一样，在场景1中添加一个播放按钮用来加以控制，如图5-5-62所示。

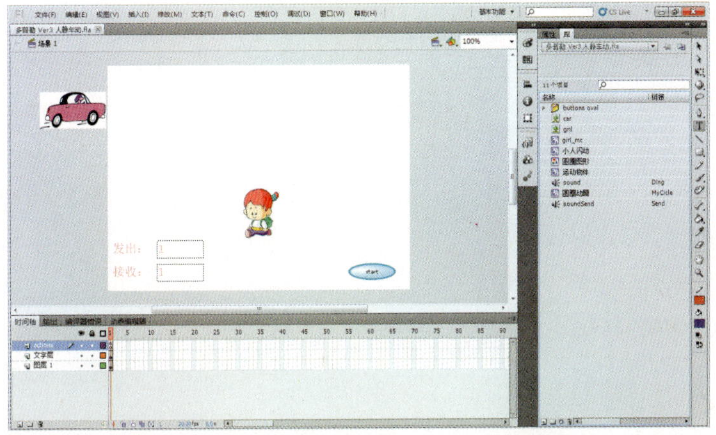

图5-5-62　在“人静车动”中添加播放按钮

04 在 “actions”图层的第1帧处按F9键打开“动作”面板，输入如下脚本语句，略有变动（用红色字体显示）。

```
import flash.display.MovieClip;
import fl.transitions.Tween;
import fl.transitions.easing.*;
import flash.utils.Timer;
import flash.events.TimerEvent;
import fl.transitions.TweenEvent;

var moveObject:MovieClip;

var times_send:uint = 0;
```

```
var myTimer:Timer = new Timer(600)

myTimer.addEventListener(TimerEvent.
TIMER, addCicle)

function addCicle(evt:TimerEvent):void{
    times_send ++;
    times_send_txt.text = String( times_
send )

    var sendSound:Send = new Send();
    sendSound.play();

    var myCicle:MyCicle = new MyCicle();
    myCicle.x = moveObject.x
    myCicle.y = moveObject.y
    this.addChild(myCicle)
}

function  sendCicleEnd(evt:TweenEvent):v
oid {
    myTimer.stop();
}

var times:uint = 0;

stage.addEventListener(KeyboardEvent.
KEY_DOWN, fl_PressKeyToMove);

function fl_PressKeyToMove(event:Keyboar
dEvent):void
{
    switch (event.keyCode)
    {
        case Keyboard.LEFT:
        {
            people.x -= 5;
            break;
        }
        case Keyboard.RIGHT:
        {
            people.x += 5;
            break;
        }
    }
}
bt.addEventListener(MouseEvent.
CLICK,playmc);
function playmc(e:MouseEvent):void {
    myTimer.start ();
    var moveCar:Tween = new Tween(move
Object,"x",None.easeOut,moveObject.
x,moveObject.x + 950, 15, true)
     moveCar.addEventListener(TweenEvent.
MOTION_FINISH, sendCicleEnd)
}
```

5.5.4.2 对象化资源的制作

下面用Adobe Captivate 5进行课件制作。在本案例中，重点介绍按钮、视频的插入和测试题的制作。

1. 为幻灯片制作返回按钮

01 选择第二张内容为“教学目标”的幻灯片。

02 单击“工具”面板中的“Insert Button”按钮，在幻灯片中插入一个按钮。

03 选中按钮，打开“PROPERTIES（属性）”面板，如图5-5-63所示。

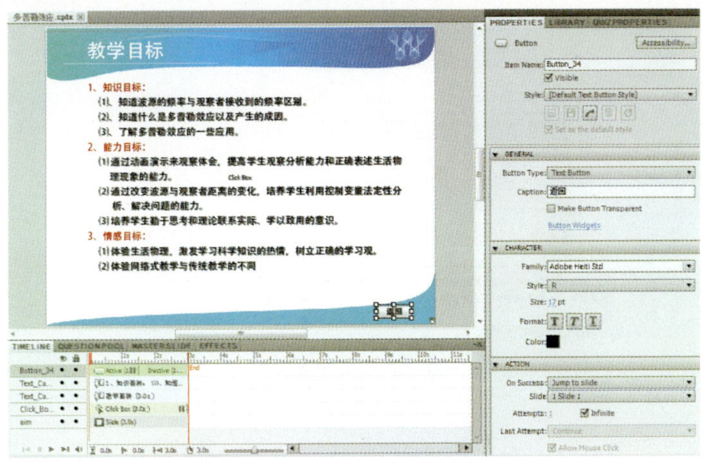

图 5-5-63　插入“返回”按钮

04 在“GENERAL”选项卡中，在“Caption”处输入按钮标签的名称“返回”。

05 在“ACTION”选项卡中，在“On Success”下拉列表中选择“Jump to slide”选项,并在“Slide”下拉列表中选择第1张幻灯片。

06 把“返回”按钮复制到其他幻灯片中。

2.在“新课导入”中插入和控制视频

01 打开“新课导入”幻灯片。

02 执行“Insert” > “FLV or F4V…”命令，打开“Import Video（导入视频）”对话框。

03 单击“Browse…”按钮，在电脑里选择要插入的视频文件“赛车.flv”。

04 由于在“File Path”文本框中显示的是绝对路径，如果移动了文件的位置，会导致链接失效，最好的做法是：把视频和Captivate源文件放在同一个文件夹内，并把“File Path”文本框中显示的路径改为相对路径，如图5-5-64所示。

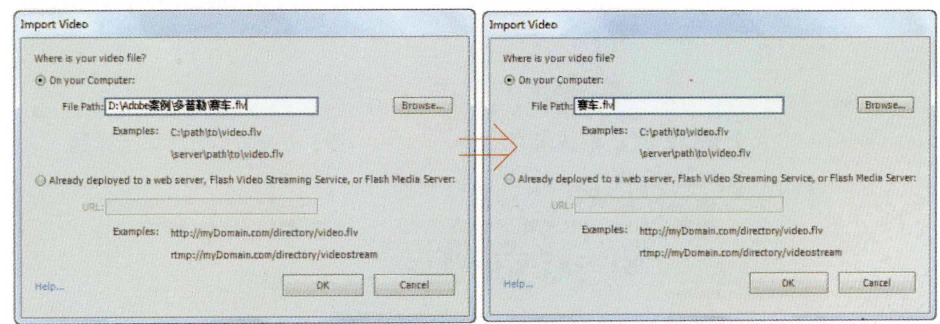

图5-5-64　插入视频文件

05 插入视频后的幻灯片中增加了一个视频控制面板，在“PROPERTIES（属性）”面板中可以更改链接的视频、视频控制面板的外观等，如图5-5-65所示。

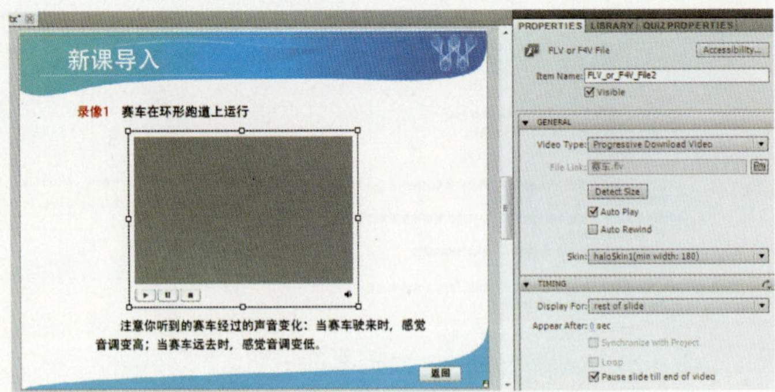

图5-5-65 视频控制面板

3.制作单选测试题

01 设定测试幻灯片的标签参数。执行“Edit”＞“Preferences…”＞“Quiz”命令，在弹出的面板中，选择“Default Labels”栏目，更改在“Submit（送出）”、“Clear（清除）”、“Skip（略过）”和“Back（后退）”按钮上显示的默认标识，如图5-5-66所示。

02 执行“Insert”＞“Question Slide…”命令，在弹出的对话框中勾选“Multiple Choice”复选框，其余保持默认值，如图5-5-67所示。

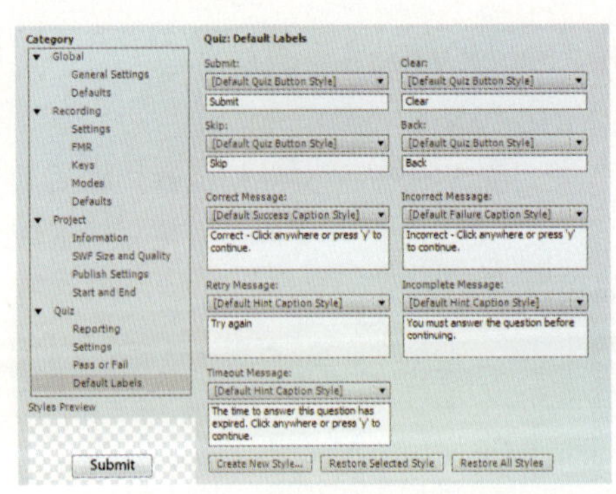

图5-5-66 设置测试默认标签信息

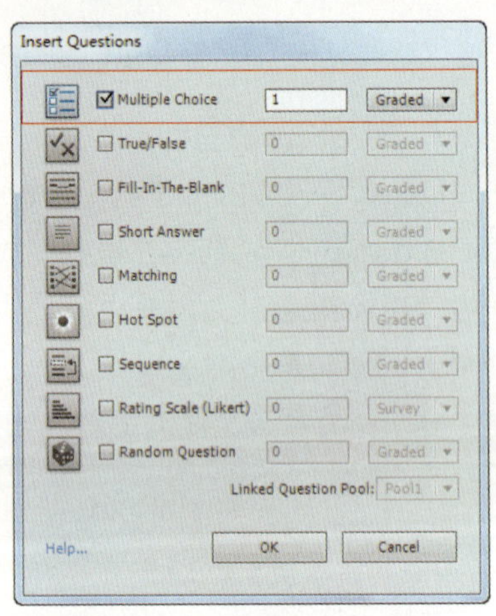

图5-5-67 创建单选试题

03 单击“OK”按钮，生成如图5-5-68所示的选择题幻灯片。

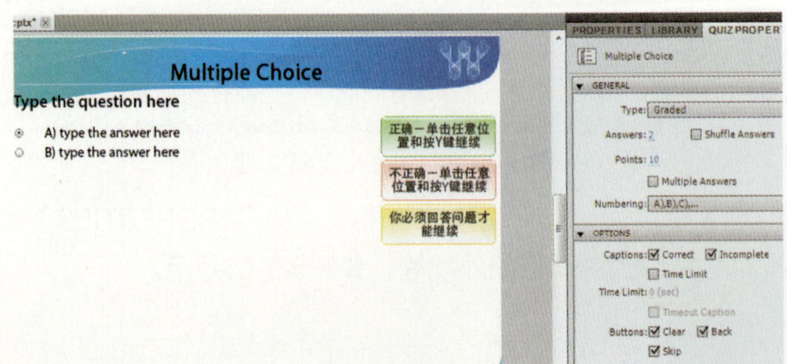

图5-5-68 选择题幻灯片

04 在“QUIZ PROPERTIES”面板中，在“GENERAL”选项卡中修改参数“Answers”，可以设置问题的选项数（默认值为“2”）。

05 直接在试题幻灯片上修改问题的内容。

06 在幻灯片上点击选定正确的答案，制作完后的效果如图5-5-69所示。

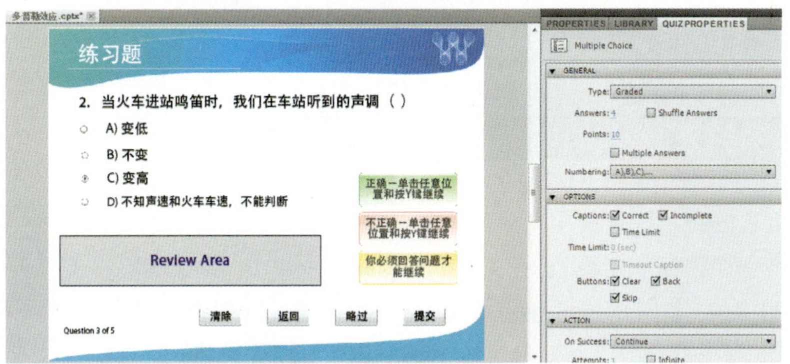

图5-5-69　制作后的选择题幻灯片

5.5.4.3　用Acrobat进行数字化学习对象的封装

在课件制作完成后，使用Adobe Acrobat Pro对新开发的数字化资源进行对象资源打包（又被称为“PDF包”），包括所制作学习对象资源的Captivate 5源文件、Captivate 5 发布文件以及本学习对象制作过程中加工后的素材。

5.6 信息技术案例——钢笔工具的使用

本案例所涉及的相关资源，包括原始素材、源文件及发布后的效果，请参见教材配套光盘《信息技术案例资源》。

5.6.1 案例的来源

“钢笔工具的使用”案例出自中国地图出版社普通高中课程标准实验教科书《信息技术（选修2）——多媒体技术应用》第二单元。

5.6.2 案例的编写目标

①结合高中信息技术大部分知识点属于动作技能类的课程特点，需要充分利用动画、视频来展示操作过程，本案例将示范如何制作适合特定学科的富媒体教学资源。

②读者能够在课件的设计与制作过程中体会“基于学习对象的教学资源设计”这一思想是如何应用的，熟悉对象化资源的开发过程，并能在今后的教学中有效地加以运用，合理地进行教学设计和课件制作。

③在该案例中，展示如何利用Adobe Captivate 5、Adobe Soundbooth CS5等软件的使用，如Adobe Captivate 5中的录屏功能，Adobe Soundbooth CS5中的录音、降噪等功能。

5.6.3 案例的设计思路

5.6.3.1 基于学习对象技术的课件设计

由于信息技术课程是技能操作类的课程，单纯靠文字说明和图片展示，很难让学生们获得感性的认识。如果教学资源中配有操作过程的演示，则会减少学生的认知负担，方便学生课后根据课件自学或复习。

1. 案例的教学设计

(1) 教学内容的选择

本内容是源于教材中第二单元第一节第三部分，主要以“鼠标概念车”制作为例，使用到了Photoshop的一些常用操作技能（如抠像、变换、文字编辑等）。在配套的教师用书上，第一节建议安排七个学时，并且需要信息技术教师在这个综合案例之前向学生介绍Photoshop软件的一些相关知识。在书中综合案例——“鼠标概念车”的素材选取环节使用了“钢笔工具”进行抠像，因此，选择Photoshop中“钢笔工具”这一知识点作为本案例的教学内容，并将这一部分内容命名为“钢笔工具”，副标题为“Photoshop选择工具的使用”。

如图5-6-1所示是本节教学内容结构示意图，显示了本案例内容在该节中所处的位置。

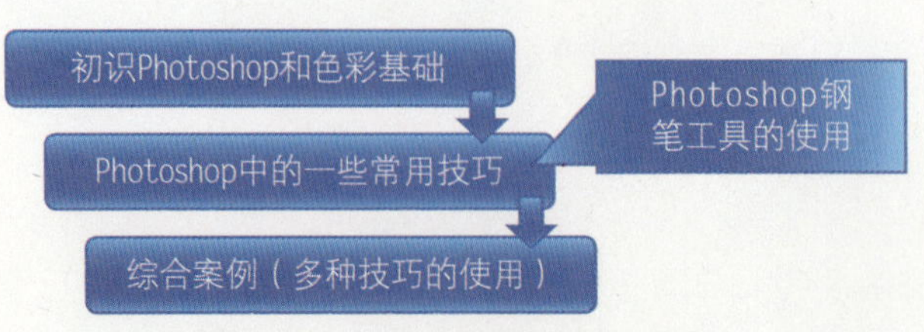

图5-6-1 教学内容结构示意图

其中，“钢笔工具”包括在第二环节中。

（2）学习者的分析

本节课的学习者为高中二年级学生。由于这部分教学内容是包含在第二环节中的，因此默认学生已经掌握了第一环节的内容，认识了Photoshop窗口的各个组成部分及其功能，并具有一定的色彩基础。

（3）学习环境的分析

一般开设有信息技术课程的学校均提供机房，因此可以播放多媒体课件。

（4）学习目标

①了解“钢笔工具”的概念，熟悉“钢笔工具”的选项栏设置和“钢笔工具”的类型。

②能够使用“钢笔工具”绘制直线路径和曲线路径，并能熟练使用“路径选择工具”和“直线选择工具”配合“钢笔工具”调节路径。

③掌握“转换点工具”的使用。

④能通过用“钢笔工具”绘制路径并创建选区，获取想要的素材。

（5）教学内容

利用图解法分析本案例的教学内容，如图5-6-2所示。

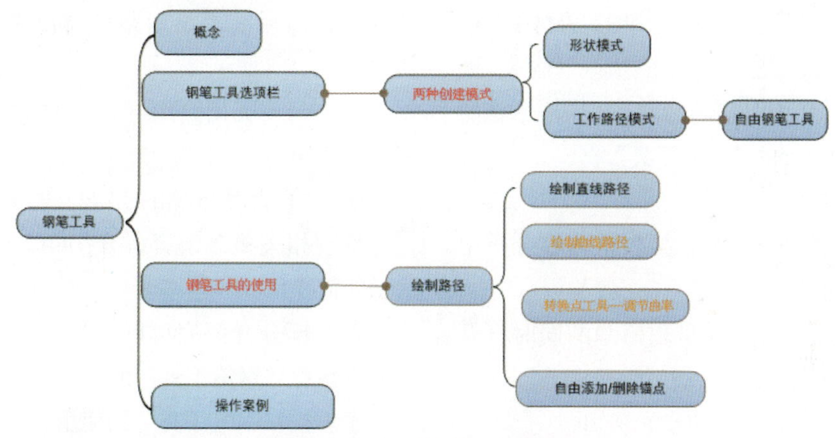

图5-6-2　用图解法分析教学内容

其中，教学内容的重点用红色字体显示，包括理解两种创建模式和掌握“钢笔工具”的使用。教学内容的难点用黄色字体显示，包括绘制曲线路径和“转换点工具”的使用。

（6）教学策略选择

从教学内容的分析来看，案例内容将涉及部分概念性讲解，如“钢笔工具”的概念、路径的概念、“钢笔工具”选项栏的各部分功能、路径锚点的种类。由于本课是技能类的课程，工具的使用不能仅停留在讲授层面，还需要配合操作演示，因此，需要讲授法和演示法相结合。

（7）教学流程设计

基于对象化教学设计的思想，教学流程包含以下五个部分，如图5-6-3所示。

图5-6-3　对象化教学的设计流程

①教学目标。

首先呈现本堂课的教学目标，让学生形成教学期望，并对教学内容有一定的感知，引起学生的好奇心，为后面的教学奠定基础。

②课前导入。

课前导入环节非常关键，目的是为了激起学生的兴趣和引入新学习的内容，在学生已有的知识与新知识之间建立某种有意义的联系。“钢笔工具”的讲解主要是为了在后面的综合案例中获取素材服务的，因此需要传达这样的思想，一是呼应后面的综合案例，二是为本次课程服务，通过传达抠像的技巧激起学生的学习兴趣，也引出了“钢笔工具”这一知识点。

在导入环节选择了综合案例中的几幅图片（来源于教材的配套光盘），制作一个简单的动画，用来展现如下过程：从两个图片素材中获得想要的图像，然后进行加工，合成一个整体。展现动画以后，教师可以顺势引出实现这一想法的工具——Photoshop的“钢笔工具”。

③知识讲解。

知识讲解部分主要包括教学内容分析中呈现的所有知识点。

教师可以在讲解并呈现概念的同时打开Photoshop软件，简要介绍“钢笔工具”，让学生对该工具获得一个初步的感知。

“钢笔工具”选项栏中有两个主要组成部分，即创建模式和自动添加/删除锚点。

首先介绍创建模式，着重讲解两种主要模式——“形状图层”模式和“路径”模式。创建“形状图层”模式不仅可以在“路径”面板中新建一个路径，同时还在“图层”面板中创建了一个形状图层；而创建“路径”模式只是在“路径”面板中新建了一个路径。本课时主要突出“钢笔工具”的抠像功能，不需要创建形状图层，只需要绘制路径，因此创建“路径”模式为讲解重点。教师在授课时只需提及形状图层概念并演示其创建过程即可，而“路径”模式则需要详细讲解，包括概念、相关选项、绘制路径的两种类型等，具体内容将在下面一一进行介绍。注意，在过程中教师一边演示课件，呈现一些概念性知识，一边在Photoshop中进行演示，两种模式的使用还会涉及到其他选项的使用，如利用“形状图层”模式选择形状，在演示中可以进行介绍。如果学生是在机房上课，可以让学生尝试着操作，在画布中绘制不同的形状。

- 创建模式

“形状图层”模式：呈现基本内容，介绍相关选项，然后在Photoshop中演示绘制形状图层。

“路径”模式：呈现基本内容，介绍相关选项，然后演示绘制路径及快捷键Ctrl的使用。

其中，要突出介绍“自由钢笔工具”并演示如何使用。

- “自由添加/删除锚点”选项

呈现相关概念解释，介绍相关选项，并演示如何操作。

第二部分介绍完可以让学生自由操作，进一步熟悉“钢笔工具”的选项栏。

④教授“钢笔工具”的使用。

这一部分是需要重点介绍的内容。

- 使用“钢笔工具”绘制路径

绘制直线路径：首先呈现“钢笔工具”所有类型的工具，并呈现绘制直线路径的方法和认识路径的各组成部分，可以在Photoshop中演示如何绘制。

绘制曲线路径：呈现曲线路径的图片，介绍曲线的方向线，并介绍两个常与“钢笔工具”配合使用的工具——“路径选择工具”和“直接选择工具”，讲解其使用方法，并在Photoshop中进行演示。

● 自由添加/删除锚点工具

由于前面在介绍工具选项栏时已提到自由添加/删除锚点，因此这里可以简单介绍概念并进行演示。

● 转换点工具

这里分为两个环节。首先，讲解路径锚点的种类，并介绍使用“转换点工具”如何调节这些锚点。课件上的文字内容稍多，教师可以进行提炼总结，文字内容可以让学生课后再仔细阅读理解。其次，介绍两个快捷键（Ctrl和Alt）如何配合使用，结合理论知识演示如何绘制星型路径，让学生感受到具体的操作技巧。

⑤演示抠图案例。

介绍完“钢笔工具”的各种操作技巧之后，演示在课前导入环节中播放的动画中所展现的操作过程，即从两张图像中抠出想要的图像进行整合。教师可以播放一段操作录像，让学生边观看边自行操作练习，也可以由教师亲自在Photoshop中操作演示。

⑥知识导图。

知识导图展示该课程教学内容的整体知识结构图，如图5-6-4所示，可以帮助学生回忆和总结知识内容，促进知识的保持与迁移。

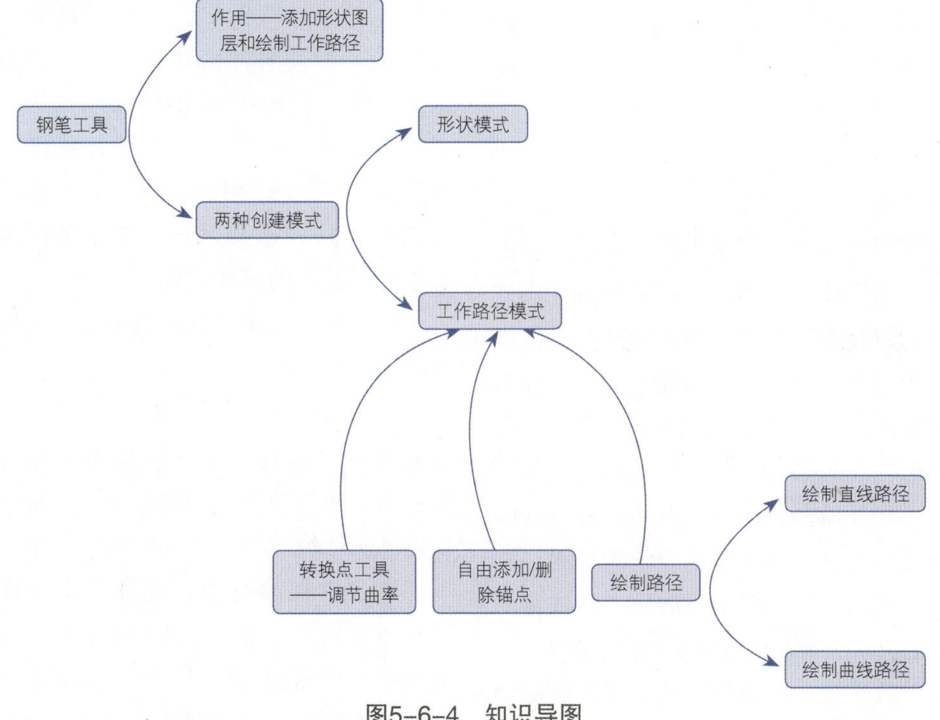

图5-6-4 知识导图

⑦测评练习。

最后一个环节是测评练习。根据教学目标和教学内容，选择练习题以帮助学生检查自己的学习效果，并促使已习得的知识在新的问题情境下发生迁移。本案例的测评练习设置一道操作题，检查学生对“钢笔工具”的掌握情况。

2. 案例的对象化分析

由上面的案例来源可知，该案例所包括的教学内容只是作为一节中的一部分。从学习对象的角度来看，它可作为一个可重用的教学信息对象，即具有一定粒度的、独立的教学内容单元。本案例的内容是自包含的，可以和其他可重用的学习对象构成更大粒度的可重用的学习对象。例如，教师要教授关于Photoshop的操作技巧时，即可将它与其他相关教学信息对象进行合理的组合，形成可重用的学习对象，进而形成一个大的教学模块。

教学信息对象是建立在一定的学习目标基础上的。首先提出总体目标，以让学生能够使用Photoshop的选择工具获取素材为出发点，在对教学内容和学生进行分析的基础上细化目标。该案例建立在“学生掌握‘钢笔工具’的使用”这一大目标的基础上。

在制作学习对象时必须要考虑到其粒度大小、下载时长和在网络上播放的速度，不能因为客观原因影响到学生的学习进度。由于课件制作完成后会用Adobe Acrobat Pro进行封装，包括课件中所有使用到的图片、声音、动画等素材，因此，需要考虑到课件中使用媒体的数量及大小。基于以上考虑，在安排学习内容时必须要考虑到选择的文件的格式、大小及质量，还要考虑其本身承载的教学意义，充分发挥其支持教学的功能，不能滥用、乱用媒体，以免分散学生的注意力或是产生教学干扰，从而降低了教学效率。

基于教学设计所进行的教学课件的对象化分析如下。

（1）教学目标

教学目标已在案例的教学设计中阐明，基于了解、掌握、使用与应用四个水平。根据教学设计分析，需要在课件的开始呈现给学生，让学生在学习新课之前形成一定的学习期望，便于他们运用更好的学习策略和更好地分配注意力。

（2）课前导入

基于教学设计分析中设计的课前导入，在呈现教学目标之后播放一段动画，让同学们对“钢笔工具”的使用形成一个初步的了解，起到先行组织者的作用，并通过其展示学生在课程学习后能够完成的任务，激发他们的学习兴趣。

（3）知识讲解

知识讲解是课件的主体部分，以教学目标为导向，围绕着教学设计中教学内容的分析结果详细展开。教学内容包括“钢笔工具”及路径的概念，介绍“钢笔工具”选项栏（包括两种创建模式、“自由钢笔工具”和“自由添加/删除锚点”选项），“钢笔工具”的使用（绘制直线路径与曲线路径，“添加/删除锚点工具”和“转换点工具”），以及以一个综合案例来展现“钢笔工具”的抠像过程。

“了解”水平的知识点可以利用图片和文字来展现，以促进学生的理解记忆；“掌握”、“使用”水平的知识点是属于操作技能类的，单纯靠文字与静态的图片不利于学生了解技能类的知识，学习目标中的第②点和第③点（第371页）提出了学生学完本课所应掌握的技能，此外教学重难点包括掌握“钢笔工具”、“转换点工具”的使用以及绘制曲线路径等。因此，需要配合相应的视频为学生动态地展现如何使用“转换点工具”绘制心型以及用“钢笔工具”进行抠像的全过程，以便于帮助学生学习这些技能类的知识。在课件制作时，要根据教学需要、知识点的类型等在课件中进行合理的安排。

(4) **知识导图**

在知识讲解环节之后，以图片的形式呈现本课的知识导图，作为对全部教学内容的总结与提取，使学生在学习全部内容后通过此图对本节课内容进行梳理，以促进知识的回忆、保持和迁移。

(5) **测评练习**

测评练习环节的目的在于检测学生的学习效果，帮助回顾和练习新学习的知识，促进所学知识的应用并能拓展到新情境下解决问题。为了增加学生的练习热情与兴趣，考虑到课程内容的安排及课件长度，练习部分特增加一道操作题，让学生体验“钢笔工具”的使用情境，具体细节操作教师可以安排学生上机练习。这节课仅为第一节第三部分中的一个知识点，因此，不需要添加很多练习题，导致学习对象粒度大小的增加。

3. 案例的媒体选择

信息技术是属于技能性的课程，单纯的理论讲解无法让学生获得具体的认知，因此，必须配有操作过程的展示和相关的文字说明，才能让学生感受到这两个工具的使用方法。Captivate强大的录屏功能和轻松的操作环境能在较短的时间里实现这一想法。它有多种录屏模式，可以满足多种需要。在使用Captivate软件制作课件时可以不用导入外部的视频或动画，直接在指定的地方插入录屏的过程。通过Captivate的使用，可以减小学习对象的粒度，方便与其他学习对象进行组合，另外，还可以减少学生在网络学习时观看动画的等待时间。该软件可以智能化地为操作过程加上文字说明，方便学生进行自主学习，并自定步调来安排学习进度，如停留在某页操作或者重复播放操作过程等。

因此，围绕教学目标，依据本学习对象的要素和教学的重难点，进行媒体选择和相应的媒体技术应用。对照前面的对象化分析过程，本案例的媒体应用分析如下。

(1) **各环节的应用媒体**

①课前导入。

使用图片在PPT文件中制作简单的动画，然后导入到Captivate中，利用动画过程传达以抠像获取素材的技巧。利用动画表达，比利用文字和静止的图片要生动得多，更能吸引学生注意和激起学生的学习兴趣。

②知识讲解。

在知识讲解过程中，需要利用一些图片配合文字说明来展现工具栏的选项，更好地帮助学生认识路径以及理解调整路径锚点的方法等。插入一段录音，简要地说明“钢笔工具”的功能，以增强课件的表现力。在路径转换点部分和综合案例部分还配有操作过程的录屏。

③知识导图。

添加图片以展示各知识点的关系，直观的表现方式可以帮助学生回忆。

④测评练习。

利用Captivate录屏功能中的练习模式，可以实现人机交互，方便学生进行操作以检测学习水平。

(2) **界面设计**

界面色彩最好能与纸质课文的风格表现一致，以增加学生使用时的亲切程度，整体风格大方明朗，也符合学生的审美要求。

课件内容及其位置的安排要合理，图文并茂，适合学生阅读观看，不能杂乱无章，导航条、按钮位置的安放也要符合学生的操作心理。

(3) **导航设计**

课件导航要清晰明了，能让学生对整个

课件的结构和所处位置有明确的把握，内容目录清楚，跳转按钮醒目，学生在没有教师的指导下也能顺利地使用课件进行学习，操作起来方便、快捷。

4. 案例的脚本生成

结合前面的对象化分析和媒体选择的基本构想，形成案例的制作脚本。图示化的脚本如图5-6-5所示。

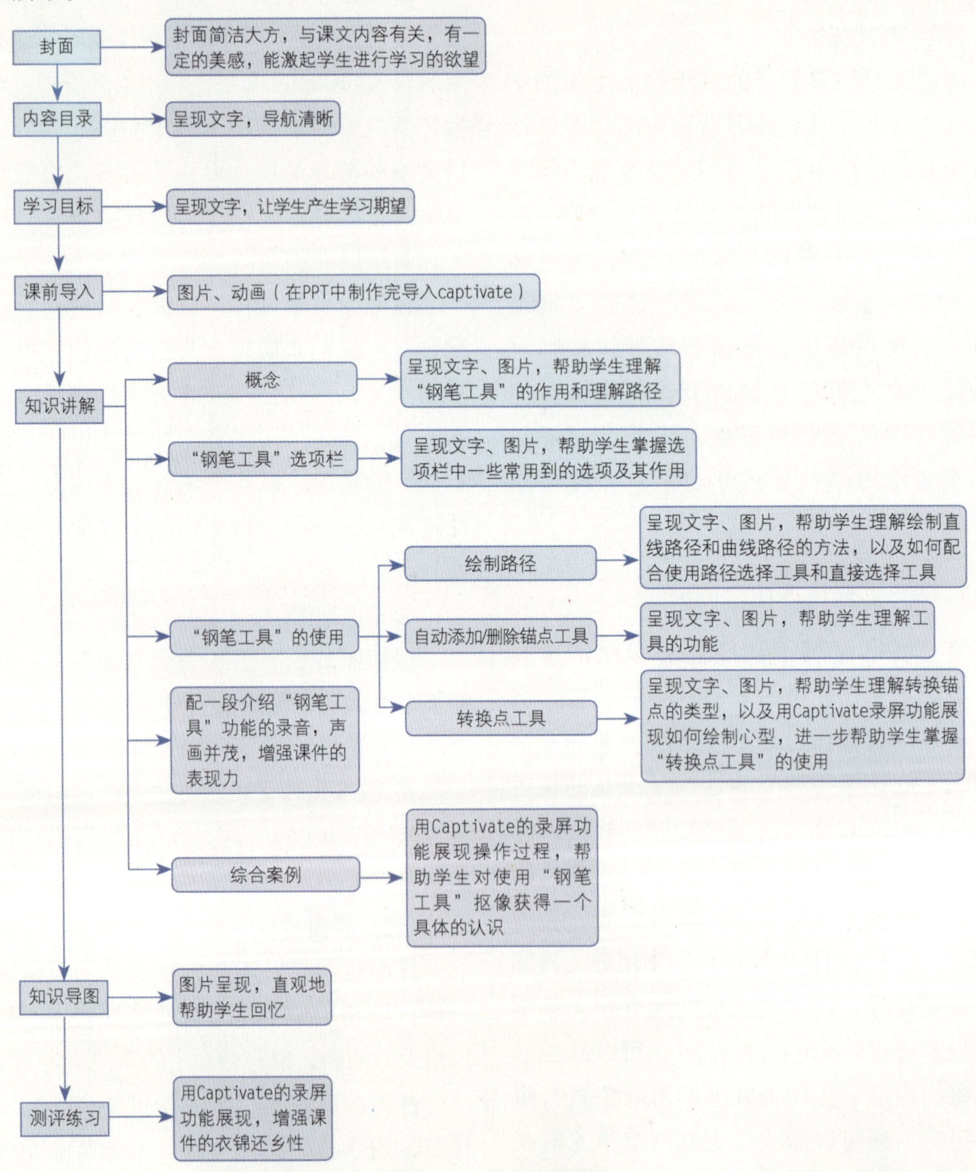

图5-6-5 案例脚本

5.6.3.2 软件选用及其功能说明

上述课件的设计脚本可以用Adobe eLearng软件来实现。在课件制作中，运用到的软件包括Adobe Photoshop CS5、Adobe Soundbooth CS5、Adobe Captivate 5等。在实际制作中，这些软件的主要技能点如表5-6-1所示。

表5-6-1 案例中软件的主要技能点

软件	Soundbooth	Captivate
技能点	利用Soundbooth进行录音，并进行降噪处理	录屏功能

这些技能点在课件制作过程中的用途简介如下。

①Soundbooth的降噪功能：本案例资源Captivate源文件第13页，放置了一段讲解“‘钢笔工具’的使用”的录音。这段录音是用Soundbooth录制的，并使用了Soundbooth的剪辑和处理美化音频（降噪）等功能。

②Captivate录屏功能：在本案例中使用Captivate进行录屏，在案例资源Captivate源文件的第23页放置了用“钢笔工具”绘制心型路径这一操作过程的动画，第24页中放置了用“钢笔工具”进行抠像这一操作过程的动画，第26页中放置了一道简单的操作练习题。前两个案例是使用Captivate录屏功能（演示模式）录制在Photoshop中的操作过程，后一个案例是使用Captivate录屏功能（评估模式）录制在Photoshop中的操作过程。

5.6.4 案例的制作

5.6.4.1 素材的准备和加工

在案例制作的前期，对素材进行收集和加工，相关操作如下。

1. 利用Photoshop准备素材

在Photoshop中制作封面、界面和导航按钮。

2. 利用Soundbooth准备素材

01 启动Adobe Soundbooth CS5，并单击“Editor”调板下方控制面板中红色的录音键，弹出“Record”对话框，如图5-6-6所示。

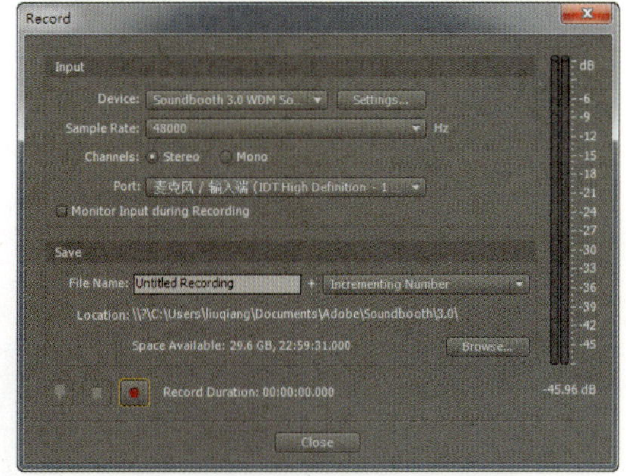

图5-6-6 弹出“Record”对话框

02 安装好麦克风和监听耳机。在“Record”对话框中，单击红色的录音键开始录音，单击停止键完成录音，如图5-6-7所示。

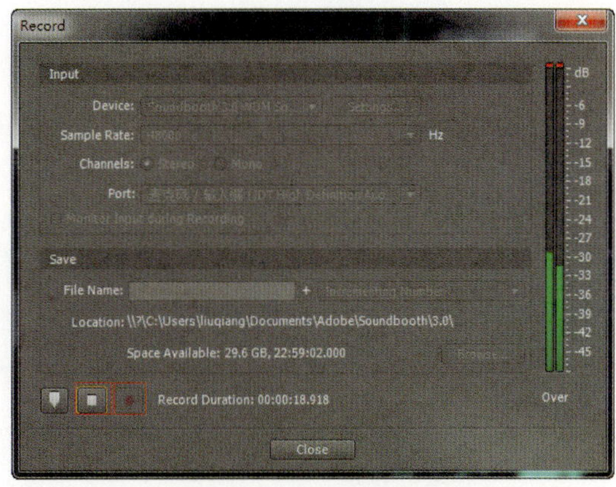

图5-6-7 进行录音

03 单击“Close”按钮，关闭“Record”对话框，在“Editor”调板中显示录制好的音频波形，如图5-6-8所示。

04 用鼠标拖动“Trim”手柄，删除不需要的音频部分，如图5-6-9所示。

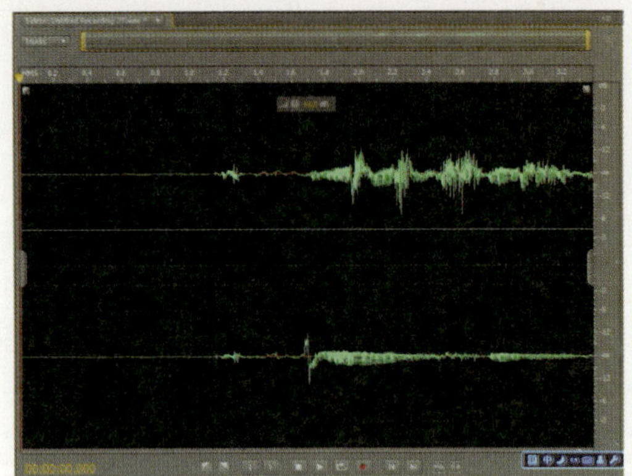

图5-6-8　Editor调板中显示音频波形

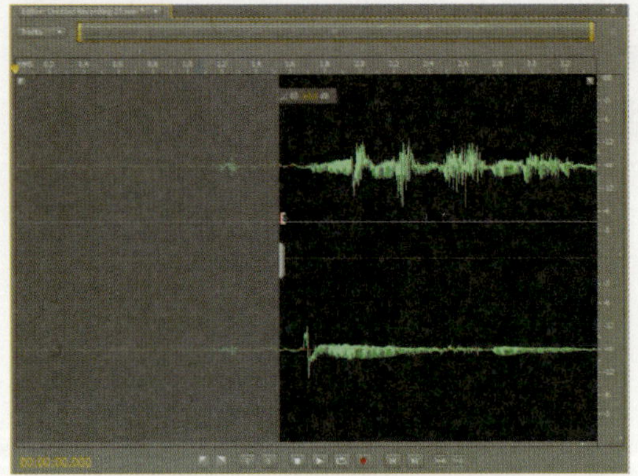

图5-6-9　删除不需要的音频

05 在“Tasks”调板中，展开“Clean Up Audio”卷展栏，如图5-6-10所示。

06 在“Editor”调板中，选中一部分噪音，在“Tasks”调板中的“Clean Up Audio”卷展栏中，单击“Capture Noise Print”按钮，进行噪音采样，如图5-6-11所示。

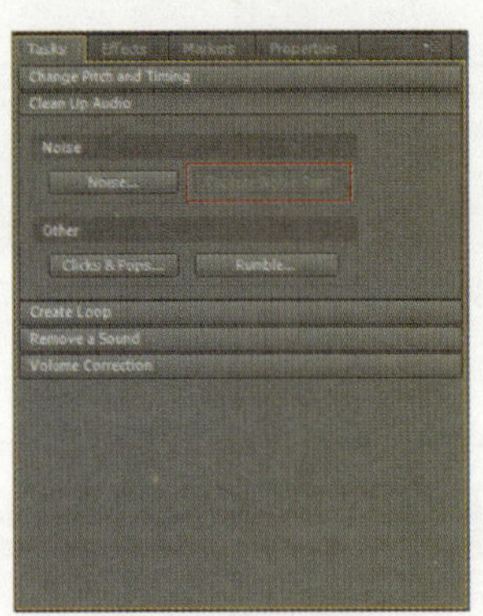

图5-6-10　“Tasks”调板

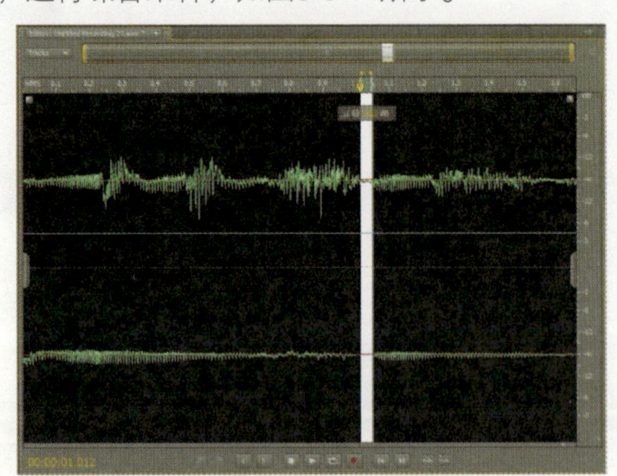

图5-6-11　进行噪音采样

07 在“Editor”调板中，选中所有音频，在“Tasks”调板中的“Clean Up Audio”卷展栏中单击“Noise…”按钮，弹出“Noise”对话框，设置好参数后，单击“OK”按钮，进行降噪处理，如图5-6-12所示。

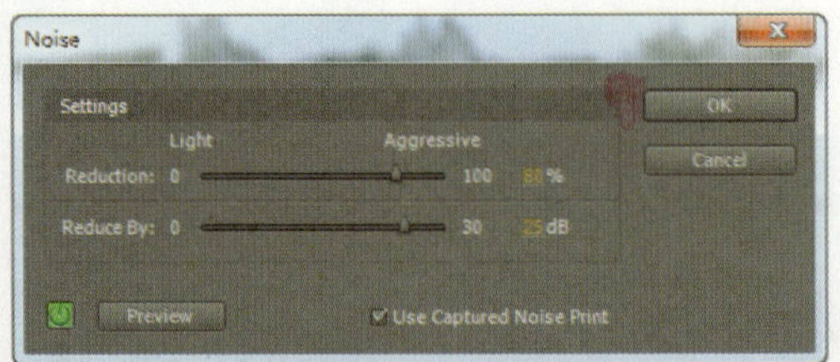

图5-6-12　降噪处理

08 在“Editor”调板中，通过音量调节控制调整音量，并单击下面控制区域中的

"Louder"和"Equalize Volume Levels"按钮，调节到合适的音量，如图5-6-13所示。

09 设置完毕，执行"File">"Save As"命令或使用组合键Ctrl+Shift+S，将音频保存为所需格式，对话框如图5-6-14所示。

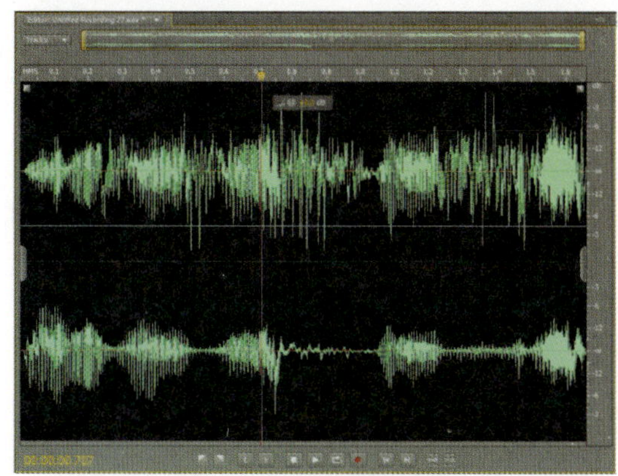

图5-6-13　调整音量

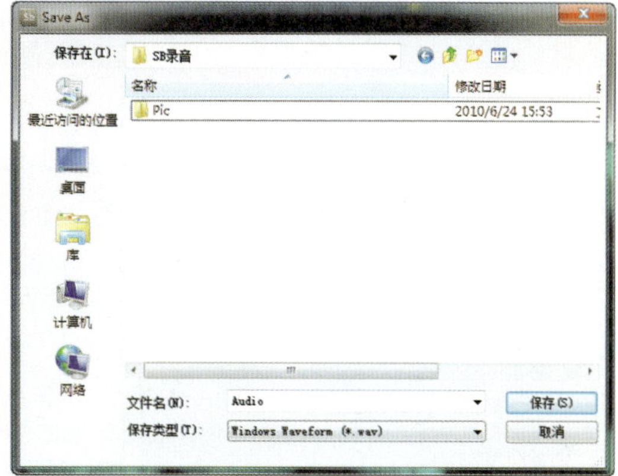

图5-6-14　保存音频

5.6.4.2　对象化资源的制作

利用Captivate进行课件制作。

1. 项目中对象的风格设定

为了让整个项目插入对象的风格一致，可以在制作项目前设定一些常用的对象属性。例如，下面是设定Caption对象风格的操作过程。

01 执行"Edit">"Object Style Manager…"命令，打开"Object Style Manager（对象属性管理器）"对话框，如图5-6-15所示。

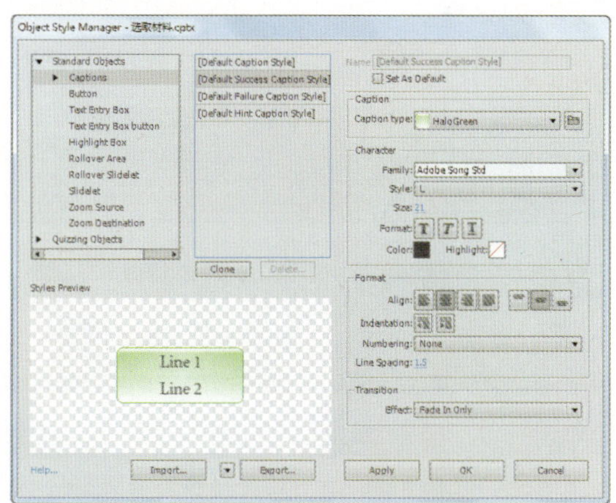

图5-6-15　"Object Style Manager（对象属性管理器）"对话框

02 在对话框左上角的选框中将对象分为"标准对象"和"测试对象"。展开"Standard Objects"栏目，选择"Captions"选项，在对话框右侧会显示关于Caption对象的所有属性，如Caption type（显示类型）、Family（字体）、Size（大小）、Format（格式）、Color（颜色）等。

小提示 在Family（字体）下拉列表中，所有的中文字体名称为拼音和英文混合体。例如，如果要设置“黑体”，则在下拉列表中选择“Adobe Heiti Std”选项，如图5-6-16所示。

03 Caption属性设置完毕，单击“Apply”按钮。

04 如果需要保存风格设置供以后的项目应用，单击“Export…”按钮导出并保存文件。

05 如果已经有一个设定完成的风格文件，单击 “Import…”按钮导入该文件，单击按钮后弹出的对话框如图5-6-17所示。

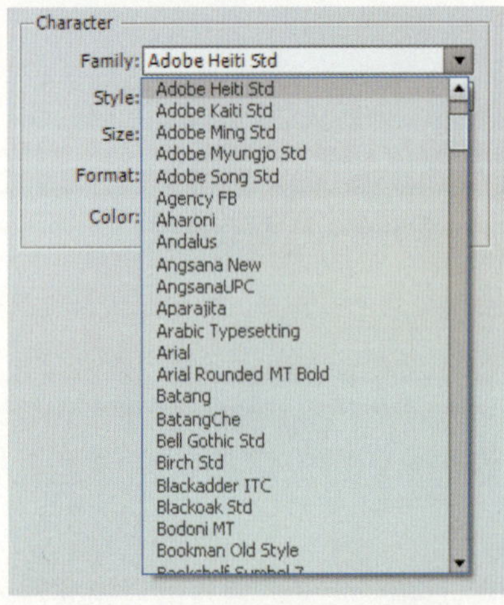

图5-6-16　Caption对象属性

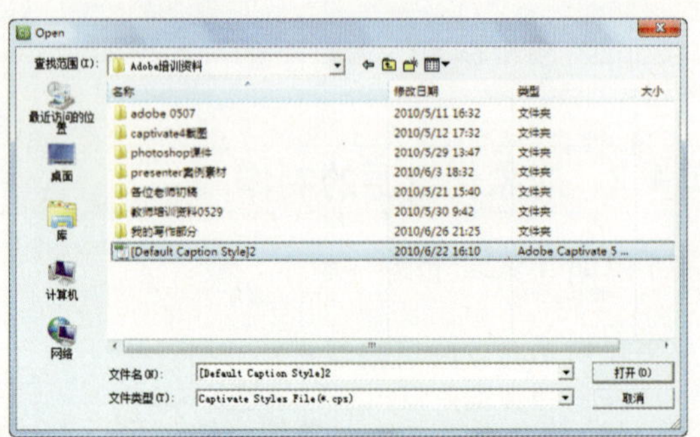

图5-6-17　导入文件

2. 为幻灯片添加声音

01 选择第13张幻灯片，在“属性”面板中打开“Audio”选项卡，单击“Add Audio…”按钮，弹出如图5-6-18所示的对话框。

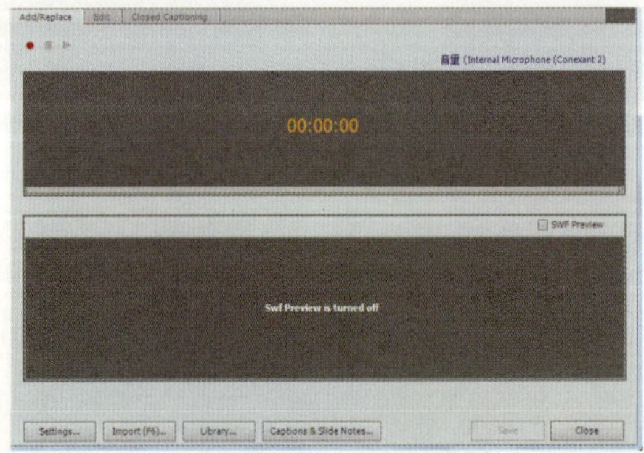

图5-6-18　插入音频

02 单击“Import(F6)…”按钮，在弹出的“Import Audio”对话框中找到“钢笔工具.wav”文件，单击“打开”按钮，在幻灯片中插入音频后的效果如图5-6-19所示。

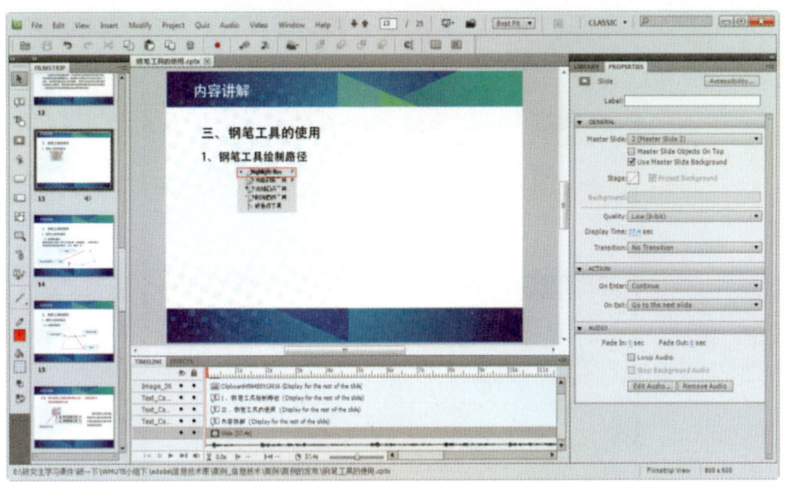

图5-6-19　插入音频的效果

3．录制抠选鼠标和汽车的操作

该案例演示的是利用“钢笔工具”选取汽车的操作过程，可以在Adobe Captivate 5中建立一个“Software Simulation”项目，并将该操作录制下来制作成视频。制作方法如下。

01 在“开始”界面中单击“Software Simulation”按钮，如图5-6-20所示，或执行“File”>“Record new project…”命令，新建“软件模拟”项目。

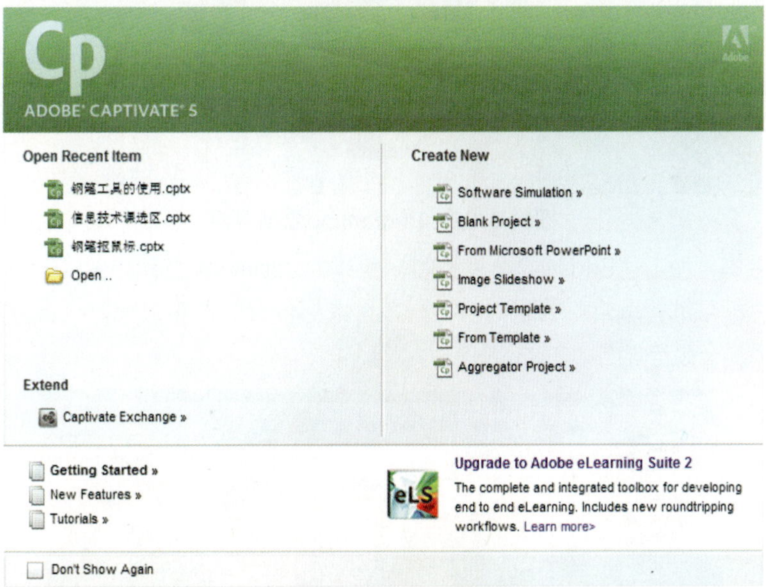

图5-6-20　新建项目

02 在弹出的录制设置面板中，单击“Appliation”单选按钮，并在下面的列表中选择Photoshop应用程序选项名为“Ps汽车.png@100%（RGB/8）”；在“Recording Type”选项区中单击“Automatic”单选按钮，并勾选“Demo”复选框，总体参数设置如图5-6-21所示。

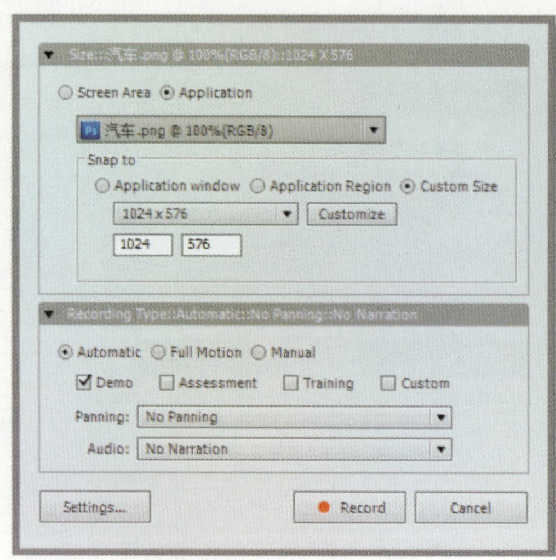

图5-6-21　参数设置

03 单击“Record”按钮，进入Photoshop录制界面，如图5-6-22所示。

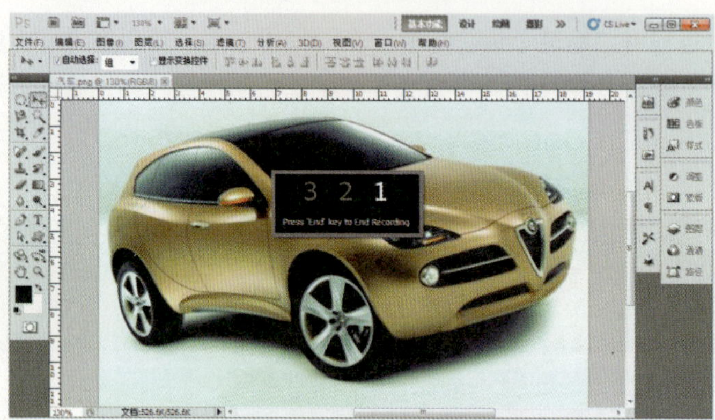

图5-6-22　Photoshop录制界面

04 录制操作完毕，按下“End”键结束录制，生成的Captivate文件如图5-6-23所示。单击相关的幻灯片即可进行编辑。编辑的内容一般为鼠标位置的调整、标签内容的更改、为幻灯片录音或添加音频等。

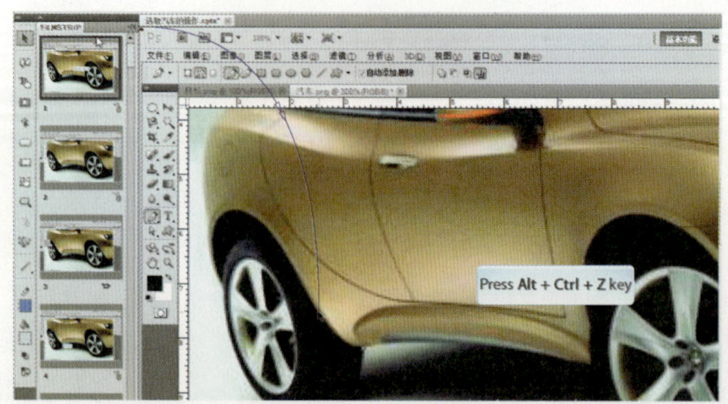

图5-6-23　录制完毕后生成的文件

05 将Captivate文件发布成SWF格式的文件，执行“File”>“Publish”命令，弹出“Publish”面板，在此可以设置发布文件的名称、保存路径等，如图5-6-24所示，单击“Publish”按钮，生成“选取汽车的操作.swf”文件。

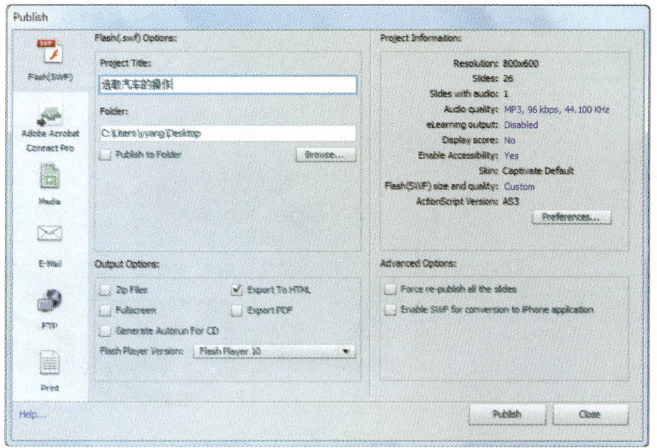

图5-6-24 发布成SWF格式的文件

06 打开课件的第24张幻灯片，执行“Insert”>“Animation”命令，把“选取汽车的操作.swf”文件插入该幻灯片中。

4. 测评操作练习的制作

如果一个操作既有演示视频，又有测评视频，那么就可以选择多种录制模式，即一次录制并同时生成不同模式的多个项目。

01 执行“File”>“Record New Project…”命令，建立一个新的软件模拟项目，打开录制设置面板。在面板中单击“Application”单选按钮，在下面的列表中选择Photoshop应用程序名为“Ps汽车.png@100%(图层1，RGB/8)”，在“Recording Type”选项区中单击“Automatic”单选按钮，并勾选“Assessment”复选框，总体参数设置如图5-6-25所示。

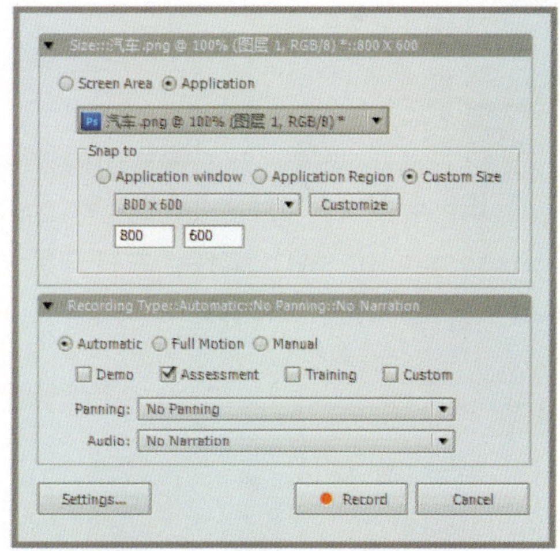

图5-6-25 创建评估模式项目

02 录制操作完毕，按下“End”键结束录制。修改第一张幻灯片中“Click Box（单击方块）”的位置，添加一个蓝色的文字标签，如图5-6-26所示。

图5-6-26　修改录制后的幻灯片

03 在最后一张幻灯片中添加“操作成功！”文字标签，如图5-6-27所示。

图5-6-27　在幻灯片中添加文字

04 可以将该项目发布成“Assessment.swf”文件，并打开课件的第26张幻灯片，执行“Insert”>“Animation”命令，将“Assessment. swf”文件插入到幻灯片中。